汉学研究大系
Series of Chinese Studies
阎纯德 总主编

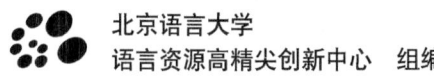
北京语言大学
语言资源高精尖创新中心　组编

列国汉学史丛书

《道德经》在英语世界的传播与接受研究

杨玉英 著

学苑出版社

图书在版编目（CIP）数据

《道德经》在英语世界的传播与接受研究 / 北京语言大学语言资源高精尖创新中心组编；杨玉英著．－－ 北京：学苑出版社，2019.11
（汉学研究大系 / 阎纯德总主编）
ISBN 978-7-5077-5856-6

Ⅰ．①道… Ⅱ．①北… ②杨… Ⅲ．①道家②《道德经》－研究 Ⅳ．①B223.15

中国版本图书馆CIP数据核字(2019)第258251号

责任编辑：杨　雷　张敏娜
出版发行：学苑出版社
社　　址：北京市丰台区南方庄2号院1号楼
邮政编码：100079
网　　址：www.book001.com
电子信箱：xueyuanpress@163.com
联系电话：010－67601101（销售部）　　67603091（总编室）
经　　销：新华书店
印　刷　厂：北京建宏印刷有限公司
开本尺寸：710×1000　　1/16
字　　数：585千字
印　　张：37.25
印　　数：1500册
版　　次：2019年11月第1版
印　　次：2019年11月第1次印刷
定　　价：90.00元

汉学研究大系 组织编写委员会

主　任：李宇明　　刘　利
成　员：阎纯德　　杨尔弘　　刘晓海　　田列朋

汉学研究大系 总编辑委员会

总顾问：袁行霈　　李学勤
顾　问：王晓平　　乐黛云　　宇文所安　李明滨　　吴志良
　　　　严绍璗　　张西平　　宋绍香　　何培忠　　郁　白
　　　　孟　白　　钱林森　　崔希亮　　柴剑虹　　阎国栋
　　　　熊文华
主　任：李宇明
总主编：阎纯德
助　理：陈　喦

列国汉学史丛书 编辑委员会

主　任：刘　利
副主任：韩经太
主　编：阎纯德　　吴志良
编　委：安平秋　　许光华　　李海绩　　李雪涛　　陈开科
　　　　陈戎女　　杨玉英　　张国刚　　周　阅　　侯且岸
　　　　钱婉约　　徐志啸

总 序 一

经过近 30 年多位学者的辛劳努力,现在我们可以说,国际汉学研究确实已经成长为一门具有特色的学科了。

"汉学"一词本义是对中国语言、历史、文化等的研究,而在国内习惯上专指外国人的这种研究,所以特称"国际汉学",也有时作"世界汉学""国际中国学",以区别于中国人自己的研究。至于"国际汉学研究",则是对"国际汉学"的研究。中外都有学者从事国际汉学研究,我们在这里讲的,是中国学术界的国际汉学研究。

自从改革开放以来,国际汉学研究改变了禁区的地位,逐渐开拓和发展。其进程我想不妨划分为三个阶段:一开始仅限于对国际汉学界状况的了解和介绍,中心工作是编纂有关的工具书,这是第一个阶段。到了 20 世纪 90 年代,出现国际汉学研究的专门机构,大量翻译和评述汉学论著,应作为第二个阶段。在这两个阶段里,学者们为深入研究国际汉学打好了基础,准备了条件。新世纪到来之后,进入全面系统地研究国际汉学的可能性应该说业已具备。

今后国际汉学研究应当如何发展,有待大家磋商讨论。以我个人的浅见,历史的研究与现实的考察应当并重。国际汉学研究不是和现实脱离的,认识国际汉学的现状,与外国汉学家交流沟通,对于我国学术文化的发展以至于多方面的工作都是必要的。我曾经提议,编写一部中等规模的《当代国际汉学手册》,使我们的学者便于使用;如果有条件的话,还要组织出版《国际汉学年鉴》。这样,大家在接触外国汉学界时,不会感到隔膜,阅读外国汉学作品,也就更容易体味了。必须指出的是,国际汉学有着长久的历史,因此现实和历史是分不开的,不了解各国汉学的历史传统,终究无法认识汉学的现状。

我们已经有了不少国际汉学史的著作及论文。实际上,公推为中国最早的汉学史专书,是 1949 年出版的莫东寅《汉学发达史》,尽管是通史体裁，也包含了分国的篇章。这本书最近已有经过校勘的新版，大家容易看到，尽管只是概述性的，却使读者能够看到各国汉学互相间的关系。由此可见，有组织、有系统地考察各国汉学的演进和成果，将之放在国际汉学整体的背景中来考察，实在是更为理想的。

这正是我在这里向大家推荐阎纯德教授、吴志良博士主编的这套"列国汉学史书系"（即"汉学研究大系"）的原因。

阎纯德教授在北京语言大学主持汉学研究所工作多年，是我在这方面的同行和老友，曾给我以许多帮助。他为推进国际汉学研究，可谓不遗余力，所做出的重要贡献是学术界周知的。在他的引导之下，《中国文化研究》季刊成为这一学科的园地，随之又主编了《汉学研究》，列入《中国文化研究汉学书系》，有非常广泛的影响。其锲而不舍的精神，我一直十分敬服。特别要说的是，阎纯德教授这几年为了编著这套"列国汉学史书系"所投入的心血精力，可称出人意想。

在《汉学研究》第八集的《卷前絮语》中，阎纯德教授慨叹："《汉学研究》很像同人刊物，究其原因，是从事这个领域研究的学者太少，尤其是专门的研究者更是少之又少，所以每一集多是读者相熟的面孔。"现在看"列国汉学史书系"，作者已形成不小的专业队伍，这是学科进步的表现，更不必说这套书涉及的范围比以前大为扩充了。希望"列国汉学史书系"的问世成为国际汉学研究这个学科在新世纪蓬勃发展的一个界标。让我们在此对阎纯德教授、这套书的各位作者，还有出版社各位所做出的劳绩表示感谢。

李学勤

2007 年 4 月 8 日

于清华大学国际汉学研究所

总　序　二

　　汉学历史和学术形态历史是既抽象又具体的存在，是浩瀚无边的过去、现在和未来。历史会让我们兴奋，也会使我们悲哀，有时还会觉得它仿佛是一个梦。但是，当我们梦醒而理智的时候，便会发现——太阳、地球、人类社会，一切的一切，不管是曾经存在过的恐龙，还是至今还在生生不息的蚂蚁社群，天上的，地下的，看得见的，看不见的，一切都有自己的历史。一切都有过发生，一切都还在发展，可能还会灭亡。

　　任何事物的发生都有一个有形或无形的孕育过程，"汉学"（Sinology）也是这样，其孕育和成长，就是中国文化与异质文化相互交媾浸淫的历史。这个历史，始于公元1世纪前后汉代所开通的丝绸之路，接下来是七八世纪的大唐帝国、十四五世纪的明代、清末的鸦片战争和五四新文化运动，这种文化的碰撞和交流之潮时起时伏直到今天，还会发展到永远。这是历史，是汉学的昨天、今天和未来，是其孕育、发生和成长的过程显现出的文化精神。但是，昨天有远有近，我们可以寻着蛛丝马迹探讨找回其真；而今天，只是一个过渡，一俟走过，便成为昨天的陈迹。

　　写作汉学史是一件艰难的劳作，尤其对象是遥远的昨天，尤其是"遗失"在异国他乡的昨天，更非一件易事。时至今日，朦胧面纱下的汉学还不完全为一些学人所认识，因此有必要取下面纱，让人们看个究竟。

　　中华人民共和国成立最初的30年，对于"汉学"讳莫如深，因为"它"被认为是个有害于中国的"坏东西"；从20世纪70年代中期之后，尤其90年代以降，"汉学"便逐渐成为学术界耳熟能详的学术名词。中国大陆重提"汉学"至今，汉学就像隐藏在深山里的小溪，经过30年的艰辛跋涉，才终于形成一条奔腾的水流，并成为中国文化水系不可或缺的组成部分；尤其是到了21世纪10年代之后，国家领导人也提出倡导研究汉学（中国学）。这是天翻地覆的文化壮举。这个变化是时代和历史变迁带来的结果,也是文化自己发展的规律。

那么,究竟什么是汉学呢?首先,这里的汉学非指汉代研究经学注重名物、训诂——后世称"研究经、史、名物、训诂考据之学"的"汉学",而是指外国人研究中国历史、语言、哲学、文学、艺术、宗教、考古及社会、经济、法律、科技等人文和社会科学领域的学问,这起码是近300来年世界上的习惯学术称谓。李学勤(1933—2019)教授多次说:"'汉学',英语是Sinology,意思是对中国历史文化和语言文学等方面的研究。在国内学术界,'汉学'一词主要是指外国人对中国历史文化等的研究。有的学者主张把它改译为'中国学',不过'汉学'沿用已久,在国外普遍流行,谈外国人这方面的研究,用'汉学'比较方便。"① Sinology 一词来自外国,它不是汉代的"汉",也不是汉族的"汉",不指一代一族,其词根 Sino 源于秦朝的"秦"(Sin),所指是中国。为了弄清 Sinology 的真正含义和译义,我曾向西方多位汉学家征求其看法。他们几乎毫无疑义地认为:Sinology 的词根"Sino",意思是"秦",所指是中国,源自拉丁词语"Sina"(China,中国),"logia"为希腊词语,其意为"科学",或含有考古学或哲学的部分意思;前者所示是"中国",后者所示是"科学"或"研究",两者相加,Sinology 就是"中国的科学研究"。Sinology 一词的诞生,最早应是始于后利玛窦时代,出自某个传教士的智慧——借用汉代和清代的"汉学"。从那时起,西方传教士就将对中国的文化研究称为 Sinology(汉学),研究者称为 Sinologist(汉学家)。

如果我们将 Sinology 在学术上称为"汉学"和"中国学",名字虽异,但实质上它们是"异名共体",所表述的内涵完全一样。高利克在回信中说:"我认为 Sinology(汉学)或 Sinologist(汉学家)是用以指称我们所从事的事业之恰当的词语。"

在历史长河里,汉学由胚胎逐渐发育成长。当汉学走过少年时代,在西学东渐和中学西传互示友情之后,中学开始影响西方而成为人类文明史上的伟大事件。中世纪以来,欧洲视中国为"修明政治之邦",对中国充满了好奇与好感,18世纪"中国热"蜂起欧洲,19世纪初期法国便成为西方汉学的中心,巴黎成为"汉学之都"。戴密微(Paul Demiéville,1894—1979)曾说汉学的先驱是葡萄牙、西班牙和意大利。但是,汉学作为学术研究和一

---

① 李学勤《国际汉学漫步·序》,石家庄:河北教育出版社,1997年。

种文化形态,举大旗的则是法国人。1814年12月11日,雷慕沙(Jean Pierre Abel Rémusat,1788—1832)在法兰西学院首开"汉语和鞑靼—满语语言与文学讲座",开启了西方真正的汉学时代。但指代汉学的"Sinologie"(英文"Sinology")一词则出现在17世纪末,应该早过雷慕沙主持第一个汉学讲座100年的时间。从此之后,"Sinology"便成为主导汉学世界的图腾、约定俗成的学术"域名"。在世界文化史和汉学史上,外国人把研究中国的学问称为"汉学",研究中国学问的造诣深厚的学者称为"汉学家"。因此,我认为,我们不必要标新立异,根据西方绝大部分汉学家的习惯看法,"Sinology"发展到如今,这一学术概念有着最广阔的内涵,绝不是汉代和清代独有的"汉学",更不是什么"汉族文化之学",它涵盖中国的一切学问,既有以儒释道为核心的传统文化,也包含"敦煌学""西夏学""突厥学""满学"以及"藏学"和"蒙古学"等领域。由于汉学的发展、演进,以法国为首的"传统汉学"(Sinology)和以美国为首的"现代汉学"("中国学",Chinese Studies),到了20世纪中叶之后,研究内容、理念和方法,已经出现兼容并包状态,就是说Sinology可以准确地包含Chinese Studies的内容和理念;从历史上看,尽管Sinology和Chinese Studies所负载的传统和内容有所不同,但现在却可以互为表达、"雌雄同体"于同一个学术概念了。话再说回来,对于这样一个负载着深刻而丰富历史内涵的学术"域名",我以为还是叫它"汉学"(Sinology)为好,因为Sinology不仅承继了汉学的传统,而且也容纳了Chinese Studies较为广阔而现代的内容。另外,中国人对中国文化的研究应该称为国学,而外国学者研究中国文化的那种学问则称为汉学。汉学是国学有血有肉有灵魂的"影子",而汉学不是国学,是介于中学与西学两者之间、本质上更接近西学的一种文化形态。说它与国学同根而生,说它们是"一条藤上的两个瓜"(许嘉璐语),都不为过,然而瓜的形象与味道却不相同,一个是"东瓜",一个是"西瓜"。我认为这样认识汉学,既符合中国文化的学术规范,又符合世界上的历史认同与学术发展实际。

汉学的历史是中国文化与异质文化交流的历史,是外国学者阅读、认识、理解、研究、阐释中国文明的结晶。汉学是中国文化和外国文化撞击后派生出来的学问,实际上也是中国文化另一种形式的自然延伸。但是,汉学不是纯粹的中国文化,它与中国文化有着密不可分的血缘关系,它既是中外文化的"混血儿",又是可以照见"中国文化"的镜子,是可以攻玉的

"他山之石";"'Sinology'是一门在国际文化中涉及双边或多边文化关系的近代边缘性的学术,它以'中国文化'作为研究的'客体',以研究者各自的'本土文化语境'作为观察'客体'的基点,在'跨文化'的层面上各自表述其研究的结果,它具有'泛比较文化研究'的性质。"① 以上两种表述虽有不同,但学理一致,基本可以厘清我们对于 Sinology 的学术定位。

法国汉学家马伯乐(Henri Maspero,1883—1945)说过:"中国是欧洲以外仅有的这样的一个国家:自远古起,其古老的本土文化传统一直流传至今。"法国哲学家弗朗索瓦·于连(François Jullien)也说:"中国文明是在与欧洲没有实际的借鉴或影响关系之下独自发展的、时间最长的文明……中国是从外部审视我们的思想——由此使之脱离传统成见——的理想形象。"② 他在《为什么我们西方人研究哲学不能绕过中国》中提出:"我们选择出发,也就是选择离开,以创造远景思维的空间。人们这样穿越中国,也是为了更好地阅读希腊。"为了获得一个"外在的视点",他才从遥远的视点出发,并借此视点去"解放"自己。这便是一个未曾断流、在世界上仅存的几种古老文化之一的中国文明的意义。中国文明是一道奔流不息的活水,活水流出去,以自己生命的光辉影响世界;流出的"活水"吸纳异国文化的智慧之后,形成既有中国文化的因子,又有外国文化思维的一种文化,这就是"汉学"。也就是说,汉学是以中国文化为原料,经过另一种文化精神的智慧加工而形成的一种文化。从某种意义上说,汉学既是外国化了的中国文化,又是中国化了的外国文化;抑或说是一种亦中亦西、不中不西,有着独立个性的文化。汉学作为一门独立的具有跨文化性质的学科,是外国文化对中国文化借鉴的结果。汉学对外国人来说是他们的"中学",对中国人来说又是西学,它的思想和理论体系仍属"西学"。

我们的汉学研究,是指对外国汉学家及其对中国文化研究成果的再研究,是中国学者对外国学者研究中国文化的反馈,也是对外国文化借鉴的一个方面。凡是对历史或异质文化进行研究,都有一个价值判断和公正褒贬的问题。因此,对于汉学家对中国文化的研究,必得有我们自己的判断,然后做出公正的褒贬。我们说汉学是可以攻玉的"他山之石",但是这句

---

① 严绍璗《我对 Sinology 的理解和思考》,载《世界汉学》2006 年第 4 期。
② [法]弗朗索瓦·于连(François Jullien)《迂回与进入》,香港三联书店,1998 年。

箴言并非只适用于中国人,对外国人也是一样。汉学也像外国的本体文化一样,对我们来说有借鉴作用,对西方来说有启迪作用——西方学者以汉学为媒介来了解中国,汲取中国文化的精华,完善自己的文明。人类由于文化背景差异和文化语境的不同,思维方向和方式也会不同,因而就会得出不同的结论,讲出不同的道理。"西方学者接受近现代科学方法的训练,又由于他们置身局外,在庐山以外看庐山,有些问题国内学者司空见惯,习而不察,外国学者往往探骊得珠。如语言学、民俗学、考古学、人类学、社会学诸多领域,时时迸发出耀眼的火花。"①汉学的学术价值往往不被国人重视,并利用汉学家对于中国文化的一些误读而贬低汉学的价值。其实,这并不公平,有些汉学家对于中国文化确实有其独到的见解,能发中国人未发之音。法国汉学家马伯乐对中国上古文化和上古宗教的研究就有独到的贡献,中国学者称赞他对中国宗教研究有开"先河"之功。他研究中国宗教的宗教社会学之方法,促进和推动了中国学者采用宗教社会学来研究中国宗教,被称为"中国宗教社会学研究的真正创始人"。

踏着地理学家和探险家斯文·赫定(Sven Hedin,1865—1952)的足迹来到中国的瑞典地质学家、考古学家安特生(John Gunnar Andersson,1874—1960),他对中国的贡献足以说明他也是一位汉学家。1914年,他被中国北洋政府农商部聘任为矿政顾问,他先是从事地质调查,写出《中国的铁矿和铁矿工业》和《华北马兰台地》的调查报告,然后致力于古生物化石的收集和研究。1921年10月,在河南渑池发现仰韶文化,因此被誉为"仰韶文化之父"。他的研究揭开了中国田野考古工作的序幕,改变了中国近代考古的面貌。他有《甘肃考古记》、《中国远古之文化》(*An Early Chinese Culture*,1923)、《黄土的女儿:中国史前史研究》(*Children of the Yellow Earth:Studies in Prehistoric China*)等著作。

瑞典汉学家高本汉(Bernhard Karlgren,1889—1978)的最高成就是根据研究古代韵书、韵图和现代汉语方言、日朝越诸语言中汉语借词译音构拟汉语中古音,以及根据中古音和《诗经》用韵、谐声字构拟古音,写出著名的学术专著《中国音韵学研究》《汉语中古音与古音概要》《古汉语字典重订本》《中日汉字形声论》《论汉语》《诗经注释》《尚书注释》和《汉朝以

---

① 季羡林《汉学研究·序》第七集,中华书局,2003年。

前文献中的假借字》等。他对汉语音韵训诂的研究是不少中国学者所不及的，并深刻影响了对于中国音韵训诂的研究。20世纪日本学者津田左右吉（Tsuda Soukichi, 1873—1961）关于中国文化的研究著述甚丰，他认为中国文化是一种"人事本位文化"，其核心是"帝王文化"，其他认识上尽管有偏颇，但也有其独异性和深刻之处。这就是"他山之石"的意义和价值。

当然，不可否认，汉学家对于中国文化的误读或歪曲也是常见的。美国现代汉学（中国学）的奠基人费正清对中国历史尤其近代史的研究独具风采，为美国人民认识中国搭建了一座桥梁；但他在研究上的所谓"冲击—回应"模式，却近乎荒谬，认为是西方给中国带来了文明，是西方的侵略拯救了中国。

综上所述，对于汉学成果的研究，只有冷静、公正、客观、全面，才能在沙中淘得真金，发现真正的"他山之石"。

在中国，汉学的接受与命运，诚实地说，在20世纪80年代初期之前，基本上是无视它的学术价值，更没人把它看作是中国文化的延伸。此外，由于民族心理上的历史"障碍"，我们还曾视汉学为洪水猛兽，甚至觉得它是仇视中国、侮辱中国的一个境外的文化"孽种"。这种"观点"，虽嫌偏颇，当然也不是空穴来风。因为自19世纪"鸦片战争"前后，直至20世纪40年代，偌大的中国曾经惨遭蹂躏，其间也不乏为列强殖民政策服务的少数传教士、"旅行家"和"学者"深入中国腹地，以旅行、探险、考古之名而实行社会情报的搜集、盗窃和骗取中国文物。

人类思想的飞翔，是受社会和历史禁锢的，山高水远的阻隔也使得人类互相寻找的岁月特别漫长。交流是人类文化选择的自然形态，汉学就发生在这种物质交流和文化交流之中。

人类在互相寻找的初级阶段，中国和西方试探性的商业交往还很原始，那时的人类，不同的国家、民族和族群处于相对落后和封闭的状态，人类各个角落的不同文化还处于相对不自觉或是相对蒙昧的历史时期。在人类最早的沟通中，中国人走在最前边。公元前139年，张骞奉汉武帝之命，越过葱岭，亲历大宛、康居、大月氏、大夏、乌孙、安息等地，直达地中海东岸，先后两次出使中亚各国，历时十多年，开创了古代和中世纪贯通欧亚非的陆路"丝绸之路"，为人类交往开了先河，也为汉学的萌发洒下最初的雨露。

在文化史上，以孔孟儒家学说为核心的中国文化最先影响朝鲜半岛，然后才是日本和越南等周边国家。这些周边国家与中国的关系复杂，甚至被说成同种同文，因此可以说它们的文化与中国文化有着很深的"血缘"关系。公元522年，中国佛教渡海东传日本，从那时开始，中国典籍便大量传入日本；但这只是一种"输入"，只是日本创建自己文化的借鉴，并没有形成对于中国文化的深层研究。及至唐代，由于文化上承接了汉朝的开放潮流，那时与异质文化的交流相对更加频繁，商贸往来和文化沟通有了发展，西方和中国周边国家或地域的人士通过陆路和水路进入中国腹地，有的经商，有的留学，长安（今西安）、洛阳、扬州、广州、泉州等城市，都是中外贸易和文化交汇的重要都会。尤其是长安（今西安），是当时世界最大的商业文化之都；而扬州、广州、泉州等，由于东南沿海经济崛起、人口增多、手工业发达、农田水利的改善，为海外贸易发展创造了条件，再由于唐代中期"安史之乱"切断了陆路"丝绸之路"的缘故，曾称为"鲤城""温陵""刺桐城"的泉州，便成为联结亚洲、欧洲和非洲的海上丝绸之路的"东方第一大港"，是那时以丝绸、金银、铜器、铁器、瓷器为主的国际贸易之都。通过频繁的往来和交流，外国人对中国文化的认识越来越多、越来越深，汉学也便在这种交流中不知不觉慢慢衍生。

但是，源远流长的汉学，人们习惯地认为其洪流和网络在西方，西方是汉学的形象代表。这种看法，一是源自近代以来西方强势文化和中国人的崇洋心理；二是西方汉学的某些特征也确实有别于朝鲜半岛、日本和越南的汉学。其实，如果我们从世界汉学历史发展的角度看，日本、朝鲜半岛和越南的汉学要早于西方的汉学，比如日本在十四五世纪已经初步形成了汉学，而那时西方的传教士还没有进入中国。因此，对于汉学的研究，无论是西方还是东方（朝鲜半岛、日本和越南），我们都不能顾此失彼，要以同样的关注和努力而探讨之。当然，汉学的历史藏在文献里，而隐性源头却可能在文献之外。

文化往往伴随经济流动，其交流也会在不自觉或无意识状态下发生。到了明代初年，郑和于1405年，率200多艘舰船的庞大舰队出使西洋，前后7次，历经28年，到过30多个国家，最远抵达非洲东岸和红海口，真正拓展了海上"丝绸之路"。

在公元八九世纪至十六七八世纪期间，关于中国，多见于西方商人、外交使节、旅行家、探险家、传教士、文化人所写的游记、日记、札记、通信、报告之中,这些文字包含着重要的汉学资源,因此这些文献被称为"旅游汉学"。这些人的东来源于文艺复兴,因为思潮的开放影响了欧洲人的思想和生活,他们或通商,或传教,或猎奇,但了解和研究中国文化却是一致的,于是汉学便在葡萄牙、西班牙、意大利、法国、荷兰、英国、德国、俄罗斯等主要的西方国家逐步发展起来。

这类游记和著作较早的,有约在公元851年成书的描述大唐帝国繁荣富强的阿拉伯帝国(大食国)旅行家苏莱曼(Sulayman)的《中国印度见闻录》(又译《苏莱曼东游记》)、威廉·吕布吕基斯(1215—1219)的《远东游记》(1254)、意大利雅各布·德安克纳的《光明城》(The City of Light);这类"旅游汉学"著作中,最著名且影响至今的当属《马可·波罗游记》(The Travels of Marco Polo,又译《东方见闻录》)。马可·波罗(Marco Polo,1254—1324)于1275年随父亲和叔父来中国,觐见过元世祖忽必烈,1295年回国后出版了这本书,它以美丽的语言和无穷的魅力翔实地记述了中国元朝的财富、人口、政治、物产、文化、社会与生活,第一次向西方细腻地展示了"唯一的文明国家""神秘中国"的方方面面。

大航海凯旋不久,欧洲传教士最初到世界各地传教,在美洲和日本等许多地方遭遇不顺。但是,他们唯独在中国这个以德仁待人的文明国度得到了善待。庞迪我(Diego de Pantoja,1571—1618)在1602年写给西班牙主教的信里说:"中国那么强大,为什么不去征服那些周边小的国家,甚至一任那些小国给它制造麻烦呢?因为中国不想用自己的威力征服别人。这一事实,对欧洲人来说是不可理解的;中国人与他们的皇上并不寻求或梦想超过他们目前的国土疆界来扩大他们的帝国。"利玛窦(Matteo Ricci,1552—1610)说:"在这样一个几乎具有无数人口和无限国土幅员辽阔、各种物产丰富的国家,虽然它有装备精良的陆军和海军,很容易征服临近的国家,但他们的皇上和人民却从来没想过要发动侵略战争,他们很满足于自己已有的东西,没有征服别人的野心。在这方面,他们与欧洲人很不相同,欧洲人常常不满意自己的政府,并贪婪祈求别人享有的东西……我仔细研究了中国四千多年的历史,我不得不承认,我从未见过这类征服的记载,我也没有听说过他们对外侵略、扩张国界。"

从16世纪到十八九世纪,在数以千计的散布在中国各地的传教士中,有不少人成为名载史册的汉学先驱,他们为汉学的发展做出了重大贡献。自1540年圣伊纳爵·罗耀拉(St.Ignatins de Loyola,1491—1556)、圣方济各·沙勿略(St. Francisco Xavier,1506—1552)等人来华,开始了以葡萄牙、西班牙、意大利传教士为主的第一波耶稣会的传教活动。接着,意大利的范礼安(Alexandre Valignani,1539—1606)、罗明坚(Michel Ruggieri,1543—1607)等著名传教士来华。明朝万历十一年(1583年),罗明坚又将利玛窦神甫带到中国,从此,耶稣会传教士在中国的宗教活动无论是对于西方还是东方,都开始了一个新的历史时期。

西方众多旅行家、探险家、商人和耶稣会士来华,他们笔下的许多记载和著译,催生了汉学。葡萄牙贝尔西奥(P. Belchior,1519—1571)的《中华王国的风俗与法律》(1554)、葡萄牙多明我会传教士加斯帕尔·达·克鲁斯(Gaspar da Cruz,1520—1570)全面介绍中国的《中国情况详介专著》,最著名的是1585年在罗马出版的西班牙胡安·冈萨雷斯·德·门多萨(Juan Gonsales de Mendoza,1545—1618)编著的《中华大帝国史》(*Dell'historia della China*,又译《大中国志》)。这位没有来过中国的传教士汉学家,却根据自己所掌握的有关中国文献写出了第一部真正的汉学著作,名副其实地对中国的政治、历史、地理、文字、教育、科学、军事、矿产、物产、衣食住行、风俗习惯等做了百科全书式的介绍,具有相当的学术价值,以七种文字印行,风靡欧洲。

在这个一百多年的岁月里,前后出版的有金尼阁(Nicolas Trigault,1577—1629)根据利玛窦日记的整理,加上自己的中国见闻合著为《利玛窦中国札记》(*Regni Chinensis Descriptio*,又译《基督教远征中国史》)、亚历山大·德·罗德(Alexandre de Rhodes,1591—1660)的《在中国的数次旅行》(1666),比利时南怀仁(Ferdinand Verbiest,1623—1688)的《中国皇帝出游西鞑靼行记》(1684),葡萄牙费尔南·门德斯·托平的(Fernão Mendes Pinto,1509—1583)的《远游记》,法国李明(Louis-Daniel Le Comte,1655—1728)的《关于中国现状的新回忆录》(*Nouveau mémoire sur l'état présent de la Chine*,1696,又译《中国近事报道》)和《中华帝国全志》(《中国通志》),等等。

这些包罗万象的文献,不仅记录了不同时代的中国,还以自己的文化视角开始了中西文化最初的碰撞。作为文献,这些游记、日记、札记、通信和报告,有赞美,有误读,也有批评,但因为其中包含大量中国物质文化及政治、经济、历史、地理、宗教、科举等多方面的文化记载,而成为汉学的重要组成部分,在学术史上有重要价值。

汉学的发生、发展与经济、政治、交通以及资讯分不开。有学者把汉学的历史分为"萌芽""初创""成熟""发展""繁荣"几个时期,也有的分为"游记汉学时期""传教士汉学时期"和"专业汉学时期"三个阶段。但汉学的真正形成是在明末清初兴起的"西学东渐"和"中学西传"的互动之中。

以利玛窦为核心的耶稣会士的历史意义在于他们开始了对中国文化的全面开垦,不仅著书立说,还把《大学》《中庸》《论语》《孟子》等中国文化经典译成西文,不仅开西学东渐之先河,也推动了中学西传,使中国文化对西方科学与哲学产生重要影响,因此这位思想家当仁不让地被视为西方汉学的鼻祖。与其先后到达中国的著名的传教士大都曾著书立说、传播中国文化,对推动西学东渐和中学西传做出了贡献。

在世界汉学史上,除了以上提及的,还有许多汉学家的名字十分响亮,如曾德昭、柏应理、卫匡国、殷铎泽、南怀仁、汤若望、龙华民、罗如望、熊三拔、张诚、白晋、马若瑟、宋君荣、钱德明、翟理斯、安特生、雷慕沙、儒莲、德理文、安东尼·巴赞、蒙田、冯秉正、尼·雅·比丘林、巴拉第·卡法罗夫、瓦西里耶夫、沙畹、伯希和、马伯乐、葛兰言、马礼逊、斯坦因、理雅各、李约瑟、韦利、霍克斯、卫礼贤、福兰阁、孔拉迪、高本汉、卫三畏、费正清、拉铁摩尔、孔飞力、史景迁、狄百瑞、傅高义、齐赫文斯基、季塔连科、戴密微、谢和耐、石泰安、汪德迈、施寒瑞、施舟人、顾彬、宇文所安,等。他们对中国文化的独特理解,铸造成汉学史上的思想学术之碑,开垦了汉学成长的沃土。

"西方的汉学是由法国人创立的。"但是,在欧洲全面研究中国文明的问题上,"法国的先驱是葡萄牙、西班牙和意大利"①。戴密微把以上三个国家誉为汉学的先锋,"他们于16世纪末叶,为法国的汉学家开辟了道路,而法国的汉学家稍后又在汉学中取代了他们",真正建立了作为学术的汉学传统。就传统汉学而言,法国是汉学家最多的国家之一,还有英国、俄罗

---

① [法]戴密微《法国汉学研究史》,耿昇译《法国当代中国学》,北京:中国社会科学出版社,1998年。

斯、美国、日本等国,有许多汉学界的学术巨擘,不断为汉学大厦的崇高而添砖加瓦。

中外文化交流的结果不仅意味着中国文化"外化"的传播,也意味着异质文化对中国文化"内化"的接受。汉学家作为中外文化交流的桥梁和使者,在异质文化的交流中,也是人类和谐与进步的推动者。

汉学诞生在与异质文化碰撞、交流和相互浸淫之中。这个结果无异于一枚果子的成熟,只有"风调雨顺"才能生长得好。和谐、宽容、理解与尊重,是异质文化彼此借鉴的保证。作为文化形态的汉学,其生存和成长离不开良好的国际语境。就中国而言,历史上凡是开放的时代,文化交流就多,汉学就发展;反之,汉学就停滞,这似乎成为一种规律。

作为学术公器的汉学,文化上有其自己的成长过程。汉学是发展的,这一植根于中国文化土壤,生存于异国他乡的文化,同样深受不同时代语境的极大影响。这里所说的语境,既包括中国的历史演变,也包括异国和世界的历史变化;就是说,不同的历史时期,不同的社会、政治、经济、文化背景,在很大程度上左右着汉学的发展方向和内容;换句话说,汉学的形成和发展,不仅受制于中国历史的更迭,也受制于他者社会的变化。这就是以历史悠久的中国文化为研究对象的汉学发展的基本轨迹。

传统汉学以法国为中心,现代汉学兴显于美国。20世纪中期以来,在西方其他国家葆有传统汉学的同时,现代汉学也很繁荣。这个时期的"汉学"涂满了政治色彩,以法国为代表的汉学较多地保持着传统汉学的学术精神,而美国的"中国学"却成了充满政治意识的现代汉学的代表。

19世纪末至20世纪初,美国汉学悄然嬗变为中国学,并以自己独有的个性特点和极强的生命力出现在世人面前。美国的"中国学"所关心的不是中国文化,更不是中国的传统文化,而是中国的政治、经济、军事、教育和社会生活各个层面的问题。这种政治特征,是那个时期美国中国学的基础,这一特征也影响了其他国家汉学的研究方向和内容。

人类文化包含了物质文化和观念文化。物质文化表现在衣食住行生活方面,是一种看得见、摸得着又极易变化的"具象"文化,例如饮食、服饰、住房、音乐、舞蹈等;观念文化是一个民族精神的核心,表现在人的价值观、道德观、家庭观、宗教观等诸多方面,以及对自由、平等、民主的理解,观念文化是一个民族的思维经过高度抽象后形成的思想、观念和精神,它是通过文化的灵魂——哲学、文学、语言、宗教、历史等来表达的。① 观念文化,一俟进入汉学家的研究视野,他们的研究也就进入了对中国文化核心的深层研究。

汉学家从对中国物质文化到观念文化的研究,其研究领域越来越广阔,越来越深厚。现在,汉学不仅包括对中国的哲学、文学、宗教、历史领域的研究,还包括对社会学、政治学和自然科学的研究。传统汉学和现代汉学,它们已经亲密到"异名共体"的地步。二者的差异在于前者是以文献研究和古典研究为中心,包括哲学、宗教、历史、文学、语言等;而以美国为中心的现代汉学(中国学)则以现实为中心,以实用为原则,其兴趣根本不在那些负载着古典文化资源的"古典文献",而重视正在演进、发展着的信息资源。但是,汉学发展到21世纪,其研究内容和方式已经出现了融通这两种形态的特点。这种状况既出现在欧洲的汉学世界,也出现在美国的中国学研究之中,可以说世界各国汉学家的研究,都兼有以上两种汉学形态。

汉学(Sinology)对中国研究者来说,被尘封得太久,所以它的空白很多,浩如烟海的资源还有待于深入开掘。这种开掘,不仅可以收获汉学,还可以于无意中发现被历史"放逐"和"遗失"在异国他乡的中国文化。编撰"汉学研究大系"的目的和宗旨,不仅是为了梳理已有的汉学资源,在世界范围内追踪中国文化的传播与研究的历史状况、经验及影响,同时探究汉学的产生、成长、发展与繁荣,还要尽可能厘清这块"他山之石"对于中国文化的作用。当然,"汉学研究大系"还期望对推动中国文化与世界文化当下的交流有所裨益。

"汉学研究大系"包括"列国汉学史丛书""中国文化经典与名人传播与研究丛书""汉学家研究丛书""外国文学与中国丛书""西学中医丛书"等多个"丛书"。作为一个文化工程,其撰写的难度非一般学术著作所能比拟。严绍璗教授谈到Sinology的研究者的学识素养时提出四个"必须":第一,必须具有本国的文化素养(尤其是相关的历史、哲学素养);第二,必须具有特定对象国的文化素养(同样包括历史、哲学素养);第三,必须具有关于文化史学的基本学理素养(特别是关于"文化本体"理论的修养);

---

① 任继愈《汉学发展前景无限》,载《中华读书报》2001年9月19日。

第四,必须具有两种以上语文的素养(很好的中文素养和对象国的语文素养)。这几点确实都是汉学研究者必须具备的文化和语文素养,否则很难高效进入汉学研究的学术境界。

"列国汉学史书系"的启动始于20世纪90年代,但它的诞生经历了千难万险,如果稍微松懈,必定会死于胎中。2018年10月13日,在北京语言大学校长刘利教授和北京语言大学语言资源高精尖创新中心领导李宇明教授的支持下,开了一次"'汉学研究大系'专家咨询会"。来自北京、天津和南京的学者、在京的汉学家,以及多家新闻媒体的记者参加了本次咨询会。从那时开始,我们将"汉学史书系"裂变为多个"丛书",如此变化,完全是为了能将书系编撰得更科学、更广阔。这个"大系"就像一个"汉学研究超市",如此分法,就是为了便于更多的学者能将自己的作品加入这个"超市"之中,也便于更多的读者走进这个"超市"选购自己需要的精神食粮。

冬天到了之后是春天,接着便是收获的季节。这套富有创意和价值的书系工程几乎涵盖了汉学研究的一切领域,它将对中外文化交流和汉学的发展以及比较研究产生深远影响。

在人类的文化长廊里,无论是中国还是外国,各种书写异国文化的著作琳琅满目,这其中有外国人写中国各类历史的,也有中国人写外国的各类著作。历史,是往事,是记录,是选择,并有相对独立的评论和褒贬。但是,事实上任何一部历史都不是最后的历史,历史随着时光的流逝而演进,修史很难一步到位,它需要一代代的学者"积跬步"才能"至千里",只有"积土成山,积水成渊",才会有"风雨兴""蛟龙生"。学问之事非一夕之功,非得有前赴后继者敢于赴汤蹈火"流血牺牲",才会达至光明顶峰。

开拓者也许会在某个时候将自己的真诚劳作化为欢乐,因为在以后的岁月里,定会有人踏着自己的肩膀攀上高峰,以鸟瞰美丽风光。21世纪是经济的大空间,对汉学来说也是一个"大空间"。但是,要探索这个"大空间",需要有个和谐的"太空站",需要大家联袂共建。当然,世界需要多元文化和谐相处的历史语境,共同创造彼此接近、认识、理解、尊重、沟通、借鉴与融合的机会,这个机会,就是汉学研究发展的机会。

时间在行走,历史在行走。人类创造过历史,书写过历史,但这尚不是最后的历史。汉学有历史，而且还正在创造新的历史，汉学及其研究将以自己的品格和个性在人类文化的世界里放出异彩。

阎纯德
2019年3月3日
于北京半亩春秋

目 录

序 …………………………………………………… 谢清果（Ⅰ）

第一部分 《道德经》在英语世界的传播研究 ………… （1）
  第一章 《道德经》在英语世界的英译研究 ……………… （1）
    第一节 19世纪英语世界的《道德经》英译研究………… （1）
    第二节 20世纪英语世界的《道德经》英译研究 ………（31）
    第三节 21世纪英语世界的《道德经》英译研究 ………（91）
  第二章 比较视野下英语世界的《道德经》传播研究 ……（114）
    第一节 以马王堆汉墓出土的《道德经》帛书本为
           底本的英译比较研究 ………………………（114）
    第二节 以郭店楚墓出土的《道德经》竹简本为
           底本的英译比较研究 ………………………（150）
    第三节 以王弼《老子注》为底本的英译比较研究 ……（169）
    第四节 亚瑟·韦利的《道德经》英译比较研究 …………（207）
    第五节 托马斯·克利里的《道德经》英译比较研究 ……（217）
    第六节 韩禄伯的《道德经》英译比较研究 ……………（222）
    第七节 迈克尔·拉法格的《道德经》英译比较研究 ……（233）
    第八节 刘殿爵的《道德经》英译比较研究 ……………（263）

第二部分 《道德经》在英语世界的接受研究 …………（283）
  第一章 《道德经》在英语世界的应用研究 ………………（283）
    第一节 《道德经》与领导才能 ……………………………（283）
    第二节 《道德经》与经营管理 ……………………………（293）

第三节　《道德经》与教育 …………………………………（313）
　　第四节　《道德经》与宗教 …………………………………（342）
　　第五节　《道德经》与医学 …………………………………（366）
　　第六节　《道德经》与社会和谐 ……………………………（391）
　　第七节　《道德经》与日常生活 ……………………………（403）
　第二章　比较视野下英语世界的《道德经》接受研究 …………（428）
　　第一节　道与逻各斯：老子与海德格尔 ……………………（428）
　　第二节　道与逻各斯：《道德经》与《约翰福音》 …………（448）
　　第三节　《道德经》与阿奎纳的《形而上学》 ………………（456）
　　第四节　《道德经》与普塔霍特普的《箴言集》 ……………（465）
　　第五节　《道德经》与维特根斯坦的《逻辑哲学论》 ………（473）
　　第六节　《道德经》与威廉·戴明的《渊博知识体系》 ……（490）
　　第七节　《道德经》与保罗·弗莱雷的《受压迫者
　　　　　　教育学》 ……………………………………………（498）
　　第八节　《道德经》与《蛙氏奥义书》 ………………………（513）
　　第九节　《道德经》与梭罗的《瓦尔登湖》 …………………（524）

第三部分　结语：他山石为错 …………………………………（534）

附录 ………………………………………………………………（537）
　一、安乐哲英译本所依郭店楚墓出土《道德经》竹简本中的
　　　《太一生水》原文及译文 …………………………………（537）
　二、韩禄伯英译本所依郭店楚墓出土《道德经》竹简本中的
　　　《太一生水》译文 …………………………………………（539）

参考文献 …………………………………………………………（541）

后记 ………………………………………………………………（564）

序

　　以《道德经》为桥,促进中西文化对话。

　　我们几位朋友,见到杨玉英教授的时候,常戏称她是位"长江学者",因为她现在在长江师范学院工作。我在两次主持杨教授在厦门大学"文化讲堂"讲座的时候,都打个比方介绍这位才女老师,那就是小庙里的大菩萨。她所在的学校或许并不出名,但是杨教授却因为长期以来研究西方世界对郭沫若、毛泽东、《孙子兵法》等的研究,成果丰硕,且注重生活品质,过着神仙般的生活。可是,让羡慕嫉妒的是,她还时不时就出本大作。这不,她的大作又来了!前不久她给我发来新作《〈道德经〉在英语世界的传播与接受研究》的电子稿,嘱我作序。我首先本能地推脱,因为我自知自己年纪尚轻,资历尚浅,如果由我序,或许不能给她的大作增添光彩。但她却毅然决然地说"非你莫属"。对此,我有些惶恐,亦有些喜悦。

　　惶恐的是,我对《道德经》的外译并不熟悉,虽然也曾在拙作《道德真经精义》一书的最后一章探讨《道德经》的国际传播与"和谐世界"的建构中,尝试做过一点探讨,我认为《道德经》的海外传播对于帮助西方走出第一次世界大战和第二次世界大战的心灵创伤都具有重要的指导价值,同时对于中外探讨当今世界所面临的问题的解决之道都有借鉴意义。但是,我当时还未能全面深刻地考察《道德经》海外传播的总体状态,总是引以为憾,内心期待将来有一天能够从传播学的角度对《道德经》在海外的接受与效果进行研究,从而将我自己的老子传播学研究系列做完整。我从厦门大学哲学系博士毕业后,幸运地留校加盟到新闻传播学院,从事华夏传播研究。于是,我发挥自己的优势,果断开展老子及其道家思想与传播学的对话,努力打造老子传播学这一研究领域,于是便有了以下系列著作:《和老子学传播——老子的沟通智慧》《和老子学养生——老子的健康传播智慧》《和老子学管理——老子的组织传播智慧》《大道上的老子——〈道德经〉与大众传播学》《生活中的老子——〈道德经〉与人际传播》。杨教授的这部新作所打开的理解与把握西方《道德经》研究的成果,必将为我下一步研究《道德经》的跨文化传播研究提供不可多得的素材。

喜悦的是,杨教授的新作无疑一定程度上缓解了我的不安,因为这样的课题无疑由她来完成是最合适不过了。因为杨教授早于2013年在中国社会科学出版社出版了《英语世界的〈道德经〉英译研究》,该书侧重从微观层面对英语世界中流行的《道德经》英译本进行文本细读,其突出的特点就是从《道德经》章句和核心术语着手,对一些著名的《道德经》译作进行综合比较研究,从而为读者勾勒出英语世界对《道德经》的理解与接受的一个重要面向。而时隔6年,她又推出新作。相比较而言,不难发现,新作与前书有一贯的特点,那就是文本细读的方法,只不过这次研究的译本多数是新的,而且研究的角度与着手处也有更深入、更全面的提升。这就表现在她的研究视角在于突出"传播"与"接受"这两个关键词。读杨教授的作品让我的心情是愉悦的,因为原来认为写"序"是件苦差事。现在高校的老师教学科研压力巨大,这样的事情本来是多一件不如少一件。不过,当我浏览她的新作,不由自主地被带进了一个奇幻的思想之旅,许多对以汉语为母语的普通读者而言原来隐晦难懂的外文,经她生花之妙笔进行了跨文化转译后,是那么的直白而深刻,让人受益良多。

杨教授的大作正是以"传播"与"接受"为关键词来分成两大部分,第一部分,共有两章。第一章以历史的线索,提纲挈领地展示了从19世纪至21世纪有代表性的译本,并从各译本的"序言"着手,管窥英语世界对老子思想评价的变迁。第二章则以《道德经》帛书本、郭店本以及王弼本这三大版本入手,围绕每一版本评介有代表性学者的译作,从而生动地展现了西方老学研究的主要成就。第二部分,也分为两章来论述英语世界对《道德经》的接受情况。第一章以《道德经》在英语世界的应用研究为题,分七节分类简述了《道德经》在西方是如何被理解与接受的,分别是领导才能、经营管理、教育、宗教、医学、社会和谐以及日常生活。

最初西方的《道德经》是由西方传教士传入,因此传教士自然将《道德经》与西方文化中的宗教本身进行对照研究,亦即以自身的文化来译介《道德经》,就不难理解了。后世的西方学者也经常将《道德经》与神学思想进行比较研究,比如,2003年新加坡国立大学哲学系研究员蔡曙铭(Jude Chua Soo Meng)在《无名之"道":〈道德经〉与托马斯·阿奎纳的无限存在的形而上学之间的友善关系》一文中就曾认为："《道德经》中的'道'因无形而导致其无名的学说与阿奎纳的存在的最高形式上帝之不受形式限制的教义是一致的。"而《道德经》与其他诸子百家的著作一样都围绕着修身与治世两大主题来展开论述，因此，就修身而言，《道德经》对西方的积极心理学，尤其在精神治疗领域得到广泛的运用，因为《道德经》倡导清静寡欲，柔弱不争，无为、自然等观念对于平息人们的情绪有着积极的引导作用。就治世而言，《道德经》追求社会和谐，圣人以无为方式来爱民治国，而且讲究领导者自我约束，在利益面前能够践行后其身，外其身的高风亮节，从而得到百姓的拥戴。而显然，《道德经》在管理上运用，正是体现了对其治世思想的创造性转化。因为管理本来就是管人理事，尤其是对人的引导，来协调事情，所以《道德经》对于领导才能与企业经营管理内在地发挥着指导性作用，例如"善用人者为之下"，体现的正是管理的根本原则之一，即对员工、对合作者、对支持者的尊重，只有尊重才能发挥人的巨大创造性与能动性。1994年新加坡国立大学教授刘瑞平（Low Sui Pheng）在《老子〈道德经〉给设备经理的教训》一文中提到管理团队的原则，其中之一是"一个开明的领导是服务他人而非自私的。一个好的设备经理通过将大家的幸福放在他个人的幸福之前而成长得更多，而且做领导的时间会更长。通过无私，设备经理提高了自己。而且由于他放弃了自私，他也能提高他人。"这正是对老子"无私成其私"思想的创造性运用。而就教育而言，《道德经》讲究的是"不言之教"，即身教，倡导教育者自身先受教育，先要垂范，这样方能桃李不言，下自成蹊。而就日常生活而言，如同西方对禅宗的推崇一样，"道"以自身异域文化的新奇性常常为西方人所喜爱，甚至引为时尚，据研究目前西方译本已逾1600本。因此，《道德经》的理念被引入到包括平面设计等场景中来也就不足为奇了。

　　第二章则精选英语世界有关研究《道德经》与西方文化比较研究的论著，以期深入到道与逻各斯比较的视角，展开《道德经》与西方核心哲学观念的对话。本章先以海德格尔与老子哲学思想的比较开头，探讨《道德经》是如何嵌入到海德格尔的哲学理念中去的。紧接着又分八节分别介绍英语世界中将《道德经》与《约翰福音》、阿奎纳的《形而上学》、普塔霍特普的《箴言集》、维特根斯坦的《逻辑哲学论》、威廉·戴明的《渊博知识体系》、保罗·弗莱雷的《受压迫者教育学》《蛙氏奥义书》、梭罗的《瓦尔登湖》比较研究的成果，从而展示了《道德经》的智慧可以也应当能够与西方宗教典籍、哲学元典、教育学、生态学名著等进行心灵层次的对话，或许那些作者本身并没有接触或引用过《道德经》，但这不影响他们可以在一些议题上与老子心意相通，因为"人同此心，心同此理"。同一个道，可以有不同的表达，何况"道"本身是开放的、演进的，而世人本质上都是在盲人摸象，都只是从一个特定的视角与情境展开对"道"的理解与想象。比如2011年达斯汀·李的硕士论文《我自相矛盾吗？〈瓦尔登湖〉与〈道德经〉中的自助与相互依赖》一文就深刻指出："对梭罗和老子来说，每件事都是一种对话，一种共享。在其中，他们实际上形成了一种对话，这种对话既不是一种对暴行或历史的沉重负担或存在的服从，也不是对这个世界进行重新安排使其符合他们自己的固定不变的哲学。而是，他们都承认的一种非常清楚的对话是在这个对话中有他们自己的声音。然而，相互依赖并不仅仅意味着与我们同等的人老实地交流，而是建议一种这些促进因素中的复杂关系。这是梭罗和老子看待他们所处位置的方式：意识到其所在的个体既不害怕这个所在也不会受到它所呈现的他们自己的众所周知的边界之暴行的威胁。"尽管梭罗与老子不曾有什么交集，但是不妨碍他们可以跨越时空的对话，因为高尚的人们总是千方百计为人类谋福祉，即使实现人类幸福的道路设计不一，但是心之所向却是共通的。从根本上讲，《道德经》的无穷魅力就在于它引导人们"惟道是从"，但却从不去范围道的意义，因为道本不可言，道不落言诠，言语道断。但"道"却又"天网恢恢，疏而不漏"。与道合同，便能得道。与德合同，便能得德。而相反，与失合同，自然得失。不同读者的心态，决定了他能从《道德经》中学到什么。这也就是《道德经》能够风行天下的原因所在。

　　杨教授大作犹如一幅优美的画卷，她向我们娓娓道来那来自遥远国度学者对《道德经》的沉思。那些英语世界中的译著，多数没有在中国出版，也极难寻觅英文版的踪迹，光是要找到这些译本都是颇费功夫的。好在得道多助，天道酬勤，在海内外学人和朋友的帮助下，她按图索骥基本上找到了能够找到的版本，既费钱又费心力，难能可贵。正因为有她作为学者的不懈努力，我们才能够欣赏"他者"视角下的老子。当然这里面还有一个十分关键的因素，那就是杨教授是外语专业，更重要的是她精通翻译，而且是能够中西对译，这两方面的本领缺一不可。阅读杨教授如此信达雅的翻译作品,令人心旷神怡。我们也期待杨教授能够将那些书中提到的译本,都完整地翻译成中文,以让中国读者能够窥见西方经典《道德经》译作或研究著作的全貌。可以说,杨教授的大作介绍这些西方译作达到了出神入化的程度了。

透过杨教授对英语世界《道德经》研究成果的介绍,我们深切地体会到外国学者对"道"的焦虑,如何用英文词汇表达,无论是用"the Way""reason""logos",还是"GOD""the Word"似乎都不合适。道就是道,或许只能用"Tao"音译最为合适。这就如同亚力山大对中国文化特点深切感悟的那样:"中文汉字代表的并非是词而是观点的象征,文中字与字的组合代表的不是作家说出来的话,而是他想表达的意思。因而,一个译者试图去按字面意思翻译是无用的。当具有象征意义的字使译者的思想与原作者的思想相一致时,那译者就可以自由地用他自己的或任何其他的语言以他能获得的最佳方式来翻译处理原作者的观点。……在中国经典的研究中,并没有太多被作家用来作为阐述其思想的对汉字的阐释,有的只是心灵间的对话。"译者只有在心灵深处理解了《道德经》才能做到用西方人自己的语言来表述,因为翻译本身就是一个再创作过程。

纵览洋洋洒洒五六十万字的书稿,能够于字里行间随处感受到杨教授在译介英语世界《道德经》研究成果的过程中,明显有着自身强烈的文化主体性意识,如同她在后记中建议读者的那样:"听别人说,走自己的路。把别人的经验、教训、成果拿来,然后根据自己的实际情况和需要以及所处的时代、社会等大环境,选取符合自己实情的'他山之石'来作为可资借鉴可为自己所用的攻玉之石,可以让我们少走弯路、错路,最终达到事半功倍的效果。"这何尝不是西方人自身对待《道德经》的基本思路,即拿来主义,以《道德经》为一个触媒来启发自己的思考。

感谢杨教授将如此丰富多彩的英语世界的《道德经》传播与接受研究的成果介绍给我们,而且又能凭借自己对英语世界的《道德经》研究成果的信手拈来,为我们打开了走入西方心灵世界的一扇大门,从而让我们更珍惜《道德经》这一本正经,读好这一本正经,方能不枉来人间一遭。

《道德经》之与人类文明的意义,正如萨姆·哈米尔(Sam Hamill)在《〈道德经〉新译》的译者导论中所评价的那样:"文明起起落落,而老子的智慧永在,从头至尾看穿我们。他那个时代的痛苦与我们这个时代的痛苦并没什么差异。获得内在(社会)和平与和谐之道是一样的。要追随'道',那就必须首先成为可以点亮天空的雷电并在具体展现出宁静之前使其残酷幻想之世界变得自由。2500年后,《道德经》所蕴含的信息与老子那时完全一样具有革命性。如传言所说,老子写好《道德经》之后就完全消失了。任何一位正派的译者都将会希望变得如老子一样坦率,然后隐身消失……但不是从这个诗意的文本中消失,而是进入其中。"哈米尔的此番内心独白说明他是能够与老子心心相印了。因为老子本身也并不想去留名,只是想过自己真实而素朴的生活,因此,他的语言是那么的易知易行,而天下人却之所以不能知不能行,乃是因为天下人在名利之中迷失了自我,而不懂得去追问人生的价值与意义。在老子看来,人生的根本价值在于尊道贵德,从而实现"求以得,有罪以免"的快意人生。相反,"人之迷也,其日固久矣",人们往往犯了"乐与饵,过客止"的错误。"大道甚夷,而民好径"。放着平坦的大道不走,却喜欢走捷径,贪多图快。殊不知"少则得,多则惑"的道理,所以老子才自信地说:"知我者希,则我者贵。"因为道与德的尊贵不是用金钱、财富、享受来衡量的,而是自然赋予的神圣与崇高、逍遥与自适。这也是为什么《道德经》作为经典的永恒意义之所在。只要人类还在迷途中徘徊,《道德经》就会是一座永恒闪亮的智慧灯塔,引领着人生正确的航向。当然,前提是人类愿意去寻找出路,因为不求,自然不得。不过,还需要提醒的是,正确的"求"是"为无为,事无事,味无味",方能无所不为,无事不成,无味不妙。

最后补充说个题外话。我认识的几位从事《道德经》翻译研究的学者,除杨教授外,如宁波大学外国语学院的辛红娟教授,天津外国语大学的蔡觉敏副教授,都是女性。于是,我就想女性研究《道德经》或许是有优势的,因为老子是推崇女性的。在老子看来,道的本质是柔弱的、无为的、不争的、自然的、和谐的……而这一切美好的词汇似乎都与女性的特质相似。而且,她们这几位《道德经》的翻译研究者都具有一种强大的亲和力,都性格耿直而柔和,让人与之相处感到心情舒畅。这或许正是因为长期浸染在《道德经》那种"见素抱朴,少私寡欲"和"知足知止"的思想之中,在潜移默化中,生成了这种独特的气质,焕发出强大的人格魅力。祝贺她们生活幸福,科研成果不断涌现,也祝愿《道德经》的智慧能够让全世界的人们都能养生这种平和恬淡的品格,那么建构人类命运共同体的理念就不是遥远的梦想了。"千里之行，始于足下"。为了世界的和平、安宁，让我们都来时常读读《道德经》吧！美国学者蒲克明（Raymond B. Blakney）预言说："《道德经》将是未来大同世界里家喻户晓的一部书。"（In "One World", the *Tao Te Ching* would be quite at home.）而我却曾说，如果世界上人人都能尽早地拥有一部《道德经》，并把《道德经》的智慧转化到生活实践中，那么"天下一家"的时代，终将到来。让我们一起读读《道德经》吧，因为以之修身其德乃真；以之修家，子孙祭祀不辍；以之修乡，乡村和谐美丽；以之修国，国富民强；以之修天下，而天下太平！

注：本文有关西方作品的引文均来自杨教授的这部新作。

谢清果

厦门大学新闻传播学院教授、博士生导师

第一部分
《道德经》在英语世界的传播研究

第一章 《道德经》在英语世界的英译研究

《道德经》在英语世界的传播始于19世纪下半期,最早的英译研究是1868年在英国伦敦出版的约翰·查莫斯(John Chalmers)的《对古代哲学家老子关于形而上学、政体及道德的思考》[①]。英语世界的《道德经》传播与接受研究横跨3个世纪,译本多达143种。该章分别对19、20和21世纪出版的《道德经》英译本做线性梳理,并就其中较具影响力的译本之特色内容做汉译,以向读者展示《道德经》在英语世界的发生、发展与变异。

第一节 19世纪英语世界的《道德经》英译研究

19世纪出版的《道德经》英译本共有6个,分别是:1868年在英国出版的约翰·查莫斯的《对古代哲学家老子关于形而上学、政体及道德的思考》;1884年在英国出版的弗雷德里克·巴尔弗的《道家伦理的、政治的以及思辨的经典》[②];1891年在美国出版的詹姆斯·理雅各的《中国之圣书:道家经典》[③];1894年在印度出版的沃尔特·奥尔德的《德之道之书:老子

---

① John Chalmers trans. *The Speculations on Metaphysics, Polity and Morality of the Old Philosopher Lao Tsze*. London: Trubner & Co., 1868.

② Frederic Henry Balfour trans. *Taoist Texts: Ethical, Political and Speculative*. London: Trubner & Co.; Shanghai: Kelly & Walsh, 1884.

③ James Legge trans. *The Sacred Books of China: The Texts of Taoism*. New York: Dover Publications, 1891.

〈道德经〉英译》①；1895 年在英国出版的亚历山大的《伟大的思想家老子以及对他关于自然和上帝之表现观的英译》②；1898 年在美国出版的保罗·卡卢斯的《老子〈道德经〉》③。6 个译本中，包括最早的英译本在内共有 3 个是在英国出版的，另有 2 个在美国出版，1 个在印度马德拉斯出版。可以看出，英国和美国是传播研究《道德经》最早的 2 个外国国家。

一、查莫斯《对古代哲学家老子关于形而上学、政体及道德的思考》之"导论"

在译文前的"导论"中，查莫斯对《道德经》中所蕴含的老子思想进行了详细的解读。其"导论"译文如下：

> 我冒险将老子称为中国的哲学家。因为，孔子获此殊荣更多是因为环境，而老子则是由于他深邃的思想。作为一个诡辩家、一个精通仪礼的人、一个文学家，孔子确实胜过他同时代的所有人，但在思想的深度和独立性方面他则不及老子。老子比他小心谨慎的对手孔子走得更远可能仅仅只在于他思想的独立性。他深入那些其他学者既不能跟随也无法理解明白的领域与高度。尽管有时他会感到迷惑，但必须予以肯定的是，有时他又相当成功，"怀玉"（with a jewel in his bosom）而归。④

---

① Walter Gorn Old trans. *The Book of the Path of Virtue*, or a Version of the Tao Teh King of Lao-tsze, with an introduction and essay on the Tao as presented in the writings of Chuang-tsze. Madras：Theosophical Publishing Society, 1894.

② G. G. Alexander. *Lao Tsze*：The Great Thinker：With a Translation of His Thoughts on the Nature and Manifestations of God. London：Kegan Paul, 1895.

③ Paul Carus trans. *The Canon of Reason and Virtue. Being Lao-tze's Tao Teh King*. Chicago：The Open Court Publishing Company, 1898.

④ "Confucius no doubt excelled all his contemporaries as a casuist, a ritualist, and a litterateur, but not more than Lau-tsze excelled him in depth and independence of thought. That Lau-tsze went further astray than his more cautious rival is only what might have been expected from his independence. He soared away into regions and heights, where others could neither follow him nor see him; and, while he sometimes lost himself in wandering mazes, it must be confessed that, at other times, he had better success, and came back with a 'jewel in his bosom'." In John Chalmers trans. *The Speculations on Metaphysics, Polity and Morality of "the Old Philosopher"*, Lao-Tsze. Op. cit., p. vii.

老子究竟继承了他的前辈们多少东西呢？除了很少的对当代格言或传统观点的根本引用外，对此我们无从知晓。毋庸置疑，他对历史片段和他那个时代的歌谣非常熟悉，这点孔子也予以了相当的关注。但是据我们所知，他的灵感并非源于此。如果老子之前真的有文人研究过"道"的话，那他的著作和他的名字似乎早已经消亡了。对于这个问题，以及另一个更加有趣的问题，即在这么早的时期，中国和印度的思想家们之间是否有相关交往联系，当这个主题受到它应受到的关注的时候我们或许有望得到更多的启发。

事实上，老子站在道家学派显赫的前列，他的追随者们几乎没有在他留下的这本小书《道德经》中补充什么有价值的东西。这些添加的东西中有关于沉思和荒诞不经的梦的阐发，也有大量关于迷信和亵渎神明的言论，但几乎没有任何东西是值得了解的。①

然后，说到《道德经》一书的作者老子，我们几乎不能说对其人有什么了解。时间有可能被推及公元前6世纪这个更广的范围。但是，如果说老子真正为了他人的利益而奉献自己的话，那么根据他的准则，对他的善行的记忆已经消亡了。甚至他的名——老子，老哲学家（the Old Philosopher, or the Philosopher Lau），也可能仅仅只是一个尊称而已。生活在其400多年后的司马迁，给老子起了另一个名字和号。他也告诉了我们一些关于老子的事情。但是即便这些事是真的，那也不太重要。然而，下面的这个关于孔子和老子之间对话的记载，却很鲜明地反映了老子与孔子的思想特征。老子做周朝的守藏室史时，孔子去他那问询关于周朝的建立者们的礼节和准则之事。他们见了面，非常随意地交换了意见，然后老子对孔子说："子所言者，其人与骨皆已朽矣，独其言在耳。且君子得其时则驾，不得其时则蓬累而行。吾闻之，良贾深藏若虚，君子盛德，容貌若愚。去子之骄气与多欲，态色与淫志，是皆无益于子之身。吾所以告子，若是而已。"孔子离开老子后对其弟子说："鸟，吾知其能飞；鱼，吾知其能游；兽，吾知其能走。走者可以为罔，游者可以为纶，飞者可以为矰。至于龙，吾不知。其乘风而

---

① "As a matter of fact, Lau-tsze stands the acknowledged head of the Tauist sect; and his followers have scarcely added anything valuable to what he left them in this little book. Speculation there has been, and wild dreaming——superstition and blasphemy too in abundance; but scarcely aught that is worth the knowing." In John Chalmers trans. *The Speculations on Metaphysics*, *Polity and Morality of "the Old Philosopher"*, *Lao-Tsze*. Op. cit., p. viii.

上天。吾今日见老子,其犹龙邪!"我们很容易想象实际而世俗的孔子思想将会受到老子这些大胆而相悖的思想多么大的震惊与抵制。而他又会怎样惊呼"险"!龙必须得是一种待在黑暗中某处奇异之地的丑陋的家伙。

我认为,最好将《道德经》中的"道"保留不译,原因有二:一是"道"是道家学派的名字,二是没有英语词汇与它完全等同①。建议可用3个词,即"the Way""Reason"和"the Word"来翻译它,但这3个词都易遭到反驳。如果我们从词源上进行考虑,"the Way"应是与"道"之本意最接近的,甚至在第一、两章中"way"的意思似乎还包含在这个词中。但这样去理解的话,对于译事来说就太功利了。与"Tau"相比,"Reason"又一次似乎更像是某些有意识的存在物的一种特性或特质。从"逻各斯"(Logos)的意义上讲,我将把"Tau"译成"the Word",但是这样的话,又会显得像是在解决我希望不解决的那个问题,即,在《新约》的"逻各斯"与此"道"之间,究竟有多大的相似性,哪一个更能代表中文里的"道"。在我们中文版的《新约·约翰福音》的第1章中有:"太初有道,……"

老子最伟大的思想是在开篇第1章中所表达的"常道",这个思想与他一起占据了在"神"或是"绝对"中的位置。老子努力去将他的思想描写成是"有名"之"同",随后,又通过(视之不见听之不闻搏之不得)将这些否定的事物结合(混而为一),通过将相对立的事物堆积,而将"无名"描绘成"玄之又玄"和"众妙之门"。

然而,当他离我们关于造物主的理念最近的时候,仍然是"道",是以他喜欢的"母"之形象而呈现出来的。(可参见《道德经》第1、6、25、52和59章)。其中,"有名"一般占据着主导地位。实际上,"有名"据说是由"无名"而生的,而"道"是"有名"与"无名"二者的统一。但是,万物之"母"必须是一个积极的存在体。于是老子的"有名"成了一个问题。除了有形或许还有色、有声、能运动等"有名"之外老子不知道的其他的"有名"。在其原始状态,它是"无名之朴"。(第32、37章)它是由"道"而生的"一"。(第42章)"道"的第1个也是最伟大的可认知的形式是天和地。天与地之前存在的,是"玄牝"。(第6章)但是,即便这也是一个强为之

---

① "I have thought it better to leave the word *Tau* untranslated, both because it has given the name to the sect——the *Tauists*——and because no English word is its exact equivalent." In John Chalmers trans. *The Speculations on Metaphysics*, *Polity and Morality of "the Old Philosopher"*, *Lao-Tsze*. Op. cit., p. xi.

名。因为严格地说它是没有名的,而且所有的名都无法准确地表达它。(第25章)

老子对有别于事物之物质的"精神"是没有概念的①。这么说对于那些不熟悉形而上学历史的人来说可能会很惊讶,甚至我们伟大的宗教诗人约翰·弥尔顿(John Milton)对神的不同特性也是一无所知的。但事实确实是这样的。根据弥尔顿的《失乐园》(*Paradise Lost*),天使和凡人的心灵都是被创造出来的,都是由供养我的身体之同样的东西创造出来的。

> 而且从这些肉体的营养中或许
> 你的肉体将会最终完全转变为精神。
> ——《失乐园》第5章,第496行

这也是以老子为创立者的道家学派广为人知的教理,并由此滋生了关于长生不老药的无穷无尽的、荒谬的胡言乱语以及一个人可能将自己"完全转变为精神",甚至是转变成"空"这种状态的不同的方式方法②。老子对此有太多的话说。

"无为"(Much ado about nothing)将使我们不得不相信它确实是某种东西,而它似乎是老子讨论"虚"和"无为状态"(emptiness)的结果。我们应该将一个人的心灵放置在老子放置"虚无"的地方。"虚无"是有用的,它是玄牝之子宫,万物从中流出而变成切实的存在。老子在第42章中告诉我们万物之中心有"和气"(an immaterial breath)。但我怀疑,没有例外,这是"无有入万物",或者说是"无有入无间"③。

其实,我们已经在《道德经》第6章读到了"谷神"。万物的起源是模糊的,我自己也不能肯定自己的解读是否切中要害。但在我看来,这个"谷神"似乎包含了一种确切的认同,那就是,在所有关于"道"的沉思之后,

---

① "Lau-tsze had no notion of spirit as a substance distinct from matter." In John Chalmers trans. *The Speculations on Metaphysics, Polity and Morality of "the Old Philosopher", Lao-Tsze*. Op. cit., p. xii.

② "Such also has been the prevailing dogma of the Tauist sect, of which Lau-tsze was the founder; and it has given rise to endless absurd gibberish about the elixir of life, and the different ways by which a man may turn himself 'all to spirit;' and, better still, to the state of emptiness, of which the founder has so much to say." Ibid., pp. xiii-xiv.

③ "…, but this is, I suspect, after all, but the non-existent, which enters into all things, without exception, or penetrates the impenetrable." Ibid., p. xiv.

"无有"以及天地之源的玄牝之母就是一种"神"。可能绝大部分的读者会认为假如老子对此真理予以更多的强调,并将个体的神当成是最高的存在,而不是将一个不确定的、非人的、无意识的"道"放置在它(帝,神)之先和之上会更好些①。

但事实是,在老子的形而上学中,他偏离了真理和常识,但没有证据来证明他在此中表现出的自卑。我们大部分的玄学思想仅是疯狂的诗而已。老子是一个充满诗意的而非具有科学观念的大自然的观察者。他不知谷中咕咕冒泡的泉水来自哪里,便说它来自"虚无处"(nowhere, nothing)。泉水永远在流着。老子认为它是一种象征,是所有存在的象征,它源源不断地从"无有"中流出。但"永恒的道"既非这些也非那些中的一部分,而是"两者的处于恍惚状态的一种可能"②。

这是一种适于使现代知识分子的骄傲变得相形见绌和谦卑的因素。在公元前6世纪,一个异教徒像著名的德国玄学家那样深入了宇宙的秘密,深入到了如下所记载的他(谢林)的哲学思想中。

那种我们仅仅通过与其相认同来认知的"一",那种我们将其名为"神"的东西,只能在其原始状态下才能被既非当作主体亦非当作客体,既非当作本质亦非当作思想考虑。它是二者相生的、相异的、处于恍惚状态的一种可能。它通过一个自我运动的过程变成了全部的存在,在此自我运动中它连续不断从最低的被称为与有机的存在相关的表现中以及它在人性掩盖下的自身的能动作用中赋予自己越来越高的力量。(周行而不殆。见《道德经》第25章)在"神"或"一"的这种构成宇宙生命的运动中,有两种模式:一种是扩张性的运动,或者通过'一'向前涌流而生的实际之存在的客观化倾向。而从"万物的创造"(*natura naturans*)中产生了全部的"被创造的万物"(*natura naturata*)之多样化与复杂性。另一种是收缩性的运

---

① "…, but it seems to me to contain an acknowledgement that, after all his speculations about *Tau*, and non-existence, and the Abyss-mother, the source of heaven and earth is a Spirit. Probably most readers will think it would have been well if he had rested more in this truth, and recognized a personal God as the highest existence, instead of placing an indefinite, impersonal, and unconscious *Tau* before Him and above Him." In John Chalmers trans. *The Speculations on Metaphysics, Polity and Morality of "the Old Philosopher", Lao-Tsze*. Op. cit., p. xv.

② "That spring flows for ever; a symbol, thought he, of all existence, which continually flows from non-existence. And yet Eternal Tau is neither the one of these nor the other, ' but the slumbering possibility of both. '" Ibid., pp. xv-xvi.

动,或通过"被创造的万物"回落为"万物的创造"并让其自身变得清醒的主观化倾向。

的确,当伟大智者的探索高于自己的深度时,似乎会显得近乎傻气。

但老子却从自然之中得到了一些美丽的关于道德的教训。比如在第8章中,当有用的东西与如水一样处于低下地位的东西结合在一起时,有什么会比从中得到的教训更好呢? 刚、强的草木会处下以支撑那些柔、弱的部分(第76章)。人类社会也应该如此。那些能够使自然之所有形式完满的力量是从来不会炫耀自己的。人们仅见其慈善的效果,那就是,它应"常与善人"。飘风或是骤雨不会持久。因此,如果一个人想要持久的话那他就得学会适度①。

对于老子的战争观,几乎没有基督徒不会与之产生共鸣,甚至崇拜的。而且,或许那些论述死刑的观点也不会引起误解。在所有的情形下,比如在第27章和第74章中,他论述坏人和罪人的观点在很大程度上是基督教徒的观点。善人必须得通过教导和榜样去培养,有的善人则是从这些资源(即,不善人)中产生的。一个令人遗憾惋惜的匠人,常常会瞧不起或者毁坏他的资源(不善人)②。

第63章的格言警句"报怨以德"(Recompense injury with kindness)曾受到孔子的认可和引用,但他对此并不赞同。在《论语·宪问》中,孔子说:"何以报德? 以直报怨,以德报德。"③关于"以怨报德"这个观点,老子站得要比孔子高。孔子总是从学者或者地方官员的角度来说话。而老子

---

① "What could be finer, for instance, than the lesson of usefulness combined with lowliness, drawn from water, in the viiith chapter? The hard and strong parts of trees stay below to support the weaker parts; so should it be in human society. The Power which completes all the forms of nature does not show itself; its beneficent effects alone are seen: so should it be with the good man. A violent wind or a pouring rain cannot last long; therefore be moderate if you wish to last." In John Chalmers trans. *The Speculations on Metaphysics, Polity and Morality of "the Old Philosopher"*, *Lao-Tsze*. Op. cit., pp. xvii-xviii.

② "At all events, the light in which he regards bad men and criminals, in chapters XXVII. and LXXIV., is a most Christian light. The good men have to make, by instruction and example, other good men out of these materials, and he is a sorry workman who despises or destroys his materials." Ibid., p. xviii. 这个观点主要是引第27章的观点:"故善人者,不善人之师;不善人者,善人之资。不贵其师,不爱其资,虽智大迷,是谓要妙。"

③ "The maxim in chapter LXIII., 'Recompense injury with kindness', was once quoted to Confucius for his approbation, but he could not endorse it. 'With what then', said he, 'will you recompense kindness?' Recompense injury with justice, and recompense kindness with kindness." Ibid., p. xviii. 原作者查莫斯没有指出引文源自何处。(作者注)

的错则在于走向相反的极端。他看到的是他那个时代的教育和政府的空疏与虚伪，因而走向了谴责所有的教育体制、所有的立法、所有的官阶、所有的行政官员的极端。是在这些问题的基础上，老子提出了自己"无为"（non-action）和没有现实束缚的"自然发生"（spontaneity）的理论①。老子是人民中的一员，而且他认为如果给他机会去指导和统治他人的话他会按自己的想法而为，仅需要成为他们中最好的一员就行了。

但是，这里我将把老子留给英语世界的读者来加以评判。

儒莲（Stanlislas Julien）的《道德经》法译本对我受益匪浅，我非常高兴认识他。我也无意试图将老子的思想注入一本具有可读性的《道德经》英译本而取代其精心之作。

"导论"与《道德经》译文之间还有查莫斯"对第 38 页的注释"（NOTE TO PAGE 38）。该注释是关于第 50 章的内容的。下面是关于第 50 章部分内容的另一种译法，或许这种译法要更好些。

查莫斯英译比较的第 50 章部分原文内容为：

出生入死。生之徒，十有三；死之徒，十有三；人之生，动之死地，十有三。夫何故？以其生生之厚。

他的 2 个英译文本如下：

译文一（正文，即第 38 页的译文）：
Men go out of life and into death. The ministers of life are thirteen (the senses, etc.). The ministers of death are thirteen. Human life hastens to the place of death in thirteen ways (by the undue exercise of the senses and limbs). And why is this? It is because the life men are striving to live is only the gross (physical) life (of intensified activity).

---

① "Lau-tsze occupied here higher ground than Confucius. Confucius always spoke from the stand-point of a scholar or a magistrate. Lau-tsze's fault lay rather the other way. He saw the hollowness of the education and government of his day, and went to the extreme of condemning all systematic education, all legislation, all official rank, and all executive government. It was on these subjects that he drove his theory of non-action and spontaneity beyond all practical bounds." In John Chalmers trans. *The Speculations on Metaphysics, Polity and Morality of "the Old Philosopher", Lao-Tsze.* Op. cit., pp. xviii-xix.

译文二(该注释中的译文):

Men go out of life and into death. Three in every ten(the cautious) are the followers of life. Three in every ten(the violent and obstinate) are the followers of death. And three in every ten, while they live, act so as to hasten their death. For why? —— They live a life of luxurious opulence.

二、巴尔弗的《道家伦理的、政治的以及思辨的经典》之"导论"

1884年,弗雷德里克·巴尔弗(Frederic Henry Balfour)的《道家伦理的、政治的以及思辨的经典》在英国伦敦出版。① 译文除《道德经》外,还包括《阴符经》《胎息经》《心印经》《大通经》《赤文洞》《清静经》《洪烈传第一段》《素书》和《感应编》(应为《太上感应篇》)等其他9种道家经典。在译文前的"导论"中,巴尔弗对道家思想进行了细致的解读。该文最初于1880年9月21在皇家亚洲学会华北分会上宣读。②

一个偶然的机会,一束清晰的有价值的光从一个绝无争议的来源突然照射在一个长期争议的问题上,其权威无可置疑。正如一个偶发事件可能反映出几代学人们竭尽全力也没能发现的东西,正如一个不起眼的选手会成为一匹黑马赢得比赛,或者胡乱投出去的一支标枪击中了目标,而训练有素的弓箭手们再怎么努力也不能成功一样。因此,可能有一些巧妙而自然的短语从一个第一次接触有趣的或者有难度的话题的人的口中流出,它们新鲜而且不受专家们的先见或学术演讲所妨碍,其中包含了不可思议的核心概念,并立即使得整个事情变得非常的平实。在我看来,这样一种理念最近已经被呈现到中国的哲学研究中。一位已故的、能干的美国作家,在其题为或者应该题为《东方宗教》这本每一位读书人都有的著作中,首次认为儒家的孔子称得上是一位"理性主义者"(Rationalists)。从各个方面来看,孔子都可称得上是理性主义者:他的追随者们是理性主义者;孔子的哲学思想从总体上来看也完全称得上是理性主义的。"理性主义"这个词恰好是我们想要却一直没找到的那一个。今后,其受到广泛的接受也仅

---

① Frederic Henry Balfour trans. *Taoist Texts, Ethical, Political and Speculative*. London: Trubner & Co. ; Shanghai: Kelly & Walsh, 1884.

② "Originally read before the North-China Branch of the Royal Asiatic Society, on the 21st September, 1880." Ibid., p. I.

只是个时间的问题。这本书不仅仅给我们描绘了传统的中国哲学,然而,我们要感谢约翰逊先生。"理性主义"这个术语一被认为是属于儒家体系的,它就将落入被废止不用的范畴,这个范畴迄今已经篡夺了其他范畴的权利。在我看来,没有哪个词更不恰当,或者更不乐意被选择来阐释老子的哲学①。

不可否认,"道"这个字在某些情形下或许可恰当地翻译成"道理"(reason)。"道"这个词让人普遍觉得有史徒约翰的特点。因为将其翻译为"way"的话同时有词源学和哲学的原因,不容忽略②。但这 2 种翻译都不是一开始我希望用几个字就能表达"道"这个难解的汉字真实、准确的意思。并没有适当的证据能够证明我们除了坚持根据其字面意思来翻译外就不能有效准确地翻译"reason"这个词。文字被扼杀了,而且在当前情形下它扼杀了这个字试图想要解释的所有感觉和意思。

因而,我们要采取的立场是非常简单的。如果用代数方法来表示的话,"道"就是 x,或者是我们要找寻的未知的量。首先需要做的事就是搞清楚这个神秘的东西究竟预示的是什么,它是如何被描绘的,它有什么样的属性,在哪里可以找到它,它将向哪里延伸,它是如何存在的,以及它的作用是什么。这样我们就可能发现我们是处于一个发现这些特别问题的答案,并给那些传道者们宣称不可名的东西一个凡俗的名字的位置。③

我们被告知,在没有起始点的时间开始之前"道"就已经存在了。庄子说没有哪个时代是没有"道"的。老子断言"道"之意象存在于上帝出现之前。"道"是无处不在的,没有哪个地方找不到它的存在。它以其庄严

---

① "Confucius was a Rationalist in every sense; his followers are Rationalists; his philosophy was together Rationalistic in its scope. The word is just the one we wanted, but which we never found; and its universal acceptation, from henceforth, can be only a matter of time." In Frederic Henry Balfour trans. *Taoist Texts*, *Ethical*, *Political and Speculative*. Op. cit., p. I.

② "That the character *Tao* 道 may be properly translated 'reason' in certain instance, I do not deny. That it approaches the idea of λόγος in the Johannine sense of the word appears generally allowed. For the rendering of it by 'way' there are both etymological and philosophical recommendations which may not be overlooked." Ibid., pp. I-II.

③ "To put it algebraically, Tao is the x, or unknown quantity that we have to find. And the first thing to be done is to see what is predicated of this mysterious Thing; how it is described; with what attributes it is credited; where it is to be found; whence it sprang; how it exists, and what its functions are. Then we may find ourselves in a position to discover what it is that answers to these particulars, and profanely to give a name to that which its preachers themselves declared must be for ever nameless." Ibid., p. II.

和崇高充斥着整个宇宙,但它同时又是如此的微妙,大量地存在于秋毫之末。是它使得太阳和月亮沿着既定的轨道运行,是它赋予微小的昆虫以生命。它无形,但它是我们所见之形的源泉;它无声,但它是我们所闻之声的源泉;它不可见,但它是处于世界上一切永恒之物后的所在;它不活跃,但它生产、供养、赋存在于现象界的每种现象以生气;它没有人情味、冷漠、带着命运的冷酷奉行自己的使命,但它又将自己的仁慈与善行流向四方。

淮南子惊呼:"何为'道'?""'道'是支撑天与覆盖地之物;它无疆、无限;它的高度无法测量,深度无法丈量;它将宇宙揽入怀中,赐予那些无形之物以可见。它充斥整个空间;它蕴含阴与阳;它将宇宙与岁月凝聚在一起,为太阳、月亮、星星(the Three Luminaries)提供光明。它如此稀薄、微妙,遍及万物就如同水弥漫泥沼。是通过'道',山变高,渊变深;兽能行,鸟能飞;太阳和月亮能发光,星星能绕自己的轨迹运行。当春风吹拂时,甜美的雨落下,万物生长。长羽毛的鸟儿孵化,长毛皮的兽类生养,植物和树木枝繁叶茂,鸟儿下蛋,动物生育后代,等等。从外都看不见'道'有所为,但这一切又都无不为。它朦胧、模糊!它无形!朦胧!模糊!它的源泉是不竭的。它隐蔽而模糊!它加剧万物脱离其无形。它进入万物!它从不行无为之为。"

这些,仅为我们所思考的无名之"道"的部分特征。① 这些特征带给我们什么启示呢?对于这个问题,我相信不是用简单几个字就能表达出来的。老子和他的追随者们认识到这样一个事实,那就是,这个神秘之物是不可名的,于是他们将其名为"道"。西方人也通过实践得出了同样的结论。是什么使得花开、水流?是什么使得天下雨、太阳升起?是什么引导星星绕轨迹发光运行、调节四季?是什么赋予蝴蝶光芒四射的色彩?是什么让一些人长红头发,而另一些人却长黑色的头发?总之一句话,是什么造成了我们所见的组成这部庞大机器之主要部分的这些现象?我们同样也不能找出一个名字来为这个神奇之物命名,因此我们把其称为"自然"

---

① "It is that which supports Heaven and covers Earth; it has no boundaries, no limits; its height cannot be measured, nor its depth fathomed; it enfolds the Universe in its embrace, and confers visibility upon that which of itself is formless. It fills all within the Four Points of the Compass; it contains the Yin and Yang; it holds together the Universe and Ages, and supplies the three Luminaries with light. It is so tenuous and subtle that it pervades everything just as water pervades mire…. It never acts in vain." In Frederic Henry Balfour trans. *Taoist Texts*, *Ethical*, *Political and Speculative*. Op. cit., p. II.

(Nature)。我们相信,这个自然就是早期道家思想的关键。从这个意义上去翻译"道",我们通常会用"Nature",或者"Principle of Nature"这个词,那么对这个美丽的哲学进行研究的困难十之八九会自动消失。每个人的最原始的构造,是自然赋予的直接的礼物,或者说实际上就是自然本身的一部分。它追随的是应该令人嫉妒地将其初的淳朴完好无损地予以保持。保护人与生俱来的天性,这就是道家思想宏大而主要的目标①。

那么这个目标该如何实现呢?通过模仿伟大的母亲。自然从来不抗争,因此圣人也不应该去抗争。自然从来都是消极的,因此圣人也应该让事物遵循自己的轨迹,让自己满足于追随它们。野心、诡计、仇恨、贪欲——任何对身外之物的关注——全都让人原初的本性变得无序或者被毁弃,因此应该被完全地废弃。即便是对"道"的积极的培育,比如说仁慈、诚实、礼节,也是要受到谴责的。自然要求无为以促进它的生长,所有圣人应当做的只是让自己与自然保持完美的一致。作为抗争的结果,所有的激情、成就、特质,在道家的概念里,都被称作人之本性,是与他所赋予的"天道"或"自然之道"相对的。②

因此,庄子有言,"知天乐者,其生也天行,其死也物化。"在《淮南子》卷一"原道训"中,我们能看到更令人惊异的段落对这两种本性的不同予以清晰的解释。论及那些快乐的人,那些通过对"道"予以完全的理解而回归一种纯静的修养状态的人,淮南子是这样来描绘他们的:"以恬养性,以漠处神,则入于天门。所谓天者,纯粹朴素,质直皓白,未始有与襍糅者也。所谓人者,偶瞌智故,曲巧诈伪,所以俯仰于世人而与俗交者也。故牛岐蹄而戴角,马被髦而全足者,天也;络马之口,穿盾之牛者,人也。循天者,与道游者也;随人者,与俗交者也。夫井鱼不可与语大,拘于隘也;夏虫不可与语寒,笃于时也;曲士

---

① "The original constitution of every man, then, being the direct gift of Nature——or rather, an actual part of Nature itself——it follows that it should be jealously preserved intact, in all its pristine purity. This is the grand and primary object of Taoism——the preservation of one's Heaven-implanted nature." In Frederic Henry Balfour trans. *Taoist Texts*, *Ethical*, *Political and Speculative*. Op. cit., pp. Ⅲ-Ⅳ.

② "Nature never strives; therefore the Sage should guard himself from striving too. Nature is ever passive; therefore the Sage should let things take their course, contending himself with following in their wake. Ambition, scheming, hatred, lust——any attention to external objects of whatever kind——are all so much disordering, or spoliation, of the original nature of man, and should therefore be utterly discarded. Even the active cultivation of virtues, such as benevolence, rectitude, and propriety, is condemned; Nature requires no action to stimulate her growth, and all the Sage has to do is bring himself into perfect conformity with her." Ibid., p. Ⅳ.

不可与语至道,拘于俗、束于教也。故圣人不以人滑天,不以欲乱情,不谋而当,不言而信,不虑而得,不为而成,精通于灵府,与造化者为人。"①

这让我想到或许可被称之为自然主义理论的最初发展。为了让自己与自然一致,圣人们必须总是保持一种完全的被动的状态。这种状态被表达为"无为"(wu wei),可作不同的英译:"non-exertion""not-doing""inertia""absolute inaction""masterly inactivity"。除了不受打扰的静止、沉默之观点外,还有"任其自然"和"无目的"的观点。因此,如果是带着意图去采纳它,即便是严格地遵守"无为"的法则也会夺取自然的美德②。获取自然的最佳努力,在庄子看来,就是打败他自己本身。原因很简单,因为他自身就是一种努力。一个人必须既无激情,亦无行动,他必须满足于将自己交付给自己周遭的各种影响,抛弃在工作上获得帮助的各种想法。他必须摒弃源自内心的各种欲望,他不可以协调各种安排筹划,他不可以制订各种计划;他不可预期各种突发事件,只可简单地根据可能出现的情况塑造自己。"无为"在政治世界中尤其重要。这里,"无为"(wu wei)必须英译为"non-interference"(不受干扰的、不受干涉的)——这种明智的、卓有远见的政策世人并不容易学会③。道家的圣人们谴责过度的立法,并公正地指出那种所谓的温情主义政治之沿街叫卖的干涉体制正是引起混乱无序和毁坏的根本原因④。因此,圣人说,不要仅仅为了为而为,不要做那些

---

① "Wherefore, the Sage does not allow the Human to disorder the heavenly——he suffers no injury to be done to his true nature; nor does he permit Desire to disturb his natural feelings. He acts exactly as he ought, without considering what he shall do beforehand; he is trustworthy, without promising; he obtains all he wants without anxiety, and he brings all his designs to completion without doing anything himself. His Spiritual Palace——a Taoist euphemism for *mind*——being replete with pure sincerity, he assists the Creator Himself in the government of men." In Frederic Henry Balfour trans. *Taoist Texts*, *Ethical, Political and Speculative*. Op. cit., p. Ⅳ. 中文原文引自《淮南子》卷一"原道训"。巴尔弗将"原道训"英译为"History of Great Light"。(作者注)

② "In addition to the idea of undisturbed quiescence it embraces also that of spontaneity and designlessness; so that even the rigid adherence to an inactive policy is robbed of its virtue if it be adopted with intent." Ibid., p. V.

③ "A man must be passionless as well as motionless; he must be content to leave himself to the influences which surround him, and discard all thoughts of helping on the work; he must banish all desire from his heart; he must concert no schemes and form no plans; he must never anticipate emergencies, but simply mould himself according to any circumstances that may arise." Ibid., p. V.

④ "The Taoist condemns over-legislation, and justly points to the peddling meddling system of a so-called paternal government as the cause of anarchy and ruin." Ibid., p. V.

不是完全有必要做的事；让人们自己去发展自己的资源，去感知自己通往宁静和成功的道路。让自然在社会生活、政治生活以及身体与道德上不受任何的阻碍。这样你的臣民将会对他们的命运感到满意，你的国家就能免予阴谋、纠纷和灾难。不要做任何事以打扰事物原本的纯朴。不要试图用复杂的机械去代替他们粗糙的劳动工具，这样的精致会导致奢侈、诡计、野心和不满足。对这些精巧的东西的使用会导致诡计多端的心智，因此，不能鼓励人为的改革。幸福的秘诀在宁静、简单和满足中才能找到，而获取这些的唯一途径在于将身体、情感、智力和意志与自然保持绝对的一致。①

这些崇高而简单的伦理在汉代及其后的朝代间迅速地堕落，在一片哄骗欺诈中它们很快变得模糊晦暗，其中盲目崇拜、长生不老、长生不老药和炼金术起了显著的作用。对于道家这样堕落的时期我们无能为力。它只是悲哀地显示出老子及其追随者们的古老讲义是如何迅速地无可挽回地陷入了被废止不用的境地，并从此经历了与封建愚昧的体制紧密相连的耻辱。古代道家对生死贫富的微淡的冷漠让位给卑鄙贪心与延长物质拥有的企图。自然主义哲学家们纯法典被颠倒，他的训诫被人遗忘，他的尊严受辱。但是道家的经典对我们仍然是敞开的，它们值得我们去仔细研究。"理性主义"学派的"传统"理论当然在很大程度上源自对西方学者的关注，而那些反对者们的独立的思想在长时间内被人忽略了。然而，自然主义者比理性主义者要大胆得多，思想也更具独创性。他们不受对那些已经死去的君王充满奴性的敬畏和陈词滥调的束缚。他们的思想是自由的，他们的理论是令人惊异的，他们的实践是纯粹的。唯一遗憾的是，他们极其晦涩的风格导致了对儒家学派部分学者的歪曲和误解，而这，又导致了他们不应有的名声的被损坏。对于这点，将会另页作特别的讨论。同时，它必须使所有真正的信徒们的心都看到，最终，欧洲的作家们对道家的创立者所宣讲的那些美丽的自然哲学发生了一些兴趣。我再大胆加上一句，对《道德经》的研究，是不能带给每一个接触它的学者足够的乐趣的，不管他是一知半解的还是非凡的。

弗雷德里克·巴尔弗

---

① "The secret of happiness is to be found in quiescence, simplicity, and content; and the only way to attain to these is to bring body, passions, intellect, and will into absolute conformity with Nature." In Frederic Henry Balfour trans. *Taoist Texts*, *Ethical*, *Political and Speculative*. Op. cit., p. VI.

三、亚历山大《伟大的思想家老子以及对他关于自然和上帝之表现观的英译》之"序言"与"老子《道德经》书名释义"

1895 年,亚历山大(G. G. Alexander)的《伟大的思想家老子以及对他关于自然和上帝之表现观的英译》在英国伦敦出版。① 译本由"序言""起源与祖先""老子与他的时代""《道德经》英译"以及"附录"5 部分构成。译文部分对《道德经》文本进行了英译。作者在"附录"部分对《道德经》大部分章节内容做了进一步补充和说明。"附录"第一部分为亚历山大对老子《道德经》书名的释义。现将该译本的"序言"和"附录"之"老子《道德经》书名释义"两部分英译如下。

(一)序言

对我英译的孔子《论语》的好评鼓励我将对另一个中国经典主题,最著名的与孔子同时代的人,伟大的思想家老子的生平与教义以一种我认为最能引起共鸣的形式呈现在世人面前。然而,两位圣人间最根本的不同,在目前的情况下,已经多少成为一种经过改良的处理。迄今为止,孔子的人格从过去中隐约可见,是一种相对比较清晰和完好勾勒的形状。而老子的人格,则非常朦胧模糊地展现在我们面前,除了少量对他生活的记载,我们对他的了解不得不从他在其伟大著作《道德经》中所说的话语中去获得。

正是基于这个原因,我才将老子《道德经》进行了英译。为此,我花费了相当的精力,也让所有其他的《道德经》译本于我有所帮助。或许有人会问为什么我要做这项之前一些最著名的中国研究学者已经做过的事。我的答案是,尽管对《道德经》这种书的学术翻译,由于牵强附会地考虑字面意思的准确而不顾甚至是破坏其主题的兴趣,可能对学生、语言学者或是作家们来说有很大的价值,但它并不常常受到一般读者的喜爱,实际上,甚至可能令他们讨厌。因此,我尽最大的努力在封闭的逐行的字面翻译与多少有些牵强的意译间取中庸之道,心中牢记我们伟大的中国学研究者理雅各(James Legge)在其英译的《易经》"序言"中制定的翻译原则。该译本是他编译的 16 卷《东方圣典》(*The Sacred Books of the East*)中的一部分。他在"序言"中说:"中文汉字代表的并非是词而是观点的象征,文中字与字的组合代表的不是作家说出来的话,而是他想表达的意思。因而,一个

---

① G. G. Alexander. *Lao Tsze*:*The Great Thinker*:*With a Translation of His Thoughts on the Nature and Manifestations of God.* London:Kegan Paul, 1895.

译者试图去按字面意思翻译是无用的。当具有象征意义的字使译者的思想与原作者的思想相一致时，那译者就可以自由地用他自己的或任何其他的语言以他能获得的最好的方式来翻译处理原作者的观点。……在中国经典的研究中，并没有太多被作家用来作为阐述其思想的对汉字的阐释，有的只是心灵间的对话。"

但是这个观点并非只有理雅各一个人独有。在《道德经》德译本中，作者冯·普兰克内尔(von Plaenkner)就提出了至今仍然更具说服力的观点。尽管将其用于实践时，他可能会超过安全范围，但我对他的结论有小小的质疑。

翻译应该被实施的模式也在乔伊特(Jowett)博士为其《柏拉图对话录》(The Dialogues of Plato)第二、三版所写的"前言"中清楚地被勾勒了出来。他说："一个英译本，不仅对学者而且对那些不太博学的读者来说应该是符合语言习惯的、有趣的。其目标应该不仅仅是把一种语言中的词句译成另一种语言的词句，或者保留原语言的结构和顺序。这是一个学生的目标，他希望表明的是他很好地利用了字典和语法，但是对试图在其读者身上产生那种通过原语来产生相似的或几乎相似的印象之译者来说是完全没有价值的。对他而言，感觉应该比具体的字词更重要。""他应该记住德莱顿(Dryden)的古雅的警告，不要做他的作者的马屁精，而是要从后面超过他。他必须记住整部作品的综合的观点，记住之前发生过什么，记住之后又发生过什么，以及某些特别段落的意思。首先，他的译本应该是基于对原文本的深刻的了解，但是当翻译开始成型的时候，字词简洁的顺序和布置则有可能因此而失去光彩。他必须对两种语言形成一个总体的想法，并因一个而减少另一个。……"而且减少更多以达到同样的效果。

被这些卓越的权威们的思想所加强，我竭尽全力在我的译本中进行完全的逐行翻译。我的主要目的也是最大的困难在于，没有找出太多关于老子在使用那些话语时头脑中所想到的明确的对象的确切意思。为了给老子尽力展现给世人并热情认真地给予解释的那些思想一个清晰和全面的理解，我不能假装自己成功地理解了所有这样的情形，但是我每次都冒险去从我所引的前辈们的文本中对其做出不同的解读，而不用首先说服自己这样的改变是绝对需要的。遇到的困难确实非常大。除了语言上原本存在的那些困难，显然还有老子造成的：他写下的那些思想没有任何结构安排，他极度简单的风格，他对正题和反题的偏爱，他那令人惊讶的悖论，离奇有趣的证明，以及不时出现的不连贯和自相矛盾。

我所使用的措辞或许会遭到反对，说它并没有公平地展现出原文本生硬粗糙的风格。但是我不得不说这种反对是不顾事实的。根据已经引用的翻译原则，译者越是在这些细节处接近原中文文本，他就越不能清晰准确地表达出其精神和意图，老子这些奇怪地组成的句子只不过仅仅是诗歌框架。即便是在现代语言中，严格意义上的语言和文字上的翻译不仅不能传达作者风格的正确印象，而且完全模糊和混淆了他的意思。而且，当一种语言，如中文，两个或三个字组合在一起才能表达意思，或者会引起意思的多样，而且这些意思只能通过用一个或多个英语长句去准确呈现时，这种情况就会变得更加严重。

我自己之所以英译《道德经》，主要原因在于，我认为之前的译本对"道"的理解都是错误的，而且大都受到了严厉的反驳。这是因为（读者）很难避免得出这样的结论，认为老子《道德经》的伟大目标在于以"道"的名义在伟大的、传统的原动力下重建一种信仰，这种信仰在原始时期以"道"为名被人知晓和崇拜。这种信仰是一种逐渐变得微弱和模糊的信仰，直到一种神的低级概念被它所取代①。

我认识到，在翻译"道"这个汉字时，其语音形式是"Tao"，有"上帝"（God）之意。与之前许多译者所做的那样将其保留不译不同，我将其译成"God"有可能会让他遭受非常严厉的批评。但我这么做是经过深思熟虑的。我发现之前各种对"道"的翻译处理都没有准确地表达出这个字的感觉，都偏离了老子赋予"道"的意义。或许可以这么说，当我们将"道"的使用加以综合考虑时，将会蕴含比汉语中绝大部分其他汉字更多的意思。此外，我对之前各个译者试图避免或克服这个问题所采用的不恰当的方法、他们所遭遇到的主要困难等留下了深刻的印象。他们拒绝使用"道"这个字。在我看来，"道"不仅是部分的而且也是全部的老子思想的一个基调。我想在做《道德经》英译这件事时我会有些胆怯②，因为即便是那些认为自

---

① "…; for it is hardly possible to avoid the conclusion that Lao-tzse's great object was to re-establish a belief in the great traditionary First Cause, known and worshipped in primitive times under the name of Tao; a belief which had gradually become weakened and obscured." In G. G. Alexander. *Lao Tzse: The Great Thinker: With a Translation of His Thoughts on the Nature and Manifestations of God*. Op. cit., p. x.

② "… according to my view, forms the keynote, not only to a portion, but to the whole of Lao-tzse's thoughts." Ibid., p. xi.

己在《道德经》的篇章中发现了自己对三位一体之神的认知的译者们,在让他们找一个能准确表达他们观点的词时也会退缩的。这种情形在维克多·冯·斯特劳斯(Victor von Strauss)那里表现得尤其明显。他在将自己的才能和精力全部放在研究《道德经》,在完全分析阐明"道"这个字唯一真正合法的翻译应是"God"之后,仍然像其他的英译者所做的那样,将"道"保留不译,只用汉语拼音表示。但斯特劳斯对"道"的阐释的确是如此的清楚,切中要点,我自己除了复述斯特劳斯本人的话语外别无更好之法。在其《道德经》译本的"导论"第xxxiv页第10自然段中,斯特劳斯这样写道:

"道"作为一个完美但不可理解的存在而存在,它是在天与地存在之前就已经存在了(先天地生)(第25章),——它是非物质的、不可量的(道冲而用之,或不盈。湛兮,似若存)(第4章);它是不可见的、不可闻的、神秘而又显而易见的、是无形的(视之不见,听之不闻,搏之不得)(第14章);它是超感觉的,同时也是我们的肉眼不可视的(寂兮寥兮,若存若亡,质真若渝)(第25章和第41章);它是万物永恒的基础(玄之又玄,众妙之门)(第1章);它是万物普遍的起源(渊乎似万物之宗)(第4章);它不可名、不可定义(名可名,非常名;道常无名)(第1和第32章);它只有通过自己的杰作才可名(名亦既有,夫亦将知止)(第1章和第32章);通过这种双重的能力,精神的源泉才得以产生(玄之又玄,众妙之门)(第1章和第6章),因为通过它(道),万物才存在(其名不去,以阅众甫)(第21章);也只有通过它(道),万物又复归于"道"(万物并作,吾以观其复)(第16章);同时,也是通过"道",这种回归才能发生(反者,道之动)(第40章)。"道"是永恒的、绝对自由自在的、无欲无求的(常无欲)(第34章),它恒久地自在,却又从不空闲(道常无为,而无不为)(第37章);它从不变老(不道早已)(第30章和第55章);它是无处不在的、不可变的、完全自主的(视之不足见,听之不足闻,用之不可既)(第35章);它创造、维护、完善、依养、保护万物,也因此能美化自己的善行,保有自己的高位(长之育之,成之孰之,养之覆之。生而不有,为而不恃,长而不宰,是谓玄德)(第51章);因为"道"爱万物,不愿仅仅做一个统治者(爱养万物而不为主)(第34章),即便它是无力的(搏之不得,名曰微)

(第14章);它本质上的灵性是不容置疑的(其中甚真,其中有信)(第21章),尽管它仅将自己展示给那些无欲之人(常有,欲以观其徼)(第1章)。通过自己来规律自己行为的人将成为自己(故从事于道者,道者同于道)(第23章),因此,它是最高道德的基础(上德无为而无以为)(第38章);它赐予,由此使得自己完善(夫唯道,善贷且成)(第41章);他给予平安(天下有道,却走马以粪。天下无道,戎马生于郊)(第46章);它是无处不在的避难所,是善人之宝,是恶人之拯救者,是罪恶之宽恕者(道者,万物之奥,善人之宝,不善人之所不保)(第62章)。①

"我们相信,任何公正无私的人都可能会被问及,在我们的语言中哪个词最适合用来表达这么个具有前面所有提到的这些美德的存在",答案一定是"当然只有'God'了,此外别无其他!"②而且,任何对前面所提供的证

---

① "In par. 10, p. xxxiv. of the introduction to his translation of the *Tao-teh-King*, he writes thus:——'Tao existed as a perfect but incomprehensive Being, before Heaven and earth were(chap. 25)——immaterial and immeasurable(chap. 4),——Invisible and inaudible, mysterious yet manifest, without shape or form(chap. 14),——supersensuous and hidden from our eyes(chaps. 25, 41),——The eternal foundation of all things(chap. 1), and the universal progenitor of all beings(chap. 4).——Incapable of being named or defined(chaps. 1, 32), only capable of being named when revealed by His works(chaps. 1, 32).——In this dual capacity the source from which all that is spiritual proceeds(chaps. 1, 6),——for through Him all things have come into existence(chap. 21),——and in like manner all things return again to Him(chap. 16);——and it is through Him that this takes place(chap. 40).——Although He is eternal and absolutely free, has no wants or desires(chap. 34),——whilst eternally at rest, is never idle(chap. 37),——Does not grow old(chaps. 30, 55),——Is omnipresent, immutable, and self-determined(chap. 35),——Creates, preserves, perfects, nourishes, and protects all things; hence is glorified for His beneficence, and held in high honor(chap. 51),——for He loves all things and does not act as a mere ruler(chap. 34)——even as though He were powerless(chap. 14).——The spirituality of His nature not to be doubted(chap. 21),——though He only reveals Himself to those who are free from all desires(chap. 1).——He who regulates his actions by Him will become one with Him(chap. 23),——Therefore He is the foundation of the highest morality(chap. 38).——He it is who bestows, and makes perfect(chap. 41),——and gives peace(chap. 46),——Is the universal refuge, the good man's treasure, the bad man's deliverer, and the pardoner of guilt(chap. 62)." In G. G. Alexander. *Lao Tsze: The Great Thinker: With a Translation of His Thoughts on the Nature and Manifestations of God*. Op. cit., pp. xii-xiii.

② "We believe that any impartial person who might be asked, what word in our language would best apply to the Being of whom all this can be said, would be compelled to answer, 'by the word God, and by none other!'" Ibid., p. xiv.

据有所了解的人都不会有一丁点质疑老子所拥有的东西。很显然,具有如此高贵如此一丝不苟的本性之"道"的这么深邃这么伟大的意识,它一定差不多认识到了属于启示录的"道"之思想,尽管不需要去谈论后者在深度和丰富度上其表现大大超过了前者。但是在公元前的所有世纪,除了以色列的那个之外并没有相似的启示录被创造出来。

但是,并非只有斯特劳斯一个人持这样的观点。在约翰·查莫斯(John Chalmers)的《对古代哲学家老子关于形而上学、政体及道德的思考》一书的"导论"中,作者在分析了可用来表示"道"这个中文字的几个英文单词后,接着说明了自己将"道"保留不译的原因。在他看来,没有哪个词可以跟"道"画上等号。就"逻各斯"而言,我倒愿意将它翻译成"the Word",但这更适合用在他想要公开讨论的问题,即,在《新约》的"逻各斯"与此"道"之间,究竟存在多少相似性?究竟哪一个更能代表中文里的"道"?在中文版《新约·约翰福音》的第 1 章,首句即为"太初有道……"①

必须得承认,借口难度太大而在英译本中将"道"这个汉字保留不译或者认为这么翻译会破坏和混淆老子提出的观点之和谐,除了使得其几乎不可理解或者对一本著名的东方学者所著的书的特征形成一个合理的赏析外不会产生其他的效果,如:"《道德经》是中国语言中最伟大的经典之一,是所有面世的最深邃的哲学著作之一,是其真实性不仅在中国甚至也在欧洲汉学界经受住了检验的著作之一。"

受我摆在读者面前的这些观点的进一步激发,我主要的努力放在了恢复老子的著作上,我认为这些才是他们真正哲学的和形而上学的价值之所在。同时,必须记住的是,对老子努力重建的这个伟大传统之"原动力"的笃信,是建立在一个否定神的纯粹抽象的观点之上的,而且我们必须尽可能地避免试图将其带入与上帝之观点的和谐中,这个观点是属于我们自己的信仰。

尽管《道德经》在老子与其思想的连接中必要地形成了中心要点,但

---

① "I would translate it by 'the Word' in the sense of 'the Logos,' but this would be like settling the question which I wish to leave open, viz.:——what amount of resemblance there is between the Logos of the New Testament and this Tao, which is its nearest representative in Chinese?" In G. G. Alexander. *Lao Tsze: The Great Thinker: With a Translation of His Thoughts on the Nature and Manifestations of God.* Op. cit., pp. xv-xvi.

是我认为相当详尽地进入其原文本章节是令人满意的,实际上也是绝对必要的。在前面所有那些原因的基础上,这些原因是中国伟大的理想主义者所抱持的、产生宗教思想和哲学思想的主要原因。没有这些引导式的因素,不管是人还是其思想都不可能被正确理解,而且我自始至终的主要目标是,尽可能地普及一位生活在遥远年代的伟大思想家的思想。

将会发现,老子的追随者们的著作及其被他们掌握在手中的那些思想后来的发展,被损害得是如此之厉害,并没有形成我给自己限定的一部分计划。如果我做成了,那我应该不能将这位令人尊敬的哲学家放在读者面前,因为其纯粹的思想已经因他的那些无知的迷信的追随者们所持的曲解而被模糊和玷污。基于同样的原因,我尽可能少地接受了中国评论家对《道德经》的解读。因为,不管这些评论是来自老子学派的人,还是来自孔子的信徒,我都总是发现老子的观点是被他们从自己所站的宗教立场去加以解读,被尽可能地降低到他们自己的肤浅程度的。

对《道德经》章节的划分并非老子自己所为。这是后来的安排,其实是常常在某种程度上破坏了老子的论争和论证的方法之连续性和完整性。然而,本着参考的目的,我沿袭常规将它们保留,尽管我放弃了好几个章节的标题,因为它们也不属于《道德经》原文本,而且还常常起误导作用。

在让我自己对不同《道德经》译本进行了解时,为了比较的缘故,我将译本限制为理雅各译本、维克多·冯·斯特劳斯译本(此为德译本)和斯塔尼斯拉斯·儒莲(Stanlislas Julien)译本(此为法译本)。这点也可从"附录"中看出。而且,在大部分情形下,当我发现自己并不同意那些有名的权威们而且又无法改变我自己的看法的时候,我给出了自己仍然沿用他们的译文的理由。

当然,如果能使用"附录"中的汉字来代替相应的拼音的话会更受欢迎的,但是,这样处理将会付出的巨大代价使得我不愿意采用这个办法。

(二)老子《道德经》书名释义

译本"附录"的第一部分为"老子《道德经》书名释义"(On the Meaning of the Title of Lao-tsze's Book——*The Tao Teh-King*)。具体释义如下:

我在"序言"中指出的理由足以得出如下结论,那就是,对老子《道德经》中所用"道"这个字唯一令人满意的解释就是"上帝"(God)。之前引起译者诸多精神困扰和不同意见的难题因这个解释而立刻消失。第2个字"德"本身很容易让人把它翻译为"……的美德""……的本质",这两个都是我所采用的意思。但是由于老子并没有完全将自己限制在与一个主题相连的考虑上,而是将其融入了许多对上帝不可避免地必须得生产的道德后果的反思中,因此我认为最好将文本太过简洁的意思在某种程度上加以扩大,通过增加"表现"一词,以便让读者对老子这位中国古代的哲学家努力实施的主题有一个更清晰完整的理解。当然,不必再解释第3个字"经"了,它只是一个用来表示所有经典著作的术语而已。我也不认为有必要对迄今为止我的前辈们的各种译本对《道德经》书名的英译进行批评。

四、卡卢斯《老子〈道德经〉》之"前言"与"导论"

1898年,保罗·卡卢斯(Paul Carus)英译的《老子〈道德经〉》在美国出版。① 全书包括"前言"、"导论"、中文的"司马迁史记老子传"和"老子道德经"、英译的《道德经》和"司马迁史记老子传"与"老子道德经"、对《道德经》的评论和不同解读5个部分。现将该译本的"前言"和"导论"汉译如下,以便让读者对卡卢斯对《道德经》的特别理解有直观的了解。

(一)前言

我这本《老子〈道德经〉》英译小册子,是对作者更大更完整的著作《老子道德经》的摘录,旨在使我们的读者对李耳这位伟大的给人留下深刻印象死后被封为"伯阳"的人物更为熟悉。"伯阳"即"阳性的国君",代表阳性或强壮的法则。但是他的同胞们只是简单地叫他"老子"。

司马迁,中国的希罗多德(Herodotus),生活在大约公元前136—公元前85年间,在其《史记》中给世人留下了一则简短的《老子传》,被称为是对老子最古老也唯一最真实的记载。

老子生于公元前604年,比孔子早半个世纪。在其生活的那个时代,老子肯定就已经获得了很高的声誉,因为有记载说孔子曾去拜访他。但是两位伟大的圣人互相并不理解,导致最后失望地分开。

孔子对老子的拜访值得质疑。如果它不是基于史实的那就一定是"虚构的"(ben trovato),因为这两派领军人物的中国思想至今仍然是相反的。孔子的弟子,即那些被称作"知识分子"的人,耳中鸣响着他们先师的不可

---

① Paul Carus trans. *The Canon of Reason and Virtue. Being Lao-tze's Tao Teh King*. Chicago:The Open Court Publishing Company,1898.

知识并坚持认为把理解当成最好的教育方法。而老子和他的信徒们信仰的是"道"(Tao)或"神圣的道"(divine Reason),则沉溺于哲学沉思和宗教神秘主义。这两派现在仍然是存在分歧的,并且两派之间的差异永远也会调和,这种差异的调和通常只可能在一个更高的层面上获得。

老子的信徒庄子,生活在公元前 330 年,则保存了另一种对于孔子和老子间会面的更古老更详尽的报道。有时,人们期望司马迁是从庄子那获得他关于老子的记载的,但是庄子关于老子的故事中蕴含着传说的成分而被认为是虚构的,而且很难相信历史学家司马迁会从关于诗人—哲学家老子的奇闻中去获取他清醒的描绘。

老子的出生地、出生的国家、出生的乡以及他作品的创作地,或许会被认为是有目的的虚构,因为如果不是从地理上来看确实是存在的话它们显得非常的重要。在《老子〈道德经〉》的第一版中,我们将"周"英译成"Cheu",意思是"物产丰富之国",而且将仅只需要添加上"这个字是由'口'和'用'组成的",其最初的意思是"供给四处、环绕、许多"。根据中文的概念,那时之所以称"周朝"是因为君王的威力遍及文明世界。在我们现在的这个译本中,我们更喜欢将汉字"周"英译为"四方之国"(the State of Everywhere)。

倾向于说老子是生于苦县的周朝人以描绘他天生的本性。他的家位于厉乡曲仁表明他生活的贫穷和不易。

李树这种植物是不朽的象征。"耳"可能意指一个愿意倾听的人。因此,老子的姓"李"似乎恰好证明他的名"耳"起得恰到好处。这些非常棒的材料将老子变成了一个神秘的人物!这与佩鲁斯(Pérèz)因为拿破仑的一生,因为其名字和事业中的几件事——他最后在西方的毁灭和在大西洋这个日落之洋的一个岛上的消失一生而创造了太阳神阿波罗是一样的好。然而,老子真有其人以及他的《道德经》的真实性似乎足以让人对其确信无疑。

老子《道德经》的真实性只受到过一次质疑,但是是被最有权威的赫伯特·翟理斯(Herbert Giles)质疑的。然而,我们必须记住,《道德经》更伟大的部分被保留在《列子》《庄子》《淮南子》等前基督教时期的作品对《道德经》的引用中。

老子《道德经》最初的书名为《道德》,总体上它仅仅只是格言式的话语的一个汇集,但却充满了高贵的道德和深邃的沉思。它获得了其完全应有的赞扬,因圣旨被提升到了经典权威的令人尊敬的高度。因此,《道德经》书名中的"经"或"经典"这个字正契合此意,如我们现在通常所用的那样,我们这个译本将其译为"Canon of Reason and Virtue"(《道与德之经典》)。

尽管儒家哲学成为中国政府的引导之星,但老子在现在的中国人心中占据了牢固的位置,而且,在时间的进程中,他的形象逐渐达到了耶稣那样的具有超人人格的高度,因而出现了后来的传说中在司马迁的简洁记载之外添加了变得越来越古怪的各种细节。我们知道,尹喜,这位函谷关关令,事先被占星学告知圣人要到函谷关来的消息。他甚至被认为陪着老子坐在一辆被青牛拉着的薄板车西行进入西部的沙漠。

后来的传说通过一个名人的影响在老子的这些无稽之谈中添加了关于他的不可思议的思想故事,并宣称他是至高的天界精华的化身。老子曾在苦县(今鹿邑县)的村子里被反复地神化。这个后来的出生地代表的是佛陀的出生地,因为他的母亲是从其左腋产下这个圣子的,并且她分娩的地方是在树下。老子是在一棵李树下被生下来的。这个刚生下的婴儿指着这棵李树说:"当以此为我姓。"这个婴儿的头是白的,长着老人的面容,因而取名为老子。老子之名不仅仅是说他是一位老哲学家,同时也指他是一个老顽童。据说老子云游到了更远的地方,包括大金诸国(似乎代表的是罗马帝国),他向这些国家的人民宣讲他的教义和真理。在中国,据记载他在公元前112年帮助过武王,周朝著名的建立者。

老子的弟子们为道家思想添加了越来越神秘的因素,对道家思想的实际运用终止于对点金术尤其是长生不老的信仰。

武帝和唐朝的历代君王是老子哲学思想的忠诚信徒。公元666年的时候,唐高宗将其封为圣徒,尊其为"太上"。1013年年底,宋真宗赠予他"太上老君"的称号。

很遗憾说中国的道教是一种宗教,尽管它很有力量,但是它与那些值得尊敬的哲学家们很少一致,做传道者并不会有任何的危险,而且不公正的话可能被贴上封建迷信的标签。

道家的教堂即道观是由道教住持管理的,住持通常住在龙虎山附近一个由很多大花园围绕的宫殿里,并不比罗马梵蒂冈的花园逊色。

《老子〈道德经〉》中包含了太多令人惊异的与基督教思想和观点相似的东西。假使这些基督教出现之前就已经存在的思想和观点不是建立在怀疑的阴影之上的话,人们将会倾向于去找出其基督教的影响的。不仅是其术语

"道"(Tao, word, reason)与希腊术语"逻各斯"(logos)相当接近,还有老子对"以德报怨"伦理的宣扬。他坚持成为像婴儿那样的必要性,坚持回归原初的简单与淳朴,坚持不妄言,坚持不抵抗,并希望曲的会变成直的。

《老子〈道德经〉》尽管很简洁,但它充满了暗示性的思想。①

作者翻译的《老子〈道德经〉》(*Lao-Tze's Tao Teh King*)分2期刊在期刊上,还有2个《道德经》(*The Canon of Reason and Virtue*)的节译本。在《老子〈道德经〉》第1个版本的第2期中我关注的焦点放在了《道德经》中文本的印刷错误以及题为"修正与评论"(Emendations and Comments)一章所引发的各种解读上。

现在的版本是书名为《道德经》(*The Canon of Reason and Virtue*)扩展本,意在使其更为普及。在《老子〈道德经〉》(*Lao-Tze's Tao Teh King*)那个更大的版本中,它包含了各种主要的解释和中文文本,我们希望这个修正过的正文本现在是很可靠的。脚注中添加了对文本来说很重要的几处改变。因此,现在的这个小册子是一个更大更好版本的融合,实际上是一个新的译本。它包含了一个综合性的"导论",并增加了译者对《道德经》的许多有难度的章节的修改与重新思考的最新成果。译者的头脑中不时闪动着对《道德经》的许多新阐释,而且有些将会被认为翻译得不错并可能被最终接受。第2章第1段和第49章第2段就是这样的。

我不认为有必要在这个普及版本中介绍对《道德经》的各种论争或对其他《道德经》译本进行批评,我也不希望自己前面那些《道德经》译本中存在的错误和印刷问题在这个普及本中还存在。我必须得为获得最佳的效果所付出的劳动感到满意。我的理想是以可读的形式对原文本进行再创作,语言所允许的差异只是字面上的,其对英语世界的读者来说与原文本对于受过教育的中国人来说一样是明白易懂的。而语言的模糊性被尽可能地排除,可以保证的是,其大体上并没有被翻译得比原文本或传统的解读更确切。那些容易理解的常用语,如意指整个世界或总体上的自然之

---

① "Lao-tze's *Tao Teh King* contains so many surprising analogies with Christian thought and sentiment, that were its pre-Christian origin not established beyond the shadow of a doubt, one would be inclined to discover in it traces of Christian influence. Not only does the term *Tao*(word, reason)correspond quite closely to the Greek term *Logos*, but Lao-tze preaches the ethics of requiting hatred with goodness. He insists on the necessity of becoming like unto a little child, of returning to primitive simplicity and purity, of non-assertion and non-resistance, and promises that the crooked shall be straight." In Paul Carus trans. *The Canon of Reason and Virtue. Being Lao-tze's Tao Teh King*. Op. cit., pp. 8-9.

"万物",保留了其原初的形式。但是那些没有评论的表达则会不那么明了,如《道德经》第 26 章中的意为"保持某人尊严"的"行不离辎重"(not to depart from the baggage wagon),那么我们则用包含了其意思的最接近的术语去取代原语的表达。

原文本中所引用的诗歌的诗律在英译时尽可能按其字面意思翻译并且如其原文本一样尽可能简单。我们并不试图去提高它文学上的优雅。如果译者能够找到一个要么其文字可以根本不用改变要么其文字只做很小变化但至少不会改变其感觉的韵的话那他将会非常满意。现在这个版本也包含了"导论"和"评论",其中我之前对老子思想的解释以缩略的形式加以了重述,并添加了一些新的发现,将其放在了恰当的地方。

《道德经》章节的划分以及每章的标题都不是老子自己给的,而是后来的中国学者所为。

我就一些难解的词句的理解咨询过旧金山《中西日报》(*Chung Sai Yat Po*)的编辑伍盘照(Ng Poon Chew)。对于那些值得质疑的段落我认为将其与满文译本进行比较是有必要的。为此我得到了芝加哥博物馆贝特霍尔德·劳福尔(Berthold Laufer)博士的帮助。

巴黎的保罗·伯希和(Paul Pelliot)教授最近在《通报》(*T'oung Pao*)(1912 年)上发表了一篇关于公元 7 世纪为阿萨姆的库马拉王所做的梵文版《道德经》翻译的文章。库马拉王是摩揭陀国王哈沙著名的西拉蒂亚国王的封臣。不幸的是,这个译本丢失了。

要获得更多的信息,读者可以参考作者的如下文章:《中国哲学》(载《宗教科学图书馆》第 30 期);《中国思想,〈道德经〉的真实性》(载《一元论者》第 11 卷,第 574—601 页),这篇文章是为回应赫伯特·翟理斯教授的文章《梅德赫斯特的〈道德经〉新译本》(载《开放的法庭》第 20 卷,第 174 页)而写的;以及之前那些老子《道德经》的全译本。

我们这本书名为《老子〈道德经〉》包含了对老子《道德经》中文原文的逐字翻译的更大的译本还没有完全过时,但是我们警告学生们它是需要在现在的修订本的基础上进行重新修正的。

但愿这本小书完成它的使命,成为在习惯、语言和外表方面都异于我们的外国之宗教精神和哲学深度的一个见证。这个世界上并不只有我们,还有寻求真理探求真理的其他国家。让我们彼此如兄弟般相迎,让我们理解他们欣赏他们的理想!

保罗·卡卢斯

(二)导论

对老子喜爱的一些观点的评论将有助于读者了解老子思想的变化。

"道"这个字是由两个字,即"走"(moving on)和"头"(head)构成的①,描绘的是"向前走"(going ahead)。其最根本的意思是"路"(way),这与它在英语中的意思是一样的,同时表示"路"(path)和"方法"(method)。

对与此观点相同的联想在几乎所有的语言中都可以找到。在希腊语中,单词"methodos"是"hodos"这个词的派生词,"hodos"意为"path"(路),由该词前意为"根据"(according to)、"跟随"(after)的介词"meta"和"hodos"构成。因此,"method"原初的意思也是"路"(way),或者"根据某条路"(according to a way)。从"method"这个意义上讲,"道"这个字所要求的意思是"准则"(principle)、"理性"(rationality)或者"道理"(reason),以及"正确的道路"(the right way),或者"真理"(truth),即德国神秘主义者所谓的"Urvernunft"。此外,"道"还有"理性的演讲"(rational speech)或"话语"(word)的意思。从这个意义上讲,它就与希腊语中的"Logos"(逻各斯)意思相近,因为除其哲学上的意义之外,"道"这个术语还触及了中国人的宗教这根弦,就如"逻各斯"对于柏拉图学派的人和希腊的基督徒一样②。"道"表示"话语"和"道路"时其宗教意义与其在《新约》中是一样的:前者"话语"出现在"第四福音"(the Fourth Gospel)的第1首诗"话语为其始"(In the beginning was the word)中;后者"路"则为耶稣所说:"我是道路,是真理,是生命。"③在这2个文本中,"道"这个词最恰当的翻译应是"word""way"和"truth"。

---

① "The character tao being composed of the characters 'moving on' and 'head,' depicts a 'going ahead.'" In Paul Carus trans. *The Canon of Reason and Virtue. Being Lao-tze's Tao Teh King*. Op. cit., p. 13.这里,作者卢卡斯是从汉字"道"的构成,即偏旁与部首来进行分析的。

② "Finally Tao comes to possess the meaning of 'rational speech' or 'word', and in this sense it closely resembles the Greek *Logos*, for in addition to its philosophical significance the term Tao touches a religious chord in the souls of the Chinese just as did the word *Logos* among the Plantonists and the Greek Christians." Ibid., p. 14.

③ "I am the way, the truth, and the life(John xiv. 6)." Ibid., p. 14.此为《约翰福音》14:6 的部分内容。后一句为:"若不藉著我,没有人能到父那里去。"

人之道,即"人道"(jan tao),是一个推论的过程,因此它是不可靠的。但有一种永恒之道,即"常道"(ch'ang tao),也称作"天道"(t'ien tao),也就是塑造万物之世界秩序。老子思想的责任就在于让这种"天道"或"永恒之道"四处传播①。被永恒之道引导的人即是主人,是"君"(chiun)。德高望重的思想家,即是君子(chiun tze)。他是神圣之人,即"圣人"(shan jan)。"道之人"(man of Reason),即引导者,或"同于道者"(tung yu tao che)。"通晓真理之人"(the man of truth),即是"真人"(chen jan)。

我们将"道"英译为"Reason",并且将其首字母大写以提醒读者此"道"既非理性主义者之"道",亦非"论争的合理性",而是广泛的世界秩序,或者换句话说,是神圣天命之永恒之道。对那些对其充满敬畏之情对其仰视的人来说,是"逻各斯"②。

非常奇怪,理雅各将《道德经》标题中的第2个字"德"(Teh,virtue)英译为"attribute"(特质、特征)。"德"这个字由"人"(man)、"心"(heart)、"直"(straight)3个字组成,意指"人心的率直"(man's straightness of heart)。

老子的伦理道德中最受人欢迎的一个观点,为理解老子的思维方式提供了钥匙。这个观点即是"为无为"(wei wu wei, act non-act),我们通常将其英译为"act with non-assertion"。

中文的"为"不仅仅意为"做事"(to do something),同时也指在台上的"行动"(to act),或者"显示"(to make a show)、"炫耀"(to show off)、"摆姿势"(to pose)、"卖弄自己"(to parade oneself)等。要不是因为"为无为"是老子思想中最主要的道德元素,那它可英译为"to do without ado"或者"to act without acting"(即,不必装腔作势)(without posing)。老子对自我炫耀和以自我为中心的虚荣心是持谴责态度的,因此我们认为"为无为"最好是英译为"acting with non-assertion"。由于这个概念的意思在上下文中已经显而易见,因此没有必要再从神秘主义或者寂静主义的角度去对它加以解读③。

汉语里有3个否定词,"不"(pu, not),表示简单地否定;"无"(wu, lac-

---

① "'Heaven's Reason,' i. e., the world-order which shapes all things, and the burden of Lao-tze's message is to let this Heaven's Reason or Eternal Reason prevail." In Paul Carus trans. *The Canon of Reason and Virtue. Being Lao-tze's Tao Teh King.* Op. cit., p. 15.

② Paul Carus trans. *The Canon of Reason and Virtue. Being Lao-tze's Tao Teh King.* Ibid., p. 15.

③ "He denounces the vanity of self-display and egotism, and so we believe that *wei wu wei* is best rendered by 'acting with non-assertion.' The meaning is clear through the context, and there is no need of interpreting Lao-tze's words either in a mystical or a quietist sense." Ibid., p. 16.

king in, non-existent, without)和"非"(fei, by no means)。尽管我们不能制定一个通用的标准来区分它们,但我们试图在英译中根据原文本上下文表达出它们的意义之间存在的差别。有时,否定词的意思,或者是它在使用时的反讽意义,会影响该词的否定。在第49章中"不善"(pu shan, ungoodness)意为"邪恶、坏"(evil);但在第38章中"不德"(pu teh, unvirtue)则指那些德高的人不炫耀自己,甚至不假其名。在第57章中"无事"(wu shi, non-diplomacy)指的是一个好的统治者用以朴实地治理国家的更高模式。另一方面,老子同时又在第53章中论及"非道"(fei tao),即"缺乏道"(lack of reason)、"反道"(anti-reason),在第30章和第55章中论及"不道"(pu tao, unreason),认为"不道早已",同时宣称"道可道,非常道"①。

第40章中的"无"(wu, non-existence),并不意为"灭绝、灭亡"(annihilation),而是指有形的特质或物质性的缺失。它意在描绘我们称之为纯粹的有形,包括纯粹的有形的思想,也就是,事物的原型和理想的状态。事物的物质性在于使它变得真实而非虚无,正如老子在第11章中所宣称的,通过去除某些部分给予事物以形状,使得它们变得有用(无之以为用)②。

老子对"一"(oneness)的欣赏体现在他对道家哲人和对神圣之道的期待上。在第39章中老子通过描绘合为一体的事物的特征来论述"一",在第10章中则强调合为一体的事物是不会被分离的(抱一能无离乎?)。

老子第42章中能生万物的"三位一体"的观点,退一步讲,是令人好奇的、但或许也是深刻的。基督徒同样也会对他在第78章中提出的关于"作为人民之最高传道者的圣子必将忍受人类的罪过"的观点感兴趣的③。

老子《道德经》的一个特征即是悖论的使用,如出现在第2、3、10等章中的"为无为"(do without ado),通常被英译为"act with non-

---

① "On the other hand Lao-tze speaks of both *fei tao*, i. e., 'lack of reason' or 'anti-reason' (Chapter 53) and *pu tao* (Chapters 30 and 55) 'unreason,' which soon ceases, while 'the reason that can be reasoned' (*tao ko tao*) is declared to be 'by no means the eternal Reason (*fei ch'ang tao*)." In Paul Carus trans. *The Canon of Reason and Virtue. Being Lao-tze's Tao Teh King*. Op. cit., p. 17.

② "Materiality makes things real but non-materiality, as set forth in Chapter 11, while giving shape to things by cutting away certain portions, renders them useful." Ibid., p. 18.

③ "Lao-tze's reference to trinity as begetting all things (Chapter 42) is, to say the least, curious, perhaps profound, and Christians will also be interested in the idea that the Son of Heaven as the High Priest of the people must bear the sins of mankind (chapter 78)." Ibid., pp. 18-19. 此观点即是第78章的最后一句:"是以圣人云:'受国之垢,是谓社稷主;受国不祥,是为天下王。'"

assertion");第71章中的"知不知"(know the unknowable)和"病病"(be sick of sickness)①;第63章中的"事无事"(practice non-practice)和"味无味"(taste the tasteless);第69章中的"行无行"(marching without marching)。相似的短语还有第14章中的"无状之状"(the form of the formless)和"无物之象"②(the image of the imageless)等,用以描绘康德所谓的"纯粹形式",即,非物质的或理想的形式如几何图形,这个观点与佛教词汇"arupo"(the formless,无形)相关,它是相对于"无形的、无躯体的"(the bodiless)来说的。

毋庸置疑,老子讲得最好的观点是第63章中的"报怨以德"(Requite hatred with goodness)和第49章中的"善者,吾善之;不善者,吾亦善之;……信者,吾信之;不信者,吾亦信之;……"③

其他老子赞同和喜欢的观点中,有出现在第8、17、37、57章中的"朴"(simplicity);第45章中的"清静"(purity)④;第3、4、5章中的"虚"(emptiness)⑤;第31章中的"恬惔"(rest and peace)⑥;第2、23、43、56章中的"不言"(silence);第52、76、78章中的"柔"(tenderness),尤其是第78章中的"水之柔"(tenderness of water);第36、40章中的"弱"(weakness);第67章中的"慈"(compassion);第61章中的"下"(lowliness or humility);第59章中的"啬"(thrift);第25、40章中的"反"(returning home to the Tao);第6章中的"不勤"(spontaneity or lack of effort)⑦等。

老子反对会产生无序之"忌讳"(restrictions and prohibitions)(第57章),反对政府的"察察"(ostentation)(58章);反对"不博之知"?(learned-

---

① 此章还有"不知知"的观点,卢卡斯将其英译为"Not to know the knowable." In Paul Carus trans. *The Canon of Reason and Virtue. Being Lao-tze's Tao Teh King*. Op. cit., p. 124.(作者注)

② 卢卡斯将其用中文注为"无象之象"。Ibid., p. 19.(作者注)

③ "The good I meet with goodness; the bad I also meet with goodness.. The faithful I meet with faith, the faithless I also meet with faith." Ibid., pp. 19-20.

④ "Purity and clearness are the world's standard." Ibid., p. 106.卢卡斯将"清净"英译为"purity and clearness"。

⑤ 《道德经》第三章中没有用"虚"字,而是用的"冲",意为"虚"。(作者注)

⑥ 译文中卢卡斯将其英译为"peace and quietude",与"导论"中的英译略有不同。可参见 Paul Carus trans. *The Canon of Reason and Virtue. Being Lao-tze's Tao Teh King*. Op. cit., p. 95.

⑦ 卢卡斯译本将"用之不勤"英译为"Its use is without effort sure".其对"不勤"的理解与林语堂译本相近,为"不需要努力"。但有的译本将"勤"解读为"尽、穷尽",如安乐哲译本,更符合原文本意思。

ness as unwisdom)(第81章)。老子相信道之"求以得"(第62章),并且赞扬了"赤子"的状态(第10,28和55章)。他将自己比作"婴儿之未孩"(第20章)并把自己叫作"婴儿""道之子",把"道"称作"天下母"。另一方面,圣人把世人低看成"孩子"。(圣人皆孩之)(第49章)

老子的"天道无亲"(第79章)表明,圣人不会特别偏爱什么。老子赞扬了天道之"虚"(emptiness)、"谷之善下、不盈"(第32、39、41和第66章),以及犹张弓之"天之道":"高者抑之,下者举之"(第77章),等等。

尽管"道"是个抽象的哲学概念,似乎与对上帝的信仰不相容,但在《道德经》中老子却反复提及上帝。它第一次将"道"与上帝相提并论是在第4章中,称其"似万物之宗"(the arch-father of the ten thousand things),甚至称其为"象帝之先"(the Lord)(第4章)。在第70章中,老子称"道"为"言之宗"(the ancestor of words)与"事之君"(the master of deeds)①。老子称"道"为"教父"(the father of the doctrine)(第42章)或许值得质疑,因为评论者们将"道"解释为"教义、教理之根本"(the foundation of the doctrine),但老子称"道"为"真理之父"(the father of truth)的观点却与他在第20章和第52章中两次将"道"看成"母"并不相悖。在第20章中他宣称"贵食母"(I prize seeking sustenance from our mother),而在第52章中他又一次宣称"以为天下母"(Reason becomes the world's mother)。在第74章中,当论及缩短人之寿命的神圣正义时,"道"被比作"代大匠斫者"(the great carpenter who hews)。所有这些,与基督教思想中将上帝看成君王、看成父亲、看成石匠(正如共济会所称)一样,也都是比喻性的说法吗②?

第二节 20世纪英语世界的《道德经》英译研究

20世纪世界各国对《道德经》的关注逐渐增多,译介和研究均呈蓬勃发展之势。英语世界的《道德经》英译本或研究专著中由于需要所做的部分英译或评论也争相面世。

1903年,伊萨克·海辛格(Issac Winter Heysinger)的《中国之光:老子

---

① 原文本为"言有宗,事有君"。(作者注)

② "All these passages are figures of speech, but are not the Christian ideas of God as a Lord, as a father, as an architect(as the Freemasons have it), also allegories?" In Paul Carus trans. *The Canon of Reason and Virtue. Being Lao-tze's Tao Teh King.* Op. cit., p. 22.

的〈道德经〉》出版。①

1905年,梅德赫斯特·斯珀吉翁(C. Spurgeon Medhurst)的《〈道德经〉:比较宗教浅析》在美国芝加哥出版。② 书的"前言"中作者对其之前出版的《道德经》诸译本给予的参考表示感谢,包括理雅各译本、巴尔弗译本、翟林奈译本、卡卢斯译本、奥尔德译本等。作者交代,英译时将原文本分成了"Metaphysical"(形而上的)和"Moral"(道德的)2个部分,并引查莫斯、埃德金斯和理雅各的观点对《道德经》的理解之难及其重要性做了强调。"前言"中作者还对"Confucianism and Taoism"("儒家学说"与"道家学说")、"Tao"(道)、"The Sages"(圣人)、"Government"(政府)、"Ethics"(伦理)做了介绍。该书1972年再版时书名改为《道德经:老子之言》③。

1905年,莱昂内尔·贾尔斯(Lionel Giles,即翟林奈)的《老子语录:源自东方的智慧之书》在美国纽约出版。④ 该书既没按原文本81章顺序英译,也未标示章节,而是按自己的安排将译文分为9个部分,把原81章的相关内容归类在这9个部分中。

1923年,亚历斯特克·克劳利(Aleister Crowley)英译的《道德经》在美国出版。⑤

1934年,亚瑟·韦利(Arthur Waley)英译的《道及其力量:〈道德经〉及其在中国思想中的地位研究》在美国出版。⑥ "前言"中韦利认为《道德经》较好的译本有好几个,其中最好的是卫礼贤译本(应指其1911年的德译本),其次是卡卢斯译本(应指保罗·卡卢斯1898年英译本)。作者在长达84页的"导论"中详细阐释了《道德经》撰写时的历史背景、享乐主义者(Hedonists)、寂静主义(Quietism)、道家学说(Taoism)、语言危机(The Language Crisis)、现实主义者(The Realists)、现实主义的神秘基础(The

---

① Issac Winter Heysinger. *The Light of China: The Tao Teh King of Lao Tsze, 604-504 B. C.* [s. l.]: Solar Energy, 1903.

② C. Spurgeon Medhurst. *The Tao Teh King: A Short Study in Comparative Religion.* Chicago: Theosophical Book Concern, 1905.

③ C. Spurgeon Medhurst trans. *The Tao-teh-king: Sayings of Lao Tzu.* Wheaton, Ⅲ: Theosophical Publishing House, 1972.

④ Lionel Giles. *The Sayings of Lao Tzu, from the Wisdom of the East Series.* New York: E. P. Dutton and Company, Inc., 1905.

⑤ Aleister Crowley trans. *Tao Te Ching.* York Beach, ME: Samuel Weiser, 1923.

⑥ Arthur Waley trans. *The Way and its Power: A Study of the Tao Te Ching and its Place in Chinese Thought.* New York: MacMillan Press, 1934.

Mystic Basis of Realism）以及《道德经》（The "Tao Te Ching"）、圣（The Sheng）、《道德经》的文学方法（The Literary Methods of the Book）、作者（The Author）等。另有 6 个附录。译文每一章后面均有对该章的释义。其1997 年《道德经》译本尽管与此版本不尽相同，但译文部分却无出入，只是将释义变成了简略的脚注①。

  1944 年，威特·宾纳（Witter Bynner）英译的《老子的生活之道》在美国出版。② 译文前有宾纳写于 1944 年 6 月的 "老子" 对老子及其思想作简单的介绍外，并无其他的注释或评价。译文并非对《道德经》的字面解读，而是采取意译的方式，但译者的解读不太准确，很多译文值得商榷。每一章有译者用中文标出的题名，有的也与该章内容没有直接的关系，如第 2 章为 "同意"。也有的章名相同，如第 11 章和第 24 章，均为 "天平"；第 21 章和第 39 章，均为 "所有"。也有的章名只是颠倒了汉字的顺序，如第 33 章为 "知道"，第 48 章为 "道知"。

  1945 年，由翟林奈撰写 "前言" 的初大告《〈道德经〉新译》在美国出版。③ 该书另有 1959 年版本④和 1982 年的插图本⑤。"前言" 中翟林奈一方面批评之前的《道德经》绝大部分译者 "尽管睿智，但偏离原文本意旨太远"，另一方面则对这本首次由华裔在美国出版的译著给予肯定："如大道本身，朴实、流畅，没有误入歧途。尽可能向读者展现老子的思想，让读者自己去对其深层意义进行判断。"⑥译文后有注释对部分章节做了简短的说明。

  1946 年，赫尔曼·乌尔德（Hermon Ould）英译的《道之接受：老子〈道德经〉新译》在英国伦敦出版。⑦

---

① Arthur Waley trans. *Tao Te Ching*. Denma：Worsworth Edition Ltd., 1997.
② Witter Bynner trans. *The Way of Life according to Laotzu*. New York：John Day Company, 1944.
③ Ch'u Ta-kao trans. *Tao Te Ching* (a new translation), foreword by Lionel Giles. London：The Buddhist Society, 1945.
④ Ch'u Ta-kao trans. *Tao Te Ching* (a new translation), foreword by Lionel Giles. London：Buddhist Society, 1959.
⑤ Ch'u Ta-kao trans. *Tao Te Ching*, illustrated by Willow Winston. London：Unwin Paperbacks, 1982.
⑥ "Like the Great Way itself, it is plain and smooth, and does not diverge into by-paths. It gives us Lao Tzu's words so far as possible unchanged, and let us judge of their inner meaning for ourselves." In Ch'u Ta-kao trans. *Tao Te Ching*. Op. cit., 1982, p. 10.
⑦ Hermon Ould trans. *The Way of Acceptance*；*A New Version of Lao Tse's Tao Te Ching*. London：A Dakers, 1946.

1948年,林语堂英译的《老子的智慧》在美国纽约出版。① 译文前有作者写于1948年的"导论"和"'前言'——庄子的思想主流"(Prolegomena:"The Main Currents of Thought"by Chuangtse)②。作者将译文分为7个部分(Seven Books),每章译文后有对该章重要观点和疑难语句的进一步解释和评论,间或有脚注对译文做出必要的说明。译文后还英译了庄子虚构的"老子与孔子的会谈"(Imaginary Conversations between Laotse and Confucius)③。

1950年,德国汉学家爱德华·艾克斯(何可思,Eduard Erkes)英译的《河上公〈老子注〉》在瑞士埃斯科纳出版。④

1954年,荷兰汉学家戴闻达(J. J. L. Duyvendak)英译并注释的《道德经:道与德之书》由约翰默里出版社出版。⑤

1955年,雷蒙德·布兰克利(蒲克明,Raymond Bernard Blakney)的《生活之道:〈道德经〉新译》在美国纽约出版。⑥ 译文前有"前言"和"导论"。作者在"导论"中介绍了《诗经》(*Book of Odes*)、孔子(Confucius)、墨翟(Mo Ti)、商鞅与守法主义者(Shang Yang and the Legalists)、阴—阳(Yin-Yang)、《道德经》(*Tao Te Ching*)、中国的神秘主义者(Chinese Mystics)、《道德经》核心概念(Key Concepts),等。目录中作者将《道德经》译为《诗》(*The Poems*),并用拼音和英文为81章添加了标题,其中英文题名为各章英译首句的前半部分(但正文各章却没有题名)。各章译文除英译文本外,还有释义(Paraphrase)或评论(Comment)。

1961年,吴经熊英译的《老子〈道德经〉》在美国纽约出版。⑦ 该书只是对原文本的英译,没有注释、评论,也无"导论",比较简洁。

---

① Lin Yutang trans. and ed. *The Wisdom of Laotse*, with an introduction and notes. New York: Random House, 1948.

② Ibid., pp. XXVIIII-XL.

③ Ibid., pp. 259-266.

④ Eduard Erkes. *Ho-shang-kung's Commentary on Lao-tse*. Ascona, Switzerland: Press of Artibus Asiae, 1950.

⑤ J. J. L. Duyvendak transalted and annotated. *Tao Te Ching: The Book of the Way and Its Virtue*. London: John Murray, 1954.

⑥ Raymond Bernard Blakney trans. *The Way of Life: A New Translation of the Tao Te Ching*. New York: New American Library, 1955.

⑦ John C. H. Wu(Wu Jingxiong) trans. *Tao Teh Ching/ Lao Tzu*. New York: St. John's University Press, 1961.

1963 年,刘殿爵英译的《道德经》在美国出版。① 该译本比较简洁,只有译文。

1963 年,陈荣捷的《老子之道》(《道德经》)在美国出版。② 除准确的译文外,另有"导论""评论"和"注释"。

1972 年,冯家福与英格里希合著的《老子〈道德经〉新译》在美国纽约出版。③ 译文前有雅各布·尼德曼撰写的"导论",对《道德经》中的"道"与"德"以及多章所含的思想内容如"无"(non-being)、"无为"(non-action)、"牝"(female)、"阴与阳"(yin and yang)、"隐"(hidden)、"圣、王"(leader,king,sage,warrior)等做了系统的阐释,涉及的章节包括第1、5、6、10、14、16、20、22、25、28、37、41、51、61、64、70、76 等④。除译文外,后有对部分章节的"注释、评论和回应"(Notes,Comments,and Echoes)⑤。

1975 年,张钟元(音译)的《道,思考之新方式:〈道德经〉英译》在美国纽约出版。⑥

1977 年,保罗·林(林振述,Paul J. Lin)的《老子〈道德经〉及王弼注英译》由美国密执安大学出版社出版。⑦该书为发表在密西根大学中国研究中心出版的集刊第30期上的论文。"导论"中作者通过比较不同的译本指出了《道德经》英译中因对原文本不同的理解、不同的断句读方式、对中文句法不同的理解以及对同一个汉字不同的读音引起的多种解读,其中包括误读误译⑧。译文按照王弼注本分为两个部分(Book One,Chapters 1—37; Book Two, Chapters 38—81),每章译文后有注释说明。文后共有 3 个附录:一是司马迁的《老子传》(*The Collective Biography of Lao*

---

① D. C. Lau trans. *Tao Te Ching*. Harmondsworth: Middlesex, 1963.

② Wing-tsit Chan trans. *The Way of Lao Tzu (Tao-te Ching)*, with introductory essays, comments and notes. Indianapolis: Bobbs-Merrill, 1963.

③ Gia-Fu Feng and Jane English trans. *Tao Te Ching*, with an introduction and notes by Jacob Needleman. New York: Vintage Books, 1972.

④ "Introduction" by Jacob Needleman In Gia-Fu Feng and Jane English trans. *Tao Te Ching*. Op. cit., pp. v-xxxii.

⑤ Gia-Fu Feng and Jane English trans. *Tao Te Ching*. Op.cit., pp. 85-103.

⑥ Chang Chung-yuan trans. *Tao: A New Way of Thinking: A Translation of the Tao Te Ching*, with an introduction and commentaries. New York: Harper & Row Pub., 1975.

⑦ Paul J. Lin. *A Translation of Lao Tzu's Tao Te Ching and Wang Pi's Commentary*. Ann Arbor: Center for Chinese Studies, University of Michigan, 1977.

⑧ Ibid., pp. ix-xxiv.

tzu by Ssu-ma Ch'ien）；二是何劭的《王弼传》（The Biography of Wang Pi by Ho Shao）；三是王弼注本与马王堆汉墓出土帛书本甲、乙本的主要区别（The Major Differences between Wang Pi's Edition and the Ma-Wang-Tui Edition A and B）。

1978—1979年，多利·迪递（Dolli Didi）英译的《道之道：论老子的〈道德经〉》在印度德里出版。①

1979年，倪清和大师的《老子全书》英译本在加利福尼亚出版。② 译本英译了老子的《道德经》和《化胡经》。"导论"中作者简要介绍了这两本经书的接受情况：《道德经》广为人知，而《化胡经》则知者甚少，以及老子经书对世人的影响。译文后间或有简短的脚注说明。没有注释或评论，比较简洁。

1979年，阿里姆·朗姆（Ariane Rump）与陈荣捷合著的《王弼〈老子注〉》由美国夏威夷大学出版社出版。③ 译文前有朗姆撰写的简短的"前言"和陈荣捷撰写的"导论"。译文后有对大部分章节的或简或繁的注释。

1981年，本杰明·霍夫（Benjamin Hoff）的《生活之道：〈道德经〉之精髓》在美国纽约出版。④ 该译本为对老子《道德经》的选译。译文前有简短的"导论"介绍老子及其《道德经》。译文既没有分章节，也没按原章节英译，只在译本的最后有章节名和译文页数的对应表（Finding list），对读者的阅读、理解造成了极大的不便。译文共涉及《道德经》81章中50章的内容。除对《道德经》的选译（Selections from the Tao Te Ching）外，另有"道之法则今用"（Taoist Principles Today）一部分，介绍了《道德经》中的6个主要术语："源"（The Source）、"朴"（The Uncarved Block）、"谷神"（The Spirit of the Valley）、"无为"（Wu Wei）、"智"（Tz'u）和"道"（The Way）。

1981年，杨有维与安乐哲（Roger T. Ames）英译并改编的陈鼓应作品

---

① Dolli Didi trans. *The Way of Tao*：*Discourses on Lao Tse's Tao-Te-King*. Delhi：Motilal Banarsidass，1978-1979.

② Hua-Ching Ni trans. *Complete Works of Lao Tzu*：*Tao Teh Ching and Hua Hu Ching*. Malibu，California：The Shrine of the Eternal Breath of Tao，1979.

③ Ariane Rump and Wing-tsit Chan. *Commentary on the Lao Tzu by Wang Pi*. Hawaii：The University Press of Hawaii，1979.

④ Benjamin Hoff. *The Way to Life*：*At the Heart of the Tao Te Ching*. New York：Weatherhill，1981.

《〈老子〉今译今注及评介》由美国旧金山中国文献中心出版。①

1981年,美国密西西比州立大学道格拉斯·芬利(Robert Douglas Finley)的博士论文出版②,作者在文中对《道德经》做了全文英译。译文分《道经》(*The Road*)与《德经》(*Of Virtue*)2个部分,作者特别给每章添加了标题。

1982年,刘殿爵的《中国经典〈道德经〉》译本由香港中文大学出版社出版。③ 该书分2个部分。第1部分为对王弼《老子注》的英译,包括"导论"、译文、两个附录[关于作者的问题(The Problem of Authorship);文本的本质(The Nature of the Work)]。第2部分为对马王堆帛书本的英译,包括对马王堆《老子》的介绍(The Ma Wang Tui *Lao Tzu*)、对原中文文本的注释(Note on the Chinese Text)、译文。2个部分中每章都附有中文,且英译均与其1963年的《道德经》译本的英译相同。

1982年,赫里蒙·莫勒(Herrymon Maurer)英译的《道:众道之道》在美国纽约出版④。该译本分为2个部分。第1部分为"经之现在性"(The Nowness of Scripture),对《道德经》中的6个核心术语做了解读。第2部分为《道德经》译文,译者将《道德经》英译为"The Tao/ Virtue Classic"。第2部分除译文外,另有"注释"(Notes)对译文81章中的大部分章节做进一步说明和"各章关键语句"(A Key to the Chapters),标示出了各章第1行的内容及其对应的页码,方便读者查阅。

1985年,奥斯特·瓦尔德(Richard Wihelm)英译的《〈道德经〉:意义与生活之书》在英国伦敦出版,该译本为1910年出版的理查德·威海姆(H. G. Ostwald,即德国汉学家卫礼贤)德语版本的英译。⑤ 该书的"出版者1978年德语版前言"中提及1925年德语版中卫礼贤对"老子教义"(The Teaching of Lao Zi)的评论。译文前有1910年10月1日卫礼贤写于青岛的"前言"。"导论"介绍了《道德经》的作者、文本、历史背景和内容。

---

① R. Y. W. Young and Roger T. Ames trans. Chen Guying. *Lao Tzu*: *Text*, *Notes and Comments*. San Francisco: Chinese Materials Center, 1981.

② Robert Douglas Finley. "Tao Te Ching: A Guiding Image for Humanistic Psychology and Education". Ed. D. Thesis, Mississippi State University, 1981.

③ D. C. Lau. *Chinese Classic Tao Te Ching*. Hong Kong: The Chinese University Press, 1982.

④ Herrymon Maurer trans. *Tao*: *The Way of the Ways*. New York: Schocken Books, 1982.

⑤ Richard Wihelm. *Tao Te Ching*: *The Book of Meaning and Life* (1910), translated into English from German edition by H. G. Ostwald. London: Arkana, 1985.

译文后有对"老子教义"的评论（Commentary：The Teaching of Lao Zi）、"道"（DAO）、"现象界"（The phenomenal world）、"论道的获得"（On the attainment of DAO）、"处世的智慧"（Worldly wisdom）、"国家与社会"（State and Society）、"老子之后的道家思想"（Daoism after Lao Zi）。另有注释对大部分章节做进一步说明。

1985 年，约翰·海德（John Heider）的《领导之道》在美国亚特兰大出版。① 作者在简短的"导论"中对《道德经》标题所含的意思做了解读，认为其包了 3 层意思：自然法则，或事物是如何发生的；生活之道，或如何与自然和谐相处；领导的艺术，或如何与自然法则相一致地管理或教育别人。作者指出该译本是采用口语的形式进行英译的。② 与《道德经》其他英译本相比，虽然少了学术性，但更加贴近读者生活。译者为每一章添加了题名。

1986 年，温（R. L. Wing）的《力量之道：老子〈道德经〉英译》在美国纽约出版。③

1988 年，史蒂芬·米切尔（Stephen Mitchell）的《带前言和注释的〈道德经〉》译本在美国纽约出版。④ 该版本还有 1988 年出版的袖珍本⑤和 1996 年英国版本。⑥ 译文前的"前言"中，译者认为《道德经》可英译为"*The Book of the Immanence of the Way*"，"*The Book of the Way and of How It Manifests Itself in the World*"，或"*The Book of the Way*"，但由于其中文名已经众所周知，便仍然用 *Tao Te Ching* 作为本书的书名。译者还交代了译文所采用的方法。一是以保罗·卡卢斯的英译为参照，同时借鉴了《道德经》的数十种英译本、德译本和法译本。二是作者认为最诗意的、最自由的翻译有时

---

① John Heider. *The Tao of Leadership*：*Lao Tzu's Tao Te Ching*，*Adapted for a New Age*. Atlanta，Georgia：Humanics Publishing Group，1985.

② "—— and the book itself has three topics：1.Natural law, or how things happen; 2.A way of life, or how to live in conscious harmony with natural law; 3.A method of leadership, or how to govern or educate others in accordance with natural law. …Thus this version of the *Tao* took form in spoken language." Ibid., 1985, pp. xi-xii.

③ R. L. Wing. *The Tao of Power*：*A Translation of the Tao Te Ching by Lao Tzu*. New York：Doubleday，1986.

④ Stephen Mitchell. *Tao Te Ching*, with foreword and notes. New York：Harper & Row，1988.

⑤ Stephen Mitchell. *Tao Te Ching*：*A New English Version*（pocket edition），with foreword and notes. New York：HarperCollins Publishers, Inc.，1988.

⑥ Stephen Mitchell. *Tao Te Ching*. London：Kyle Cathie Ltd.，1996.

是最真实的,因此在英译的过程中使用了释义、阐释、解读等方法。译文后有对各章的注释。译文大部分篇幅没有标明页码,读者查阅不便。

1988 年,温的另一著作《力量之道:老子经典对领导能力、影响和卓越的引导》在英国伦敦出版。①

1989 年,陈张婉莘的《〈道德经〉新译评》在美国纽约出版。② 该书由简短的"前言"、"《道德经》简介"和"《道德经》译评"3 部分组成。"简介"中作者梳理了"《道德经》的成书时间和作者""作为宗教文本的《道德经》"和"《道德经》的使用与翻译"。"译评"部分,作者对文中关键术语的英译后都附有拼音,每章的英译后都有总体评论(General Comment)和详细评论(Detailed Comment)2 个部分,益于读者理解。

1989 年,韩禄伯的《老子〈德道经〉:以新近出土的马王堆〈道德经〉帛书本为底本的注译与评论》在美国纽约出版。③ 书的扉页上有费正清和陈荣捷对该书的评价。④ 译文有 2 个部分,第 1 部分为纯粹的英译,第 2 部分在英译后附有中文文本、译者的评论和注释。译文前的"导论"中作者介绍了"马王堆出土的《道德经》帛书本","马王堆《道德经》帛书本与其他的《道德经》文本"以及"老子的哲学"(道、道之回归与健康、长寿和不朽)。该版本还有 1990 年在英国伦敦出版的版本⑤和 1993 年由美国纽约

---

① R. L. Wing. *The Tao of Power*: *Lao Tzu's Classic Guide to Leadership*, *Influence and Excellence*. London: Thorson, 1988.

② Ellen Marie Chen. *The Tao Te Ching*, *A New Translation with Commentary*. New York: Paragon House, 1989.

③ Robert G. Henricks. *Te-Tao Ching*: *A New Translation Based on the Recent Discovered Ma-wang-tui Texts/ Lao Tzu*, with an introduction and commentary. New York: Ballentine Books, 1989. 中文书名《老子德道经》为原书封面所有。

④ "韩禄伯教授的新著,对普通读者有两大好处:一是他简洁地说明了老子这部著名经典的最新文本的发现。……二是其精到与简明……韩先生的译文,对每一句中的术语都有相当合理的解释,而这些术语对于某些译者来说似乎是无法理喻和晦涩难解的。"(professor Henrick's new volume has two special merits for the general reader. One is that he succinctly explains the most recent discoveries in texts of the famous classic by 'Lao-tzu.' ⋯ The second merit of the Henrick's translation is its sophistication and simplicity⋯ [Mr. Henrick's] presents a version of each line which makes comparative sense out of phraseology that to some translators has seemed incomprehensible and inscrutable by John K. Fairbank) In Robert G. Henricks. *Te-Tao Ching*: *A New Translation Based on the Recent Discovered Ma-wang-tui Texts/ Lao Tzu*, with an introduction and commentary. Op. cit., 1989.

⑤ Robert G. Henricks. *Lao Tzu Te-Tao Ching*. London: Rider, 1990.

现代图书公司出版的版本①。

1990年,戴安娜·德莱尔(Diane Dreher)的《平静之道:内心与外在宁静之引导》在美国纽约出版。②

1990年,梅维恒(Victor H. Mair)以马王堆帛书本为底本的英译本《〈道德经〉:德与道之经典》由美国纽约班坦姆图书公司出版③。除译文外,有"前言"、注释和评论、"后记",向读者介绍了"老子真的存在吗?""《道德经》及其口传背景""《道德经》书名的意思及其他核心术语""道家思想和瑜伽之间的对比""翻译原则"等内容。附录部分为那些想要了解瑜伽和道家思想之间关系的读者提供了补充的信息。书的扉页上梅维恒引用了古印度瑜伽文献《薄伽梵歌》最后一章的核心内容"通过弃绝而获得完美"(The supreme perfection of actionlessness he attains through renunciation)、《道德经》第10章中的"专气致柔,能婴儿乎?"以及德国谚语"如果我们不在正确的道上,跑得快又有什么用呢"(What is the use of running when we are not on the right way?)来强调自己的对《道德经》的理解。

1990年,彼得·兰德(Peter Land)英译的《我之道:老子〈道德经〉》在新西兰奥克兰出版。④

1991年,托马斯·克利里(Thomas Cleary)《道之精髓:经由〈道德真经〉和庄子的内在教导进入道之核心》在美国纽约出版。⑤ 该书除《道德经》和《庄子》英译外,另有"导论"、注释以及关于道家思想、《道德经》和《庄子》之历史背景的介绍(On the Historical Background of Taoism, Tao Te Ching, and Chuang-tzu)。注释部分对《道德经》的大部分章节做了进一步解释。

1991年,陈金梁的《道之二解:王弼与河上公〈老子注〉研究》由美国纽

---

① Robert G. Henricks trans. *Te-Tao Ching* by Lao-tzu, from Ma-wang-tui texts, with an introduction and commentary. New York: Modern Library, 1993.

② Diane Dreher. *The Tao of Peace: A Guide to Inner and Outer Peace*. New York: Donald I. Fine, Inc., 1990.

③ Victor H. Mair trans. *Tao Te Ching: The Classic Book of Integrity and the Way*, annotated and with an afterword. New York: Bantam Books, 1990.

④ Peter Land trans. *My Tao: The Tao Te Ching of Lao Tse*. Auckland, New Zealand: Puriri Press, 1990.

⑤ Thomas Cleary. *The Essential Tao: An Initiation into the Heart of Taoism through the Authentic Tao Te Ching and the Inner Teachings of Chuang Tzu*. New York: Harper Collins Pub., 1991.

约州立大学出版社出版。①

1992年,英国芬特里智慧之神编辑部出版了《老子的简单之道:老子〈道德经〉评析》。②

1992年,迈克尔·拉法格(Micahel LaFargue)的《〈道德经〉之道:英译与评论》由美国纽约州立大学出版社出版。③ 该书译文共有7个部分,将《道德经》原文本根据自己的需要做了重新安排,作者在"前言:读这本书的方法"中做了说明并在最后附录了章节对照表。译文后附录了"阐释:解读《道德经》的合理方法"(Hermeneutics: A Reasoned Approach to Interpreting the *Tao Te Ching*),介绍了《道德经》成书的社会背景、《道德经》的成书、分析了老子的教诲(有争议的格言、教诲与修身)、老子思想的"体系"、核心术语(共85个)、注释等,对读者详细了解《道德经》提供了翔实的信息。

1993年,戴维·雷诺茨(David K. Reynolds)的《对〈道德经〉的反思:阅读智慧经典之新方法》在美国纽约出版。④

1993年,帕特里克·埃德温·莫兰(Patrick Edwin Moran)英译的《三本小小的智慧之书:〈道德经〉〈大学〉与〈中庸〉》由兰哈姆美国大学出版社出版。⑤

1993年,郭文灏(Man-Ho Kwok)、马丁·帕尔默(Martin Palmer)与詹姆·拉姆塞(Jam Ramsay)英译的《道德经》在英国出版。⑥

1993年,史蒂芬·阿迪斯(Stephen Addis)和斯坦利·拉姆巴多

---

① Alan Kam-Leung Chan. *Two Visions of the Way: A Study of the Wang Pi and the Ho-shang Kung Commentaries on the Lao-Tzu*. Albany: State University of New York Press, 1991.

② The Editors of the Shrine of Wisdoms. *The Simple Way of Lao Tsze: An Analysis of the Tao-The Canon with Comments*. Fintry: Shrine of Wisdom, 1992.

③ Micahel LaFargue. *The Tao of the Tao Te Ching: A Translation and Commentary*. New York: State University of New York Press, 1992.

④ David K. Reynolds. *Reflections on the Tao Te Ching: A New Way of Reading the Classic Book of Wisdom*. New York: William Morrow and Co., Inc., 1993.

⑤ Patrick Edwin Moran trans. *Three Smaller Wisdom Books: Lao Zi's Dao De Jing, the Great Learning (Da Xue) and the Doctrine of the Mean (Zhong Yong)*. Lanham: University Press of America, 1993.

⑥ Man-Ho Kwok, Martin Palmer and Jam Ramsay trans. *Tao Te Ching*. Dorset: Barnes & Noble, 1993.

(Stanley Lombardo)合译的《老子〈道德经〉》在美国波士顿出版。① "译者前言"中作者对该译本与之前其他《道德经》译本的4个不同之处做了说明:采用翻译而不是解释的方法、尽力保留原文本之意味、避免使用含性别之分的人称代词、将每章中的一行关键语句直译,并附上原文汉字。作者还交代了译本采用的是王弼注本。译文前有斯坦福大学中国文学教授伯顿·沃森撰写的"导论"。作者为每章同时添加了中文、拼音和英文标题。

1994年,由约翰·马布里(John R. Mabry)英译,吉姆·哈德斯泰(Jim Hardesty)插图的《上帝,如自然所见的上帝:对〈道德经〉的一种基督徒式的解读》在美国出版。②

1994年,迈克尔·拉法格(Michael LaFargue)的《道与法:对〈道德经〉的一种详细解读》由美国州立大学出版社出版。③

1995年,布莱恩·沃克(Brian Browne Walker)的《老子〈道德经〉》英译本由美国纽约圣·马丁出版社出版。④ 该书除简单的译文外,仅有简短的"前言"解释"道"(Tao, The Way, The Way the Universe Works)、"德"(Te, Goodness, Virtue, Nature)、《道德经》的英译(The Book of the Good and the Natural Way)以及关于老子的2种不同版本的传记。译文部分既没有注释也没有评论,甚至连参考文献也没有。

1995年,史蒂芬·米切尔(Stephen Mitchell)等的《七种语言的〈道德经〉》译本在匈牙利首都布达贝斯出版。⑤

1995年,提摩西·弗雷克(Timothy Freke)编译的《老子〈道德经〉》在英国伦敦出版。⑥

1996年,阿奇·巴姆(Archie J. Bahm)的《〈道德经〉:自然与才智》在美国加利福尼亚出版。⑦ 作者采用了意译的方式英译《道德经》,译文中

---

① Stephen Addis and Stanley Lombardo. *Tao Te Ching*. Boston:Shambhala Publications,2007.
② John R. Mabry. *God, as Nature Sees God:A Christian Reading of the Tao Te Ching*, illustrated by Jim Hardesty. Rockport, Mass.:Element,1994.
③ Michael LaFargue. *Tao and Method:A Reasoned Approach to the Tao Te Ching*. Albany:State University of New York Press,1994.
④ Brian Browne Walker trans. *The Tao Te Ching of Lao Tzu*. New York:St. Martin's Press,1995.
⑤ Stephen Mitchell et al. trans. *Tao Te Ching:In Seven Languages*. Budspest:Farkas Lorinc Imre Pub.,1995.
⑥ Timothy Freke ed. *Lao Tzu's Tao Te Ching*. New Version. London:Piatkus,1995.
⑦ Archie J. Bahm. *Tao Teh King by Lao Tzu, Interpreted as Nature and Intelligence*. California:Jain Publishing Company,1996.

"道"被译为"Nature"(自然、本性)。在译文后的"作者评论"中巴姆向读者介绍了"老子""道""德""各种不同的话题"(包括知识、语言、论辩、法、友谊、天赋才能、教育哲学、尊敬)、"政府""老子是个谜吗?""老子与孔子"以及"译事之难"①。

1996年,雷德·派因(此为其笔名,真名为比尔·波特,Bill Porter)英译的《老子〈道德经〉及过去2000年间的评论精选》在美国旧金山出版。② 该书译文前有"导论"对《道德经》的成书背景、版本发展等情况做介绍。译文每章左为竖排的中文,右为英译,下有选自过去2000年来各家对《道德经》评论的英译,较详细。

1997年,厄休拉·吉恩(Ursula K. Le Guin)与西顿(J. P. Seaton)英译的《老子〈道德经〉:一本关于道以及道之力量的书》在美国波士顿出版。③ 译文前有厄休拉撰写的简短的"导论",文中认为《道德经》"一部分是散文,一部分是诗"④。译文中部分章节有脚注,为作者对该章文本的评论。译文后有注释,内容包括"关于此译本"(为解读,而非翻译,译者不懂汉语,之所以能处理文本全在于1898年的卡卢斯《道德经》译本⑤)、"资料来源"(译本参照《道德经》英译文本)⑥、"《道德经》的2个文本"、"对部分章节的注释"。

1998年,耶西·帕尔登(Yeshe Palden)英译的《道与德之书》在美国圣克鲁兹出版。⑦

---

① "译事之难"(Translation Difficulties)中作者引林语堂、布兰克利、郑麐、翟林奈、初大告和奥尔德的话阐述了英译《道德经》之难。Archie J. Bahm. *Tao Teh King by Lao Tzu*, *Interpreted as Nature and Intelligence*. Op. cit., pp. 119-120.

② Red Pine trans. *Lao Tzu's Taoteching*, with selected commentaries of the past 2000 years. San Francisco:Mercury House, 1996.

③ Ursula K. Le Guin and J. P. Seaton trans. *Tao Te Ching*:*A Book about the Way and the Power of the Way*, a new English version. Boston:Shambhala, 1997.

④ "The *Tao Te Ching* is partly in prose, partly in verse" Ibid., p. ix.

⑤ "This is a rendition, not a translation, I do not know any Chinese. I could approach the text at all only because Paul Carus, in his translation of the *Tao Te Ching*." Ibid., p. 107.

⑥ 作者在这一节介绍了对他的译本起借鉴和引导作用的《道德经》英译本,有1898年保罗·卡卢斯译本、1958的年亚瑟·韦利译本、1993年的韩禄伯以马王堆《道德经》为底本的译本、1972年的冯家福译本、1963年的刘殿爵译本、1992年的迈克尔·拉法格译本、1981年的塔姆·吉布斯译本和1944年的威特·宾纳译本。可参见 Ursula K. Le Guin and J. P. Seaton trans. *Tao Te Ching*:*A Book about the Way and the Power of the Way*. Op. cit., pp. 108-109.

⑦ Yeshe Palden trans. *The Book of the Way and Virtue*. Santa Cruz, CA.:Seven Hawk Pub., 1998.

1998 年,约瑟夫·佩特拉(Joseph Petulla)的《〈道德经〉与基督教之道:新译》在美国纽约出版。① 该书的译文为两个部分,"《道德经》与基督教之道"(The Tao Te Ching and the Christian Way)和"《道德经》与基督教教义"(The Tao Te Ching and Christianity)。作者为每章译文自加标题,译文后紧跟着是从基督教的角度对该章思想的解读,向西方读者展示了道家思想与基督教道义之间的异同,给读者指明了如何过简单、仁爱、和谐的生活之道。译文前有"前言",作者提及《道德经》英译本中两本蕴含基督教思想的译本,为 1944 年的宾纳译本和 1955 年的布兰克利译本②。

1998 年,格雷戈里·里克特(Gregory C. Richter)英译的《所有非凡事物之门:〈道德经〉导读》第 1 版在美国旧金山出版。③

1999 年,托马斯·克利里(Thomas Cleary)的《道家经典》第 1 卷出版。书中收录了《道德经》、《庄子》、《文子》(Wen-tzu)、《领导与策略之书》(The Book of Leadership and Strategy)(选自《淮南子》)以及《性、健康与长寿》(Sex, Health, and Long Life)等 5 个文本的英译。④ 其中关于《道德经》和《庄子》的英译、注释以及关于《道德经》和《庄子》的道家思想的历史背景介绍与其 1991 年的《道之精髓》一书内容完全相同。译文后有注释对《道德经》的大部分章节做进一步解释。

1999 年,由唐朝王真著,拉尔夫·索耶尔(Ralph D. Sawyer)英译和撰写导论和评论的《〈道德真经〉论兵要义述》在美国波士顿出版。⑤ 该书译文部分每章包括王真对该章的理解和该章思想的评论以及拉尔夫对王真老子思想的评论之评论。

1999 年,由高国江(译音)和王立功(译音)合译,蔡志忠编辑、插图的

---

① Joseph Petulla. *The Tao Te Ching and the Christian Way: A New English Version.* New York: Orbis Books, 1998.

② 如作者为第一章加标题为"Life Is a Wondrous Mystery"(人生是一种奇妙的神秘之物),第二章为"Freedom of the Children of God"(上帝之子的自由),第三章为"Finding True Happiness"(找到真正的幸福)。

③ Gregory C. Richter trans. *The Gate of All Marvelous Things: A Guide to Reading the Tao Te Ching.* 1st edition. San Francisco: Red Mansion Pub., 1998.

④ Thomas Cleary. *The Taoist Classics.* Volume 1. Boston: Shambhala, 1999.

⑤ Wang Chen. *The Tao of Peace(=Tao te ching): Lessons from Ancient China on the Dynamics of Conflict*, with introduction and commentary by Ralph D. Sawyer and Mei-chun Lee Sawyer. 1st edition. Boston: Shambhala Publications, 1999.

《老子说:智者的低语》在新加坡出版。① 该书译文包含"生活的伟大智慧"（The Great Wisdom of Life）、"相对的对立面的出现"（The Rise of Relative Opposites）、"无之功用"（The Utility of Non-Being）和"争夺之徒劳无用"（The Futility of Contention）4个部分。

1999年，史蒂芬·米切尔（Stephen Mitchell）的绘图版《道德经》在美国纽约出版。② 该版本的"前言"和译文与其1988年版本完全一样，只在每章的开始位置添加了如"章一""章二"字样。译文后有"关于绘图的信息说明"（Information about the Paintings）和"绘图的具体情况说明"（Details of the Paintings）。

1999年，理查德·林恩（Richard John Lynn 的《道与德之经典：王弼〈老子注〉新译》由美国哥伦比亚大学出版社出版。③ 译文前的"导论"中作者介绍了"《道德经》其书""王弼""王弼论著""译者的话"④，英译了王弼的《老子指略》（Outline Introduction to the Laozi [Laozi zhilue], by Wang Bi）。译文在每章的译注后还有或长或短的译者的注释,对老子的和王弼注本的观点进行解释。

下面选译梅德赫斯特《〈道德经〉：比较宗教学浅析》之"导论"；韦利《道及其力量：〈道德经〉及其在中国思想中的地位研究》之"前言"与"外国影响"；宾纳《老子的生活之道》之"老子"；初大告《道德经》之"译者前言"和翟林奈所写"序言"；布兰克利《生活之道：〈道德经〉新译》之"《道德经》的基本概念"与林恩所写"后记"；冯家福与英格里希《老子〈道德经〉新译》之"注释。评论与回应",以飨读者。

---

① Koh Kok Kiang and Wong Lit Khiong trans. *The Sayings of Lao Zi: The Silence of the Wise*, edited and illustrated by Tsai Chih Chung. Singapore: Asiapacbooks, 1999.

② Stephen Mitchell trans. *Tao Te Ching: An Illustrated Journey*. 1st edition. New York: Harper Collins Publishers, 1999.

③ Richard John Lynn. *The Classic of the Way and Virtue: A New Translation of the Tao-te Ching of Lao Zi as Interpreted by Wang Bi*. New York: Columbia University Press, 1999.

④ "译者的话"中作者提及1977年林振述的《老子〈道德经〉及王弼〈老子注〉英译》和1979年阿里姆·朗姆与陈荣捷合著的《王弼〈老子注〉》对其都无助益之事,以及其对1979年张仲越（译音）的《王弼的玄学》和1986年鲁道夫·瓦格纳发表在《通报》上的文章——《王弼〈老子微旨例略〉——哲学研究与英译》的借鉴。可参见 Richard John Lynn. *The Classic of the Way and Virtue: A New Translation of the Tao-te Ching of Lao Zi as Interpreted by Wang Bi*. Op. cit., pp. 22-23.

一、梅德赫斯特《〈道德经〉：比较宗教学浅析》之"导论"

"每个民族那些敬畏他的人，那些为正义而工作的人，都是他所接受的。"上帝之精神没有宗派、宗教、种族或信条的限制。哪里心是平静的，愿望是纯洁的，其愿景就可能被领悟，其愿望之声就可能被上帝听见。上帝以各种不同的语言对人类说话，而我们这本《道德经》的译者在整个艰巨的翻译任务中都受到了这样一种信念的支撑，那就是，《道德经》就是上述这么一种观念的文字记载。与所有的古老典籍一样，《道德经》可能也遭受了时代的洗礼，但正如我在对文本的注释和评论中所表明的那样，教义是所有时代的内在意识将其认作真理的东西。尽管老子的强调是他自己的，但显而易见其中有一种普遍的声音："我告诉你，有许多会从东方和西方而来，并将与亚伯拉罕、埃萨克和雅各布一道在天堂长眠。"

有许多的《道德经》译本，可是《道德经》曾真正地被翻译过吗？如果说以任何标准去衡量我的译本是成功的而其他的译本是失败之作的话那是因为我为之所付出的努力。中文难，而且错误或许是不可避免的，但我竭尽全力将其减少到最少，并且在我整个的最初工作中特别是在细节上查询了理雅各、巴尔弗、翟理斯、卡卢斯、金斯米尔、麦克拉根、奥尔德和斯特劳斯的作品。尽管不能对这些先生们的阐释给予认同，但我对其译本在我将这本简洁模糊的中译本翻译成英文的整个过程对我的引导和建议表示感谢。在我研究的过程中我咨询了相当数量的中国评论，但我主要要求比前辈们的译本更接近老子《道德经》的本意是这么一个事实，那就是，要理解一个神秘主义者，那他自己就得是个神秘主义者。而且，尽管我不敢冒险将我自己归为神秘主义者，但我可以坦言很久以前我梦到过自己冒昧到努力想要亲自将《道德经》翻译出来，于是我习惯了在旅程中将《道德经》作为我精神的指南书随身带着。我现在对老子《道德经》的翻译还不能算是一个谦卑信徒的学术专著。试图在翻译这么一本著述的过程中所遭遇的困难从下面对理雅各为《东方圣书》第16卷《易经》所写"序言"的引文即可得到证明。这位杰出的学者写道："中国汉字，代表的不是字，而是思想的符号。……文中字与字的结合代表的不是作家想说的，而是他所思考的。因而，如果一个译者试图对其按字面意思进行翻译那将是徒劳的。在中国经典研究中没有多少对作家所使用的汉字作为其思想来进行的阐释，一种心与心之间的明了。"在最后一句中理雅各博士无意中解释了他将

《道德经》译成英语的努力显然是失败的原因。理雅各教授是他那个时代最卓越的中国学研究者，与儒家学说产生了完全的共鸣。但是很遗憾这么一本翻译得如此糟糕的包括在其《东方圣书》系列中的《道德经》译本竟然还能获得显著的重要地位。

我还只需做的是，在这种连接中补充说我并不试图完成那不可能完成的东西并对原文本所具有的韵律进行再创造，而是想要满足我自己尽我所能将整个文本翻译成一个清晰简洁的、不用参照原文本中固定的韵律的英译本的愿望。我也没有想过它在进入我译文的技巧性的防御是否值得。这个只有汉学家才会感兴趣，而且现在这本小书对汉学家而言也没有什么用。

在其《老子遗迹》中，翟理斯（Herbert Allen Giles）教授努力证明《道德经》中真正是老子所写的东西非常少。尽管或许有些学者会附和翟理斯教授的猛烈批评，这位博学的博士缺乏理解一本神秘著作的所有品质。或许可以承认的是，在《道德经》的基本思想发展中，其朦胧的、断断续续的进程与那些似乎是不必要的重复一起，提示我们所拥有的那些不过是一个下沉的大陆的更高峰，而非古老的神秘计划的整个地图。《道德经》这本书的思想是一种被埋葬的思想，其句与句之间的联系是精神的而非语法的。将整个《道德经》文本分成2部分的话，第1部分可以描绘成是"形而上学的"，第2部分则是"道德的"，但是这样划分的话就太粗糙且不准确。如果允许的话，会很容易将《道德经》的组成部分重新安排得比其现在更加有序。或许其前面的"索引"能修正文本存在的无规则。而其参考文献，是已出版的最完整的部分，会告诉学生在哪里可以找到已知的关于古代道家思想的文献，除非他确实能自己仅凭题目就可查询到众多中国文学的文献资料。

（一）儒教与道教

在译介《道德经》的时候，要回避对与其相关的儒教的参考几乎是不太可能的，因为二者都根植于相同的土壤从相同的人中产生发展的。老子和孔子都要求先存的权威。在他们之前的时代，两种体系可能组成一种生活的理想计划。然而从那以后，出现了一种日渐增长的将实践性的伦理体系从另一种形而上学的神秘主义的体系中分离开来的趋向。许多虔诚的儒家学者怀着浓厚的兴趣研究老子的经典，但是是秘密地，而且与那些读异教著作的一样。

与佛陀一样,老子会根除欲。孔子,则像斯多葛派的禁欲主义者一样,会忽略它。老子和孔子都同意存在与自我中的欲是一种邪恶。至于宇宙进化论,我们有趣地发现,当注重实践的儒家知识分子为宇宙之源进行形而上学的解释时,形而上学的老子却满足于将其"道"作为一种对整体的解释提出来,而非试图去讲事物是如何产生的。

（二）道

对老子而言,那些如同代数的 X,在冯·斯特劳斯的《道德经》"导论"的第 33 部分中被比作梵语中称作"般若"的东西,或许可以被说成是与"原始的火"或"赫拉克利特的乙醚"(Aether of Heracleitus)有着许多的相同之处。思想和事物的性能或许与二者都有关。二者都可转换成要素。而且在二者中要素都消失在了原始的整体中。当然,尽管老子并没有像希腊的神学——天体演化学的体系那样给我们任何东西。

老子从无差别的无名和有差别的宇宙生命 2 个方面向我们展示了"道",这点与《薄伽梵歌》(*Bhagavad Gita*)是一样的。我们可从中读到如下的文字:"有两个类型的生物体——会堕落的和不会堕落的。在物质世界里的每一个生物体都是会堕落的。而在灵性世界里每一个生物体都被认为是不会堕落的。"(《薄伽梵歌》第 15 章第 16 节）又一次,如在儒家的宇宙进化论中一样,"绝对的"或"无限制的"总是处在"伟大的极端处"之后,其震动波及万物,因而在"道"之后存在着无名,而此"道"是不可名的。

（三）圣人

尽管老子对神圣之物充满崇敬,但是他绝不会为了神圣的东西而牺牲人类。相反,在整本《道德经》中,"真人"在每一个可能之处都得到了强调。人性的目标只有通过与"道"的完全融合即宇宙的最终统一才可能达成。如果说《道德经》教导了人们什么的话那一定就是这个。因而,与所有时代的所有宗教一样,老子指明瑜伽或结合是存在的至善。"完人"或"圣人",是保有这种至善之人。"由于葡萄藤本身是不能结果的,它的功劳只能体现在酒中。叶也是一样的。叶的功劳只能体现在我之中。因为我就是葡萄酒,而叶是葡萄藤。"

（四）政府

老子教义中最弱的部分或许就是其理想国的乌托邦概念了。与柏拉图一样,他似乎认为"知不知,尚矣;不知知,病也。圣人不病,以其病病。夫唯病病,是以不病。"与柏拉图不同的是,他似乎认为对经济学、律法或财政的研究对地方官来说是不必要的品质,要求不要让他的理想国的人民受教育。精神而非政治经济是这个奇怪的理想国的基础。它的要求不是根据臣民的希望和担心而制定的,而是具有更高的本性之宁静无欲。其控制力不是尚武好战,而是精神文化。通过对抽象的善之抽象的沉思,统治者和人民都可获得他们所要求的。每一件事被降低到最简。在很多方面老子的完美社会与都尔的圣马丁(Saint Martin of Tours)在其《关于法国大革命致友人书》(Lettre a un ami sur La Revolution Francaise)中所描绘的是一样的。

老子喜欢悖论,他的观点与《福音书》(Gospels)中的观点一样常常是自相矛盾的。在其关于是什么构成一个完美国家的极端的断言中,他极力表明只有正义才能使一个国家兴盛,而使这个国家的概念混乱的东西则比无用还要糟糕。做信徒的必须要忘记老子是个神秘主义者,当他处理具体问题时的直接阐释并不比耶稣的话"不要明珠暗投!"更容易让人受影响。这样的表达没有传达绝对的行为法则。然而谁不能完全理解它的意思呢?因此,老子观念中的政治也是如此。它们是对精神真理的物质证明。老子关心的只是政府让国中的每一个臣民自由去发展他们的个体精神生活。这种有担保的独裁政治可以等于是一种民主。《爱比克泰德金言录》(The Golden Sayings of Epictetus)把你投入监狱。这不是一个对讲理的人来说的法则。但是——"既然宙斯命令你这样做那你就行动吧。但如果你不做那你将遭受失去或伤害的痛苦。"什么伤害呢? 就是这个而非其他——不要去做那些理所当然要你去做的事。否则,你将失去信仰、虔诚、体面——再没有比这些更严重的伤害。因而,老子将生活降低到极简的程度,以至于没有任何东西能干扰到对"道"的沉思。头脑中这种完美理想的从未缺失将足以让人们远离思想、言语或行为上的干扰。这样的成就比最好的文明所能提供的都更好。

这里,我们可以再一次看到老子与他的同时代人孔子之间的不同。二者都是政治家,但是孔子将通过实施额外的法则来规范国家,使其繁殖,指导它们遍及生活的每个部门,而老子则通过净化人的内心来寻求相同的目标。小小的奇迹是,孔子的视域几乎完全是客观的,当他去拜访关注视域几乎是主观的老子时,他困惑而返,对自己的弟子们说了如下的话。我的引文是卡卢斯对中国史学家的记载的译文:"鸟,吾知其能飞;鱼,吾知其能游;兽,吾知其能走。走者可以为罔,游者可以为纶,飞者可以为矰。至于龙,吾不知。其乘风而上天。吾今日见老子,其犹龙邪!"其他的人,像孔子,或许会倾向于问同样的问题,但"那有耳的,就让他听吧"。

(五)伦理

然而,不能就此假设老子《道德经》的体系是非伦理的、不切实际的。相反,在其无执或不为的教义中,这位老神秘主义者为我们提供了非常重要的美德。他认为自然在其不活跃的活动中为我们提供了完美的榜样。植物王国是老子的理想。尽管它并不是《道德经》的一个要点,或许我为了表明坐在大自然的脚下当她在其大花园里劳动时像她学习是适合的而离题是可以被原谅的。除非人类的易怒干扰了她的计划,大自然是会将其植物和灌木以最荒野最难逃脱的方式杂陈的。除了遵从她自己的方式,比如在丛林中,大自然如此安排她的植物不让任何的植物分离。每种植物都生活在与其邻居最近的怀抱中。如果从最高的星球往下看时,所见是人类之特征的多样性中的一种神圣的友爱,一种适宜的"一"的象征。只有当人类的存在将上帝从他的宇宙中赶出时,所有种类的植物和草本之间的这种神圣的友谊才会终结。在耕种的花园中每一种东西都是有序的,每一种也都是分离的。然而,不是这个而是植物生活的安静超然引起了老子的兴趣。植物生长却不是为了结果,它从不通过极力损毁去成就,每一种都依照自己的本性去发展。此处老子与爱默生产生了共鸣。爱默生(Ralph Emerson)在论说文《论精神法则》(Spiritual Laws)说:"对真来说,行动与否并不重要。从树上砍一块木头去做风向标,砍另一块去做桥梁的枕木,两方面的功效在木头看来都是一样的。"如果爱默生能理解这一段关于"无为中的有为"和"有为中的无为"的文字,这一段源自中国西北部的黄土高原、从模糊的过去而生的文字的话,那它将会很好地适合这个焦躁不安的、令人厌烦的、不满的时代的。

比老子更伟大的耶稣说:"天国好像人撒好种在田里,好像人晚睡早起,种也要发芽生长,但他却不知为何。""天国好像一粒芥菜种,有人拿去种在地里。这原是百种里最小的,等到长起来,却比各样的菜都大,且长成了树,天上的飞鸟来宿在它的枝上。""天国好像面酵,有妇人拿来藏在三斗面里,直到面团都发起来。"(《马太福音》第24—33节)耶稣与老子的教义令人惊异地相似。老子关于"无执"和"无为"的教义,其崇高的表达可在骷髅地耶稣被钉的十字架上找到。

(六)概要

这就是这部古老经典为世人留下的话——感觉的生活是一种不稳定

的生活,一种没有成就感的生活。在"意识最终的事实"被理解之前,要有真正的和平是不可能的。但是当这些被知晓后,为"为"的缘故而与"为"脱离将会是结果。"他若不爱世人,父之爱便不在他里面。"(《约翰福音》第17章)神秘主义者耶稣弟子约翰如是说。没有获得"无执"或"无为"的人对于"道"之力量是陌生的。这是中国的神秘主义者老子的呼声。

维克多·冯·斯特劳斯这样总结老子的教义:"人类的道德是由他所拥有的而非他所做的组成。他不仅尊重他自我中的那个他,而且还对他对别人产生的影响给予尊重。一个人是什么样的人决定了他行善与否,而非他的行为使他成为一个什么样的人。这个人的道德意识越高那他对自己的行为越不会高看,而且他会越少去通过他的作品寻求辩护。他就以这样的方式影响着他的同胞,更多是通过他是什么样的人而非他做了什么,更多是通过他的行为而非他的言语。但是对他而言这是不起作用的,而是要相信他证明那邪恶的,他的信仰是为正义的。"孔子代表的是詹姆斯,而老子代表的是保罗。

二、韦利《道及其力量:〈道德经〉及其在中国思想中的地位研究》之"前言"与"外国影响"

1934年,亚瑟·韦利英译的《道及其力量:〈道德经〉及其在中国思想中的地位研究》在美国出版。① 此处选译了该书的"前言"以及附录2"外国影响"以飨读者。

(一)前言

我注意到一般关于人类史的作品要么就完全忽略了中国要么把占人类这么大一个部分的中国仅用不多的段落来介绍。我译介这本书的目的之一在于为一般的人类学者在一定程度上提供已将中国包括进其调查的动力。然而这并不意味着这本书只是为一小部分专家写的。也就是说,是为所有的聪明人。所有想要理解他们周围的世界正在发生什么的人,都是"一般的人类学家",因为他们致力于发现人类是如何进化到他们今天这个样子的。这样的兴趣绝不是学术的,因为数以百万计的"人"都是"原始的",如欧洲人认为的他只是试图在过去的世纪里去让自己变得文明。在

---

① Arthur Waley trans. *The Way and its Power: A Study of the Tao Te Ching and its Place in Chinese Thought*. New York: MacMillan Press, 1934.

其历史的大部分时间里他都在牺牲,都在被预兆所吸引,试图去通过魔力控制风和雨。我们中没有做过这些事情的人几乎不能代表正常的人,而只能代表一种专门的、或许非常不稳定的发展的分支。在人类勤劳的最不可能的外表下,呈现的是无止境的野蛮。任何以现代人的表面所显示出来的东西比其中层部分所显示出的能更多代表他本身的假定来处理我们自己或他人的尝试都是注定要失败的。

必须将人类作为一个整体来研究。除了非官方的历史学家给我们提供的线索外,还有这么一个观点,认为中国人无论如何都是或者过去曾经是被从人类共有的东西中切断以至于几乎可以认为他们似乎属于另一个星球,认为汉学实际上是一种要比天文学生僻得多的东西。而且,不管其或许有着独立的兴趣或价值,都不可能为我们自己过去的问题提供参照。没有比这错得更离谱的了。显然,随着中国学研究的发展,中国古代的很多情形都表明,在一个完整的清晰明了的形式中我们对西方仅仅只是通过那些零散的、碎片模糊的东西来了解的。

然而,或许会有人反对,认为我选译的这本中国经典对西方读者来说已经很熟悉了。这在一定意义上来讲是正确的。而且,我认为为了说清楚我的意思我必须要对那些常常被完全忽略的东西做一个区别。假设一个人从火星上来,而且在看到十字架的符号后问十字架意指的是什么。如果首先他碰巧遇到的是一个考古学家,那他可能被告知这个符号是在新石器时代的墓穴中发现的,原本具有生殖的魔力,是一个占星的物件或者我不知道它是什么。而且所有这些都可能是完全真实的。但是这样的回答仍然没有告诉来自火星的人类他想要知道的究竟是什么,即,今天这个十字架对那些把它作为象征符号来使用的人来说究竟有什么意义。

现在的经文著作是各种象征体的汇总。其特征是具有神奇的灵活性,对各个时代的信仰者来说它们意指那些可以完全用不同的字来进行解释的东西。一个又一个世纪以来它们继续满足着人类的需要,它们是"一件从未更新的衣服"。我想要加以区分的是这两种译本间究竟有什么不同。一种是试图弄明白这样的书究竟是什么,另一种是其目的只在告诉读者这样的文本对那些今天使用它的人来说指的是什么。由于缺乏更好的术语,因此我把第1种翻译称为"历史的",第2种称为"宗教经典的"。宗教经典翻译的最完美的典范是已故汉学家卫礼贤的《易经》译本。许多评论家批评它,在我看来很多批评都是不公平的,批评它是因为没能做实际译者从来就没打算去做的事情。它当然不能告诉我们这本书在公元前 10 世纪意味着什么。另一方面,它比其前辈们更简洁更准确地告诉我们《易经》对今天一般的远东读者来说意味着什么。

有几本比较好的属于是对《道德经》的宗教经典翻译。这里我再一次认为卫礼贤的译本是最好的,其次是卡卢斯的译本。但是没有《道德经》的"历史的"译本。这即是说,没有人试图去发现这本书最初创作时究竟意指的是什么。我在这里试图想要提供的是,完全意识到这么个事实,那就是,想要了解一部经典一开始意指的是什么或许不如了解它在今天意指什么那么重要。实际上我决定做这样的尝试仅仅只是因为在"来自火星的人类"这种情况下,西方的读者没有足够幸运到将他最初的问题拿去问考古学家。更多有代表性的关于对《道德经》的阐释信息在很久以前就摆在了他的面前。我觉得他或许现在倾向于将其询问进一步往前推。正如一个旅行者,在今天的德国发现万字饰意指的是什么或许会令人信服地变得对其作为一种象征的前史产生好奇。然而本质上,我的目标与先前的译者是一样的。因为我不相信过去的研究除了能使现在更加清楚外还会有其他目标。

我也希望做出另一种完全不同的区别。它参考了 2 种译本。对我来说似乎是,当一部作品最主要的是表现其美时,那译者就必须准备好牺牲细节的准确性以便在翻译的过程中保持其品质,因为是这种品质给予了原文本重要性。我把这种翻译称为"文学的",与"语言学的"相对。我想要弄清楚,这种《道德经》译本不是"文学的",简单的原因是原文本的重要性不在于其文学的品质而在于它所说的事中。而且,用具体的、准确的语言再现原文本的意思是我自己的目标。

我必须为我的"导论"比译文本身还要长表示歉意。我只能说我找不到不用显示其所包含的意思是如何存在的就能使得文本完全明白的方法。"导论"、译文和注释都是为对中国学研究没有专门兴趣的人准备的。而"导论"后的附录以及补充注释和文本注释则主要是为专家准备的。因而该书呈现了一种折中,这种折中正变得越来越不可避免,正如纯粹的、专业出版的正变得越来越受到限制一样。

在我译完《道德经》并勾勒出"导论"后,我收到了《故事编》第 4 卷,非常高兴地发现一位非常棒的同时代学者顾颉刚,恰好与我自己对《道德经》的创作日期和作者所持的观点完全相同。

最近这些年欧洲学者中为我们对中国古代思想的了解做出了贡献的有葛兰言(Marcel Granet)、马伯乐(Henri Maspero)、戴闻达(J. J. L. Duyvendak)和古斯塔夫·哈隆(Gustav Haloun)。我经常表达我对马伯乐观点的反对意见,但这并不是说我不认可他那极高的整体学术价值。与所有的汉学家一样我特别感激高本汉(Bernhard Karlgren)。在中国,一定程度上研究的意义是与对回应效果的研究密切相关的。20年前,中国学研究达到了一个极点,但是对于高本汉承担的艰涩的音韵学研究进而扩及几乎各个方向而言,却是例外。

我要特别感激我的朋友理雅各博士,他读了我的这个《道德经》译稿并提出了许多的建议和修改意见。最后,我要特别说明我参考了《诗经》。我没有采用理雅各所采用的那种累赘的、非传统的体系,而是对《诗经》中的所有诗从1—305编了号,我也希望其他的学者愿意接纳我的这种做法。

(二)外国影响

常常会见到有人认为中国早期(公元前3、4世纪)的寂静主义在一定程度上受到了印度的影响。这就提示说属于同一时期的其他的中国思想也受到了外国的影响。因而据说"五行"理论或许与希腊的"四元素说"(Stoicheia)是有关联的。无可否认地,希腊"四元素说"罗列了不同的元素。但是"行"(walk)意指"走""去",而希腊词汇中则是用"步"(steps)来表达的。也据说将宇宙中的每一物都分为"阴"与"阳"两种类型的"二元论"是源自"明教"(Zoroastrianism)。最后,有人宣称"语言辨别家"或"哲学家"的难题不过是对希腊思想的充满困惑的回应而已。

在此我们仅直接关注印度对道教可能产生的影响问题。然而,如果它能显示出与其同一个时期中国思想的其他分支也受到了外来影响的话那这种影响的可能性会变得更为强烈。让我们来一一考察以下3种主张。

1.五行

尽管"行"意指"走""去""固定在某个地点""运转""操作""实施"。一个人的"行"通常被看成是其行为举止的象征,如"小心翼翼地走"就意指"小心行事",而从来不会意指"一步"(a step)。在这样联系中"行"的本意是什么呢?我很奇怪"五行"意指"五种元素",即木、火、土、金和水这5种大自然的组成元素。在这种情形下"元素"的意思并没有表达出来,但是我们可以理解,而且它与希腊语中的"Stoicheia"并无相关性。

2.阴与阳

"阴"与"阳"的字面意思指的是山"阴暗的一面"和"朝阳的一面"。因而,事物的阴暗面都是与其朝阳的那一面相对的。突然有一天,我们发现这些术语在一本公元前4世纪的著作中从哲学的意义上来加以使用。"阴"与"阳"是和"阴性"与"阳性"、弱与强、黑暗与光明相对应的2类。但"阴"与"阳"同时也是非常明确的力量,尽管这种观点近来遭到了反对。因为"阴"是生命力,是"气",是地之气息,正如"阳"是天之气息一样。我们正在谈论的这本著作目前可分为24个部分,其中之三分之一涉及"阴"与"阳"。这些部分的划分当然是相当现代的,而且我仅在显示这2个术语在"二元论"中所起的作用是多么小的时候才提及它们。然而,他们对认为邹衍的沉思起到了更为重要的作用有小小的质疑,邹衍在公元前4世纪末3世纪初在对"气"的研究中很活跃。他们相当详细地描绘了一些包含在《庄子》和《列子》中的道家文论。然而如果说"阴阳学说发展迅速,从5世纪末开始他它几乎被所有的哲学家们所接纳",则会显得有些夸张。至少,在《论语》形成直至大约公元前350年间,没有提及过"阴"与"阳"。在墨子学派的著作中仅有一次提及。在重要的儒家著作如《孟子》《中庸》《大学》中,"阴"与"阳"根本就没被提到过。在幸存的《管子》76篇中只有6篇左右提到了"阴"与"阳"。即便是在3世纪后半叶"二元论"也没有被广泛接受。"阴"与"阳"对《荀子》或《韩非子》几乎没有什么影响。《吕氏春秋》的历法部分用了"阴阳"理论,但在这本包罗万象的百科全书的其他部分则几乎没有用。我现在强调公元前3、4世纪"二元论"相对来说不那么重要的目的在于解释为什么"阴"与"阳"这2个术语在我对中国早期思想的描述中被描绘得如此简略保守,而其他关于早期中国的著作,尤其是一些关于考古学的,却试图用"阴阳"理论来解释每一种现象。我现在将言归正题,来问问有什么证据可以证明"二元论"这个概念是从印度引进的。

在明教中,"黑暗"在本质上是邪恶的,而"光明"的法则,在本质上是善的。"阴"与"阳"这2个主要概念完全不同。它们是存在之2个互相依赖、互相补充的方面,"阴—阳哲学家"的目标不在于光明的胜利,而在于保持人类生活中这2个法则间的完美平衡。这里我不打算推测这个概念是如何在中国出现的。为了做这个我们应该对整个用蓍草茎占卜的历史进行检查,对那些交织在这个占卜体系中起着重要作用的数字周围的内容幻象进行检查。这种占卜在本质上是原始的、通过"几率"和"同额赌注"来占卜的方式的一种发展。可以说很容易明白"阴阳法则"是怎样从本土的占卜方式中发展起来的,但实际上很难想象即便是最困惑最失真的关于波斯宗教的记载也能引发阴阳体系在中国的产生。

3.对诡辩家的希腊影响

《庄子》第33篇第7节(即《杂篇·天下》列举了阐述中国的"诡辩家"的主题。在这些主题中有3个显示出与希腊人讨论过的主题之间存在相似性。

(1)"乌龟比蛇长。"似乎第一眼仅仅是关于"长"字的愚蠢的双关问题,"长"意指时间上的"长度"和空间上的"宽度"。但是在"语言辨别家"看来这样不准确的语言不过仅仅是个玩笑而已。可参见前面第65页。日积月累地,它们使得有效的管理变得不可能。现在的情况显示出,时间中的实际长度可以不必与空间中的长度发生的联系,在语言世界不作这样的区分。没有理由认为我们这里有与"阿喀琉斯和乌龟"充满困惑的回应。

(2)关于飞矢的传说,根据实际情况来判断,是毫无意义的。没错,通过提高不存在的词语,我们能很容易地使题目显得与芝诺的飞矢之间有关联,但是这样的程序是很不科学的。根据相似的中国命题来判断,这个命题可能表达的是所有的运动都是相对的。相对于地球来说,箭头是运动的,但是相对于箭杆来说,它仍然是静止的。

(3)前面第59页我已经提及过的将一根棍子二分的命题。这是陈述阿喀琉斯和乌龟的问题的另一种方式。但同时,它也完全属于中国的思想,仅仅只是对语言世界与现实世界是完全不同的之一般证明的一部分。在现实世界里,无限是不存在。

我们可以看出,在上面考察的关于五行、阴阳和逻辑这3种情况下,外来影响不是一个不可能的因素,但是其存在还远没有得到证明。因而我们不能说,中国4世纪的静寂主义形成期对思想的外来影响是普遍存在的。另一方面,静寂主义是在这样的影响变得非常重要的、显而易见的开始时期得以发展和扩大的。我认为,所有的学者现在都会同意3世纪的文学充满了源自印度的与地理和神话相关的因素。我找不出理由来怀疑《列子》中所描绘的"神仙"就是印度的"仙人"(rishi)。当我们在《庄子》中读到某些道教实践活动与印度瑜伽中的"体式"(āsanas)相似的时候,那这些仙人所运用的瑜伽的技巧知识也被介绍到了中国至少是可能的。据说,作为不容置疑的外在世界的主要信息携带者的商人是不太可能对哲学感兴趣的。这是一个错误的源自东西方的相类比的概念。完全正确的是,马可·波罗"一心只想着怎么经商",但却几乎不能这么说印度或中国的商人。比如,在印度传说中,据说商队是有能力讨论形而上学的问题的。而在中国,哲学类百科全书《吕氏春秋》的编撰者吕不韦就是一个商人。甚至有传说杜撰了一个名叫管仲的商人。这些在一定程度上表明这些和经商并非是互不相容的。那么,我找不出理由来怀疑,公元3世纪的时候,自我催眠的中国技巧或许通过外部的暗示,特别是对人的封闭的内在进行了补充。但是我们现在却不能对此予以证明。

三、宾纳《老子的生活之道》之"老子"

除选译了《道德经》第37章中的"道常无为而无不为"一句之外(The way to do is to be),1944年出版的宾纳《老子的生活之道》81章译文前仅有简短的"老子"。现翻译如下:

关于老子的传说或多或少是相似的。

据说,老子是于公元前604年出生的,他在母亲的子宫里待了62年,出生时须发皆白。他后来在洛阳做了皇家守藏室的官员。洛阳是旧时的京城,现在河南省。

在论及吸引他的信徒的智慧时,老子拒绝在晚年安定下来。思考生命之道和世界之道,他认为世界上许多已经做了的和说了的最好是被宽恕。然而,他的选择不是如大家广泛地所认为的那样是空洞的无为或被动的沉思,而是创造性的寂静主义。尽管他意识到为比不为更空洞这样的事实,但他不像瓦尔特·惠特曼(Walt Whitman)那样相信对行动的放弃。当他说"道常无为而无不为"时他知道人可以不用成为一个演员而且绝不禁止就可以做一个行动者。在惠特曼之前25个世纪,老子就已经知道了一个人心灵游荡和被款待的价值。而美国诗人,不管是否是潜意识地,在许多方面是中国诗人更为出色的西方弟子。如,梭罗(Henry David Thoreau),他相信"不管是生是死,我们追求的只是现实"。但是,惠特曼和梭罗热爱写下来的文字,而老子则认为通过定义、限制写下来的文字效果是可疑的。意识到教条中潜在的危险,老子不愿意将他自己口头所讲的信仰的记录保存下来,担心它成为追随者们的外在的正式的而非内在的自然的信仰,担心它成为一种外在的权威而非直觉的知识。他没有为行为写下什么严苛的法则,而是认为一个人的行为应该依靠他的天性和良知。他最大的愿望是以他自己的形象来创造他人,但是他温和地在生活中通过可假定的事例和言辞来继续建议他的邻居和他的大王对彼此来说自然的、自在的、幸福的情形应该是怎样的。

"何以知天下之然哉?以此。"(《道德经》第54章)

"爱以身为天下者,乃可以托于天下。"(《道德经》第13章)

不管是传说的还是真实的,据说孔子因老子对人民的影响留下了很深的印象,又一次去拜访老子向他问"道"。特别具有讽刺意味的是,问的是关于"礼"的问题。孔子对老子的回答感到困惑,因为在老子看来"礼"就意味着虚伪和无理,他返回去对弟子们说:"鸟,吾知其能飞;鱼,吾知其能游;兽,吾知其能走。走者可以为罔,游者可以为纶,飞者可以为矰。至于龙,吾不知。其乘风而上天。吾今日见老子,其犹龙邪!"

这段生活传说的结局因人类的邪恶变得暗淡,他们不愿意接受"生活之道",不愿意带着原本的善意去生活,不愿意带着平静的完整的尊敬去生活,于是老子独自骑着一头青牛离开洛阳去到了远离文明的沙漠,即他那个时期的长城。据说当他到达其中一个关门的时候,一个名叫尹喜的关长,之前梦到圣人老子会来,根据自己的梦认出了老子并说服他把自己的这些思想记载下来。据说其结果就是这本《道德经》。"道"意指"全部的生活之道","德"意指"人对生活的恰当使用",而"经"则意指文本或"经典"。老子在门房或其他什么地方完成了他的这本《道德经》。它是对宇宙中人言行适当与否的检验。这本大部分是用诗文写成的包含了81章思想一共5000多字的文本,就这样一代代流传了下来。

在记载的历史中,几乎没有关于这些的传说。首先出现的是对哲学家老子的记载。在晚于老子出生500年的司马迁的《史记》中有一个简洁的结尾:"没有人知道他是在哪里去世的。"西方的一些学者,像他们的东方前辈一样,相信长寿的老子是一个神话,而那些归因于他的思想其实是许多生活在其后两三个世纪里的人的思想之汇总。高恩和哈尔在其《中国历史大纲》(*Outline History of China*)中说《道德经》"很可能是其后年代的,或许是公元前3世纪的作品,但普遍认为其包含了许多圣人老子的思想。"在一篇附录了Wai-tao和德怀特(Dwight Goddard)的佛教思想的译文的文章中,江亢虎(Kiang Kang-hu)博士的观点更为明确,他写道:"根据历史记载,道家的3个圣人,他们分别生活在两三百甚至更多的年间,被普遍认为其实是同一个人,因为其智慧而长生不死。……对于此困惑,更简单更可能的解决办法是接受这 3 个圣人却有其人其事,但是相信老子最初的思想记载是真实的并认为另外 2 个圣人是老子能干的弟子甚至可能是文本的编辑。现在的《道德经》文本形式可能是到了公元前 3 世纪才写成的。……因为它是在那个时间之后不久即刻在石板上的。"他认为,《道德经》中有可能包含了后来的道家学者"并不比老子思想逊色的"诗文。最早知道的《道德经》文本是在此后 1000 多年的唐朝。在《评论近人考据〈老子〉年代的方法》(*A Criticism of Some Recent Methods of Dating Laotzu*) 中,胡适认为用来反驳老子思想的权威性的内在证据(丐辞)同样也用来怀疑孔子或几乎所有其他人的思想。马克·吐温对莎士比亚或者其他同名的人所写的《哈姆雷特》的评价是中肯的。《道德经》是一本书,一本重要的内容连贯的书,其价值不是来自外在身份而是来自写它的人之内在的、同一的身份。

更为相关的是对《道德经》的价值判断的分歧。翟理斯,这位能干的爱好中国的英国先驱人物,对孔子的正统说教更温柔些,在老子《道德经》中发现"与其直接的对立",在他于 20 世纪转折时期出版的《中国文学》中写道:"《道德经》中的典故太少,没能或多或少引起杰出的外国学者的注意。"

或许迂腐的翟理斯忽略了老子能像谈论一件讨厌的东西那样谈论学者这个事实。其他比翟理斯更具想象力的学者与他不同。现在的趋势在对世界的重要性方面赋予老子的神秘伦理一个比孔子的实际礼节更可靠的位置。当然,"道"对世界上的大部分人来说有着深刻的影响。除了迷信和有人以宗教派别的名义来进行误导并将其意思滥用在点金术、风水、神秘主义、通常的教堂骗局外,在东方世界的大部分中已经基本上充满了道家寂静主义的信息,不管他们是否认识到其特点是耐心、忍耐和不屈不挠。老子的创造性的寂静主义不仅是中国得以永存的基础,最初在日本神道教中有益处的也是源于此。而且,西方世界通过对老子的关注而对其特有的错误给予了很好的调和。

赫里蒙·摩勒(Henry Maurer)在为其虚构性的小说《老子》(*The Old Fellow*)所写的"后记"中指出在老子看来生活之道的运用与民主的法则是多么的相近。摩勒没错,民主不可能是普遍的、成功的实践,除非它首先是真实的、个体的坚定信仰。很多西方人认为,如果我们能指出甚至在我们生活中的民主之根和蛀虫一起死去的时候花就开始凋谢的话那我们自己就是民主的信仰者。历史上没有谁比老子更好地指出如何让民主之根保持干净。他指出,不仅是民主,而且是全部的生活,都是从其自家的门阶前开始生长的。摩勒说,"老子是我们反对坦克、大炮和炸弹的主要武器之一。"我认为没有人给出过比这更好的建议:"战胜,以丧礼处之。"(《道德经》第31章)

18世纪马尔堡公爵夫人萨拉在给孙女的一封信中说:"我满意的是所做之事是为了尽力去帮助那些不能得到帮助的人,是为了使个人理智地、有良知地行动。而且,尽管那样不能给予一些人所希望的全部快乐,但它仍然将使一个人变得非常的平静。"老子的寂静主义是普遍根植于人类的根本感觉,是一种基于简单的、深邃的、被称作神秘主义的常识。神秘主义与否,对我而言似乎是最直接的、最具逻辑性的解释,尽管它对生活的持续来说太先进了。是最符合逻辑的使用,尽管对享受它来说太过细想了。而大部分人,在我们实际生活的时候,试图为我们自己打开宇宙,而老子却是将他自己向宇宙敞开。如果弟子们或评论者们的观点被筛选进了老子的文本中,但是老子原本的意图和完整性仍然贯穿其文本始终。所有教士和学者希望加身于他的观点都不能隐藏他的思想。他仍然如孩童般广泛地活着,保持着新鲜。大部分宗教或哲学的弟子们,感觉到被召唤遵从那些不合理的东西,遵从一点点的道。老子的符合逻辑的、实际的建议既是合理的也是简单的。

然而,如果形而上学的或学术的术语是可以理解的话,那么海星格博士使老子的基本概念与罗姆斯,达尔文的弟子和合作者的概念以及拉马克的哲学相联系:"整体积分原理——可以说是,宇宙的精神——是本能中的创造,带着目的流动着。"我自己在老子的《道德经》中发现了苏格拉底和柏拉图,发现了马可·奥里利乌斯(Marcus Aurelius)和托尔斯泰。更现代些的,我们可在埃迪夫人的教义或者伯格森的创造性进化中找到《道德经》的影子。许多现代的狂热信徒将会竭力阻止对"道"的探索,忘记那些发明了显灵板的教士并走向其中心。

对这个中心给予关照,林语堂在其《中国印度之智慧》中说:"如果说在所有的东方文学中有一本书最应该读的话,我认为它应该是老子的《道德经》。……它是世界哲学中最深刻的书之一。深邃、清晰、神秘且实用。"

这是林语堂自己在其英文版《道德经》的"前言"中说的。我希望这个版本会比其他的《道德经》译本更清楚地为我解释老子对唐朝诗人的影响,我是通过江亢虎博士的文学文本来认识的。带着对林语堂先生的中国精神和英文诗人的全部崇拜之情,我发现自己对他以西方的自由体诗形式呈现的老子《道德经》并不比其他《道德经》英译本更满意,在我看来他大部分的译文似乎显得干涩而呆板,浮夸而模糊。而这正是我为什么要自己英译《道德经》的原因。

尽管我不会读中文,但是我在中国待的两年和与江亢虎博士一起工作翻译《玉山》(The Jade Mountain)的11年让我对"中国人民的精神"有相当的感觉,而且在寻找其中涉及的习语的英文对等表达方面做了大量的工作,因为如果按字面意思翻译的话不能传达其原本的意思。现在,通过《道德经》的各种英译本,探索我认识的那些词句的意思并坚持寻求我能找到的最清楚最简洁的英文表达。尤其是,我通过使西方读者熟悉那些太多值得研究的中国诗人的精华而得到了激励。

顺便说一下,即便是我在这个"前言"中从那些使用别的拼字法的人那里引用的时候,对老子名字和《道德经》的拼写采用的仍然是英美人喜欢看喜欢听的形式。或许我要接受使用两三次对文本的非传统阐释的任务。但是,比如《道德经》中的"处下"(stand below other people)常常被翻译为"使自己处于比他人谦卑的位置"(humble oneself below them),可能老子的表达不是我们自己的词语"understand"(理解)的古老起源?

瓦尔特·奥尔德(Walter Gorn Old)说,"很少质疑任何对中文的翻译能够极其灵活和准确,实际上,如果译者想要恰当地译出文本的精神而非其字面意思的话那他必须利用其自身。如果我们遵从老子教义的话,那精神毕竟是最根本的东西。可以说,字面翻译阅读,其意义可能会变得更模糊。"有人告诉我,《道德经》中的有些教义,节拍加上各自表面的轻松就像是童谣的感觉。除了在觉得自然和文本需要的时候使用押韵外,我不时冒险想要获得这样的效果。海星格博士的译文尽管机敏诚实,但有时却因韵律的勉强扩大和削弱了他译文的效果。而另一方面,林语堂博士的忠实,如亚瑟·韦利的译本一样,停留在对东方读者来说有意义但对西方读者来说没有意义的表达上。我相信,老子应该在人们自己的习语中被带到离他们更近的位置,成为一个超越了种族和时代的人。

至于其他的《道德经》译本,瓦尔特·奥尔德的译本已经在英国很流行,相对来说,其用词比较直接,同时伴随着佛教和基督教味道的简洁温和的论文。亚瑟·韦利的译本则力求准确和博学,但除了学者一般读者很难读懂。另外,还有几种带着过分浓厚的佛教色彩的译本。尽管有14种《道德经》译本,尽管在翟林奈这位大英博物馆东方图书与写本部部长看来,"原文本的用词,充满了相当的活力和简洁",但我认为,西方人没有提供足可理解的《道德经》译本。既然东方与西方相遇了,我猜想每一个时代的西方人将会依照其自身的轨迹用自己喜欢的文字去试图表达老子关于"道"与"生活之道"的概念。尽管老子自己说词是不能表达存在的,但是他自己却为自己的时代介入到对词的探索中。

除了缺乏一种直截了当的、适意的《道德经》英译,老子之所以不能受到许多欧洲读者喜爱还有2个主要原因。一个是宗教的原因,另一个是哲学的原因。道教被其东方信徒掺杂了许多东西而变得特别复杂。江亢虎博士写道:"道教是道家哲学的一种滥用。在其中我们找不到任何在本质上相同的东西。而且,在很多方面,它们是互相矛盾的。"他详细阐述了这种滥用,正如他可能已经对教会对耶稣哲学的滥用进行过阐述。但据我判断,他对知识分子对老子的伤害的强调还不够。因为老子自己在说起聪明人时他如此称赞道:"学不学,复众人之所过,以辅万物之自然,而不敢为。"(《道德经》第64章)同时他也说:"前识者,道之华,而愚之始。"(《道德经》第38章)

甚至老子最著名的弟子庄子也开玩笑地把他老师严格的、平静的教义搞复杂化了。而且,他的"无为"观被错误地强调以至于使许多西方人对老子产生了疏离和困惑。如果稳固地将老子作为一个整体来看,那他们将会理解他并与他产生回应。比如,贵格会信徒,如果懂了"道",将会成为更好的贵格会信徒。并不是所有的西方人都是自然地对艰苦生活着迷。

但江亢虎博士的观点终究是正确的。比他的那些儒家弟子对他这位睿智的大师所做的产生的伤害更糟糕的是那些抢占了他的笃信宗教者对他的伤害。

老子知道,组织和机构会干涉一个人对自己的责任并因而干扰他的生活,权威对一个人的实际生活干扰越多那这个人根据他自己的本能和良知来实际生活的可能性就越小,对这个人和社会产生的后果也就越糟。唯一的权威就是"生活之道"本身。一个人对它的感觉是唯一的神父或先知。而且,由于旅行者在中国见识过道教,它是由恶棍和被社会抛弃的人混成的狂热分子,是基于无知和害怕的受神职人员压制的狂热分子的迷信。作为一种有组织的宗教,其最初的和主要的教派是在公元1世纪由一个名叫张道陵的大师创立的。跟大部分信徒不得不与他们宣传信奉的派生教的创立者们密切关联相比,道教与其创立者张道陵并无太多的关系。即便是在现代中国,也会付钱给道教的住持给富人家驱魔除妖。在佛教仪式中,为了象征乞丐衣服上的补丁,上好的织锦会被剪成小方块然后再艺术地缝成破烂的图形。耶稣的十字架被做成了宏伟寺庙的装饰物,而老子的信仰在生活之自然的、敞开的、善的流动中被扭曲变形为威风凛凛但却屏气敛声的龙的形象,而他那简单的使人感到快乐的生活之道则被曲解为对点金石的寻求。

孔子有阻止一种宗教以其人格或准则为基础的智慧,而且他反对偶像的禁令比"十诫"中相似的禁令取得的效果要更好。因而孔子不变地作为一个现实的哲学家、一个早期的实用主义者而继续存在着,而其伦理的信徒老子和耶稣则被那些高级教士们所损害,越来越退出人类的生活进而降低为超自然世界的神秘主义者。

孔子为超人在其与社会结构和与他自己的关系中的发展开具的是正规的而非自然的实施药方。老子,有些喜欢有组织的思想或招募的行为,除了自己的心的权威对什么权威都不相信,他暗示说如果那些负责人类事物的人遵照自己的本能和良知行事的话那用来管理人民的组织就越来越不需要。或者,至少越来越不需要"上级"来指示。在我们自己的时代,我们有喜欢炫耀的权威导致的悲剧性后果的证据。在这种不被人喜欢的炫耀中,而非在道德基础上,有着许多翟林奈所谓的老子对儒家传统的"直接对抗"。麻烦在于,孔子的伦理教化太仪式化了,以至于生活的实施采取了与对宗教的体验相似的形式,而老子则同时将作为误导和有害的表象之宗教的与民间的仪式被摒弃。他的信仰和行为依靠的不是外在的而是内在的与宇宙良知相一致的支撑。

这种信仰是真正的神秘主义。然而,来自老子的生活之道的现实之核不比怀尔德·霍布森(Wilder Hobson)将其描绘为"渊博的、孤独的沉思者所持的伟大的神秘主义学说可能包含了绝对的知识"更深一层。

正如人所必需的那样,老子关心的是生命的起源与意义,但他知道并宣称没有人对生活之道的解释是绝对的。《道德经》开篇即是:"道可道,非常道。名可名,非常名。"

在所有对生命起源的思考中他是一个神秘主义者,如任何人必需的那样,是一个有神论者或无神论者。对人类的头脑所不知道的东西是什么冒险进行了乐观或悲观的猜测。老子的教义对这个领域所探询的使得他又一次不同于孔子。孔子满足于不可知论,将其哲学限制在已知的自然和经验范围内。另一方面,老子像孔子一样将神秘主义和实用主义注入一种现实的哲学中但却通过对正确之自然的、足够的直觉而变得温和。他相信所有人都被赋予了这种直觉,而且通过这种直觉所有人都能发现自己的生活原来是如此的和平、有意义和幸福。但老子绝非孤独的、不善与人交往的、被自己的沉思所掩蔽的隐士。他像林肯一样是自然的、和蔼的、平凡的。像大部分人一样,他有区别事情的轻重缓急的观念,也有幽默感,可作他人长久的邻居。至少这是我从他或许会被人评价的一份记载中所读出来的。

此外,值得注意的是,老子的哲学期待并包含了后来继承它的各种人道主义哲学。它的哲学与这些哲学间并不冲突,相反却加深了所有这些哲学。这是一个公平的猜测,认为伟大的印度人和伟大的犹太人都没有发现在老子的神秘运用中任何所不能被接受的东西,这些东西被一个弄得不再神秘,而被另一个弄得不再有用。其不仅神秘地、实际地与我们行动的源泉和目的以及我们的思想和本质相关联,它还是对人类头脑和心中的每一事的基本表达,它通过尊重、享受和服务普通的善来尊重、享受并为个体的善服务。

尽管这次要不是有远在中国的江博士的帮助,没有想着亚瑟·韦利关于圣经性译本和历史性译本之间的区别,我将不再相信其他读者也会如我一样发现《道德经》既不神秘也不复杂,而是开放而简单,发现在其平静的充满人道主义的声望中它既不武断也不陈旧,而是世俗而现代。

威特·宾纳

四、初大告《道德经》之"译者前言"和翟林奈所写"序言"

(一)译者前言

有几个原因使得对老子《道德经》的翻译变得相对困难。首先,它是古代中国幸存下来的不多的几本书之一。仅时间间隔就能让人理解翻译处理它的难度。其次,尽管历史记载孔子曾经去拜访过老子,但孔子并没有将老子的《道德经》包含进自己编辑的经典中。而且,由于其法则不同于儒家学派的,后来的编辑,其中大部分是儒家学者,不愿意将这本唯一在中国书籍中流传最广的著作抬高到经典的位置。第三,不但其语言在某种程度上不同于而且更难于其他书面的古代作品的语言,而且其哲学思想也不为那些仅对认可经典的学者所熟悉。第四,中国在发明纸以前,书通常是写在竹简上然后用绳子或皮革带捆扎起来的。当这些竹简一代一代流传下来的时候,不时会错位,竹简位置的改变造成了文本的出错。第五,从最早期到公元前3世纪,中国的书写系统经历了很多的变化。《道德经》文本是以一种更古老也更难的书写风格来写的,许多字的意思与其后来的形式所含的意思不同,在抄写它们的时候编辑一定会弄错或把某些古字用新字去代替,而这些新字的意思却与古字的意思并不相同。第六,中国的书写中直到不久才开始使用句读停顿,这种旧式句法中存在的模棱两可很容易导致不同的读法。这就是为什么几百年来《道德经》的编辑和评论家从来不会对《道德经》这本神秘之作的文本和意思彼此完全认同的原因。

这些与许多其他的困难和论证导致了最近学派间甚至对《道德经》作者的争议,并怀疑《道德经》这本作品的真实性。然而,这不是我们所关注的。只有说它可能是孔子生活的那个时候或其后某个时期由某个叫老子的人写的就够了。对我们来说最重要的是《道德经》这本书本身,它的哲学思想确实代表了过去某个时期的思想,并从此后对中国人的生活和思想带来了影响。

很不幸,对于这本书的最初文本知之不多。王弼注本是最早的对我们有用的文本,但也不足以保险地断言他完美地解读了老子。相反,王弼注本受到了绝对站不住脚的损毁。比如,许多出现在他注本中的人物在原文本中根本就没有。其评论的有些章节中的字词与原文本根本就不一致。此外,评论中提及的段落在原文本中根本就不存在。同样的,有时更严重的损毁也可在后来的其他文本中找到。几乎不可能仅根据某一个《道德经》文本来进行阅读或翻译。实际上,几乎没有编辑或译者能抵制住修改文本以使其与他们自身的研究结果一致的诱惑。然而,这种处理是无害且值得鼓励的,因为只有这样我们才有希望回到原初。(莎士比亚的编辑也是因为同样的原因,自第一个 Folio 对开本后,陆续出现了新的版本,如 Rowe,Malone,the New Shakespeare 等。)

在过去的2个世纪里,老子学者为《道德经》文本的修正提供了相当有价值的资料。这些资料最近第一次由一个名叫陈柱的现代学者收集起来编成了一本书(应为《老学八篇》,本书作者注),该书于1930年在上海出版。除了作者自己的博学外，书中还汇集了全部之前的和现代的学者对《道德经》的可靠研究和评论，如王弼的、傅奕的、毕沅的、王念孙的、马叙伦的、罗振玉的、胡适的，等等。这是恢复《道德经》原文本的一次尝试。正如前面提及的，由于被误读或顺序被弄混乱，那些从一章被弄到了另一章的段落得到了一致，那些被损坏的前文本得到了修正。现在的译本主要是以陈柱先生的解读为基础的，但少数地方当意见有不同时我更喜欢其他学者的解读。我相信与我所知道的其他译本相比，这个新译本把《道德经》阐明得更清楚，对其内容的理解也更一致和明了。

现代学者们一致认为，《道德经》原文本既无对章节的划分也没有给每章提供小标题。这些都是后来的编辑们所为。然而，在现在的译本中，为了方便我像之前的译本一样给每一章编了号。

我要对韩福瑞先生及夫人（Mr. and Mrs. Christmas Humphreys）给予特别的感谢，是他们的鼓励促使我翻译了这个《道德经》译本。我也要感谢摩尔（A. C. Moule）教授和瓦茨（Alan W. Watts）先生，他们为我提供了许多有价值的建议。我也要感谢陈柱先生和上海商务印书馆，谢谢他们同意我使用这个文本。

初大告

（二）翟林奈"序言"

或许，世界上除了《圣经》没有哪本书像《道德经》一样被经常翻译。对它持续不断的着迷的秘密是什么呢？这本大约 5000 字的著作或许是与孔子同时代的哲学家老子的作品。现代批评家认为它被创作的时间要比这更晚些，而且从它的呈现形式来看应该是公元前 3 世纪而非公元前 6 世纪。但是它完全不像任何周朝流传下来的作品。《道德经》的结构在很大的程度上是不一致的：它几乎是不加或者稍加有序排列的一些格言警句的汇集，甚至章节的划分（很可能是后来添加的）也几乎没什么帮助。《道德经》的总体要旨是对简单的赞颂，尽管其中包含了一段又一段最令人困惑难解的模棱两可的东西，而且众多译本的翻译常常差别很大以至于让人感觉似乎是对不同文本的翻译。或许正是这种最终译文的缺乏，这种无限可能的阐释，才使得它如此诱人。无论如何，尽管在多种思想的各个面的反映中，老子的学说仍然一如既往的难解。

《道德经》原文本的用词相当的有活力和简洁，当然，从没有如此多的思想被压缩包含在如此小的一本著作中。宇宙中散落一定数量的众所周知的被称作"白矮星"的星星。它们常常非常小,然而,组成白矮星的粒子被紧紧地挤压在一起以至于它们的重量相对于它们的体积来说太巨大了,这样就蕴含了太多能量的辐射以至于其表层的温度甚至比太阳要高得多。《道德经》或许可恰当地被称作是一颗哲理文学的"白矮星",它是如此有分量,如此简洁,如此具有暗示性,其思想的辐射已经白热化。

可以说之前大部分的译者是"尽管睿智但是离题太远"。有些试图徒劳地模仿中文的简洁,有点试图篡夺评论家的作用(将其评论省略不译),因而使得其译文松散。现在的这个译文尽量避免了这些错误。像伟大的"道"本身,译文朴实流畅,而且没有误入岔路。它尽可能地把老子的话不做改变地传递给我们,让我们自己去判断其内在的意思。兴趣的另一个来源是译者与《道德经》原作者老子同是中国人。我相信,此乃在美国出版的第一本中国人翻译的《道德经》英译本。

翟林奈(Lionel Giles)

五、布兰克利《生活之道:〈道德经〉新译》之"《道德经》的基本概念"与林恩所写"后记"

布兰克利的《生活之道:〈道德经〉新译》中有老子《道德经》译者理查德·林恩(Richard Lynn)写的"后记"。在其每章的正式译文后,有对该章的简洁评论或释义。除译文外,另有译者自己的"前言"和"导论"。其丰富的"导论"包含了作者对《诗经》、孔子、墨翟、"商鞅与守法主义者"、"阴—阳"、《道德经》、中国的神秘者和"基本概念"(key concepts)独到解读。现将"导论"中的"基本概念"和林恩所写"后记"2个部分汉译如下:

(一)《道德经》的基本概念

在我们对《道德经》这本书的内容进行最后的描述之前,有必要先来对其基本概念的意思进行一下思考。

1."道"

意指人们所走的路或道、自然之道以及终极现实之道。汉字"道"是由代表一位博学之人的"头"和最初描绘的是行走过程的偏旁构成的。说一些古老的字的"弦外之音"有多悠久的历史是不太可能的,但可能对孔子而言它是有这有限的意思的。但是,对中国的神秘主义者来说,它不仅指整个自然的运作方式,还意指源自演变的宇宙之最初的无差别的现实。

在汉语中，只要使用者高兴，名词随时可以被当成动词来用。因而，在《道德经》第 1 章第 1 行中，"道"同时被当成了名词和动词来使用。因此可以根据字面意思把这著名的开始两行作如下翻译："The way that can be way-ed is not the eternal Way; The name that can be named is not the real Name."（可被用来走的"道"便不是永恒之道；可被人命名的"名"便不是真正的名。）

这是一幅独特的画面，对许多喜欢《道德经》的人来说都是非常熟悉的，它将被用作与我已经所做的翻译之比较的背景。

或许在理解由于角度不同所造成的这个原本简单的汉字的复杂意思时把它与柏拉图描绘为"善"（the Good）的那个终极现实相比较是有帮助的："我想你会说，太阳不仅使看见的对象能被看见，并且还使它们产生、成长和得到营养，虽然太阳本身不是产生。同样，你也会说，知识的对象不仅从善得到它们的可知性，而且还从善得到它们自己的存在和实在，虽然善本身不是实在，而是在地位和能力上都高于实在的东西。"（《理想国》第 6 卷，第 508 页。）

"道"与中世纪的概念"真主"或"上帝"（Godhead, or Godness）是对应的，其也可被称作"象帝之先"（a preface to God）："上帝在每一件事情上都喜欢他自己……因此，创造物们谈到了上帝，但是他们为什么不提真主呢？因为只有真主的统一体，而且没什么可谈的。上帝行动，而真主却不行动。真主无事可做，而且也不会有什么发生在他身上。真主绝不留心有什么事可做。上帝与真主的差别是行动与非行动之间的差别。"（梅斯特·艾克哈特）

另一个更熟悉的类比可在"逻各斯"或《约翰福音》中关于"道"（Word）的话语中找到："太初有道（Word），道与神同在。道就是神。"（In the beginning was the Word, and the Word was with God, and the Word was God. ）"道"（Word, Way）后来在《约翰福音》第 4 章中，甚至被说得更好，说得更明了而可行："我就是那在旷野有人声喊着说：'修真主的道路'。"

2."德"

美德、特性、影响、道德力量。"德"字由 3 部分组成：具有表意功能的"走"；具有表意功能的"正直"；具有象形意义的"心"。3 个部分放一起，意指通过内心正直而获得的积极性。《说文解字》，一本公元 2 世纪面世的词典，引早期的著作将"德"定义为"用力从前曰德"。

不容置疑，在中国和其他地方的原始时期，有一种具有魔力的属于某些物特别是人的"德"或力量,各自以自己的方式,一些在一定程度上拥有了它的人能够创造奇迹。原本"德"是没有必要的道德寓意的。然而,到了孔子时期,"德"仍然有一种围绕着人和物的力量,多少有些暗示着磁场或引力场,在本质上明显变得具有道德意味:"或曰:'以德报怨,何如?'子曰:'何以报德?以直抱怨,以德报德。'"(《论语·宪问》第14)

将"德"作为一种道德的或非道德的力量的意思是与现代语言分不开的,例如,在如下表达中:"通过德之力量,连钢铁也变得有用。"因而可期待力量之意被呈现在《道德经》的使用中。然而,"德"主要的寓意是道德:如果王能根据"道"行事,那么他的"德"将会以"慈""俭""不敢为天下先"的形式出现。

3."为无为"

这个自相矛盾的表达是中国神秘主义的核心。不可按字面意思翻译,但是它的意思还是可以解释的。"为"是一个动词,与英语里的"做"或"行动"意思相对应,但有时可根据表达意指其他。因而,"为无为"可粗略地理解为"不用做却做了""不用行动却行动了"。积极地讲,"为无为"意为"像自然一样相处":世界在创造,生物的生长和消亡不用费任何的努力。

更确切地说,"无为"是人的一部分。他将会是平静的、安静的、被动的,因而"道",也就是终极现实和人之宇宙可以没有障碍或阻碍地通过他而行动。因而第一个"为"是"道"的一部分。用更熟悉的词语来说就是:"让上帝成为你的上帝。"我们相信,结果将会是不可估量的成就,但却可能不是任何文明人所取得的那种。

"为无为"在《道德经》中出现了多次。它必须得用不同的方式来进行翻译。"为无为"有3种值得评论的相关表达:"自然""朴"和"不恃"。

4."自然"

自然,就是它自身。"自",即"自己""自我"。"然",是个副词。"自然"意为"没有外力促进而自身发生的,因而是自然而然的"。这种表达可以看成是"无为"的积极版本。在对《道德经》的讨论中,类比通常来自自然,似乎这些诗人也说:"你想,野地里的百合花怎么长起来。它也不劳苦,也不纺织。"(《马太福音》第6章)自然是自然的,人也应该是自然的,而且当他们向它让步时,是"道"之"德"使得它这样的。

5."朴"

"朴"是一种树,因而是一种"没有细加工过的"木料、是未加修饰的、非人造的。是一种"原材料",因此显示的是事物的天然状态:本质、朴实、简单且真实。"朴"这个字可能是神秘主义者所使用的一个旧的技术术语。神秘主义者们在其观点形成为书面文字之前生活在一种"不被打扰的自然状态中"。以使用意在促使人抛开那些文明的、虚假的礼节以便正直和真诚有可能重现。"朴"也是"道"与"德"的一种象征。它有时也是"无为"的同义词和"自然"的模范。

5. "不恃"

独立、不与任何事或物相关联、超然的。这种表达蕴含了"无为"之意。智者只做他不得已而为之的人与事但与此同时与之保持完全的独立。因而,他是绝对的独断独行之人。

6. "无名"

没有一个名字、不可名状的因而没有可与别的东西加以区别的特征能给予它一个名字。"无名"常常被用来描绘"道"及其结果。因而它被定义为是"独一无二的",因为任何一个非独一无二的东西都是可以给它一个名字的。因而,由于"道"是独特的,没有任何已知的名字可以给它,而且它也是不可描绘的。

7. "爱"

这个词常常意指"爱"(love)但却保留了一个更原始的意思:由于缺乏自我,因而是嫉妒的、吝啬的、垂涎的。从这个意义上讲,当"爱"出现在《道德经》第44章中时它被理解为"啬"(mean)。("甚爱必大费。")

8. "圣人"

智者,圣人。从语源学讲,"圣"意指"听智慧之声的义务"然后把其听到的说出来(即善用耳,又会用口)。它几乎与"神圣的"(holy)之间没什么关联,而"圣人"也因而不翻译为"神圣的人",但在此表达中却含有尊敬的成分。

一件好的逸闻趣事阐明了一种表达是如何彻底地被思考的。一天,一个旅人遇到一位智者并问他:"先生,你是一位智者吗?"

智者边思考边鞠躬回答说:"如果我说我是个智者,那么显然我就不是。但是如果我说我不是个智者,那我说的就不是真的。"

同样的,"知者"或"知"一词在《道德经》中以这样的方式被提到了60次,有人合理推测"知者"其实是对"侯王"或"王"的一种委婉表达。在《道德经》第3、49和66章中,"知者"显而易见指的是"侯王"。其他章节中也有同样的指代,如第 26 章,是根据文中说智者乃"万乘之主"来推测的。因而《道德经》中的这些章节"是写给侯王的公开信"这个假定是可以被证实的。此外,今天的读者是可以做"王"的,因而这些章节也是委婉地推荐给他的。

9."天"

上帝、天堂、天空。"天"字最古老的形式是象形的,是一个有着一个头两条胳膊和两条腿的人形。在其最早的使用中,它可能代表的是至高无上的祖先。随着时间的推移,它进一步扩展为也可代表天空,即祖先的居所,因而,"天堂"是一个与人间相隔离的地方。

孔子使用"天"时意指的是"上帝"。墨翟、庄子和其他的人也是。如果有人问"天"是否意指"上帝",那么就有必要问问"上帝"指的是什么。显然,对不同的人来说"天"意指不同的意思。有时"天"的概念是拟人的,有时又纯粹是一个客观的术语。不容置疑,"天"的意思也会随着发生同样的变化。

在《道德经》中,除了当其显然意指"天空"外,"天"是个人的。因而,在中国的神秘主义中,"道"同中世纪欧洲的"真主"一样,是"象帝之先"。

《道德经》从整体上来看是一本集子或者一本文集。它由"教育篇""颂诗""辩论片段"和"谚语"组成。在一定程度上它是统一的,因而它是从一个确定的、非正式的、狂热信徒的角度来编辑的。可能有的段落相当古老,但这些却不是确切可辨的。编辑们似乎顺应了自然的法则来对其进行编辑,使得整本《道德经》显得如"朴"(Virginal Block)一样毫无艺术性。其力量在于其经济和明显的诚挚,有了二者它伟大的洞见即可被表达出来。它从来不动摇踌躇,而且包含着非常少的外在因素。

我们也看到《道德经》中许多被报道的东西与世界上其他地方的神秘主义者所发现的是相似的。"道"很可能与"婆罗门"是兄弟。然而,没有理由相信《道德经》中的观点是源自印度的,尽管不时有人提到印度对其产生的影响。毫无疑问,《道德经》的思想是中国的,但并非只属于哪个地方的。这些神秘主义者所发现的东西在一个接一个的国家被证实是确有其事而且对今天和那时的精神世界同样具有引导作用。他们中的有些人一定是具有相当天赋之人,而且全都发现了一个可使人类远离罪恶的源泉。显而易见,他们对发现这种远离不是在魔法的或者仪式的层面上,或者是通过贪婪的、令人恐惧之人的幼稚的装置是很满意的。对他们的洞见与其他地方的神秘主义者的洞见相似不应该感到惊讶。他们的本性并非独一无二的,他们遇到的邪恶的问题也与其他地方存在的这些问题没有根本的不同。

他们的解决之道随着他们对自然世界的长期观察而得出,他们的结论是"自然之道"是一种可生万物可控制万物的终极现实。"自然之道"是人类之宇宙,有着如下的不同:它是过程而且不是静态的。可从选来对其命名的那个词中获得尽可能多的东西。"道"并非自然可能会走的"路"。它是一种不用努力的运动,但它与四季的韵律一样确实是一种运动:"吾不知其名,字之曰道,强为之名曰大。大曰逝,逝曰远,远曰返。"(《道德经》第25章)

它不但是"自然之道",也是"天之道",是"天"自己控制之道。据说"道"乃"象帝之先",我们或许会猜想"道"是否先于"上帝"或者是上帝所使用的一种方法。这个问题没有答案。神秘主义并非神学,而且中国的神秘主义者没有为神学者的存在提供借口。没错,存在"道",存在"上帝"。它是上帝之道,是自然之道。上帝、"道"与自然是一体的。

因而,"道"被认为是存在的一种巨大的、中性的团。上帝被牵涉其中,人也被牵涉其中,首先是可能地,其次是被动地。与世界上其他的东西一样,人是由"道"产生的,而且在其出生前,他就已经以无形的形式存在于"道"之中:"道之为物,惟恍惟惚。忽兮恍兮,其中有像。恍兮忽兮,其中有物。窈兮冥兮,其中有精。其精甚真,其中有信。"(《道德经》第21章)

终极实体因而不是非个人的,杜撰一个词来说它的话,就是主体上是个人的(proto-personal),即像母亲一样包孕着人与物。它是一,且上帝就在其中。它因而蕴含着个性。

"道"不仅给予每个事物其存在,还赋予其恰当的德。对于无生命的物体来说,这种德可最好地被理解为意义的属性。对于人来说,德意指其特性,是道德品行定义了一个人之为人。为了获得"道之德",人必须向它投降。它是不会自动降临于其身的。尽管它是雄性的,但它必须学习雌性的被动和不抵抗,并否定自己,让"道"成其道。在其拥有源于"道"之安静的存在的"德"之前他必须学习"无为"。

但是当一个人确实通过道,通过道之德学习生活和工作时,他就变成了一个智者,成了"领域的利器"之一,因为他的道德品行是完全的而且变得实在。在所有的人在是智者,是首领,是侯王,而且侯王是世界上道之德的最后的证明。他是该领域的榜样。他的德是《道德经》最关心的。在宇宙中有 4 种东西是伟大的:道、天、地和王,但是只有王是能被警告的。

王也是这 4 种伟大的东西中唯一需要被警告的,因为它是唯一能与道分离的。当他确实与道分离时,他的分离将会导致他自己的死亡也会给人民带来灾难。王只有在具备了德成为智者时才能免受邪恶的影响。当侯王然后是其人民抛弃道后会发生什么样的事情被深刻地展示在《道德经》第 18 和 38 章中,道的衰落会引起虚伪的出现并继而带来可怕的后果。或许这 2 章与儒家广泛的说教是相悖的,认为它们是反对已经被看成是文明的不可避免的邪恶这种观点更有可能。

必须为神秘主义的戏剧性语言留应有的余地。它是它们"生动地构思"之道。在他们对文明社会及其邪恶予以批判的时候,比如,他们的话语听起来像是对抛弃长期以来的生活和工作并回归一种存在的不可思议的原始模态之直接呼吁。实际上,他们所思考的正是他们所缺乏的,是《道德经》第 80 章中所描绘的那种乡村生活。当然,对文明的禁止完全不是目的,因为神秘主义者非常清楚,人在根本上不是孤立的,或者潜意识里不是。道之繁殖力正在于提供社会秩序。

显然,他们是不太相信语言所传达的知识的。书写下来的文字在世界上仍然相对来说是比较新的,性格的缘故促使少数人花时间来记住这些词而非去理解它们,而这个常常是相当令人苦恼的。而且,神秘主义者常常是通过了解而获取知识而且更喜欢这样的方式。通过长时间与自然的独处,他们了解自然已经自然之道。这种非常重要的知识类型不是通过书面文字来传递的,即便是处于最佳状态的时候。因而他们准备消除书面的东西并诱导人们复归结绳而用之。或者他们曾经这样做过? 事实上《道德经》记载下了所有似乎想掩饰一些更加戏剧性的建议的原始风貌的东西。

不仅周朝更喜欢文明的生活而非野蛮部落持续自卫的生活方式。如同是因取向的作用野蛮部落自身被文明群落所吸引。在他们生活的时代,周朝夺取了商朝,因为商文明似乎是他们需要的。然而,一旦变得文明了,人民会发现自己有了一个新身份,衣着和举止要更优雅,唯一能依稀辨别的是他们那仍然野蛮的心。于是他们记住了,他们现在的生活不能如之前的那样残忍,至少不能被一大堆伴随着文明而生的新罪恶所污染。

人类能变得文明、人道而且能因为罪恶所提供的机会而远离罪恶吗?

神秘主义者的回答很有趣,与圣保罗的回答相似:"只是非因律法,我就不知何为罪。"(《罗马书》第 7 章第 7 节)"但你们若被圣灵引导,就不在律法以下。"(《加拉太书》第 5 章第 18 节)犹太律法将一种不断增加的人类行为视为有罪。儒家一直在扩展的道德准则和守法主义者也达到了同样的结果。在任何一种情况下,文明变成了一种难以忍受的内在负担,而且人们日益因渴望自由而生的违法行为而变得有罪,他们只模糊记得他们的原始权利。这样,喧嚣至,自由却远离。圣保罗认为,治愈的方法是皈依耶稣,这样所有必需的社会和个人美德就会自然地尾随而来,其结果将会是一个比人们所知道的更加安全的新自由。《道德经》在本质上同样包含了这些建议:通过皈依道而得到救赎,道之德将会给你自由。

周朝或秦朝的神秘主义者所遭受的损失是他们的榜样不得不是当权的侯王,因为神秘主义者们给他的建议在劝告的"智者"的巴别塔中普遍地失去了。而且,正如苏格拉底所说的:"凡真心为国维护法纪、主持公道,而与你们和大众反对者,曾无一人能保首领。真心为正义而困斗的人,要想苟全性命于须臾,除非在野不可。"(《苏格拉底的申辩》第 19)

侯王不可能是耶稣,而耶稣也不可能是一国之首领。

在公元前 221 年秦始皇统治下诞生中国的那场大灾难中,《道德经》赢得了一些人的喜爱,因为独裁者秦始皇在其中发现了许多似乎可支持他计划的法则。他的律法将会"根据道"而制定框架。他也觉得"使民无知无欲"(《道德经》第 3 章)和"非以明民,将以愚之"(《道德经》第 65 章)更好。当然,他的理由与神秘主义者的理由大相径庭。对独裁者来说,人民的简单无知会让他们更容易控制。而对神秘主义者来说,它会允许道有空间来证明其政治方面的德。而且,从文明出现以来,没有人胆子足够大以至于不经赤裸裸的力量的同意便采取独裁的统治。现代的独裁者们以"人民"的命运来进行统治,而侯王常常是通过"道"来统治。毫无疑问秦始皇是想让人感觉他是通过"道"来统治的,然后人民会相信他而他也会相信他自己。因此他喜欢神秘主义者因为尽管所有的学派都以道为参照,但没有哪一派有神秘主义者们做得如此留人难忘。

这些思考引发了在神秘主义与独裁政治之间是否存在自然联系这个问题。《道德经》给出了一个否定的答案,除非侯王是个智者并愿意听从其训诫。它用雌性的被动、水处下的适应性类比,来指明那些随"道"而行之人基本的特征:谦卑、无为、不主张、原谅、慈善。而独裁者,自然会发现这些美德即便可能也难以保有。他们也不会认为诸如第 30 和 31 章中所倡导的和平主义的观点是可行的。在《道德经》第 73 章中，侯王被建议不用自以为是"天"的特别的工具。在第 74 章中，显示了一种侯王所依赖的极刑，一种独裁者长期使用的防卫武器。应该清楚的是，秦朝的独裁者们对这种神秘主义的拥护肯定是单方面的。

考虑到伟大的神秘主义是与上帝相关联的这个客观性，神秘主义者自身应该展示个人在不朽方面的兴趣就没什么奇怪了。《道德经》第 32 章在极具灵感的、阐明了世界通常所蕴含其中的无关紧要的不朽性的那 4 行诗中达到了高潮："譬道之在天下，犹川谷之于江海。"（《道德经》第 32 章）

或许这是包含在"反"（return）（《道德经》第 16 章和第 25 章）中的另一个特别的意思。人来自"一"，也将回到"一"。此外，在《道德经》中有两处简略地神秘地提到不朽，一处是指不朽与上帝是统一的，是相当一致的。另一处则有可能是指对个体生存感兴趣的一种挥之不去的精灵。（《道德经》第 59 章）从这些流行的观点来看，一样也有不足之处。

在公元 2 世纪末，当神秘主义者将自己组织为一个教派时，《道德经》被提升到了一种神圣的经典的位置，被那些有目的有能力读它的人所阅读。正如我们所见，对《道德经》进行普遍的运用很难而且缺乏人们通常需要的东西：一种对个体之未来的榜样和形象的承诺。新的宗教借用这个伟大的名字而成为"道教"（Tao Chiao），"道"之宗教，或简单地说即是"道教"（Taoism）。

古德里奇（L. C. Goodrich）博士写道："道教，被组织成另外一个整体的具有原始信仰和风俗的团体，那些专注于对自然的崇拜的，被认为是有活力的。……'道'，是一个人为了获得幸福、健康和长寿这 3 个终极目标所走的路。知识分子可通过对大师们的作品进行思考并追随他们的理智的教义，通过研究点金术和观察某些身体要求如选择性的节食、呼吸练习、健美体操和性行为等下意识地寻求长生之道。一般人会相信鬼神的存在和符咒的魔力。他们背诵慢慢聚集而成的经文，被教导要坦白他们的罪恶，并通过做诸如修百步长的路这样的善事来获得救赎。如果他们能掌握的话他们能遵从为知识分子开的练习处方。他们被告知相信魔力可以治愈他们的病。"[1]

---

[1] L. C. 古德里奇（L. C. Goodrich）《中国人简史》（*A Short History of Chinese People*），纽约：哈珀兄弟公司，1943 年，第 65—66 页。

或许随后的世纪里道家学者最引人注目的贡献是点金术这个意外收获,它成了他们全部活动的一个重要部分。在欧洲,他们的目标是把贱金属添加进黄金后的变形和制造长生不老药。在欧洲,他们这些目标的成功并不引人注目,而是他们在药和工业中那些偶然的重要的发现,是他们对人体解剖的探索,是他们对化合物、冶金术、火药、麻醉学和药物的发展。

从公元第3世纪开始,道家随后的故事主要集中在与佛教的对抗中。除了佛教禁止性行为,其教士大部分都是禁欲的外,道教与佛教很相似。佛教很可能在"百家"即人民中更普及。道教某种程度上在受过教育的统治阶级中更受欢迎。

在更喜欢佛教的蒙古人的统治下道教至少遭受了部分侵蚀然后在明朝得到了复兴,这或许是因为佛教和蒙古人都是外来者的缘故,而道教和明朝则是本土的。

长期以来《道德经》在中国人中从未失去对其充满崇拜的读者,尽管读它的人要比读儒家书籍的少。在一个读者很少能理解其所读之书的地方,儒家著作是相当深奥难懂的。那些伟大神秘的作品是为那些学者而写的。然而,其中的很多段落可在地位低下之人的思想中找到,而且古代神秘主义者对中国思想的贡献是深远的,即便对儒家思想的贡献屈居第二。

在总体的理解方面,有许多能干的学生将《道德经》看成是自然主义,或者至多可看成是自然神秘主义,停留在唯物主义的方面。我自己认为,它一部分是伟大的出现在世界上很多地方的神秘主义,可以代表一个少数派的报告。它部分是基于我在《道德经》文本中所读出的东西一部分是基于我自己对中国人民的观察。据说中华民族是一个相对"实际的"民族,其对宗教的使用有着"纯粹的"目的。但我从不确信"实际"这个词意指我们在文本中所谓的意思。

我注意到,这与实际的思考相当不同,中国人的宗教能力与其他民族相比并没有很大差别,我找不出理由来解释为什么这个在其他地方被誉为生命之动力的伟大的神秘主义,不应该也出现在中国。无论如何,《道德经》是神秘主义曾经在中国存在的很重要的证据,对其持续的兴趣表明它还有再次变得重要的可能性。《道德经》这本书中的段落仍然很有趣。而且,有一天,当世界的旧有划分被"大同世界"这个理念所震惊时它将会是非常重要的。《道德经》将是未来大同世界里家喻户晓的一部书(In "One World" the *Tao Te Ching* would be quite at home)。

(二)林恩所写"后记"

《道德经》或《老子》是继《圣经》之后在世界上被"译介"得最多的文本。大约有 800 个用各种欧洲语言翻译的《道德经》译本出现,其中有差不多一半是英译本。我之所以将"译介"2 个字用引号标注,是因为这些译本的大多数严格来说都不是译本,而仅仅是以早期的学术译本为基础进行的改写。这些译本倾向于做解释性的意译,译者常常读不懂《道德经》原文而且其阐释常常与原文字面意思相去甚远。

通常认为对《道德经》的翻译包括一系列的方法:(1)学术性的翻译。一字一句的翻译,批评性的引用,具备语言学的专业知识,而且关注其文学的、哲学的、宗教的和历史的语境,意在重新获得其原本的意思以达到其文本的意图。(2)学术性的翻译+解释性的材料,通常是中国的《道德经》评论与译者自己的阐释的混合。(3)第 1 和第 2 种方法的结合,同时呈现出对中国早期评论的完整翻译和对经典文本的评价之新译。(4)译者对原文本文学性地意译为更容易接受的英语。这样的译本主要是想保留原文本的字面意思,但却容易因试图获得更高的可读性和简洁而牺牲原文本所蕴含的意思。(5)对文本的主观性阐释,常常以非传统的中国传统或思考习惯为基础,这种方法通常被那些不读而且他们常常也认为不必读《道德经》原文的译者所采用。这样的《道德经》译本充分利用的是翻译的前 4 种中的一种或多种方法。大部分的《道德经》"翻译"文本都可在这 5 种方法中找到自己的位置,要当心哦!

将前 4 种方法相结合的情形常常出现,布兰克利的《道德经》英译本是将第 1 和第 2 两种方法中的因素相结合,主要是属于第 4 种方法。他不应该被归类到第 5 种是因为他对中文式的文本阅读方式很熟悉而克服了对《道德经》进行外文式的阅读。尽管他的阐释利用了欧洲的神秘主义,但它与中国的神秘主义的阅读文本并不互相矛盾。而且,尽管布兰克利是位虔诚的基督徒和公理教会的牧师,但他并没有从任何偏狭的基督教的角度去阐释《道德经》。"导论"部分包括了详细的文学、哲学、宗教和历史背景知识。尽管所有这一切都多亏了此前 50 多年的学术研究,但布兰克利的这个《道德经》译本仍然从总体上来说相当准确而且具有很强的可读性。然而,布兰克利并不试图面对困扰文本的诸多语言问题,相反,他接受了 1922 年出版的由蔡廷干编撰的《道德经》词语索引《老解老》这个现代文本。蔡廷干在"范例"中解释了《道德经》这个书名标题,并且指出文本选自《武英殿聚珍版丛书》，该版本是于1900年单独出版的。这就重新产生了所谓的王弼注本,之所以称为"王弼注本"是因为王弼的注评与其相关。

然而,现代学者证明,这不是王弼实际注评的文本,因为它显而易见偶尔会参考《道德经》的不同用语和措辞。文本的变化困扰了几个世纪的《道德经》研究(还存在另外5个《道德经》校订本,全都有相当大的变化),情况因现代考古的发现而变得更加复杂:(1)1973年在湖南马王堆汉墓中发现的两种《道德经》帛书本。第1种可追溯到公元前206年以前,第2种可追溯到公元前206—194年。每一种与其他版本在很多地方都有不同。(2)1993年在湖北郭店楚墓发现的3种与部分《道德经》相关的竹简本。这些文本的顺序和词序与其他的《道德经》文本不同。然而,所有这些布兰克利都不感兴趣,他最关心的是作为一本智慧之书的文本,一种对神秘洞见的经书。不过,布兰克利同时意识到《道德经》的作者是个传说人物(可参见"导论"第32页),《道德经》并非一个人所做,它实际上是由一群"资深的非正式的狂热信徒"所编辑的文集(可参见"导论"第48页),是近代学者们一致认可的一种机敏的洞见。这就是为什么《道德经》文本现在通常用"the Laozi"而不用"Laozi"来表示的原因。

除语言外,布兰克利展示了他在阅读《道德经》原文本时的能力。尽管他称《道德经》81章为"诗"(poems)。但实际上其中绝大部分都是简短的散文。(中国人从未将《道德经》归为诗,尽管有些部分确实是押韵的。)其他的译者将其每一部分称为"章"(chapters)。但是由于它们比较短,将其称为"章"似乎容易引起误解。我更喜欢用"部分"(sections)。布兰克利将所有这些章节译成了不押韵的具有不同音步的英文形式,但是不应该把他这种文学式的意译与其紧跟在每章之后的"释义"相混淆,因为它们是他自己对所译章节的阐释。同样,它们是他的文学式的意译之散文形式的改述。意译有时其后会有"评论",它们为译文提供了附加的信息和进一步的解释。尽管整个译文都是意译,但他很好地抓住了句法和词汇,因为这允许它尽可能地与原文本的意思靠近以至于他的英译可与原文本相媲美,其一致是显而易见的,尽管有时它们相当贫乏而且更倾向于解释性的阐释。而且,由于布兰克利对《道德经》的文化背景很熟悉,他常常想出能抓住超越字面表述之内涵的词汇。然而,我们不得不记住,布兰克利在故意意译并轻而易举地放弃了原文本的句法以改写原文本的诗行以便用英文读起来更流利,而且用一些比较熟悉的英文词汇去替代了那些他认为

晦涩的原文词汇。在谈到翻译和阐释时,他这样写道:

> 我不能假装像公元前3—6世纪的中国人那样懂得这个世界,我也不相信任何能使这个世纪的人相信的大量的对事实的科学筛选。在他们与我们之间会总是存在一种语义鸿沟,一种必须通过给那些经过深思熟虑的证据添加洞见和想象来连接的鸿沟……我相信一个精巧的译本是应该免于原语言的所有痕迹的,尤其是当它们对英语词汇有所损毁的时候。①

现在很少有博学的《道德经》或任何中文经典的译者会同意布兰克利这样的观点。尽管将这样的文本弄得"恰恰好"有可能是不太可能的,但是在19世纪后半期在对中国古代文本进行的系统的、历史的、语言学的研究上取得的进步让我们引人注目地与原语文本更接近,我们的译者最近已经翻译出了更加准确地抓住了原文意思的《道德经》译本。那个"语义鸿沟"现在不仅正通过"洞见与想象"而且还正通过利用最近在词类编纂和对中国古代语法的理解基础上所取得的进步,不仅在西方的而且更重要的是在中国语言学资源的发展上被沟通连接。与所有现代领域一样,现代学者关于中国古代思想的研究,在过去的25年中在中国(在中国的台湾和香港以及新加坡时间更长)已经开始萌芽,对《道德经》以及其他中国早期的著作进行的注释性翻译无论是在量还是在质上都得到了稳定的增长。而且,日本在学术上继续为中国提供范围更广的有价值的参考文献和研究资料并将许多中国经典译成了优秀的现代日语。因而,我们有机会接近研究和翻译资料,包括用所有语言撰写的在网上可获得的资料。这在布兰克利那个时代是做梦也想不到的。

他认为翻译"应该免于原语言的所有痕迹"的论点不太容易被阐释清楚。与许多当代译者一样,我试图找到与中国古代经典的语法因素相一致的语法等效并准确地再现原语的习语而不"对英语词汇有所损毁"。比如,布兰克利对第14章(这一章是阐释难以捉摸的"道"之本质的)的英译是这样开始的:

They call it elusive, and say　视之不见,名曰夷;

---

① 见译本"序言",第10页。

That one looks　　听之不闻,名曰希;
But it never appears.　　搏之不得,名曰微。
They say that indeed it is rare,　　此三者不可致诘,
Since one listens,　　故混而为一。
But never a sound.
Subtle, they call it, and say
That one grasps it
But never gets hold.
These three complaints amount
To only one, which is
Beyond all resolution.

相比之下,我试图保留中文的词序和句序,不遗漏任何东西,只添加尽管不太明确但仍然通过暗示可呈现出意思的字,在王弼注释的帮助下,再现话语的语法结构,并保证原文与英文词语的最佳搭配:

When we look for it but see it not, we call it the invisible. When we listen for it but hear it not, we call it the inaudible. When we try to touch it but find it not, we call it the imperceptible to probe, it remains a single amorphous unity.

这两种译文并非完全不同,但是我们可以来检验一下布兰克利将最后那句复杂的句子"此三者不可致诘,故混而为一"译为了"These three complaints amount/ To only one, which is/ Beyond all resolution。""此三者"(These three complaints)或(these three),即"夷"(the invisible)、"希"(the inaudible)和"微"(the imperceptible)并非"致诘"(complaints),因为"致诘"并非名词而是一个复合动词,是"to probe"(探讨),而"诘"字就有"抱怨"(complaints)之意。布兰克利的译文忽略了"致"这个字的意思,而它是原文整体意思的一部分。而且,"致诘"是第2含义,其第1含义是"investigate"(调查)、"interrogate"(质问)、"probe"(探询)。布兰克利也忽视了"不可"一词,这或许是因为它不符合布兰克利头脑中的意译。布兰克利将"故混而为一"译为"To only one, which is/ Beyond all resolution"当然译得很好,尽管他仍然是用的释义。我将此句译为"It remains a single amorphous unity"也是一种释义。此句按其字面意思更可译为"Since these three cannot be probed, we lump them together as one"。我现在怀疑"致诘"是一个从辩论术那儿借来并在这里加以了比喻性地使用的词:如果三方因一桩罪受到调查,而且由于不可能去证明各自犯罪的程度,于是三方都被当成一个整体被认为犯有同等的罪给予相同的惩罚。这是一个幽默的微妙例子,意在表明试图去对"道"加以确定或定义是多么的可笑。

还会发现其他地方需要提高,但是总体说来布兰克利的《道德经》译文是足够准确值得读者重读的。然而,这个译本的最大价值在于他在其"释义"(Paraphrases)和"评论"(Comments)两部分中呈现出的观点,以及他在"导论"中对中国和西方的神秘主义作出的反思。他的"关键术语"(Key Concepts)这个部分在比较洞见方面尤其丰富,而且似乎在今天看来与其在50年前看来是一样的有意义。这些是布兰克利的《道德经》英译本开始出现时最受好评的方面。例如:

> ……对翻译质量及其阐释的判断,取决于通过作家的自我修养与经典的原作者的自我修养的匹配所即时获得的直觉。……通过他多年来对《道德经》教义的热爱和沉思,而且由于他自己对宗教神秘主义的直接认知,他当然能"非常熟悉"《道德经》的最高实体"道",这个"包括一切的"、无名的、不可描绘的、不可告知的"道"。①

布兰克利研究《道德经》30年而且显然是按照《道德经》的教义来生活的……他的《道德经》英译本值得引起那些想要与生活的困扰和烦恼做斗争的人的关注,这些困扰和烦恼常常与很久以前中国中原对此持古怪观点的老子那个时代并无本质的不同。②

但是我们不得不问,一个虔诚的美国公理教会的牧师怎么会对《道德经》如此着迷呢?同样重要的是,他是如何获得语言的专门知识和对中国

---

① Chang, Chung-yuan. "The Way of Life, Lao Tzu: A New Translation of the *Tao Te Ching*." *Philosophy East and West*, Vol. 6, No. 2, 1956, p. 171.(书评载《东西方哲学》1956年第6卷第2期,第171页。)

② William Hung(Hong Ye), endorsement for R. B. Brankley. *The Way of Life: A New Translation of The Tao Te Ching*. New York: New American Library, 1955. Front piece: "Chinese Mysticism".《对布兰克利〈生活之道:《道德经》新译〉的认可》。前言:"中国的神秘主义"。

文化那么熟悉以至于能进行如此的研究并把它译成英语的呢？布兰克利的生活故事可以回答我们这两个问题。

理查德·林恩（Richard Lynn）
多伦多大学中国思想与文学荣誉教授

六、冯家富与英格里希《老子〈道德经〉新译》之"注释、评论与回应"

在这一部分我并不打算向读者呈现什么史料或者对《道德经》文本做进一步的阐释。在"参考文献"中我提供了好几种学术评论。下面我只想在考察其他的《道德经》译本和许多其他关于精神哲学和传统之研究的基础上提供我自己的一些想法。涉及的具体章节如下。

第1章

这一著名的开始或许也可翻译为"能够被加以解释的道就不是永恒之道（Way）"或者"显眼的、能够被清楚识别的道就不是恒久之道（Path）"。尽管真正的"道"总是存在于永恒之中并严格地遵照明确的法则，但是它必须得总是自我发现。它是常新的。一个人必须总是努力让自己从思想和意象的符咒中解脱出来，因为它们至多不过是曾经经历的反映。"普通的"、孤立的智力不是一种通过它那些活的、此在的时刻就可以被经历的代理。这种普通的思想是能阻碍现实经验的无数建议和联系的猎物，而且在这些建议中最引人注目的是那些精神的或宗教的内容。印度灵性导师克里希那穆提（Krishnamurti）说："真理，是无道之地。"因而，真正的引导，不仅给予信徒们真相而且还提供帮助信徒们自己去发现真理的条件。

这里，一些对于"欲"之意义的评论或许是有用的。在这一章中，没有对"欲"进行负面的否定的判断，尽管其他译者如保罗·卡卢斯（Paul Carus）的观点是相反的。卡卢斯认为"但是，被欲望所束缚的人，只能看见周遭事物的表象和躯壳。"我们现在对"欲"的翻译或许主要是在建议通过欲望一个人会被拉向本源的各种呈现。这些呈现是"万物"，而且换句话说，有它们自己的真相，是真实的原因导致的真实的结果。只是在一个人把造成结果的原因搞错了后才会引起麻烦。这里核心点被注意到了，那就是"欲"这个字可指我们内部的某种在道德上中立的东西或在其他的语境中我们本性的主要的变态和变形。在后一种情况下，也许用"上瘾"（addiction）或"渴望"（craving）更恰当更准确些，它指的是当我们允许它吸收我们的更好的心智能量时某种欲望的产生。"渴望"是一种我们喜欢的愿望。但是纯粹的简单的愿望不会被扼杀或压制,它们是我们人类本性的一个方面,它在道的某个阶段大量地进入内在转化的过程。这两个意义之间的混淆导致了历代对精神的、宗教的和哲学的教义的极大误解。在我们现在的这个译本中,其语境常常把老子想要表达的意思表现得非常清楚。

第 2 章

呈现的世界是一个所有现象在其中都是两种相反的力量互相作用的结果的世界。它是一种能够意识到一个人可在这个世界中看见的每一种东西都有其对立面的智慧。每一种力都会引发并依靠一种反作用力。变形和错觉源于对此现象的误解,如源于坚信其"善",并忽略或天真地试图摧毁反对"善"的东西。智者了解万物中所有生命在本质上都是力量作用的结果。试图去打破"善"与"恶"之间的互补关系的道德教义注定是要失败的,并引发对自己和他人的暴力行为。在西方世界,这种教义是法则的基本方面,常被谴责为是异端的或危险的。在任何情况下,它总是一种困难的、隐藏的、微妙的法则,容易被误解为是为自己的放纵甚至残忍辩护。尼采那句著名的"远离善恶"恰是对此法则的回应,而且那些以此作掩饰所犯的罪是对只能在完全的精神教义的语境中去理解它的充足的证据。在犹太教和伊斯兰教中这种思想常常组成了"深奥的"道,被那些通过"深奥的"或正统传统的道德法则和训练的人所保有。每一种完全的宗教传统都是由这些理解和实践的不同层次组成的。

第 3 章

明智之人是通过使民同时也使他们自己从欲望的束缚中解脱出来而进行统治的,通过帮助他们加强人性中那些本质的东西如"实其腹"和"强其骨"而进行统治的,通过减少对后天的心理知识的不平衡的依赖和人为地减少各种受诱导的欲望而进行统治的。根据20世纪的心灵导师葛吉夫(G. I. Gurdjieff)的观点,"本质"(essence)是一个人自己的,是生而就有的,而"人格"(personality)是教育和社会制约的结果。二者对于人类生活都是必要的,但是各自必须在与他人的适当关系中去发展。

第 5 章

如陈荣捷和其他译者指出:"'刍狗'在古代中国指的是'牺牲'。在"牺牲"这个词被使用后,它们被抛在了一边,对它们再无任何依恋。"这几行反映出了对明智之人对人之价值的衡量的普遍反对。人有一种宇宙命运,其中绝大部分我们称之为道德的东西是关乎相关的短暂的社会价值的,常常主要与对个人或集体而言是"好"或是"坏"有关。智者的公正指的是在其中他们理解人类生活及其必要性的普遍语境。最高的力量关系我们只能到我们允许它们进入我们自己的程度。在《迷途指津》(The Guide for the Perplexed)一书中,12世纪最伟大的犹太心灵哲学家摩西·迈摩尼德斯(Moses Maimonides)指出,上帝的天意只有在人的智力与上帝发生实际的关联时才会在人类生活中起作用。否则,人类就会像"刍狗"一样屈服于任何事。这种观点从未完全融入传统的犹太教主流。

第8章

对于"道"而言,"水"是老子主要意象中的一个,此外还有"婴儿""牝""谷"和"朴"。生活在"道"中的人在其生活中行事,如同水按其本性行事一样。水不抗拒,但它却能征服所有。水是无味的,以此提示道是不可见的,但它却能给予生命。它流经万物并在运动中保持清澈与纯洁。它是柔软的、灵活的、谦卑的。它不争。它本能地流向低处。万物都起因于水,最后又归于水。当老子说"无有"(non-being)和"无为"(non-acting)的时候更好的意象究竟是什么呢?

"不争:无尤"。这一行诗意地表达了这样一种理念,如果一个人不试图去把自己的意愿强加给别人那他就不会被责备。

几乎在所有的译本中,对这一章的翻译都带着当我们完全地生活在这个世界上时要保持与之联系的一种挑战性的暗示,即,人是一种两种本性的动物,同时有着现实的2个方面。在《薄伽梵歌》(Bhagavad Gita)中,克利须那神命令战士阿朱那在世界上坚定地行动但是不要过分在意行动的结果。也可以把这认为是对耶稣格言"恺撒的物当归恺撒,神的物当归神"的一种可能的解读。(见《马可福音》第12章第17节。)

第12章

"是以圣人为腹不为目。"陈荣捷、亚瑟 韦利、林语堂和大部分的译者都将这一句中"腹"字译为"belly"。林语堂的译文为"The sage provides for the belly and not for the eye."这样理解的话显而易见表达的与第3章表达的意思是一样的,其中"belly"指的是"根本",是一个人的本性可感觉到的东西,与外在看见的以及从外界获取的东西是相反的。对后天人格的不平衡的强调使得人性所具有的两方面的本性变得不和谐。沉思中所体验到的"如猴子"样的飞跑的思想在这个语境中可以被理解。在佛教中这种精神焦虑是被称之为"轮回"(samsaric)或"妄想症"(deluded mind)的一个重要方面。

第13章

贵大患若身：林语堂和卫礼贤都没有把"身"这个字按字面意思来理解，而是分别将其译为"自我"（self）和"形象"（persona）。史蒂芬·米切尔（Stephen Mitchell）译本与这个观点一样：这一句指的是相信自我或社会自我的现实。不可否认在这样的解读中存在相当的真理，但是我们现在的这个译本或许给我们指出了某种甚至更重要的东西，即，自我的幻觉本身可能根植于我们与肉身之有机现实的错误关系中。老子关于自然的教义显然先于我们对于老子认为身体是邪恶的想象。或许此处对此意义的最好的回应可在西藏的道教文本《米拉日巴的一生》（The Life of Milarepa）中找到。在他令人敬畏的第一次沉思之后，米拉日巴告诉他的老师："这身体是那些渴望自由的幸运之人备受到祝福的器具，但它同时也引导有罪之人进入下界。"我们也思考一下东正教的教父们如格里高利·巴拉马（Gregory Palamas）的著作。在任何条件下还没有哪本著作能比它更强烈地警告我们关于我们的身体的力量，但在这些警告中，我们发现了巴拉马教父的教义："你知道，兄弟，精神的以及普遍的人类的推理都显示了将其认为是紧急的这种必要性，即，那些希望属于他们自己，在精神上成为一个真正的修道士的人，应该引导自己的心灵进入自己的身体并在身体中将此心灵牢牢把握住。"

第17章

这一章论述的是领导才能的不同层次。在所有的人类事业中，尤其是在自我认知的道路上，好的领导才能并非是仅仅引起自己的注意。这种引导可以创造条件并足以激励人们允许自己去寻求去体验真理。小领导会鼓励属下忠诚和讲感情，但是如果属下没能发现他自己有寻求的自由，那这种忠诚将转向为负面成为一种害怕和怨恨。根据这一章的内容，它将会对对精神团体、对现在和过去之命运的研究给予奖励。大师通过他对弟子的关注显示出他的信任，他唯一尊重的是弟子的内在心灵。这个故事是关于年轻的斯瓦米·维韦卡南达（Swami Vivekananda）的。他问老师室利·罗摩克里希那（Sri Ramakrishna），为什么你要向我这么一个如此不值得的人鞠躬行礼呢？据说，老师这样有力地回答他："我并没有向你鞠躬行礼！你什么也不是！我是在向灵魂鞠躬行礼，在向你身上那个神圣的自我鞠躬行礼。"

第18—20章

这几章肯定了与道合二为一的人的卓越,而非将其看成是一种理想。老子警告我们"德""智慧和道德之理想"以及所有的意在引导我朝向善之格言全都很容易让我们忘了主要的东西本身,而这个主要的东西将在我们自己体内向辐射能敞开,其功能将使我们的生命与道相符合。细想一下奥古斯汀的"爱上帝,做你想做的",以及在大乘佛教中菩萨之怜悯心的自然生发。"道德"常常只是我们心灵的一部分对于其他部分的强加,这些部分仍然保持着,如其本是,不被说服且根本上不被碰触的状态。这并非意味着"道"之寻求者傻乎乎地放弃了道德法则,而是在某种程度上他明白了没有内在道德之外在道德能成为对他者以及他者内在之活力的一种残暴的行为。并且,朝向这种内在道德之道可能似乎令人惊异地与"道德"是相反的。比如,"绝圣去智。"再一次,必须牢牢记住,盲目地反对传统道德与盲目地尊崇传统一样都是无用的。

第21章

"以此。"评论家和译者对其确切意思的理解不同。老子是在说仅仅通过直接地理解它刚才描绘的他就能知道创造之道吗?我们能想象他是指着自己的胸部说这些话的吗?更普遍地说,在任何情况下,伟大的形而上学的观点以及过去的哲学一成不变地都是以一个人在更高的静寂和沉思状态下直接看到的东西为基础的。不管是对于犹太—基督教、印度教、毕达哥拉斯哲学还是道教来说,形而上学总是以经验为基础的。人的内在经验是宇宙的镜子。这种关于宇宙的教义从来不仅仅是沉思或仅以从感官对外在世界观察到的推断为基础。这里我们可以改述古老的炼金术士的格言:"存乎中,行于外。"一个人必须学会如何向内看。现代英裔美国人的哲学倾向于拒绝根植于我们真正"所见"的艺术与科学之文化亏损的形而上学。

第22章

亚瑟·韦利的英译进一步阐明了该章的意思:

"To remain whole, be twisted!　　曲则全,
To become straight, let yourself be bent.　　枉则直,
To become full, be hollow.　　窪则盈,
Be tattered, that you may be renewed."　　敝则新。

第23章

"同于失者,失亦乐失之。"这一句和与它相连接的句子或许是《道德

经》中最令人感到迷惑的地方,因而卫礼贤这样写道:"整体上,放弃这一句和无望地去阐释它一样都是理智的。"或许这种困惑中最有趣的一面在于不得不处理"失"这个字。它说的是哪方面的"失"呢?我们现在的这个译本是这么说的:"失道者,失也。"(He who loses the Tao is lost.)太多东西取决于对此问题的解读。如果说的是一般的失,包括财富的失去、健康的失去、名誉的失去,等等,那么我们则被告知,"道"之追随者在生活的各个方面都把持着"道"。相反,如果涉及"道"之失去,那么这件事情就会变得麻烦得多也有趣得多。它可能意指(正如一些译者所为的那样)失"道"之人内在的失去以至于他感觉不到打破与生活中最重要的事情之间的联系。我们可更细致地解读为,失去了他"认为"是"道"的东西的人会自动地接受那种失去的感觉并因此带回到更深的返回运动中。但是对这一句还有另一种理解,是我碰巧喜欢的,是早期的中国评论家王弼的解读:"故将自己同于失'道'者,'道'也乐于失去他。"

换句话说,一个人从现实中所获得的恰恰就是他从现实中所寻求的,正如《加拉太书》第6章第7节所言:"人种的是甚么,收的也是甚么。"作为全部的自然之道,并不将其意愿强加于他者。这种阐释与该章开始的几句是一致的。

第25章

"道法自然。"这不应该是说有一种与"道"有区别的、名叫"自然"的"现实"。道是自然而然的本真,"道"通过他自己的"本真"而成其"道"。

第27章

这一章对"道"之高级追随者即圣人对"道"在世界中的阐释来说是非常重要的。我将其理解为是在说圣人的外在行动的重心及其带给它的关注。简单说即是,圣人生活的主要目的在于将其所理解的"道"传递给他人。这当然就是人类之爱的最高形式,是人类关系中秘密的关键之所在。这里,对邻居的爱并非指的是对他人的"喜爱",它与感情的吸引完全没有关系,也非因组织或社会条件形成的家庭之爱、性爱或理智关爱。对圣人来说,他者既不"好"也不"坏",他者只是一个是否正确地遵从"道"之个体。而且,因为所有的意义和对人性的幸福最终都取决于对"道"的遵从,因而,圣人只自然地去寻求如何安排处理他与他者之间关系的细节以便支持和进一步推进"道"。这是一个非常重要的问题,其中那些限制反映出了所有的精神转换的、共有形式的以及伦理之形而上学的根本问题。

第 32 章和 34 章

"小"。在这 2 章和其他章节(如第 52 章)中,"小"字的意思可能超过了"细""轻""不可见",等等。所有这些术语指的都是宇宙中最高的和最有力的现实或力量。这些术语让我们去思考那些需要与最高的相关联的认识本质———一种非常精细的、微妙的心灵感应,一种在伟大的、充满活力的沉默的内在条件下出现在我们身上的意识。最后,这种"小"的意识可能最终被理解为它自身的一种终极力量,或者用其他术语来表示,听起来或许有些神秘:"道"之意识即为"道"。最高意识在本质上就是其自身的意识。这种自发的光发散开来并投射到万物的世界。来比较一下《唱赞奥义书》第 3 篇第 14 章第 3 节中对"小"字的使用:"其小也,小于谷颗,小于麦粒,小于芥子,小于一黍,小于一黍中之实。是吾内心之性灵也。其大,则大于地,大于空,大于天,大于凡此一切世界。"让我们再来比较一下《福音书》中的芥菜籽和希伯来先知以利亚听到的"静而小的声音"。

第 33 章

"死而不亡者寿。"这种解释让我们以一种新的方式去思考永生,这种西方宗教称之为肉体死后心灵复活的东西。这里似乎提供了某种更加动态的、有形的且比我们寻常的关于永生的神学概念更直接相关的东西。什么将会亡? 什么必须亡? 什么是此在? 就是此时此地。

第 38 章

美德是一种可以从自我中心自然生发的行为,不仅仅是指那些所做的与理想一致的行为,还指那些高贵的由思想所把持的行为。让我们来比较一下圣保罗的教义。他认为耶稣的到来不仅是为摧毁法则而且也是为了完成法则。换句话说,正义并非强迫身体遵从思想而是使我们内在的新法则出现,在这种新法则中身体和思想是自动地即刻地相互服从的。再来比较一下尼采在《查拉图斯图拉如是说》(*Thus Spake Zarathustra*)中提出的"灵魂三变"(third metamorphosis of the spirit),看看灵魂是怎样变成骆驼、狮子和孩子的。

第 42 章

从一开始宇宙被创造,并且在世界的所有层面上所有现象都是两种相反相对的力量的和谐。智者能理解怎样与这些力量和谐共处,而愚者则将自己等同于其中一种力量并被其相反的力量所击败。这是"暴力行为"。智者是不会以这种方式取胜的。

第 47 章

人类是个微观世界。向内看,可知晓宇宙的法则。但是,当然了,你必须得明白如何去看和怎样去向内寻求。要做到这个可不容易。来比较一下《薄伽梵歌》第4章第17节:"当知何者是'有为',当知何者是'为非'"和第3章第27节:"认为'诸德运行于德中',谁就不会陷入迷恋。""认为自身是主宰者的人是心灵受到迷惑的愚夫。"

第 48 章

对于该章没什么可再说的。我们自己中没有什么东西丢失,只有多余的东西需要删除。比较一下苏非的话:

"当心为它丢失的东西哭泣的时候,

灵魂却在嘲笑它找到的东西。"

在基督教中这种教义或许可在上帝已经原谅了我们而且我们已经被他接受的学说中加以识别。人类的问题是接受它,深层地接受。灵魂事业的目的在于让我们有能力去接受爱。

第 50 章

"……十有三"。保罗·卡卢斯和林语堂似乎为我提供了这几句更有趣的翻译。

There are thirteen avenues of life; there are thirteen avenues of death; on thirteen avenues men that live pass unto the realm of death. (Carus)

The companions(organs) of life are thirteen;

The companions(organs) of death are (also) thirteen. (Lin Yutang)

"盖闻善摄生者,陆行不遇兕虎……"这些兕虎是什么?我们来比较一下13世纪波斯诗人鲁米(Rumi)的诗句:

"一个赤裸的男人跳进河里,成群的大黄蜂

在他头上盘旋。记住,水是赞念。

除了上帝,没有什么现实。唯有上帝。

  成群的大黄蜂是这个女人那个女人关于这个男人的性爱记忆。

  或者,如果说有这么一个女人或者那个男人的话。

  大黄蜂的蜂王飞了上来。它们蜇他。

水喘息着。从头到脚都变成了河。

于是大黄蜂留下孤零零的你飞走了。"

也可参见《道德经》第 55 章。

第 59 章

各种译本对这一章的翻译差别非常大。我们现在的这个译本在连接约束和"放弃自己的想法"的处理上是独特的。然而,所有的译本都建议,这里所说的是某种力量在内部的聚集,这种力量赋予个体一种一般来说不能理解的能力。如果不拥有这种神秘的能力是没有人能做他人或自己的君王的。因而,这一章在涉及蓄积的作用或精神内修方面既不寻常也很重要。老子强调了对认识的此在时刻的启明是可以引导我们对"活在当下"的更为经济的理解。这一章纠正了有可能引起误解的地方并提醒我们长久而坚持不懈的内修是必要的。

第 63 章和 64 章

比较《马太福音》第 6 章第 34 节:"所以,不要为明天忧虑。因为明天自有明天的忧虑。一天的难处,一天当就够了。"这两章处理的是生活的艺术,将其当作对所有细节关注的核心放在此是一种实践。圣人不仅是通过他所说的而且也通过他对生活给予的关注来区别的。从这种生活的艺术中可产生伟大的实用的智慧。简而言之,我们被告知,我们的生活是对我们所关注的东西的一种反映。

第 65 章

"古之善为道者,非以明民,将以愚之。"他们并不用话语和概念来加以解释,或者对那些只能感受和凭直觉获得的东西制定道德准则。智者并不去迎合"智",他们对神圣的思想给予精神的呈现并因而想象当某些事物只可名时是能被理解的。该章与几乎所有的《道德经》文本一样,同时也与内在的寻求相共鸣:正如其说是,我们被建议,阻止我们自己的明使"道"仅仅成为精神的信息。我将其看成是第 56 章始句的中心意思:"知者不言,言者不知。"

再来比较一下《马太福音》第 6 章第 3 节:"你施舍的时候,不要叫左手知道右手所做的。"取得伟大的统一要求同样的伟大和真正的分离,即同时对外在与内在生活的本质与层次的辨别。比较一下犹太传统对某些"混合"形式的限制。

第 71 章

柏拉图告诉我们带勒弗伊的圣人名叫苏格拉底的是所有人中最有智

慧的。"神的话究竟何所指,他出了何谜,我自信毫无智慧。他说我最有智慧,究竟何所云?"于是苏格拉底继续质疑雅典市民中那些拥有智慧的美誉的人——政客、科学家、艺术家、手艺人,并吃惊地意识到没有他人比他更有智慧。"问题是我与他对于美与善同是一无所知,可是他以不知为知,我已不知为不知。我不以所不知为知。"(《苏格拉底的申辩》(Apology)第6章)苏格拉底的智慧在于他认识到他是不智慧的。

该章很简洁,为我们提供了伟大的精神传统中一个真正重要的思想的回应,最矛盾地表达出了大乘佛教教义中的涅槃(自由)(nirvana, freedom)即是轮回(奴隶)(samsara, slavery)。涅槃是对轮回的整体认识。自由是对奴隶的整体认识。知识是对无知的整体认识。这样的认识不仅仅是精神的认识,也不仅仅是对一个人一无所知或被奴隶的思想的认识。它是作为一种有形的力量的认识并且能携带着感觉和感情的力量,这种力量本身把巨大的释放能量注入人类生活中。因而,在基督教的冥想传统中,内在生活最重要的因素是忏悔,是一个人面对自身与上帝的距离时的"眼泪"。这种忏悔为上帝的慈悲进入自身开了一条道。这种忏悔是不能假装的,它必须得是真诚的。这是谦卑主要的意思。"哀恸的人有福了!因为他们必得安慰。……"(《马太福音》第5章第4节)

第74章和75章

这2章关注的是那些干涉得太多、将其意愿强加于民的统治者。人民的、其自身就装着人民的真正的统治者,会去热爱和关心他们的生活,而人民自然也会回报那种关爱。译者对第74章中的词"司杀者"(executioner)有不同的理解。总体的感觉似乎是一个人必须只能去毁坏那些对国家或是对自己真正有害的东西,而且必须怀着真正的、公正的爱去对全体加以识别。这正是智者的、大师的标志。

第三节 21世纪英语世界的《道德经》英译研究

2000年,戴维·亨顿(David Hinton)英译的《道德经》在美国纽约出版。[①] 除长长的"导论"外,作者将译文分为了"道经"和"德经"2个部分。译文后有对81章中的一些术语、思想的注释(Notes)以及《道德经》核心术

---

① David Hinton trans. *Tao-te Ching*. New York: Counterpoint, 2000.

语(Key Terms)的解读。

2000年,保罗·卡卢斯(Paul Carus)英译的《老子的教导:〈道德经〉》在美国纽约出版。① 该版本译文前有"出版商的注释""该版本的导论""初版本之前言""初版本导论""司马迁论老子"。译文部分作者为每章添加标题,如第1章标题为"Reason's Realization"(道的实现);第2章标题为"Self-Culture"(自修),每章译文后紧跟着作者对该章的注释。

2000年,韩禄伯(Robert G. Henricks)的《老子〈道德经〉:以郭店新近出土的令人惊异的文本为底本的英译》由美国哥伦比亚大学出版社出版。② 作者在"导论"中向读者介绍了"郭店楚墓发掘的地点和时间""墓中发现的文本""老子甲、乙、丙""标点及章节的划分问题""有趣的个例:第19、30和63章""竹简《老子》的哲学""结语:何谓'竹简《老子》'"。英译的《老子》为甲、乙、丙3组,每章后有译者的评论和注释。3个附录分别为附录1"司马迁的《老子传》";附录2"马王堆《道德经》帛书本甲本、乙本以及王弼《老子注》的逐行比较";附录3"标点符号和章节的划定"。

2000年,陈丽生的《以老子道家思想为基础的〈道德经〉英译》在美国圣何塞出版。③

2001年,莫斯·罗伯茨(Moss Robert)英译的《老子〈道德经〉:道之书》由美国加利福尼亚大学出版社出版。④ 译文前的"导论"中作者介绍了"《道德经》的书名及文本""老子与孔子""老子时代的中国""儒家、道家及其遗产"以及"《道德经》中的术语:'德'(De)、'道'(Dao)和'天'(Tian)"。每章译文后有作者的评论,译文后的注释对"导论"和81章的大部分章节做了进一步的补充说明。

2001年,乔纳森·斯塔尔(Jonathan Star)的《〈道德经〉新译:终结版》在美国纽约出版。⑤ 译文前有奥古斯特·戈尔德撰写的简短"导论",对斯

---

① Paul Carus trans. *The Teachings of Lao-Tzu:The Tao Te Ching*. New York:Thomas Dunne Books,2000.

② Robert G. Henricks. *Laotzu's Tao Te Ching:A Translation of the Startling New Documents Found at Guodian*. New York:Columbia University Press,2000.

③ Lee Sun Chen Org. *Lao Tzu:Tao Te Ching Translation Based on his Taoism*. San Jose:ToExcel,2000.

④ Moss Robert trans. *Lao Zi Dao De Jing:The Book of the Way*. Berkeley:University of California Press,2001.

⑤ Jonathan Star trans. *Tao Te Ching:The Definitive Edition*. New York:Jeremy Tarcher,2001.

塔尔的英译给予了高度的赞扬，认为它"也与原文本意思很接近，但更有深度，因为译文拥有及时抓住你的生活并将其用之于生活的能力"①。但正因为其译文采用的是意译，是其一贯的"诗意的、神秘的译事风格"②，不少地方对原文的解读并不准确，自由发挥的痕迹十分明显。

2002 年，菲利普·艾凡赫（Philip J. Ivanhoe）英译的《老子〈道德经〉》在美国纽约出版。③ 该书译文将《道德经》分为 2 个部分。译文后的"附录"中译者向读者呈现了 8 个《道德经》英译本对第 1 章的英译④，并对第 1 章逐行进行了汉字-拼音-英译的呈现，后有作者的解读，益于读者对《道德经》进行深入、准确的理解。

2002 年，史蒂芬·霍奇（Stephen Hodge）的《插图本〈道德经〉：新译及评论》在美国出版。⑤

2003 年，鲁道夫·瓦格纳（Rudolf Wagner）的《〈道德经〉的中国式解读：王弼〈老子注〉》由美国纽约州立大学出版社出版。⑥ 该书内容丰富，解读翔实，除"导论"外，共有 5 章：王弼对《老子》的校注；王弼《老子注》的宣传与传播：批评版本的基础；王弼《老子微指略例》：文本的哲学研究与翻译；对王弼《老子注》所用文本的重新建构与批评；对王弼《老子注》的翻译。此外，译文后还有长达 111 页（第 389—499 页）的注释对译文做进一步的阐释说明。

2003 年，安乐哲（Roger T. Ames）与戴维·霍尔（David L. Hall）以马王堆汉墓出土《道德经》帛书本为底本合译的《〈道德经〉的哲学阐释：让今生有意义：以新近出土的〈道德经〉竹简本为特色》在美国纽约出版。⑦ 该书

---

① "Jonathan Star's translation also adheres closely to the original text, but is far more profound because of its ability to be immediately grasped and applied to your life." Jonathan Star trans. *Tao Te Ching*：*The Definitive Edition*. Op. cit., pp. xiv-xv.

② "John Star has been widely acclaimed for his poetic and mystical translations of Rumi, Hafez, and the poet-saints of India." Ibid., p. xiv.

③ Philip J. Ivanhoe trans. *The Daodejing of Lao Zi*. New York：Seven Bridges Press, 2002.

④ 译者附录的英译文本有 1891 年的理雅各译本、1934 年的亚瑟·韦利译本、1955 年的林语堂《中国与印度之智慧》译本、1963 年的刘殿爵译本、1963 年的陈荣捷译本、1971 年的霍姆斯·韦尔奇《道家思想：道之分离》、1972 年的冯家福译本和 1992 年的戴闻达译本。

⑤ Stephen Hodge. *The Illustrated Tao Te Ching*：*A New Translation and Commentary*. Hampshire：Godsfield Press Ltd., 2002.

⑥ Rudolf Wagner. *A Chinese Reading of the Daodejing*：*Wang Bi's Commentary on the Laozi with Critical Text and Translation*. Albany, New York：State University of New York Press, 2003.

⑦ Roger T. Ames and David L. Hall trans. *Dao De Jing"Making This Life Significant"*：*A Philosophical Translation*. New York：Ballantine Books, 2003.

扉页全文引用了《道德经》第 81 章的内容。"文本的翻译与评论"前有详细的背景知识介绍:历史的"导论":历史语境、《道德经》的本质与应用和哲学的"导论":相关宇宙学——对语境的解读(包括"美学的和谐""'无'的形式""作为'习惯的形成'之'无'的形式"等共 9 个部分)、《道德经》关键术语(共 17 个)以及"翻译简介"。译文后有附录《太一生水》(*The Great One Gives Birth to the Waters*)。

2003 年,黄继忠的《〈道德经〉:带导论、注释和评论的英译》在美国加利福尼亚出版。① 译文前的"序言"中有"选自司马迁的《老子传》""导论"以及"马王堆《老子》帛书本"。译文后有对每一章的"注释和评论"。附录部分为"马王堆汉墓出土《老子》释文:甲本和乙本"。

2005 年,由胡学智(译音)英译,杰西·李(Jesse Lee)编辑的《揭示〈道德经〉:对古代经典的深度评价》在美国洛杉矶出版。②

2005 年,约瑟夫·伦普金(Joseph B. Lumpkin)的《〈道德经〉的现代译介》在美国出版。③

2005 年,萨姆·哈米尔(Sam Hamill)的《〈道德经〉新译》在美国波士顿出版。④ 该书译文前有亚瑟·圣兹撰写的简短"前言"和哈米尔的"译者导论",对《道德经》之"道"与"德"给予解读。译文部分除英译外,译文中还间或插有《道德经》中的核心中文术语,中文字为日本著名书法家棚桥一晃所写。译文后并无注释或评论。

2005 年,彼得·兰德(Peter Land)英译的《老子〈道德经〉直译》在新西兰出版。⑤ 书的封面上有"道德经老子 彼得蘭直译"的中文字样。

2006 年,德里克·林(Derek Lin)英译的《〈道德经〉注评》在美国纽约出版。⑥ 该书译文前有拉玛·达施(Lama Surya Das)撰写的"前言"和作者

---

① Huang Chichung. *Tao Te Ching*: *A Literal Translation with an Introduction*, *Notes and Commentary*. Fremont, California: Asian Humanities Press, 2003.

② Hu Xuezhi trans. Jesse Lee ed. *Revealing the Tao Te Ching*: *In-depth Commentaries on an Ancient Classic*. Los Angeles: Ageless Classics Press, 2005.

③ Joseph B. Lumpkin. *The Tao Te Ching*: *A Contemporary Translation*. Blountsville AL.: Fifth Estate, 2005.

④ Sam Hamill trans. *Tao Te Ching*: *A New Translation*. Boston: Shambhala, 2005.

⑤ Peter Land. *Tao Te Ching*: *A Literal Translation*. Kaikohe: Landseer Press, 2005.

⑥ Derek Lin trans. *Tao Te Ching*: *Annotated and Explained*, foreword by Lama Surya Das. Woodstock, VT.: Skylight Paths Pub., 2006.

的"导论",文中作者论述了"《道德经》的成书"(Birth of the Tao Te Ching)、"道的起源"(The Origin of the Tao)和"多种信仰相结合的方法"(Interfaith Approach)。译文后有注释对各章做进一步解释。

2006年,德国波恩大学教授汉斯·穆勒(Hans-Georg Moeller)的《〈道德经〉的哲学》由美国哥伦比亚大学出版社出版。① 该书不能算是《道德经》的译本,除"序言:《道德经》之哲学"外,另有正文10章和2个附录。正文10章共涉及《道德经》64章内容的英译,有的为部分英译,有的为整章英译。作者在文后还提供了英语世界的14个《道德经》英译本,为读者了解《道德经》提供了翔实的解读。附录1对《道德经》的文本历史进行了注释。附录2对《道德经》的英译本进行了注释。

2007年,理查德·戈查尔柯(Richard Gotshalk)的《〈道德经〉杂集:〈道德经〉英译及研究》由美国大学出版社出版。②

2007年,汉斯·穆勒(Hans-Georg Moeller)的《〈道德经〉:可读性极高的〈道德经〉新译本》由美国卡卢斯出版公司出版。③ 该书除"前言"外,作者在"导论:论旋与轮"中对《道德经》中的一些概念如"玄""门与窗""无与有"(第11章)等做了阐释。每章译文后均有详细的评论。附录部分对《道德经》的不同译本做了梳理,特别比较了第19章的内容。④

2008年,许约翰(Joseph Hsu)英译的《道德经》由美国大学出版社出版。⑤ 作者为每章添加标题。在译文前的"导论"中,作者提及《道德经》在西方世界的广泛译介;在翻译过程中汉语失去了其大部分的优美、简洁以及丰富的表现力;《道德经》的主要英译本以及后代译者对这些译本

---

① Hans-Georg Moeller. *The Philosophy of the Daodejing*. New York: Columbia University Press, 2006.

② Richard Gotshalk. *The Classic of Way and her Power, a Miscellany: A Translation and Study of the Dao-de-jing*. Lanham, MD.: University Press of America, 2007.

③ Hans-Georg Moeller. *Dao De Jing: The New, Highly Readable Translation of the Life-changing Scripture Formerly Known as the Tao Te Ching*. New York: Carus Publishing Company, 2007.

④ "Appendix: Different Versions of the D*aodejing*: A Comparison with Special Consideration of Chapter 19." In Hans-Georg Moeller. *Dao De Jing: The New, Highly Readable Translation of the Life-changing Scripture Formerly Known as the Tao Te Ching*. Ibid., 2007, pp. 189-208.

⑤ Joseph Hsu. *Daodejing: A Literal-Critical Translation*. Lanham, Maryland: University Press of America, 2008.

的评价①。作者还说明了自己将"道经"英译在前的理由②。每章译文左为汉语,右为逐句英译,文下是作者的解读,其后还有或详或简的注释。

2008年出版的韦恩·戴尔(Wayne W. Dyer)的《体验道之智慧:〈道德经〉全译及评价》在美国纽约出版。③ 译文前仅有简短的"导论"介绍《道德经》及其作用。在"作者的说明"中戴尔对自己译本对乔纳森·斯塔尔的《道德经》译本的应用和借鉴做了说明,其中第6、13、18、29、30、33、38、39、44、46、49、54、56、58、62、67、69、72、74、76和79章共21章采用了斯塔尔译文④。每章译文前为作者对该章的理解和评价⑤。

2009年,陈汉生英译的新插图本中国哲学经典《〈道德经〉:论和谐之艺术》在英国伦敦出版。⑥ 该书为每章自加题名。译文前的"导论"中,作者给读者提供了"寻找老子"(对《道德经》原文本的寻求、一种现代的方法)、"古代中国的哲学(儒家思想、墨家思想、墨家思想以及其他对"老子思想"起促进作用的思想)、"老子《道德经》"(对立的理论)以及"道家思想中的核心概念"(共有22个)等信息。译文每章除添加的英文章名外,另有一句中文,但中文的意思并不与英文章名一致,如第1章中文为"道可

---

① "Major English versions include those by Lin Yutang and John C. H. Wu as well as W. Bynner, R. G. Henricks, V. H. Mair, S. Mitchell, R. Pine, and A. Waley⋯.Thus to Feng and English, Lin's translation is 'elegant'.⋯ To Holmes, Bynner's version 'will stand as the perfect rendering'.To Le Guin, Henricks' is 'an outstanding work of scholarship'⋯." Joseph Hsu. *Daodejing*: *A Literal-Critical Translation*. Op. cit., p. xvi.

② "Having weighed the pros and cons of both views, I came away convinced that the *Daojing* should be the first part of the work. Among other things, dao is the lead word of the book and 'de is dao at work' (Han Fei)or application of the principles laid down by dao. Further, the first two sentences of the *Daojing* are more fitting to head the entire work than the first two sentences of *Dejing*." Ibid., p. xvii.

③ Wayne W. Dyer. *Living the Wisdom of the Tao*: *The Complete Tao Te Ching and Affirmations*. New York: Hay House, 2008.

④ "Some versions of the Tao I relied upon more than others, and I would like to especially mention that the version provided by Jonathan Star(in *Tao Te Ching*: *The Definitive Edition*) was the one I quoted most extensively and the one that most resonated with my vision and interpretation of the Tao. (In particular, major portions of verses 6,13,18,29,30,33,38,39,44,46,49,54,56,58,62,67,69,72,74,76 and 79 were quoted from Star's translation.) Ibid., in "Author's Note".

⑤ 如作者对第41章的理解和评价:"通过追随'道',我将不会变得复杂、特别、或者突出。相反,我会变得微妙、简单、不复杂。"(By following the Way, I do not become complicated, extraordinary, or prominent. Rather, I become subtle, simple, and uncomplicated.) Ibid., p. 84.

⑥ Chad Hansen trans. *Tao Te Ching*: *On the Art of Harmony*: *The New Illustrated Edition of the Chinese Philosophical Masterpiece*. London: Duncan Baird Publishers, 2009.

道,非常道",第 2 章中文为"有无相生",第 3 章中文为"为无为"。译文后有"章节评论"(Chapter Commentaries)对 81 章中的大部分章节做进一步补充和评论。

2011 年,斯蒂芬·斯滕鲁德(Stefan Stenudd)的《〈道德经〉:老子对道的解读》在瑞典出版。① 译文前有"前言"和"导论",作者为 81 章添加标题,各章译文后有作者详细的解读。译文后的"文献"(Literature)中,作者梳理了 25 个《道德经》译本,其中英语世界的英译本 21 个。

2012 年,卢克·博伊德(Luke H. Boyd)英译的《一个关于道德经之德的经典文本》由美国创造空间独立出版平台出版。②

同年,该出版平台还出版了由维斯·伯吉斯(Wes Burgess)的《老子道德经》英译本③和卡尔·阿伯特(Carl Abbott)的《道德经》逐字英译本④。

同年,纽约斯图尔特出版公司出版了名为《道德经:六个不同的全译本》的电子书⑤,包括:(1)德怀特·戈达德和亨利·波莱尔英译的《道与无为》;(2)阿莱斯特·克劳利的《道德经》英译本;(3)理雅各的《道德经》英译本;(4)翟林奈的《道德经》英译本;(5)沃尔特·奥尔德的《道德经》英译本和伊莎贝拉·米尔斯的《道德经》英译本。

2013 年,彼得·福伦泽尔(Peter Frentzel)的《道德经:内在之旅》由美国马哈达拉出版社出版。⑥

2014 年,内森·柯佩奇(Nathan Coppedge)英译的《道德经:一个参考所有译本的英译》美国创造空间独立出版平台出版。⑦

2015 年,美国创造空间独立出版平台出版了 3 本《道德经》英译本,分

---

① Stefan Stenudd. *Tao Te Ching: The Taoism of Lao Tzu Explained*. Arriba, Sweden, 2011.
② Luke H. Boyd trans. *A Classic Text on the Virtue of the Way: Daodejing*. Charleston: Createspace Independent Pub., 2012.
③ Wes Burgess trans. *The Tao Te Ching by Lao Tse*. Charleston: Createspace Independent Publishing Platform, 2012.
④ Carl Abbott. *Tao Te Ching: Word for Word Translation Only*. Charleston: Createspace Independent Publishing Platform, 2012.
⑤ *Tao Te Ching: Six Complete Translations*. New York: Stuart Publishing, 2012.
⑥ Peter Frentzel trans. *Tao Te Ching: The Inner Journey*. San Francisco: Mahodara Press, 2013.
⑦ Nathan Coppedge. *The Tao Te Ching: A Translation of Translations*. Charleston: Createspace Independent Publishing Platform, 2014.

别是:戴龙(Dae Ryong)的《道德经:一种现代禅宗式解读》①;斯图尔特·汉普顿(Stuart Ian Hampton)的《老子道德经:一种阐释》②;马修·巴恩斯(Matthew S. Barnes)的《道德经教义的智慧与和平:一种平实、简单、现代而实际的引导》③。

2016年,美国创造空间独立出版平台出版了2本《道德经》英译本,分别是:史蒂芬·劳(Stephen Lau)的《道德经浅显英文全译本》④;刘易斯·哈里森(Lewis Harrison)的《道德经:对老子经典的元语分析》⑤。同年,芝加哥独立出版公司还出版了马丁·克鲁斯菲(Martyn Crucefix)的《道德经》英译本⑥。

2017年,彼得·瓦尔特(Peter Fritz Walter)的《老子道德经》英译本由美国创造空间独立出版平台出版。⑦

此节选译其中5个较具代表性的文本章节如下:斯塔尔《〈道德经〉新译:终结版》之"导论";罗伯茨《老子〈道德经〉:道之书》之"《道德经》术语:'德''道''天'";哈米尔《〈道德经〉新译》之"前言"和"译者导论";许约翰《道德经:一种批判性直译》之"导论";莫勒《〈道德经〉之哲学》之"序言"。

一、斯塔尔《〈道德经〉新译:终结版》之"导论"

别被这本小书愚弄你。尽管它很小,但它却会对你的生活产生重大影响。它仅有短短81章,但却会长久地留在你的记忆中。当你能恰当地将其意思运用到你的日常生活中时,它可能会花费你多年的时间去具体表

---

① Dae Ryong. *Tao Te Ching: A Modern Zen Interpretation*. Charleston: Createspace Independent Publishing Platform, 2015.
② Stuart Ian Hampton. *Tao Te Ching by Lao Tzu: An Interpretation*. Charleston: Createspace Independent Publishing Platform, 2015.
③ Matthew S. Barnes. *The Wisdom and Peace of the Teachigns of the Tao Te Ching: A Modern, Practical Guide, Plain and Simple*. Charleston: Createspace Independent Publishing Platform, 2015.
④ Stephen Lau. *The Complete Tao Te Ching in Plain English*. Charleston: Createspace Independent Publishing Platform, 2016.
⑤ Lewis Harrison. *Tao Te Ching: A Meta-analysis of Lao Tzu's Classic Work*. Charleston: Createspace Independent Publishing Platform, 2016.
⑥ Martyn Crucefix trans. *Daodejing*. Chicago: Independent Publishers Group, 2016.
⑦ Peter Fritz Walter trans. *Tao Te Ching: Lao Tzu*. Charleston: Createspace Independent Publishing Platform, 2017.

达它。

《道德经》是一本写于大约公元前500年的中国古老智慧之书,传统认为该书是圣人老子所写。《道德经》之所以能历经几千年时间的检验原因之一在于表面上它很简单,几乎像是一本对话式的作品,这很快就给你一种亲近感,但是之后持续的阅读却会带给你无尽的智慧的充满诗意的真理。在我看来,在真理中这本圣书充满了无与伦比的深度和智慧。《道德经》是一把钥匙,一把将会为你打开一条理解生活的新方式并过你自己想要的生活的新方式。

这个译本是为任何真正想要理解《道德经》的人准备的。直到最近,这本东方的文本自19世纪以来被众多学者译成了英语。当他们用英文的词汇去达成自己的目的(即将其译为学术性的译本)时,当译本在字面上是正确的文本时,它失去了原文本纯粹的美和诗意的力量。因而,许多早期的《道德经》译本对我们现在的生活而言已经变得有些布满灰尘、过时和不太相干了。

别相信我的话,你自己去看好了。下面是一个更旧些的译本对《道德经》第5章第1节的翻译:

Heaven and Earth are not humane, 天地不仁,
And regard the people as straw dogs. 以万物为刍狗;
The sage is not humane, 圣人不仁,
And regards all things as straw dogs. 以百姓为刍狗。
(By Charles Muller, Tōyō Gakuen University) (查尔斯·穆勒译,东洋学园大学)

下面是乔纳森·斯塔尔的翻译:

Heaven and Earth have no preference.
A man may choose one over another.
But to Heaven and Earth all are the same
The high, the low, the great, the small——
All are given light
All get a place to rest.

穆勒译文或许从知性上看是正确的。斯塔尔的翻译也与原文本紧密相关,但是因为它那被立即抓住并运用到你生活中去的能力而显得深刻得多。学术性的文本能滋养我们的头脑,是一件很好的事情。但是能滋养头脑、身体和心灵的文本,不用提,在今天能帮助我们转换我们的生活,更具有无限的价值。

当早期的《道德经》译本还有着普遍的价值而且对学者们来说也还有用的时候,最近又出现了大量的可满足精神寻求者的需求的现代译本。这些译本,仅举几个,如史蒂芬·米歇尔的、林厄秀的、布莱恩·沃克的,全都提供了一些有价值的东西,而且我对这些东西的许多都很敬佩。然而,这些译本没有一个做了斯塔尔所做的,那就是,将对准确性的学术关注与使得这些话语有生命的那个人的诗结合起来。他出色地以我认为他之前的其他《道德经》译者没法做到的方式平衡了学术的与实际的这两个世界。对我来说,仅这个就能成为目前可得到的最好译本了,除此别无例外。

这里有你期待的东西。我做一个传授"道"的老师已经差不多 20 年了。自从这个文本到我手上后我就一直只用其中的教义。多年来它带给我和我的学生们《道德经》的纯粹而简单的本质。作为结果,它使我们饱腹,解渴,点燃了我们以简单的、深刻的、丰富的、充分的、有意义的新方式过好我们每天的生活。我相信这本《道德经》译本将会引领你进入一个个人的、直接的甚至是神秘的道之体验,而这将会以无尽的方式提升和转变你的生活。期待它不仅能在智力上,而且能在情感上、心理上和精神上吸引你。更简单地说就是,这个《道德经》译本将会积极地改变你的生活。

相信我,你手中的这本《道德经》译本是值得信赖的。

奥古斯特·戈尔德

二、罗伯茨《老子〈道德经〉:道之书》之"《道德经》术语:'德''道''天'"

"德":通常译为"美德"或"力量",指的是在可见的世界里"道"如何发挥作用。"道德权威"可能最接近现代英语中的"德"。"德"一字的图文由 3 部分组成:左边是行走的双腿,右边上部是"直、直走",下边是"心、思想"。与"德"密切相关的是另一个意为"获得、得到"的"得"。"得—德"意为达到某种结果或影响某种情况的内在力量,即通常指道德方面的魅力、非凡的领导力或活力、推动力。"得"也指中草药的一种效能,也是更古老的英语词汇中的"德"。翻译家们倾向于把"德"翻译为"美德",其次是"力量",也有将其译为"效能"的。通常,译者倾向于"德"的原初的、积极的意指,即源自拉丁语""的"强壮的""刚健的"的意思,而非这个词的近代的、消极的意思,即避免不道德的行为或保持女性的贞洁之意。或许是为了避免这种混淆亚瑟·韦利选择了用"力量"(power)一词来翻译"德"。《道德经》中"德"的意思依靠的是"道",二者是二元的。

"道":不是一个神秘的或形而上学的词。它通常意为"道路"或引申为"方法",在哲学上,指特别的学派的信徒们所拥护的"道"或"教义""真理"等。《道德经》使"道"的这些定义普遍化为一般的真理,即有一种万物都遵从的过程和引导它们遵从的力量。老子因而重新定义并时刻转变其意思。或许这是哲学上将春秋时期从战国时期的思想中划分出来的关键时刻,当历史(政治的和祖传的)、社会伦理和个人修身被附属在了由一对卓越的术语"道"和"万"所架构的一个形而上学的概念中。

"道"的图文,是跨步走向"头""首"的左边,通常提意指"主要代表"或"推动先驱者"。"道"是否是通常的或卓越的,是某种行走时会遇见的还是某种比天本身会更高的东西,或者两者都是,是《道德经》告诉我们的一个模糊概念。"道"和"德"在第21章的字里行间是作为行走的一对概念来强调的,其中"德"被描绘为照顾"道"或为"道"服务,但是是作为一种轻松自在的陪伴(coog-roog)而非作为大师和诸侯(vassal)。

对儒家学们来说"天"是一个比"自然"更社会更家长制的概念。它们是在与另外两个术语"德"和"命"(mandate)的联系中来理解的。"德"和"天"组成了一组基本的关系,一种父与子关系的宗教升华。在周朝,政治权利是以"天"赋予因表现出了美德的统治者命令来被合理化的。"使政治权利合法化"这个概念的名字即"天命"。"天""德""命"是儒家经典文本中政治思想的主要概念。

《论语·为政篇》说:"以政为德,譬如北辰,居其所而众星共之。"同样,侯王之美德也必须努力吸引和坚守其使命,因为根据《诗经·文王》,天命并非常在的:拥有美德时它在,一旦侯王们做了坏事,那天命就离他们而去了(命之不易,无遏尔躬)。统治者美德的吸引力将会把他统治的范围扩大而且把他的人民拉入他的轨道中来。

公元前11世纪中期周朝的统治者文王,"惟乃丕显考文王,……,天乃大命文王。"(可参见《尚书·康诰》)。"德"与"天光"之间的联系常常出现在这些文本中。《诗经·时迈》说到了周朝的另一个建立者武王,"时迈其邦,昊天其子之。"纵观中国历史,天与德之间的这种纽带,是这个概念的关键,最终莫过于一种得到了加强的、理想化的父子关系模式。孔子的"天生德于予"(《论语》)将"德"这个概念从传统的精英主义转移到了一种普通的人的潜力。

老子使"德"从男性的"天"中分离开来并将其与"道"重新连接,形成了一种新的父母—子女关系,并将"天"解脱出来使其进入一种与地和与"道"新关系中,或者保持简单的独立。中国人将其祖先和文化英雄想象成是行星和星星那样漫步空间的天上的行走者。从空中的祖先到视"天"本身为祖先只不过是前进了一小步。因而,动词"生"通常是跟在"天"之后的,正如"道"也是跟在"天"之后一样。但是老子的"道"在生殖能力方面大大超过了"天",它能滋生万物而非仅仅少数特别的英雄和祖先。而且,母亲的血统是较低下的,而非有声望的,提醒万物它们拥有共同的卑微出身。正如《道德经》第40章所言,所有的存在都源自否定,或者,用社会学术语来说,源自"无"(天下万物生于有,有生于无)(《道德经》第40章)。

对遗传性的否定,对存在自始就有的不断更新,是《道德经》为什么将衡量时间的单位从"代"改为"季"的原因。历史变成了非时序回溯的,它是一个始终存在的老古董。正如老子拒绝父辈和天之权威的引导,他也对儒家历史感到厌恶。这种历史被堂皇地看作是父辈和侯王们把他们的传统美德传给活着的下一代的遗传过程。

遗传时间是被构建在代际层中的时间:孔子时代、历史时间、天时、日历时间。"道"的时间是季节的和循环的,因而过去年代的人不能穿越他们的生命极限去影响他们之后的年代的人的生活,他们有着无须中介的机会接近"道"。"其鬼不神。"(《道德经》第60章)没有父母,因而"道"不是父母生养的,也不期待有后代对其行礼。它们不用报答在创造它们时给予它们恩惠的"道","道"也不用奖赏或惩罚它们。"天地不仁,以万物为刍狗。"(《道德经》第5章)"道"因而是个被设计来反对和服从于"天"忙于特许的后代或广义上的人事这个传统概念的概念。

从图像看,"道"令人惊异地重新配置了构成"天"的2个成分。"天"是用人腿来写的,有着两条短胳膊和一个突出的头。在现代的图文中,"头"是由一条粗线来代表的,但在早期形式中却是以一个圆圈来表示的。

"道"则由2个同样的成分组成:左边是行走的腿,右边是头(不是像圆形的头盖骨而是"首"的转喻,有一只眼睛在眼睑下)。因而"道"可被看成是一个代表"天"的图像,但却是以有些隐藏了神人同形同性的形式。中文的"太一"也是将"天"的图像解构为2个连续的图像。另一个与头—腿相关的词"鬼",则是将放大的头或面具放在行走的双腿上。"道"包含了"天"和"鬼"。充满感情的"道"之图像在中国和日本文化中有着某种神秘的力量。

老子的"道"超越了可见的"天"本身。它是不可见不可名的——是一个谦虚的、过隐居生活的、未婚的女性。伴随她之"德"的是"玄",而非像来自天空的光那样的"明"(可参见《道德经》第10、15、65章)。老子用一种只遵从"道"的隐含的"德"向儒家基本的术语"明德"发起了挑战。与儒家挤满了已故的男性祖先的"天"的真实和神秘不同,"道"待在隐蔽的位置,没有可见的身体,没有名誉,甚至没有名。正如"女"的图像所示,是一个弯着的背、交叉的腿、半曲着服务和顺从的姿势。"母"这个字是同一图像的放大。她自己是不可见的,不可闻的,不可触的(《道德经》第14章),她的图像与"无"的图像形式是一样的。在空间上,"道"包含了"天"与"地"这一组对立的概念。它暂时地将否定与存在这2种不同类的东西相连。那"天"平线,"一",则起到了一种在2种相反的东西之间的边界的作用,就如同地平线将天与地分割,也如同"无"和"有"之间的分界线。道家因而创立了一种新的哲学语言。

每个王国中,大臣、管事以及小领主都在推翻他们传统的宗族领袖然后自己来掌权。下属的篡权是流行之事。这个不间断的野蛮的颠覆、重组、入侵、合并和扩张过程,刻画了《道德经》的作者老子所亲历的世界的特征,并以预言的方式予以反对。《圣经·新约》旨在从《圣经·旧约》契约的崩溃中重新制定一种契约。以一种相似的方式,《道德经》也旨在从哲学的甚至是语言学的角度通过逐字重组那些更老的、损毁的东西的残片来重新定义一种新的最终权威。

三、哈米尔《〈道德经〉新译》之"前言"和"译者导论"

(一)前言

《道德经》是中国文化的柱石。传统认为《道德经》为孔子的同时代人老子所作。成书于如此早的时期,其思想和洞察却是敏锐的、深刻的,是今天我们的必读之书。其引人入胜的、魔咒似的开篇，从4组三言诗行延伸到其后的2组六言诗行，其抑扬顿挫的、有吸引力的韵律便在动中被设定了。

绝不会有《道德经》的终结性译本。在其原初的光彩中对其文本的逐章逐段的解读和体验是没有哪种可以取代哪种的。然而，翻译是一门必需的艺术，因为现在只有很少读者能读懂中国古老的文字。而且，对于《道德经》这样一个经典文本，对它的翻译是不会结束的。然而，尽管现在已经有了许多《道德经》英译本，但是几乎没有译本传达出了《道德经》原文本的那种简洁、复杂和力量。

在其《道德及》新译本中，萨姆 哈米尔抵制住了去修饰或去过度简单化或用新时代的短语去表达原文本思想的各种诱惑。他的目的在于呈现出《道德经》文本的简洁、深度和张力。比如，在整个文本最关键的第14章中，哈米尔将"道"的3个方面展现在了读者的视野中：一是其不可见，二是其不可闻，三是其不可得：

Looking and not seeing it,	视之不见，
we call it invisible;	名曰夷；
listening and not hearing it,	听之不闻，
we call it inaudible;	名曰希；
reaching and not touching it,	搏之不得，
we call it ethereal.	名曰微。
These three aspects of it cannot be grasped,	此三者不可致诘，
but contribute to the one.	故混而为一。
Its rising brings no dawn,	其上不皦，
its setting no darkness;	其下不昧。
it goes on and on, unnamable,	绳绳兮不可名，
returning into nothingness.	复归于无物。
Its form is formless.	是谓无状之状，
Its image is invisible.	无物之象，

Meeting it, you cannot see its back.	是为惚恍。
Hold to the ancient Tao	执古之道，
To grasp the here-and-now.	以御今之有。
Discovering how things have always been	以知古始，
Brings one into harmony with the Way.	是谓道纪。

于是，从其英译中我们可见萨姆·哈米尔的翻译风格：朴素、忠实于原文本、忠实于原文本所蕴含的能量。

亚瑟·苏

（二）译者导论

老子，如风一样在公元前 6 世纪来去。但在他经过时，留下了一阵永恒的令人震惊的霹雳。他出生在孔子之前半个世纪的楚国，他的生平几乎是个传奇。司马迁在其《史记》中将老子放在周国的都城洛阳，来自受到萨满族的文化影响的、富有的黄河三角洲，是宫廷守藏室的史官。传说老子，名叫李耳，在崩溃的周朝时期失掉了自己的图书馆，通过函谷关逃往西方。在经过函谷关时关令尹喜向他询问"道"与"德"。据说老子在此住了一夜，在其从这个世界消失（或入世）之前写出了分为 2 个部分的经典《上下五千言》。中国文学史中充斥着像这样的可疑的传说。

在所有的可能性中，最大的可能是老子编辑了而非撰写了《道德经》。《道德经》文本充满了民间传说，源自民歌的诗行以及诗意的、充满哲理的趣闻常常令人惊异地并置着。有各种各样的《道德经》文本，且没有一个是可确保的"原文本"，因而老子自己的文本很可能丢失了。这其中有多少是后来的匿名编辑所造成的结果也只是某些人的猜测。在几个世纪里，这本在中国万神殿里最有名的经典甚至都没有一个名字。

大约在公元前 516 年，当孔夫子遇见老子的时候，孔夫子 35 岁左右，而老子差不多已经是快 90 岁了。孔子后来说："其犹龙邪！"这条老龙的《道德经》让人们对其持续感兴趣并学了 2500 年。1000 多年前，当其被早期的中国佛家遇到、阐释并合并的时候，产生了禅宗儒家思想和我们所知被日本人称为"打坐"（shikantaza）即深度的"打坐冥想"的实践。道家对这个悖论的运用在禅宗的"心印"中随处可找到证明。道家思想也成长为一种宗教和各种各样的教派,所有宗派都日渐背离了老子经典的教义。

在周朝的瓦解过程中,儒家与其主要的对手墨家之间产生了许许多多的哲学论争。儒家相信通过家庭结构来构建国家,而且孝以及哲学的、家族性的线理能最好地构建一个强大的国家。而墨家则赞同英才教育反对侯王实际上能成为"天子"的观点。两派哲学都致力于国家的建构。两派都通过引用古代圣人、历史先例和奇闻轶事来进行论争。

一些学者称《道德经》是反对儒家思想、墨家思想和帝国的全部理念的一种哲学论争。显然老子更喜欢一种较小的、不那么具有威胁也不那么强大的国家的。但是与那个时代的哲学文本不同的是,《道德经》根本没提任何历史时代或历史人物并将中国正规的论争传统直接一劈为二。有人称《道德经》是一种政治的或军事的文本。另一些人则阐释它的存在主义的形而上学思想。在某种程度上,这些说法都是正确的。

孔子在《大学》和其他文本中也谈"道",但是儒家的"道"是一种可被研究和获得的"道",是一种以古代圣人们的教义和鼓励为基础的纯粹的人道,一种根植于道德行为的人格的建构之道。老子的"道"更多"自然之道",不是某种可被获得之"道",而是某种所有人都固有的东西,是如果我们想要在世界上与时代和谐相处并睿智地生活所必须与之协调的东西。这两种不同的"道"有时能和谐共处,但大部分的时候确实互相矛盾互相冲突的。老子大声高喊:"绝圣弃智!绝仁弃义!绝巧弃利!"且那些儒家的圣人回应道:"同意。放弃才能超越。这样的人才适合引领他人。"

经典的中国思想喜欢的是主要的哲学派别之间的论争,从每个派别中获取所需的东西,而且在很多世纪之后,将佛教的基本哲学思想添加进去创造了"三交"(three interlocking),即,思想的融合体系,从这种体系中产生了唐朝以及其他时期的伟大文化。在中国经典的儒家诗人的作品中,有人发现了道家的思想成分。在佛家的诗人作品中,有人发现了儒家的思想成分。道家、儒家和佛家变成了杂乱交织的线,生产出了中国传统文化这美妙而复杂的织物。

庄子说:"君子之交淡若水,小人之交甘若醴。"①在我们这个在政治和

---

① "Chuang Tzu says 'A great person's words are a simple and clear as water, while a small one's words are sweet as wine.'"In Sam Hamill trans. *Tao Te Ching*: *A New Translation*. New York: Shambhala, 2007, p. xiv.

社会2方面都充满故弄玄虚的言辞和心理学术语的时代,老子的观点尽可能真实地将2种"道"和坏分割开。他清晰的、简单的语言中蕴含着相当复杂的东西。很多年来,"道"字被定义为包含了2个部分:"首"(实际上是嵌着一只眼睛的头)和意为"行走"的"足"。2个部分一起,意为"道"(这个字同时具有物理意义和哲学意义)或"路"。如果有人将这个字的眼睑移到其眼睛之上,那他将得到具有"看见"之意的"见"字(是"一只有着两条腿的眼睛")。

然而,道家学者、翻译家赤松(Red Pine,亦称比尔·波特)引台湾学者令人说服的观点,认为"首"字实际上是"月"字。他认为,因而《道德经》之"道"集中于如何与潮汐、与给黑暗带来光明的月亮的不同时段之间形成和谐。甚至道家广泛的象征符号代表的也是月亮的阴晴圆缺:黑暗之中,有光明;光明之中,有黑暗。想要与"道"之间形成和谐就要与自然之间保持"一致",这个自然既是一个人内在的本质也是我们随处可经历的"自然之力量"。它们并非2种不同的东西。追随"道"即是使"道"具体化。生活是短暂的,但是如果我们更充分地去体验"道",那每个瞬间都会是绚烂的。

"德"常常被翻译为"力量"或"美德"("德"字的拉丁文词根是"virile",意为"力量")。它蕴含了一种伦理的或道德的力量。"德"字左边是"走路的腿",右边的上半部分是"直",下半部分是"心"。这意味着"心"直接地径直往前移动。"德"传达着能量和动力,传达着自然的力量。

老子是一个伟大的颠覆者。他对统治者是否具有儒家的"天命"或是否出身高贵并不感兴趣。孝心也并非严格意义上对母亲的或对父亲的,而是显示在各处,"三十辐,为一毂。"(第11章)"道"从伟大的起源之"玄牝"流出,四季轮回,月亮阴晴圆缺,而雌统治着今天的世界,政治纷争和国家之间的战争持续发生着,从老子那个时代以来就未曾衰减过。已故诺贝尔文学奖获得者诗人切斯瓦夫·米沃什(Czeslaw Milosz)写道:"文明如我们的时代一样是短命的。"老子坚持:"天下之牝,天下之交也。牝常以静胜牡,以静为下。"(第61章)

我们在那个世界的位置必须具体表现出雌性静的、倾听的本质。真正的安宁在于体现出变化的力量同时又能抵制那种力量的诱惑。

正如中国谚语所说,圣人"被褐",回避财富,而更喜欢"怀玉"于内。"玉"即是"德"。圣人"为而不恃,功成而弗居。"(第2章)

老子的《道德经》是整个历史上最常被翻译的经典之一，这部分原因仅仅是从严格意义上讲它几乎不太可能被译成西方语言。《道德经》中太多的词和短语蕴含着多重意思。一些译本因试图对文本本身进行太多解释而出问题，因此失去诗文原文本本身具有的简洁。有些译本则与原文本几乎没有相似性。

诗本乃"道"。它因意象、比喻、并置和韵律而繁荣。为了让我们的耳朵和眼睛都能恰当地参与语言的体验，它要求文本简洁、具有有效的可读性并能在讲它时能获得如读它一样的效果。韵律和停顿是所有口头语言的基础而且对每一首诗来说都是至关重要的。清晰的发音、分节、线条、停顿、押韵、近韵、音节的读音、元音与辅音的不协调，所有这些都对更全面地理解语言有着关联。它们既是其快乐之源，亦是其精神之本。而且，所有的语言都各自以其特意的方式表达着精神。每首诗都是一支乐曲。

这是一个诗人的《道德经》译本，一个尽可能多地如我所传达的那样复制这个原作纯粹的诗文，几乎是一字一字紧紧追随原作的译本。"道"以及"德之力量"，在这么一个文本中意在同时呈现出中国古代儒家的思想。老子既是一个很好的伴侣，也是一个睿智的老师。他喜欢谈论人性和政治。他既可用也是欢快友好的。但他同时提醒我们他是一位大师而我们应该向他学习。

文明起起落落，而老子的智慧永在，从头至尾看穿我们。他那个时代的痛苦与我们这个时代的痛苦并没什么差异。获得内在（社会）和平与和谐之道是一样的。要追随"道"，那就必须首先成为可以点亮天空的雷电并在具体展现出宁静之前使其残酷幻想之世界变得自由。2500年后，《道德经》所蕴含的信息与老子那时完全一样具有革命性。如传言所说，老子写好《道德经》之后就完全消失了。任何一位正派的译者都将会希望变得如老子一样坦率，然后隐身消失……但不是从这个诗意的文本中消失，而是进入其中。

萨姆·哈米尔
2004 年

四、许约翰《道德经:一种批判性直译》之"导论"

《道德经》是中国思想的主根,是东方哲学的典范,是世界文学的代表,也是给人类的一份礼物。

这部经典共有 5000 多字,是圣人老子之作。据说老子是在旅游经过函谷关的时候应天文学家尹喜①的请求而作的。《道德经》很短,但却蕴含了深刻的可以让人思考一生的哲理。实际上,正如英国汉学家翟林奈所说:"然而,在其如此小的空间里却蕴含了这么深厚的思想。"

老子是孔子时代的人,比孔子年长。根据司马迁《史记》的记载,孔子曾去拜访过老子,然后带着敬畏离开了他。孔子回去后对其弟子说:"鸟,吾知其能飞;鱼,吾知其能游;兽,吾知其能走。走者可以为罔,游者可以为纶,飞者可以为矰。至于龙,吾不知。其乘风而上天。吾今日见老子,其犹龙邪!"

《道德经》以其简洁、简单、有力、深奥和普遍性,与儒家和道家一道对中国思想产生着深刻的影响。因此有这样的说法,认为每一个中国人都戴着儒家的帽子,穿着道家的衣袍和佛家的鞋履。帝王们对《道德经》做了修改并把它刻在碑上,书法家抄录它,诗人、画家和其他学者从它那获得灵感。在现代中国之前,有 3000 多学者为《道德经》写过评论。

在公元前 2 世纪,儒家思想被称为是 100 多种中国思想流派中的主流。这解释了为什么仅有 2 个最杰出的代表人物的名字被拉丁化,即孔子和孟子,而《道德经》不是官方的中国经典之一。然而,《道德经》仍然在中国之外被众所周知成为最受欢迎的中国古文经典。

与一些最受欢迎的诗歌如《物性论》《薄伽梵歌》《神曲》《失乐园》和《浮士德》一样,《道德经》在本质上也是哲学的。它被排列在"最具智慧的哲学思想"中(约瑟夫·尼达姆,Joseph Needham)而且被翻译成了许多种语言。早在公元 647 年,就有《道德经》梵文译本出现。1788 年《道德经》通过拉丁文译本被介绍到西方,于是有许多欧洲和美国学者翻译的《道德经》译本出现。据称到现在《道德经》德译本和英译本都超过了 100 种。换句话说,在 2000 年前,用西方语言翻译的《道德经》英本有 200 多本,而且用其他语言翻译的译本更多。它是世界上继《圣经》之后被译介得最多

---

① 更多人认可他的函谷关关令的身份。(作者注)

的文本。

翻译使得原文失掉了其大部分的美感、简洁和达意。与希腊语、拉丁语和其他曲折性语言不同，汉字不会随着语法关系而变化。也即是说，它们没有数、格、人称、性别、时态、语气或语态的变化。但是，《道德经》的模糊性更多是由于其缺乏停顿、没有段落的划分、简洁的风格、含义模糊的词语、隐喻性的表达、编辑的改变以及由于誊抄员的错误造成的文本损坏。因此，如果译者是文学作品的背叛者，那将会产生更大的背叛。

主要的《道德经》英译本包括林语堂译本和吴经熊译本（二者都是著名的中国学者）、宾纳译本、韩禄伯译本、梅维恒译本、米切尔译本、赤松译本和韦利译本（这几位都是著名的西方汉学家）。

无一例外，这些《道德经》英译本都受到了现代学者的慷慨赞扬和高度好评。因而，在冯家富和英格里希看来，林语堂的译本是"优雅的"。莫顿认为，吴经熊是《道德经》的最好译者。对霍姆斯·韦尔奇（Holmes Welch）来说，宾纳译本"将被证明是完美的翻译"。厄休拉·吉恩认为，韩禄伯译本是"杰出的学术著作"。在余培林眼里，梅维恒译本是"优雅、准确和令人激动的"。史密斯认为，米切尔译本尽可能接近了他能想象的极限。在梅维恒看来，赤松译本"尽可能用英文的形式把中文文本的意思表达出来了"。（在我看来，他的术语表和对过去两千年来的评论的选择尤其有价值。这些材料中的一些在经过小小的改动后被选择性地加以了采用。）而对柯林斯来说，韦利是"唯一真正的译者"。（他的《道德经》英译本被选入世界教科文组织中文翻译系列。）

在检查了这些和其他一些《道德经》译本后，我心里感觉很复杂。在极度崇敬这些译者的努力的同时，我也在想他们是否达到了这本书及其语言要求的精确呢？遗憾的是，努力并不总是会有好的效果。对任何人来说翻译这本书必然是一次教训。也许乔治·斯坦纳（George Steiner）说百分之九十的《道德经》译本都不准确并非夸张。实际上，正如这本书所列举的许多专家所表明的，他们常常误解误识老子，使原本简单的东西复杂化或者因其模糊的阐释而使原本模糊的东西变得更加模糊，我敢说《道德经》是所有古代经典中不同译本的差异最大的。

显而易见，需要一本《道德经》新译本。在任何可能的情况下都应该接近和直接（其证明会更简单更清晰），但是不能是松散的、篡改添加的（其反映的应是译者的理解而非作者的意图，以至于淡化了大部分的文本且损毁了文本的诸多性质)。另一方面,意译有时要求对原文一字不差地进行翻译听起来很奇怪。总之,翻译原文的思想比翻译字词更重要。

翻译中国古代经典难度相当大,尤其是对像《道德经》这样的哲学文本进行翻译。除了对博大精深的中国语言有全面的了解外,还要求在注释方面有广泛的研究。但是这个困难和博尔赫斯的"翻译是写作的高级阶段"这个观点并没能打消我翻译《道德经》的念头。相反,我把翻译出一本配得上老子声誉和读者期待的《道德经》译本作为一个挑战。

与其他古代经典一样,对《道德经》有各种不同的解读。当面对困扰和各种不同的观点时,我让逻辑、简洁和清晰来引导我决定文本及其上下文的本质。然而,在一本像《道德经》这样的书中,是期待有一些模糊性存在或其诗意完全消失的。

该书由《道经》和《德经》组成,因此名叫《道德经》。

在最近出土的马王堆《道德经》帛书本中,《德经》的顺序是放在《道经》之前的。

一些学者支持这种排序,而另一些坚持这纯粹是放置的问题。有可能是,在誊抄《德经》的时候,誊抄员把它放在了他先抄写好的《道经》的上面。在发现放在《道经》之上的《德经》后,后来的誊写员就会先誊写《德经》了。

在衡量比较了赞成和反对这2种意见后,我被说服了将《道经》放在前面的原因。与其他东西相比,"道"是《道德经》一书中占主导地位的词。韩非也说:"德者,道之功。"或者说,运用法则是由"道'来制定的。而且,《道经》的开头两个句子"道可道,非常道。名可名,非常名"比《德经》的开头两个句子"上德不德,是以有德;下德不失德"更适合统领全书。

据王忠民1927年的统计,《道德经》中文版本有450多个。尽管没有哪一个本子敢称自己的是原文本,但是河上公《道德真经注》、马王堆《老子道德经》和王弼《道德真经注》最具权威性。我将其简称为河上公本、马王堆本和王弼本。

普通读者更喜欢河上公本,学者更喜欢王弼本。马王堆本是最早期发现的版本中最有价值的。我现在的这个《道德经》译本是以王弼《道德真经注》为底本的,但并非全译。为了反映出其字面的和批判的本质,我将中英文逐行并置,并将各种版本的校正情况呈现出来。

我有幸得到了《道德经》的各主要的英译本、法译本、德译本、意大利语和西班牙语译本,尤其是1996年的高明的著作①。他在书中不仅提供了对马王堆帛书本和王弼注本的逐段比较,而且还考察了另外33种《道德经》评注本并给出了他的评论。

　　书中每一章的英文标题是我自己添加的。这些标题,以及评论、注释和交叉参考以及其他东西,意在使含蓄的文本变得清楚明白。

　　理想的翻译应该是译本能做到信、达、雅。我的这个译本正是试图依序获得这样的效果。

　　尽管书名已经说它是批评性的,我仍然欢迎大家的批评指正。但是如果这个译本能提前一步进行判别的话,那我相信我的努力将会受到广泛的嘉奖。

五、莫勒《〈道德经〉之哲学》之"序言"

　　我被请求为一本关于《道德经》教义的论文集写一篇"序"。其中有几个作者认为这本古老的道家经典在本质上是宗教的,而不是或者至少在一开始的时候不是哲学的。我不同意他们的这种看法。我认为,《道德经》文本最初(即在公元前3和4世纪的时候)是一种对或许可叫作"政治哲学"的引导,或者尤其是,一本关于如何保持或建构社会秩序甚至宇宙秩序的著作。从当今的史料看,直到汉朝(公元前206—公元220年)《道德经》才成为宗教活动的柱石且道教才作为一种社会现象而凸现。即便《道德经》被作为一种哲学文本来看待,读者有时还是会抱怨它晦涩含糊,因而它不被看成是一种非常好的哲学。《道德经》文本常常难于理解,其简洁、神秘的特征,使其对那些希望哲学文本明晰的读者来说尤为费解,但《道德经》的风格和本质不同于现代的哲学著作这一点不应该损害读者。《道德经》源于一个时代及其文化,这个时代及其文化确实没有产生任何像"我们的"现代西方哲学经典那样的文本。但是在《道德经》自身的方式及其文化语境中仍然包含了一种简洁一致的哲学"教义"。我们现在的这个译本就意在揭示出这种教义,或者至少揭示出其最重要的某些方面。一般说来,与希腊哲学家相当不同的是,中国古代哲学不太关心对真与表相(或"伪")的区别,就如同对"治"与"乱"的区别尤其是该如何"治"而非"乱"不太关心一样。孔子的信徒孟子对中国古代的哲学家做了如下定义或"说

---

① 应为高明的《帛书老子校注》,北京:中华书局,1996年。(作者注)

明":有人用自己的智慧,也有人用自己的力量。用智慧者治人,而用力量者被治。治人者靠被治者来支持。这是被整个国家接受的法则。汉字"治"作动词使用时与在英语中一样,也是意指"发命令,然后进行统治"。而在孟子的时代以及现存最古老的《道德经》文本中,统治者实际上是负责发出命令,哲学家的作用在于使用他们的智慧来尽力支持统治者。正如孟子所指出的,对这种统治而言,《道德经》也不例外,暗示着一种相当不谦虚的"精英思想"。与其相似与否,哲学或古代中国的智力活动,是与体力劳动有所区别的,因而这些文本在本质上不仅仅是政治的(因为它们通常论述的是好的统治和社会秩序的问题)而且也是难懂的。它们并非为一般的教育而为,而是仅供一小部分人如那些拥有知识和权利的人研究。如果我们想要从历史的角度了解《道德经》,那我们就必须接受这个语境和这个事实,即,作为一种哲学文本,它并不试图被普遍接受。它清楚地表明了它原本是为少数人而写的。从历史的角度去处理《道德经》意思是说现代的阐释原则不太容易运用。正如我在本书第1章中所试图指出的那样,当我们读《道德经》的时候,我们通常会带着许多假定将一个哲学文本当成阻碍来对待。它不仅仅难懂,而且还没有真实的作者,没有第一人称叙事,也没有按线性方式发展。《道德经》文本的这些特征都要求现代读者在一定程度上容忍它。文本在格式上非常"怪异",而且如果我们仅仅允许"不怪异"的写作风格的话,那《道德经》将会对我们而言是个另类。《道德经》不仅仅在形式上显得另类,其内容也是非常的"奇怪"。或许比其与世隔绝的风格更不寻常的是其大部分教义。今天我们想当然的绝大部分价值和理念在《道德经》中都经不起检验。它当然可以被作为政治文本来解读,但是我们在其中找不到任何诸如"民主""自由""权利"或"公正"的概念。今天的政治话语与大约2500年前中国的政治几乎没有什么相似之处。带着正式的偏见去阐释性地处理《道德经》文本就如同期待它会天衣无缝地适合今天的语义学一样。是《道德经》并非为"我们"而写这个事实使得它无关紧要吗?对《道德经》的研究仅有历史价值吗?我不这么认为。正如研究一门外语以便更好地理解自己很重要一样,在我看来,研究一种不同的哲学方式或思维方式以便更好地理解自己的推论也是非常重要的。《道德经》与一门外语一样具有真正的挑战性。它挑战一个人以不同的方式进行思想并从不同的角度去看待那些他熟悉的东西。在《道德经》的某些章节中,我因而包含了一些对比分析。比如那些论述性别和时间的章节,我则试图去解释老子哲学如何显然不同于西方传统中那些占主导地位的观点。"对比地"研究老子《道德经》因而可以是一种研究文化适境性的实践。研究如《道德经》这样的文本不仅对历史的证明还有其他的思维方式具有相当的否定价值,而且还有介绍值得信赖的选择的价值。比如,《道德经》对诸如情感、道德、死亡和战争等重要问题提供了看法。仅举书中阐释的这4个主题,它们或许仍然可为现代读者提供一些"积极的"的东西。或许老子的"漠不关心"的教义能减轻当今的"偏袒"的趋势。我发现的《道德经》最有趣的哲学性的方面是它对人事代理的挑战。现代西方的哲学传统,从发现主观性开始,如此地集中在自我及其力量上,以至于《道德经》可被看成有点带诽谤性。《道德经》的"无为"的警句导致了人们对世界包括人类社会的普遍看法,作为一种机制,跟以个体活动相比,它更多是以"自然"作用为基础。它是这种我觉得特别令人激动的"自我再生"的选择。我要感谢赖安·奥尼尔对这个译本的校正、提出的许多修改意见和对英文的完善。

第二章　比较视野下英语世界的《道德经》传播研究

该章把《道德经》在英语世界被译介和传播的研究成果放置在比较的视野下,分8节对其进行了梳理:以马王堆汉墓出土的《道德经》帛书本为底本的英译比较研究;以郭店楚墓出土的《道德经》竹简本为底本的英译比较研究;以王弼《老子注》为底本的英译比较研究;亚瑟·韦利的《道德经》英译比较研究;托马斯·克利里的《道德经》英译比较研究;韩禄伯的《道德经》英译比较研究;迈克尔·拉法格的《道德经》英译比较研究;刘殿爵的《道德经》英译比较研究。

第一节　以马王堆汉墓出土的《道德经》帛书本为底本的英译比较研究

该节对以1973年马王堆汉墓出土的《道德经》帛书本为底本的英译本做了比较呈现。涉及的成果包括以下4种:韩禄伯的《老子道德经:以新近发现的马王堆帛书本为底本的新译》之"老子的哲学";梅维恒的《道与德之经典:完全以新近发现的马王堆帛书本为底本的新译》之"前言";黄继忠的《〈道德经〉:带导论、注释和评论的英译》之"注释和评论";刘殿爵的

《中国经典道德经》马王堆帛书本英译之"马王堆《道德经》"。

一、韩禄伯的《老子道德经:以新近发现的马王堆帛书本为底本的新译》之"老子的哲学"

(一)道

理解老子哲学的起点在于理解他的"道"究竟意指的是什么。"道"是老子给终极实体起的名字,尽管老子继续指出他并不知道"道"真正的名字叫什么,他只好勉强给它取名为"道"。(如第25章)对老子而言,"道"就是实体,或者说是实体的层面,它先于万物而存在并且使万物发生。"其他的所有东西"乃是天与地之实体宇宙,其中蕴含一切,蕴含中国人所谓的"万物"。在某种意义上,"道"如同一个巨大的子宫:它是空的,而且本身没有什么差别,在本质上是一样的。然而,它蕴含了种子样的或者胚胎样的万物,而"万物"从"道"生如同婴儿从其母体孕生。(第6章和第21章)

但是"道"并非简单地生万物。在其生万物之时,它继续在某些方面呈现出各自不同的能量或力量,一种并非静态而是不停移动变化的力量,它以某种方式,一种与其真正的本质相一致的方式从内推动每一件事的成长和发展。万物之"道"根本上是道家所谓的"德"。但是请注意,老子在其《道德经》文本中是以两种方式来使用"德"的。有时"德"意指蕴含在万物之中的这种生命能量(如第55章的开头)。但是在其他地方(如第38章)"德"似乎意指"道德",儒家是在这层意思上使用"德"。

因而似乎很明显,"道"是一个雌性的、母性的实体。因此,老子至少在第1、20、25、52和29章这5个地方将"道"意指为"牝"或"母"并没什么令人惊讶的。

《道德经》中论述"道"之本质的关键章节有第1、6、14、16、21、25、34和52章。"道"之无私的"母性"(mothering)在第34章得到了最佳描绘,读者在其标准文本和马王堆文本中可读出不同的东西来。陈荣捷以《道德经》标准文本为底本的英译文本如下:

1. The Great Tao flows everywhere. It may go left or right. 大道氾兮,其可左右。

2. All things depend on it for life, and it does not turn away from them. 万物恃之而生而不辞。

3. It accomplishes its task, but does not claim credit for it. 功成不名有。

4. It clothes and feeds all things but does not claim to be master over them. 爱养万物而不为主。

5. Always without desires, it may be called The Small. 常无欲, 可名于小。

6. All things come to it and it does not master them; it may be called The Great. 万物归焉而不为主。

7. Therefore (the sage) never strives himself for the great, and thereby the great is achieved. 是以圣人终不为大, 故能成其大。

在马王堆《道德经》帛书本中, 该章的第 3 和第 4 行与标准本差别很大, 而且第 5 行中的短语"则恒无欲也"(always without desires)显而易见与其他行不相称。如果没有它, 第 4 和第 6 行则与第 7 和第 8 行是完全平行的。(以其不为大也故能成大)陈荣捷的马王堆《道德经》译本该章译文如下:

1. The Way floats and drifts; 道汎呵,

2. It can go left or right. 其可左右也。

3. It accomplishes its tasks and completes its affairs, and yet for this it is not given a name.
成功遂事而弗名有也。

4. The ten thousand things entrust their lives to it, and yet it does not act as their master.
万物归焉而弗为主,

5. Thus it is constant without desires. 则恒无欲也,

6. It can be named with the things that are small. 可名于小。

7. The ten thousand things entrust their lives to it, and yet it does not act as their master.
万物归焉而弗为主,

8. It can be named with the things that are great. 可名于大。

9. Therefore the Sages' ability to accomplish the great. 是以圣人之

能成大也。

10. Comes from his not playing the role of the great.　以其不为大也,

11. Therefore he is able to accomplish the great.　故能成大。

有一个类比可有效地帮助我们确切地看清"道"究竟是什么东西以及它是怎样发挥作用的。在那个类比中,"道"像一块被忽略的未被开垦的地,地里长出的各种各样的野花代表着万物。如果你冬天去这样一块地里,那你看到的仅仅只是褐色的土或白雪。地在本质上与生命无差别的"空"的所有形式是一样的。但是,如果你在五月或六月回到那块地去,你会发现地里发生了巨大的变化,里面长满了各种各样的野花。这些野花,如其本是,是"万种"不同的花,有不同的品种,而且每一种的颜色和形状也是独特的。现在你明白了,冬天似乎没有生命力的东西在本质上正如一个生殖力旺盛的子宫,其内蕴含着万物的种子和根茎。

而且,地的工作并没有随着春天的创作而结束,因为地继续在夏天关心和营养着它的每一个"孩子",为它们提供对生命来说至关重要的水和营养成分。而且,在这种给养工作中,地没有区别地关心着所有的花,并且它对自己所做的一切都不相信。褐色的地总是处在"不可见"的背景里,我们的眼睛被那些花的色彩和形状弄花了。最后,地似乎是没有行动就完成了所有的工作,即"无为"而为。也就是说,我们没有看见地积极地做任何事情,所有似乎都是自己本身"自然"发生的。《道德经》在谈"道"时多次论及的事情之一就是"无为而无不为"。《道德经》中理想的侯王应该是用这种方式来统治的。"道"之于万物就如统治者之于人民。理想的统治者会努力使其所有的人民健康成长,会让他们自由地感觉到自己是谁或者自己的天性是什么,尽管他会声称自己对所做的一切都不相信。正如在《道德经》第 17 章结束时谈到理想的统治者所说:"功成事遂,百姓皆谓:'我自然'。"

(二) 回归道

一件似乎与这个关于"道"和地之类比的事情是,对于任何一朵花来说:(1)成为它该成为的,对一朵太阳花来说即是实现其"太阳花的本质",即其基因组成;(2)自然天寿(这个因野花的种类而不同),唯有一个要求必须保证,那就是其根必须牢牢地根植于土壤中。

但是这个恰好是人类没有做的。也即是说,老子似乎认为,有些事情发生在了作为个体的人民身上以及作为整体的社会身上,正如他们成长为成人的过程中却将根"连根拔起"而且与"道"失去了联系。结果,成人常常忘记了他们本质上是什么,并常常拼命想去成为不是自己的那个人或物,并且去做会给他们的身体带来危险和伤害的事情。结果,如果他们想要成为自己,成为他们能成为的人,自然天寿且不受伤害,那他们就必须做"回归""道"的成人。

但是"回归道"究竟确切意指的是什么呢?又该怎样回归呢?

这些问题不容易回答,这里我们将简单地触及一些与《道德经》相关的主题。老子想要人们回归的似乎是一种更简单的生活方式,或许是想要人们拥有更少的东西而活着。老子和道家显然都意识到财物很容易让人因"拥有"而完蛋,而且,一个人拥有的东西越多他担心的东西也会越多。正如他在第22章所言:"少则得,多则惑。"道家术语中的理想是"知足"。显然,道家觉得人民真正需要的东西比他们想要拥有的以及保证他们健康、幸福、充实地生活所需要的东西要少得多。

《道德经》第80章可以被理解为是在建议理想社会里国家应该是由小的农业团体组成,如果可能在国家中设很少的中央职权,每个村子里的人都十分满足于他们的生活,甚至知道附近有其他的村庄也不想去拜访。该章内容如下:

1. Let the country be small and people few. 小国寡民。

2. Bring it about that there are weapons for "tens" and "hundreds", yet let no one use them; 使有什伯之器而不用;

3. Have the people regard death gravely and put migrating far from their minds. 使民重死而不远徙。

4. Though they might have boats and carriages, no one will ride them; 虽有舟舆,无所乘之;

5. Though they might have armor and spears, no one will display them. 虽有甲兵,无所陈之。

6. Have the people return to knotting cords and using them. 使民复结绳而用之。

7. They will relish their food, 至治之极,甘其食,

8. Regard their clothing as beautiful, 美其服,

9. Delight in their customs, 乐其俗,

10. And feel safe and secure in their homes. 安其居。

11. Neighboring states might overlook one another, 邻国相望,

12. And the sounds of chickens and dogs might be overheard, 鸡犬之声相闻,

13. Yet the people will arrive at old age and death with no comings and goings between them. 老死不相往来。

如果这个代表了老子的社会理想,那么它是一个与那个时代的"农家"所共同分享的理想,正如葛瑞汉(Angus Graham)在其文章《农家与中国的农民乌托邦的起源》(The *Nung-chia* "School of the Tillers" and the Origins of Peasant Utopianism in China)中所恰当表明的那样①。

我们能理解的老子哲学中的第 2 种"回归"方式是他认为道家必须通过获得与"道"之神秘的联合而正确地回归"道",体验"道"中万物的同一性,那种沉思的形式将会导向这个目标。早期道家中沉思的重要性及其在道家体验中的作用是学者们纷争的焦点。老子会坚持回归"道"的唯一方式是通过沉思和神秘的体验吗?他和其他的道家有他们在沉思时遵循的确切技巧吗?要回答这些问题也是很困难的。我们至多能说的是如果老子和他的弟子们实践和倡导某些类型的沉思的话,由于某些原因他选择了不在《道德经》中详细阐述它们。

但是,《道德经》中确实有些地方似乎是在暗示并可能在对沉思和神秘的洞察力进行描述。其中关键的章节和段落有第 56 章的第 2—8 行,第 1 章的第 5—6 行,以及第 10 章和第 16 章的开头部分。

第 16 章的开头几行似乎规划出了心灵和感官在沉思中所必须做的,然后描写了通过与空虚的心灵和静止的身体的合作所能看到的。道家能洞察事物的真正本质,看见万物源于"道"并归于"道"。

---

① 参见葛瑞汉(Angus Graham)的文章《农家与中国的农民乌托邦的起源》第 82 页。农家们相信,国家应该有一个统治者,他将做得少而更多在于制定和保持农业政策。他也应该像每一个家庭一样,种植自己吃的食物,织自己穿的衣服。

1. Take empitiness to the limit; 致虚极；
2. Maintain tranquility in the center. 守静笃。
3. The ten thousand things——side-by-side they arise； 万物并作；
4. And by this I see their return. 吾以观其复。
5. Things（come forth）in great numbers； 复物芸芸；
6. Each one returns to its root. 各复归其根。

把所有的心灵和观念虚空以至于心充满了新的洞见是不仅仅常在沉思中可以做到的，而且似乎也是庄子倡导的东西。在第4章《庄子·人间世》中，我们可以找到对"心斋"过程的描写："若一志。无听之以耳而听之以心。无听之以心而听之以气。听止于耳，心止于符。气也者，虚而待物者也。唯道集虚。虚者，心斋也。"前面，我将第4行中的"窥"字译为"see"也是有趣的。"窥"在中文里有"洞察到某物的真实本质"的意思，有"洞见"的意思。随着佛教后来在中国的发展，就是这个"窥"字被选来翻译成"vipasyana"，意指"观、洞见"，是紧随心的正常功能之"止"（samatha）后的那种洞见。

第10章开头几行的含义更难勾勒出来。我们讨论的是如下几行：

1. In nourishing the soul and embracing the One——can you do it without letting them leave? 载营魄，抱一能无离乎？
2. In concentrating your breath and making it soft——can you [make it like that of] a child? 专气致柔，能婴儿乎？
3. In cultivating and cleaning your profound mirror——can you do it so that it has no blemish? 涤除玄览，能如疵乎？

心就像一面明亮闪光的镜子，必须通过集中和精神的努力来把上面所有的错误思想和感情都擦拭干净以便它能真实地反映出事物。这样的理念对某些沉思的类型来说是不可或缺的，而且似乎与"神秀"，中国8世纪初的佛教北宗神派创始人的观点非常相似。但是第3行可能向我们表明了早期道家确实实践了一些洞察沉思，而第1—2行则可能暗指道家长生的技巧。因为在后来的道教中一个重要的沉思类型就是以"守一"或"抱一"而被知晓，在此类型中道家将在其身体的3个"朱砂区域"（fields of cinnabar)中去想象3种至高神明以将其保留在身体内：如果它们离开，实践者就会死掉。在后来的道教中有许多类型的沉思，其目的就在于通过他们的身体来通气，并通过这种方式使得肉身变轻并学会再像婴儿一样呼吸，因为婴儿的呼吸还未被污染且充满了生命力。因此，第10章第1—2行中呼吸的实践和"专气"暗指的达到目的即神秘洞见之手段，并不如其本身就是手段。

最后，关于"回归"的概念似乎很清楚，老子想要成人比婴儿更彻底地回归他们所拥有的东西，即真实、诚挚和自然。如此的"自然"品质在某种意义上被教育和文化互渗毁坏了。当孩子们成长的时候，他们像父母和社会上其他人一样"知道"某些东西和行为是"好的"而某些是"坏的"，某些东西是"美的"而某些是"丑的"，某些是"有价值的"而某些则是无用的。但是道家认为，对这些设置值的侵占以及有意识地变"好"而非变"坏"并没有最终导致"好"人和社会之和平与秩序的发生。相反，导致的是争吵、不和与竞争，以及自我的不满足。导致的是人们行事时的虚伪，是他们认为别人会赞成和看重的方式，而非如他们真正感觉的那样去说和做。重要的道家术语"无为"在某种意义上代表的是自然与真实，它并非按其字面意思所理解的"什么都不做"，而是"无为而为"，是自然地说和做他们真正感受到的而非做给别人看。

因此，在第38章的开头老子指出，一个真正有德之人是自然地做好事的人，他并没有意识到也并不关心这是别人赞赏的"美德"。老子说："上德不德，是以有德。下德不失德，是以无德。"在第19章中，如在第18章中已经提醒过的，人们只有在大道衰退后才会意识到儒家的美德"仁"与"义"，而且，对知识和智慧的倡导只会导致虚伪，老子敦促人们"绝圣弃智，民利百倍。""绝仁弃义，民复孝慈。"老子和庄子都是在似乎每个人都在与"道"和谐共处且对、错间没有分别的那个始点来谈论道的。儒家倡导的某些价值，如仁、正、孝、忠和义，要么是"道"衰退所导致的结果，要么是引起"道"衰退的原因。

（三）健康、长寿与不朽

《道德经》中多处表明，老子一生都在宣称"道"是"无害的"。在第16章中，此人被说成是"有道"之人。在第32章和44章中，此人被说成是"知止"之人。而在第52章中，此人被说成是"既知其子复守其母"之人。

"害"此处所暗指的意思不需要按字面的、物理的方式去理解。一个人可以认为如果某人知"道"且满足,那无论有什么发生在他或她的身体上他或她都能保持安全无害。但是在这里用来表示"危险、害"的词"泰"意指的是身体的伤害或危险,而且考虑到老子在文本中告诉我们的"圣人",这样的一个人将不会受到身体的伤害是很有意思的。道家的圣人是能把自己放在背后而不为之人,因而他的敌人很可能比那些竭力想要获得财富和权利之人的敌人要少。而且,我们被告知,道家的圣人看重的是宁静、平静和"少欲"或"寡欲"。因而,他似乎会去避免在身体上会把其他东西消耗掉的焦虑和情感。

此外,在道家思想中生活本身就是一种价值,在平安、满足和平静中度过自己的一生是其目标。老子在第44章的一开始问道:"名与身孰亲?身与货孰多?"但我们必须马上加上老子也可能会说的互相矛盾的观点,那就是,在某种程度上,一个人对生与死不关心那他就有最佳的机会自然天寿。不惜一切代价过度地恋生会使人变得脆弱。正如他在第50章的开始所言,使得许多人出生入死、动之死地的原因是"以其生生之厚。"

第50章的第2部分有时被理解为是在显示道家保持免除伤害,因为他们的身体在某种程度上有些脆弱的缘故。他们的身体不能被伤害。这些相关的诗句如下:

  7. You've no doubt heard of those who are good at holding on to life; 盖闻善摄生者;

  8. When walking through hills, they don't avoid rhinos and tigers; 陆行不遇兕虎;

  9. When they go into battle, they don't put on armor or shields; 入军不遇甲兵;

  10. The rhino has no place to probe with its horn; 兕无投其角;

  11. The tiger finds no place to put its claws. 虎无所措爪。

  12. And weapons find no place to hold their blades. 兵无所容其刃。

  13. Now, why is this so? 夫何故?

  14. Because there is no place for death in them. 以其无死地。

后来可能意指的道家之身体的东西的"无死地"一词发生了变化,现在指"受到损害或伤害的东西",更有可能是老子通过这些词来意指"善摄生者"是指不关心生的人。正因为这样,所以在他那里"无死地"。这是因为他把自己等同于"道",重视"道",认为"道"是超越了生死之现实。

这些思想将我们带到了老子思想中关于不朽的问题。似乎很清楚,健康、长寿或自然天寿是道家喜欢的两大好处,除此还有更多的吗?这里有关于不朽的理念吗?后来在道教中,不朽被理解为是一种身体的不灭不死,一个人通常会通过一个"化质"的过程而成"仙",在这个过程中他或她将肉体从粗野的、笨重的、容易腐朽的物质变成了一种轻的、纯的、精致的、可以持续很久甚至是永久的物质。《道德经》中似乎很少章节支持这种后来的观点,除非我们以这种方式来理解第 50 章和 55 章中所说的东西。

但是有迹象表明道家的这种"精神"的不朽吗?老子并没有直接地、明明白白地谈论任何一种不朽,庄子也一样。实际上,庄子反复告诉我们不知道死之后究竟是什么。我们只能"知道"我们现在的状态或情形。

《道德经》中"不朽"的问题可以从理论和文本 2 个方面来理解。理论上,我们肯定会在"道"是一种现实,这种现实在万物之前就已经存在而且将永远存在这个范围内进行论争。我们也会在道家在某种程度上在其一生中与"道"合二为一,认为死就是以最大可能的方式来实现这种合二为一并享受"道"之不朽这个范围内进行论争。这种论争会在某种意义上将道家的神秘主义看成是一种与《奥义书》和《薄伽梵歌》所阐释的印度神秘主义相似的东西。

然而,理论上,也可在"道"不仅是一种在万物存在之前就已存在的现实而且在某种程度上与宇宙中这个变化的持续过程等同这个范围内进行论争,以及在道家在某种程度上与"道"是一体的,死后他的物质和能力被宇宙的物质和能力储存库即"道"重新吸收,之后被重新用来生产新的东西这个范围内进行论争。这种观点可在《庄子》中找到支撑。文中,庄子笔下的一个人物对一个将死的朋友如是说:"伟哉造化!又将奚以汝为?将奚以汝适?以汝为鼠肝乎?以汝为虫臂乎?"(《庄子·大宗师》)对人们来说这类不朽或许吸引人或许不吸引人,然而它是一种不朽。

文本中有 3 段是与"不朽"这个话题相关的。首先,在《道德经》标准本(不是马王堆帛书本)第 16 章的结尾告诉我们得"道"之人"没身不殆"。在第 44 章和第 59 章中道家被说成是"可以长久"之人。对某些读者来说,这样的文字暗指了一种不朽。但是,这些文字本身的字面意思不过就是指持续"时间长"(即"久")或"很长"(即"很久")。

其次,在第 16 章和第 52 章中,我们发现了"没身不殆"的字眼,这些字通常被译为"到一个人生命终结之时不遭受痛苦"。然而,"没身不殆"这 4 个字也意指"失去身体没有结果",因为,它们也可被读被说成"即便是道家在死时肉身没了,他也并没有完全地、最终地结束自己的生命"。亚瑟·韦利在其《道德经》英译本第 16 章结尾时就是按这个意思理解的,他将其英译为:"Tao is forever and he that possesses it, though his body ceases, is not destroyed."

最后,在《道德经》第 33 章的结尾,我们可见"死而不亡者寿"的诗行。陈荣捷将其英译为:"He who dies but does not really perish enjoys long life." 显然,这里谈论的问题是老子所谓的"亡"吗?而且事物"亡"可作"完全被消除"和"被毁灭"解。因此,"死而不亡者寿"可实际被理解为"真正的长寿指的是在死后以某种方式继续活着,因为他还没有完全被毁灭"。但是"亡"字也常常被理解为"非自然地结束生命",也即是"在一个人该结束生命之前死去"。在这种情况下就不能说是"不朽"。刘殿爵就是这样理解该行的,他将其英译为:"He who lives out his days has had a long life."

重要的是,《道德经》马王堆帛书本文本中没用这个"亡"字而是用的意指"忘记"的"忘"字。因而,"死而不亡者寿"也可被英译解读为:"To die but not be forgotten——that's true long life."(一个人死了但是却没被人忘记,那才是真正的长寿。)

二、梅维恒的《道与德之经典:完全以新近发现的马王堆帛书本为底本的新译》之"前言"

《道德经》是世界上除《圣经》和《薄伽梵歌》外被翻译得最多的一本书。仅《道德经》英译本就有 100 多个,还不用说用德语、法语、意大利语、荷兰语、拉丁语和其他欧洲语言翻译的译本。出现这么多《道德经》译本的原因有几个。一是,《道德经》被认为是道家哲学和宗教的重要文本。实际上,"道"是《道德经》的核心,也是所有中国宗教和思想的中心。自然,不同学派和宗派对"道"的理解也不相同,但它们都描绘了宇宙中有一个包蕴万物支配一切的"道"这样的理念。同样地,《道德经》与世界上其他主要的宗教经典共有这种相似中的关键点。

《道德经》之所以普遍流行的第 2 个原因是其简洁。很少有真正的经典如此简洁而其中却蕴含着如此丰富的思想。读者可以一读再读《道德经》而不会被其所提供的洞见感到疲累。

《道德经》之所以获得广泛知名度的第3个原因是其欺骗性的简单。在用词上,作者自己认为其"很容易理解",但实际上因蕴含了太多东西而变得相当难懂。互相矛盾的是《道德经》的根本特征,这种相悖的情况太多了以至于对中国经典有坚实基础的学者都不能确信他们抓住了老子在其精练的格言中真正想表达的意思。鉴于此,我在20年前曾发誓绝不去试图翻译《道德经》。然而,一次意想不到的事迫使我放弃之前的誓言:最近在中国发现的2个《道德经》文本使得把《道德经》完全重新翻译得比之前出版的那些译本更准确更可靠变得可能。新发现的这些《道德经》文本比通常翻译所依照的那些文本要早至少500年。

我这个《道德经》英译本完全是以这些新发现的文本为底本的。这些文本的获得使得涤除对传统的《道德经》文本的曲解和困惑变成了可能。这些扭曲和困惑2000年来使得译者得通过评论和阐释来"完善"原文本以使其对各种宗教的、哲学的和政治的派别来说更经得起检验。而且,这2个文本给我提供了使得这个译本在很大程度上不同于之前已经存在的所有其他译本的手段。

1973年底,当中国在长江以南大约100千米的马王堆工作的考古学家们出土了两卷《道德经》帛书本的时候,世界各国的中国古代研究学者大喜过望。汉墓中还发现了49种其他重要的东西,包括现存最早的《易经》版本。汉学家们要完全吸收马王堆汉墓中发现的这些新资料还需要多年的时间,但我们已经开始从中获得极大的好处。

以马王堆新出土的《道德经》帛书本为英译底本,我解决了许多困扰译者们几个世纪的问题,如第77章第8行"死而不亡者……",在之前的《道德经》译本中,译者都把词句英译为"To die but not be forgotten…",这样解读甚至在道教语境中都是讲不通的。马王堆帛书本中几十处这样的例子都比之前旧的标准文本要更容易理解,之前的所有《道德经》译本都是以这个标准文本为底本翻译的。我在"注释"中指出了好几种这样的情况。

马王堆帛书本也能使我在决定文本的起源和构成时有所突破。在"后记"和译文中,我认为《道德经》的核心部分更多是源自口头传统而非一个作者。这个特征被其他所有译本的解释性评论甚至更常常被许多个世纪来语言的变化所导致的那些令人容易误解的汉字的使用而模糊了。由于马王堆帛书本与《道德经》原文本的成文时间要接近得多,自然它们就保留了更多它以之为基础的口头智慧的特征。

用相对来说还没人研究过的马王堆帛书本作底本要比依据已经有很多解读的标准文本难得多。试图抓住领会马王堆帛书本的资料也比再次去重新处理《道德经》标准文本要鼓舞人心得多。有人意识到帛书本存在的时间更接近作为道家宗教和哲学基础的、具体体现《道德经》成书的时间。没有马王堆帛书本的出土,我绝不会试图去翻译《道德经》。有了它们,重译《道德经》成了一个鼓舞人心的挑战。

一旦我设想了翻译一本全新《道德经》的新任务,我就变得对各种细节非常着迷,比如说该如何传达书名中的第2个字"德"的意思。我花了整整2个月的时间来试图到达对"德"的令人满意的翻译。在林间散步的时候,坐在火车上的时候,买杂货的时候,伐木的时候,"德"这个难以捉摸的概念就会出现在脑海中。最后我选择"integrity"一词来英译"德"是基于对"integrity"一词周密的词源学考证,以及对文中一共出现了44次的"德"的每一次进行的详细考虑。在某些情况下,或许用"self""character""personality""virtue""charisma""power"更加合适。通过"integrity"一词,我想要表达的是包括他或她的道德立场是否好坏在内的一个人的全部。

我们将在"后记"的第2部分返回去对"德"这个概念做更深层次的探索。但我应该在此处补充说马王堆帛书本有助于我决定用"integrity"一词来翻译《道德经》中的"德"是否正确。首先,帛书本中所使用的"德"字的古老形式让我意识到"德"这个字意指的是一个人内在的品质或特性。在撰写《道德经》的那个年代,"德"字的中文图形构成成分是一只眼睛直盯着头、心以及一个代表运动或行为的符号。从外在看,这些组成部分在马王堆帛书本上要比后来"德"字固定化的形式清楚得多。后来的形式变得更抽象更具任意性。其次,几个之前不出名的文本也在马王堆汉墓中发现,尤其是那些关于形而上学的问题的,也详细讨论了"德"。这些也都有助于加深我对"德"字在《道德经》成型的舆论语境中被使用的理解。

是寻求"德"字的恰当的英文词语还是用在字典中找不到的非同寻常的中文图表来处理,对我最重要的引导就是历史语言学。只有通过这种学科的最严格的应用程序我们才能希望更接近对《道德经》这个古老文本的全面理解。同时,我也试图从诗歌中获得灵感以便不会背叛《道德经》的诗意之美。我的目的在于创造一个真实的既具显见的可读性又准确的《道德经》英译本。由于《道德经》原文本在许多地方令人恼火地晦涩和令人沮丧地模糊,对它的翻译是一项相当难的工作。尽管如此,我很满意最后的结果值得这所有的努力,而且现在的译本比任何其他的译本更能为那些不懂古代汉语的人提供对原文本阅读之令人深省的、强烈影响心绪的体验。

这个译本的一个非同寻常的特征即是其格式。每一页上文字的排版经过仔细的计算以反映古代汉语文本的语言结构。通过对译文文字的安排的关注,读者将能区分原文本各种语法的、句法的、体裁的特征。小品词的位置、平行结构、对仗等全都或多或少在翻译中从外在显而易见地体现了出来。绝大部分,但并非全部《道德经》都可以被归为韵文。反过来,其韵律则可归为许多不同的类型。只是偶尔我才会在英译中采用押韵,相反,是为美国现代读者而通过像和音、谐音以及其他熟悉的诗学技巧等手段接近这个效果。

一个译者最主要的责任在于尽可能接近地以其自己的语言来传递原文本的外貌。要做到这点,那他必须注意形式、内容、风格、用词以及语音。仅仅传递原文本的意思是不够的。也需要在现原文本的效果。如果一个文本在某些地方有些粗糙,那译者就应该抵制住试图去改善它的诱惑。如果它是抒情的,那译者的译文也应该是可歌可唱的。由于《道德经》成文的历史,其风格有很大的变化。我力图在我的译文中重新创造我们可在过去听见的各种声音:道家神秘主义的、政治战略家的、乌托邦式的建筑师的、反儒家的哲学的、有洞察力的诗人的、瑜伽修行者的。如果读者在这个令人深省的协奏曲中能不同程度地听见真实的声音而非其中的某个旋律,那我的努力就得到了最大的报偿。

另一个与过去彻底的背离是对《道德经》与另一本著名的东方经典《薄伽梵歌》之间的亲密关系的认知。在过去的20多年里,在反复认真地读了这2部经典的原文本后,我相信它们在基本途径上是有联系的。我也讨论了与2本经典都紧密关联的印度瑜伽与中国道家以及宗教和哲学派别之间的许多相似性。

对于这种关系如何能得到发展现在仅有3个可能的解释:中国从印度借用了瑜伽的体系及其相应的实践;印度从中国借用了道家学说及其相应的实践;印度和中国都是从第3个来源那获得启发的。当然,在结论性的答案给出之前仍然有许多研究要做,我们也必须等待更多更彻底的考古发现,尤其是新疆的(中亚的中国部分),那是著名的丝绸之路途经点,以及中国东南沿海岸一带,那里常常有从印度和阿拉伯到达的船只。然而,现存可用的资料表明,印度更具优先权,这可追溯到至少公元前第一个千年的开始。

是道家学说得益于印度的瑜伽还是印度的瑜伽得益于道家学说根本上是无关紧要的。真正重要的是《道德经》和《薄伽梵歌》都是人类共同遗产的独一无二的表现。在这个英译本中我正是努力在此光芒中去看待《道德经》和《薄伽梵歌》的。

三、黄继忠的《〈道德经〉:带导论、注释和评论的英译》之"注释和评论"

(一)第 1 章:"玄"与"门"

1.注释 7"玄"

第 1 本重要的汉语词典《说文解字》将"玄"字定义为"幽远",因而"微妙"。长久以来"玄"这个字被用来定义道家哲学,而且被赋予了浓厚的道家色彩,以至于老子的哲学被后代称为"玄学"。

2.注释 8"门"

"门"是另一个用来比喻"道"的词,万物从此"门"生。

该章阐发了"道"的如下几个本体论特征:恒定不变;难以形容且不可名;宇宙之起源;无限地深远无处不在;万物的创造者。

(二)第 2 章:"无为"与"无言"

1.注释 6"无为"

"无为"是《道德经》中最关键的术语,尤其是在老子的治国理论中。"无为"并非按其字面意思理解为"什么都不做"或"根本就不采取行动"。它是一个模仿"道"即自然法则进化之道的概念,即允许宇宙万物按其方式自然地发展,在这个过程中不受任何阻碍也不制造任何干扰。将"无为"用在治国上,意为统治者应该允许人民以他们自己喜欢的方式过他们自己的生活,既不使用武力也不使用手段将严酷的法律法规、苛捐劳役、惩罚监禁强加在他们身上。简言之即是,不以任何的方式束缚他们剥削他们。然而,他应该完成为他的臣民应尽的 2 项主要义务:一是,他应该发展农业、培育自然资源以便为他们提供充足的粮食。二是,他应该用"道"引导他们帮助他们以培养德。在《道德经》语汇中,"无为"有时等同于"清静"(emptiness and stillness)。(可参见《道德经》第45章)

2.注释7"无言"

"无言"的字面意思是"无话"或"沉默、说不出话",常常用作比喻,指"不必施加法律法规"或"政治命令"。有时,"无言"等同于"无为"。

(三)第5章:"不仁"

注释1

形容词短语"不仁"通常被用来指"不人道""无情的""残忍的"或其他类似的意思。在我看来,这样解读是严重错误的,因为老子从来没有用过如此世俗的语言来讲天和地,因为天和地就如在此处一样通常代表的是"道"。我将其字面意思理解为"无情的""冷酷的",即,在身体上和情感上没有感知任何东西的能力,如它在固定短语"麻木不仁"中的用法一样,意指"失去感觉,没有感知东西的能力"。即是说,天和地,由于是没有生命力的东西,所以在身体上或情感上没有感觉能力。

(四)第31章:"恬淡"

注释3

流行文本中这行的前2个字是"恬淡",《辞海》将其定义为"虚静",因而整句可解读为:"最好是保持虚静。"

"虚"和"静"是"道"中的2个主要美德,暗指谦卑和不争。然而,它似乎有些含糊,在对武器的连续讨论中显得有些牵强和离题。然而,《道德经》帛书本甲本中,有2个意义截然不同的词,即"铦袭",意为"把尖利的刀刃掩盖起来"。这样,整个从句可解读为:"最好是把锋利的刀刃掩盖起来。"

它立即就如原文本一样打动了我,这样的解读远远好于把它理解为毫无关联的"恬淡",一是因为它使得对武器的讨论没有被打断;二是因为它保持了"道"对武器和战争的强烈厌恶;三是它与上下文完全吻合。

而《道德经》帛书本乙本中则是"铦　",从其形式上与"铦袭"相近来看,它很可能是"铦袭"这个短语被毁坏的版本。

(五)第49章:"心""无心""为心"

"心"字在该章首句"圣人无常心,以百姓心为心"中出现了3次,显然是今天我们所谓的"双关"。由于双关直到最近才介绍到中国的文学领域,因此对这3个"心"字的阅读理解在过去的2000多年里常使得老子研究学者感到困惑。许多评论家把它们当成意指一样的东西,将其理解为如"观点""思想""意志""心""兴趣"等,但是它们似乎没有一个说清楚了"心"与该章主题之间的兼容性。这个,从其后的段落看,显然是与圣君坚持人民应该培养他们的道德品行是相关的。此外,作为双关,这3个"心"所含的意思并不相同。

这3个"心"的意思同样也困扰了我很久。一天,当我正在查《辞海》的时候,无意间看到了"无心"这一词条。《辞海》是这样解释"无心"的:"自然而然地。陶潜的《归去来辞》云:'云无心以出岫'。"陶潜,晋朝(265—420)著名的道家诗人,他放弃了县令之职回到自己的故乡去耕地写诗。真巧,"无心"(自然而然地)是道家术语中与"无为"同义的妙言警句。

第1个"心"字解决后,对第2个"心"的解读就变得容易多了,因为有线索可追寻。现在,第2个"心"包含在"百姓心"中。在汉语里,当"心"字与一个人并用时,它常常意指那个人的道德品性。例如,当我们说"她有一颗善心"时,是说她是一个善良、仁慈的人。当我们说"他的心坏了"时,是说他是一个骗子、坏人,多少与"心"在英语中的意思是一样的。因此,包含在"百姓心"中的第2个"心"意指人的道德品性。

第3个"心"与动词"为"一起构成短语"为心",意思是"关心一个人的心"或"关注、牵挂"。为了保留双关,我不得不将第3个"心"字按字面意思来翻译。

(六)第57章:"以正治国""以奇用兵"

1.注释1"以正治国"

在该章开篇的3行"以正治国,以奇用兵,以无事取天下"中,老子呈现了治国的3个法则:一是治国的总体性引导,由"正"字来代表,对这个字的解读是有争议的。唐代评论家玄成英、元朝评论家吴澄以及其他许多评论家都将"正"解读为"法律法规",因而将整句理解为"用法律法规去治理国家。"现代评论家冯达甫将其理解为"正直",具有儒家的价值理念,因而整句被其解读为"用正直去管理国家。"这些解读都站不住脚,因为我们知道老子是强烈反对使用法律法规去管理国家,并且反复谴责治国中那些无效的儒家价值理念的。

在《道德经》帛书本中,第1行中的"正"字都是被当成第2行中"奇"字的对照来使用的。众所周知,老子在与其同名的书《老子》中阐释了"道"与"德",儒家治国的标准准则就是"无为"。因此,第1行中的"正"

指的就是"无为"。在这一章的后面,老子说:"我无为,而民自化。"他还说:"清静为天下正。"(《道德经》第45章)。在老子的术语中,"清静"与"无为"同义。

2. 注释2"以奇用兵"

在流行的《道德经》帛书本中,战争的法则是通过"奇"字来呈现的。那些熟悉老子在《道德经》中喜欢用比喻特别是反义词的人,能立马辨别出帛书本中使用的字(畸)是正确的。这里,正如前面刚指出的,老子是在与第1行中的"正"字相对的意义上使用"畸"字的。尽管古今大部分的评论家遵从的是流行的文本中用的词。然而,他们都忘了,技巧是老子在《道德经》中自始至终强烈反对的东西。实际上,对"畸"字的正确解读是《道德经》一书中最难解的难题。对其正确解读太难了以至于过去的两个世纪里所有的老子研究学者都被它困扰着。实际上,真正的障碍在于老子研究学者们和读者们的健忘。我们忘了《道德经》中有5章是在讨论战争,即第30、31、67、68和69章,而且老子确实有一个管理战争的法则,我们可在第67章中找到:"夫慈,以战则胜,以守则固。"

因此,"慈"是老子用来管理战争的法则,而且第2行应该解读为"以慈用兵"。但是为什么老子说它是"奇"的法则呢?这恰是问题之所在。答案是:在"道"之追随者们的眼里,战争法则是"慈",但是在世界的统治者和战略家们看来,则是技巧,是获得更大杀敌数量和带来最终胜利的手段。而这恰好是"慈"的反面。从世界的观点来看,在战争中谈"慈"是荒谬的、非正常的。因而,为了以更加微妙的方式达到这个目的,老子用了他最喜欢的修辞——"用反制反"(the appilcation of double opposition)。因为在前提"以奇用兵"中,涉及了2对相反的东西:慈与技巧和道家追随者们的观点与世界统治者和战略家们的观点,因此说它是"用反制反"。也即是说,从世界统治者和战略家们的观点来看,"慈"是一种荒谬的、非正常的战争法则。

四、刘殿爵的《中国经典道德经》马王堆帛书本英译之"马王堆《道德经》"

《道德经》译者一开始不得不面对的一个问题是底本的选择。与其他的中国古代著作不同,在大部分的情况下这些著作都可追溯到一个版本,如我们所知,《道德经》却存在相当多的依据独立传统的版本。在众多的评论中,最早的 2 个是河上公的和王弼的。王弼生活于公元 226—249 年间,而河上公则是一个传奇人物,被认为是他所写的评论,从内在证据来看,可能作于东汉时期公元 25—200 年间。作为最早的两种《道德经》评论,它们是最流行的,尤其是王弼注本,是从哲学的立场来撰写的。河上公的评论则是从道教的立场来写的。由于王弼的评论很流行,因而其流行也延伸到了评论所涉及的《老子》。因此,该注本以《王弼〈老子〉注》而出名。但是如果仅仅因为它与王弼的评论相关就得出结论说所谓的王弼注本必定就是王弼的观点的话那就太轻率了。实际上,有理由对此提出质疑。在王弼的评论中,常常会有从《道德经》其他部分的含蓄引用,但在文本在却又常常有些不同。这只能意味着王弼用的是一个有些不同于现在以老子来命其作者的《道德经》文本。

不同版本的存在可能会让译者难以选择,但这确实意味着《道德经》最早的版本比其他的中国古代经典的版本要早很多。比如在唐朝就有《道德经》石刻本出现,最早的可追溯到公元 708 年,即唐景龙二年。许多的文稿残篇再一次可追溯到唐朝,甚至有部分完整的手稿可追溯到唐朝以前。《老子道德经想尔注》就可追溯到六朝。然而,最早的是,可追溯到公元 279 年索紞的敦煌写经《道德经》。

尽管有这么多丰富的资料,但是 1973 年 12 月在马王堆汉墓中 2 卷本《道德经》文本,即现代编辑将其称为"甲本"和"乙本"的发现,仍然是怎么评价都不为过的具有重大意义的事件。2 卷本中,甲本中根本就没有汉朝忌讳的字,而乙本忌讳的也仅有汉字"邦"。这就意味着甲本不太可能是公元前 195 年高祖去世之后所写,而乙本则是在公元前 180 年高祖去世后所写。不排除甲本写在汉朝之前这种可能性。因而,2 卷《道德经》马王堆帛书本要先于唐朝的《道德经》石刻本 900 年和最早的残篇差不多 500 年。

我们现在不得不问的第 1 个问题是甲、乙 2 卷是否源自相同的文本传统。有人认为情况并非如此,但是这种看法在对 2 卷本进行详细考证之后似乎并不能成立。尽管 2 卷本共有 180 处文本内容不同,但这些不同可归为 2 类。要么涉及小品词,要么是假借词的使用。此外,还有某个段落在甲本或乙本中的缺失。

比如在第 52 章中,甲本缺了"既知其子"一句。在第 54 章中,乙本缺了"以乡观乡"一句。在第 58 章中,乙本缺了"祸福之所依"一句。在第

67章中,甲本缺了"舍其俭且广"一句。甚至这些都可归咎于抄写员的粗心大意。比如在第76章中,与诸多流行本一致,乙本中两次出现的"柔弱"一词在甲本中为"柔弱微细"。在第45章中,甲本为"大直如诎,大巧如拙,大赢如炳。"现代编辑们认为这句有可能因"大直如诎,大巧如拙,大赢如〈诎,大辩如〉炳(讷)"一句被损毁而成的。而在乙本中,却是这样的:"□□□□□□□□巧如拙,□□诎。"《道德经》原文本可能是这样的:"大直如诎,大辩如讷,大巧如拙,大赢如诎。"可以看出,"大辩如诎"一句在甲、乙两个文本中出现在不同的位置。

同样,在第67章中,甲本为:"□□□□□□□□夫唯□,故不宵(肖)。若宵(肖),细久矣。"而在乙本中,却是这样的:"天下皆胃(谓)我大,大而不宵(肖),夫唯不宵(肖),故能大。若宵(肖),久矣。亓(其)细也夫。"在甲本中,首句可能是这样的:"天下皆谓我大不肖。或者,较小可能的是:天下谓我大而不肖。"这里,不同之处在于,甲本中的"大"字没有被重复,而"皆"或"而"缺失了。然而,更根本的不同在于第2部分。甲本中是这样的:"夫唯大故不宵(肖)。若宵(肖),细久矣。"而在乙本中,却是这样的:"夫唯不宵(肖),故能大。若宵(肖),久矣其细也夫。"除了句末用词的不同导致在感觉上的些许不同外,这个句子的前半部分差别相当大。前面说"天下皆谓我大,似不肖。"问题在于,"大"和"肖"这两个特征,哪一个是哪一个的条件。甲本和乙本的答案迥异。甲本认为,是由于"似不肖"的"我大"的缘故。而乙本则认为,是由于我能大所以我"似不肖"。甲本将"我大"作为了"似不肖"的条件。而乙本则相反,将"似不肖"作为了"我大"的条件。于是甲本和乙本继续论争,如果我"似不肖",我在很久以前一定很小。如果我们简单地将此论争当成是传统的假设论证,那我们就很容易认为甲本更好,因为甲本是通过否定后者而发生的。而乙本则是通过肯定前者而发生的,而且后者论争的方式是无效的,除非前者能被显示出一个必要的条件。这是从正常的逻辑视角来看待此论争的。而在我看来,这没能搞清楚这个论争实际上灵巧地契合了正常逻辑的模式。"夫唯"二字提出了与正常逻辑完全不同的假设论证。当中文里说"因为X是M,所以X能变成N"时很可能是另有足够的条件让X成为N而非M。但是即便如此,说的人也对这些条件不感兴趣。对他而言,如果X能完全变成N的话,那是因为它是M的缘故。X能成为N的其他条件不是他所关心的。因而成为M是有效地成为N的唯一条件。在这样的条件下,论争是可接受的,即便它是通过否定后者而发生的。

另有一点。只出现在乙本中的"能"字的意思是什么?换句话说,"因为X是M,所以X是N"和"因为X是M,所以X能变成N"之间的差别是什么?我认为,一个物体至少能做的是介绍一个事实然后能有助于区别形式的暗指和事实的暗指之间的不同。因而我们可以说,"因为X是白色的,所以可以说它是一种颜色。"但是我们不能说,"因为X是白色的,所以说X能成为一种颜色。"相反,我们既可以说"因为他很用功,所以他通过了考试",也可以说"因为他很用功,所以他能通过考试。""能"字的引进使得"似不肖"和"大"之间的关系不是一种形式的暗指变得很清楚。但是这对"夫唯"的逻辑行为并不影响。因而,甲、乙本中论争的不同不是逻辑问题,而是修辞问题。通过将"不肖"放在"大"之前,乙本突出了"肖"和"不肖"之间的对照,使得论争更有力。

在上面所举的所有例子中,在我看来,甲、乙本的不同,都是因为受到了另一个考据传统的污染,而且为甲、乙本从不同的传统中找到必要的构成证据。

比这些不同更有意义的是甲、乙本所共有的错误。

在第2章中,甲、乙本都有"天下皆知美之为美,恶已。皆知善,訾(斯)不善矣。"一句。来与流行本比较一下:"天下皆知美之为美,斯恶已。皆知善之为善,斯不善已。"可以看出,在2个文本中,"恶"字之前都缺了"斯"和"之为善"。

在第11章中,甲、乙本都有"埏埴而为器当其无,有埴器之用也。鑿户牖,当其无,有室之用也"一句。流行文本为:"埏埴以为器,当其无,有器之用。鑿户牖以为室当其无,有室之用。"现在同时从平行本的内在证据和流行本的外在证据我们可看出"牖"字后的"而为室"或"以为室"缺失了。

在第23章中,甲、乙本都有"飘风不终朝,暴雨不终日,孰为此?天地。天地尚不能久,而况于人乎?"一句。王弼注本为:"飘风不终朝,暴雨不终日,孰为此者?天地而弗能久,又况于人乎?"显而易见"天地"一词是应该被重复的。第1个"天地"是在回答"孰为此者",而第2个"天地"则是"不能久"的主语。有可能"天地"一词的重复是通过重复的迹象来暗示的,这可能是誊抄员无意间留下的。在流行本《道德经》第57章中,我们能读到"吾何以知其然哉?以此。"一句。

但是在第21章和第54章中,我们又能发现相似的表达。第21章为:

"吾何以知众甫之然哉？以此。"第54章为："吾何以知天下然哉？以此。"在马王堆帛书本甲、乙本第57章中,此句为："吾何以知其然也哉？"从流行本第57章以及第21章和第54章的相似情形这2种证据来看,"以此"在甲、乙中都缺失了。

甲、乙本中存在的这些共有的错误强力有地说明它们是源自同一个文本。这种论争远比去指出2个文本中的这种因文本损伤而导致的不同这种相反的论争更有价值。由于甲、乙本源自相同的考据传统,那么将2个文本合并也就有理而正当了。这样就只需借助流行本的帮助把偶尔需要填上的空隙填好就能成一个合理的完整本了。

甲、乙本的特征是什么呢？首先,我们来看看其广泛的特征。《道德经》分为2个部分,《道经》和《德经》。甲、乙本中,《道经》和《德经》的顺序与流行本都是颠倒的,《德经》在前,《道经》在后。甲、乙本都不能被命名为《德经》和《道经》,尽管乙本第1部分结尾的那个字是"德",第2部分结尾的那个字是"道"。《韩非子》第20章《解老》是对《道德经》的评论,（根据流行本对章节的编号）按以下顺序评论了《道德经》文本:第38、58、60、46、1、50、67、53、54章。由于《解老》开篇是以《德经》的第1章即第38章开始的,这就提示作者所使用的《道德经》文本中《德经》很可能是先于《道经》的。这种说法一点儿也不确定。首先,所引的章节并非是严格按顺序的。第二,第1章是与其他全部属于《德经》的章节一起引用的。如果这是《解老》中原本的顺序那我们就不能争论说在作者看来整个《德经》都是在《道经》之前的。如果是误引了包含第1章的段落的话,那么《解老》就只是在对《德经》进行评论,也因而或许另有对《道经》的评论。如果情形果真是这样的话,那么《解老》就其本身而言,是不能被用来作为判断《道德经》的2个组成部分即《道经》和《德经》的先后顺序之证据的。不管《解老》的作者在使用《道德经》文本时是什么情况,事实是,在甲、乙本中《德经》是在《道经》之前的。有人认为,这可能是法家思想传统的顺序,但是这可能蕴含着某些隐秘不明的政治动机,最好加以应有的保留。

甲、乙本中都没有被划分成编了号的章节,但是尽管在乙本中根本就没有章节的划分,但在甲本中有些地方有点号标示,似乎是将文本划分为章节的标记。奇怪的是,2个文本中甲本的时间差异很大。《德经》中有15处这样的标记,而在《道经》中仅在开头有。在《德经》的15处标记中,11处碰巧与流行文本的章节划分一致,另有3处可在章节内找到。

总体上,甲、乙文本的顺序与流行本的顺序是相同的。例外的是:(1)第41章被放在了第39章和第40章之间。(2)第80章和第81章被放在了第66章和第67章之间。(3)第24章被放在了第21章和第22章之间。

我们现在来看看甲、乙本中的各种文本。在多数情形下文本都阐释得很清楚,有时候其意义超越了其阐释《道德经》在古代文本研究中的普遍应用的那些法则的意义。我们不可能筋疲力尽地关照所有文本,但是会把注意力放在那些更重要的文本上。

马王堆帛书本的第一个值得注意的特征是那些避讳字。第一个值得注意的避讳字就是"楚"。在第30章中,有"师之所处,荆棘生焉"一句。甲本用"楚"字来代替了"荆"字。而在乙本中,此处是空白。现在,"楚"是秦始皇父亲的名字,秦时被禁用,用"荆"字来代替它。在流行本中这个避讳的惯例只能意味着在传播过程中文本经历了一个秦文本时期。另一方面,甲本可能从一个秦之前的文本模式直接流传了下来,尽管只有一种可能性,那就是,这个文本实际上在秦始皇登上王位之前就已经有了。

正如已经指出的,甲本并不避讳汉朝任何一位皇帝而乙本也仅有一个"邦"字,即西汉第一位皇帝刘邦的名字。比如,"国家"在甲本中出现时用的是"邦家"。这就提出了一个有趣的问题,这个问题我并不试图在这里阐释。然而,《道德经》中一些重要的避讳字中有一个"恒"字。所有的流行本都避讳这个"恒"字而用"常"字去代替它。多亏了甲、乙本,我们现在知道在《道德经》原文本中"恒"和"常"2个字都用。在大多数情况下,用"恒"字。然而,在少数时候,原文本也用"常"字。在第16章中有"复命,常也。知常,明也。不知常,妄。妄作,凶。知常,容。容乃公"一句。在第52章中,我们可读到"是谓袭常"一句。

从这些情形我们可以看出"常"字主要是被当成一个名词性的实词来使用的,而"恒"字则要么被当成形容词用,如第1章中的"恒道"和"恒名"以及第28章中的"恒德",要么更是常常被当成副词来使用,如第27章中的"恒善救人"。有一种解释,其名词性实词与形容词之间的那一行是模糊的。在第2章中有"先后之相随,恒也"一句。而在第16章中,如我们刚才已经看到的,是"复命,常也"。这种不相符的原因可能是在主题性的评论句中,很难决定一个被当成评价的字实际上是不是一个名词性的实词。

另一个避讳字是"盈",是西汉孝惠帝的名字,其在甲、乙本中这个字都不是避讳字,但偶尔会在流行本中被避讳而用"满"字来代替。如第9章中有"金玉满堂",而在甲本中用的是"盈室"来代替"满堂"二字。然而,这是一个非常有趣的例证。在第 2 章中,流行本有"故有无相生,难易相成,长短相较,高下相倾"一句。由于汉代的时候"倾"与"生"和"成"押的是一样的韵,没有理由怀疑这个文本是有问题的。然而,此句在甲、乙本中都是"高下相盈"。我们可以猜测,先是用"满"字来代替"盈"字,然后一些编辑注意到"满"字并不契合韵律于是将其将改为了"倾"字。由于"倾"这个字选得好因而自此后没有受到质疑地被接受了。

最后,是"弗"字,汉昭帝刘弗陵的名字。由于这个原因,流行本一律用"不"字来代替"弗"字。这么做实际上是出于某些语法的兴趣。众所周知,尽管"弗"和"不"2 个字都有否定的意思,"弗"字暗示的是一个第三人称的物体。因而用"不"字来代替"弗"字及物结构和不及物结构之间的那一行就被模糊了。翻译时,这常常是无关紧要的,因为事情倾向于自行解决。不管原《道德经》文本中这个词是"弗"还是"不",英语里及物动词常常要求后面带宾语。如在马王堆帛书本第 55 章中有"毒蟲虺蛇弗螫"一句。尽管流行本中有"不螫",但翻译成英语都是完全一样的:"Poisonous insects and snakes will not bite it."

然而,也有动词后跟不跟宾语会发生不同的情形,而且"弗"字的意思确实会有所不同。

在第 41 章中,流行本中有"下士闻道,大笑之。不笑,不足以为道"一句。马王堆帛书本中为"弗笑",清楚地表达出了"如果他不笑的话"这个意思。总之,对某件事给予"嘲笑",与仅仅"笑"是有不同的。

在第 56 章中,流行本中有"知者不言。言者不知"一句。这关系的是常识:那些博学之人不说而那些会说的人不博学。马王堆帛书本中用的是"弗"而不是"不"。这就成了一种依据特定知识而发表的一种声明:有特定的知识的人不说它而那些说的人却没有这方面的特定知识。

常识与特定知识的区别在另一个例子中表现出来,其意思有着本质的不同。在第 64 章中有"是以圣人欲不欲,不贵难得之货。学不学,复众人之所遇,以辅万物之自然而不敢为"一句。马王堆文本中此处最后一句为"能辅万物之自然而弗敢为"。

用"不敢为",自然广义上就是"不敢去做"。圣人采取了很多措施来帮助万物既处于自然的状态又能克制住自己不敢为。因而"不敢为"指的是万物。用"弗",这种解释是不可能的。在"弗敢为"中,"它"指的是一种特别的行动。圣人能帮助万物处于自然的状态但却不可能帮助它们不敢去进行某种特别的行动。在上下文语境中,这种特别的行动只可能是指帮助万物处于自然状态,而且这种行动的代理人也只可能是圣人。文本用"能"字来代替"以"字也表明这种解读是正确的。圣人能帮助万物处于自然的状态但是他不敢去这么做。在"能"与"敢"之间存在着对照。

在第23章中有"故飘风不终朝,骤雨不终日,孰为此者?天地。天地尚不能久,而况于人乎"一句。马王堆文本中此一句为"弗能久"。通过将一个及物动词放在此处,"久"不得不被当成是一个"使役动词",于是其意思变成"如果天地不能使它们永久"。这样,其意思变得比流行本更清楚。

有一个例子表明用"弗"字似乎改变了段落的哲学含义。在第4章中有"道冲而用之或不盈"一句。在这个句子中"或"字被当成了一个副词,意思是"或许",或者是"有"的同义词。因此此行可以翻译为"道是空的,然而,或许在被使用时仍然不是满的。"马王堆文本用的是"弗"字,这就使得句子的理解有所不同。其暗指的对象只可能是"道"。因此,"或"字也只能被当成是意为"某物"的不定代词,"或不盈"于是意为"有某些东西没有使它(道)变得圆满。"这是非常有趣的。在宇宙之外有某些看不见的代理者这个观点在公元前4世纪是肯定很流行的。《庄子》提到了关于宇宙的2个学说。一是"或使",另一是"莫为"。"或使"的意思是"某种导致它的东西",而"莫为"则意为"没有什么导致它"。《庄子》彼处使用"或"与《道德经》此处使用"或"是相似的。

让我们以一个非常奇怪的例子来结束这个关于"弗"字的讨论。在第22章中有"不自见,故明;不自是,故彰;不自伐,故有功;不自矜,故长"一句。马王堆帛书本中此句为"不自视,故章;不自见,故明;不自伐,故有功;弗矜,故能长。"

至少,"弗矜"一词让人感到困惑。"弗"暗指的是一个物体,但这个仅仅只能是第三人称的"之"。这里,在平行结构中,宾语是反身代词"自"。"自"当然不能用来暗指"弗",否则的话"弗"应该也可以被用在其他的平行结构中。在第24章中,有一个相似的句子:"自矜者不长"。其中,"矜"字之前的宾语又是"自"。有可能"弗"字在这里是个错误。如果真是这样的话,那么甲、乙本中共有的错误又多了一个。

《道德经》中有许多章节提出了阐释的问题。马王堆文本对这些问题中的一些阐释得很清楚。

第 31 章是这样开始的:"夫佳兵者不祥之器,物或恶之,故有道者不处。君子居则贵左,用兵则贵右。兵者不祥之器,非君子之器,不得已而用之,恬淡为上。"该段首句"夫佳兵者不祥之器"中,"佳"字显然是一个错误。王念孙(1744—1832)认为,"佳"应改为"隹",是"唯"字的假借字。不用说这样理解是正确的,因为"夫唯"是《道德经》文本中常用的句式。现在"夫唯"不能用来标志一个自然段的开始,因为它是对之前已经发生过的事情的继续。因而,不可避免会得出这样的结论,那就是,文本,根据实际情况来说,是可以顺序颠倒的,而且对有的地方进行重新安排也是必要的。这点更好地体现在"兵者不祥之器"中,它是对该章首句的一个重复。似乎是显而易见的,那就是,不管我们会采用什么样的重新安排,该段都将不得不位于现在的首句之前,它是对该段的一个重新开始。马王堆文本显示出了依靠这种推理的徒劳。句子里根本没有"佳"字,而且段落中重复首句的那一句用了"故兵者非君子之器也。兵者不祥之器也"来代替之前的"兵者不祥之器,非君子之器。"因而,"兵者不祥之器也"是一个结论,而非一种陈述,而且也不那么像所认为的那样是重新开始。句首多出的"故"字无疑使其得到了双重的肯定。但这一点无关紧要,因为没有"佳"字的话,实际上就没有必要重新安排了。

第 61 章首句如下:"大国者下流。天下之交,天下之牝。牝常以静胜牡,以静为下。"

该句中充满了问题。"天下之交"是始句的结尾呢? 还是后一句的开始? 如果它是始句的结尾,那"大国"如何成为"天下之交"? 如果它是后一句的开始,那"天下之牝。牝常以静胜牡"中"牝"字的重复就没意义了。要么是"牝"不该被重复要么是被误用了。如果把被重复的"牝"字删掉的话,那整个句子的意思将变成"在天下之交中,这个国家的女性将会通过保持静而得到比男人更好的东西"。但是即便是把重复的"牝"字去掉,"天下"一词的重复在某种情况下仍然显得不正确。将第 1 个"牝"字当成是个错字来看待,这种替代实际上可在好几个版本中找到支撑。在这些版本中,用的是"交"字来代替"牝"字。反过来,这就意味着是在重复"天下之交"一句,意味着第 1 个"天下之交"被当成了首句的结尾。这样就留下了"大国"如何"天下之交"的未解难题。马王堆帛书本显示出这个难题的真正解决办法其实非常简单:"大邦者,下流也,天下之牝也,天下之交也。牝恒以静胜牡。"

在流行本中,"天下之牝(也)"和"天下之交(也)"这2个短语都被调换了顺序,或者也可说是,"牝"字和"交"字的顺序被调换了,因而不可能使得这个句子得到满意的阐释。马王堆文本此句意为:"大国乃河流之较低的支流,即女性的世界。在世界的邦交中,女性总是通过静得到更好的结局。"还有一点,马王堆文本中用的是"为其静也,故宜为下也"来代替"以静为下"。

这样更可取,因为它提供了得出如下结论的基础:"夫皆得其欲,则大者宜为下。"

第28章第1部分是由3个平行的句子组成的,如下:"知其雄,守其雌,为天下谿。知其白,守其黑,为天下式。知其荣,守其辱,为天下谷。"

评论者们认为第3句"知其荣,守其辱,为天下谷"有些问题。他们认为,其最初的文本应该是"知其白,守其辱",有的评论者甚至认为第2句肯定是个插入句。马王堆文本的内容肯定了第1种观点,但是表明第2种观点并不正确。第2种观点是一种推测,因为将"知其荣"改为"知其白"将使得第2句中的"知其白"重复,而评论家们认为这样的重复是不可接受的。古代将"白"改为"荣"的编辑,除了对"辱"字的理解有误之外,一定还在于这么做可以避免重复的缘故。我们可从马王堆帛书本中看出,作者并不试图避免在该段中对字和短语的重复。在第1章中,马王堆文本有:"无名,万物之始也。有名,万物之母也。"该句重复了"万物"一词。在流行本中这种情况通过将"万物之始"中的"万物"改为"天地"一词而避免。在第10章中,还有另一个例子。根据马王堆文本,"能毋以知乎"出现了2次,而这在大部分的流行本中2个中的一个或另一个被改成了"能毋为乎"。

第13章的结尾部分是这样的:"故贵以身为天下,若可寄天下。爱以身为天下,若可托天下。"这可能使这个句子的第2部分变得有意思。"爱"意为"爱某样东西"并因而不愿意使用它,因此该句的这部分意为:"不愿意为使其邦国井然有序而使用他的人的人是可以把邦国委托给他的。"但是,这个句子的前半部分中的"贵"字代替"爱"字是不可能阐释相似的句子的意思的。这个句子有问题可从其中存在大量文本的小变化看出来。

马王堆文本为:"故贵为身于为天下,若可以托天下矣。"意思是相当清楚的。"为身"和"为天下"是常用的2个相对的表达。"为身"意为"控制管理自己",而"为天下"意为"管理天下"。"为天下"实际上在该句的

第 2 部分又出现了一次。因而该句意为:"因此,看重将自己安放得井然有序的人比将国家管理得井然有序更能管理好自己的国家。"在大部分文本中,把单个的字"为"改为"以"导致的不好的结果是小品词"于"的缺失,这就使得该句没有了被阐释的可能性。或许可猜测这种不好是怎么发生的。汉字"为"可能被改成了"以"字,而"于"被某些认为这个句子的 2 个部分应该是平行的结构而没有意识到由于"贵"字和"爱"字在句法属性上的不同其句子结构是必需不同的编辑给故意删去了。

这种因使句子结构更合理而导致其意思变得模糊的例子还有一个,可在第 1 章中找到:"故常无欲,以观其妙。常有欲,以观其徼。"

由于"其徼"是与"其妙"平行的,"徼"字与"妙"字一样,肯定是个名词。作为名词,"徼"意为"界限、边界",如在典型的复合词"边徼"中。因而这个句子可以被翻译为"Hence constantly rid yourself of desires to observe its subtlety; but constantly allow yourself to have desires in order to observe its bounds."(因而时常去除自己的欲望以观察其微妙,但是又要时常允许自己有欲望以观察其界限。)

马王堆文本为:"故恒无欲也,以观其眇(妙)。恒有欲也,以观其所噭(徼)。"

文中"徼"字前多了一个"所"字,这就使得"徼"字成了一个动词。作为动词,"徼"字只能被读成"yao"而意为"要"或"求",即"拦截、寻求、追求"。因而该句可被译为:"Hence constantly rid yourself of desires in order to observe its subtlety; but constantly allow yourself to have desires in order to observe what it is after."(因而时常去除自己的欲望以便观察其微妙,但是又要时常允许自己有欲望以观察它所追求的是什么。)

还有一个编辑试图为了使文本规则而将其修正的例子,而实际上文本中始终存在着另一种规则。在第 16 章中,流行本有如下一句:"不知常,妄作凶;知常容,容乃公。"

该段由 4 行构成,每行 3 字,而且似乎没有理由认为其被篡改过,但是马王堆文本中该段为:"不知常,芒(妄);芒(妄)作,凶;知常,容;容乃公。"

这表明该句原本是有其自己的规则的。"不知常"与"知常"是相对的。""不知常"会导致"妄",而"妄"又会导致"凶"。另一方面,"知常"则会导致"容",而"容"则会导致"公"。因此,一连串的结果是与另一连串的结果相对的,但是这种相对被使其在长度上一致的编辑高估了。

有时尽管只是由于一个使文本完全对照的欲望而使得文本似乎被加以了改变。第27章的结尾句为："故善人者,不善人之师。不善人者,善人之资。"

这里,"善人"与"不善人"之间的对照与"不善人"与"善人"之间的对照灵巧地并置,而且似乎没有理由让人去想它是否是错的。然而,马王堆文本该句是这样的："故善人,善人之师。不善人,善人之资也。"

可以看出,句中只有1组对照而非2组,"善人"是整个句子的主语。流行本的文本更巧妙也因而更有效,但是马王堆文本更简洁因而更可能呈现出了文本早期的状态。

有一个例子。有人怀疑现在的文本是某个对原初文本断句读时断错了导致的结果。这就是第8章的开始句："上善若水。水善利万物而不争,处众人之所恶,故几于道。"

马王堆文本该句为："上善治(似)水。水善利万物而有(又)争,居众人之所恶,故几于道矣。"

文中,"有"(又)代替了"不"字。马王堆文本的编辑倾向于接受流行本中的"不"字并将"有"(又)当作图形错误来对待。这只是一种假设,因为他们习惯于在"争"之后断句停顿这个传统,但是马王堆文本表明在"恶"之后再停顿会显得更清楚。于是该句意为："这是因为水不仅善利万物,而且争着居于众人都厌恶的地方,这样它就更接近道。"①使得现代编辑们喜欢用"不"的原因可能与古代编辑将"有"改为"不"的原因是一样的。

对文本图形部首的添加也会导致编辑错误。我们可从马王堆帛书本中看到,包括《道德经》在内的古代抄写员在这件事情上都非常随便。有许多按照后来的标准都需要添加部首的地方,被编辑给省略了。我们来举"终"字的图形为例。该字在《道德经》文本中出现了9次。甲本中,不算其被写成"众"那一次,"终"字一共出现了4次。而在乙本中,不算那用空框来表示的3次,有6次被写成了"冬"字。或许我们可从马王堆文本的惯例得出此结论并无太大的风险,至少至西汉早期,对用来决定图文的意思

---

① "It is because water is not only good at benefiting the myriad creatures but also vies to dwell in the place detested by the multitude that it comes close to the way." D. C. Lau trans. *Chinese Classics*: *Tao Te Ching*. Hong Kong: The Chinese University Press, 1982, p. 171.

是否准确的部首的使用,至少说是不确定的。有一个非常有趣的例子,由于添加了错误的部首而导致文本的意思错误。在第41章中我们可以看到如下句子:"上士闻道,勤而行之。中士闻道,若存若亡。下士闻道,大笑之。"

文中,不同类别的"士"被按能力降序排列。但是很难让人明白为什么要从勤于实践道的上士递降到道在他们那里仅停留一会儿就不再了的中士。马王堆文本解决了我们这个疑问:"上士闻道,堇能行之。中士闻道,若存若亡。下士闻道,大笑之。"

流行本中的图形是"勤"而马王堆帛书本中仅仅只是没有了部首的"堇"字,而且用了"能"字来代替"而"字。应该指出,在古代文本中,"而"字和"能"字常常是可互换的,而且,在我们正讨论的这个句子中"能"字也并非完全陌生没有先例的。如果我们把"能"看成是独立的而非"而"字的假借字,那么"堇"就不能被当成"勤"字,因为"勤能行之"是没有太多意义的。不得不将其当成"僅"字来理解,因而该句意为:"当上士闻道时,他几乎不敢去实践它。当中士闻道时,似乎道仅在他那里停留了一会儿然后就不再了。"

如果上士几乎不能实践"道",很可能是因为"道"应该只在那出现一刻然后就到了能力次之的中士那里。我们也可以来猜测流行本中是如何变成这样的。首先,马王堆文本中有2处用"勤"的地方用的是"堇"字,即第6章中的"用之不堇"和"终身不堇"。这2处流行本中用的都是"勤"字。这种情况有可能是编辑事先就将"堇"字当成了"勤"字。此外,文本编辑应该是把"而"字读成了"能"字,或者,至少是编辑把"能"当成了"而"的假借字,于是他就很自然地将"堇"字当成了"勤"字,因为"僅而行之"并不比"勤而行之"更有意义。

有一个例子恰与我们刚讨论的这个相反。在第33章中有如下一句:"死而不亡者寿。"

文中有2个同义词"死"和"亡"是相对照的,不太容易搞清楚它想要表达的意思。有人认为,该句的意思是"一个人死了却不消亡",但这样翻译无异于尽力把损失减少到最小。马王堆文本解决了这个问题。该句为:"死而不忘者寿。"文中,用加了部首的"忘"字来代替"亡"字。这样意思就变得很简单了:"一个人虽然死了但是他没有被忘记,这就是长寿。"

有时，马王堆文本显示出某个字在流行本中是假借字。第10章首句为："载营魄抱一，能无离乎？"

"载"字没有很重要的意思，而且让人沉思。唐玄宗认为"载"字应该被看成是最后一个小品词"哉"的假借字，因而前一章即第9章的最后一句应该是第10章的首句。这个观点得到了后来一些评论家的赞同。在1963年版的《道德经》英译本中，我将"载"字当成了"戴"字，意为"放在头上携带"。这种理解现在也在马王堆帛书本乙本中得到了证实，而在甲本中，此处是一个空框。

有时文本中一个细微的差别也能彻底地改变意思。在第20章中，我们可以读到下面一句："人之所畏，不可不畏。"但是在乙本中，该句为："人之所畏，亦不可以不畏人。"此句可英译为："He whom others fear ought also to fear others."（被他人害怕的人也应该害怕他人。）

这个句子的意思在2个版本中差别迥异。第1个版本中仅仅提供了建议，认为一个人必须与众人不同，而第2个版本则是特别为那个当权者提供建议。众人怕他，反过来他也必须怕他们。

也存在流行本和马王堆文本内容不同但却都言之有理的情况。初看似乎很少在二者间选择。然而，经过仔细的检验，马王堆文本显得更言之有理令人信服。在第24章中有如下一段："自见者不明，自是者不彰，自伐者无功，自矜者不长。"而在第22章中该段有些不同："不自见，故明。不自是，故彰。不自伐，故有功。不自矜，故长。"马王堆文本中2处分别为："自视者不章，自见者不明，自伐者无功，自矜者不长。"和"不自视，故章。不自见，故明。不自伐，故有功。弗矜，故能长。"

可以看出2章中主要的不同在于用"视"字来代替了"是"字。现在，这两句分别都是由2组对偶句组成的，每一句的2个部分组成了一个确切的平行。我们以第24章为例。第2组对偶中，"自伐者"和"自矜者"2个短语里的"伐"和"矜"是同义词。我们该期待第1组对偶中的情形一样。但在流行本中"是"和"见"不是同义词。在马王堆文本中，如果我们把它们当成是"示"的假借字，那它便是"见"的同义词。由于这个原因，马王堆文本更可取。

还有很多这样的情况，尽管马王堆帛书本的不同文本没有改变其意思，但并不排除某些可建议的修正。举一个例子就足够了。在第30章和第55章中，有"物壮则老"一句。在1963年的《道德经》译本中我追随的是高亨的观点,认为"则"字应该修改为"贼",于是该句被翻译为:"壮物不会对老的东西造成伤害。"①

现在马王堆文本第 30 章中有"物壮而老",而第 55 章有"物壮即老"。这清楚地表明,我们正讨论的这个字"则"是一个小品词,而认为它应该改为动词"贼"的建议是不可接受的。

马王堆帛书本中有 2 则例子因文本的不同而导致其哲学意义的不同。在第 24 章和第 31 章中我们都可找到"物或恶之,故有道者不处"一句。马王堆帛书本这 2 章中该句都是"物或恶之,故有欲者弗居"。

2 种文本内容差别很大。在流行本中,是说有道之人不住在物所厌恶之地,而在马王堆文本中"有道之人"却变成了"有欲之人",换句话说则是,"有抱负之人"。这一段在早期的文本中,更加关注的是赢得邦国,即赢得国家的管理,后来被转变为普遍的哲学意义。

不能不说一说"无为而无不为"。已经指出过流行本中有 2 处表达即"无不为"与"无为"是相对照的。第 37 章有"道常无为而无不为"一句。第 48 章有"损之又损,以至于无为。无为而无不为。"

在少数版本中还可找到另 2 处例子。很多版本的第 28 章都有"上德无为而无以为"一句。但此句在傅奕文本中为"上德无为而无不为。"范应元的《老子道德经古本集注》中有同样的表达和注释:"韩非、王諲、王弼、郭云、傅奕同古本。"

范应元的注释关注了《韩非子》而傅奕的文本通过现存文本得到了证实,但是在王弼注本中此一句则为"无以为"。提及的王諲也没什么名气。郭云与傅奕是同时代人,没有记载他有任何关于《道德经》的著作。

同样,在第 3 章中,很多版本有"为无为,则无不为治"一句。而此处傅奕的文本为"为无为,则无不为矣。"范应元再一次对傅奕的观点和注释表示赞同:"傅奕,孙登同古本。"

孙登生活在三国时期,尽管他的同时代人关于《道德经》的研究被记载在传记性的

《隋书》和陆德明的《经典释文》中,但是并没有现存文本。

我们现在回到马王堆文本。文本中似乎根本就没有"无不为"这样的

---

① "A creature in its prime doing harm to the old." In D. C. Lau trans. *Chinese Classics*:*Tao Te Ching*. Op. cit., p. 175.

表达。在甲本和乙本中都用了"道恒无名"来代替"道常无为而无不为"。在第38章中,甲本和乙本与大部分流行本中的表达"上德无为而无以为"一致。在第3章中,乙本为"无不治",而甲本此处是一个空框。

这样就还剩下第48章。不幸的是,甲本和乙本都有缺陷。高明指出,严遵的《道德真经指归》此一句为"损之又损之,至于无为而无以为",并以此为据认为《道德经》中原文有"无以为"。然而,事实远比这更复杂。首先,严遵的《道德真经指归》尽管是在分章解读《道德经》,但实际上是一篇续文而且其中并没有讨论《道德经》文本。还有一本同名的《道德真经指归》,是增加了唐朝的谷神子所作评论的严遵的著作。书中有与严遵论文相关部分所附录的每章《道德经》文本。而且,还有大概是谷神子对《道德经》文本和严遵论文的简要评论。对严遵论文的评论旨在表明它是论述的《道德经》文本的哪一章哪一部分哪一行。这样我们就2次读到了《道德经》文本,一次是在其每章之前,一次是在每章之中。高明所引的是对第48章进行评论的之前的文本。下面是对正讨论的这一行的评论,我将其放在了括号中:"损之又损之(使不知也)至于无为(使无事也)而无以为(无不事也)。"对严遵对该行的评论之评论如下:"无为而无不为者也。"

有2点需要注意。一是,在其评论严遵的评论中引用的文本实际上与严遵的评论所附录的文本是不同的。二是,对《道德经》文本"无不事也"的评论与"无不为"比与"无以为"更契合。因此,不但"无以为"这个文本没有显示出严遵的权威来,它甚至不确定《道德经》文本所提供的文本是否有可能被损毁了。同样不确定的情况还可在同一著作的第38章中找到。《道德经》文本为:"上德无为而无不为。"谷神子对此句的评论是"功归天也"。然而,他对严遵评论的评论是:"所谓上德无为而无以为。"

这又一次与补充的文本不一致,但它对文本评论的要点似乎是"将上德之人没有长远地信任自己的原因归因于天"。这样解读与"无以为"要比与"无不为"更一致。如果我们接受评论严遵作品的文本,那么谷神子的文本就与大部分《道德经》流行本没有差别。

作为所有这些讨论的结果,我们不能从呈现了《道德经》原文本的《道德真经指归》第48章文本中得出结论。我们能冒最大风险可说的是,有这么样的一个文本而且它以某种方式进入到了谷神子的作品中。

所有这些都没有影响高明的主要观点,认为"无不为"可能没有出现在马王堆帛书本中而且有可能是后来才有的。为了进一步讨论这个观点我们有必要再回到第38章。马王堆文本为:"上德无为而无以为也。上仁为之而无以为也。上义为之而有以为也。"这里,"无为"是与"为之"相对照的,而"无以为"则是与"有以为"相对照的。人被按照"无为"和"无以为"2个标准被分级。一是能完成这2个标准的上德之人。其次是能完成第2个标准却不能完成第1个标准的上仁之人。最后是2个标准都不能完成的上义之人。我们可看出这些等级在文本中的演化。第1等级在王弼注本中是这样呈现的:"上德无为而无以为;下德为之而有以为;上仁为之而无以为;上义为之而有以为。"

多出的一句"下德为之而有以为"是为了与"上德无为而无以为"平衡,但这使得"下德之人"无法与"上义之人"相辨认而且损毁了等级的渐变。第2等级在傅奕的文本中呈现时首行为:"上德无为而无不为。"

这次再没人质疑"无为而无不为"是牢牢建立的《道德经》的主要教义之一了。

有一个证据可支撑第一次见到"上德无为而无不为"的强烈感受。这个我们必须谈谈。如我们前面已经指出的,《韩非子》第20章《解老》是对《德经》的评论。其对《道德经》第28章的评论是这样开始的:

> 所以贵无为无思为虚者,谓其意无所制也。夫无术者,故以无为无思为虚也。夫故以无为无思为虚者,其意常不忘虚,是制于为虚也。虚者,谓其意(所无)[无所]制也。今制于为虚,是不虚也。虚者之无为也,不以无为为有常。不以无为为有常则虚,虚则德盛。德盛之谓上德。故曰:"上德无为而无不为也"。

这是该段的要点。一个人看重的不是"无为",也不会去思考这是不是"虚"。但是,一个人如果缺失了这种正确技巧那他就会被"虚"这个概念所困扰并因此他的思绪会被这种困扰所控制。现在,"虚"的本质在于思绪不被任何东西所控制,因为一旦它被"虚"所控制那它就不再是"虚"了。因而重要的不是"无为而无不为",而是与"无为而无以为"更相关的东西。在被"虚"这个概念所困扰而同时又去追求"虚"时,在某种意义上,有一种长远的动机。要点在于,只有摆脱了自己的这种长远的动机才可能获得"虚"。现在的《韩非子》文本可能是被某个编辑篡改的结果。与《道德经》一样,有可能是在某一时期"无为而无不为"被作为《道德经》的一个重要教义牢牢建立的时候被篡改的。

注意到这个情况是很有趣的。不仅在马王堆文本中的"无以为"在流行本中是"无不为",而且我们甚至可在马王堆文本中找到的"有以为"在流行本中却是"有为"。第 75 章有如下一句:"民之难治,以其上之有为,是以难治。"而马王堆帛书本该句却为:"百姓之不治也,以其上之有以为也,是以不治。"

有一种情况,由于两个字的顺序不同不仅改变了阐释的意义而且有可能与《道德经》的日期相关。第 49 章有如下一句:"圣人无常心,以百姓之心为心。"这里,"常"字是忌讳词"恒"的替代。如果我们恢复用"恒"字,该词则变为"恒心"。现在,"常心"一词可在《孟子》的 2 个章节中找到。这种表示似乎是到了公元前 4 世纪末才出现的,而且,如果它是原文本的话那就表明这一章有可能是比《道德经》中其他章节的创作时间要晚。然而,马王堆文本中该句为:"圣人恒无心,以百姓之心为心。"这表明"恒心"有可能是某个编辑所为,而且马王堆文本的意思要更加直截了当:"圣人常常没有他自己的心。他把百姓的心当成是他自己的心。"

第 62 章显然是被某个编辑篡改了。我们可在该章找到"三公"一词。马王堆文本中,此处为"三卿"。有理由怀疑是某个习惯于汉制的编辑所为。在汉制中,"三卿"是最高的官衔。

流行本似乎偶尔会有不足之处。如在第 77 章中我们可发现如下一句:"是以圣人为而不恃,功成而不处,其不欲见贤。"最后一句似乎是不完整的。马王堆文本该句为:"若此,其不欲见贤也。"

有时会因为某个或某些多余的字而使得马王堆文本的意思比流行本更清楚。如第 14 章有如下句子:"此三者不可致诘,故混而为一。"该句后紧跟着"其上不皦,其下不昧,……"一句。显然,这一句是在对前一句中的"一"进行描绘,但是文本却没有清楚地表明这一点。在马王堆文本中,在此描述之前增加了 2 个字"一者",使得此意非常清楚。

还有许多马王堆文本中有增加小品词的情况,但是偶尔的小品词能够使句法更清楚。如第 61 章有"故大国以下小国则取小国;小国以下大国则取大国"一句。只有通过上下文语境我们才能将其意思解读为:"因而,大国通过采取较低的姿态而吞并小国。而小国,则由于采取较低的姿态,而被大国所吞并。"①马王堆文本中在第 2 个"取"后有一个"于"字,清楚地表明这是一个被动句。

也有这种情况,即流行本中有多余的小品词因而使得文本的意思与马王堆文本迥异。第 28 章有如下句子:"朴散则为器,圣人用之,则为官长。"该段似乎想说当一块未经雕琢的木头切开后它就变成了器。"器"是专家,只适合做官。因而当圣人使用这些器时他就成了位置在这些官员之上的君王。然而,马王堆文本中该句"用"字后却没有"之"字:"朴散则为器,圣人用,则为官长。"

意思差别很大。未经雕琢的木头是圣人的象征。正是由于当未经雕琢的木头被切开后变成了器,所以圣人在允许自己被雇佣时才成为官员之首。而且,正是由于未经雕琢的木头在自己有用之时被毁,才使得圣人在变得有用时被毁。

另一方面,有时马王堆文本中小品词的缺失有助于我们对句子的理解。在第 1 章有如下一句:"此两者同出而异名。"有人认为,在与"名"可能押韵的"同"字之后应该有停顿。马王堆文本中,"而"字缺失了。这样就不可能在"同"字后停顿,因为如果停顿的话就会让这个句子的后半部分只剩下"出异名"3 个字,而这是不可能的。

有人说过,"文本批评的目的在于产生一个与原文本尽可能相近的文本。"②这可能是手稿存在的情形。如果没有这样的手稿可假设存在,那么文本批评的目的就只能更适度更谦虚。对绝大部分中国古代作品而言,作者仅仅只是一个传统问题。至西汉早期末时,一些真正的儒家经典都还没有标准的文本存在。这可从马王堆出土的《易经》文本看出。其情形很大可能也与《道德经》文本一样。有可能同时存在许多属于独立的考据传统的文本。如果这种情形成立的话,那我们就不能希望有了马王堆汉墓 2 个帛书本的发现我们就离《道德经》原文本更接近。如果确实能这样,那我们就只能谈论那一个原文本。然而,因为这个原因,马王堆文本变得很重要。有了马王堆文本,我们第一次可以确信这是一个没有抄写错

---

① "Hence the large state, by taking the lower position, annexes the small state. The small state, by taking the lower position, is annexed by the large state." In D. C. Lau trans. *Chinese Classics*: *Tao Te Ching*. Op. cit., p. 182.

② "The business of textual criticism is to produce a text as close as possible to the original." Paul Maas, translated by Barbara Flower. *Textual Criticism*. Oxford: Oxford University Press, 1958, p. 1.

误和被后来历代编辑篡改的文本,我们有了一个至少呈现西汉早期传统的文本。希望这个以马王堆帛书本为底本对《道德经》的修正英译本将能使那些不能驾驭中文的、认真的学生有机会利用《道德经》文本的重要的早期版本。

刘殿爵
1981 年 9 月于香港

第二节　以郭店楚墓出土的《道德经》竹简本为底本的英译比较研究

一、韩禄伯《老子〈道德经〉:以郭店新发现的令人惊异的文本为底本的新译》之"导论:有趣的个案"

(一)"导论:有趣的个案:第 19、30 和 63 章"①

郭店《道德经》竹简本中有相当多的章节或与后来的版本字字相同,或有偶尔的变化,但这些变动对读者理解该章的意思并无太大的影响。自然也有例外,它们就必定成了学者们研究和写作的焦点。下面的评论主要是关于这类章节中的第 19 章、第 30 章和第 63 章的。

1.第 19 章

该章在郭店《道德经》竹简本中的地位非常重要。对其已经有大量的讨论。该章通常被英译为:

1. Eliminate sageliness, get rid of knowledge,　绝圣弃智,

2. And people will benefit a hundredfold.　民利百倍。

3. Eliminate humanity, get rid of righteousness,　绝仁弃义,

4. And the people will return to filial piety and compassion.　民复孝慈。

5. Eliminate craftiness, get rid of profit,　绝巧弃利,

6. And there will be no robbers and thieves.　盗贼无有。

7. These three sayings, regarded as a text [*wen*, 文] are not yet complete. 此三者以为文,不足。

8. Thus we must add to them the following things: 故令有所属:

---

① Interesting Cases: Chapters 19, 30, and 63, Robert G. Henricks. *Laotzu's Tao Te Ching: A Translation of the Startling New Documents Found at Guodian*. Op. cit., 2000, pp. 11-17.

9. Manifest simplicity and embrace the genuine.　　见素抱朴。

10. Lessen self-interest and make few your desires.　　少私寡欲。

包括作者本人,许多学者多年来认为,第20章第1行"绝学无忧"①应该为第19章最后1行。此行与第9行和第10行一样,每行也是4个汉字,其语法模式也是一样的,为动宾结构。如果"此三者"不足的话,该章的最后就必定需要再加上3行。但在郭店竹简本中,第10行后却是一个句号,其后紧随的是第66章的开始。而且,正讨论的这一句"绝学无忧"却出现在《道德经》乙本第3章中,即现在的第20章首行。②

这还不是这个新版本第19章的关键问题。重要的是该章在形式上的问题,其中第1、3、7行的变化相当大。用"圣"(sageliness)一字的位置郭店竹简本用的是"攴"字;用"仁""义"二字的位置郭店竹简本用的是"忎"和"慮";第7行中的"文"字在竹简本中为"貞"。在文物誊抄本中,"攴"的读音与假借字"辩"同。"忎"可理解为是"伪"的变体。而"慮"意为"诈",因为该字的音部是"且",该字在古代发音同"诈"。最后,第7行中的"貞"字可理解为"辨"。因此,我们可将郭店竹简本第19章(其中第5—6行出现在后来文本的第3—4行之前)英译为:

Chapter 19

1. Eliminate knowledge, get rid of argumentation,

2. And the people will benefit one hundredfold.

3. Eliminate craftiness, get rid of profit,

4. And there will be no robbers and thieves.

5. Eliminate hypocrisy, get rid of deceit,

6. And the people will return to filial piety and compassion.

7. But these three sayings, regarded as a distinction, are not complete.

8. And perhaps we should add to them the following things.

9. Manifest simplicity, ambrace the genuine,

10. Lessen self-interest and make few your desires.③

"圣""仁""义"是被儒家极力倡导的思想。在孔子自己看来,"仁"应

---

① "Eliminate learning and you will have no distress." Robert G. Henricks. *Laotzu's Tao Te Ching: A Translation of the Startling New Documents Found at Guodian*. Op. cit., p. 12.

② Ibid., p. 12.

③ Ibid., p. 13.

该是"德"之最高原则。因而,郭店竹简本中该章并没有出现"圣""仁""义",但它出现在后来所有的《道德经》版本中,因此给人的第一感觉不及后来的《道德经》第19章那么"反儒家思想"①。

　　这些意味着什么呢?我们作这些变动是为了什么?或者这么说:郭店竹简本中的该章是原文本吗?是哪个版本在某一时刻被改动得更尖锐更具反儒家思想的?或者,后来版本的措辞是原文本的措辞吗?郭店版本的措辞是被某个希望将这种反儒家思想的语气轻描淡写而加以改动了吗?来回想一下,郭店楚墓中发现的其他文本中儒家思想的气息是非常明显的。

　　这个被揭示出的真相将产生大量的讨论,而且也应该被很好地加以讨论。出现的一个问题是,这2个问题是否就是我们所有的疑问。归根结底,根本就没有一个《道德经》"原"文本也是可能的。即,考虑到拉法格(Michael LaFargue)以及其他人的《道德经》译本指出过《道德经》中如此多的"口述性"标记(3—4行为一组的相似的、平行的、押韵的形式),这些不同版本的某些章节或章节的某些部分在任何的文本形式以书面形式记载下来之前在中国的流传过程中有细微差别也是可能的。而且,同一文本的不同部分的不同版本能第1次在不同时代在这个国家的不同地方被记载下来。郭店竹简本中第64章第2部分的2个版本就是这种情况的一个证明。

　　然而,如果情况确实如此的话,那这些文本中的一个在第19章开头几行就被改动过。我倾向于认为郭店竹简本的措辞是原措辞,"圣"和"仁"是后来插入作为替换的,可能是作为一种使该章的陈述反对孟子哲学思想的方式。如我们所知,孟子喜欢谈论"仁义"。而且,不同于他的先生孔子,他相信人人都有成为"圣人"的潜能。

　　在我们结束谈论该章前,还要说明的是我自己并不赞同文物誊抄本在第1、3、7行中所用的那些奇怪的汉字。我的选择在下面关于我的翻译的注释中作了解释。但至少此时此刻,我愿意将"攴"解作"辨"(distinction);将"怎"解作"化"(transformation);将"慮"看作是"虑"(deliberation)字的变体。最后,我倾向于将第7行中的"叀"理解为"使"(mis-

---

① Robert G. Henricks. *Laotzu's Tao Te Ching*: *A Translation of the Startling New Documents Found at Guodian*. Op. cit., p. 13.

sion），与该词在第 55 章中的读法一致。因而，我的英译为：

1. Eliminate knowledge, get ride of *distinction*,
2. And the people will benefit one hundredfold.
3. Eliminate *artistry*, get rid of profit,
4. And there will be no robbers and thieves.
5. Eliminate *transformation*, get rid of *deliberation*,
6. And the people will return to filial piety and compassion.
7. (*But*) these three sayings, regarded as *your mission*, are not complete,
8. And perhaps we should add to them the following things:
9. Manifest simplicity, ambrace the genuine,
10. Lessen self-interest and make few your desires①.

2.第 30 章

停顿分隔符将第 46 章最后 1 行与第 30 章第 1 行分隔开来，但是符号用的却是通常在章节内句尾或部分结尾使用的细线。在这种情况下，由于第 46 章和第 30 章在思想和信息方面的显然不同，这个符号标志的必定是该章的结束。

郭店竹简本第 30 章由 9 行组成，但后来的《道德经》版本这章的篇幅却要长得多。令人惊异的是该章的形式看起来确实像"梗概"，像"骨架"，它只涵盖了那些思想的要点部分，此外再无其他。或许最好的显示出这个特征的办法是，在译文中将后来版本中添加进去的那些诗行用斜体标示出来：

1. One who uses the Way to assist the ruler of men,
2. Does not desire to use weapons to force his way through the land.
Such deeds easily rebound.
In places where armies are stationed, thorns and brambles will grow,

---

① Robert G. Henricks. *Laotzu's Tao Te Ching*: *A Translation of the Startling New Documents Found at Guodian*. Op. cit., p. 14.斜体词为原作者自己对第 1、3、7 行中这几个汉字的解读英译。第 7 行中的第 1 词(But)省略没译。其余部分与第 1 译文相同。（作者注）

Great wars are always followed by famines.

3. One who is good at such things achieves his result and that's all.

4. He does not use the occasion to make himself stronger still.

5. He achieves his result but does not brag about it;

6. He achieves his result but is not arrogant about it;

7. He achieves his result but is not conceited about it.

He achieves his result, yet he abides with the result because he has no choice.

8. This is called "achieving your result but not being vicious."

9. Such deeds are good and endure.

When things reach their prime, they get old;

We call this "not the Way".

What is not the Way will come to an early end. ①

郭店竹简本该章第 9 行（最后 1 行）以恰当的评论结束了这一章，后来的版本中那添加的 3 行只是显得与该章的重要内容完全不相干。

后来版本的另一变动是将郭店竹简本该章的最后 1 行"其事好长"（Such deeds are good and endure）改成了"其事好远"（Such deeds easily rebound），并且将其变成了该章的第 3 行。②

3. 第 63 章

郭店竹简本《道德经》第 63 章共有 6 行，包括了后来版本的前 3 行和最后 2 行，合并了后来版本的第 4 行和第 13 行，省略了其余共 9 行的内容，即省略了该章的大部分内容。第 4 行通常被读作"大小多少"（Regard the small as large and the few as many），第 13 行通常被读作"多易必多难"（Those who regard many things as easy will necessarily end up with many difficulties），合并为"大小之多易必多难"。因此，该章可英译为：

1. Act without acting;　　为无为；

---

① Robert G. Henricks. *Laotzu's Tao Te Ching*: *A Translation of the Startling New Documents Found at Guodian*. Op. cit., p. 15. 斜体部分为译者韩禄伯根据后来版本补充而竹简中没有的内容。译者自注。

② Ibid., p. 16.

2. Serve without concern for affair; 事无事；

3. Find flavor in what has no flavor. 味无味。

4. In affairs large or small, the more things you take to be easy, the more difficulties there are bound to be. 大小之多易必多难。

5. Therefore even the Sage regards things as difficult, 是以圣人犹难之，

6. And as a result in the end he has no difficulties.① 故终无难矣。

现在，该章存在显而易见的"沟"（gap），即该章中间部分大约50个汉字的缺失可解释为誊抄时的粗心所致。即，在誊抄时，抄写的人漏掉了写有该章主要部分的1枚或者2枚竹简。第4行中最开始的2个字"大小"正巧在1枚竹简的最后位置，而第13行的"多易必多难"恰巧在另1枚竹简的开头位置，但中间漏掉了2枚竹简。解决的办法即是郭店竹简本《道德经》该章第4行中有个助词"之"，它将其完全整合在一起。"之"的运用使得后来版本中的那9行似乎成了是在原初这个简短、连贯的文本中插入的部分②。

注意到郭店竹简本《道德经》中被省略的那9行中的第5行"报怨以德"（repay resentment with kindness）常被用来作为老子《道德经》存在于孔子时代的依据也是非常重要的。论争的焦点在于《论语》第14章中当孔子被弟子请求对"报怨以德"做出的评论，由此而认为此说之源一定是出自老子《道德经》第63章③。显然，这种论争是不能用来作为"报怨以德"这种观点最早出现在《道德经》第63章的依据的。④

译者在译文后的评论与注释中指出，竹简本此章共有6行。由于后来版本的15行中的前3行（只有前3行）与竹简本一样，因此以马王堆帛书本甲本为底本把其中的4—15行补充英译在后，以便读者明了。

---

① Robert G. Henricks. *Laotzu's Tao Te Ching: A Translation of the Startling New Documents Found at Guodian*. Op. cit., p. 16.

② Ibid.

③ 可参见《论语·宪问第十四》："或曰：'以德报怨，何如？'子曰：'何以报德？以直报怨，以德报德。'"

④ Robert G. Henricks. *Laotzu's Tao Te Ching: A Translation of the Startling New Documents Found at Guodian*. Op. cit., p. 17.

4-15 Lines of Chapter 63(translator's version):(斜体部分是马王堆文本中所没有的)

4. Regard the small as large *and the few as many*.

5. And repay resentment with kindness.

6. Plan for the difficult while it is easy;

7. Act on the large while it is minute.

8. The most difficult things in the world begin as things that are easy.

9. The largest things in the world arise from the minute.

10. Therefore the Sage, to the end does not strive to do the great,

11. And as a result, he is able to accomplish the great.

12. Those who too lightly agree will necessarily be trusted by few;

13. *And* those who regard many things as easy will necessarily end up with many difficulties.

14. Therefore, even the Sage regards things as difficult,

15. And as a result, in the end he has no difficulty.[①]

(二)《道德经》竹简本的哲学思想

由于《道德经》竹简本只包含了现在《道德经》版本81章中的31章,在试图理解这3捆文本究竟是什么时,我们必须注意在阐述《道德经》竹简本的"哲学思想"时有哪些章节包含在这31章中又有哪些章节没有包含在这31章中。换句话说即是,考虑到我们对《道德经》现代版本的观点、概念、术语和短语的范围比较熟悉,那些观点、术语和短语等都呈现在这个竹简本中了吗? 或者有什么被遗漏没有? 引用的章节提到"道"了吗?"道"有没有彻底地被描绘为是天地万物的源泉? 文本有没有指出"道"乃万物之"母",是"母"养育了万物发展了万物并将万物养至成熟?"道"有没有被描绘成不可闻或不可见? 被描绘为"无为"但同时又"无不为"? 百姓有被催促着少私寡欲或欲不欲,而以"知足"取而代之吗? 什么是"圣"? 或者什么是"圣人"? 他有被说成是彻底的无私之人,说成是"功成事遂"之时却不想让别人知道是他所为的那个人吗? 他是那个"事无事"之人

---

① Robert G. Henricks. *Laotzu's Tao Te Ching: A Translation of the Startling New Documents Found at Guodian*. Op. cit, p. 48.

吗？竹简本中包含了那些赞颂"水"之力量，将其看成是柔弱胜刚强的典范吗？"牡"有没有被认为很重要？有没有作为被动的典范被提及？我们有没有发现在后来的完整版本中找到的"有"和"无"之间的差别？等等。

　　实际上，考虑到我们仅仅是在讨论《道德经》完整文本五分之二的内容，竹简本如此面面俱到地阐释《道德经》中所蕴含的哲学思想就有些令人惊异了。《道德经》中讨论"无为"（nonaction, to do nothing）哲学思想的10章中郭店竹简本中包含了6章；讨论"无事"（serve without concern for affairs）的2章均包含在其中；论述"朴"（genuine, natural, uncarved wood）的章节，包括第15、19、28、32、37、57章，除第28章外，全部包括在郭店竹简本中；讨论"知足"哲学思想的3章中有2章，即第44章和第46章包括在竹简本中，只有第33章除外；论述"知止"（to know when it is time to stop）哲学思想的2章（第32章和第44章）也都包含在竹简本中。

　　但是，有些术语明显缺失，有些观点（思想）没有得到进一步讨论或受到足够的重视。这些"缺失"是否至关重要还值得商榷。同时，下面是我注意到的缺失情况。

　　（1）老子《道德经》中论"道"的8个章节中，在郭店竹简本中只有1章，即第25章。其余章节如第1、4、6、14、34、51和52章都没有包含在其中。

　　（2）在老子《道德经》中，"道"有时候指"一"，关键的章节有第10、14、22、39和第42章，郭店竹简本将这些章节全部省略了。

　　（3）讨论"天道"或"天之道"的章节，郭店竹简本中只包含了第9章，其余第47、73、77、78和第79章都没有。注意，郭店竹简本中没有包含《道德经》第66章之后的章节内容。这些章节的内容难道是另有来源？就这一点而言，我们也应该提及，《道德经》中"反对贵族阶层或上层社会"（antiaristocracy）的章节，即第66章之后的第72、75、79、80和第81章，那些指责靠剥削穷人而过着逍遥日子的富人，也没有出现在郭店竹简本中。

　　（4）对女性行为模式的效力或"被动、柔弱"胜"刚强、主动"的影响，郭店竹简本几乎没有提及，论述此主题的核心章节包括第28、36、43、61、76和第78章。与此相关，作为女性潜在象征体的"水"，在《道德经》第8、34、43和第78章有讨论，在郭店竹简本中也"缺失"了，但"水"却实实在在在《道德经》丙本中的"太一生水"中起到了至关重要的宇宙哲学的作用。

(5)"道"意指"母"的5个章节,即第16、20、25、52和第59章中,只有第25和第59章包含在郭店竹简本中。此外,如邢文所指出的,母/婴之比喻——用来描绘"道"与"万物"之关系的内容,其关键的章节包括第20、34和第52章,也没有出现在郭店竹简本中。尽管郭店竹简本中确实包含有第20章和第52章的诗行,但这些诗行却不是论述这二者关系的那些。与此相关的是,读者在《道德经》文本中多次被催促要"如婴儿"。但论述"婴儿"的那些章节如第10、20和第28章都没有被包含在郭店竹简本中。

(6)最后一个是《道德经》中的常用句式"是以圣人……"通常在章节的结尾,后面紧跟着告诉我们哪些事情该做,哪些不能做的格言,我们会发现"是以圣人怎么怎么做……"或"是以圣人怎么怎么说……"这样的句式。如刘殿爵指出的,这些章节均被认为是编者加以评论的章节,共20章,包括第2、3、7、12、22、26、27、29、47、57、58、63、64、66、70、72、73、77、78和第79章,但仅有5章,即第2、57、63、64和第66章包括在郭店竹简本中[1]。

(三)结语:《道德经》竹简本是什么?"

我们需要问的主要问题是:"《道德经》竹简本"或"郭店《道德经》"这个文集被叫作什么?在墓主及其同时代人的心里,这3捆竹简中包含的是什么?他们认为3捆中的一捆或者全部一起构成了一个"文本"吗?如果是这样,他们会把其称作《道德经》吗?不管这些问题会如何回答,由于这3捆竹简不是完整的《道德经》文本,而且其中许多"章节"不全,章节的顺序与我们在《道德经》现代版本中看到的不相关,我们该把这些材料放在文本总体历史的哪个位置呢?

在我对这些问题采取立场或提出我对它们的看法之前,让我从呈现别人已经给出的建议开始。这些建议根据其发表的时间顺序展示如下:

(1)在最早发表的关于郭店出土的《道德经》竹简本的文章中,崔仁义认为这些竹简实际上是3册独立的书或文集,它们一起构成了被某个人用来撰写我们现在知道其名为《道德经》的材料来源之一。这是中国学者的

---

[1] "Finally, one of the common phrases in the *Laozi* is 'Therefore the Sage.' Often at the end of the chapters, following maxims that tell us how things should or should not be done, we find the words "Therefore the Sage(does so-and-so)or"Therefore the Sage(says so-and-so);" In Robert G. Henricks. *Laotzu's Tao Te Ching*: *A Translation of the Startling New Documents Found at Guodian*. Op. cit., p. 19.

大胆建议,我为其勇气致敬。此外,他还认为,马王堆汉墓出土的《德道经》晚于这个时间不久,因为韩非子在《解老》《喻老》中引用《老子》时《德道经》就已经有定本了。

(2)李学勤在1998年发表的一篇报刊文章《荆门郭店楚简所见关尹遗说》中认为"郭店《老子》"是流传在早期中国的许多《老子》版本中的一个。他将这个特别的文本与关老派或道家学派相关联,其中"太一"这个概念起到了重要作用。因而对李学勤来说,《老子》中的《太一生水》显然是《老子》的一个组成部分。假设有这么一个对此特别强调的"学派"的根据可在《庄子》第33章《天下》中找到,其中有如下文字:"以本为精,以物为粗,以有积为不足,澹然独与神明居。古之道术有在于是者,关尹、老聃闻其风而悦之。建之以常有,主之以太一。以濡弱谦下为表,以空虚不毁万物为实。"

李学勤的文章没有解释,如果这是《老子》的一个"版本"的话,为什么它不是完整的?为什么有这么多的章节被省略了?对我们大部分的西方人来说另一个障碍是这个假设:关尹是个历史人物(假设"关尹"与关令"尹喜"是同一个人),司马迁第一次告诉我们,是关尹叫老子为我们写了《道德经》这本书。

(3)郭沂发表了一篇吸引人的文章《从郭店楚简〈老子〉看老子其人其书》。他认为郭店竹简本《老子》章节的顺序要优于今本《老子》,因为在很多情况下,如前面已经指出的,章节的顺序是通过主题来联系的。此外,如他正确地指出的,第48章的开头几行与直接跟在其后的第20章的开头几行一起,组成了一个统一的章节。他同时还看到了文本体例上与《庄子》之间的联系。与《庄子》一样,竹简本《老子》也分为3篇,或许可仿照《庄子》体例分别称为"内篇""外篇"和"杂篇"。实际上,《老子》下篇的内容就相当"杂",所有章节似乎没有集中论述的主题。此外,包含在第64章第2部分的诗行之前已经被包含在了上篇中。

但是郭沂文章最具创造性的地方在于他认为实际上在中国古代有2个不同的老子。第1个是如司马迁告诉我们的叫李耳或李聃,生活在孔子时代。郭沂很自信在郭店发现的3部分《老子》就是完整传本。第2个是太史儋,他于公元前374年见秦献公。第1个版本的《老子》为太史儋所作,但他在其中添加了自己的材料。完整本《老子》中的所有章节都在阐述"王术"(arts of ruling),而且,在郭沂看来,所有章节都能感觉到"法家"

的影响,对法家产生影响的就是这第 2 个作者太史儋。

(4)在题为《论郭店〈老子〉与今本〈老子〉不属一系》的文章中,邢文与其导师李学勤一样认为"郭店《老子》"是不同于《今本老子》的一个文本。它属于一条不同的线系,一条不同的文本传播线。与李学勤一样,邢文相信《太一生水》是竹简本《老子》的重要组成部分,属于《老子》丙本。事实上,邢文认为,"太一"假设了在我们现代的《道德经》文本中由"一"所起的宇宙作用。两个文本之间的另一个区别在于作为"母"的"道",在郭店竹简本的章节中却几乎没有提及,这点前面已经提到过。同样,在现代文本中(第 20 章第 2 部分,第 34 章和第 52 章的开头几行)发展的"母/婴"的比喻在郭店竹简本中也缺位了。

作者的立场是什么?他会把这个新近发现的他不得不"强为之命名"的材料叫作什么呢?我们先来讨论这个问题:这 3 捆竹简一起组成了一本叫《老子》的书吗?墓主和他的同时代人会这么叫它吗?这些是可能的。但是由于所有的文本都没有标题,因而没有办法确定或否定它。我自己也不确信这 3 个竹简文本一起能否被理解为是一个"文本",因为我想不出理由来解释为什么一个统一的文本中会包含同一章的 2 个不同的版本(如第 64 章的第 2 部分)。但是,在这个时期有一个《老子》文本存在吗?我们在这些竹简中发现的材料就是从中选的吗?根据主题来故意分成的几个部分,如标示的甲本、乙本,使得这成了一个貌似可信的选择。如果这是真的,那我要争辩说任何为这些竹简提供来源的《老子》文本都不"完整",其中都有后来的版本通过添加一些不相关的观点为某些章节添加了诗行,如第 30 章以及某些段落被扩充为"章节",如第 5、16 和 52 章。但是,考虑到每捆竹简在长度和风格上的不同,似乎这些竹简至少是从 3 个甚至更多的来源誊抄的,甚至也有可能每捆中的个别章节或章节单元是从不同的原初来源誊抄的。否则,我们该如何解释在《老子》上本第 1 单元中"道"被写成"衜",直到第 32 章即这个单元的最后 1 章中才突然改写为"道"呢?

那么,这是否意味着公元前 300 年的时候根本就不存在完整本的《老子》呢?不完全是这样。实际上,到公元前 300 年的时候可能至少有 1 个《老子》完整本,也可能有不止一个,如果不是比这个时间更早的话。但这个结论与郭店竹简本《老子》没有任何关系。这个结论的得出基于两件事。一是创作于公元前 200 年的马王堆帛书本的相似与不同,代表的是同一共同祖先的 2 条不同的传播线。由于 2 条线分支到呈现在马王堆帛书本上的那种程度需要时间,我毫不费力地相信它们共同的祖先是在公元前 300 年至 250 年间流传的,而且有可能更早些。支撑这个结论的第 2 个理由是《韩非子》中的《解老》《喻老》的出现。尽管我们不能确切知道这 2 章的写作时间,考虑到韩非子的生卒年大约是公元前 280—233 年,我们将其时间放在大约公元前 250 年是不会相差太远的。当然,我们不能确定《韩非子》知道和引用的《老子》是如我们今天所知道的完整本,因为它只评论了涉及《道德经》23 章的诗行。令人好奇的是,在郭店竹简本《老子》中仅能找到这些章节的五分之一,分别是第 41、46、54、59 和 64 章。

关于郭店《老子》竹简本,我们所能确切知道的是它们大约于公元前 300 年被埋。比如说,我们不知道它们是什么时候被"誊抄"的,是什么时候被创作的。它们有可能是墓主死之前不久被誊抄的。但是如果楚墓发现的这些竹简就是墓主的图书馆藏的话,那它们被制作的时间有可能还要早些,或许早至公元前 350 年。然而,这并不有助于我们确定竹简誊抄的时间,因为郭店竹简是以"誊抄本"之"誊抄本"的形式出现的,也即是说,它们不是以"原创形式"或者将某个人的观点或话语首次记录下来的方式呈现的。而且,它们并非口述的成果。制作这些竹简的誊抄员在抄写时"瞅着"摆在他们面前的资料,假设还有其他的竹简。那么问题来了,作为郭店竹简的资料来源的竹简是什么时候被制作的呢?对此我们无从知道。除此之外,如果我们赞同至少这些资料在被记录下来之前就已经口头流传的话,那么甚至更难的问题来了,那就是,这些资料又是什么时候被首次"创作"的呢。

二、安乐哲《道德经的哲学英译:让今生有意义》之"《道德经》的本质与应用"和"英译介绍"

(一)《道德经》的本质与应用

伟大的法国汉学家葛兰言(Marcel Granet)曾说:"中国智慧是无须上帝的意见的。"与相似,在中国这个世界里,没有什么是"被创造的",包括世界本身。《道德经》的出现也是没有直接原因的。当然,文本长期以来都与一个绰号叫"老子"的人相关,但是其真实性与老子的名字一样却是众所周知的。

关于这个没有作者的文本我们知道些什么呢？在修辞模式和韵律的基础上，白一平（William Baxter）将《道德经》的成书时间溯源到了公元前400年，但是他认为公元前4世纪的早期或中期最有可能是《道德经》的汇编时期。考虑到《道德经》在公元前4世纪末3世纪初在如《庄子》《战国策》《吕氏春秋》《韩非子》等文集中被广泛引用，因此《道德经》文本有可能是以某种形式在这之前而非之后出现的。1993年，从一个距古楚国首都晋安城（今湖北省）北一个名叫郭店的村子的墓中发现的3捆独特的竹简一起组成了"不完整的"《道德经》，这些竹简可溯源到公元前300年，恰与白一平的推测一致。这个郭店本《道德经》本身是在81章完整版本口头流传形成时期的一个过渡呢，还是某个人对已经存在的完整文本的缩略，这个还不太清楚。但是即便是这个"不完整的"文本，其明确的反儒家的论争提示了我们《道德经》汇编成书时道家和儒家的谱系已经形成了。

在我们思考《道德经》作者不详的起源之前先来谈谈其口头形态或许是有帮助的。早期中国的口头语言和书面语言的关系对过去和将来文本的影响都很大。即是说，一个文本将如何从口头传统中产生，以及它将如何代代流传至将来。此外，我们与罗思文（Henry Rosemont）一道提出如下论争：

> 文言文就像个长得乖的小男孩，它主要是被用来看而不是被用来听的。今天，一个试图用文言文来写一篇发言稿的人将会最终以独白告终。这并不是说声音过去和现在完全是与书面语言无关的，因为一些双关和全韵、押头韵等显而易见在发音上是音形一致的。而且，这样的语言手段毫无疑问在促进对那些能够唤起广泛讨论的文本的记忆方面具有极大的价值。它确实蕴含的东西，对我们的总体地位来说是一个很重要的前提条件：汉语口头语现在是过去也肯定是被广泛理解的。文言文现在不会而且可能永远也不会作为一种主要的口头语被广泛理解。因而，口头语和书面语现在是而且也可能会总是两种独特的语言媒介，而且如果真是这样的话，后者应该显而易见地不被简单地当成是一种言语的转录。

声称书面语言不是言语的转录在这个论争中通过在大部分（如果不是主要的）口头传统中的承认而得到认可。大部分在某一时刻因某些特别的原因而被记载下来变成了书面语的语言早先是通过记忆流传的。而且通过这种形式,丰富了精致的言语,这与莎士比亚、蒲柏、尼采和爱默生大量充斥于优美的思想对话中的格言警句非常相似。

刘殿爵告诉了我们太多关于《道德经》文本的信息。在准备他自己的《道德经》英译时,他遵循的是普遍地将《道德经》划分为《道经》和《德经》两部分,同时也尊重传统的解读将文本划分为81"章"。但他多走了一步,将这81章划分为了196个部分,其中甚至又分为更多更小的部分,在内在押韵和认为只有一个非常松散的文本关联的观点基础上证明这个看似碎片化的著作是合理的。刘殿爵还认为,占《道德经》文本一多半的押韵的段落有可能"通过详细解释其意思的口头评论的形式而被背诵"①。

米歇尔·拉法格为我们了解《道德经》的本质和作用提供了进一步的洞见。他认为文本并不"教我们哲学的教义"而是蕴含了可分为两组的"学说":寻求纠正某些常见假设的"论战的谚语"(如骗子永远不会成功)和推荐某些自我修养法则的格言。拉法格进一步提出了重要的观点,坚持认为,与标准的对文本的不可贯穿性的绝望相反,那些词"常常为一群有共享能力的人传达了一种简单的确切的意思"。即是说,构成文本的那些格言对其预期的读者在他们自己的历史时期和生活经历的语境内是很有意思的。

如果我们将从上面获得的洞见加以合并和扩展,那我们就能得到一个对《道德经》的起源、连贯性和应用的合理猜测。

首先,非常相似的《道德经》竹简本和帛书本在完全不同的时间和地点在考古现场被发现这个事实证明了我们很早就开始了对经典"文本"而非广泛流传文本的研究。我们将"文本"加上引号并故意使用了"经典"一词是因为著作的书写形式在本质上似乎是口头传统的衍生物。

的确,当我们习惯于将这样的智慧文学传统当成是通过书面文字传承下来,超越了有说服力的韵律的使用来思考的时候,会有另外的相当清晰的指示,即,记忆和口头流传可能在为早期中国的学术谱系建立一个共同的参考框架中起到了主要的作用。在《道德经》书面文本和其他发现的文

---

① "...learned by rote with the meaning explained at length in an oral commentary." In Roger Ames and David Hall trans. *Dao De Jing "Making This Life Significant": A Philosophical Translation*. New York: Ballantine Books. Op. cit., p. 4.

本中令人说服地使用假借字提示我们,它们首先呈现的是字音,然后才是通过上下文和推理呈现出字义。这将意味着它们是从因某些特殊原因而记忆、流传下来的一种口头传统的一部分,在这种情况下,或许是为沉默的墓主走向迷雾重重的彼岸世界的旅程提供的文本资料。书面文本的聚集也似乎在国家科学院的宫廷图书馆的建构中起到了作用。这些图书馆试图吸引他们那个时代最优秀最聪明的学者,从而带给他们赞助者的声誉。

将影响这个标准化进程的另一个因素是丰富而冗长的口头语与作为简练的格言之口头文集以抓住时代的普遍智慧的"文本"之间的关系。这些经过组合的谚语可在作为熟悉的、常在开始讨论时用作"话题"的格言以及在出现在口头语中时作进一步阐释的可能性之口头语中获得。这些早期的资料在流传的过程中似乎存在某种易变性,最近的考古发现正逐步揭开相对标准化的早期版本,《道德经》就是其中的一种,这启发我们机械记忆和"经典化"在巩固文本和保存其完整性方面有着某些力量。

我们同意拉法格的观点,认为在《道德经》中发现的押韵的文本能相当公平地描绘成是一种"谚语式的"智慧文学而非提供阐述并试图促使具有同情之心的读者去想象表达这一层意思所需的条件。然而,对拉法格来说一个重要的悖论是,那些押韵的格言不仅仅是记忆性的,而且在某种意义上对聪明的西非谚语讲述者或我们自己传统的、具有唤起作用的格言警句和《圣经》语录来说也是值得纪念的。也即是说,《道德经》中的格言警句应该不是大量充斥于或起作用于那些熟悉的、拉法格用于阐明他自己观点的格言中[如,人善被人欺(nice guys finish last)]。这些陈腐平庸的老生常谈不能算是智慧。相反,组成《道德经》中优雅格言的是"来自地下的声音",与其他像这样的经典中的格言一起常常以非正式的形式广为流传、传播,并起到了在有能力的人群中保存共享的语言流通与共识的文化作用。通过"有能力的"一词,我们正紧随拉法格对他心目中的有着相似的世界观和共识的对象的描述,主要是那些有价值的人,他们试图参与"文本"。他们是我们自己的时代所缺乏的。

对这样的传统来源进行反思是很有趣的,包括《诗经》里的那些日常流行歌谣以及对它们的提纯精炼,它们对早期汉语语料库中意义的产生和不同哲学议程的发展促进起到了作用。对《诗经》这个主要是歌谣的流传的口头媒介所能说的,对构成《道德经》的那些被选择的智慧警句来说或许更真实。

史嘉柏(David Schaberg)探索了战国时期和秦朝非经典歌谣经历的历史架构过程的方式。当评论者们以一种传播的编码方式着手处理一首通常是谜一般的、有时甚至是不可理解的歌谣时,这种编码方式只有通过在其内与一种有趣的个体或事件之特别的历史逸事相契合才能被理解和欣赏。

相似的过程似乎在这个时期的哲理文学中起作用。这个时期,那些经典歌谣如收集在《诗经》中的被推测被人们广泛地记忆和传唱,当它们被用来强调特别的哲学观点时被"解码"。即,几乎所有的经典文本如《论语》《墨子》《孟子》《中庸》《荀子》等的一个有趣的特征是,在呈现了某些哲学论争之后相当自然地唱起歌谣来,而且似乎在这个实践中参加与被使用对哲学家和歌谣都是一种奖赏。从歌谣的角度来看,它被架构被分类并因而被重新当成是一种共同的、受人尊重的古代意义之仓库的权威。哲学家们则因他们的烦恼为即将宣称的主张而声称其来源的权威。

对哲学论争来说歌谣是一种特别有效的补充有几个理由。它通过在文本读者中广为人知的美德而变得具有说服力。百姓的日常生活又一次成为歌谣的最初来源,其中每一首歌谣如史嘉柏描绘的那样是"一种完全的表现和难以驾驭的真实"。这种未加工的自然流露和真实在于歌谣常常是用来赞扬或谴责的手段这样一个事实,是对某些美德和行为或对不公正的抑制不住的抗议之认同的公开流露。当这些哲学文本反复地被突然唱出来时,它们充分利用了读者认为歌谣是不会撒谎的假设。因而,当哲学家引一首歌谣时,他们不仅仅是要试图阐释他们的论争,而且还要试图把歌谣这种无可争议的真实性加进他们自己的主张中。

歌谣进一步使论争戏剧化,并且感性地掌控着它,并通过将它们放置在表面上看来特别的历史语境中带给实际的文本更普通更抽象的主张。由此,一首放置恰当的歌谣能带给哲学家的主张一种诚实的力量,并同时给予他们的主张激情。

似乎有许多人穿过时间的长河对《道德经》以及构成它的材料进行记载、分类、重新分类、编辑和校正。文本能向其读者展示其最初的、不连贯的甚至偶尔是被损坏的片段形式实在是个小小的奇迹。那么,不应该惊讶,尤其是对习惯于更线性的、更有顺序的现代西方读者来说,《道德经》似乎不那么连贯。但是此情形下产生的第一印象因文本架构是从不同的方向呈现的而被骗。

首先,当我们返回去思考那些被选择的《道德经》智慧格言是如何发挥作用的时候，我们可以假定，如全部歌谣一样，它们是有一种毋庸置疑的属于百姓和他们的传统的真实性的。我们可以进一步认为这种真实性是通过一种读者所能接纳的阅读技巧而为其所共有的。《道德经》常常很明显的特征有2种显而易见的缺失。一是它没有包含任何一类的历史细节，二是它没有给读者提供一般规则或普通法则。被读者所要求的格言的"框架"本身是一种非教条式的哲学思维，在这种思维中文本与其读者之间的关系是一种非强制性的合作关系，即，代替"文本"为读者提供一种特别的历史语境或哲学体系，倾听者被要求为他们自己总是从其自身的体验中提供独特的、具体的而且常常是戏剧性的场景以产生意义。读者通过对文本的大量阅读经由他们自身的生活经历而获取他们自己对洞见的独特理解，这个不可避免的过程是不断进化的连贯过程中的一个重要因素。当不同时空的读者继续使其成为他们自己的文本时，文本变化着的连贯性被带进一种经过打磨的中心之中。

《道德经》中有着比第一次阅读时可能感受到的更高程度的连贯。章节有时是围绕特别的主题来安排的，如第1章和第2章在集中论述相互关系这个主题。第18章和第19章则是在对比自然道德和传统道德。第57章至第61章全都是以恰当管理邦国的建议开始的。第67章至第69章则是关于依法进行战争的。第74章和第75章阐述的是政治迫害和百姓，等等。我们附录了一个主题索引以便至少显示某些这样的编辑组织。

《道德经》中连贯的另一来源在于它与许多中国古代文本一样是被当作双关来阅读和鉴赏的这样一个事实，即，对《道德经》文本的细读显示出那些被重复的、使读者意识到一种语义和语音联系的扩展之网的字和暗喻。

还有一个观点是，押韵的格言本身并不是某些聪明或有时自相矛盾的洞见的杂集。相反，似乎这些特别的格言被选择并编辑以支撑《道德经》文本的更大目的。拉法格以及其他杰出学者[如著名的哈尔·罗斯（Hal Roth）]令人信服地指出，带给《道德经》不可争议的核心地位的是它总体的说教言论。《道德经》编撰者的目的似乎是要为自我修养以使其在世界上的经验更完善的准则开一剂处方。这些相同的论述智慧的段落是这个过程的组成因素，即，当其在实践者的行为和性格中被证明是真实的时候，将会导致他们个体的转变。注意到这个自我转变的目标与死亡、审判、来世或"灵魂的拯救"（此乃西方人对来世论的传统观照）是毫不相关的非常重要。相反，这样的个体成长与圆满成功从提升百姓性格的质量以使这个世界自身成为更佳的居住之地这个意义上来看是改良性的。

通过强调在意义的产生过程中读者与文本之间的必要合作,我们不得不面对在我们的这个英译本每章后附录我们自己的评论时我们的意图究竟是什么这样一个问题。撰写解释性的"评论"这个想法似乎像是在"解释"俳句的假定结局中的承诺。于是评论的意图不过旨在提供一种建议性的脚注,只有当其在某种程度上能鼓励读者参与到章节本身的解读时才算是成功的。如果将其看成是系统的、详尽的或权威的,那它就讽刺性地背叛了它意欲为之服务的读者。

(二)英译介绍

流传到今天的《道德经》文本有好几个不同的版本。我们该如何决定选择哪个来做我们翻译的底本呢?

刘殿爵在其 1982 年版的《道德经》英译本中对有一个《道德经》"原文本"这件事表达了恰当的质疑。1993 年在郭店发现的 3 捆《道德经》竹简本可以很好地说服我们至少在公元前 4 世纪晚期可能有几个(如果不是有许多的话)根据独立的文本考据传统撰写的流行文本流传。这个做于公元前 300 年的郭店《道德经》竹简本的一个有趣的特征是,除附录的文献材料《太一生水》外,并不包含那些没有包含在马王堆《道德经》甲本和乙本以及王弼注本中的重要材料。这可能意味着,尽管郭店竹简本本身仅能提供《道德经》的部分文本,但至少是那个早期流传的一个"完整的"版本。

另一方面,存在于早期文本中的文本差异提示我们流行文本有可能是过去的世纪里出现的一种经过编辑而成的文本。在其最早期,《道德经》可能是一部在发展完善中的著作。因此,我们不能信奉这么一个理念,认为早期文本的发现为我们提供给了比流行文本必定要"高级的"《道德经》文本,因为它们更接近"原文本"的缘故。这种思维方式被约翰·杜威(John Dewey)称为"哲学的谬误"(the philosophical fallacy),其中过程的结局被假设为这个过程的前提。实际上,流行文本常常为我们提供了对这些早期编辑文本更完全更经过深思熟虑的解读。

其实早期的《道德经》文本并不一定就能使我们与"原文本"更接近,刘殿爵在其 1982 年版《道德经》英译本中认为它确实给我们提供了一个优于后代那些"充满抄写错误和编辑篡改的文本"的有利条件。在其马王堆《道德经》英译本的"导论"和"注释"中,刘殿爵和韩禄伯都相当清楚地证明了有机会接近这些新的《道德经》文本为我们提供了一个解决那些长期存在的文本问题的机会。同时,刘殿爵和韩禄伯都注意到马王堆帛书本蕴含了丰富的助词,这些在后来的版本中是没有的,这些助词在某种程度上为我们准确解读文本提供了条件。正是由于这些原因我们才能确定将公元前葬在马王堆汉墓中并于 1973 年出土的《道德经》甲、乙 2 个文本合并作为我们的译文底本。

马王堆帛书本甲本中没有评论避讳字,而乙本中也仅避讳了汉高祖刘邦的"邦"字。在考证刘邦死后的避讳字的基础上,刘殿爵得出结论说早期的马王堆帛书本甲本不太可能是在公元前 195 年刘邦死后抄写的,而有可能是在公元前 206 年西汉建立前就抄录的。马王堆帛书本乙本不太可能是在公元前 180 年惠帝去世后抄写的。刘殿爵的这个判断被如下事实得到了巩固,即马王堆帛书本甲本是早在秦朝的时候用小篆写的,而乙本则是后来用隶书写的。

在评论马王堆帛书本甲本和乙本的时候,刘殿爵争辩说韩禄伯(Robert Henricks)对此表示赞同,尽管 2 个文本有显而易见的较大差别,但它们代表了从常见的范例来看的两条流传线。因而,我们有理由将甲本和乙本当成一个来源来对待。

尽管我们将合并的马王堆帛书本甲本和乙本作为我们的英译底本,我们也查阅和利用了早在公元前 4 世纪的郭店竹简本和与王弼《老子注》相关的流行文本。我们注意到了从这些以及其他《道德经》文本所出现的来源,但是还是建议读者参考其他著名学者尤其是刘殿爵、韩禄伯和鲍则岳(William Boltz)的著作以了解详细的文本分析。

我们以一种有意义的方式背离了马王堆的主人。普遍接受的是《道德经》被西汉的宫廷传记家刘向分为了现在所见到的 81 章,尽管将《道德经》分为《道经》和《德经》2 个部分要比这早得多。根据刘向的儿子刘歆的记载,刘向试图从所有可得到的资料入手,因而是从相当迥异的资料的收集开始的,包括许多繁杂资料的多册多卷。刘向将这些资料拼贴成一部包含了 2 个部分共 81 章的标准文本。数字 81 的选择似乎"至少"与西汉的数字命理学和文本资料中一些自然的错行相关。我们说"至少"是因为除了在马王堆帛书本和郭店竹简本中可找到的标点符号外,显然刘向不太可能完全从头开始来对章节进行划分。这些符号中的许多(如果不是全部的话)把章节划分成了如我们现在所见到的这个样子。

马王堆甲本和乙本所共有的特征是《道经》和《德经》2 部分顺序的颠

倒,使得文本成了《德道经》,第38章成了《德经》的开始,而第37章成了《道经》的最后1章。此外,第24、40、80和81章没有遵从流行本的顺序。注意到这个事实后,为方便读者,我们选择保持流行文本的顺序。

在中国悠久的历史中,产生了无数对《道德经》的评论,其中之一小部分一代代流传了下来。即便如此,今天也有数以千计的评论继续流传着。在最近几个世纪里,《道德经》获得了世界文学名著的地位,而且现在可获得的用多种世界语言翻译的《道德经》译本常常对这个千变万化的文本提供了独特的视角。《道德经》作为世界文学经典的出现本身就是一个极具创造性的过程。翻译的艺术常常通过注入新的内容开启了阐释之流动的洞见和视点而对那些硬化了的有时被受到束缚的文本的阐释予以了挑战。同时,今天任何新的英译本在很大程度上都受惠于这个世界的学术传统中的那些大家,而我们这个译本肯定也不例外。那些我们大量依赖的阐释经常在我们的注释中被参考,在我们的文献中被引用。

在提供《道德经》中文文本的时候,我们改编了刘殿爵1982年版的《道德经》译本。可参见他的文本和注释以了解更全面的文本问题。

第三节 以王弼《老子注》为底本的英译比较研究

一、林振述的王弼《道德经》评注英译本之"导论"[①]

春秋战国时期,中国处于巨大的骚乱之中。知识分子和社会改革者通过他们的智慧和中国过去的丰富经验,试图找到一个解决他们处境的方法。由于时间的流逝使他们的意思变得模棱两可,我们对他们创作的著作的理解之尝试常常出现问题,其中许多只有通过认真的沉思才能回答。

老子的《道德经》引出了比其他著作更多的问题,如作者、文本的结构、章节的划分以及将评论编入原文本的可能性,等等。由于中国语言的本质以及因获得记录内容的技术设备而被模糊的哲学思想进一步加深了文本的复杂性,使得原文本的确切内容和顺序变得不太可能得到查实。同样,从历史的角度来看,《道德经》可能受到了2个主要因素的影响,即宣称

---

① Paul J. Lin. *A Translation of Lao Tzu's Tao Te Ching and Wang Pi's Commentary*. Ann Arbor: Center for Chinese Studies, University of Michigan, 1977, pp. ix-xxvii.

该书为他们自己所做并常常在他们喜欢的地方添加内容的不同思想学派，和通过各种研究其著作试图影响学者思想的评论家和注释者。因此，我们将从考察语言和技术的模仿、各种思想学派对《道德经》的添加以及不同评论家的影响开始。

关于技术的限制。当《道德经》原文本被记载时用于印刷的纸和技术还没有被发明。许多汉学家同意像《道德经》这样的古典书籍都是手抄的。而且，有可能在它们被记载下来之前是口头流传的。如，《道德经》是用韵文来写的，而且被推测韵律的使用使得文本更容易被百姓记住和诵读。由于这种口传起源的可能，大部分学者都不能确定《道德经》的作者和创作时间，甚至不确信它是由一个独立的作者创作的。

大部分的经典首先是被记载在竹简或木片上的，这些竹简或木片的长度从 20—40 厘米不等，宽为 1—3 厘米，厚度为 0.12—0.25 厘米，其大小是由所用材料和个体手艺人来决定的。而且，每部著作的竹简或木片的数量以及每片上汉字的数量都不一致。通常，每片竹简或木片上有用墨或清漆书写的 1 行字，每行有 10—20 个汉字。需要组成一个单位、一组单位、一本书甚至几本书的竹简或木片用麻绳捆扎在一起储存在竹箱里。麻绳和竹箱一段时间后会坏掉，使得对原文本顺序的确定变得困难。而且，复制一本书的唯一办法只能是誊抄，在誊抄的过程中，不同的抄写员有可能无意识地用字形与原字相接近的错字去代替，也有可能省略或添加字，甚至也可能把章节弄乱了重新排列。这些因素都增加了我们确定原文本的难度。

最早的《道德经》文本可能没有划分章节也没有标题。在后来的版本中，《道德经》以各种方式被分为册和章。现代的《道德经》文本通常被分为 2 个部分或 4 个部分。2 个部分代表的是阳和阴或天与地，而 4 个部分代表的则是春夏秋冬四季。章节数要么是 72 章，即 9 的 8 倍，9 和 8 分别是 10 以下的数字中最高的奇偶数。或 81，即 9 的 9 倍，是太阳的象征。

汉学家们相信，在秦代（公元前 221—公元前 207 年）之前，已经有 3 个《道德经》版本存在。第 1 个是老子撰写的初版本，含 5000 多字被粗略地分为 81 章。另外 2 个版本被分为《道经》和《德经》2 个主要部分，并反映了不同思想流派对《道德经》所做的变化。将《道经》放在前的译本反映了一种形而上学的倾向，而将《德经》放在前的译本则反映了一种形式主义的倾向。今天被大家所接受的顺序是将《道经》放在《德经》之前。

我们也必须认识到不同的思想流派以他们自己的名义对《道德经》做了添加。这种现象最近的一个例子于 1973 年 9 月至 1974 年 1 月在中国被发现。在湖南省长沙市的汉墓马王堆中，2 种古老而珍稀的《道德经》遗失文本被出土。2 个文本都用墨写在绢上。

这 2 种文本中的第 1 种在一块高约 21 厘米的木板上发现，包括遗失的没有题名的 4 种古书，总共为 463 行 1.3 万余字。该文本的撰写时间在公元前 206 年至公元前 195 年之间，是以使用的汉字类型小篆以及没有避讳刘邦（公元前 247—公元前 195 年）的名字"邦"这个事实为基础的。第 2 种在一个涂了漆的大约 48 厘米高的盒子里发现，里面有 4 部帛书：《法经》《十大经》《称》和《道原》，共有 32 片，252 行，1.6 万余字。由于第 2 种是以文书风格的字来写的并且避了刘邦名字的讳（却没有避刘盈和刘恒名字的讳），因而推测该书作于公元前 194 年至公元前 180 年间。2 种书都没有划分章节，也没有章节名。2 种都将《德经》放在了《道经》之前，反映出了形式主义的倾向。第 2 种共有 5466 字，接近《道德经》现代版本的字数。

《道德经》或许可被看作是一本形而上学的书，是最高政治思想的源泉。一些读者从中学到了关于人事的高级法则，并宣称有可能通过将关注点放在不同的题目上可写出不同的书。这正是过去的《道德经》注释者和评论者所做的。而且，那些不同意《道德经》已接受章节安排的学者试图根据语言风格和意思对其进行重新安排，并以主题为基础将句子分组然后划分章节。这在试图对《道德经》进行阐释的时候当然就造成了固有的问题，并很难确定是否以及在哪里将评论并入到了原文本中。被普遍接受的是，如，在以对意思和所使用的语言进行仔细考察的基础上，王弼的评注被认为并入了《道德经》第 31 章和第 66 章，而在第 32 章中他的评论则部分与原文本融合在一起了。

为什么对理解《道德经》来说注释和评论是必需的呢？一个原因是这些注释和评论处理了那些深邃的、神秘的法则，这些法则激发了注释者和评论者的兴趣并激励他们追寻《道德经》的根源，分析其意思，并寻求其对他们自己观点的可能运用。这些二手资源有时建立了思想流派并成为评论自身的目标。除其本身的深刻意思和思想外，老子的书还使用了高度精练的、相悖的、形而上学的语言。老子用一种神秘的方式来写《道德经》，暗示其意思而从未将其全部显示出来。他强调一个元素以显示与其相对的另一个元素的重要性。因此他在第78章第13行中说:"正言若反。"他的陈述,他对生活的一方面进行强调而对其他方面予以忽略,而且常常似乎并不连贯。一种表达可能否定其他表达所主张的观点却又主张其他观点所否定的。意思似乎潜藏在他表达的表象之下而简洁的、互相矛盾的语言则允许读者对某个单一的字做出许多不同的阐释。第21章第10行第4个字为这提供了一个很好的例证:

以　　　　阅　　　　众　　　　甫
I　　　yueh　　　chung　　　fu
In order to　inspect　myrid things　beginning, beauty, etc.

河上公、王弼、王淮等: By this the beginning of all things is known. "甫"被阐释为"始"。

顾欢、李荣、范应元等:"甫"被解读为"起源"。

林希逸、焦竑、萧纯伯等:"甫"被解读为"美"。

胡汝章、黎功勤:"甫"被解读为"变化的过程"。

李贽、魏源、钟应梅等:"甫"被解读为"本质、实体、存在"。

蒋锡昌:"甫"被解读为"人类"。

马叙伦、张默生、何鑑琮等:"甫"被解读为"父"。

朱谦之:"甫"被解读为"伟大"。

吴静宇:"甫"被解读为"圣人"。

结果是,注释者或评论者有大量的阐释空间来发展他自己的阐释,导致了获得原文本"真正的意思"的更大困难。

除《道德经》文本的神秘风格外,汉语自身的本质造成了对《道德经》进行阐释的难度。汉语是表意的和象形的文字,每个字构成一幅像,但缺乏曲折变化因素以表示其语法分类。句子结构唯有依赖词序和上下文语境。在英语和其他印欧语中基本的主谓句法结构在古汉语中并不存在,而且古汉语著作中也没有表停顿的标点符号。因而,主语或谓语动词有可能缺失或句末的标示不清。为了识别主语、谓语和语法关系,读者必须研究句法和词序。为了识别说话者及其听众,读者必须了解语义的、逻辑的甚至隐喻性的关系。难怪非中文的学者和译者在阐释《道德经》的时候会经历中国评论者常常会遇到相同的困难。

下面的例子证明了因缺表停顿的标点符号而造成的困难。该句选自第1章第5—6行:

故	常	无	欲	以	观	其	妙
Ku	ch'ung	wu	yu	I	kuan	ch'i	miao
Therefore	constantly	no	desire	to	observe	its	subtlety

常	有	欲	以	观	其	徼
Ch'ang	yu	yu	i	kuan	ch'i	chiao
Constantly	have	desire	to	observe	its	potentiality, boundary, etc.

王弼、河上公:常无欲,则可认识妙。但常有欲,则只能认识到其潜在的可能性。

王安石、高亨:因而,常以非存在为基础,则可洞察其妙。常以存在为基础,见到的则是其潜在的可能性。

王弼和河上公 2 行都是在"欲"之后断句的,将"欲"作为名词解。这是基于人类经验或实用主义的传统解释,属于强调欲望的认识论范畴。而王安石和高亨则是在"欲"之前停顿断句的,将"欲"作动词解,这是基于本体的实践,属于强调洞察的实践论范畴。

汉语句法所固有的难度可从第 49 章的最后 2 行看出:

百	姓	皆	注	其	耳	目
Pai	hsing	chieh	chu	ch'i	erh	mu
Hundred	people	all	concentrate	their	ears	eyes

圣	人	皆	孩	之
Sheng	jen	chieh	hai	chih

Wise man all (to treat as) infants them

第 1 行至少有 2 种阐释:(1)百姓自己关注他们的耳目(即关注他们自己的私欲)。(2)百姓察听圣人之言行(即关注圣人)。这种模棱两可可能是由物主代词"其"造成的,"其"可指"百姓"或"圣人"。第 2 行清楚地表明圣人将百姓都视为婴孩。

下面的例子向我们展示出译者对这 2 行的不同解读英译:

阿奇·巴姆译本:All people admire the intelligent man, because he regards them all as a mother regards her children.

冯家富和英格里希译本:Men look to him and listen. He behaves like a little child.

梅德赫斯特译本:Most men plan for themselves. The Holy Man

treats every one as a child.

韦利译本：The Hundred Families all the time strain their eyes and ears. The Sage all the time sees and hears no more than an infant sees and hears.

吴经熊译本：All the people strain their eyes and ears. The Sage only smiles like an amused infant.

理雅各译本：The people all keep their eyes and ears directed to him, and he deals with them all as his children.

林语堂译本：The people of the world are brought into a community of heart, and the Sage regards them all as his own children.

陈荣捷译本：They [the people] all lend their eyes and ears, and he treats them all as infants.

初大告译本：Yet what all the people turn their ears and eyes to, the Sage looks after as a mother does her children.

我们的这个译本：The people all strain their eyes and ears, and the Sage regards them all as infants.

大部分华裔学者如吴经熊、陈荣捷和初大告，都是以字的各种不同意思来翻译第1行的，而对第2行的翻译则是以《道德经》其他章节的意思以及对第1行的阐释为基础的。如第3章第7—8行为："是以圣人治，虚其心，实其腹。"第12章第6—7行为："是以圣人为腹不为目。"王弼对这2行的阐释是：尽管圣人不为百姓之目提供任何东西，他自己仍然不拥有任何东西（圣人无心，因为其心乃百姓之心）并将百姓视作婴孩。结果，如第17章第8—9行所指出的："功成事遂，百姓皆谓：'我自然'。"

也可能在当一个汉字有不同的发音并因而导致因其用法不同而产生不同意思时出现阐释的问题。中国学者可以利用他们的文化背景来解决这个问题，而非中国学者则会觉得汉语的这个特征令人困惑。如第80章第4—5行：

使	民	重	死
Shih	min	chung	szu
Let	people	weigh (take seriously)	death

而	不	远	徙
Erh	pu	yuan	hsi
And	not	far	move away

第 3 个字"重"至少有 2 种不同的读音和意思。它可以读作"zhong"，意为"看重""强有力的""重要的"或"严肃的"。或者读作"chong"，意为"重复""再次"等。

下面是因不同的读音导致的不同理解和翻译（添加了用于强调的下划线）：

韦利译本：He could bring it about that the people would be ready to lay down their lives and lay them down <u>again</u> in defence of their homes, rather than emigrate.（再次）

梅德赫斯特译本：They should be made to comprehend the <u>gravity</u> of death and the futility of emigration.（严重性）

布兰克利译本：Where people die and die <u>again</u> but never emigrate.（再次）

林语堂译本：Let the people <u>value</u> their lives and not migrate far.（看重）

初大告译本：I will make the people regard death as a <u>grave</u> matter and not go far away.（严重的）

陈荣捷译本：Let the people <u>value</u> their lives highly and not migrate far.（看重）

吴经熊译本：Let them [the people] <u>mind</u> death and refrain from migrating to distant places.（看重，在意）

我们的这个译本：Let the people weigh death <u>heavily</u> and have no desires to move far away.（严重的）

如我们已证明的，注释者和评论者会自然地对同样的诗行做出不同的解读。《道德经》的读者发现查询文本词句的根本意思时仔细考察各种评论是必要的。然而，这项工作并不容易，因为："据统计，现存著名的《道德经》评论总数达 600 余种。平均算来，《道德经》文本的每七个字就有人为之写一本解读之书。"

在讨论评论对《道德经》的贡献时,我们应该考虑苏东坡赞扬其弟苏辙的评论:"使战国有此书,则无商鞅、韩非;使汉初有此书,则孔老为一;晋宋间有此书,则佛老不为二。"(苏轼《跋子由老子解后》)

该段不仅断言了评论的重要性,而且指出了《道德经》对中国政治、宗教和文化发展的深刻影响。实际上,评论在帮助读者尤其是试图将其翻译为另一种语言的译者理解《道德经》的重要性是名副其实的。

王弼总体上对中国哲学尤其是对道家思想的贡献正在被考察。王弼卓越的学识受到了历代中国历史学家和哲学家的注意。本文将根据3个基本问题对其思想予以讨论:存在与非存在的基本形而上学问题;以其对《大衍义》的阐释为基础的物质及其功能之间的关系;圣人及其情感。这3个问题实际上是一个问题的多个方面,是对存在与非存在的阐释。

河上公认为,当王弼被问及存在与非存在的问题时,他巧妙地遵从了当时流行的哲学流派儒家思想而回答道:"圣人孔子具体表达了非存在,但非存在是不可被教导的,因而它没有对其予以讨论。对于存在,老子只是不断地谈论了它的不足。"去掉其表面价值,这些话似乎对圣人予以了强调,表明了对儒家思想的喜爱,因而意指的是"内圣外王"的思想。实际上,这里的"内圣"暗指的是老子思想,而"外王"则是指儒家对于如何治国和让世界井然有序的概念。王弼试图调节这两个思想流派,而且他必然是受到了两派的攻击。一些人不满意他运用道家的概念来阐释《易经》并因而用老子来阐释儒家思想。另一些人则攻击他强调了儒家圣人的重要性从而用儒家的概念来阐释道家思想。双方攻击的力量只不过显示出了他对该领域挑战性和实质性的贡献。

第一次读《道德经》会感觉其似乎充满了矛盾和不一致,基本上是一本没有结果或组织混乱的格言文集。而且,《道德经》的2个部分《道经》和《德经》似乎彼此间并无联系。然而,仔细阅读王弼的注评能帮助学者理解两者之间确实存在的关系。如第1章第3—4行:"无名,天地之始;有名,万物之母。"同样的思想也在第2章中予以了表达:"故有无相生,难易相成,长短相形,高下相倾,音声相和,前后相随。"

只有当该段在《道德经》文本整体中予以考察时其意思才会显得清晰。"下"的决定必须依赖"高"。"有"与"无","易"和"难",彼此都对与其相对的那一个的意义起着作用。如果一方被忽略,那另一方将变得毫无意义。如果没有"易"怎么能有"难"呢?这种分别是自然过程的一部分,其中物质及其功能实质上是一体的。

"道"（物质）和"德"（功能）必须被当成一体来予以考虑。"道"是万物之源，而"德"则是万物所得。"道"是起源，而"德"是结果。起源和结果可从理论上分离，但它们应该被认为是一体中的两个部分。如果没有了物质，那它的功能如何存在呢？如果没有结果，那我们又怎能知道其起源呢？如"前"与"后"，是互由对方决定的。当我们说这个在那个的前面时，我们实际上是认为在其"后面"。因而，为了认识"前面"，我们必须认识"后面"。当我们说某物很"长"时，我们会想到"短"这个概念。因为只有当某物"不短"时，我们才知道它"长"。如果我们将其与某个"更长"的东西相比较，那这个"长"的东西就变"短"了。第2章第1行说"天下皆知美之为美，斯恶已"是非同寻常的。如果被运用到极点，我们将不能区别善恶或美丑。因为在某种意义上，它们就是全部，是同一事物的两个方面。如果物质及其功能被认为是一体的，那么由其产生的每一事物都将不能被区分。

我们同时在文本和评论中讨论了下面这个选自第11章第1—3行来探讨物质及其功能的同一性的例子："三十辐，共一毂，当其无有车之用。"

评论一：毂所以能统三十辐者，无也。以其无能受物之故，故能以（实）[寡]统众也。

还有选自第1章第5—8行的文本和评论："故常无欲，以观其妙；常有欲，以观其徼。"

评论三："妙"者微之极也。万物始于微而后成，始于无而后生。故常无欲空虚，可以观其始物之妙。

评论四："徼"归终也。凡有之为利，必以无为用。欲之所本，适道而后济。故常有欲，可以观其终物之所徼也。

最后是第11章的第10—11行："故有之以为利，无之以为用。"

形而上学来看，物质及其功能的法则彼此分开又合二为一。事实上，物质或非存在应该是万物在使用中的法则。存在是物质的功能，当其被运用于万物时，它将有益于存在的万物。即是说，"天之道，利而不害"。（《道德经》第81章）

因而，物质和功能是一体的。《大衍义》由50个数字构成。其中，没有用数字1。在王弼看来，不用1，这样所有有用之物都可从其中获得用处。尽管1不像其他数字，但所有的数字都因1而完整。在《大衍义》中，只用到了49个数字。据王弼的观点，非存在1不能表示它本身，而是必须依靠存在,即另外的49个数字。由此可明白"一"与"多"之间或者物质与功能之间的基本关系。

王弼是怎样阐述圣人及其情感之间的关系的呢?从第2章第11—16行我们可以发现:"是以圣人处无为之事,行不言之教。万物作焉而不辞,生而不有,为而不恃,功成而弗居。"

评论二:自然已足,为则败也。

评论三:知慧自备,为则伪也。

评论四:因物而用,功自彼成,故不居也。

还有第49章的第1—2行:"圣人无常心,以百姓心为心。"

从这些段落中我们可以看出,王弼强调的是"遵从"圣人作用的重要性。

王弼在第29章注释2中指出,"万物以自然为性。"圣人在本性中达到极限,流露出对万物之感情。这里我们意识到,在王弼看来,圣人是必须有感情的。没有感情,他就不能在本性中达到极限。圣人之本性在第81章中得到了进一步发展,其中,老子和王弼的观点融合在一起:"圣人不积,既以为人己愈有,既以与人己愈多。天之道,利而不害。圣人之道,为而不争。"

评论四:无私而有,唯善是与。任物而已。

评论五:物所尊也。

评论六:物所归也。

评论七:动常生成之也。

评论八:顺天之利不相伤也。

在我们缺乏了解的时候,我们倾向于在阐释生活的时候去分类划分。王弼一丝不苟而深刻的评论显示出人类之事不可与天之道相分离。万物可被看成是一体的2个表现,而"一"是不可分割的。这是王弼对《道德经》阐释的贡献,也是为什么他的评论被认为是洞察力之典范的缘故,他的深刻影响不能被看成是一个偶然事件,而是对道家思想之深刻解读的结果。

现在已经有七、八十种《道德经》译本,其中大部分是以王弼《老子注》为底本的。有各种语言的《道德经》译本,每种语言至少有1个版本。如已经有40多个《道德经》英译本。在过去的20年里,大约每隔1年即出现1个新译本,其中有一半是在美国出版的。将这种现象加以进一步投射,我们可估计《道德经》将会以每年1个新译本的速度出现。那为什么我们还要来做这么一个《道德经》新译本呢？我翻译这本书的部分原因是为了尽可能真实地追溯老子和王弼的原意，显示出原文本和王弼注评之间的内在关系。

中国人觉得有两种《道德经》注评值得注意，一是河上公的，另一则是王弼的。河上公的《老子注》已经被译成了英文，但王弼的注评还没有，尽管王弼的《老子注》被认为要比河上公的注评早因而被认为更接近老子的思想。而河上公的则在其处理诸如"长生"这样的问题上显示出道教的倾向。王弼的老子注评呈现了一种精神的哲学观，并因而常常被认为是二者中更真实的。

亚瑟·韦利这样评论王弼的《老子注》："所有的评论，从王弼的一直到18世纪的都是'依据手稿的'，即是说，每位评论者是根据他自己的特别宗旨对文本作重新解读，没有去发现其原本意思究竟是什么的意图或愿望。在我看来这样的评论是无用的。"

每位个体的译者依靠他自己的学识、背景、常识和洞察去发现《道德经》的原意，每种阐释因而会有其偏见，但我们不能因此低估贬损评论者，因为他的阐释是不同的。我同意布兰克利的观点：

> 我怀疑几乎每一位在中国的不辞辛苦去研究《道德经》这本神秘文集的外国人的感觉会是一样的：已经有太多译本了。反过来，由于这样那样的原因，每个译本都没能完全满足懂得原文并最终试图自己动手亲自操刀的译者。那他对自己的译本满意吗？可能不满意，但他可以为读者对世界上真正著名的经典的最终理解添加他自己的分享。

我赞同陈荣捷的评论，认为它是"一本相当理想的以王弼《老子注》为底本的英译本"。

我英译《道德经》的最后一个理由是为了通过对日常语言的使用探索汉语和英语彼此间是如何相关的，彻底了解在中英两种语言中字和意之间的关系，并检验在试图保留中文原文的意思和诗意的元素之尝试中，在对西方读者来说不牺牲可读性的前提下，美国习语和表达的灵活性与随机应变的能力。这样做，我们希望能帮助读者不仅抓住老子思想之一瞥，同时还能了解中国语言的逻辑与精神。

该书的第1部分是我对《道德经》的英译，王弼的注评我是以注释的形式来处理的。我的主要资料来源是冈田赟（In Okada）校《王弼注老子道德经》，但也使用了另外6种文本即近藤元粹（Gensui Kondo）的《王注老子标释》、传统的《道藏》、《四部备要》、孙鑛评《王弼注老子》、汤用彤著《魏晋玄学论稿》和宇佐美灂水（Shinsui Usami）考订《王注老子道德真经》作交叉参考。我自己的评论，用了星号来标示，放在评论之后。在每每可能的时候，我试图对不同译本中那些特别的造成错误或争论的段落进行了注释。我还试图指出了有意义的哲学和历史关联。

　　对那些希望了解如与老子和王弼生活时期相近的作家所呈现的生活的读者来说，我附录了司马迁的《老子传》和何劭的《王弼传》。《老子传》本身是一本有趣的著作，是把老子更多作为一个人而非传说来呈现的。《王弼传》则是一个简短注释的集子，显示了王弼的生活，尽管短但却充满了奇光异彩。有人说，他是如此深刻地了解道家思想的意义以至于生死于他别无二致，通过"死而不亡"，他获得了一种不朽。为寻求实际的目标，他的不朽在其留给后世的著名评注中是不辩自明的。

　　附录3详细地列出了《道德经》马王堆帛书本与王弼老子注本间的主要不同。最近在马王堆的考古发现表明，法家学派的思想运用到了老子的著作中并使得这种比较或对照变得有趣且有益。

二、阿里姆·朗姆与陈荣捷的《老子注》英译本之"导论"

　　在中国、韩国和日本现存的几百本《道德经》评论中，王弼的《老子注》在几个方面显得特别突出。一是，它是最早的。二是，它是第一本最具哲学思想的。三是，它颠覆了王弼那个时代用宗教和迷信术语来阐释《道德经》的强烈趋势。最重要的是，它不仅将对道家思想的理解提高到了玄学的层面，而且提高了中国哲学本身的层面。不无夸张地说，中国的玄学始于王弼的《老子注》。

　　王弼的著作不仅仅提供了术语解释和资料信息，而且还对哲学思想进行了考察。这样，他的《老子注》超越了道家经典。如在第29章中，老子谈"圣人去甚，去奢，去泰"，但王弼将其阐释为人对自然本性的理解。在同一章中，老子说天下乃"神器"，是一种精神之物，即某种神圣的东西，但王弼将"神"看成是与由各种元素之综合的"器"形成对照的既非形式亦非空间的限制。在第8、21、38、42章中，王弼超出了老子的本意添加了"无"这一概念来解释水是"有"而"道"乃"无"。第33章说智者"死而不亡",而王弼则在谈永恒之"道"。在第42章和第47章中,王弼甚至更加彻底地背离了老子,在其中介绍了"理"这一概念。与此相似的是,在第4、6、38这几章中老子谈论了"道"和宇宙的功能,但王弼走得更远,讨论了潜在其运作之下的物质,因而创造了物质及其"体用"的概念。

前述表明王弼主要是对那些基本的概念感兴趣。我们现在来简略地对其中一些予以讨论。

当然,首先是"道"这一概念。由于"道"乃《道德经》的核心,因而它也是王弼《老子注》的核心。对于"道"的注评,王弼相当紧密地追随了老子的理解。"'道'不若无称之大也。"(王弼《老子注》第25章)。"'道'无所不先。"(王弼《老子注》第62章)"道""过左右周旋而用,则无所不至也。"(王弼《老子注》第34章)"道无穷也。"(王弼《老子注》第59章)"凡物之所以先,功之所以成,皆有所由。"(王弼《老子注》第51章)"物以之成。"(王弼《老子注》第41章)"万物皆归之以生。"(王弼《老子注》第34章)。"道"既无形亦无束缚,不受任何形式或物的限制,而且是真正无名的。"道"的这些特征使其永常。对"道"之"常"这个方面的强调或许比强调它的其他特征更多,如在第16、28、32、47章中。它是一种永恒之"道"。"故可执古之道以御今之有。"(王弼《老子注》第14章)因而"道"既在时间之中又在时间之上,既是内在的又是超越的。"道"乃宇宙秩序却又高于此秩序。

"道"之内在的和超越的特征在《道德经》中都是暗示性的,但王弼用了一个新概念来解释它是如何暗示的。这个新概念就是"理"(principle)。"理"这个概念在最古老的中国哲学经典中可以找到,《墨子》《孟子》《荀子》《庄子》《韩非子》以及其他著作中都有其身影。但是"理"的哲学意义直到尤其是以王弼和郭象为代表的魏时期才得到了很好的确立,郭象有关于《庄子》的评论而王弼的则是其《老子注》。

"理"字根本就不曾出现在老子的《道德经》中,但在王弼的评论中却出现了很多次。如在第5、36、38和79章中,"理"被用作其原始意义"管理"或"使事情有理有序"。在第38章中,"理"也被用来表示道德法则。然而,在别的地方,"理"的意思显然具有哲学意义。它是"物则得明。"(王弼《老子注》第15章)是"用夫自然,举其'至理',顺之必吉,违之必凶。"(王弼《老子注》第42章)它是"识物之宗,故虽不见而是非之理可得而名也。明物之性因之而见，故虽不为而使之成矣"。（王弼《老子注》第 47 章）如钱穆指出的，王弼没有谈"道"，他在很多地方谈的却是"理"。

应该注意的是，王弼的"理"之教义在其《周易注》和关于《周易》的文章中得到了更好的发展。钱穆举了 9 个王弼用"理"来解释"易"的例子，包括他对"通理""本理""必然之理""所以然之理"和"至理"的使用。在王弼的文章中，他认为"易"是被"理"所管制的，没有任何不被其束缚之物。"理"将万物联合在一起。"理"是一，是宇宙。"理"超越所有现象。在王弼的《周易注》中，他尖锐地区别了具有普遍性的"理"和具有特殊性的"事实"，但他坚持认为一般的"理"是能在所有事实中被发现的，如此以至于"易之法则"可在任何事件中发现。如钱穆所说，王弼实际上是期望宋代所有的新儒家都必须谈"理"。

这样，以"理"为基础阐释"'易'之过程"，王弼有效地颠覆了汉代那些用预兆、奇怪的现象、人与自然的相互作用和金、木、水、火、土五行对人事的影响等术语来解释"易"的学者的传统。这样做，王弼将中国学术放到了一个理性的哲学基础之上。而且，他在中国第一次建立了一个形而上学的体系。他的《周易注》是如此重要以至于新儒学的领军人物程颐评论说它是学生们必读的 3 本评论之一。尽管作为一位严肃的道家和新儒家的批评家，他说王弼没有真正理解"道"而只是仅仅用老子和庄子的思想来解释"道"。但这仍然是真的，王弼对《道德经》的意思进行了比他对《周易》的意思更深入的探讨。

《道德经》中王弼探讨得最深入的概念之一是"无"。在说"凡有皆始于无"（王弼《老子注》第 1 章），"道无形无名"（王弼《老子注》第 14 章）以及"皆以无为用也"（王弼《老子注》第 11 章）等，王弼根本上是在重复老子的观点。然而，当老子说有无相生，并因此将二者放在平等位置的时候，王弼则认为"无"要重要得多。在他看来，"道以无形无为成济万物。"（王弼《老子注》第 23 章）"朴之为物，以无为心也。亦无名，故将得道。"（王弼《老子注》第 32 章）"道"亦乃"天地之心。"（王弼《老子注》第 38 章）"得道之常，则乃至于不穷极也。"（王弼《老子注》第 16 章）"何由致一，由于无也。"（王弼《老子注》第 42 章）"无在于一二求之于众也。"（王弼《老子注》第 47 章）"故物无焉，则无物不经。"（王弼《老子注》第 38 章）王弼进一步说："以无为用，则莫不载也。"（王弼《老子注》第 38 章）换句话说即是，尽管"无"可以为万物而很好地发挥自己的作用，但必须被忘记它是物质的。

这样,"无"成了"本体",成了物质的起源。

显而易见,与"有"相对的并非"无"。在老子的观念中,二分法仍然存在。王弼认为老子没有免受"有"的影响但却希望"无",这就是为什么老子总是在教导他自己认为并不适当的东西,即,"无"在老子的哲学中是缺位的。由于这个原因,王弼认为孔子高于老子,因为在他看来,孔子"具体表达无"的地方老子却只能表达"有"。由于"无"是根本的,因而"无"成了其哲学的核心。如汤用彤指出的,王弼的玄学在于将"无"当成了"本体"。

王弼常常将"无"与"本"(roots)和"母"等同。"母"指"道"在生产完善万物的方面,而"本"则指"道"的本质方面。作为根本的"道"在《道德经》中是绝不缺位的,但王弼对"道"的强调过于强烈,而且,对与其相反的"末"给予了反对。"本"与"末",一个是根本的一个是附属的,或者说一个是主要的一个是次要的,二者显然是有区别的。实际上,王弼是中国历史上第1个将"本""末"当成一个玄学问题来对待的学者,尽管在其实际意义上,"本""末"可在《大学》中找到。通过"本"他意指的是"无""道""理""母""本体",通过"末"他意指的是运作中的世界。王弼说:"故母不可远,本不可失。……舍其母而用其子,弃其本而适其末,必有不周。"(王弼《老子注》第38章)表面上,王弼似乎是一个把事象世界看成是居下位的纯粹的超验主义者,但实际上却不是这样。他说:"母本也,子末也。得本以知末。"(王弼《老子注》第52章)还说:"守其以存其子,崇本以举其末。"(王弼《老子注》第38章)简言之,王弼坚持"本"与"末"具有相同的价值。

这可以从其物质与体用的概念清楚地看出。"体"字在《道德经》并没有,但在王弼的评论中却占据着核心位置,出现在第4、6、23、25、28章中。在王弼看来,"体"是"太极"(王弼《老子注》第6章)。这意味着"体"是"母",是"本",是万物融合为一的"无"。

王弼的"物质"与"体用"的概念或许是其哲学思想中最具创造力的。其评论的第38章可以说是专门阐释这组概念的。该章论述了作为物质的"道"与作为"体用"的"德"之间的关系。由于"本"与"末"是一体的,因而物质与体用也必须紧密相连。"德者得也。常得而无丧。……是以天地虽广以无为心。……故灭其私而无其身,则四海莫不瞻。"(王弼《老子注》第38章)换句话说即是,有了作为物质的"无",万物将很好地发挥其作用。

同时,"以物为用,则莫不载也。"(王弼《老子注》第38章)即是说,物质及其体用是融合在一起的。在终极意义上,它们是完全相同的。这成了中国哲学的一般模式。正如我在一本早期的著作中所说:

> 这是中国思想史上第一次将物质与体用相提并论。《易经》中有说"绝对清静和静止的状态……当其发挥作用时,便立即渗透万物"。新儒家阐释物质和体用两种状态,但他们仅仅是通过暗示来加以阐释的。物质与体用这一组概念最初始于王弼,随后成了中国佛教和新儒教的核心概念。

不管是在宇宙中还是在人类世界中,发挥作用的正确方式是遵从自然,"自然"意为"大自然""自然的状态""自在"等。"自然"在《道德经》中出现了5次,而在王弼的评论中则出现了24次,几乎占了全部81章的三分之一。王弼常用如"因""任""顺"这样的词。《道德经》中老子谈"任自然之气"(王弼《老子注》第10章),谈"无身"(王弼《老子注》第13章),谈"顺自然而行"(王弼《老子注》第27章),谈"无欲竞也"(王弼《老子注》第37章)或谈"得如上诸大也"(王弼《老子注》第45章)的地方,王弼都添加了"自然"作为原因。同样的解释用以说明老子的"知者不言"(《道德经》第56章)、"事天"(《道德经》第59章)、"其神不伤人"(《道德经》第60章)、"学不学"(《道德经》第64章)和"非以明民,将以愚之"。(《道德经》第65章)

王弼详细阐述了老子的思想,说:"天地任自然,无为无造,万物自相治理。……弃己任物,则莫不理。"(王弼《老子注》第5章)又说:"顺自然而行,不造不施,故物得至。"(王弼《老子注》第27章)"故物无焉则无物不经,有焉则不足以免其生。"(王弼《老子注》第38章)

然而,对王弼而言,"自然"不仅仅是"遵从自然之道",而是:"有分则失其极也。"(王弼《老子注》第25章)什么是这个"极"呢?毋庸置疑,在王弼的思想中这个"极"是"本",是原初物质,或"母"。简言之,它是"道"的最高意义。王弼言:"转多转远其根。"(王弼《老子注》第22章)涉及宇宙的运作,王弼言"此自然之道也。"(王弼《老子注》第15章)涉及人事之道,遵从"自然"即是遵从其"性"。"圣人达自然之性,畅万物之情,故因而不为,顺而不施。"(王弼《老子注》第29章)"不以顺性命,反以伤自然,故曰盲聋爽狂也。"(王弼《老子注》第12章)"因物自然。"(王弼《老子注》第27章和第41章)"因物之性。"(王弼《老子注》第36章)当自然弥漫四方的时候,万物皆好,什么也不缺,因为"自然已足。"(王弼《老子注》第20章)而且,"自然"还有无限的潜能。"天地任自然。……故不可得而穷。"(王弼《老子注》第5章)"法自然者,在方而法方,在圆而法圆,于自然无所违也。"(王弼《老子注》第25章)因为对"道"而言,"道不违自然,乃得其性。"(王弼《老子注》第25章)

认识到"自然"的最高程度的人是"圣人"。"圣人达自然之性,畅万物之情,故因而不为,顺而不施。……故心不乱而物性自得也。"(王弼《老子注》第29章)

综上可见,王弼显然将老子的哲学思想提高到了很高的程度。这么做,他开创了中国哲学史上的新纪元,并在几个方面预示了新儒家思想,尤其是在"物质"与"体用"以及"性"与"理"这几个概念方面。

经过对王弼思想的审视,我们现在来对他的生平和评论做个简要的概述。

现在我们这个译本是以《四部备要》中的《道德经》文本为基础的,是对1775年武英殿聚珍本《道德经》的再创造。该文本包括1115年由兆说之撰写的"后记"。"后记"中说这本著作叫《道德经》,但没有被分为2个部分,并且其中有许多错误,而且在那年的10月他誊抄了一册。其中还有一个"后记"是由熊克撰写的。他在文中说王弼的评论相当珍稀,他是在经过了很长时间的研究之后才找到的。在他的"后记"出版后,他发现了兆说之的"后记"。由于其中《道德经》没有被划分为部分或章节,他认为那是一个旧的版本。于是他誊抄了一册,并于1170年将其出版。在这2个"后记"之后,是选自由陆德明编撰的《经典释文》中关于王弼的评论部分。

王弼的《老子注》在书名、版式和用词方面都经历了相当大的变化。在《隋书》中,其书名为《老子道德经》。在《旧唐书》中,其书名为《玄言新记道德》。在《新唐书》中,其书名为《新记玄言道德》。在《宋史》中,其书名为《老子注》。根据日本学者武内的观点,"新记"和"玄言"这2个术语在唐代时常在道家经典尤其是《道德经》和《庄子》中被使用。如我们已经提示过的,宋代时关于《道德经》的著作很少。在明朝万历年间的中期,张之象于1115年出版了兆说之版本。该版本成了标准版本并形成了在中国和日本的其他版本的基础。1782年,该版本根据《永乐大典》版本中的王弼《老子注》文本进行了校核。然而,《永乐大典》仅包含了王弼《老子注》的第1部分。现代的校订本有陶鸿庆本、刘国钧本、波多野本和严灵峰本。波多野的研究几乎是彻底的。陶鸿庆的校订本是精华,而严灵峰本则对之前的版本有所改进和完善。刘国钧的校正本仅是以2种评论为基础的。

多年来关于王弼《老子注》的许多要点在学者中引起了论争。一是王弼《老子注》是不是现存最早的关于《道德经》的评论。当然,对《道德经》的部分段落进行评论的最早著作是《韩非子》。《汉书》的参考文献部分列出了3种对《道德经》的评论著作但这些著作现在都遗失了。后来的参考文献列出了王弼之前的10种《道德经》评论著作和与王弼同时代的5种《道德经》评论著作。但这些著作全都丢失了。

这样,现存最早的《道德经》评论有可能是《老子想尔注》。只有评论的第1部分幸存下来了。其作者和撰写时间均不明,尽管有人认为是道教的创立者张陵所著。在过去的600年里关于《道德经》的700余种中文评论和50余种日文评论中,大约有400种还幸存着。无可争议的是,现存的这些评论中最早的是王弼的和河上公的。

这2种评论也是最流行的。严灵峰列举了王弼《老子注》的34个版本和河上公的《老子河上公注》的33个版本。王弼的《老子注》严格来说是哲学性的因而更适合知识分子,而河上公的《老子河上公注》则是对《道德经》的宗教性的阐释因而更适合那些虔诚的道教信奉者。河上公应该是生活在公元前2世纪。如果真的有他这么一个人而又真的写过一部《道德经》评论的话,那这部著作肯定很早就消失了。现存的河上公评注,大部分的学者认为是在王弼之后。何可思(Eduard Erkes),曾将河上公的《老子河上公注》译成英文,强烈坚持它在公元前2世纪已经存在,并为这个更早的存世时间提供了3种依据。一是高诱在其《淮南子注》中将"玄"字解释为"天"。由于"玄"这一术语来自《道德经》且河上公将其阐释为"天",因而何可思认为高诱一定是知道河上公的评论的。何可思没有解释为什么河上公没有从高诱那里有所借鉴。二是牟子提及河上公的评论中《德经》共37章。但无论牟子生存在公元1世纪还是3世纪并非是一个已经解决的问题。何可思提供了为葛玄的评论写的前言作为他的第3个论据,但该前言中包含了太多奇异的描述和错误因而令人难以相信。根据马叙伦的看法,直到公元4世纪河上公才第一次被提到,而他的著作第一次被列入书目则是在梁朝。在评论这两种《道德经》注评的时候,日本学者武内指出,在王弼注本用古语词和有难度的表达的地方,河上公的注本则用的是标准的词语和简单平实的表达,显然河上公注本要比王弼注本晚。主流意见中并非只有列举的这2个学者的意见。

另一个问题是王弼注本的版式问题。兆说之和熊克都认为评论没有分章节。《四库全书总目提要》的编辑们保留了这个观点并通过简单说其篇章安排是后来添加的解释了《经典释文》中的《道德经》实际上被分为了《道经》和《德经》两部分这个事实。但如许多学者所指出的,《道德经》是汉代以后才被分为《道经》和《德经》的。正如王重民所说,熊克只是在他自己的《道德经》注评本出版之后才对兆说之的版本中没有划分章节感到很惊讶。由此显然可见王重民的注评本是划分了部分和章节的。

王弼注本初版本划分了部分和章节最强有力的证据是许多学者都知道的一个事实,即,王弼自己在第20章提到"第2部分"并在第23章和第28章中提及"后面的章节"。在同一著作中出现2种不同的版式是很不寻常的。在此情况下,该著作是被叫作《老子注》还是《道德经注》,是否被划分部分和章节,只有1卷还是2卷都没有真正的结果。在其标准形式中,从汉代开始它被划分为2个部分并被称作《老子注》《道德经注》或《老子道德经注》。《道德经》最彻底的背离是《道藏》中的《道德经》版本,共有4章。根据一个日本作家的观点,这么做在于与经典的"四分"相一致。

还有另一个问题,即《老子微指略例》是否为王弼所写。在《王弼传》中,何劭说"弼注《老子》,为之指略,致有理统,著《道略论》"。直到宋代,像王重民、谢扶雅和严灵峰等学者都认为书名为《老子略论》《老子旨例略》《老子旨略》《道德略归》的其实指的都是同一本著作。最大的可能性是源自何劭的《道略论》,该著作在很早以前就已经消失了。然而,谢扶雅认为,王弼的注评大部分都很简洁,风格古雅,但第4章和第38章却不是在解释而是阐释,其风格像是一篇简短的论文。谢扶雅认为这2个章节有可能来自《老子旨归》。这是一个有趣的观点,但我们需要确切的证据。

在《道藏》中有《老子微旨略例》。1946年,严灵峰将其出版并坚持认为该书为王弼所著。他比较了王弼《老子注》与《老子微旨略例》并指出,首先,其中有12处相似的例证;其次,有3个相似的关于文学结构的例证和2个相似的引自《周易》的引文的例证。牟宗三赞同这个发现并认为它是一个重大贡献。

然而，我发现严灵峰的认同很难被接受。《老子微旨略例》与王弼《老子注》确实是有很多相似之处。然而，王弼《老子注》似乎是一种重复或详细地阐述《老子微旨略例》。此外，王弼《老子注》中的许多基本观点在《老子微旨略例》找不到，如关于"常""崇本""理""名的不当"等。王弼《老子注》的基本概念，尤其是关于"物质""体用""无""一"的，关于"遵道"和让万物自然的，如"因""任""顺"和"自然"，这些概念要么缺失要么在《老子微旨略例》中很难找到。另一方面，《老子微旨略例》的文学风格简单平实而且没有王弼《老子注》的优雅或简洁。《老子微旨略例》中有一系列的"五"，如"五谷""五物""五注"以及儒家、墨家和法家学派的名字。在我看来《老子微旨略例》似乎是某个不太懂王弼的新哲学思想尤其是其"无""自然""物质""体用"等基本概念的人以其《老子注》为基础所撰写的著作。

在其《易经注》中，阿里姆·朗姆博士对王弼的、《老子注》产生了兴趣。于是她将王弼《老子注》译成了英文。我为其做了一些改动，添加了大部分的脚注，撰写了参考文献。希望这本英文译本能对作为哲学著作的《道德经》的理解并对鼓励西方学者更多关注这位公元3世纪的时候还不太为西方所了解的玄学家有所贡献，并对理解公元3世纪的思想在中国哲学发展中的重要性有所帮助。

陈荣捷

三、理查德·林恩的《老子〈道德经〉新译》之"导论"

1999年，理查德·林恩（Richard John Lynn）的《道与德之经典：王弼〈老子注〉新译》由美国哥伦比亚大学出版社出版①。译文前的"导论"中作者介绍了"《道德经》其书""王弼""王弼论著"和"译者的话"②，英译了王弼的《老子指略》（*Outline Introduction to the Laozi* [*Laozi zhilue*], by Wang Bi）。现将"导论"中的"《道德经》其书"和"译者的话"汉译如下。

---

① Richard John Lynn. *The Classic of the Way and Virtue: A New Translation of the Tao-te Ching of Lao Zi as Interpreted by Wang Bi.* New York: Columbia University Press, 1999.

② "译者的话"中作者提及1977年林振述的《老子〈道德经〉及王弼〈老子注〉英译》和1979年阿里姆·朗姆与陈荣捷合著的《王弼〈老子注〉》对其都无助益之事，以及其对1979年张仲越（译音）的《王弼的玄学》和1986年鲁道夫·瓦格纳发表在《通报》上的文章《王弼〈老子微旨例略〉——哲学研究与英译》的借鉴。可参见 Richard John Lynn. *The Classic of the Way and Virtue: A New Translation of the Tao-te Ching of Lao Zi as Interpreted by Wang Bi.* Op. cit., pp. 22-23.

(一)《道德经》其书

《道德经》由 81 章简短的格言警句组成。尽管这 81 章是独立的,但又常常互为所指并作为一个整体呈现出了一种对于圣人如何依自然之道治理天下的始终如一的、完整的观点。尽管传统上认为《道德经》为李耳——中国东南楚国的守藏室官员所作。李耳,字聃,据推测是与孔子同时代的人,很可能生活在公元前 4 世纪的某个时期,应该是《道德经》可能的作者。《道德经》可能反映出了由某个人建立的"子"学传统思想。这个人有可能生活在与孔子差不多的时期,而且这个"子"很可能就是李耳或李聃。但没有证据可证明这个推测。

《老子》或《道德经》,是中国道家哲学的 2 种基础文本之一,另一是《庄子》,保存了与庄周相关的思想传统。2 种文本强调的东西大相径庭,然而,在《道德经》主要对有可能是圣人的统治者论说并且主要关注通过与自然间的和谐而获得良好社会的地方,《庄子》不管是在理论上还是在实际上却是对统治者的地位持轻侮态度,而且对一般的社会生活非常冷漠。相反,它几乎唯一关注的是个体的自我实现和通过个体与自然的融合而达成的对幸福的追求。

尽管《道德经》的自然主义精神似乎最初意在为君王提供建议,但其思想也被认为对个体生活的修养具有重要的影响,而且百姓将其作为既是对统治者的建议也是具类似的可适用于理解和解决人类个体存在的问题的建议。当然,这种方法描绘了在整个中国的传统时期人们通常解读《道德经》的方式,即,将其作为哲学文本来解读,以及东亚前现代中国文化圈的读者主要为了从中发现智慧和慰藉而阐释《道德经》的特征。这也说明了《道德经》在现代西方流行和着迷的原因。然而,这种对《道德经》不具政治意味的解读,似乎受到了《庄子》这本对个体理解和自身修养的直率的、哲学式的引导之持续流行的影响。也即是说,不顾作者的原初意图,读者以解读《庄子》那样的方式来解读《道德经》。这种情况可能最早发生在公元 3 或 4 世纪,即当《道德经》《庄子》和《易经》开始为对道家和所谓的玄学运动的兴趣的复兴提供文本基础的时候。在这方面值得注意的是,尽管王弼《老子注》明确是政治的和为公众的,其方法在很大程度上暗示了个体的、非政治的思考,而且王弼方法中唯一含蓄的部分在后来的许多评论中变得坦率而显著。

道教在中国以 2 种彻底不同的方式存在,一是作为传统,另一是作为宗教。作为宗教，老子在大约公元 2 世纪的时候被作为一个宇宙圣人被神化并成为道教的保护者，而《道德经》随后被阐释为一种主要的教义文本并被解读为如宇宙论、神话、巫术、善恶报应这样的东西。道教作为一种宗教的建立和成长是一个吸引人的主题，完全保证了近几年对其关注的增加，而且对理解前现代和现代中华文明的动态至关重要。但其在这个从王弼评注的视角来阐释对《道德经》的研究和翻译中并未加以描绘，因为王弼的方法是坚定地定位于哲学的道教传统之内的，但我在其中却找不出任何道教的东西。

从任何角度，作为政治专著、个人哲学鼓舞人心的指南或是一本宗教教义的圣书，《道德经》毋庸置疑都是中国传统中最重要的文本之一。它是一部若干个世纪以来在东亚、在现在的现代西方被反复当作不同阅读的经典之作。该书只呈现了许多种可能的阐释之一种，但多亏了王弼精彩而具影响力的评注，一种具有持久影响力的重要解读能对现代如同自它 1700 多年前成文以来对许多时代那样言说。

(二)译者的话

该译本遵从的是我之前翻译王弼《周易注》的安排和版式，因而这本著作构成了《周易注》的姊妹篇并组成了对王弼思想的进一步探索和对中国阐释传统的贡献。

在准备该译本的过程中有 2 本著作帮助很大。一是波多野太郎(Hatano Tarō)的《老子王注校释》，另一是楼宇烈的《王弼集校释》。波多野太郎著作的大部分完全是用古汉文写的，有《王弼评注批评文本》，包括从早期的中国和日本学问中搜集到的成百上千种阐释性的评论，有前现代的和现代的，以及波多野太郎自己撰写的新注释。《老子王注校释》是对其早期题为《王弼老子注校正》的修正和补充。尽管楼宇烈的《老子道德经注》的大部分，包括校对、批判性文本的确立和阐释性的注释，是源自波多野太郎的《老子王注校释》(我估计或许有十分之九)，但楼宇烈并不总是赞同波多野太郎的结论，而是有时用他自己的观点来替代或加以补充阐释。因为这些常常被证明是有帮助的，因此我倾向于在处理文本的或阐释性的问题时引用这 2 种著作。我也从王弼的批评性的注本《老子指略》中获益。绪川玉木(Ogawa Tamaki)的《校正》(Rōshi)和福永光司(Fukunaga Mitsuji)的《校正》中的《老子》现代日文注译本都证明对理解《道德经》原文本是非常有用的。此外还有韩禄伯的《老子〈德道经〉：以新近出土的马王堆〈道德经〉帛书本为底本的注译与评论》。

当我第一次开始翻译《道德经》和王弼《老子注》时,我常发现自己在根据陶鸿庆的《读诸子杂记》来修正文本使其与《杂记》中的文本一致。然而,我很快意识到,陶鸿庆所做的远非是对这些文本进行修正,他实际上是在彻底地重写使之与他自己对这些文本的解读相符合。他重写它们使其意指的东西是他认为它们所意指的东西。波多野太郎和楼宇烈都总是引用陶鸿庆的文本和阐释但有时也会拒绝他的观点,当他们认为这些观点是多余的或错误的时候。而且,由于这种情况时有发生,我开始质疑所建议的几乎所有的陶鸿庆文本。我于是返回去重新开始,除了陶鸿庆的少数建议外,把其余的全部扔掉,并决定尽可能少地干预文本。

我的反应很大程度上遵从的是楼宇烈为其《王弼集校释》所建立的基本文本。楼宇烈的基本文本遵从的是所谓的王弼本或王弼老子校注本,是王弼参考其他文本从头至尾作了修正的文本,其中他常重复波多野太郎的著作。然而,正如在学术界众所周知的,王弼《老子注》是以显而易见在很多地方其所参照的肯定与王弼所校正的《老子》文本差别相当大的文本这样的方式来写的。使得这种原本已经复杂的情况更加复杂的是,马王堆汉墓中发现的2种作于公元前2世纪的《道德经》文本在很多地方也与王弼所知道的《道德经》文本差别相当大。由于波多野太郎和楼宇烈引用的大部分是这些自相矛盾的地方并建议对《道德经》文本作相应的修正,因而在适当的地方,我在有问题的段落中将他们的发现放在了注释中。然而,仍未确定的是,王弼所知道的究竟是哪个确切的《道德经》文本。为了帮助确定那个文本可能是哪一本,我也用了另外2种讨论这个问题的出色的学术资料。一是鲍则岳(William G. Boltz)的《王弼和河上公所未见的〈老子〉》(The Lao-tzu Text that Wang Pi and Ho-shang Kung Never Saw),另一是鲁道夫·瓦格纳的《王弼〈老子〉校正》。我花了很多精力和时间来查阅北原峰树(Kitahara Mineki)的《老子王弼注索引》(Concordance to Wang Bi's Commentary to Laozi)。

另一本被证明在阐释王弼评注的很多段落和发展我对王弼思想的总体理解上尤为有用的著作是陈金梁(Alan Kam Leung Chan)的《道之二解:王弼与河上公〈老子〉注研究》(Two Versions of the Way: A Study of the Wang Pi and the Ho-shang Kung Commentories on the Lao-tzu)。尽管我并不总是得出与陈博士一样的结论,但我对其解读王弼评注的方式进行了仔细的思考,并确信我的反应因为这么做而变得更好了。

当然,我也从阅读和查阅其他许多的著作中获益匪浅,其中的许多我都在注释和释文中加以了引用,并全都列在了参考文献中。

读者应该注意到了之前的2种对王弼《老子注》的翻译。一是林振述的《老子〈道德经〉及王弼〈老子注〉英译》,另一是阿里姆·朗姆和陈荣捷的《王弼〈老子注〉》。但我并不认为二者有帮助,因此在注释和释文中都没有引用。

我对机构术语和官衔的翻译遵从的是霍克(Charles O. Hucker)的《中华帝国官衔辞典》(*A Dictionary of Official Titles in Imperial China*),尽管我根据近代的使用习惯对大部分的头衔使用了小写形式。

最后,读者还应该注意已经出版的2种王弼《老子指略》译本。一是宾夕法尼亚大学钟月章的博士论文《王弼的玄学》(*The Metaphysics of Wang Pi*)的附录2"《老子指略》的解释轮廓",二是鲁道夫·瓦格纳的"王弼:《老子微旨例略》的结构:一种哲学研究和翻译"。由于二者彼此在许多地方差别相当大,我自己的译文也与二者迥异。在我的注释和释文中我对这些不同之处表示了不赞同,希望能分享读者和作者的耐心,但是如果读者希望对这3个译本加以比较的话,所有译本现在都可在公共领域获得,因而对其进行比较并非难事。

王弼的评论和轮廓介绍一起组成了一个又长又难的文本。尽管有从中国和日本的注释和文本批评传统中以及从现代西方的学术中可获得的所有帮助,尽管我尽了自己最大的努力来克服自己的不足,但我相信有一些老问题仍未解决,同时还可能有新的错误出现在译本中。不管怎样,这个翻译是一次使人经历丰富的实践,我对所有那些花在王弼和老子身上的艰难而精彩的时光心存感激。

四、鲁道夫·瓦格纳的《〈道德经〉的中国式解读:王弼〈老子注〉》之"导论""王弼《老子注》校订本导论"和"之前的《道德经》英译本注"

2003年,鲁道夫·瓦格纳的《〈道德经〉的中国式解读:王弼〈老子注〉》①除简短的"前言"和"导论"外,共有5章:王弼对《老子》的校注、王

---

① Rudolf Wagner. *A Chinese Reading of the Daodejing*:*Wang Bi's Commentary on the Laozi with Critical Text and Translation*. Albany, New York: State University of New York Press, 2003.

弼《老子注》的宣传与传播：批评版本的基础、王弼《老子微旨略例》：文本的哲学研究与翻译、对王弼《老子注》所用文本的重新建构与批评、对王弼《老子注》的翻译。该部分将汉译"导论"、第1章中的"王弼《老子注》校订本导论"和第4章中的"之前的《道德经》英译本注"以飨读者。

（一）导论

在我研究中国早期的佛家思想家尤其是释道安和释慧远的时候，我发现道家的论争常常用一种源于公元3世纪的"玄学"语言来理解和表达。尽管玄学在包括中国佛教哲学甚至宋代的新儒家思想在内的中国哲学中的重要性众所周知，但对特别文本和问题进行详细批评研究的成果却很少。研究王弼这位大家公认的最出色的玄学家似乎是很自然的。

缺乏中国文本的批判性版本和对独特的哲学著作的详细研究。对即便是中国最出色的评论家研究的不足显得尤为突出。

在西方经典的研究中，有对从事校对、编辑或文本翻译的学者与大部分时候致力于分析作品以使其有用的学者之劳动的划分。然而有些学者如鲁道夫·布尔特曼（Rudolf Bultman），在其关于早期基督教豁免之环境的作品中，通过对宗教、社会以及当前政治的广泛分析，从艰苦的哲学研究到对哲学文本和宗教信仰的内在逻辑的广泛分析，试图跨越其事业的整个宽度。我打算在多年研究海德堡大学汉斯·伽达默尔（Hans Georg Gadamer）的阐释学的帮助下模仿这个典范。

这是一本研究王弼《老子注》的著作，包括：(1)对文本历史和可获得的王弼《老子注》版本的研究以及对王弼《老子注》的研究，显示出现行版出现的时间晚而且不足。(2)批判性的重构和基于内在证据的文本与基于新资料来源的文本这两种版本，包括1973年在马王堆发现的新文本和1993年在郭店发现的新文本。(3)对王弼《道德经》文本、《老子注》文本以及他的《老子微旨略例》和《老子指略》的全文注译。

已经有许多《道德经》译本了，而且对王弼《老子注》的翻译也不少。这些《道德经》译本都是以现代学者的、大胆宣称其对早期中国哲学家的了解比中国长期的传统评论史上的任何人更好为基础的。我们这本《道德经》译本集中在对《道德经》进行中国式解读，尤其是对年轻天才王弼的《老子注》进行解读，其对后来著作的影响被一致而公正地描绘为是首屈一指的。译本通过对王弼《老子注》的解读，同时这种解读可能达到一种哲学的而非历史的层面，定能为《道德经》中的许多神秘思想提供卓越的解决办法。通过原创的哲学方法积极地与古代的伟大人物哲学式的结合，它甚至将会成为一本独立的更激动人心的作品。译本因而着手采取外推式的方法从王弼的评论中选取他解读或建构《道德经》的确切方法。

在很多情况下，对王弼暗指的读者来说是显而易见的东西，但对不管是中国的、日本的或西方的哪种背景的现代读者来说，则需要明确的提示。这种情况或是对《道德经》另一部分或另一个文本的整个章节中暗含主题的引用，或是不同短语之间相关联的东西的修辞信息。纽约州立大学出版社的哈格特(Haggett)先生通过在这本书的封面上放置实际上由与其他节点相连的节点组成的每个节点的结构恰到好处地使王弼《老子注》清楚显示出了《道德经》短语的意思。该译本试图通过在括号内提供相关信息严肃地履行其文化中介的职责，目的在于在译文中获得如王弼旨在通过其评论获得的相似语义的确切性。我希望，这么做的结果是能创作出一本足够清楚的能经受得住检验的译本。在那些仍然难于理解的地方，我常常在翻译它们时不怕麻烦以避免语法、术语和修辞的难解。一个严肃的学术论争只能建立在经得住检验的、能证明错在哪里的译本基础上。

王弼所解读的老子和王弼自己都成为做出重要贡献的哲学家。我自己则希望通过这个批评性的文本、外推式的解读和能经得起检验的翻译对二者都有更深更准确的理解。译文将会通过对王弼《老子注》中的关键哲学问题的研究在第3卷中完成。

(二)王弼《老子注》校订本导论

从唐代早期以来，《道德经》主要是通过2个评注本传播的，一个是王弼的，另一个是河上公的。唐代的大部分专家，如那些被收录在魏征的《群书治要》中的专家，其石碑的和手稿的文本都是以河上公文本或各种河上公文本为基础的。然而，到唐代早期，一些学者试图促进王弼文本及其评注。陆德明、傅奕和其他的学者通过与河上公文本的竞争以竭力保护王弼注本不失真变形。陆德明认为河上公文本是假的，并写道："河上公的注本不是关于《道德经》的。"

尽管有这样的努力，河上公的评注仍然继续占统治地位并且在宋代实际上取代了王弼的评注。宋代，范应元接手陆德明继续努力。范应元试图保留"旧文本"，出版了一本明确比较当时各种流行版本的著作。

在最近几十年，饶宗颐教授出版了2部带大量评论的《敦煌老子想尔注校笺》。索统的《道德经》第51—81章，成书时间是公元270年，与河上公的文本有很密切的联系,而其第 2 部分《想尔》则包含了《道德经》第 1 部分,被不同学者认为作于公元 2 世纪至 5 世纪间。

这 2 种著作都是源自道教的天仙道。1973 年在长沙附近的马王堆发现的 2 种《道德经》文本,均被认为作于西汉早期,基本上肯定了《道德经》文本在那个时期已经稳定。1993 年在荆门郭店楚墓发现的 3 卷《道德经》竹简本,编辑将其成书时间标为"战国中期",大约为公元前 300 年,现在已经出版。郭店竹简本,其成书时间与马王堆帛书本的成书时间非常接近,确实是源自楚地。

这些发现使得我们可以更加准确地追寻《道德经》的历史,确定那些在先秦、秦和西汉著作中对《道德经》的引用文本。然而,有些文本是不确定的,而且我们有理由假定郭店《道德经》竹简本文本和马王堆《道德经》帛书本文本是属于彼此存在的几种文本体系之中的。

这些发现是以姚鼐和徐大椿以及更近期的马叙伦的文本研究为基础的,他们全都极力谴责河上公注本,认为它是假的道家典籍并将"王弼注本"作为"标准文本"来建立。然而,这个"王弼标准注本"却远非安全的。最早可获得的王弼《老子注》抄本可追溯到明代版本,而最早的实际文本(收藏在《正统道藏》中)可追溯到明代中期。有学者注意到了引自王弼《老子注》中的主要文本的引文与《老子注》所根据的《道德经》文本之间存在的矛盾。马叙伦早在 1924 年就提到过这个问题。刘殿爵和鲍则岳也作过相似的评论,但"王弼本"仍然继续在被使用被翻译。

一样奇怪的是,波多野太郎在其对王弼评注的多种文本的汇编中并没有思考王弼《老子注》的问题,甚至楼宇烈的《老子道德经注校释》也未质疑过《道德经》文本是以王弼评注的各种现行版为基础上印刷的。

据我所知,唯一严肃对待王弼《老子注》重构的是日本学者岛邦男(Shima Kuniō)。1973 年,他在马王堆《道德经》帛书本发现之前出版的《老子校正》(*Rōshi kōsei*)一书有很多优点而且很有名。马王堆《道德经》帛书本的发现为其假设和猜测的准确性提供了一种独立的核实。不幸的是,他的著作在那个时候基本上没有受到关注,一直到马王堆帛书本被发现之后,而且楼宇烈在其《老子道德经注校释》中也没有使用它。

(三)之前的《道德经》英译本注

我们这个译本不是第一个以王弼《老子注》为底本的英译文本。早些的 3 种尝试,即 1977 年的林振述(Paul J. Lin)译本、1979 年的阿里姆・朗姆译本和1999年的理查德·林恩(Richard Lynn)译本,都是以王弼《老子注》的现代流行本为基础英译的。林恩注意到了这个文本的一些问题,但它基本上还是局限于波多野太郎的注释汇编和楼宇烈的相当弱的版本。他们中没有一个人认识到了岛邦男(Shima Kuniō)具有开创性的著作。这标志着我们在这里所呈现的译本与之前译本之间的重要差别。而且由于没有人尝试批判性的译文,因而几乎没有或很少有对所记载文本的参考。

林振述译本和阿里姆·朗姆译本从一个概念出发指出王弼的评论提供了富含内在意义的《道德经》文本,他们因而感觉去坚持现存的《道德经》译本很自由,比如朗姆、陈荣捷在译本"导论"中就指出其相当独立地呈现了王弼的评论,并使其译本以王弼的评论为基础。还没有人通过王弼《老子注》对《道德经》做外推式解读。这种方法论的缺陷有着非常令人不满意的结果,因为评论似乎常常不那么随意并与文本的"意思"不协调。林恩译本在这方面迈出了重要的一步。他的译文有朝外推式这个方向的努力,而且在相当多的时候是成功的。他没有对其译本采取明确的策略,因而我们不得不凭其实际的步骤来加以判断。这留下了一种外推式翻译的混杂信息、悠久的如果不是荒谬的文本的依附以及个体的信仰和偏好。

林恩将按照他之前的成百的译者翻译该句的方式把《道德经》第5章首句"天地不仁,以万物为刍狗"译为:"Heaven and Earth are not benevolent and treat the myriad things as straw dogs",并把王弼对该句的评论"天地不为兽生刍,而兽食刍。不为人生狗,而人食狗"译为:"Heaven and Earth do not make the grass grow for the sake of beasts, let beasts eat the grass. They do not produce dogs for the sake of men, yet men eat dogs."显然,王弼没有将"草狗"作"草狗"(straw dogs)解,而是将其作"草与狗"(grass and dogs)来解。当读者对此不明就里的时候,他将会疑惑为什么王弼要写下如此愚蠢的评论呢。总体来说,他的翻译似乎缺乏对文本意思的史实性的了解。

林恩坚信《道德经》是一部给任何读它的人建议如何修养的书。情况也许是这样,也许不是这样,但它肯定不是王弼所解读的那样。如果王弼《老子注》有一个暗含的读者,那这个读者当是统治者。王弼从《道德经》中摘取的对稳定统治的哲学基础之思考对别的人没有意义。实际上,在王弼文本中,没有一个是整个《道德经》中的规定短语。林恩的翻译提供了超出阅读传统的规定语言,对此他似乎并没有批评性地给予反映。如在王弼《老子注》的第5章,他将前面所引那句之后的段落"无为于万物而万物各适其所用,泽莫不瞻矣。若慧由己树,未足任也"译为:"Heaven and Earth make no conscious effort with respect to the myriad things, yet because each of the myriad things has what is appropriate for its use, not one thing is denied support. As long as *you* use kindness derived from a personal perspective, it indicates a lack of capacity to leave things to themselves."这样英译给了我们一个朴实的建议,需要添加一个主语"you"才能合理,而王弼的解读是没有这个主语的。第2个短语只是继续使用第1句的主语,即"天地",那么根据林恩的建议该句可译为:"Should they [*Heaven and Earth*] confer kindness on their own [initiative], they would be unable to leave things to themselves."我们来看看这段的结尾句"若橐钥有意于为声也,则不足以共吹者之求也"。译者对认为老子为每一个读这本书的人该如何修养提供了一个问答是如此坚信以至于他有时会愿意完全放下文本而写下他自己的答案。王弼对第8章最后一句的评论可以作为一个例子来对此予以说明。该章列举了一个长长的单子来详细说明其与第一个短语"上善"(the Most Excellent)之间的相似性,王弼把"上善"当成是"道"与"水"的代名词,因而有此评论:"言水皆应于此道也。"可英译为:"This means that water corresponds in all these [features] to this Way."而林恩的解读为:"This states how, like water, one should always be in resonance thus with the Dao."(这表明,人应该如何像水一样总是与道相共鸣。)在此情况下,他在脚注中优雅地警告读者他可能走得有点远了。令人悲伤的是,这样翻译又一次遭受了对王弼《老子注》的说教本质这种没有理由但却坚定的信任。

林振述、阿里姆·朗姆和理查德·林恩这3个译者都不顾我在《中国评论的技艺》(*The Craft of a Chinese Commentary*)第3章中试图分析的入侵防御体系的修辞特征而遵从了传统。林恩的参考文献列出了这个研究的早期出版文本,这当然是林恩的权利。他认为这种风格特征是我自己空想的古怪结果。从《道德经》自身内在的和从王弼以及许多与他同时代及之后的连锁的风格特征中所积累的证据或许保证了对其进行反驳。甚至在如第22章中,在王弼超越了他自己的方式以显示出了该章的入侵防御体系特征的地方,林恩选择了对其视而不见。这导致了在此翻译中准确性的重大损失,因为章节内短语之间的连接全部都常常以其传统的混乱状态保持着。

翻译和学术分析之间的联系不是必需的,而且许多学者在某一领域比在其他领域更擅长。有了王弼所呈现的、在其中一种新的哲学语言被创立的哲学式的解读文本,翻译与分析之间的分离或许不会进行得那么顺利。据我所知,这3位译者都不曾长期涉及对公元3世纪的哲学尤其是玄学的研究。其"导论"仍然更多停留在一般层面上,其脚注显示出他对玄学讨论几乎不熟悉,其参考文献令人惊异地缺乏甚至对该领域最好的著作的了解,更不必说相当多研究那些特别问题的文章了。尤其令人悲伤的是,上述的最后一个关于翻译的问题就在过去的15或20年里中国大陆有学者所作的大量相当刺激相当特别的研究中大量存在。这似乎缺乏对玄学思想的了解所导致的后果。译者们是在他们所认为的"道家哲学"的共有概念的语境中来解读王弼的哲学观点的。这有时有用。如果使用这样的术语不能起作用的话,它常常会更进一步导致原本能清晰辨别王弼思想的标识变得模糊并抵消其中所蕴含的"道家"思想。所有这3个译本都仅仅提供了一个有助于对《道德经》进行玄学的哲学式解读之理解的文本,因而它们没能达成自己的预期目标,没能为读者提供一本对《道德经》进行历史的、特别的、置于上下文语境中的研究文本。相反,它们提供的只是一般随手可得的、皆大欢喜地宣称自己译出了《道德经》"原始"思想的译本。

这里,我试图追求另一条道路,它包括:(1)对所涉及文本的批判式重构;(2)试图通过插入王弼自己和与他同时代人的哲学语境来丰富和详细说明对文本之理解的译文,而同时通过将意思的"开放性"减少到最低来保证其可检验性;(3)对王弼评论中所追求的特别技巧和分析策略的分析;(4)对我所认为的这本书中所呈现的核心问题的哲学性分析。我之前对译本的批判不应该被看成是不鼓励读者去解读它们,我极力鼓励读者去将我的这个译本与这些译本进行批评式的比较。不管读者最后的判断如何,这样的比较都必将有助于对所涉及的译本问题、对其可靠的程度,尤其对将必须靠着这些译本而活且不能对文本抱有偏见的分析有更深的理解。

五、史蒂芬·阿迪斯与斯坦利·拉姆巴多的《老子道德经》英译本之"译者前言"与"书法注释"

(一)译者前言

已经有100多种《道德经》英译本了。那这个译本还应该翻译吗?尤其是,我们能做什么之前那些译本没能做的?

在考察了之前那些《道德经》译本后,我们认识到有4件不同而且有着潜在作用的事我们可以尝试去做。首先,我们想要的是翻译而非解释文本。《道德经》文本常常很简洁,有时又高深莫测。之前的译者常常提供的是阐释而非纯粹的翻译。他们解释了他们认为老子意指的是什么而非老子说的是什么。我们的《道德经》译本尽可能选择让文本自己去说话。

其次,我们发现早期的《道德经》译本,由于常常是在对文本进行释义,有冗长啰唆的倾向,将原本简洁的中文文本变成了要长得多的句子。在某种程度上,这是不可避免的。中文是由单音节汉字构成的,而且常常没有标明如时态和数这样的语法特征。任何明了的英译本都必须使用比原文本更多的词和音节。但我们相信,将用词简洁、节奏不连贯的古文大部分重新创作出来是可能的。因此,我们尽可能保留了原文语言之骨骼,更喜欢采用的盎格鲁—撒克逊的单音节词而非近似拉丁文的多音节词。我们试图用这样的方式保留原文本的一些味道。

再次,我们完全避免了用有性别之分的人称代词。中文原文本中没有人称代词"he"或"she"之分,但之前的译者用了"he"来指代道家圣人。也许会有争辩,认为大部分早期的道家可能都是男性,但《道德经》常常赞扬女性精神,而且没有理由解释为什么文本适用于男性而不适用于女性。因而,我们在译文中对性别采取的是中立态度。

最后,我们在译本中提供了一种互动元素。由于没有版本能够取代原文本作为文档,不仅每一代都将会有对《道德经》文本的重译和重释,而且每个读者都应该与原文本的字词有一些直接的联系。由此我们提供了一个对每一章关键语句的直译,并附了相关的中文原文,以及关键词术语表。

我们的首要任务是决定该用哪个《道德经》文本来作为翻译的底本。或许相信每一种"经典"文本都是固定的被设置了的、是容易以完整和完结的形式被完全接受的、是方便的。然而,这样的情形很少。如《道德经》,在从公元1世纪到公元3世纪的漫长时间里被广为人知,但是最近有两个更老创作于公元前1世纪的文本在马王堆汉墓被发现。有几本最近出版的译本利用了这些更老的文本,其主要差别在于它是以第38章而不是以众所周知的第1章开头的。经过考虑后,我们决定以稍后写的王弼注本为英译底本,其部分原因在于王弼注本是魏晋以来近两千年里中国以及其后在全世界最先被知晓被研究的《道德经》文本,部分原因在于马王堆文本或许为适合管理者和读者的胃口和需要被改动过,还有部分原因在于《道德经》文本的第1章显然要比第38章更强劲更具说服力。我们相信,以"道"开始继之以"德"符合文本的内在逻辑。然而,我们不断在检查和比较马王堆文本并在感觉到它澄清了某些段落时偶尔使用它。

我们下一步开始了《道德经》的翻译过程本身。这意味着要研究早期的《道德经》评论并查实其中每个字的意思和词源。比如"顺"字可以被译为"秩序""顺序"(order),但实际上它是由表示"河"和"头"的2个图形组成的,因而我们将"顺"字英译为"headwaters"(源头)。我们还彼此间讨论中文原文本和我们的新英译本的措辞。在此过程中我们碰到了许多对我们来说特别重要的短语。为了让我们的译本形成互动,这些文本片段我们同时呈现了中文和英文。这将使得读者获得对中国语言如何发挥作用的一些鉴赏并达到对一些最有意义的短语的独立理解。

在中文里,每个单音节词都是由其自身的字或图形而非由字母表中的字母来代表的。比如,下面是第1章第1行中的字。

"道":"道"在字面上("路"[road])和哲学上("精神之路"[spiritual path])都意指"道""路"。也可以意指"说""告诉"等,但这种情况很少见。

"可":暗指潜在性:"可能的"或"能"。

"非":是个否定词,意为"不"或"否"。

"常":意为"通常""持续的""永恒的",意指现实和日常生活的恒久不变。

我们现在可以来考察《道德经》著名的第1行以明白译者和读者在读《道德经》文本时所面临的究竟是什么样的问题以及解决这些问题的可能性。第1行一共有6个汉字,其中有3个字是一样的,都是"道"。

道　可　道　非　常　道
Tao　k'o　tao　fei　ch'ang　tao

按字面意思该句可被逐字翻译为:

道　　可　　道　　非　　常　　道
Way　can be　way/tell　not　enduring/constant　way.

该句可以不同的方式来翻译,但其基本意思常常是一样的。

刘殿爵译本:The way that can be spoken of is not the constant way.

韦利译本:The Way that can be told of is not an Unvarying Way.

米切尔译本:The tao that can be told is not the eternal tao.

拉法格译本:The Tao that can be told is not the invariant Tao.

陈荣捷译本:The Tao that can be told of is not the eternal Tao.

冯家富译本：The Tao that can be told is not the eternal Tao.
初大告译本：The Tao that can be espressed is not the eternal Tao.
我们的译本：Tao called Tao is not Tao.
其中，2个译本省略了"可道"（said）（told）这个词组。
梅维恒译本为：The ways that can be walked are not the eternal Way.
莫勒译本为：If Tao can be Taoed, it's not Tao.

对我们而言，由于"道"字相当重要，而且现在常在英语中使用，因而首先是决定没有必要将其翻译成英语。其次，为了保持原中文文本的简单、节奏和力量，我们的译文保留了原文本的6个单音节，为："Tao called Tao is not Tao."

为了使我们的译文受原文本的影响，我们故意将诸如"can be" "enduring"这样的词推延至第2行，该行与第1行的结构一样。然而，我们意识到，这里所引用的或读者可得到的其他译本的译文可能会被认为一样适合原文本或更好。

我们邀请读者使用附在译文后的关于《道德经》文本中所有汉字的术语表，或查询著名的《马修汉英词典》（Matthew's Chinese-English Dictionary）。两种办法都可以通过汉字的发音得到查询以研究其不同的意思。无论读者选的是什么课程，都应该对文本进行公开阐释而非封闭式阅读。对每个译者和读者而言，挑战、苦恼和快乐即是，就在此时此刻，让文本因自己而再具生命力。

史蒂芬·阿迪斯，斯坦利·拉姆巴多

（二）书法注释

译本中的书法是选取《道德经》任一文本中那些重要的字，通常是用古体篆书的新版本，如第1章中的"道"、第21章中的"德"、第22章中的"曲"、第41章中的"笑"、第47章中的"见"、第63章中的"无"和第66章中的"海"。但有时又是用修正后的楷书写的，如第11章中的"一"、第40章中的"无"和第68章中的"不争"或简化的草书写的，如第5章中的"不仁"、第8章中的"水"、第32章中的"道"、第37章中的"无"、第65章中的"德"以及第73章中的"道"。有的甚至是用英语来写的，如第81章中的"TAO"（道）。第4、14、25、42、52章以及第76章的水墨画画得更随意，通过圆形以及其他不断变化的形式表达出了虚空中"道"的作用。

艺术的风格与禅宗画法有相似之处。由于禅宗受到道家思想的强烈影响,因而两者间存在这种相似不足为奇。然而,最终这些不过是超越字词之意义的视觉表现。

六、刘殿爵的《中国经典道德经》王弼注本英译之"附录二:《道德经》的本质"

战国后期,哲学著作不再由记载下来的明显是某个特别的思想家的学说构成。《道德经》也不例外。老子或其他任何人的名字没有出现在著作中。说《道德经》为老子所作纯粹是传统的缘故。

这个时期的著作的另一个特征是文本中对韵律使用的增加。比如《道德经》中韵文的数量占了全部文本的一半多。这些段落必定意在通过背诵和长篇的口头评论释义而学习。因而,大部分的学说都是含义模糊的。由于这些押韵的段落是口头传下来的,有可能对它们既没有权威的形式又没有唯一的阐释。它们是在思想上有着共同趋势的各种学派的信徒们的公共财富。

有可能这些学说也没有一个标准的文集。这种猜测只要略看一眼《汉书》那些书目式的章节就能得到确定了。除一本名叫《老莱子》的著作外,只有2本书的书名还是有趣的,即《老成子》和《郑长者》。《老莱子》是根据《史记》中与老子一样的传记人物的名字而命名的。现在,《老成子》的字面意思是"一个有着成熟智慧的老者",而《郑长者》的字面意思是"郑国的一位年长者"。如果我们记得《老子》的字面意思是"老者"的话那我们就不能不对这3本著作的相似性留下印象。就我所知,我们还没有对《老成子》的现存引用,但我们很幸运在《韩非子》中保留了对《郑长者》的3次引用(第34章2次,第37章1次),从中可以看出其与《道德经》之间非同寻常的相似性。我们只能得出结论说在那个时期有相当数量的著作,内容具有道家思想,有各种各样的全都含有"老子"或"长者"意思的书名。对我们来说重要的是,《道德经》仅仅只是这些著作中的一部。碰巧老子也是关于孔子的各种说明性的故事中的一位隐者。这两个事实互为补充,以至于《道德经》能作为这类文学作品的唯一代表而幸存下来。而且,到公元前3世纪的最后25年,《道德经》与据说曾拜访过孔子的老子之间的联系更加密切。

不仅有其他与《道德经》相似的文集,而且《道德经》本身可能就直到更晚的时期才有一个明确的形式存在。在这方面，非常有趣的是注意到《韩非子》中明确地作为老子的学说来引用的文本实际上与我们现在的文本是一样的。特别是其第 12 章，为从《道德经》中悬挂引用，该章有从各种作为挂钩的著作中摘取的故事。另一方面，《韩非子》中的《解老》和《喻老》两章在引用的地方从未介绍说"老子曰"，尽管有些时候有"该书曰"。其文本接近而与现在的文本一样，而且，在《庄子》最后一章中对那些是老子思想的引用，尽管在大部分的情况下被认为与现在的文本有相当大的不同。似乎是，文本在公元前 3 世纪下半期甚至更晚些时候仍然处于不固定的状态，但是至少到了公元前 2 世纪中期的时候，文本已经采用了一种非常像现在文本的形式。很可能这种情况发生在西汉早期。有理由相信，在那个时期已经有一些专家（博士）致力于研究古代的作品，包括与"经"相区别的所谓的"诸子"。如果是这样的话，那在朝廷内外很受尊敬的《道德经》很可能是有其博士的。这就使得文本变得标准化，而且也可以解释，出于所有的意图和目的，被《淮南子》的编辑们所使用的《道德经》文本已经与现在的文本是一样的这个事实。

于是出现了我们前面说过的关于中国古代作品被看作文集这样的结果。最好的情况是，包含在这些作品中的材料构成了某个特别的思想家的学说，这些学说常常添加了后来的、属于同一学派的资料。最糟糕的情况是，这些材料不过仅仅是思想上具有共同倾向的文集。细读《道德经》后留给我们的印象是，它不过是我们所说的第 2 种文集。有几个特征让我们产生这样的印象。

有时，许多章节分成的部分之间几乎没有什么联系。在编撰战国时期后半期的著作时其中一个原则是把具有相同主题的段落放在一起，有时意味着这些段落间不过只有一个或多个共同的词目而已。这样是否会导致将相关的段落放在一起取决于编撰者的目的，这个目的或许仅仅是更易于记忆。《道德经》就是这样的。如果我们不记住这一点，坚持把章节当成一个有机的整体来对待，那我们就会有曲解其意思的风险。下面举的 2 个例子将把我头脑中的疑虑解释清楚。

第 5 章中有如下诗行："天地不仁，以万物为刍狗；圣人不仁，以百姓为刍狗。"其后为："天地之间，其犹橐龠乎？虚而不屈，动而愈出。"

两段间的要点是不同的。第 1 段的要点是，天地是不仁的。而第 2 段的要点是天与地是虚而不屈的。不过表明了二者都是关于"天地"这么个事实,两段之间没有联系。

再如第64章中有如下一段:"为者败之;执者失之。是以圣人无为故无败;无执故无失。"其后为:"民之从事,常于几成而败之。慎终如始,则无败事。"

可以看出,这2段之所以被放在一起是因为它们阐释的都是"事如何被毁和该如何避免这种事发生"。但是除了每段中的这个要点外,一样是差别很大。在第1段中,圣人通过"无为"避免失败。而在第2段中,普通百姓被劝告在快要成功的时候要像开始时一样小心谨慎以避免失败。一方面,"为"被谴责为失败之因,另一方面,又认为成功可通过"为"而取得,其前提是"慎终如始"。这2个要点并不仅仅是不相关,而是互相矛盾的。

由于在同一章中放在一起的那些段落常常是并不相关甚至是互相矛盾的,许多学者对文本现存的排列并不满意,有些甚至试图对文本进行重新排列。由于这些尝试对我来说似乎是建立在错误的假设基础之上的,我选择了用一种不同的方法来处理这个问题。

在《道德经》中,同一内容常常在不同章节中出现。由于《道德经》那么短小,一个作者不应该这么多地重复自己的观点。但是,如果我们将《道德经》看成一本文集的话就更容易明白为什么会发生这样的状况了。尽管有时会觉得多次出现的一个段落在一个语境中会比在另一个语境中更合适,而有时又会觉得它似乎放在不同的语境中都很恰当。这种情况坚定了我在前面的建议,即将这些段落看作与上下文语境没有固定关系的独立的学说。有时很明显,不止出现在一章中的那些段落实际上只是在形式上稍有不同而已。总的说来,同一段落在不同语境中的反复出现偶尔可以帮助读者理解文本,提供一些与上下文相关的信息。

举几个例子可以使其更清楚。在第17章中有如下一句:"信不足乎?犹兮其贵言。"该句也可在第23章中找到。在这2章中该句与上下文都没有关联。实际上它与第49章中的如下段落关系更密切:"信者,吾信之;不信者,吾亦信之;德信。"

从中我们可以看出,文中倡导的是我们应该扩大我们的信任,甚至扩及那些缺乏信仰的人。这是因为,如果我们这样做的话,那我们就有希望将其转变为有信仰的人,对他们不信任则只能使他们的坏毛病加剧。因此,不信是缺乏信仰(不信)的结果。

与这一段似乎不属于任何语境的情形相反,有一段似乎与不止一处有上下文关系。在第 4 章中有如下一段:"挫其锐,解其纷,和其光,同其尘。"

在第 52 章中有如下一段:"塞其兑,闭其门,终身不勤。开启兑,济其事,终身不救。"

而在第 56 章中又有如下一段:"塞其兑,闭其门,挫其锐,解其纷,和其光,同其尘。"

面对这样的情况,读者的第一反应是认为第 4 章和第 52 章是独立的段落,而第 56 章是这 2 段的合并。这种猜测是可能的。但是,他不能确信,因为第 4 章和第 52 章恰巧是押一样的韵,而且第 4 章开始的 2 行恰好与第 52 章开始的 2 行是一致的,都是每行由 3 个汉字组成。

在第 64 章有如下一段:"为者败之,执者失之。""是以圣人无为也,故无败也。"(帛书本甲本)

这一段与其前或其后的段落之间都没有任何联系。第 64 章的那一段又一次出现在第 29 章中:"将欲取天下而为之,吾见其不得已。天下神器,不可为也。为者败之,执者失之。"

这里,开头一句的语境不同。在任何意义下,都不可能说它是不是原文本,但其至少比这个显而易见的结论"圣人无为故无败,无执故无失"更有助于我们理解该句的意思。

于是,我们发现了同一内容仅有少许差异这样的情况。在第 22 章中有如下段落:"不自见,故明。不自视,故彰。不自伐,故有功。不自矜,故长。"

而在第 24 章中又有如下段落:"自见者不明。自是者不彰。自伐者无功。自矜者不长。"

显而易见这 2 段仅仅只是对同一事情的正反两种不同方式的表达。

再举一例。在第 70 章中有如下一段:"吾言甚易知,甚易行。天下莫能知,莫能行。"

而在第 78 章中则有:"弱之胜强,柔之胜刚。天下莫不知,莫能行。"

这里,两段不仅在"形式"上不同,内容上显然也有差别。第 70 章中说"天下莫能知",而在第 78 章则说"天下莫不知"。然而,这个不同比真实更明显。圣人所说的确实非常容易理解,而且,在某种意义上,每个人都能理解它,但是由于真理如此简单且易于理解因而聪明的人倾向于发现它的可笑之处。懂与不懂的人之间的差别并不重要,因为他们一样没有能力去实践蕴含其中的道。这似乎表明了在口传的过程中,同样的学说会以细微不同的形式呈现，但仍保留了其道德上的相似性。

因而说，《道德经》是一本由不止一个人编撰的文集，其处理那些先存的材料的方式至少有 3 种。一是，将 2 种或者多种先存文本融为一体。这种情况太多了，不用一一举例。二是，先存文本加阐释文本。最佳的例证就是第 15 章。三是，阐释文本加先存文本。如第 79 章。第 2 和第 3 种情形，常常是先存文本是韵文，而阐释文本是散文，但有时阐释文本与原文本一样也为韵文。第 2 章的最后 1 句"夫唯弗居，是以不去"是个非常有意思的例子。通过"居"和"去"，编辑实际上是表明了他是以一种不同于该句在被写时的发音的方式来发"居"字的音的。

在所有这些情形中，编辑的线索常常在于使用像"故"和"是以"这样的连接词。自然，这些词常常在连续的论争中被当作连接词使用发挥其恰当的功能，但更多的时候它们是被放在了逻辑联系比较弱的地方。着眼于连续论争，对战国时期后半期的文本进行细读将会使我们坚定这样的印象，那就是，这些字是被用来连接之间很少或根本就没有关联的文本的。《淮南子》第 12 章中就有一个关于这些字被故意这么使用的明显例子。该章是由引自《道德经》中的故事组成的。大多数情况下，引用都是从先存文本的单独一章中引用的，但其中有 3 种情形是从 2 个不同的章节中引用的。代替每一章通过放在引文之前的固定的"子曰"，通过"故"字用了一种简单的用于介绍 2 个原本分开的引用形式。似乎《淮南子》的编辑仍然意识到了这样的字以及用这些字来作为对读者的一种提示的编辑作用，提醒读者同一引文的 2 个部分实际上是从《道德经》的不同章节中引用的。

编者的评论非常突出。某些固定的格式用了不止一次。比如第 12 章、第 38 章和第 72 章都是以"故去彼取此"结尾的。

同样，第 21 章和第 54 章以及第 57 章的开头部分全都是以"吾何以知其然哉？以此。"结尾的。

关于《道德经》的成书时期，不可得出一个确切的答案。如我们所见，有理由相信战国时期有其他著名的老者撰写的相似的文集，而且有可能某个时期有不同版本的《道德经》存在，尽管到汉初时《道德经》文本已经与我们现在所有的《道德经》文本很大部分是相同的。在那之前文本必定已经存在一段时间似乎也是明显的，因为我们在《韩非子》《解老》篇中发现了相当难懂的阐释，《韩非子》可能要稍微比《淮南子》早些，因为《韩非子》从《道德经》中引用的文本在更大的程度上偏离了我们现在的文本。

至于一个难懂的阐释传统需要多长的时间才能成长起来,这个问题还没有现成的答案。

把所有因素加以考虑,我倾向于假设至迟到公元前 3 世纪初已经有某种形式的《道德经》存在。这在某种程度上可由在《道德经》中可找到许多与公元前 4 世纪后半叶至公元前 3 世纪的前 25 年间的许多思想家的观点相关这个事实得到支撑。读者在读《道德经》时获得的一般印象是,它是这个制造了那么多伟大思想家的黄金时期的产物。这些思想家中的大部分在公元前 4 世纪的后半叶间聚集在齐国的稷夏。当然,这并非意味着《道德经》中不包含某些比这个时期要早得多的史料。比如,第 63 章中的"抱怨以德"一句就常常被指出已经被当作一句普通格言出现在《论语》第 14 章中。同样,同时可在《韩非子》和《战国策》中找到的一段话与《道德经》第 36 章中的内容很相似①。而《战国策》和《韩非子》又常引《周书》和《吕氏春秋》中的诗。在一本具有这种性质的作品中,它应该包含着范围很广的史料是一点也不奇怪的。

第四节　亚瑟·韦利的《道德经》英译比较研究

1934 年,亚瑟·韦利(Arthur Waley)英译的《道及其力量:〈道德经〉及其在中国思想中的地位研究》在美国出版。② "前言"中韦利认为《道德经》较好的译本有好几个,其中最好的是卫礼贤译本(应指其 1911 年的德译本),其次是卡卢斯译本(应指保罗·卡卢斯 1898 年英译本)。作者在长达 84 页的"导论"中详细阐释了《道德经》撰写时的历史背景、享乐主义者(Hedonists)、寂静主义(Quietism)、道家学说(Taoism)、语言危机(The Language Crisis)、现实主义者(The Realists)、现实主义的神秘基础(The Mystic Basis of Realism)以及《道德经》(The "*Tao Te Ching*")、圣(The Sheng)、《道德经》中的文学方法(The Literary Methods of the Book)、作者(The Author)等。另有 6 个附录。译文有的章节后有对该章的释义,有的章节后有评论。由于已经在第 1 部分第 1 章第 2 节中以"韦利《道及其力

---

①　该句内容为:"将欲歙之,必固张之;将欲弱之,必固强之;将欲废之,必固兴之;将欲夺之,必固与之。"可参见《道德经》第 36 章。(作者注)

②　Arthur Waley trans. *The Way and its Power: A Study of the Tao Te Ching and its Place in Chinese Thought*. New York: MacMillan Press, 1934.

量:〈道德经〉及其在中国思想中的地位研究》之'前言'与'外国影响'"对该译本做了较详细的介绍,在此不再重述。

1997年《道德经》译本与其1934年译本相比,译文前只有相对较短的"导论"。其译文与1934版译本译文部分完全相同,但无译文后的释义和评论,但大部分章节译文下都有简略的脚注①。在此将汉译罗伯特·威尔金森(Robert Wilkinson)为该译本所写的"导论",通过呈现"他者"对《道德经》和韦利《道德经》的理解与评价,让读者对韦利的《道德经》英译理解有更细致深入的了解。

1997年版《老子〈道德经〉》之"导论"

《道德经》是中国道家学派最早的经典之一。在所有的中国经典中,它是被翻译成英文最多的文本之一,到目前为止有大约40个版本。《道德经》中文原文本有5000多字,但这简短的文字却概括了自然观与万物的起源以及这些观点在道德和政治领域的重要性。文本中阐释的思想构成了中国传统思想的3种核心哲学之一中的首次叙述,另2种哲学是儒家思想和佛家思想。不了解道家思想就不可能理解中华文明,但即便如此,历史重要性也不会抵消其文本的重要性。文本简洁而深刻的话语无疑是在明确有力地表达一种对于到目前为止已经被证明是永恒的人类状况:核心思想还未过时。

直到最近,《道德经》的作者才被归属为一个名叫老子的道家圣人。创作于公元前1世纪的司马迁《史记》这本中国历史上最伟大的著作中有《老子传》。在司马迁的《老子传》中,老子被描述为一个与孔子同时代但却比孔子年长的人,是楚国厉乡人,据说是主管周国守藏室的官员。据说孔子曾去向老子请教"礼"。老子让其放下他的傲慢、逢迎讨好的态度和过分的野心。最后,由于对周国的衰落不再抱幻想,老子决定离开周国。当他到达函谷关时,关尹长请求老子在从这个世界隐退之前写一本关于"道"的著作,这本著作就是我们众所周知的《道德经》。写完后,老子就骑着他的青牛从历史上消失了。司马迁最后说,没人知道此后老子的下落。

现代学者对这种说法几乎全都心存质疑,而且现在被广泛接受的观点是《道德经》文本成书于中国历史上的战国时期后期,而且很可能是一本

---

① Arthur Waley trans. *Tao Te Ching*. Denma:Worsworth Edition Ltd.,1997.

不止一个作者的关于道家学说的文集。这个观点部分是根据关于中国历史上这个时期的作者归属传统的详细论争,部分也在于一个强有力的明确的事实,即,在仅次于老子的伟大儒家哲学家孟子的文本中没有提到过《道德经》。孟子强调对他不赞同的思想学派予以反对,而且他肯定也不赞同反对《道德经》中的道家思想。所有这些都表明,《道德经》创作于公元前4世纪末期或公元前3世纪早期。《道德经》这个书名只是到了汉代才有的,其最初的文本只是以《老子》而著称。

"道"这个术语在中国哲学文本中被广泛使用,其字面意思是"道"或"路",其后进一步意指"做事的方式方法",继而意指"原则"或"一整套法则"。孔子《论语》即是在这个意义上使用它的。遵从孔子的"道"即是遵从其《论语》中所阐述的一系列道德法则,而且其用法与基督教思想中对"道"的使用有显然的相似之处。然而,重要的是,在道家思想中,"道"被用来意指所有这些意思,而且还有比这些更多的意思这点已经是很清楚。道家哲学最根本的观点是,有一个终极实体,它先于天地,这个实体就是"道":"有物混成,先天地生。寂兮寥兮,独立而不改,……吾不知其名,字之曰道。"(《道德经》第25章)

为了理解这个观点的充分影响,有必要花点时间来搞清楚我们说"有的东西是真的、终极的而且在某种程度上是万物的基础"究竟意指的是什么。

初始,普通的经验世界尤其最显著的特征即,它是一个会遭受不断变化的、由个体组成的世界,其中没有永恒的东西,无论是有生命的还是无生命的个体在其中都能很容易被观察到其形成,经历各种短暂的状态,然后消失。而且,这些个体的存在要归功于与其他个体之间的相互作用。换句话说即是,其存在要依赖其他物体的存在。现在对许多哲学家来说似乎是,首先必须得有一个终极实体以便生发这个我们可经验的世界,其次是这个实体必须受其中任何个体的限制。否则,另一个个体不管多么有力,怎么能因万物的存在而存在呢?不管这个终极实体在本质上如何不同于其他物体,而且不管《道德经》中的"道"所指的方式是什么,都使得其变得非常清楚,那就是,道家是完全意识到了这条思想线索的。

最重要的是,不能说"道"在任何意义上都完全是一个"个体的"实体存在。成为一个个体即是要存在于时空中,有一个存在的确定时期,与其他的个体并置,并可用概念来加以描绘。实际上,在宇宙中概念的功能正在于准确地辨别出个体及其特征。但这些对于"道"却不然。《道德经》中没有用"概念"(concept)一词,而是用了"名"(name)一词来代替。《道德经》第1章著名的首句已经非常清楚地表明了"道"是无法用"名"来给它命名的:"道可道,非常道。名可名,非常名。无名,天地之始。"

"无名"即是在法则中没有名字可用来给它命名,因为"道"不是一个个体。任何"可道"(即可用概念来加以描述)之物都不是"不变之道"(实际上从逻辑上讲是不可能的),那个不变的、持久的终极实体只能是"道"。而且,正是这种不可概念化的基本属性导致了道家用"朴"(Uncarved Block)这个意象来指"道",如"敦兮其若朴"(《道德经》第15章)、"见素抱朴"(《道德经》第19章)、"为天下谷,常德乃足,复归于朴"(《道德经》第28章)、"朴虽小,天下不敢臣"(《道德经》第32章)以及"而民自朴"(《道德经》第57章)。与"道"一样,"朴"是无形的,但在其中却又潜藏着所有的形。(恍兮忽兮,其中有物)(《道德经》第21章)而且,"始制有名,名亦既有。"(《道德经》第32章),也即是说,"名"只是在个体从"道"中产生的时候才被使用的。严格说来,它遵从这些观点,即,对于"道"根本就没什么可说的,它无法被给予概念性的描绘,因此它是难以形容的,是不可言状的。严格说,它遵从的是《道德经》所尝试着说的话,"道"是不可道的。《道德经》的作者很好地认识到了这点,而且这种认识远非这样的短语所表达的犹豫之意:"强为之名曰大。"(《道德经》第25章)《道德经》文本中包含了一系列的暗示以一步步将我们推向圣人喜欢的对现实的终极洞察。现在我们将回到关于这种洞察的本质这个问题上来。

严格说来,即便我们重复"'道'是不可道的"这个观点,有些暗示也不得不给出其本质,否则那些没有被洞察的就绝不可能被放在"道"中去抓住它们。唯一可做到这个的是大量地用否定词对其进行描绘,提示其各个方面的不确定性,因为这样的描绘是最不容易引起误导的。因而,"道"是被描绘的。如,"天下万物生于有,有生于无。"(《道德经》第40章)这与在印度哲学的某些形式中找到的"空"(Void)这个概念有很大的相似。"无"在这里并非意指决定的无,而是完全不确定,与"有"这个可确定的个体之存在模式相对,具有不确定的属性。"道"再一次被描绘成难以捉摸的、稀薄的、极小的:"视之不见,名曰夷;听之不闻,名曰希;搏之不得,名曰微。"(《道德经》第14章)而且:"其上不皦,其下不昧。绳绳不可名,复归于无物。"(《道德经》第14章)

"道"还被描绘为是谦逊的(爱养万物而不为主)(《道德经》第34章),就像谷一样(谷神不死)(《道德经》第6章)、(为天下谷)(《道德经》第28章),就像母一样(玄牝之门,是谓天地根)(《道德经》第6章)、"专气致柔,能婴儿乎?"(《道德经》第10章)"为天下谿,常德不离,复归于婴儿。"(《道德经》第28章)而且,还像水:"上善若水。水善利万物而不争,处众人之所恶,故几于道。"(《道德经》第8章)"天下莫柔弱于水,而攻坚强莫之能胜,以其无以易之。"(《道德经》第78章),所有这些意象都意在表明被动、接受能力弱和不确定性,而且,在指"母"的情况下,还有"繁殖"之意。在这个意义上,"道"乃万物之母:"天下有始,以为天下母。"(《道德经》第52章)

"道"作为"母"的意象自然导致了宇宙进化论的问题:"道"是如何生宇宙的?对此问题《道德经》中没有详细的答案。最接近的答案在第42章:"道生一,一生二,二生三,三生万物。"如果将其与道家哲学的另一本经典《庄子》中的陈述相比较,该段会变得更加明了:"泰初有始,无有无名。一之所起,有一而未形。物得以生谓之德。"(庄子·天地篇)于是"一"便成了"有",但却无形。西方术语中对"一"最恰当的类比是"混沌"(Chaos),是"有"但却没有秩序或确定性。从"一"或"混沌"中生出个体,即两个可辨认的、可区分的形式,以此类推至如我们所知的宇宙的丰富性和多样性。

《庄子·天地篇》中的选段指的是给予万物"个体特性"的"德"。中文将其译作"德""美德",是我们现在的文本《道德经》书名中的另一个字。韦利在该译本中将"德"翻译为"力量"(power)。韦利这个译本与刚才引用的陈荣捷译本的差别在于其比真实的情况要更显而易见。中国古代文本的许多版本常常也是这样的,这种不同表明了那种语言与现代英语之间的一种概念上的不结盟。现代英语中没有一个概念能恰当地涵盖正文文言中的"德"所涵盖的意思。"德",不是作为道德意义上与"恶"相对立的一面,而是价值中立意义上的"特别的属性",抓住了其意指的部分意思,而且"力量"则含有"潜在的力量"的意思并在"德"这个概念中呈现了出来。"德"是事物所具有的,是作为具有一定力量或驱动力的一种本质,万物从"道"中获得这种"德":"故道生之,德畜之;长之育之,成之孰之,养之覆之。"(《道德经》第51章)尽管"德"在汉代才出现在《道德经》的书名中,但其重要性在第一眼见时可能并不能显示出来。

迄今为止，我们已经关注了《道德经》中所呈现的道家的玄学思想，在接着去讨论其他的主题，即将这种观点用在道德和政治领域中之前，最好来对这些抽象的、模糊的思想做个总结。玄学思想的基础是在不断变化的、日常的"万物"世界之外还有终极的、持久的实体存在，即"道"。严格说来，"道"是难以形容的。它是某种高于个性化的、没有名可用来指代它的东西。其本质只能最大程度的用诸如"无""难以捉摸的""稀薄的"这样的否定词来暗示。"德"生"有"的世界，即个体世界，并可以被形而上学地描绘成是其"母"。宇宙中每种单独的个体都有"德"之本性，这种本性是从"道"中获得的。

理解这些思想是如何可能对我们在这个世界上行为处事产生影响的最容易的方式是通过"为"这个概念。"为"，与仅仅是件事不同，是一种由有着自我意识的属性之个体的代理人发起的变化。于是，为了能切实有所"为"，在一个允许改变的世界中必须得有具有自我意识的个体存在。而且，行为必须是目的的展现。我们有动机、欲望、愿望等指导我们的行为，如我们希望的那样表现其目的，而且目的是个体自身的属性。现在，如我们所见，"道"不是任何类别的个体，而且在变化的范围内也不是。因而，"道"不可道，甚至从形而上学上讲，它是要去"为"。于是，我们就涉及另一个核心的道家教义，即"道"的方式是"无为"，是"为无为，事无事。"(《道德经》第63章)，或者是："道常无为而无不为。"(《道德经》第37章)

由于"道"是非个体的，因而从逻辑上讲不可以说它是"为"。然而，由于它是万物之母，其所做的事最终被做也是因为"道"的缘故。"道"生宇宙的方式不能被描绘成是一种行动，对其最接近的形而上学的描绘是"纯粹的自然流露"这个概念。偶然地，我们会因开心而叫喊或者跳跃，这种方式甚至会令我们自己感动奇怪。有目的的自我一样也会在当这样的事情发生时对这个世界的其他东西感到惊讶，并把这样的事情称作是根本的行动，意在将概念延伸，因为它们不是目的的展现。当然，"道"不是一种自我，说它"所做的完全是自然的"仅仅只是一种最小的误导方式，是用一种语言来明确有力地表达"道"是如何生万物的。

道家思想中的另一个主要观点是：人类需如此这般行为举止以至于与"道"相一致，否则就不能。生活中能与"道"相一致的个体，就是圣人。由于"道"之道是"无为"，这正是圣人必须寻求追求的东西，因此，正如《道德经》中很多地方所阐述的那样："圣人处无为之事。"(《道德经》第2章)

"吾是以知无为之有益。"(《道德经》第43章)"善行无辙迹,善言无瑕谪,善计不用筹策,善闭无关楗而不可开,善结无绳约而不可解。"(《道德经》第27章)由于《道德经》所有的道德和政治哲学都是建立在此观点上的,在此有必要花点时间来搞清楚这么做究竟是什么意思。一个道家圣人必须是什么样的吗? 实施"无为之事"准确讲又该是怎样的呢?

如我们所见,"道"之道是"无为",因为"道"不是一个个体。因此,如果圣人要达成"无为",那么他就必须尽可能变得与"道"相似,也因而必须尽可能变得越来越不像个体,这就所谓的"回归'道'":"远曰反。"(《道德经》第25章)和"反者,道之动。"(《道德经》第40章)个体的行动会带着目的,而目的则是自我欲望和愿望的结果。因此,自我的欲望和愿望越少,我们离"道"就越近,我们就越不具有个体性。因而,圣人不为个人目的而争:"非以其无私邪? 故能成其私。"(《道德经》第7章)尽可能去除个人欲望并明白:"知足之足,常足矣。"(《道德经》第46章)"为学日益。""以至于无为。"(《道德经》第48章)圣人讲得很少,因为言语中存在概念性的差别并因此导致我们远离"道":"犹兮其贵言。"(《道德经》第17章)"希言自然。"(《道德经》第23章)"知者不言,言者不知。"(《道德经》第56章)不要去欲求任何东西,这样我们就会有一颗简单的心,像镜子一样,公正无私地、无欲无求地反映出其面前的东西。这样的人如婴儿或白痴一样出现在世人面前:"专气致柔,能婴儿乎?"(《道德经》第10章)"如婴儿之未孩。……众人皆有以,而我独顽似鄙。"(《道德经》第20章)"圣人在天下,怵怵为天下浑其心,百姓皆注其耳目,圣人皆孩之。"(《道德经》第49章)圣人沿着减少力量和自我作用的道路走得越远,他离"道"就越近。圣人所做之事不会是自私欲望的结果,因为这些欲望已经被根除掉了。因此,圣人所做之事根本不是一般意义上的"为",而是"无为"。"无为"不是一种"为",它是"道"之纯粹的、自然的表现。

当自我彻底地被征服时,圣人就获得了位于道家之根的神秘经验,一种在《道德经》中名为"明"的经验:"自知者明。"(《道德经》第33章)"知常曰明。"(《道德经》第16章和第55章)这是对现实、对"道"的直接了解。通常,当我们的生活直接指向我们愿望的满足时,我们或多或少常常是不安静的,很快,一种欲望得到了满足,又会滋生出另一种欲望。如此不停地持续下去。而圣人,通过抑制自我、征服自我甚至毁灭自我而打破这种顺序,并进而达到内在的平静或宁静的状态。而"未明"之人甚至对这种平

静都不能猜测。因而："归根曰静,是谓复命。复命曰常,知常曰明。"(《道德经》第 16 章)

圣人没有个人的欲望,因而能不加反抗地服从命运的安排。在这样的条件下,那些人就能"知道",而且是通过"明"而"知道"。韦利在其他地方将"明"译为"内在的光"(inner light)(如在第 52 章),这表明了关于神秘经验的一个重要点,即,所遭遇的现实可在我们的"内在"而非外在中找到。通向"道"的旅程是一次内在之旅。通常,"道"是被自我及其欲望隐藏或模糊了的,一旦遮蔽它的东西消散,"道"就能经验到。"道"就像是被埋在静止状态的无线信号,一旦接受信号清晰了,即,一旦自我被放到未定状态,那信号就会出现。这个类比不能推太远,然而,在清晰的信号与个人的听力之间是存在差别的。但是,在神秘的经验中,在"道"与圣人之间予以区别是没有意义的。

《道德经》文本并没有告诉我们通过什么样的法则或技巧自我可以得到抑制,答案必须在其他的道家著作中去寻找。与其他以什么体验为基础的哲学体系一样,如不二论或禅宗,其涉及的用以去除自我的是一套漫长的、考验人的瑜伽体验。这就是为什么我们被告诫要"塞其兑,闭其门。"(《道德经》第 52 章),即是让我们通过冥想的技巧隔断与外界各种刺激因素之间的联系。《道德经》也没有给我们描绘做一个圣人应该是什么样的,只是说应该"无为"。原因很可能是,这是一种几乎不可用语言来描绘的状态,因为语言是用来准确描绘普通的、有目的的行为的。但是一些神秘主义者确实试图想要给我们一条线索告诉我们圣人是什么样的。其中一个人就是日本禅师盘圭永卓(Bankei)。盘圭永卓用来描绘终极实体的词是"未生"(Unborn),那些受到启发的人,与圣人一样,显示出这是一个自然而然的结果。盘圭永卓向它的一位爱好武术的朋友描绘开悟后会是怎样的感觉:"当没有思考和谨慎的行为时,你显示出'未生',你没有任何固定的形状,整个世界上也没有因你而存在的对手。不要坚持任何事情,不要单方面依赖任何人事,这个世界上根本不存在'你',也不存在'你的敌人'。发生什么事你做出回应就成,不会有任何痕迹留下的。"[1]圣人没有自我因此也不会谨慎。圣人所做的就是以绝对的自然来对世界上的各

---

[1] Bankei: *Introductions to Layman Gesso* in Peter Haskel ed. And trans. *Bankei Zen*. New York: Grove Weidenfeld, 1984, pp. 138-139.

种情况做出回应。

到目前为止所有考虑到的这些思想组成了《道德经》中所讨论的道德的和政治的基础。这些思想所明确表达的那个时期中国社会的状态是如此的严峻以至于使得这些问题成了当时所关注的最为迫切的问题。战国时期,中国还未统一,如《道德经》中所表现出的,是由众多彼此间不断发生侵略战争的小国组成的。在这样的时期,人类生活不断受到混乱和死亡的威胁,这个时期发展起来的所有哲学都包含了诸如该如何克服这种长期的不稳定状态等问题。对道家来说,果不其然,这样的状况被阐释为是严重远离了"道"之道的结果。因而同时作为个体的臣民和作为统治者的圣人试图要做的是,尽可能地使百姓回归到与"道"相一致的状态,这种法则成了从所有道德和政治方面对《道德经》进行推荐的基础。

在道德方面,圣人试图去除百姓的"知"和"欲"。如我们所见,"知"和"欲"这两个概念是密切相关的,因为常常是对事物的"知"引起我们对其产生欲望的,因此:"古之善为道者,非以明民,将以愚之。"(《道德经》第 65 章)"绝圣弃智,民利百倍;绝仁弃义,民复孝慈;绝巧弃利,盗贼无有。"(《道德经》第 19 章)百姓的欲望越少,他们就会越平静和幸福。并非人人都能达到圣人的地步,但是全都可以做到不那么贪心和嫉妒。而且,圣人把以"德"或法则的形式来进行道德修养,如儒家的方式,看成是严重不能与"道"相一致的证据。如下的引文之后就蕴含着这样的思想:"大道废,有仁义。"(《道德经》第 18 章)"失德而后失仁,失仁而后失义。"(《道德经》第 38 章)

"仁"是儒家的核心美德。道家对儒家的批评是,儒家只是阐述问题的症状,并没有深入问题的核心。整个儒家的美德培养机制和礼节仪式都只是停留在表面的自我层面。儒家思想没有包括作为终极实体的"道"这个概念,也没有包括当表面的自我在进行瑜伽体验之后分裂时与其直接认知的可能性。因而,儒家思想具体表现的是对宇宙真理最有意义的真理的完全无知。

与哲学观点接近的是"知"与"博"之间的区别:"知者不博,博者不知。"(《道德经》第 81 章)这是因为,"博"关注的是日常世界以及它是如何运转的。一个人越是对这一类的研究感兴趣,那他被卷入概念上的偏见的细微之处并因而变得更疏远,与"道"之道更疏离的可能性也就越大。当然,圣人有"知",而且这也是为什么其表现出木讷寡言的缘故。道家会说,任何口齿伶俐、油嘴滑舌的人,肯定都不是圣人,只不过是被陷在了隐藏现实的概念性偏见之网中而已。

当表面的自我欲望被通向政治权利的入口加强时,道家所见的那个时代政治的无序碰巧发生:贪婪、嫉妒、对荣誉的贪求、一个自我战胜另一个自我引发战争的欲望以及随之而来的所有邪恶。通向和平和道家的乌托邦世界的路在于将社会简化到尽可能高的程度:革除会引发贪婪、嫉妒和人为欲望的机构和组织的社会,百姓将会更接近真正的满意,即,不是欲望得到满足的状态,而是被满足的欲望被尽可能根除的状态。这就是隐含在如下话语背后的信仰:"天下多忌讳,而民弥贫;……人多伎巧,奇物滋起;法令滋彰,盗贼多有。"(《道德经》第57章)

圣人是这样来统治的:"虚其心,实其腹,弱其志,强其骨,常使民无知无欲。"(《道德经》第3章)

无知的统治者是受自我欲望支配的。他们焦虑,不能任事情自然发展,不断规划新目标、新计划,所有这些都是毫无价值的、武断的。不断的政治行为是远离"道"的指针和结果,其结局必然会是灾难:"轻则失臣,躁则失君。"(《道德经》第26章)"是以圣人去甚,去奢,去泰。"(《道德经》第29章)相反,圣人尽可能做得少:"道常无为而无不为。侯王若能守,万物将自化。"(《道德经》第37章)"治人、事天,莫若啬。"(《道德经》第59章)"治大国,若烹小鲜。"(《道德经》第60章)"大邦者下流。……大邦不过欲兼畜人。"(《道德经》第61章)让其处于简单的状态,这样百姓就容易管理:"民之难治,以其上之有为,是以难治。"(《道德经》第75章)对他们来说,最后是生活在道家的乌托邦世界中,一个小而简单的、没有等级之分或所谓的文明的、欺骗的共同体中。在这样的共同体中,百姓将能真正满足于果腹、穿衣和简单的工作。他们会住在那儿,老死在那儿,不会迁徙到别的地方去,并对此感到完全的快乐:"使民重死而不远徙。……甘其食,美其服,安其居,乐其俗。"(《道德经》第80章)"甘其食,美其服,乐其俗,安其居,邻国相望,鸡犬之音相闻,民至老死而不相往来。若此之时,则至治已。"(庄子·胠箧)百姓没有任何欲望就会安于平静,而这样就会接近"道"。战争是欲望的结果:"大军之后,必有凶年。……果而不得已,果而勿强。物壮则老。是谓不道,不道早已。"(《道德经》第30章)"夫佳兵,不祥之器,物或恶之,故有道者不处。……兵者,不祥之器,非君子之器,不得已而用之,恬惔为上。"(《道德经》第31章)毁灭欲望,然后你就会摒弃战争。

这就是《道德经》中道家哲学思想的大致轮廓，但在我们结束这篇简论之前还有 2 个要点要指出。一是，这里讨论的道家的哲学思想不应该与在公元 2 世纪发展起来的道教混淆。中国历史学家对二者进行了区分：作为哲学流派其称为"道家"，作为宗教其称为"道教"。道教创作了大量的经文和相关的著作，如《道藏》就有 1464 种。为追求永生，人们对道教给予了相当的关注，并以极大的热情去寻求长生不老药。

其次，过分强调道家哲学在中国人的精神、艺术和思想生活中的作用会比较难。在上面对"道"的描绘中，为了提供一条清晰的阐述线索我们将强调的重点放在了"道"的哲学属性上，即无法形容（不可道）、不可分等等。但是，如果不搞清楚"道"有时远没有想象的那么抽象是会引起相当误导的。总体上，道家并没有在"道"与自然秩序之间进行根本的区别。或者，用另一种方式说即是，他们将把"道"当成是在某种意义上存在于万物中或影响万物的东西。实际上，如果万物从"道"中获得其"德"，那么在一种重要的意义上"道"就必须存在于万物之中。因而对道家而言，自然是神圣的，而且，一旦自然被看成是神圣的那它将立刻变成一个令人崇敬、值得大家广泛关注的对象。这种信仰存在于大量的中国美学之中并刺激了对自然秩序的科学研究。要了解对这些道家研究的详细讨论，可参见参考文献中 Zhang and Needham 的著作。

除非哲学思想确实是相当深刻的，否则它不会持续太久或对生活的许多方面产生影响。我们称之为深刻的那些著作，与他的其他性质，与人性产生了某些深刻持久的共鸣，并进一步激发了显然是无尽的创造和深刻的反思。《道德经》的简洁和常见的优美陈述直到今天都还使得这二者兼具。这本简洁的著作所概括的宇宙观和我们应该如何对其做出回应的观点仍然是我们的主要选择。

罗伯特·威尔金森
苏格兰开放大学哲学系

第五节 托马斯·克利里的《道德经》英译比较研究

1991 年，托马斯·克利里（Thomas Cleary）《道之精髓：经由〈道德真经〉和庄子的内在教导进入道之核心》在美国纽约出版。① 该书与1999年出版的《道家经典》第1卷中《经典源泉》部分的内容完全一样。除对《道德经》和《庄子》的英译外，另有"导论"、注释以及关于道家思想、《道德经》和《庄子》之历史背景的介绍（On the Historical Background of Taoism, *Tao Te Ching*, and *Chuang-tzu*）。注释部分分别对《道德经》81章中的57章和《庄子》做了进一步的解释。1999年出版的《道家经典》第1卷中除《道德经》和《庄子》外，还有《文子》（*Wen-tzu*）、《领导与策略之书》（*The Book of Leadership and Strategy*）（选自《淮南子》）以及《性、健康与长寿》（*Sex, Health, and Long Life*）共5个文本的英译。②

一、《道德经》注释（Notes to *Tao Te Ching*）

克利里对《道德经》81章中的57章做了或详或简的注释。其中，未做注释的章节有24章，具体情况为如下：第7、40、41、42、44、47、51、54、55、57、59、61、65、66、68、69、70、71、72、73、74、75、76、77章。下面对部分有代表性的章节注释做译介，以飨读者。

（一）第6章　谷神

评论者将"谷神"定义为"开放的意识""玄牝"以及"坚定的意识和灵活的感受性的融合"。"谷神不死"意为镜面意识不会因对心灵对象和时间制约的依恋之增加而被遮蔽。在经典《理解现实》（*Understanding Reality*）中，伟大的新道家写道：

> 如果你想要获得谷神之不朽，
> 那你必须将基础放在玄牝身上。
> 一旦真正的活力回归黄色的金子，
> 精神之光的球体将不再分离。

第5行："绵绵若存"

说"玄牝"的开始是"绵绵若存"就像之前将"道"描绘为"湛兮似若

---

① Thomas Cleary. *The Essential Tao: An Initiation into the Heart of Taoism through the Authentic Tao Te Ching and the Inner Teachings of Chuang Tzu*. New York: Harper Collins Pub., 1991.
② Thomas Cleary. *The Taoist Classics*. Volume 1. Boston: Shambhala, 1999.

存",意思是它不能像某个你可以指定为它就是怎样的东西一样被确定。

第 6 行:"用之不勤"

故意的注意和努力是另一个意识范畴而且并不触动"玄牝之门",它是不可迫使的,因为它逃避了正式的智慧之计谋,是一种不同的意识类型。该段常常在道家文学关于沉思的时候引用,用来指自然呼吸和心理的平衡。

(二)第 14 章 视之不见

这是一首象征神秘实践的颂诗。前面 8 行描述了连接思维两极的必不可少的桥梁。第 9 行也是最难懂的一行概括了这两极:"其上不皦,其下不昧。"

宋徽宗说该行"玄而不可测,神秘难懂。这被称作是最神圣的,这也是其'不皦'的原因。物质的东西是井然有序的。这个被称作有效的方式,因此它'不昧'"。

该诗以强调知"古始"而结束。"古始"被陈景园定义为是宇宙之无形、无名的源泉。该章通过说只有你了解了古,即永恒,这才能被称作是"道纪"。"道纪"有两个方面,即对暂时现实的认知和对恒久现实的认知。

(三)第 23 章 希言自然

第 12 行:"同于失者,失亦乐失之。"

这里,"失"内在的意思是指"自私""骄傲""自我主义""贪婪""占有欲"等。"同于失"指的是一种纯粹的内在过程或者使用内在之失的过程。当其发生时,作为一种在内在的释放感觉中处理"失"的手段。也可参见第 42 章和第 48 章。

(四)第 32 章 道常无名

第 2—3 行:"朴虽小,天下不敢臣。"

"天下不敢"或许也可解读为"无人能",是"无人敢"的一种文本解读变体。道真说,"朴非用或位,亦非名或数。它没有固定的高下之分。它存在于人之分类前,因此无人能管辖它"。

第 8—9 行:"民莫之令而自均。"

这句指的是自然秩序。这个陈述也可被用作理想的人类秩序的象征,在此意义上可被解读为"即便是民自己,也没有任何人敢统治他们"。这呈现出了圣人的魅力那无法言说的影响。

(五)第 49 章 圣人无常心

第 11 行:"歙歙为天下浑其心。"

该行其一可解读为圣人在判断人的时候不小气或眼光狭窄。与此相似的是,佛教中慷慨的圣人据说有时是瞎子,在这样的情况下他们不会因自己的不足和弱点而去谴责或拒绝别人。

另一可解读为"他们为天下而统一其思想"。

第12行:"百姓皆注其耳目。"

该行可解读为圣人关注所有的百姓,也可解读为"百姓都将其耳目放在圣人身上",意为仰视圣人将其作为榜样。

(六)第52章 天下有始

第2—6行:"以为天下母。既知其母,以知其子。既知其子,复守其母。没身不殆。"

"母"乃母之能量,是天下之源,是"道"多产的那一方面。"子"属于思想和创造的范畴,是神秘形式的世界。了解了"子"衍生和再生的本质,你就能"复守""母"这一再生之源,并由此作为源能量使其创造物得以幸存,人类就能一代一代使其"母"有生机活力。

另一层面上讲,"既知其子"意为当你充分地享受生活时。"复守其母"意为最终将关注的重心放在生命之源上。"没身不殆"是这种特别关注的结果,伴随着身体个性的意识通过在母体这个生命之源内的吸收而消失。某种相似的东西在早期中国净土信仰中得到了实践:

第8行:"塞其兑,闭其门。"

该行指的是在母体中的内在吸收。

第10行:"开启兑,济其事。"

该行指的是暂时的外部混乱。

第14—15行:"用其光,复归其明。无遗身殃。"

"光"乃散漫的智慧。"光"乃直接的意识。总是能复归其始,不会变得专注于散漫智慧的对象或产物,能潜意识地预先阻止有害的偏见和困扰。

第16行:"是谓习常。"

"习"字也有"进入""依赖""以为基础"之意。另一说"学习""实践永恒"。意识的根本基础的直接意识的未反射光被称为"常"是因为其根本没有被暂时的调节所修正。

(七)第56章 知者不言

第1—2行:"知者不言,言者不知。"

这个陈述特别指的是像有可能从神秘的体验中获得的不可思议的经验和特别的感觉。一般说来，它建议行家不必炫耀自己的知识。那些总是炫耀自己博学的人通常都是一知半解的人。

第 3—6 行："塞其兑，闭其门，挫其锐，解其纷。"

这几行指的是切断或远离概念性的意识。这么做是为了进入直接感知的领域。其后 2 行"和其光，同其尘"指的是由此与普通世界的日常实用性一道获得的受到加强和净化的意识之综合体。

（八）第 63 章 为无为

第 6—7 行："天下难事，必作于易。"

该句与吸取了道家传统的古代军事经典《孙子兵法》是互相呼应的："是故百战百胜，非善之善者也。不战而屈人之兵，善之善者也。"（《孙子兵法》谋攻篇第三）

同样也与《孙子兵法》形篇第四中的观点呼应："古之所谓善战者，胜易胜者也。"

（九）第 67 章 天下皆谓

对该章介绍性的首句"天下皆谓我道大，似不肖。夫唯大，故似不肖。若肖，久矣其细也夫！"有各种不同的理解。似乎不管什么被安全地储存在一种方便的范畴中，不管它会是什么，都不可避免地被想当然。人类的这种共同思维源自大脑自然的筛选功能的一种超级精巧或伸展过度。

第 16—17 行："舍俭且广。"

该句广义上指的是能力、用途广泛、大方和功能。《淮南子》云："廉俭守节。……是故人主处权势之要，而持爵禄之柄。审缓急之度，而适取予之节。"（淮南子·主术训）

（十）第 78 章 天下莫柔弱于水

第 11—12 行："受国之垢，是谓社稷主。"

《淮南子》讲述了一个有趣的令人发笑的故事来证明这个悖论。似乎有一个时期某国的君王得知邻国正在计划进攻和夺取他们的国土。得到这个情报后，国君和他的大臣们开始彼此道歉并试图自责，人人都宣称自己要为这个国家的事物负责，君王坚持他的领导一定有错，而大臣们则声称自己的管理不足。宫廷中的一个间谍眼见这种情况马上将这件事报告给了邻国的君王，于是邻国认为对一个领导和管理如此具有个体责任感的国家发起进攻是不谨慎的。

（十一）第 79 章　和大怨

第 1—3 行："和大怨，必有余怨。安可以为善？"

在这样一种关联下，很难不去想 20 世纪的世界军事史，尤其是由结束了两次世界大战的那些和平条款的某些特征引起的区域性冲突、那场持续了 40 多年的冷战以及殖民时期的经济和政治遗迹。

（十二）第 80 章　小国寡民

第 17—18 行："民至老死，不相往来。"

理想状态的生活是如此美好以至于百姓甚至都不想到别处去。

（十三）第 81 章　信言不美

通过对该章开头两行"信言不美，美言不信"的表达，这个观点可能被体现得更为有力。有中国谚语言："忠言逆耳。"从"奉承自我的方式"这个意义上看"信言不美"是不成立的。如果仅只对表面现象来说它们是存在的话，那"美言"就是不信的。

第六节　韩禄伯的《道德经》英译比较研究

韩禄伯（Robert G. Henricks）的《道德经》英译研究成果有 3 种：一是 1989 年版《老子道德经：以新近发现的马王堆帛书本为底本的新译》；二是 2000 年版《老子〈道德经〉：以郭店新发现的令人惊异的文本为底本的新译》；三是长文《对马王堆出土〈道德经〉帛书本之考证，特别关注其与王弼〈老子注〉之不同》①。该书分别在本章第 1 节"以马王堆汉墓出土的《道德经》帛书本为底本的英译比较研究"和第 2 节"以郭店楚墓出土的《道德经》竹简本为底本的英译比较研究"中已经对这 2 种成果的重要部分做了译介，现将其第 3 种成果的部分内容译介如下，以飨读者。

1979 年，韩禄伯撰写的长文《对马王堆出土〈道德经〉帛书本之考证，特别关注其与王弼〈老子注〉之不同》发表在《通报》第 65 卷第 4 期和第 5 期上。文本完成于 1977 年 10 月。文章对马王堆《道德经》帛书本的结构、汉字、语法以及其在字、短语和诗行方面与王弼注本的不同和结语做了详细梳理。该部分对语法以及其在字、短语和诗行方面与王弼注本的不

---

① Robert G. Henricks. "Examining the Ma-wang-tui Silk Texts of the Lao Tzu: With Special Note of Their Differences from the Wang Pi Text". *T'oung Pao*, 1979, 65(4/5), pp. 166-199.

同、结语以及文后附录的 6 章《道德经》全文英译作呈现。

（一）在字、短语和诗行方面与王弼注本的不同

下面列出的是我们在帛书本中发现的与王弼注本相比较的一些文本变化。这些变化中的有些也出现在唐朝傅奕的《道德经》文本中,包括字、短语、诗行和增添与省略。然而,前面引用过的段落,下面不再重复。这张清单相当完整,尽管有些次要点被省略了。

如果没有其他的注释,所有对王弼注本的参考都引自陈荣捷的《道德经》英译本,其译文的页码标示在括号中。（这个部分打算与陈荣捷文本逐章连接）对帛书本的英译是我自己的。在好几个情况下我假定,除非有其他注释,为这些目的,同音异形异义词将被当成是与王弼注本相当的。但是,每种情况都需要加以考证。当我说一个字或者一行被"省略"或"没出现"的时候,是指文本誊抄时没有被抄录。通过"缺失"或"部分缺失",我指出因缺失而导致的缺损。

第 1 章

该章在附录中被全文英译。

第 2 章

该章在附录中被全文英译。

第 3 章

最后 1 行"为无为,则无不治",陈荣捷英译为"By acting without action, all things will be in order"。帛书本为"弗为而已,则无不治矣。"(He simply does not act on them and thus they are all in order.)

第 5 章

陈荣捷英译为"Much talk will of course come to a dead end"（多言数穷）的一句帛书本为"To be well-known means frequent exhaustion"（多闻数穷）。

第 7 章

帛书本乙本在第 4 行和第 5 行之间增加了一句:"隐其身而身显。"(He puts himself away but finds himself in the foreground)

第 8 章

刘殿爵英译为"In an ally it is benevolence that matters. In speech it is good faith that matters"（与善仁,言善信）的一句的前半部分帛书本甲本英译为"In association the good thing is sincerity"（予善仁）,帛书本乙本英译为

"In association the good thing is Heaven"（予善天）。

第 10 章

（1）陈荣捷英译为"Can you understand all and penetrate all without taking any action?"（明白四达,能无知乎?）的一句在帛书本中为"In clearly understanding everything within the four reaches, can you do so without using knowledge."（明白四达,能勿以知乎?）（2）"为而不恃"一句在帛书本中被省略了。

第 12 章

帛书本开头几行的顺序不同,为:"五色令人目盲。驰骋田猎,令人心发狂。难得之货,令人行妨。五味令人口爽。五音令人耳聋。"根据陈荣捷的英译,可为:"The five colors cause one's eyes to be blind. Racing and hunting cause one's mind to be mad. Goods that are hard to get injure one's activities. The five flavors cause one's palate to be spoiled. The five tones cause one's ears to be deaf."

第 14 章

该章在附录中被全文英译。

第 15 章

（1）陈荣捷英译为"Of old those who were the best rulers…"的该章首句"古之善为士者"在帛书本中为"In antiquity those who were skilled in practicing the Tao…"（古之善为道者）。（2）陈荣捷英译为"Open and broad, like a valley"（旷兮其若谷）和"Merged and undifferentiated like muddy water"（浑兮其若浊）的 2 个句子在帛书本中顺序颠倒了。（3）帛书本中"孰能浊以静?"和"孰能安以久动之?"2 句中的"孰"字都缺失了。

第 21 章

（1）陈荣捷英译为"The thing that is called Tao"（道之为物）的一句帛书本为"The things of Tao"（道之物）。（2）帛书本中短语"自古及今"为"自今及古"。

第 22 章

（1）帛书本该章第 8 行中圣人是"牧"（shepherd）而非"式"（model）。（2）帛书本乙本中"不自见,故明"和"不自是,故彰"顺序颠倒了,但是帛书本甲本的顺序是正确的,"明"在前,"彰"在后。

第 23 章

陈荣捷英译为"He who is identified"（同于道者）的一句缺失了。而且，帛书本该章的结尾差别很大，为："同于德者，道亦德之。同于失者，道亦失之。"（He who is identified with virtue——the Tao also obtains [= virtue, double meaning] him. He who is identified with abandonment——the Tao also abandons him. ）陈荣捷英译为"It is only when one does not have enough faith in others that others will have no faith in him"（信不足焉，有不信焉）的一句在帛书本中缺失了。

第24章

（1）开篇几句的语序不同。帛书本为："跂者不立；自是者不彰；自见者不明；自伐者无功；自矜者不长。"第2句"跨者不行"被省略了。（2）帛书本甲本和乙本中都是"故有欲者弗居"而非"故有道者不处"。

第25章

陈荣捷英译为"It operates everywhere and is free from danger"（周行而不殆）的一句在帛书本中缺失了。

第26章

陈荣捷英译为"Therefore the sage travels all day…"（是以圣人终日行不离辎重）一句中的"圣人"（Sage）帛书本中为"superior man, gentleman"（君子）。

第27章

陈荣捷英译为"Therefore the good man is the teacher of the bad."（故善人者，不善人之师）的一句帛书本为"Therefore the good man is the teacher of the good."（善人，善人之师。）

第28章

该章在附录中被全文英译。

第30章

（1）陈荣捷英译为"Great wars are always followed by famines."（大军之后，必有凶年）的一句在帛书本中缺失了。（2）帛书本顺序不同，为："善果者而已。1.果而勿骄。2.果而勿矜。3.果而勿伐。4.果而勿得已。"

第31章

（1）与第24章一样，帛书本中的"故有欲者弗居"一句代替了"有道者不处"。（2）陈荣捷英译为"Weapons are instruments of evil, not the instruments of a good ruler"（兵者，不祥之器，非君子之器）的一句在帛书本中为"Weapons are not the instruments of a good ruler; weapons are instruments of evil."（故兵者，非君子之器也。兵者，不祥之器也。）

第 34 章

该章在附录中被全文英译。

第 37 章

（1）陈荣捷英译为"Tao variably takes no action, and yet there is nothing left undone"的该章首句"道常无为而无不为"帛书本用了"道恒无名"（The Tao is forever nameless）来代替。（2）"不欲"（free of desire）一词在帛书本中被"不辱"（disgraced）所取代。

第 38 章

（1）陈荣捷将其英译为"The man of inferior virtue takes action, and has an ulterior motive to do so"的该章第 4 行"下德为之而有以为"缺失了。（2）帛书本乙本中"上德"（The man of superior virtue）代替了"上义"（The man of superior righteousness）一句。

第 39 章

（1）陈荣捷英译为"The myriad things obtained the One and lived and grew"（万物得一以生）的一句缺失了。"What made this so is the One"（其致之）一句中的"One"（之，一）缺失了。（3）陈荣捷英译为"If the myriad things had not thus lived and grown, they would soon become extinct"（万物无以生，将恐之）的一句在帛书本中缺失了。

第 41 章

该章最后 1 句应为"夫唯道，善贷且成"而非"夫唯到处，善始且善成。"

第 46 章

帛书本在第 3 行增加了"罪莫大于可欲"，然后接着"莫大于不知足。咎莫大于欲得"一句。

第 48 章

该章首句"为学日益，为道日损"可英译为："Those who pursue learning are daily increased; those who hear about the Tao are daily diminished."陈荣捷此句英译为："The pursuit of learning is to increase day after day. The pursuit of Tao is to decrease day after day."

第 49 章

陈荣捷英译为"They all lend their eyes and ears"（百姓皆注其耳目）的一句在王弼注本中缺失了。

第 51 章

该章在附录中做了全文英译。

第 55 章

陈荣捷英译为"Fierce beast will not seize him"（猛兽不據）和"Birds of prey will not strike him"（攫鸟不搏）的两句被合并为了"Birds of prey and fierce beasts wil not strike him."（攫鸟猛兽不搏）。

第 56 章

诗行的顺序不同。"挫其锐"和"解其纷"被放在了"同其尘"之后。

第 62 章

（1）"道者,万物之奥"一句中的"奥"字帛书本甲本、乙本中用的都是"注"（水流入,陈荣捷将其理解为"贮藏库"）字。"注"可能是"属"（支撑,支持）字的同音异形词。

（2）陈荣捷英译为"It is better to kneel…"（不如坐进此道）和"Why did the ancients…"（古之所以贵此道者何？）两句中的"道"字都缺失了。

第 64 章

陈荣捷英译为"The journey of a thousand li starts from where one stands"（千里之行,始于足下）的这一行帛书本甲本为"百仞之高"（A high place of 800 feet begins beneath one's foot），乙本为"千仞之高"（A high place of hundreds of thousands of feet begins beneath one's foot）。

第 66 章

陈荣捷英译为"Therefore the sage places himself above the people and they do not feel his weight"（是以圣人处上而民不重）和"He places himself in front of them and the people do not harm him"（处前而民不害）的两句在帛书本甲本中顺序是颠倒的。

第 67 章

"天下皆谓我道大,似不肖。夫唯大,故不肖。若肖,久矣其细也夫"（All the world says that my Tao is great and does not seem to resemble [the ordinary]. It is precisely because it is great that it does not resemble [the ordinary]. If it did resemble, it would have become small for a long time.）帛书本为"天下皆胃（谓）我大,大而不宵（肖）。夫唯不宵（肖）,故能大。若宵（肖）,久矣亓（其）细也夫"（The whole world says I am great, great and yet unlike anything else. It is only because it is great I am not like anything else [double meaning=small], that I am able to be great. If I were similar to others [double meaning=small], I would have been decreasing in size for a long time now.)

第 69 章

陈荣捷英译为"To confront enemies without seeming to meet them"（扔无敌）和"To hold weapons without seeming to have them"（执无兵）的两句被颠倒了。而且，两句被合并后读起来有些像"若执无兵，则扔无敌"（If you can hold men without using weapons then you will not have any enemies）。

第 70 章

帛书本甲本对（言有宗，事有君）一句的译文"My doctrines have a master; my deeds have a source"，将"君"（master）和"宗"（source）搞反了。

第 71 章

陈荣捷英译为"Only when one recognizes the disease as a disease can one be free from the disease"（夫唯病病，是以不病）的一行缺失了。

第 73 章

陈荣捷英译为"Even the sage considers it a difficult question"（犹难之，是以圣人）的一行缺失了。

第 74 章

（1）首行应是"民不畏死，奈何以死惧之"而非"民不畏死"。（2）在"孰敢"（Who would dare to do so）后帛书本添加了"若民常畏死，必以死惧之"（If the people have a constant livelihood and must fear death）一行。

第 77 章

陈荣捷英译为"Who is able to have excess to offer to the world?"（孰能有余以奉天下）一句中，"天下"用的"the world"而非"Heaven"。

第 78 章

（1）在以"天下莫柔弱于水……"开始的一句中，将"水能胜刚，柔能胜强"解读为"弱之胜强，柔之胜刚。"（2）"莫能行"一行似乎应该是"天下莫不知，莫能行。"（天下没有人不知道它，但是却没有人能实践它。）

第 80 章

（1）在英译"使民重死而不远徙"一句时，"not"一词在 2 个文本中都缺失了，陈荣捷将其英译为"Let the people value their lives highly and not migrate far."（2）陈荣捷译为"安其居"（be content with their homes）和"美其

服"(delight in their customs)的两个短语颠倒了。

第81章

陈荣捷译为"A wise man has no extensive knowledge; He who has extensive knowledge is not a wise man"(知者不博,博者不知)的几行放在了"善者"之前。乙本中有"善者不博",但没有"善者不辩"。

(二)结语

对于《道德经》帛书本,还有许多事没做,我将通过提请注意做进一步研究需要注意的5个方面来结束我的研究。我相信这样的研究即将来临。

(1)我们现在对古文发音的重新建构需要通过专家来与帛书本(这里是指所有的帛书本,不仅仅是《道德经》帛书本)对应着检查、核实或证明。帛书本是我们了解这个问题的金矿,它从一个明显的点及时为我们呈现出了有关语言之本质的大量证据。"原初"文本和"最终"文本都可以被检查。前者通过注明假借字,而后者通过注明押韵的字。朱德熙也呼吁这种研究,注意"原初"文本肯定与今天的有相当大的不同,如"弄"(玩)可被用作"宠"(喜欢),如在关于《道德经》帛书本的"座谈"文集3第53页上他的观点。

(2)与文本、古代字形和在写作中的不一致相关的语言变体需要专家在书面文本的发展中仔细检查。这又一次实用于帛书本中的所有资料,并非仅仅是《道德经》。一旦把这与其他来源相核实,我们可能会有一个更好的关于秦与西汉时期在语言的统一过程中变化的理念。

(3)我们需要一份文本中出现的语言变体的完整名单(如上第2中提及的),以及对它们与在其他版本的《道德经》文本中找到的字之间关系的断定,即便是暂时性的或假设的。

(4)我们需要一本新的《老子校诂》。即是说,我们需要有人来把在帛书本中发现的包括字、短语和诗行在内的所有变动,逐章比对所有《道德经》中文版本中发现的变动之处。这就会有相当大的价值。我们能一眼看出帛书本与其他文本是如何发生联系的。

(5)最后,当语言问题能被更好地理解,一些翻译问题能被解决的时候,应该有一本对《道德经》帛书本的注释性翻译。

(三)附录:6章全文英译

注:翻译在下的这6章以有趣的方式不同于王弼注本的英译。单括号

"( )"表示的是甲本中缺失的内容,双括号"(( ))"表示的是乙本中缺失的内容。韩禄伯对第1、2、14、28、34、51章进行了全文英译。

Chapter 1

The Way that can be talked about((is not the abiding way.

The name that can be named is not))the abiding name.

'Without names' is the mother of the 10,000 things.

'Having names' is the mother of the 10,000 things.

(Therefore)constantly without desires,

((One can behold its mysteries.))

Constantly having desires.

One can gaze upon the things he yearns for.

The two come from the same source.

They have different names, but they refer to the same——

That which is more profound than the profound,

The(gateway)for the multitude of mysteries.

Chapter 2

When everyone in the world knows the beautiful as the beautiful, then ugliness come about.

When they all know the good, then not—good comes into being.

((The mutual arising of being and non—being,))

The mutual completing of difficult and easy,

The mutual formation of long and short,

The mutual filling up of high and low,

The mutual harmony of tune and voice,

The mutual following of front and back,

These are all constants.

Therefore the Sage dwells in affairs that are not active and promotes(the wordless teaching.

The 10,000 things arise, but he does not begin them.)

They perform their activities, but he does not make them dependent.

They achieve their results, but he does not rule over them.

It is because he does not rule over them that they therefore do not reject him.

Chapter 14

We look at it and do not see it;

We name this "the minúte.

We listen to it and do not hear it;

We name this "the rarefied".

We grasp at it but do not get it;

We name this "the level and smooth".

These three cannot be examined to the limit, and thus they merge together (as one).

"One", there is nothing more encompassing above it, and nothing more minute below it.

Infinite and boundless, it cannot be named.

Return to the condition of no-thing.

This is indeed the formless form, the image without substance.

(This is called the deeply subtle and distant.)

Follow it and you will not see its front.

Hold on to the Way of the present.

You can use it to control the things of the present.

You can use it to know the ancient beginnings.

This is called the thread of the Way.

Chapter 28

To know the male and yet hold on to the female, is to be a ravine of the empire.

If you are a ravine of the empire, then the constant virtue will not leave you.

If the constant virtue does not leave you, then you can return(((to the state of the infant.

To know))the pure and yet hold on to the impure, is to be a valley of the empire.

If you are a valley of the empire, then your constant virtue will be (complete.

If your constant virtue is complete, then you can return to the state of natural wood.)

To know the white and yet hold on to the black is to become a model for the empire.

If you are a model for the empire, then your constant virtue will not go beyond its bounds.

If your constant virtue does not go beyond its bounds then you can return to the limitless.

When natural wood is cut up (it becomes vessels [= government subordinates].

And when a Sage) is used [= employed] he becomes Head of the Officials.

Truly, great carving [=governing, pun] is done without cutting.

Chapter 34

The Way (floats and drifts; it can go to the left or right.

It accomplishes tasks) and completes affairs, and yet it does not have a name.

The 10,000 things entrust their lives to it, and yet it does not act as their master.

And therefore it is constantly without desires.

It can be named with the things that are small.

The 10,000 things entrust their lives to it, and yet it does not act as their master.

It can be named with the things that are great.

Therefore the Sage's ability to accomplish the great comes from his not playing the role of the great.

Therefore he is able to accomplish the great.

Chapter 51

The Way brings them to life and virtue nourishes them.

Substance gives them form and ability completes them.

Therefore the 10,000 things honor the Way and esteem virtue.
No one rewards this honoring of the Way and esteeming of virtue.
And yet they are constantly so of themselves.

The Way brings them to life, nourishes them, ((develops them, rears them,)) rests them, (makes them secure, cares for them, and protects them.)
((It brings them to life), and yet it does not possess them.
It brings them to action, and yet it does not make them depedent.
It brings then to completion,) and yet it does not rule over them.
This is called the Profound Virtue.

第七节 迈克尔·拉法格的《道德经》英译比较研究

一、1992年版《道德经英译与评论》之"导论"和"阐释:解读《道德经》的一种合理方法之'对老子教义的分析:非字面解读'"

（一）导论

《道德经》起源于中国思想的形成早期（约公元前500—公元前200年），它是这个时期为数不多的在中国传统中占有一席之地的著作，大致与犹太教—基督教和伊斯兰传统中的希腊经典《圣经》和《古兰经》，以及印度和佛教传统中的《奥义书》和巴利文经典相似。在这个世纪（20世纪），《道德经》在西方国家也变得相当流行，据说是世界上除《圣经》和《薄伽梵歌》外被译介得最多的著作。

这本《道德经》英译本在许多方面不同于之前的《道德经》英译本。如果说在这些不同中有什么优点的话，这主要是它既非源自新的思想或哲学洞见，也非源自新的历史的或语言学的研究。它源自一种发展和应用现代"阐释学"的一些方面，即运用阐释学理论和实践以试图重新获得原文本的原意。阐释学是在诸如《圣经》研究等领域被广泛讨论的主题，但是直到最近才开始在西方的中国经典译者中明确而广泛地流行起来。尽管阐释学源于经典研究，但是现代阐释学在其最佳时刻努力克服许多通常与

《圣经》著作的阐释相关的趋势。在当今研究的特别重要性中,其中一个结果是我们在《圣经》著作中发现的观点并非是凭空而来的。它们源自人类的经验,的确常常是非普通的经验,但这些经验并非彻底不同于我们自己可能经历或想象的经验。像《道德经》这样的著作如此有趣的主要原因在于它们是站在一个传统的起源的位置,反映了人类的原初经验,成为后来变成与经验之根相分离的教条和教义的基础。要理解这些著作中的字词,我们必须试着与原作者有所共鸣地进入那个历史世界,进入经验那个世界的方式以及字词所反映的东西。这么做的一个重要的关键点是试图在我们自己的经验中找出类似的东西并从中做出推断。以这种分析《道德经》的方法为基础的阐释学原理的进一步概略可在该书《道德经》译文和评论后的关于"阐释学"的论文中找到。

《道德经》是一本含混不清、模棱两可的著作,不同的读者对其有不同的理解。相反,我认为《道德经》对其原作者和读者来说意思是相当确切的,只是这个意思还值得我们努力去重新获得。对阐释方法的细心关注有助于我们更接近这个原意,尽管所有的尝试都将是基于有根据的推测之大致结果。

(二)阐释:解读《道德经》的一种合理的方法之"对老子教义的分析:非字面解读"

　　人们说:"你有一把蓝色吉他,
　　但你不懂弹奏事物如其所是的方法。"
　　那人答道:"如其所是的事物,
　　在蓝色吉他上已发生变化。"
　　人们又说:"那就弹一曲吧,但必须
　　既高于我们,又仍是我们自身,
　　这首曲子要通过你的蓝色吉他,
　　把如其所是的事物表现得分毫不差。"
　　……
　　但什么都未被改变,除了位置,
　　那些如其所是的事物的位置,
　　且仅有位置,当你弹奏你的蓝色吉他时。
　　　　　　　　——华莱士·史蒂文斯(Wallace Stevens)

对一部作品"过度分析"的危险是众所周知的。但是,当我们处理一件其时代和文化都离我们很远的作品时,都会用到一些我们喜欢或不喜欢的分析方法。在这种情况下,我们需要的不是尽可能少地去对其加以分析,而是要试图去做更加仔细更加感性的分析,如该作品的原读者所听到的那样在我们的分析中试图去重构和捕捉住词语的含蓄结构。阐释性的分析应该像华莱士·史蒂文斯的《蓝色吉他手》(*Blue Guitar*)一样。分析一个警句不是去如它原本被听和理解的那样去听它,而是不用分析,因为当我们对其进行分析时,不可避免地,"事物已经发生改变"。但我们的目标应该是,唯一的改变是分析的事实,让含蓄的东西变得让原作者或读者明白易懂。警句的意义结构仅仅只是让其从含蓄地懂得到明白地概念化的一个过渡。"这首曲子要通过你的蓝色吉他,把如其所是的事物表现得分毫不差。……但什么都未被改变,除了位置,那些如其所是的事物的位置,且仅有位置。"

不仔细分析的主要危险是我们将会无意识地倾向于那种似乎是"最简单的"分析。也即是,我们将试图给客观现实一个准确的字面画像。例如,我们将"知者不言"作为是一个事实的主张或世界的"一般法则",绝不会发现"知"和"言"是关联在一起的。与此相似的是,我们将会把"道乃万物之始"看成是对一幅真实画面的断言:有一个物体,"道",在过去的某个时候使得世界上的万物发生。

在试图为阐释《道德经》设计一个受到约束的方法时,而且不仅仅是靠我自己对其意义的直觉,我必须试图去做的一件事是为阐释老子的格言设计出某些分析模式,这些格言与它们可能在老子社会中被使用的方式更一致。这里,我的2个基本假定是:(1)《道德经》中许多谚语式的格言与我们自己文化中的谚语有着相同的有条理的意义结构。(2)在老子社会中,有一个与这种实践相联系的作为其修身和体验之具体背景的关于其他格言的庞大体系。

1.有争议的格言

这里让我用我们在自己的文化中使用它们的方法,先以对含蓄的谚语的意义结构的仔细分析为基础勾勒出我这篇关于谚语式的、有争议的格言的文章的意义结构。这个意义结构由3个主要元素构成:目标、意象和激发它的态度与价值取向。我们可对其做如下描绘:

(1)目标

格言本质上是一种补偿的智慧。它们总是针对一些反对人类的趋势,对其进行纠正或补偿。"稳扎稳打是制胜的诀窍"是一个很普通的谚语,尽管它不如关于哪方会赢的一般法则那样可信。"捷足先登"要更加真实,但它不是一个谚语。为什么呢?因为人们会有假设迅捷是赢得比赛的唯一办法的倾向,而"稳扎稳打是制胜的诀窍"则补偿了这种倾向,唤醒人们还有一种不同的可能性。这是它的"要点"。但是没有认为迅捷之人不会赢得比赛的倾向。"捷足先登"没有任何需要补偿的东西。尽管它是真的,但其在日常生活中没有有用的"点"。我将把这种反抗人类倾向称作是一个特定格言的"目标"。谁不懂一个格言的目标那他就不会懂其意义。试想一个不懂这个格言通常是在说反话的外国人试图理解"一个巴掌拍不响"。而且,任何一个特定格言的意义在其阐明一个点以反对它特别的目标时是耗尽全力的。这不是一个众所周知的事实,它一直在所有的情形下被运用,它也不必与真相或法则的深层实体有任何附加的关系。老子思想的统一部分组成了它是直接反对相对较小数量的目标这个事实。积极的老子理想需要与这些"目标"相对比才能被理解。这些是我在译文第1—2部分和第5—7部分中评论并重新安排章节以及在"局部术语表"中将格言分组的主要基础。可参见"煽动""外表""儒家思想""欲望""富感染力的""提高""自我提升""严格""理解"等主题。

(2)意象

一个格言建议的不是一个一般法则,而是一个意象。"心急水不开;心急吃不了热豆腐"(A watched pot never boil)并不是在陈述一个关于人观看罐子时常常发生的现象。它意在给我们一个意象,告诉我们一个焦急地望着罐子的人感觉罐子里的水"不会开"。这个意象引起了一种感官上的联系,在焦急的等待与感觉所等待的"不会来"之间,这种情况并不常常而只是有时出现。格言的这个特征常常大大地缩小了被使用术语的意思。这里,意欲的并非是什么观看,而是焦急地观看。而且"不会开"有一种心理的而非物理的参考(似乎对焦急的观看者来说罐子将"不会开")。这意味着格言绝不会是武断的,而是意在唤起一个意象,一个在其中用来连接2种思想的基础对我们的思维来说非常清晰的意象。因而,要了解老子的格言"光而不曜"(第58章),我们必须试图回忆起某个在其中2个术语之间的连接将会很清晰的意象,即,我们必须试着去想象某种能被期望在某种意义上可引起一个人"光"的那种"不曜"。我们必须抵抗住将这个意象减少到某个法则(如"不许炫耀")的这种诱惑,或仅仅是个实际的建议(如果你想要光明,那么不炫耀就是使用的最佳策略)。这个格言的目的在于鼓励人们将引人注目的自谦而非侵略性的自我标榜作为他们的理想。换种说法,"五色令人目盲"并没有武断地指出彩色的东西总是使人的感官迟钝因而应该要避免。这个格言意在警告一个人在感官迟钝的情况下要当心有色彩的东西。格言提供的意象常常是非意象的,意在纠正某些人类的倾向(格言的"目标"),并因为这个原因被提供的意象常常是故意夸大的、相悖的、挑拨的、"令人震惊的"。老子的格言尤其如此,以其丰富的色彩著称。其意图不在于呈现出一种清醒的、准确的、恰当合适的普遍真理,而在于"唤醒人们"注意正被忽略的情形下的某个观点。这应该是警告我们不要作缺乏想象力的理解,而且也不应该将夸张当成是一种纯粹的起修饰作用的"修辞"。将其理想的统治者比作娼妓的人是故意想要引起其同时代人的道德震惊。这是该段中的部分信息。① 同时也请注意,由于简洁、智慧的缘故,格言有时故意背离其逻辑或语法结构,如"失之毫厘,谬以千里"。这毋宁说是文本的失范,可以解释《道德经》中一些用正规的中文方法难于理解的段落。老子思想的统一部分在于这样的事实,即,一些格言是针对呈现相似意象的相同目标。这些在"局部术语表"中有讨论。

(3) 激发它的态度与价值取向

一条格言所含的要点并不在它所谈的内容里,而在于其提出这种意象而非另一种意象的含蓄"选择"。这种选择反过来又传达了说话者的态度。当一个人在决定是否冒险时,我可以选择说"小心不出大错;宁可事先谨慎有余,不要事后追悔莫及",或者选择说"不入虎穴,焉得虎子"。这种选择背后的关键问题我认为不是哪个格言在客观上更真实,而是哪个格言把这种特别的情形表达得更客观。一个孩子说"棍棒和石头会打断我的骨头,但闲言碎语永远不会伤害我"时,他不是在解释一个客观现实,而是在"故作姿态"。假设对于一种情势的某种姿态或态度,坚持从特点的视角去看待它。每个说某个格言的人都是在"故作姿态",假设对那种情势的某种姿态或态度并邀请他或她的听者与其分享这种态度。在提出一个特别的格言时,那个人并非主要是在传递信息,而主要是在表明一种态度。一个格言希望说服他人的最终依据不是它直接陈述的客观事实,而是它对这种情势"付诸行动"所采取的态度或观点的吸引力。通常,这种吸引力

---

① 原文作者标明了是《道德经》第 61 章中的"大邦者下流"。作者对该句中"下流"二字的理解值得商榷。(作者注)

在于潜藏在这个格言中的特别的价值取向。在我看来,有一种相对统一的态度潜藏在被一种特别的价值取向所激发的整个老子格言的体系中。这种作为一种"状态或心智品质"被培养的态度,就是老子的"道",即老子对待生命的"方法"。这种态度是格言中"被付诸行动"的某种东西,而非格言中所直接表达的东西。这是其意在说"道"不可名的一个重要部分。从现在的观点来看,这个要点对于理解《道德经》是极其重要的。将其运用到老子格言中显示出老子智慧的一种可透视的、价值负载的本质。老子格言既没有教导一种相对主义者对所有价值的怀疑主义,其建议也不是基于一种完全的客观现实。它们采取了一种果断的立场以支持某种特别的价值体系,并倡导基于这种价值体系采取一种对待所有情势的态度。当考虑《道德经》中的"一致性"这个问题时态度也是非常重要的。老子智慧的"一致性"不是基于老子连续应用到所有情形中的一系列教义或道德—精神法则。老子"体系"中最具有一致性的是格言"表演"的态度。我试图用非老子的时尚对激励老子态度的根本价值取向进行一种直率的描述。可参见第239页"有机和谐"部分。

值得注意的是,通常这里概述的3种因素没有一种是会在特定的格言中被直接提及的。同时,在每一个格言中这3种因素对其意义来说都是根本的,而且具有高度特异性。错误地猜测其中的任何一个都会导致对格言的误解。在试图理解《道德经》中的一个难的格言时,不能只盯着其字词并试图对格言的意思进行直接解读。我们必须做的是依靠背景信息和《道德经》中其他格言的帮助,对前面概述的这3种根本的意义因素进行有根据的推测。

对老子格言的这种分析可通过使用"言者不知"(《道德经》第56章)这个著名的例子来证明。将其按字面意思理解为"任何会对某事高谈阔论的人一定都对其缺乏了解"是不正确的。可以将其做如下理解:(1)你可能有容易对有技巧的演讲有深刻的印象并由此假设这个雄辩的演讲者是一个有高度理解力的人这样的倾向。(2)与此相对,我想要提醒你注意这个没头脑的雄辩者的意象,从中你可以看出有技巧的演说与缺乏真正的知识之间的联系。(3)作为接受这个论点的理由,我邀请你采取一种价值取向和态度,其中物质是非常重要的,即便是不太给人深刻印象而且这不太给人深刻印象的表现一点也不重要的时候。

我认为对我们在生活中做决定的正规方式的沉思将表明我们的过程

比我们通常假设为官方理想的"从连续的法则进行逻辑推理"更接近在此证明的"格言"式思维方式。在我看来,注意格言的意义结构是恰当理解《道德经》的唯一重要的关键。

2.格言与自我修养

除了有争议的格言,还有另一类已经提及过的格言,它们与自我修养有着更直接的关系,如"玄牝之门,是谓天地根。"(第6章)对于那些有争议的格言,普遍的问题在于将其按"最简单"的方式来对待,即,以最缺乏想象力的方式,就如在教导我们一些关于宇宙进化论或形而上学的学说。但是,关于这些格言我们必须要问的第一件事不是"它们教给了我们什么真理",而是这些言辞是如何将其渗入那些最先说这些格言的人的具体生活中的?对言辞教义性的猜测和教导性的学说代表了某种与对这些言辞的使用相关联的具体的人类活动,而非那唯一的一种。

我关于如我们刚引用的这个格言而设置的具体生活的假设是以首先关注格言在被使用于被称为"形式批评"的一种阐释性方法中的"形式"而非其内容为基础的。这里的"形式"不是直接指"风格",而是指反映了其具体生活背景的那些口传格言之"形式"的正常特征。例如,简洁是格言"形式"的一个正常特征,反映了它们需要不被干扰其流动而插入对话中这个事实。教义性的格言源于对思索性的教义的思考,而教义性的思考则反过来典型地表达了它自己在话语中的某种形式,如那种我们在亚里士多德和康德作品或者宗教教义问答中发现的话语形式。如果我们仔细看《道德经》所使用的表达形式的话就会发现对于源于其中的背景,即人类的活动,我们所发现的使得它看起来不像是源于思辨思维。相反,我们所发现的比较普遍的格言类型是:(1)关于沉思和自我修身的教导;(2)描绘试图在精神上去抓住一种难以捉摸的内在存在是什么感受;(3)相当数量的格言赞美的是一个将某些品质如"静""柔弱""虚"等内化了的人所拥有的巨大好处。这些类型与我们在另一早期著作《管子·内业篇》中发现的格言类型是相似的。《内业篇》中出现的类型和上下文语境的本质都提醒我们,它谈论的是修身而非精神的沉思这个具体背景。

比如,以这样的观点,"柔顺"是老子的"士"自身培养的思想品质。"玄牝之门,是谓天地根"这个格言主要被用在那些已经对"柔顺"这种品质熟悉并将其当成是某种相当棒的东西来经验的人中。这个格言的要旨不在于指导人们做那些他们不知道的事,而在于赞扬他们已有的共同经验，其中他们将"柔顺"看成是"宇宙级"重要的东西。在这方面，它与如"爱情能旋转乾坤"这样的格言不一样。"爱情能旋转乾坤"是在赞扬爱的经验。这个格言没有回答"是什么使得地球旋转"这个问题，而是回答了"爱是多么伟大"这个问题。

一些与自我修身相关的格言，其要旨不是赞扬性的，而是指导性的，如"致虚极"（第 16 章）这个简单的指示。但这里的"指示性"这个词常常指的是对自我修身的具体实践及其在某个人的生活方式中的效果的指导，而非是对教义的指导。

老子学家使用一系列特别的术语来指代他们修身的思想品质，这些在我的译文中常常是用大写来加以了强调的。这些词语中的有一些是描绘性的，如"柔""静""虚""固""明""顺""和""合""无""不欲""无为"等。但这种品质也被具体化了，在谈论它们时好像它们是一种独立的实体或力量，而且这导致了对如"一""母""朴""道""德"这样的非形容词性的词语的使用。这些术语的每一条都在译文后的"局部术语表"中另立题名对其意思加以了解释，并给出了所有出处。

3.关于世界之起源的格言

可能对现代读者来说最有问题的与自我修身相关的一组格言是那些用以描绘世界之起源的格言，这些格言也是这本书中其阐释与占统治地位的阐释传统强烈相悖的格言。我想对这些格言的语义结构做更加详细的解释。这些格言如：

"吾不知谁之子，象帝之先。"（第 4 章）

"有生于无。"（第 40 章）

"万物得一以生。"（第 39 章）

"道生一，一生二，二生三，三生万物。"（第 42 章）

"无名，天地之始。"（第 1 章）

"道生之，德畜之，物形之，势成之。"（第 51 章）

从像王弼这样的早期评论家开始，这样的格言就常常被解读为是老子思想的"教义基础"，好像老子学家们先是得出了一些关于宇宙进化论或形而上学的理论然后再把这些理论作为建构他们的其他思想和解决实际问题的方法之根本基础。在我看来，这种阐释这些格言的方法是后来的评论者的形势与兴趣和首先使用这些格言的老子的"士"的形势之间的某些根本差别所导致的不幸结果。与此巧合的是一种对许多运动和传统来说都很普遍的现象：运动之始，一小队热心者被深深地感动，然后被某些同时转变了他们的性格和他们所见的世界之经验"实施"。对早期的热心者来说，这种个人的转变经验"必须"得是真实的，这仅仅是因为在其中某些直接经历的东西被作为比生活中其他更宝贵更重要的东西显示出来。后来读到这些热心者的文字的人总体上并没有与他们分享相同的经验。这些人是：(1)组织成员。对这些成员的部分要求即是要对某些教义持赞成态度。(2)哲学家—知识分子。他们常代表性地假设有某种被下意识地表达的"理论"，它们是优于自身中对某种未加反思的经验之知识形式。这两种人都习惯性地不信任他们自己的、作为一种规范真理的、未加反思的世界经验，并寻求某些权威的、"客观的"外在基础，这些基础将为他们提供一种批判性的标准辨别其真假观念和"善"恶的冲动。于是他们到像《道德经》这样的著作中去寻求这种权威的根本教义。一点儿也不奇怪，他们在其中找到了想找的东西。

这里所描绘的倾向同时被许多传统的中国《道德经》评论家和许多东西方学者—知识分子分享，其中有些不言而喻的假设，认为将《道德经》当成"哲学"著作是一种想当然的前提条件。西方的《道德经》研究学者常常被追求发现知识的"绝对基础"这种在从笛卡尔到近代的"反基础的"思想家中占先导位置的哲学思想而增加额外的负担。最后，对始于19世纪的文化多样性的认知和尊重引发了许多对"相对论"的威胁，以及随后对克服它的跨文化的、"普遍的"绝对真理的寻求。这也极大地影响了20世纪接近《道德经》的读者的关注和兴趣。

我的观点是，被"性"所引导的阐释《道德经》中这些关于世界之起源的格言的方法在根本上被误导了，因为这些兴趣并没有激励那些撰写《道德经》的人。老子关于世界之起源的格言的"要点"不是指示性的，而是赞扬性的，是在对那些作为在理想的道家的自我修身的实践中具体经验之"道"的存在的"基本"品质的赞扬，是同时作为一种外在个体中心和在被转变的世界中的意义之基础来经验的。

对现代读者来说理解这种关于世界之起源的格言的主要问题在于，它们反映了在古代中国人中比较普遍但现在却不再普遍的想象的、语言的习惯。我相信，其中最接近的比喻之一，尽管仍然只能是大概，是某些我们在谈到"恋爱"的"转变"经验时的方式。让我们来看看这首爱情歌曲的开头部分："当我第一次见到你的脸，我以为你眼中升起了太阳。月亮和星星是你给黑暗而空旷的天空的礼物。"

　　这首歌在赞美爱的一方给予另一方的"宇宙的"意义。宇宙意象的意义似乎可粗略概括为：使人坠入爱河而不同于一般经验的东西是一般经验是在"世界"内部发生的，这个内在世界是我们生活的稳固支柱。坠入爱河强烈影响了这个支柱本身，使得似乎好像世界本身是彻底地改变了（我感觉地球在我脚下颤抖，感觉到天将崩塌）。现在，它成了一个完全不同的地方，一个其中爱与被爱的人在"最大"可能的程度上有一个共同位置的地方。我们来比较一下儒家的《荀子·礼论》中关于"礼"之委婉说法："天地以合，日月以明，四时以序，星辰以行，江河以流，万物以昌。"

　　我们可以用图表来把上面这首爱情歌曲最后两行所暗示的语义结构表示如下：

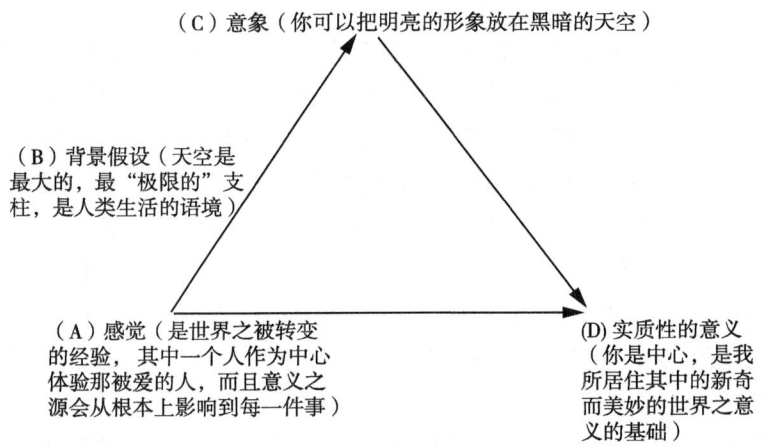

　　这个感觉的基础：(1)这里是每一件事的基础。它既不是背景假设，认为天空是人类生活的"终极语境"。(2)它也不是认为被爱的人将星星放在了天空中的观点。(3)是任何事物以此为基础的"教义性的"信仰。星星之起源的意象(C)，是一个对这种感觉的赞美性的表达(A)。它并不代表一个人知道的所附加给它的某种东西，也不是一个对实质性的意义(D)的独立的基础，其完全是以感觉(A)为基础的。

　　当然，在这首爱情歌曲与老子关于作为起源之"道"的格言之间是有相当差别的。坠入爱河常常是一种暂时的现象，而老子关于自我修身的格言意在保持一种以"道"为中心的生活。坠入爱河从严格意义上讲是个体的,而老子学家们将其"道"当成是一个新的"世界"秩序的基础。(在其民族优越感中,当然"世界"意指的是中华帝国了。)

老子思想与现代思维习惯之间的一些不同在这里的重要性在图表中被称作"背景假设"的领域中。这里的重要性是指古代中国使用按时间顺序排列图像以及"古代"和"起源"意象来表达思想的倾向,而我们则倾向于使用空间意象、"深层"意象和"基础"意象等。这可以通过一些例子来证明。

例1:

现代的"士"习惯于将他们认为理想的政策呈现为传说中的古代君王和圣人的政策。通常,有的陈述的语义结构与上面所描绘的是一样的。即,他们常常没有可靠的、独立的管理古代政策的知识来支撑他们的建议。将一项政策归因于古人是表达其理想本性的传统方式。

例2:

格拉哈姆(Graham)指出,汉字"古"在词源上与另一个意为"原因"和"基础"的"故"字有关联,如被墨家的逻辑学家们用来指代为一个句子的意义之"基本核心"的事实断言。

例3:

在说到一种潜藏在所有老子智慧中的统一的精神时,《道德经》中有2段用了与"父""母"相关的意象:(1)这种精神是"言有宗。"(第70章)(2)"以为教父。"(第42章)因为"道"也被称作"万物之宗"(第4章),因此可以说"道"对万物来说是理解老子格言的唯一一种老学方法。

例4:

《庄子·在宥篇》云:"汝徒处无为,而物自化。堕尔形体,吐尔聪明,伦与物忘,大同乎涬溟。解心释神,莫然无魂。万物云云,各复其根。"在《道德经》第16章中,"夫物芸芸,各复归其根"的意象不是描绘的一种客观事实,而是一个人经历世界的方式之转变。有一种人在其中处于非常活跃的状态,而且他是将其作为充满了活跃的事物的多样性来经历世界的。当一个人的思维冷静下来的时候,世界也冷静下来了,直到其开始经历世界的多样性,仿佛他在这个唯一的静止之根中有其来源基础。由此我们可以看出"道"作为起源之根的意象与在老子的自我自身中所带来的世界之转变的经验之间的关系。

例5：

第52章第一、二句"天下有始，以为天下母"描绘出了一个人所培养的作为在此被称为"子"的经验世界的起源之母那个被夸大的精神品质。格言说："既知其母，以知其子。"理解世界万物之意义的关键在于理解与意义的某种来源基础相关的东西以及与一个人培养的思想品质相同的东西。这也可能是格言"以知古始，是谓道纪"（第14章）和"以阅众甫"（第21章）的意思。"以知古始"的表达意指在其真正的光中理解它。

最后，我们应该记住，我们通常在"裸露的客观事实"与"意义"所做的区分对人类来说是一种彻底的现代的区分，依赖的完全是"裸露的客观事实"之现代科学观的发展。科学发展之前的民族在说"世界之起源"时所指的"世界"并不是由"裸露的客观事实"和物体而是由他们自己的普通经验的填满意象的世界组成。因为很大程度上世界的意义是个显著的问题，而关于世界之起源基础的问题则是一个关于在这个世界中意义之起源基础的问题。

记住这些潜藏在起源意象中关于"背景假设"的观点，我们可以将老子关于世界之起源的格言的语义结构粗略勾勒如下：

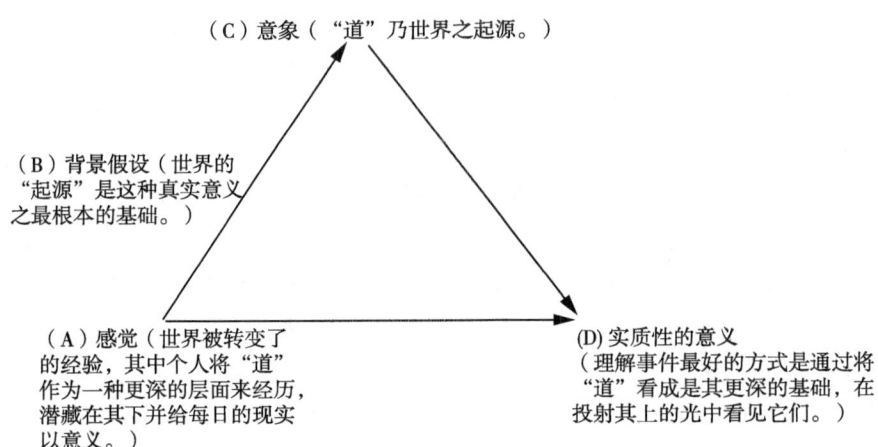

这个感觉的基础（A）在这里是万物的基础。既没有将起源等同于存在的基础之背景假设（B），也没有认为"道"是世界之起源（C），是万物以其为基础的教义性的"信仰"。"道"作为世界之起源（C）是对感觉（A）的一种表达。它没有呈现某人知道的附加给它的东西,也不是实质性意义的独立基础(D),这个完全以感觉(A)为基础的。"'道'之起源的"是形容词性的,用于描绘从道家的视角所见到的世界的特性。

用这种方式阐释老子关于世界起源的格言不是为了否定有些老子研究学者可能会将这些主要是赞美的格言也当成是关于世界起源的文字图片。在缺乏对抗的情况下,科学地以关于世界起源的格言为基础,将会是一件很容易也很自然做到的事。但是,(1)仍然没有任何暗示表明他们将这种文字的事实当成了他们思想的基础。(2)"字面的阐释不是他们头脑中最重要的"表明的是在《道德经》中为了中和诸多差异的、可见的尝试的缺乏,有时使得蕴含在格言中的关于世界之起源的意象互相矛盾。这是可期待的、有人认真对建构一系列连续的关于世界是如何起源的文字的信念或教义。我们所替代的是一系列交叉的意象。

可以看出这个分析是简化的,减少了其中的老学思想使其少于如果将其看成是一种基于客观而绝对的形而上学的、真理的哲学教义所应有的程度。这只有在绝对的形而上学的真理是对一种理由充足的世界观来说是唯一值得要的、可能的、适当的基础这种假设中才成立。我自己对此问题的假设与此完全相反。

二、《老子道德经》之批判方法:论《道德经》的翻译

1998 年,由孔力维(Livia Kohn)和拉法格(Michael LaFargue)共同编辑的《老子道德经》在纽约出版。[①] 该著作由 4 部分组成:(1)古老的神话;(2)中国式的阐释方法;(3)现代阅读;(4)批评方法。迈克尔·拉法格、朱利安·帕斯的文章《论〈道德经〉的翻译》收录在该书第 4 部分"批评方法"中。此节将文章全文译介如下:

如一壶精致而神秘的老酒吸引着各种各样的生活的享受者,《道德经》几千年来且直到现在仍然对各种各样的读者也有着如神奇的魔咒,吸引着他们去寻求生活的意义。汉学家和业余爱好者,都为这本令人陶醉的小书着迷,试图捕捉住其味道,并为其设计了新瓶,那就是新译本。在中国,有关于《道德经》的成百上千的评论。在西方,因为儒家思想失去了其

[①] Livia Kohn and Michael LaFargue eds. *Lao-tzu and the Tao-te-ching*. New York: State University of New York Press, 1998.

早期威望的缘故,《道德经》在19世纪后才出现。在这种变化的思潮中,《道德经》的发现不仅仅是个惊喜,它被看成是一种受欢迎的预言。西方对《道德经》文本的"爱恋"还没有结束。新译本不断出现。到目前为止,已经有大约250个译成西方语言的《道德经》文本,其中大部分是英译本、德译本或法译本。

我们不可能在这篇简短的文章中评论所有这些译本,或者解决该如何翻译《道德经》的所有问题。因此,我们将关注点放在了其中更流行更具影响力的17个译本的段落样本上。

8个较老的译本(1930s—1960s):(1)亚瑟·韦利译本(1934);(2)初大告译本(1937);(3)林语堂译本(1944);(4)威特·宾纳译本(1944);(5)戴闻达译本(1954);(6)吴经熊译本(1961);(7)陈荣捷译本(1963);(8)刘殿爵译本(1963)。9个近期的译本(1970s—1990s):(1)冯家富和英格里希译本(1977);(2)奥斯特瓦尔德英译1911年版卫礼贤的译本(1985);(3)史蒂芬·米切尔译本(1988);(4)陈张婉莘译本(1989);(5)迈克尔·拉法格译本(1992);(6)史蒂芬·阿迪斯与斯坦利·拉姆巴多译本(1993);(7)刘殿爵马王堆帛书本译本(1982);(8)韩禄伯马王堆帛书本译本(1989);(9)梅维恒马王堆帛书本译本(1990)。

这么多译本的出现说明了在这些译本中变化的主要原因。该文选取了《道德经》第4章和第13章中的2行来做了详细的补充讨论以证明译者们所面对的各种问题,以及解决这些问题的不同方式是如何导致了译文的变化的。

当然,译本中的一些变化是由于译者能力的不同造成的。有的译者有很强的能力,有的译者有理解历史语境和古代中国的思想世界的坚实背景,而另一些译者在某一方面甚至这2方面都比较弱。除这些原因外,译本也会因不同的译者用于解决一些所有译者都会遇到的根本问题的方法的不同而不同。这些问题可分为3种主要类型:与《道德经》文本本身相关的问题;理解中文文本意思时碰到的问题;从汉语译为英语时碰到的问题。下面,我们将逐一陈述这些问题。

1.与《道德经》文本本身相关的问题

译者该选择哪种《道德经》中文文本为英译底本呢?

译者所面对的第1个问题是试图决定《道德经》原文文本看起来像什么,它实际上是由哪几个中文字组成的。下面是2个潜在的问题:(1)最古老的文本有时会彼此不同,译者必须选择该遵从哪一个文本;(2)有时,由于各种原因,某个特别的学者—译者认为我们所拥有的全部文本都在某种程度上被损坏了,因而我们唯一的选择是对文本进行修订,基于某些有根据的猜测改变或插入汉字以使这个学者认为原文本更像是如此这般。

直到最近,第1个问题才不再成为《道德经》译本间差异的主要原因。文本变化不是很大或没有那么严重的后果。许多译者只接受由王弼评注的《道德经》中文文本,偶尔借用河上公的评注或其他文本。这种情形随着1973年马王堆《道德经》帛书本的发现而有所改变,因为与之前已知的《道德经》文本相比较其中包含了更多的变化。我们现在已有完全以马王堆《道德经》帛书本为底本的英译本,如1982年的刘殿爵译本、1990年的梅维恒译本、1977年的林振述译本和1989年的韩禄伯译本。1989年的陈张婉莘译本、1993年的阿迪斯和拉姆巴多译本以及1992年的拉法格译本偶尔也从这些文本中借用资料。

第2个问题,即怀疑所有现存文本都被损毁的问题,这个问题是版本发生变化的更为重要的原因,在戴闻达1954年译本和初大告1937年译本中尤为突出。这2个译本都是以激进的现代批评文本为底本的,2位译者都深信,在文本转变的过程中,所有的《道德经》文本都被严重地损毁了,都认为文本的用词和篇章安排受到了损坏。这个观点是以在所有的即存文本中许多诗行都很难理解,而且常常很难看出同一章中相邻的教义之间的联系以及有的格言在两章甚至更多章节中被重复这个事实为基础而得出的。这些中文文本的评论家由此猜测原文本的意思更简单朴实,以一种更有逻辑性的方式排列,而且没有包含那些重复的格言(参见戴闻达1954年译本第3页)。因此,他们在可能的地方把那些重复的格言删除,将那些独特的格言从一章移到另一章以使其更具逻辑性,并修正了文本以至于使其产生更清晰的感觉。刘殿爵尤其反对对原文本进行重新排列,因为他认为《道德经》文本从一开始就不过是一本结构松散的格言集。另一方面,当他认为某些特别的诗行言之无理的时候他又常常对文本进行修正。然而,大部分近期出版的《道德经》译本似乎都显示出了一种远离没有文本支撑的修正的普遍趋势。

2.理解中文文本意思时碰到的问题

有可能首先似乎会觉得如何理解《道德经》的问题不应该进入翻译的过程。译者的任务不过是将中文译成英文,而他自己对于该如何理解文本词句的意见不应该影响这个过程。实际上,在《道德经》的某些段落中这确实是个可能的选择,按字面逐字翻译的问题将在下面进行讨论。然而,我们讨论的译本都没有尝试严格的逐字翻译。在最小的程度上,每个译本有时会对中文文本进行释义,而且也会添加字词,我们把这种行为称为"澄清式的扩张"(clarifying expansions),它能更好地传达给读者译者认为的原文本意思。这可能是由于译者想要产生一个能比逐字翻译更合理的英文文本的愿望。同时,也有各自各样的原因来解释为什么《道德经》中的许多特殊的段落如果逐字翻译不是真正可行的,而且有时中文文本呈现给译者一种不能简单地转换成英文的不确定性或模糊性。于是译者不得不决定他认为文本可能的意思是什么并据此将其翻译出来。这就是为什么常常某个特定的段落意指的是什么这个问题必须在翻译过程中给予处理的缘故。

理解中此类问题的存在主要有3种原因:(1)古汉语中"假借字"的使用;(2)某些字的意思很宽泛;(3)由于古汉语是无曲折变化的这个事实造成句法的不确定。

(1)假借字

古代汉语文本并没有完全被标准化,以至于有时不同的誊抄员用不同的汉字来表示相同的词。这种情况尤其发生在同音异形异义词,即两个字同音不同义的时候。如,在英语中,"one"和"won"是同音异义词,发言相同,但是写法和意思都不同。同样,在中文里,有2个读音同为"te"但拼写和意思不同的汉字。一个"te"意为"德"("力量""魅力"),另一个通常用作动词,意为"得"。有时,誊抄员可能会用其常规的意思"德"来代替"得"字,相当于英语这样表达:"We won the game."如,这与我们理解《道德经》第49章中的短语"德善"(te shan)是相关的。该短语中的"德"是通常意为"美德"的那个"德",由此"德善"的常规意思为"德(是)善的"。但有的译者很困惑为什么有人会说这样的事呢,于是他们猜想"德"这个字可能是被用作了与其同音的"得"的假借字,由此导致该短语被意为"(他)得到了善"。没有办法确切知道原作者究竟意指的是什么,也没有办法让英译文本中不存在这种不确定性,每个译者必须决定原文可能意指的是什么意思然后据此做出相应的翻译。

(2)某些字的意思很宽泛

这个问题不仅仅只有中文里存在,而是存在于所有语言中。如,

"draw"这个单词在英语中有相当宽泛的意思,用短语来说明:"draw a picture"(画画);"draw some water"(取水);"The game ended in a draw"(比赛最后打成了平局);"It was a long draw-out affair"(这是一个漫长的过程)等。同样,在《道德经》第51章中有一个"势"字,该字有着不同的意思,阿迪斯译本将其理解为"能量"(energy),而刘殿爵译本则将其理解为"环境"(circumstances)。再如,在第5章中有一个"冲"字,阿迪斯译本认为其意为"居中的"(centered),戴闻达译本将其理解为"中间"(两极之间)(middle course),而韦利译本则将其阐释为"内在的"(what is within)。这3种理解都是对"冲"字貌似有理的解读。

(3)句法的不确定

英语单词是曲折变化的,经历内在变化暗示出诸如时态、数和修辞。如,"thing"是单数,可变为复数形式"things","run"的过去式为"ran",形容词"good"的名词形式为"goodness"等等。古代汉语中是没有这样的曲折变化的。例如,汉字"善",在道德上意为"good"或"skilled",常被写成或被说成是一样的,不管是被用作形容词"good",抽象名词"goodness",具体名词"[a]good[person]"(好人),状态动词"to be good",还是及物动词"to consider something good"(认为某事好),"to be good to someone"(对某人好),"to be good at something"(擅长某事)。

缺乏曲折变化常常使得这些词彼此间如何相关联变得不确定。这个问题因笔头中文允许像代词主语如用"gets goodness"来代替"he gets goodness",连接词如用"all recognize"来代替"when all recognize",以及系动词如用"this ugly"来代替"this is ugly"这样的情形省略而加剧。《道德经》通常喜欢简洁的风格,像这样的省略在文中是常见的。

为了表明这种情况是如何影响了《道德经》的翻译,我们一起来看看第8章中由3个字构成的短语"心善渊"。该短语字面意思为"heart good depth"。

梅维恒译文为:"the quality of the heart lies in its depth."(心的品质在于其深度。)梅维恒显然是将该句理解为"心善"是一个意为"心的善的(品质)"([the] heart's good [quality])的短语。这个短语是一个有着暗指的系动词的句子的主语。于是他把这个短语理解为这样一个句子:"心的善的品质是深邃的。"([the] heart['s] good[quality] [is] depth.)

陈荣捷译文为:"in his heart he loves what is profound."(在其心中它爱

那些深邃的东西。)在陈荣捷的句法中他将"心"理解为副词"对其心而言"（[as to his] heart）；将"善"理解为动词"认为……是善的"（to consider good），即"爱"；将"渊"理解为动词"善"的宾语，并添加了一个暗指的主语"他"（he）。于是他将短语解读为句子"在其心中他认为深邃的东西即是善。"（[as to his] heart [he] considers depth good.）

陈张婉莘译文为："her heart is in the good deep water."她把该短语的句法理解为"心"是一个暗指的动词短语（是在）（is in）的主语；"渊"是一个具体名词，被形容词"善"修饰。她将此短语理解为"她的心处在善的深渊中"。

我相信，这个有帮助的类比是现代报纸标题的风格。同样，简洁也很重要，词与词之间的关系常常是被建议而非被陈述，作者依靠习惯于某些标题和词语的读者来正确理解这些字词。如："The Doctor is on line"。就其本身而言，该句可译为"一个医生正站在一条线上试图去够某物"或"一个医生正在使用互联网"；"Rebels burn tanker, train in Sri Lanka"。该句可译为"斯里兰卡的反叛者烧毁了一辆坦克和一列火车"，或"反叛者烧毁了一辆坦克，还经历了在斯里兰卡的军事训练"；"After two year delay tunnel vision is a reality"。该句可译为"某人的视野狭窄，因为他们想要的东西被耽误了两年"，或者"那条隧道的计划在被耽误了两年后终于完成了"。

可以看出，对外国人来说想要通过字典来决定这些标题可能的意思是没有用的。最有可能帮助到他们的是对特别的语境知识的了解、对某些话语方式以及对某人在某个特定的日子在某个特定的城市想要在报纸上期望看到的东西的了解。如，我们读第1个例子的时候，最有助于我们知道的是互联网在线是当今交流的热门话题，而且似乎报纸文章没有理由来谈论有医生正站在线上。这样的不确定性是学术型《道德经》译本中文本变化背后最重要的原因。不管译者选用哪个《道德经》中文文本来做翻译底本，实际上在其中有许多句子可以在理论上以不同的方式来进行建构。看起来很有可能的是，像我们的现代标题读者一样，《道德经》的原初读者也需要了解解读这些其作者意欲表达这些句子的方式的背景知识。因而，每个译者从读《道德经》的一些段落开始，对他如何理解这些段落作最佳猜测，渐渐建构起整个文本表达的主题和观点的印象，并继而使用这个总体印象作为从每个段落的各种可能的意思中作选择的引导。

因而每个译者都被像"阐释循环"这样的东西所困扰，他必须使用作为一种将清除个别段落意义之模棱两可的语境的整体的某些理解。但他只能通过试图理解这些个别段落来建构这样一种整体的知识，这些知识的大部分不是在行文中被明白传达的。译文之所以不同是因为不同的译者建构了不同的对这本书的总体信息的理解，而且这又反过来引导他们在模棱两可的段落的可能理解中去做选择。

译者间差别相当大，这种差别既在于他们对《道德经》的总体观，也在于他们让这种总体观影响其对个别诗行的翻译。我们仍然可以谈到3种赖以帮助他们重新建构这种信息的一般来源。

首先，有从韩非子、王弼、河上公一直到18世纪的传统中国评论家。这些评论家对那些模糊的段落给予了阐释，这些段落逐渐变成了人们对《道德经》意思的普遍理解，如此以至于所有的译者都以这样那样的方式受到了它们的影响。

其次，因为现代的批评性历史知识的缘故。如韦利所指出的，大部分传统的中国评论家主要是关于经文评论而非历史评论的。当然，即便这样，全都要求传达老子原本的思想，他们主要选择那些与他们自己的文化语境一致的假设并对他们认为最迫切的那些问题做出回应。系统的批评性的历史知识，是一种将自己的关注和假设放在一边并仅用客观历史证据来重新建构古代作者的思想的尝试，18世纪左右才刚开始使用。运用这些方法，一些像韦利这样的学者看到了如果我们依赖传统评论所理解的《道德经》与严格按照我们通过独立的历史研究所理解的《道德经》之间的巨大差异。这在现代《圣经》研究情形的中是可比较的，而现代批评学者则会典型地忽略后来的那些著名的基督教导师如奥古斯丁（Augustine）和阿奎那（Aquinas）所写的传统评论。《道德经》的许多英译本至少是部分以批判性的态度来对待这些评论家并对现代历史知识给予更大信任的，尽管读者将会在如陈荣捷译本（1963）和陈张婉莘译本（1989）的注释中发现有许多传统中国评论家的观点被提到。还值得注意的是，汉代之前中国的批判性历史知识仍然还处在初期，以至于很少有引起广泛赞同的关于古代文化的重构。因而，即便是像韦利（1934）和梅维恒（1990）那些对中国古代做过原始研究的译者也常常在细节上彼此互不认同。

再次，大部分译者之所以翻译《道德经》是因为他们发现在阅读《道德经》时某些观点触动了他们个人，或者至少是他们认为其中有相当的本质的优点。考虑到《道德经》文本的提示性特征，这意味着许多译者倾向于直觉地感受一些潜藏在文本字面之下的"深层意义",这于是又影响到他们对个别诗行段落的理解和翻译。正如大部分读者和学者会同意的,假定《道德经》的意思并非完全存在于其表面,即便是最客观的历史学家,在经过其技术性的历史的、哲学的研究之后,一定程度上肯定会遵从他自己对那些词句试图所传达的意思的直觉感受。不管读者是在研究《道德经》、先知阿摩司、《薄伽梵歌》还是埃斯库罗斯的《阿伽门农》,都是这样的。但这也鼓励了译者的个体倾向发挥作用。比如,个人喜欢简洁理性不相信神秘主义的学者将会试图看清其理性意义,而那些相信不可言喻的神秘现实的学者则将通过文本感觉到由文本引发的这些是貌似可信的。

这第3个因素也开启了韦利所谓的与"历史"阐释相对的"经学"阐释之门。译者会不同程度地相信他们自己对什么是最有教化意味的、最鼓舞人心的,或最真实的个人感觉,这种感受引导其对潜藏在文本字词之下的"深层"或"内在"意义的理解,并运用这种感觉来替代作为理解文本意思的历史研究。这在宾纳译本(1944)和米切尔译本(1988)中得到了最清晰的证明。宾纳和米切尔都不懂古文,都没有更多关注古代中国的历史研究,而且两人都在其译文中随意插入了一些有趣的、鼓舞人心的与中文文本不相干的诗行。

另一方面,这是一个程度的问题。读者必须记住所有译本在一定程度上都受到了译者对文本深层意义的直觉感受的束缚,但是没有简单朴素的发现这种深层意义是什么的方法。这或许是译本间不同的主要原因,而且其归因于一个不容易解决的问题。即,读者倾向于喜欢那些对"深层"意义或"更真实的"意义的感觉与他们自己的感觉相一致的译者。但是一个人自己的感觉,即便是正确的,也不能作为"历史的"证据,这正是《道德经》作者意在教给我们的真理。另一方面,与《道德经》作者的世界观之间的直觉共鸣,如果其的确是一种历史的正确的与他们实际的世界观相共鸣的话,毋庸置疑对理解文本的深层意义是会有很大帮助的。

3.从汉语译为英语时碰到的问题

译者不得不做出决定的第3个问题是如何从汉语文本转变为英语文本的问题,是《道德经》译本之间差异的另一个重要原因。似乎也存在3个主要问题:(1)是否尽可能严格坚持逐字翻译、使用改述或澄清式扩张以使文本意思更加清晰的问题;(2)是否翻译要求读者理解古代中国文化细节的译本,或是将其轻描淡写以使读者更容易将文本运用到其自身的生活中;(3)是否集中传达实质性的思想,或者也试图抓住原中文文本的风格与感觉。

(1)逐字翻译

一些现代读者可能有这样的印象,认为有可能甚至或许很容易对《道德经》做完全坦率易懂的翻译。译者只需将每个汉字恰当地译成英文即可。合成的英文句子将把每个读者带进清晰的、没有译者思想打扰的与《道德经》作者思想的直接联系中。我们在前面说过这种印象是错误的。没有人能即时进入《道德经》作者的思维中,且每一种译本在一定程度上都是基于译者对文本可能意指的意思的推测理解。

尽管如此,一个译者能选择坚持尽可能地逐字翻译,我们在此讨论这种可能性以及译者通常坚持或背离这个理想到什么程度是有帮助的。首先,除中文缺乏冠词、词形变化和时态,允许许多隐含的连接词如人称代词和指示代词的省略外,中国古代文言文的句法在很多方面与英文的句法是相似的。这意味着《道德经》中的许多段落实际上是允许逐字翻译成很有意义的英文的。梅维恒1990年版《道德经》英译本对第44章开头2行"名与身孰亲？身与货孰多"的翻译就是这样一个例证:"Name or person, which is nearer? Person or property, which is dearer?"

译文中,梅维恒只添加了中文原文本中没有的系动词 is,以及几处表停顿的符号。此外,他只是用英文单词去逐字代替中文汉字,没有改变词序。("dearer"一词或许延伸了通常意为"近"的意思,但这个意思似乎在这里清晰地暗示出来了。)

然而,像这样的逐字翻译常常是不太可能的。比如,有时逐字翻译很难有意思或者用英文读起来相当笨拙。如,如果我们逐字翻译第63章中的"图难于其易"(Plan difficult in its easiness)一句就会有这样的感觉。阿迪斯译本试图作这样的字面翻译:"Map difficult through easy." 对大部分的英文读者来说,这样的逐字翻译要变得有意思是有一定难度的。这或许就是梅维恒为什么放弃逐字翻译而采取用更长些的、读起来更流利并且能很好地传达其最有可能的意思的英文句子的缘故:"Undertake difficult tasks by approaching what is easy in them." 在第64章中,有一句"为之于未有"可作逐字翻译:"Do it in not-yet being." 阿迪斯译本该句译文为:"Create before it exists",违背了原中文的句法,使用了动词"Create"(创造,做),延伸"为之"通常的意思,并使得该行敞开了与语境暗含的多种翻译相悖的可能性。实际上,语境建议的意思是梅维恒所理解的:"Act before there is a problem."(在问题出现之前就行动),尽管这样翻译该句甚至比逐字翻译要相去更远。

为简洁的缘故,所有的译者时不时都会放弃逐字翻译转而选择释义或增译。如梅维恒在翻译第48章中的"无为"一词就采用了释义,将其译为"free of involvements"。当他们不能为中文提供对应的英文单词以清晰地表达出译者所理解的文本意思时译者通常会采用这样的增译的方法。许多这样的增译都是单纯的,不过是使人人都会认可的隐含的意思变得更清晰而已。如陈荣捷将第18章的首句"大道废,有仁义"翻译为:"When the great Tao declined, the doctrine of humanity and righteousness arose."单词"the doctrine of"在原中文里没有相对应的字。但这样增译似乎并没有表达出有人可能指责陈荣捷在文本中所解读出的某种个人的或有争议的观点,它只是使所有学者都会认同的原中文意思变得明确:该句意指的是儒家关于仁义之教的出现。

然而,并非所有的增译都像这个一样是单纯而无争议的。有时文本不清楚或模棱两可,增译也意味着译者以某种方式澄清这种不确定性或模糊性。在所有这篇文章考虑的学术性《道德经》译本中,1934年的韦利译本或许是采用增译方式对文本添加最多的。如在第28章中,原中文文本为"为天下谷",韦利译为:"为天下谷,接受天下万物。"不增译的话,"谷"的意象是不清楚的。韦利的英译,以《庄子》中一个相似的段落为基础,通过指出万物倾向于朝谷底坠落使之变得更清晰。但是,我们当然不能确信这实际上就是"谷"这个意象的主要意图。与此相似的是,为了避免她所认为的不太可能的意思"一个人有可能成为'天'和'道'",1989年的陈张婉莘译本给第16章的"天乃道"一句添加了一个"像"(like)字,认为该句应意为:"一个人可能成为像天和'道'那样的。"因而,她背离了她通常采用的直译法,将此处译为:"like Heaven…like Tao."同样,她的做法可能是正确的,但我们不能确信——作者可能想说的是一个人或许能成为"天"与"道"。

这里,注意到由如历史学家—学者韦利和陈荣捷的文本增译与像宾纳和米切尔这样的非学者的文本增译之间的根本差别是很重要的。韦利的增译是以他大量的历史研究及其对中国古代文学与思想的熟悉为基础的。另一方面,宾纳和米切尔译本增加的则是与原中文文本无关的短语和句子,遵从的只是他们的直觉认为文本暗示了这样的真相。如,第8章中有"夫唯不争,故无尤"一句,其字面意思为"因为不争所以不会被责备"。米切尔将其译为:"When you are content to be simply yourself and do not compare or compete, everybody will respect you."(当你满足于仅仅做你自己,不跟别人比较或竞争时,每个人都会尊重你。)第9章的"功成名遂身退,天之道"一句,宾纳译为:"Do enough, without vying, be living not dying."(尽力去做,不要与人竞争,这样就能活着而不会死去。)这里宾纳添加的部分——做你自己,不要与人比较,将你自己奉献给"生"——显然非常的现代,而且在《道德经》其他地方或在一般中国古代文学中都找不到。

(2)历史性翻译与现代翻译

相关的问题是译者是否将试图把读者带回到古代中国的世界,或将试图把《道德经》带进现代读者的世界。为了证明这个,《道德经》第46章描述了一个好的、热爱和平的国家让驯马去做更世俗但却有用的运输肥料的事,与在一个糟糕的、喜欢战争的国家中百姓让"戎马生于郊"形成鲜明的对比。要理解其中的意象要求读者将自己投射回骑马打仗的年代,那个时候大部分人都很珍视战马不舍得让它去运肥把自己搞得筋疲力尽。米切尔显然竭力将文本运用到现代语境中以使读者容易理解该句,于是他在此处用了现代意象而替代原文意象:当一个国家是一个好的、"制造卡车和拖拉机的工厂时"和当一个国家是一个糟糕的、"子弹头在城外堆积的国家时"。

阿迪斯也常常剥离文本的特别历史参照以使其与现代生活更容易发生关联。如,在第3章中,"不尚贤"回应的是可在其同时代的墨家和儒家的作品中找到的短语"尚贤"。这个短语建议统治者应该在竞争和优势的基础而非因家族之间的关系或个人的喜好任命官员。阿迪斯将其译为"do not glorify heroes"(不要崇拜英雄人物)。这样翻译与现代思想相关联,读者更容易认同。

(3)实质性与风格

大部分作品不仅表达了一些实质性的观点,而且也通过其风格传达了某种感觉或喜好。有时译者很难译出既准确传达出原《道德经》文本的真实思想也能反映出原文风格和味道的英文句子。因而,有时在2个目标之间有所选择。这里,似乎通过韦利译本与阿迪斯译本之间的对比很好地呈现出来了。韦利在译本中直率地说他放弃了任何直译的尝试,提供的是一个语言学的译本,集中于"通过细节的准确性重新表达出原文本的思想"①。实际上,韦利译本在很多地方都相当乏味和不雅。

另一方面,阿迪斯译本则宣传他们希望"重新创作出古代汉语的简洁词汇和不连贯的节奏"。② 当然,有些地方,为了译成通顺的英文,译者不得不添加一些原中文文本中没有的词。但这样做就抵消了他们常常试图用比原文本中所包含的词更少的英文单词来翻译的尝试。如,在第2章的第1行"天下皆知美之为美,斯恶已"中,阿迪斯用了3个英文单词(Recognize beauty and…)来翻译原中文的8个字。这么做,这个译本可能比其他大部分传达原文风格和感觉的英译本要更好些。梅维恒译本和米切尔译本显而易见也小心地以简洁却优雅的英文呈现了他们的翻译。

要概括翻译很难。一般的倾向可以被描绘,但是没有译者会遵从任何规定的、绝对一致的倾向。因而,要概括翻译的特征的一个方法,就是通过谈论译者的3个总体目标来回应读者的3个总体欲求。

第一,译者能尽可能地坚持直译。这常常会产生不清楚的、模糊的甚至很难懂的英文句子。其优点在于邀请读者参加对毕竟在许多方面都存在不确定性的文本的理解。同时,它也可以对古代中国不太熟悉的读者进行一句文本的而非历史的阅读,这样,通过阅读观点会比让他们熟悉现代文化更易于理解句子的模糊性。但是,当然有许多读者可能比某种更具历史准确性的理解更喜欢这种。梅维恒译本、陈张婉莘译本、吴经熊译本和奥斯特瓦尔德英译卫礼贤德译本似乎被认为是直译的最佳典范。阿迪斯译本也倾向于使用直译,尽管有时他也使用让文本更具现代性的释义,而且有时还省略汉字以使其译文更加简洁。

第二,学者能够译出可提供给读者他对中国古代思想进行研究的结果的译本,即,一个像韦利译本那样总体上意在厘清潜在的模糊性和不确定性并清晰地向读者传达出他认为原文本所意欲表达的意思的译本。其缺点在于读者变得依赖译者的意见并在使文本变得有意思的过程中被赋予了更多的局限作用。其优点在于,对不熟悉中国古代文化的读者而言,译

---

① Arthur Waley trans. *The Way and its Power: A Study of the Tao Te Ching and its Place in Chinese Thought*. New York: Mac Millan Press, 1934, p. 14.

② Stephen Addis and Stanley Lombardo. *Tao Te Ching*. Boston: Shambhala Publications, 2007, p. 16.

者对于原文本作者和读者想要表达的意思能更好地被告知,而且可能在整体上比那些在该领域没有进行过训练的读者来说更像是具有历史的准确性。韦利译本、戴闻达译本和拉法格译本是传达出了译者对原文本意思的历史研究的译本典范。

第三,译者能尽其最大的努力为读者提供智力激发或精神激励,呈现一种能传达出其对文本的个人反思或沉思的译本。其缺点在于原文本历史的或文化的语境被大大丢失了,且呈现给读者的是被高度个性化或现代化的视角。另一方面,其优点在于将古代文献带到现代,使其智慧与现代相关联。宾纳译本和米切尔译本是这种译本的代表,常常背离直译和对原文本意思的历史的、貌似有理的重构,为读者提供可能真正好的建议和鼓舞人心的想法。

下面这2个《道德经》文本选段意在证明之前得出的2个要点,提供详细的讨论以表明不同译者是如何选择来处理这2个句子的。在每种情况下,我们在每个汉字下面首先给出了其中文原文本、字母音译和粗略的英文对等性。然后呈现了不同译本的译文,紧随其后是对该句的特殊部分给予的解释性的注释。用来讨论的这2个文本选段并非是因为其对理解文本或其思想起着关键的作用,而是因为它们很好地证明了一些典型的翻译问题和策略。

(1)"道冲而用之,或不盈。"(第4章)

道　　冲　　而　　用　　之　　或　　不　　盈
Tao　ch'ung　erh　yung　chih　huo　pu　ying
Tao　empty　and　use　it　seem　not　fill

阿迪斯译本:Tao is empty/ Its use never exhausted.

宾纳译本:Existence, by nothing bred, / Breeds everything.

陈荣捷译本:Tao is a whirling emptiness, / Yet in use is inexhaustible.

初大告译本:Tao, when put in use for its hollowness, is not likely to be filled.

戴闻达译本:The Way is like an empty vessel which, in spite of being used, is never filled.

刘殿爵1963年译本:The way is empty, yet use will not drain it.

刘殿爵1982年译本:The way is empty, yet when used there is something that does not make it full.

拉法格译本：Tao being Empty，/ it seems one who uses it will lack solidity.

林振述译本：Tao is a hollow vessel，/ And its use is inexhausitible.

梅维恒译本：The Way is empty，/ Yet never refills with use.

米切尔译本：The Tao is like a well：/ used but never used up.

韦利译本：The Way is like an empty vessel/ That yet may be drawn forever.

要对该句进行合理的逐字英译似乎是不太可能的。从大部分译者喜欢的理解来看，最接近原文意思的是："道是空的，但如果我们用它，它则似乎不能被填满。"梅维恒和初大告译文可能是最接近其字面意思的，但也是最难理解的。梅维恒的英译为："The Way is empty yet never refills with use.""Yet"一词表明相反的建议，但是为什么人会期待某空物被重新填满有用的东西呢？初大告的英译解读也是受到了同样目的的影响："Tao, when put in use for its hollowness, is not likely to be filled."

韦利译本、刘殿爵译本、陈荣捷译本和林振述译本则完全不是按字面意思来理解英译的，并且为了传达出他们所认为的该行的意思都添加了"器"字。他们认为，尽管"道"看起来是空的，但它是个神奇的容器，你可以从中一直取东西而不用重新把它装满。韦利译本也添加了"从不需要被填满"。林振述译本、陈荣捷译本和阿迪斯译本完全放弃了对该句字面意思的理解而通过说"道"是"不竭的"来传达同样的基本观点。刘殿爵通过使用"用不会耗尽它"来表达相同的意思。

然而，在《道德经》原文本中没有直接说"道"是满的或不竭的，或它是从来不需要被填满的。陈张婉莘译文通过求助于《道德经》其他章节如第5、6、35、45章认为"道"是"不竭的"来证明其推理的合理性。她还证明她增译的"旋涡状的空"是以首先由现代中国评论家高亨提出的观点"冲"也意为"使……激动、摇动"为基础的。她认为用"冲"的这个意思是非常吸引人的，因为她认为将"道"想象为是动态的"空"更好。

戴闻达的译文于上面这些相似，但在其注释中他解释说他是通过不同的途径来进行这个翻译的，他选择了一个不同的文本传统，是唐朝的一个石刻版本，其中，"或"字用了"久"字来代替。文本中的最后3个字按其字面意思可理解为"很久都不能被填满"，戴闻达将其英译为"is never filled"。

马王堆帛书本中第 1 行也有变化,为"有弗盈也"。韩禄伯在评论中说众所周知的"有"字是"或"字的变体,因而这一句 2 个版本并没有实质性的不同。而刘殿爵则在其 1982 年版的《道德经》马王堆帛书本译本中采用的是"有"字的常规意思。将"盈"字作为一个及物动词"使……满"来对待,刘殿爵将该短语英译为:"There is something which it [Tao] does not make full."

拉法格解决这些问题的方法不同。他认为"或不盈"指的不是"道",而是使用"道"的人(如《道德经》第 35 章)。根据这个理解,按字面理解则应该为:"'道'似乎是空的,使用它的人似乎并不完满。"他的这个翻译部分也是基于他的观点,认为《道德经》中的"盈"字指的是人的品质,更好意为"固""结实",与"空""虚"的品质是相对的。这种品质恰是《道德经》希望人们培养的。① 因而拉法格将此行理解为是与《道德经》第 15 章中的格言"保此道者,不欲盈"一样的。

可以看出,宾纳译本和米切尔译本在此并没有纠结于其中文原文的难于理解,而是试图通过其他他们所求助的译者来获得某个能吸引他们的意思。宾纳将第 1 行理解为万物的起源,而将"道"理解为"存在"(即将其理解为某种形而上学的法则)。某物不需要被注满的意象让他想到了"存在即起源"且其自身并无一个先在起源的观点:"存在,不需要被孕育,自身却孕育万物。"(Existence, by nothing bred, / Breeds everything.)米切尔译本将韦利译本和戴闻达译本的容器意象转化为一个好的意象:"道如水井,被人使用但却用之不竭。"然后他独具特色地添加了 2 行,将这个意象扩展为一个与《道德经》原文本意象全然无关的观点:"它像那永恒的空,里面装满了无限的可能性"(It is like the eternal void: filled with infinite possibilities.)

(2)"宠辱若惊,贵大患若身。"(第 13 章)

宠	辱	若	惊	贵	大	患	若	身
Ch'ung	ju	jo	ching	kuei	ta	huan	jo	shen
Favor	disgrace	like	disturb	honor	great	trouble	like	body

阿迪斯译本:Favor and disgrace are like fear/ Honor and distress are like the self.

---

① Michael LaFargue. *The Tao of the Tao Te Ching: A Translation and Commentary*. New York: State University of New York Press, 1992.

宾纳译本：Favor and disfavor have been called equal worries, / Success and failure have been called equal ailments.

陈荣捷译本：Accept honours and disgraces as surprises, / Treasure great misfortunes as the body.

刘殿爵 1982 年译本：Favor is disgrace and is like being starled; / Honor is a great trouble like your body.

林恩译本：Favor and disgrace cause one dismay; / What we value and what we fear are within our Self.

初大告译本：Favor and disgrace are like fear; / fortune and disaster are like our body.

戴闻达译本：Favor and disgrace are both like goads; / Value great disasters as your body.

冯家富译本：Accept disgrace willingly. / Accept misfortune as the human condition.

韩禄伯译本：Regard favor and disgrace with alarm/" Respect great distress as you do your own person."

拉法格译本：Favor and disgrace: this means being upset/ high rank does great damage to your self.

梅维恒译本：Beijng favored is so disgraceful that it startles, / Being honoured is an affliction as great as one's body.

韦利译本：Favor and disgrace goad as it were to madness; / high rank hurts keenly as our bodies hurt.

奥斯特瓦尔德英译卫礼贤德译本：Grace is as shameful as a fright. / Honour is a great evil like the persona.

吴经熊译本：Welcome disgrace as a pleasant surprise. / Prize calamities as your own body.

从译者角度看，这是《道德经》中最难的诗行。文字本身可以用不同的方式来翻译，而且几乎所有的解释都很难使其意思清楚明白。戴闻达在其译本中坦率地说："这一章的文本在某种程度上被损毁了。开头两句……不能以令人满意的方式加以解释。"①

字词可用很多不同方式进行解释的事实很大程度上源于上面提及的2种中文使用方法:一是,像"和"(and)这样的连词和像"是"(is, be)这样的助动词隐含其中却未表示出来;二是,中文缺乏词语的变形如此以至于同样的词可根据语境当作动词、副词、形容词或名词来使用。因此,从语法上讲,句子的头2个字"宠辱"可以合理地解释为:

第一,喜爱、好感与失宠、耻辱(韦利译本、林振述译本、陈荣捷译本、初大告译本、拉法格译本、戴闻达译本、阿迪斯译本);

第二,喜爱[是]耻辱(刘殿爵译本、梅维恒译本、奥斯特瓦尔德英译卫礼贤德译本);

第三,[一个人应该]喜爱(欢迎)失宠(吴经熊译本、冯家富译本)。

与此相似的是,第2个短语"贵大患"可解读为:

第一,荣誉与大麻烦(林振述译本、初大告译本、阿迪斯译本);

第二,荣誉是一个大麻烦(韦利译本、刘殿爵译本、拉法格译本、梅维恒译本、奥斯特瓦尔德英译卫礼贤德译本);

第三,[一个人应该]以大麻烦为一种荣誉(吴经熊译本、陈荣捷译本、冯家富译本、韩禄伯译本)。

造成不同译文的另一个原因是第1行中的"惊"字有着宽泛的意思:"惊慌""震惊""惊奇""惊吓""心烦意乱""惊恐""担惊受怕""疯狂"等,都是合理的解释。大部分译者都将其理解为消极的意思,只有吴经熊译本将其译为:"Welcome disgrace as a pleasant surprise."(把'辱'当成一种令人愉悦的惊喜来欢迎。)冯家富那令人困惑的解读"Accept disgrace willingly. / Accept misfortune as the human condition"(欣然地接受羞辱。把不幸当成是人之为人的境况来接受)或许是以这个理解为基础的。

或许该行最难理解的是短语"若身"("身"可指一个人的肉身或整个人)。韦利译本、刘殿爵译本、奥斯特瓦尔德英译卫礼贤德译本和梅维恒译本都将其理解为"引出一种方式",在这种方式中,"有身体是件麻烦事"(受人尊敬或被人给予荣誉与有身体一样是件麻烦事)。古印度有相似的警告,梅维恒在其译本注释中从早期印度佛教经典《弥兰陀王的问题》

---

① J. J. L. Duyvendak transalted and annotated. *Tao Te Ching*: *The Book of the Way and Its Virtue*. London: John Murray, 1954, p. 43.

(*The Questions of King Milinda*)中引用了一段："身体……就好比是伤口。"(The body...is like a wound.)①吴经熊译本、陈荣捷译本、戴闻达译本和韩禄伯译本将其理解为"引出一个事实",即"人们珍视自己的身体"(珍视大麻烦犹如珍视自己的身体)。初大告译本和阿迪斯译本对这个短语的理解有些模棱两可:"荣誉和不幸犹如身体或自身。"林振述的翻译大大偏离了合理的字面解读。可以说,冯家富的译文,甚至宾纳对此句的英译也是一样的。米切尔显然整个放弃了该句,用了另一个短语"希望如恐惧一样是空洞的"来代替,该短语与中文原文本没有任何关系。

  在其注释中,韦利建议对这个令人困惑的"若身"给予不同的处理。他认为这一段实际上是引自杨朱学派,该学派认为一个人不应该参与公共事务,因为公共生活太容易让人焦虑并因而对健康造成伤害。韦利认为,在杨朱原本的理解中,"若"字并不意指"像"而是代替其同音异义词"your"(你的)。结果,"若身"这个短语意为:"高位对你的身体是极为有害的。"(High rank is greatly detrimental to your body [health].)韦利认为,《道德经》的作者不赞同这个意思,于是把"若"重写成了"像"。但拉法格的译文源于以韦利对杨朱原本观点的理解。

  这里详细讨论的 2 个文本选段只是部分选取的内容,因为它们不同寻常地是有问题的,并因而阐明了译者所面对的一些主要问题,如我们在这篇文章的早些时候所描绘的那样。这不应该留给读者错误的印象,认为这样的问题是整个《道德经》文本所特有的。实际上,《道德经》中的绝大部分段落,并没有呈现出这 2 个段落所有的那种难度和模糊性。如果有人认为只考虑相当近代的由在语言学和历史学方面都有竞争力的学者所翻译的《道德经》译本,如陈荣捷译本、吴经熊译本、刘殿爵译本、陈张婉莘译本、梅维恒译本、拉法格译本和韩禄伯译本等,那他可能会发现这些译本的基本意思有 80% 是相当一致的。我们可能希望某天一队学者将一起创作出一本带注释的《道德经》译本,这个译本至少能指出那些其字词的基本意思和基本句法似乎相对清晰和没有争议的段落,并同时列出为阐释所有那些字词的意思和句法有更大问题的段落之最貌似可信的替代选择。

---

① Victor H. Mair trans. *Tao Te Ching*:*The Classic Book of Integrity and the Way*, an entirely new translation based on the recently discovered Ma-Wang-Tui manuscripts, annotated and with an afterword. New York:Bantam Books, 1990, p. 115.

第八节　刘殿爵的《道德经》英译比较研究

1963年版的刘殿爵《道德经》英译本①,只是对《道德经》81章文本的纯粹翻译,除译文外,并无任何的东西,甚至连目录和各章题名都没有。1982年,由刘殿爵英译的《中国经典道德经》在香港出版。该书由2个部分组成,一是对《王弼注本》的英译,二是对马王堆《道德经》帛书本的英译。该节将刘殿爵为该书《王弼注本》的英译撰写的"导论"译介如下②:

《道德经》对历代中国思想的影响完全超出了与其长度的比例。它常被称为"五千言",尽管,实际上其大部分版本的字数都要比五千言多些。它是一本简短之作,中国古代汉语是一门如此简练的语言而且其写作风格是如此特别这样一个事实常常使得其简洁到了模糊的程度。如果《道德经》能像其他道家经典一样被阅读的话,那它就不可能通过如此多的译者而被西方人广为知晓。仅英译本就超过了30种。毋庸置疑,《道德经》是到目前为止中文典籍中最常被翻译的著作,但不幸的是并不能说它被其译者得到了最佳的使用,因为其本质吸引了许多对东方神秘主义的着迷远远超过其对中国思想甚至是对中国语言的认知的人。

《老子》文本被分为甲本和乙本。这很可能仅仅是为了与《老子传》中的记述相一致的缘故。《老子传》中说老子应关尹长的请求写一本分为上、下2部分的著作。无论如何,将《老子》分为上、下2个部分至少是公元1世纪的事。我们有理由相信现存文本的81章,即甲本37章和乙本44章,也应该回溯到那个时间。到公元2世纪的时候,该著作也以另一个书名《道德经》而广为人知。更特别的是,甲本为《道经》,乙本为《德经》。这么命名似乎不过仅仅是甲本的第1个字是"道"字而乙本的第1个字是"德"字的缘故。

传统的观点是,《老子》由一个名叫老子的人所写,他是一个比孔子年长且与孔子同时代的人。这种传统的、最具权威的章节是中国最早的通史《史记》中的《老子传》。《史记》于公元前1世纪为司马迁所作。

---

① D. C. Lau trans. *Lao Tzu Tao Te Ching*. New York：Penguin Books, 1963.
② D. C. Lau trans. *Chinese Classics*：*Tao Te Ching*. Hong Kong：The Chinese University Press, 1982, pp. ix-xi.

当司马迁写《老子传》的时候,他发现关于老子的史事太少以至于他所能做的只是将他那个时代关于老子的传说收集到一起。他甚至对老子的身份认同都有困难。他明白地建议老子可能与一个叫聃的史学家是同一个人,尽管后者生活在孔子去世后100多年。司马迁还暗示老子有可能是老莱子,因为老莱子也是楚国人,也写过一本道家著作。最后,他认定老子是一个名叫宗段干的人的父亲,其后代仍然生活在司马迁那个时代。司马迁表示了自己的疑虑:"老子可能活到了160多岁,甚至有人说200岁,因为他修道所以能如此高寿。"在司马迁认定老子是史学家聃的时候他其实是半信半疑的,因为他随后补充说:"世人不可能知道真相之所在。"当他继续说"老子是一个远离尘世的君主"时,他其实是心照不宣地为自己的《老子传》中可靠信息的缺乏提供了一种解释。

除了关于老子的名字叫聃以及他是楚国人的陈述之外,整个《老子传》中只有2个所谓的事实。一是他与孔子会面并向孔子问礼之事;二是老子西游经过函谷关受关尹长请求著书之事。

毋庸置疑,这2个所谓的事实都没有被记载在现存的任何一本早期著作中。我认为2种传说直到公元前280年至公元240年间都未被广泛知晓或接受,而且,没有充分的理由相信它们是建立在史事基础上的。完全有可能老子根本就不是一个历史人物。一旦我们不再把老子看成一个历史人物,不再把《道德经》看成是老子所作,那我们就能开始明白2种传说中指向更合理观点的某些特征。

很早孔子就以圣人被众所周知,自然就有关于他的故事流传,其中不用说有的是源自那些对他充满了敌意的人。其中有一特别的类型相当流行。它是由关于孔子与那些取笑他的隐士与他相见的故事组成的。老子的故事仅仅只是这一类故事中的一个而已,而老子也不过只是这些隐士中的一个而已。由于这一类的故事不能严肃地当成历史证据来对待,因而我们没有理由相信老子是一个真实存在的人物。

而且,在公元前第4世纪后半期至公元前第3世纪前半期这一时期,至少有2本书名意为"老子"的著作。"老子"也有"拥有成熟智慧的老者"之意并非偶然。这一时期似乎有一类以此为书名的文学类型存在。这很可能是因为这些著作是由包含着与老者相关的智慧的学说构成的。没有理由猜想书名暗示着这些著作是由个体所写。它们最好是被看成由一个编辑或者一群编辑将短小的文本编撰而成的文集。这些文本段落中的很多都反映了那个时代的学说但有一些呈现的却是相当古老的学说。

《老子》能独自幸存下来,而且被认为是一个曾向孔子问礼的人所写那些蕴含睿智学说的文集中的一种,有可能是因为"老子"碰巧是孔子故事中那些隐士中的一个人的名字同时也是文集的名字的缘故。

在《老子》和其他同类著作被创作的时期必定是中国思想的黄金时期。思想学派如雨后春笋般涌现,多到常常被称为"百家"。学者和那些宣称新思想的哲学家赢得了优先权和声誉。这可从在魏惠王和齐宣王赞助下的杰出学者的群集看出来。正如我们将会看到的,在《老子》中将会发现很多与这个时期的这个或者那个思想家相关的思想。

那个时代,由孔子、墨子和杨朱创立的学派是"著名的学派"。孔子倡导一种道德在其中占据至高无上的位置的生活方式。其中,道德与个人利益是毫无关系的。实际上,对一个人道德的要求是无条件的。如果需要,那他就不得不在做当做之事时甚至不惜牺牲自己的生命。孔子关于一个人的实际义务的观点是传统的。他生来就有着一定的关系并因而有相应的义务。比如,他有对君忠诚的义务,有对父母尽孝的义务,有帮助朋友的义务,有对同胞尽共同人道的义务。这些义务并非是同样的迫切。一个人对君和父母的义务要先于他对朋友和同胞的义务。孔子相信,如果一个人根据自己的身份尽到自己的义务,那政治秩序就会盛行了。

墨子可能是作为一个儒家弟子开始其生活的,但是他逐渐变得对儒家的教义不满意。他明白只要义务的迫切性之变化存在有必定会有偏见存在,而且这种冲突是不可完全避免的。有可能发生一个人因为要对其父母尽孝不得不做某件对他人造成伤害这样的事。为了避免这种情况出现,墨子提出了"兼爱"。一个人应该像爱他自己一样爱父母爱他人。墨子还比后来的儒家对使用德才兼备的人这一尚贤思想给予了更多的强调。

在对待"天"的态度上孔子也是传统的。对他而言,"天"是含糊的、神圣的存在,其命令人应该是具有道德的。墨子更具有一颗宗教转变意识的头脑。他的"天"这一概念与人格神最接近,这与中国古代思想是一致的。对他而言,人应该没有偏见的互爱(兼爱)是天之意愿,做不到这点的人将会受到惩罚。孔子和墨子对待"天"的态度是我们讨论《老子》的"道"这一概念时应该记住的。

关于杨朱学派,不幸的是我们没有任何现存的可以代表这一学派的著作。根据其他思想家的著作,其中有一些肯定是没有同情之心的,杨朱倡导一种彻底的利己主义。我们将有机会回到这个主题来讨论这种利己主义的明确本质。这里我们需要说的只是有人认为《老子》代表了杨朱学派的发展，不管这种说法是否得到了证实认可，《老子》中可能有些段落用杨朱的利己主义思想来解释可以得到最好的理解。

我认为《老子》不仅是一本文集，而且其各章常常是由很短的段落构成的，这些段落彼此间的联系很弱。那么，要处理蕴含在《老子》中的思想，把这些短小的部分而非章节当成是一个一个的单元是必要的，因为《道德经》现在的形式肯定是由一系列编辑根据这些短小的单元编辑而成的。我们也认为《道德经》是一本文集，我们不能期待蕴含其中的思想有严密的体系，尽管《道德经》的大部分可能显示出一些共同的、可在广义上被描绘为道家的思想倾向。由于我们期待其在思想上有一个更高的融合度，那么描绘它的最理智的办法即是用各种关键概念去处理它，将其在任何可能的地方与其他思想相关联，并且在它们之间产生固执的、不可调和的冲突时指出这种不一致。

开始这种描述的一个好办法是选择那些从早期就与老子或《道德经》相关联的概念。

从道家是由老子创立的那个思想学派这个众所周知的事实可以明白，"道"被认为是蕴含在《道德经》思想中的核心概念。《道德经》开篇第1章是以一个重要的对"道"之特征的描绘开始的："道可道，非常道。"换句话说，"道"可被描绘、引用为权威，并被赞扬为是不可变的。这个观点又在第32章中被重复："道常无名。"在第41章则是"道隐无名。""道"没有名，这是因为语言完全不适合用来为其命名。但是，如果"道"是可被教导的，不管这个名有多么不恰当，都是可以找到一个可以描绘其特征的名的。这是一项困难的任务，因为即便是"道"这个术语也是没有恰当的名的，有的只是因为我们没有一个更好的名而不得不使用的这个名。而且，如果我们坚持以一种我们所能描绘的方式去描绘它，尽管不是完全不恰当，可将其描绘为"大"。

找到恰当的语言来描绘"道"的困难在于尽管"道"被看成是负责万物的创造和宇宙的支撑，但道家之描绘的目的在于仿佛"道"是一个具体的事物一样用有形的品质的术语去描绘它。

在第42章中有如下观点："道生一，一生二，二生三，三生万物。"尽管这里说"一生二"，但实际上，"一"常被用来表示"道"。懂得了这种方式，那么我们就可明白是"一"或"道"在负责创造和支撑宇宙。"昔之得一者：天得一以清；地得一以宁；神得一以宁；谷得一以盈；万物得一以生。侯得一以为天下正。"（第39章）

这个观点被紧随其后的内容表达得非常深入："其致之，天无以清，将恐裂；地无以宁，将恐发；神无以灵，将恐歇；谷无以盈，将恐竭；万物无以生，将恐灭；侯王无以贵，高将恐蹶。"（第39章帛书本甲本）

如果用物理术语来描绘这个支撑宇宙的"道"的话，"道"可被描绘成如下这样："其上不曒，其下不昧。绳绳不可名，复归于无物。是谓无状之状，无物之像，是为惚恍。迎之不见其首，随之不见其后。"（第14章）

"道之为物，惟恍为惚。忽兮恍兮，其中有象。恍兮惚兮，其中有物。窈兮冥兮，其中有精。其精甚真，其中有信。"（第21章）"有物混成，先天地生。寂兮寥兮，独立而不改，周行而不殆。"（第25章）

从这些段落中我们可以看出，那个名叫"道"的实体在有宇宙之前就已经存在了。这点对于《道德经》的作者而言是一个不争的事实。它是一种真实的本质，这种真实被其所创造并被继续供养的宇宙的存在而得到证明。但除此之外我们对"道"再无话可说。描述它的困难在于它是"恍忽的"，它是"无状之状，无物之象"。实际上，甚至说是"道"创造了宇宙也是一种误导。"道"创造宇宙的方式与父亲创造一个儿子的方式是不一样的。"渊乎似万物之宗。象帝之先。"（第4章）说它"似"万物之宗，说它是"象"帝之先，是说"道"只是以一种比喻的意义创造了宇宙。

对于描绘"道"之困难有一种传统的解释，这种解释相当古老但是并不能在《道德经》本身中找到明确的支撑。如我们将会看到的那样，这种解释是以相对的、在《道德经》思想中起着重要作用的概念为基础的。如果我们用一个术语来描绘一个事物的属性的话，那么也会有一个相对的术语适合用来描绘其他的事物。我们描绘一个事物"壮"，但也描绘一个事物"弱"。一样，也有如"长短""高低"等所有可想到的反意词组。现在如果我们希望描绘"道"的特征，那我们就不得不用这样的术语而且没有哪一组是恰当的。因为，如果"道"负责"壮之为壮"的状态它仍然得负责"弱之为弱"的状态。有人争论说，为了负责"壮之为壮"的状态，在某种意义上讲，"道"自身就必须也是强壮的。那么，它被描绘为是"弱"就是不正确的，因为，由于它一样得负责"弱之为弱"的状态，从某种意义上讲它自身也得是弱的。因此我们明白没有术语可用于"道"，因为所有的术语都是特别的。这样特别的东西,如果用于"道"将会限制其功能范围。而且,功能受到限制的"道"将不能再服务、供养具有多样性的宇宙。

《道德经》中没有实际的文本可支持这种阐释,但平心而论,应该指出《道德经》文本中也没有任何与这种阐释相矛盾的地方。不管这个是不是对《道德经》的原初意图的正确阐释,它也是可能的一种阐释而且有在哲学上有趣的优势。它与以柏拉图为代表的西方传统的形而上学的推理形成了鲜明的对比。根据柏拉图的观点,感官界的物体在其能够被说的程度上不是真实的,同时,它们中的任何一个既是 A 又不是 A。不管这个世界多么圆,但我们不能同时说,这个世界上没有一个物体不是圆的。因而,世界不能完全是圆的,而且这点是完全真实的。另一方面,其形状是完全真实的,因为说"圆形"不是圆的是很荒谬的。柏拉图对于现实的形状所要证明的恰恰是不能证明"道"是不变的。

柏拉图的观点导致了形式的多元化,每一个在本质上都与所有他者有区别,而道家的观点则是只能有一个"道"。优势似乎取决于道家,正如柏拉图一样到最后不能对这种形式的多元化感到满意,且不得不引进善的形式作为一个统一的法则,尽管这种不统一是如何造成的完全不清楚。柏拉图又一次坚持认为除了事物的矛盾性之外任何真实的事物我们都必须能对其作一个陈述似乎源自他的假设,那就是,所有的真实必须是完全可知的。像之前一样,优势似乎取决于道家。我们没有理由假设完全的真实就是完全的可知,尤其是当真实被认为是超常的时候。当我们说真实是不可知的时候,唯一的不足是它是从真实必须也是不可言喻的来推断的。而这点道家是时刻准备好了接受的。

或许对是否这种刚陈述的阐释是《道德经》想要陈述的还有其他质疑,但是对《道德经》在描绘"道"时那些相对的术语没有被同样不恰当地对待是没有质疑的。如果我们以诸如"有无""高低""长短"等为例,我们可将这类术语分为 2 类。可把"有""高""长"称为高级术语,把"无""低""短"称为低级术语。显然,在《道德经》中这种更低级的术语被认为要有用得多,至少在描绘"道"时更少被误导。如,"无"常用来象征"道":"天下万物生于有,有生于无。"(第 40 章)我们很容易理解为什么更低级的术语更受青睐,因为这些术语常常是以否定的形式来表示的,而否定的术语有着与肯定的术语不同的限制功能,而且如我们所见,是那种使专门术语不适合用来描绘"道"的功能。

除了"无",《道德经》中还有其他重要的低级术语,但我们不得不稍后再返回来谈论这个话题。暂时,是把"无"当成《道德经》中引发我们兴趣的"道"之本质的象征来使用的,因为这是道家思想与我们可在西方哲学中找到的观点之间差异的一小部分。

在西方传统中,至少到 20 世纪初,通常被假设为只有存在的才是真实的,如此以至于在一个时期,共性的存在被否定,特别的存在不得不被创造以描绘它们的真实。然而道家却认为,任何的存在都是不真实的,因为任何的存在都要受到特别存在的限制。因而,说"道"就像"无"一样并不被认为是一种误导。尽管严格说来"道"不可能比"有"更像"无"。

作为宇宙之创造者的"道"这一概念是有趣的,因为就我们所知,这是战国时期的创新,而《道德经》正是那个时期被发现的著作之一。传统认为,创造者的作用是属于"天"的。这个观念也是源自最早的时期。"天"这个术语在现存最早的著作《诗经》和《尚书》中被使用,在《论语》和《墨子》中被使用,并在《孟子》甚至《荀子》中继续被使用。在道家思想的影响下,"天"这个术语的意思经历了很大的改变。有趣的是,甚至在《庄子》中"天"继续作为一个关键术语而与"道"并立。这可以从《荀子》第 21 章的言辞中看出来。文中说庄子因为被"天"的意义所困扰受到阻碍认识不到人的意义。这个观点是有人从读《庄子》中获得的印象而产生的,"天"肯定是其中最重要的概念之一,如果不是最重要的话。

在"天"这个概念保持着中心位置的这些著作中,"道"这个术语常常是在"某物之道"这个意义上被使用的,甚至在其被无限制条件地使用时。在与"天"相关时,"道"意指"天"所遵从之道。而在与"人"相关时,"道"意指人应该遵从之道,不管是在自己的生活中还是在国家事务的管理上。

在《道德经》中,"道"不再意为"某物之道",而是一个完全独立的实体,并取代"天"所有的功能。但"道"也是无生命的宇宙和人遵从之道。结果,在阅读《道德经》的时候读者有时会有"道"作为一种实体与"道"作为一种被人遵从的抽象法则之间的界限被模糊的感觉。由于它们在超越感官上的共同特征二者常被混淆,这种混淆与在第 14 章中提到过的那种混淆不同:"视之不见,名曰夷;听之不闻,名曰希;搏之不得,名曰微。此三者不可致诘,故混而为一。"

因所有的意图和目的,由于在《道德经》中"道"这一术语取代了"天",注意到"天之道"这一术语出现了很多次是令人感到好奇的。至少在一些情形中,这一术语的使用似乎表明该段属于多少有些不同的而且很可能要早一些的版本。除第9章和第47章这2处不太典型的使用外,"天之道"这一术语只在最后10章中出现了,包含的意思中某些与《道德经》总体上的"道"之观点似乎是相反的。在第77章中有如下一段:"天之道,其犹张弓欤?高者抑之,下者举之;有余者损之,不足者补之。天之道,损有余而补不足。"而在第79章中有:"天道无亲,常与善人。"在这些段落中,"天"被看成是在调整这个世界的不公正中起积极作用的那只手。它总是站在善和被压迫的那一边。这与在某些非个人的与道德无关的书中所发现的对于"道"的一般观点是相反的。

在通过"道"这一概念来代替"天"这一概念时,尽管《道德经》将其本身与绝大部分在某种程度上甚至包括《庄子》在内的古代经典分离开来,但它绝不是独一无二的。在这方面,它显示出与《管子》中的一组章节包括第12、36、37、38、49章有着某些相似。《管子》可能是与《道德经》同时期的一本著作,也是一本早期作品文集。最近这些年,这些章节被一些学者认为代表了宋钘和尹文学派的教义。《孟子》和《荀子》中肯定都提到了宋钘,《庄子》中也同样可能提到了宋钘。不容置疑,在其对战争的强烈反对和试图说服百姓不要欲求太多时,他实际上是与墨家的理念非常接近。然而在班固的《汉书》中,对宋钘的评价是他倡导黄和老,即道家的观点。这似乎表明在早期道家学派和后来的墨家学派之间有着某些联系。

尽管在《道德经》中被"天"代替的"道"不再有智力和道德之意,然而,《道德经》继续在传统中表明人应该以"天"来规范其行为,这样他才会被促使以"道"来规范他自己。为了做到这点,我们必须找出"道"是如何发挥作用的。尽管"道"被说成是"无为而为",但还是有暗示它是如何起作用的:"反者,道之动;弱者,道之用。"(第40章)

这归纳了"道"发挥作用的方式。"弱"和其他同类的概念在《道德经》中的重要作用可以从《道德经》的思想在2本著作中被归纳的方式看出来。《吕氏春秋》第17章中说老子把"柔"看得很重要,而在《荀子》第17章中则说老子看重的是"曲"而非"直"。"弱""柔""曲",这些都是《道德经》中的重要概念,因为它们正是"道"所显示出的品质。

"道"之动被描绘为"反",这常被阐释为是"道"使得万物经历一个循环变化的过程的意思。某种弱的东西不可避免地发展成某种壮的东西,但是当这个发展过程达到其极限时,衰减的相反过程就开始了,壮的东西便又一次变成弱的,衰减达到其最低极限只是为了再一次的发展。因而,有一个无穷无尽的发展和衰减的循环。

有进一步关于"柔"与"弱"的理论,二者在《道德经》中是一样的突出。"柔""弱"胜"刚""强"。这两者又一次被阐释为一种循环,这可与变化理论相连接。"弱"胜"强",而且在这么做的时候"弱"本身也变强,并因而反过来成为"弱"的牺牲品。

第一眼看这整个的阐释似乎是足够合理的,但只要我们更仔细地深究"柔""弱"的价值我们就会注意到某些困难。《道德经》中的训诫是我们应该"守柔",但是如果这种循环的阐释是正确的话这个训诫还站得住脚吗?如果因为在"刚"与"柔"的冲突之间是后者胜于是我们被告诫要"守柔"的话,那么如果"柔"在其获胜的时刻变"刚"了这种胜不是短命的吗?如果这个假设是真的,将会使得把这个训诫付诸实践变得不太可能。而且,如果变化是循环的,而且一个物体在一个方向达到其极限时将会转向与其相反的方向,那么这个训诫同时是无用的和不能实行的。如果发展与衰退都是不可避免的,那它是无用的,因为其第一目的就在于要避免衰退。如果它倡导我们应该在一个无情的、不断变化的世界中保持静止,那它是无法实践的。由于"守柔"这个告诫似乎是《道德经》中的一个核心教义,这种循环阐释就不得不放弃。

那么,同时对变化的过程和"柔"胜"刚"的本质进行重新阐释是必要的。首先,在第40章的"反者,道之动"一句中我们注意到所用术语是"反"。"反"意为"返回其根本",而这个"根本"必然是"柔"与"弱"。其所说的是,一个物,一旦其达到了发展的极限,就会返回其根,开始衰退,这是不可避免的。文中并没有说一旦返回其根则发展是不可避免的。换句话说即是,文中从未说这个变化的过程是循环的。实际上,不仅发展不是不可避免的,而且它还是一个缓慢的、逐渐的过程,其发展的每一步都不得不通过审慎的努力才能维持。本质上发展与衰退是完全不同的。发展是缓慢的、循序渐进的,而衰退则是迅速的、突然的。发展只有通过审慎的努力才能获得,而衰退则来得自然、无情。这个过程更像是儿童滑梯而非旋转木马。你辛苦地爬到顶端,但往下滑的运动则迅速、突然、不可避免和彻底。这使得遵从执"柔"的训诫变得不仅可能而且还有用。可通过拒绝努力发展以及在非寻常的状态下通过积极的努力以击败这样的发展来遵从这个告诫。一个穷人仅仅只能通过不努力获取财富才能保持其贫穷的状态,但是一旦他的一个非道家的舅舅违背他的意愿留给他一大笔财富,他仍然能通过固执地拒绝这笔财富而保持其贫穷。

"守柔"的要点是人避免其应该变"刚"这种衰退,因为不管是在财富还是权利的衰退中,至少在战国时期那个混乱的年代,人容易在交易中失掉自己的性命。

这正是倡导人应该同时"知足"和"知止"的原因。"知足不辱,知止不殆,可以长久。"(第44章)在第33章中则有:"知足者富。"

这个观点甚至在第46章进行了更强有力的阐述:"罪莫大于可欲,莫大于不知足,咎莫大于欲得。"

尽管发展是一种向上的攀爬,需要审慎的努力以在每一步保持它,但是获得这种努力的动力是伟大的,而且在人身上普遍存在。人被欲望和贪婪所怂恿想要获得更大的满足,因而有必要通过"知足"和"知止"的教训来反击他这种本能的倾向。只有当一个人认识到他已经拥有足够的东西时他才会知道不能以赢得更大的财富和更高的头衔为目标,对这些东西无休止的追求将只会给他带来灾难。

还是有将"柔弱胜刚强"以一种与"守柔"的训诫相一致的方式来解释的。这种解释在于,在胜刚强时,柔弱没有变成与其相反的刚强。为了理解这个,我们必须记住这个事实,即在《道德经》中一个术语常常是在普通和道家这2种意义上来使用的。"胜"就是一个这样的术语。在普通意义上,这个术语的意思是通过"胜"弱而变强。在这个意义上,"胜"不能无限期地被保证,因为不管一个东西有多强,都不可避免有一天会遇到比它更强的东西。相反,在道家的意义上,"胜"是相当悖谬的。"弱"并不与他者争,因而世界上没有谁能与其争。如果一个人从不与他者争,这就至少保证了他不会有被他人打败的痛苦。他甚至可以通过"不争"这个积极的武器损耗更强大的对手的坚持,或者至少等对手在与他人遭遇遇到失败时而让自己变得更强。是在这个意义上柔弱可以"胜"刚强。

"守柔曰强。"(第52章)"不争之德"能使"善胜敌者,不与"(第66章和帛书本甲本第66章)。有许多段落赞扬这种"不争之德":"夫唯不争,故天下莫能与之争。"(第22章)"以其不争,故天下莫能与之争。"(第66章)"夫唯不争,故无尤。"(第8章)

正如我们所见,道家"守柔"的训诫之价值在于其作为一种幸存之手段的有用。既然如此,我们可感觉到《道德经》过度强调了幸存的重要性。

这种感觉表明,我们未能成功地理解产生希望与恐惧的环境,这些希望与恐惧被具体化为"守柔"这样一个警句。《道德经》产生的诸多世纪必定是混乱的年代。中国被划分为很多小国,这些全都想要自治,使得彼此间战争的范围和凶猛程度不断增加。对一个普通人而言,幸存是一个实在的、迫切的问题。《道德经》中的许多智慧正是为了解决幸存这个问题。对道家而言,"死而不亡者寿"。(第33章)除非一个人能对那些整天都不确信自己是否会活着的人的愿望给予同情,那这个训诫对人的打击将只能是消极的、悲观的。

《道德经》中有许多反战的段落,读者可从中觉察出作者对战争年代人类命运的热情观照:"夫佳兵,不祥之器,……(兵者,不祥之器,……)杀人之众,以悲哀泣之。战胜,以丧礼处之。"(第31章)另有:"师之所处,荆棘生焉。大军之后,必有凶年。"(第30章)

使用武力是最后的手段,"果而不得已"(第30章),而且,"故抗兵相若,哀者胜矣"。(第69章)

对统治者还有一个严肃的警告,如果百姓受到残酷的压迫就会达到一个极端,使得他们甚至可能都不想活了。如果这样的事情发生了,那统治者将会发现自己被剥夺了那唯一有效的统治工具。

"民不畏死,奈何以死惧之?"(第74章)此外,如果当百姓真的不再畏死,那么可怕的事情即将发生,到时受罪的将不仅仅是百姓,统治者也将和他们一起灭亡:"民不畏威,则大威至。"(第72章)

在《道德经》对普通百姓的关心中显示出某些与17世纪英国作家托马斯·霍布斯(Thomas Hobbes)著作中的相似。霍布斯以其自己的方式,同样关注了生存的问题,这可在其自传体作品的开篇言辞(母亲生了一对双胞胎,他自己和恐惧)中看出。但是如果恐惧的动机是相同的,那么提供的解决办法却是完全不同的。在其著作《利维坦》(*Leviathan*)中,霍布斯着手发明一种能为普通百姓提供安全的政治体制,而在《道德经》中,仅仅只有那些作者自己发现的可帮助百姓在危险的情况下幸存的训诫。或许这是因为,对道家而言,世界为百姓提供安全的唯一希望在于某些统治者转而信仰道教,而且它对实现这种可能的机会并不感到过分乐观。无论如何,这种状况要发生可能还需要很长的时间,而且,对百姓来说有同时能使他们幸存的训诫是必要的。哲学训诫是以幸存的温顺之价值为基础的,甚至温顺也不是一种绝对可靠的手段,而是一种只可在《庄子》中发现的教训。

几乎所有的中国古代思想家都关注人应该有自己的生活方式,而且这从未限制在如何处理个人的感觉上,而是同时也涉及管理的艺术。政治与伦理,对中国和古希腊来说,是同一事物的两个方面,这被中国思想家称为"道"。有"道"之人,用《庄子·天下篇》的话说即是"内圣外王"。这是那个时期的总体观点,《道德经》也不例外。这甚至仅可从一个事实中看出。"圣人"这个术语在《道德经》中出现了20多次,除几处外,指的都是知"道"之统治者。除了"圣人",还有其他几个术语也用来指统治者,如"君""君王"。这表明《道德经》彻头彻尾是一本关于管理艺术的著作。

圣人首先是一个知"道"之人,而且,如果他碰巧也是一位统治者的话,那他就能利用他对"道"的理解来管理他的国家。对"道"的理解使得圣人成为一个好的统治者,因为管理百姓应该仿照"道"管理宇宙中万物的方式。

我们知道"无"有时可用来表示"道",因为,如果我们必须用一组相反的术语来概括"道"的特征的话,消极的那个更受人青睐因为它不那么令人误解。于是出现了由于"无"比"有"更受青睐,因而其他具有消极意思的术语也比与它相反的肯定术语更受青睐。这些消极的术语中有2个是道家理论中对统治者起作用的。一是"无为",另一是"无名"。"无为"的字面意思是"不用采取行动","无名"的字面意思是"没有名字"。这两个术语有可能是被杜撰的,因为二者都是由"无"组成第一要素的短语。一方面,这并不意味着"无为"与"无名"之间存在着关联。另一方面,二者之间即便存在关联那也纯粹是语言方面的。二者是一组消极的术语。使得"无"适合用来描绘"道"的因素同样也使得"无为"和"无名"适合用来描绘"道"。说"道"要"为"是限制了它的效力,因为仅仅通过"为",它才必须含蓄地让其他事物"无为"。说"道""无为"至少让它自由自在不受限制,在"道"与其他排斥的某些事情之间不存在特别的关系。

"道常无为而无不为。"(第37章)该段继续说:"侯王若能守,万物将自化。"(第37章)该句清楚地表明统治者应该以"道"来规范自己并采取"无为"的政策。采取这个政策的理由从未作清晰的陈述,但是文中给了某些暗示:"将欲取天下而为之,吾见其不得已。天下神器,不可为也。为者败之,执者失之。治大国,若烹小鲜。"(第29章)再如:"治大国,若烹小鲜。"(第60章)

从这2章我们可以看出,国家是个微妙的可被细小的事情毁掉的东西,或者是个神圣的不可被堵塞的器具。国家与无生命的物体世界一样是自然秩序的一部分。作为自然世界的一部分,它将顺利地如每个遵从他本性的人一样一直向前。认为人可以通过他的小聪明来完善他的本性是一种亵渎。自然秩序是很好地平衡的。统治者方面哪怕微小的干扰也将会扰乱这种平衡并导致灾难的发生。

道家理想的状态是百姓无知无欲。这里的"欲"并非意指对像食物衣服等基本必需品的欲求。对道家而言,食物是为了满足饥饿而衣服是为了避寒的。任何超过这些目的的东西都是奢侈品。食物是必需品,而美食则是欲。衣服是必需品,而华丽的服饰则是欲。但我们肯定不能认为仅仅是美激发了这样的欲望。善也会激发欲望。管理必然会涉及价值观的建构。某些行为模式被认为是好的、值得要的。而优秀品质,除了其自身是值得要的,还伴随着自身带来他们自己所渴望的或作为特权之象征的奖赏。这些都是统治者干预行为的结果,而且他必须认识到这个并避免这样的行为:"不尚贤,使民不争;不贵难得之货,使民不为盗;不见可欲,使心不乱。"(第3章)

这一段始句"不尚贤"是对墨家管理理论中基本教义"尚贤"的直接攻击,"不尚贤"也是后来儒家所倡导的理念。

在某种意义上,"欲"是仅次于"知"的需要依赖的东西。通过知晓所欲的东西,欲望被激发。也是通过"知"欲望的新目标被设想出来。正是由于这个原因"知"和"明"受到持续的非难。如果道家的哲学家们能够拜访我们的社会,毋庸置疑他将会认为大众教育和大众广告是现代生活的双胞胎。一个使得百姓从他们本初的无知状态中跌落下来,另一个为目标创造新的欲望。如果这些欲望未曾被创造的话没有人会迷失的。

于是,统治者的任务便成为避免做任何事,如此以至于百姓将不会获得新的知识和新的欲望:"古之善为道者,非以明民,将以愚之。民之难治,以其智多。"(第65章)再如:"是以圣人治,虚其心,实其腹,弱其志,强其骨。常使民无知无欲,使夫知者不敢为也。"(第3章)又如:"圣人在天下,怵怵为天下浑其心。百姓皆注其耳目,圣人皆孩之。"(第49章)圣人的目标是使百姓处于婴孩一样的状态,无知,无欲,超越感官的直接对象。

对于"欲"与"自由"之间的关联,有必要说一说"朴"。可能有关于这个象征的其他暗指,但它具有2个突出的特征:

一是,"朴"处于一种还未受到人类聪明才智之人为干扰的接触,并因而是人类在被人为手段制造出的欲望之前的原初状态的象征。通过严守"道"所提出的"无为"法则,统治者将能改变百姓,但是:"化而欲作,吾将镇之以无名之朴。无名之朴,亦将不欲。不欲以静,天下将自定。"(第37章)再,圣人言:"我无欲,而民自朴。"(第57章)

即便是在百姓被化之后,圣人也不得不时刻当心"化而欲作",让民处于简单状态的办法就如"朴"一样使其无欲。

二是,"朴"也被说成是"无名的"。这正如我们所说,是统治者重要的特质之一。但"无名"的意思值得细心查究,因为除了显而易见的"不被知道"这个意思外还有更多的含义。

"朴散则为器。圣人用之,则为官长。"(第28章)这里用了"器"一词,从早期开始,"器"指的就是专业知识。如在《论语》中,我们可发现这样的说法:"君子不器"(《论语·为政第二》),意思是说君子所关心的是管理的艺术而非专门的知识。无名之朴是无名的是因为它未散而变成器。因而,"朴"是统治者的象征。

"朴虽小,天下不敢臣。"(第32章)我们可回想起用"无名"来描绘"道"是恰当的,因为"名"总是专门事物的名,且会因此限制"道"之作用。与此相似的是,统治者是"无名的",因为他不是专家,只有专家才会被命名。是由于他对"道"的了解才使得统治者能够统治他的臣,即那些专家,才能够被赋予诸多部门职责。

这是统治者可从"道"中学到的显著教训。由于无名,它是谦逊的。对万物:"生而不有,为而不恃,长而不宰。"(第51章)同样地,对于他的百姓统治者也必须是谦逊的。"是以圣人为而不恃,功成而不处。"(第77章)实际上,"太上,下知有之"(第17章)。且"功成是遂,百姓皆谓:'我自然'"。(第17章)

在与管理的艺术这个话题相关联时,《道德经》常被指责倡导使用"阴谋"。这显然是因为第36章开头一段的缘故:"将欲噏之,必固张之;将使弱之,必固强之;将欲废之,必固兴之。"(第36章)

对此段的阐释当然是无可争议的,但是它能否言之有理地被延伸至其他的段落却是另一回事,比如:"是以圣人后其身而身先,外其身而身存。非以其无私邪?故能成其私。"(第7章)以及"是以圣人欲上民,必以言下之;欲先民,必以身后之。"(第66章)

只要我们注意到《道德经》倡导使用"阴谋"这个先入为主的观念,这些段落似乎是可支持这个指责的。但是如果我们用一种开放的思维来对待它们,我们将会开始明白此话中并没有什么阴险的东西,不过如此而已。即便一个统治者意在实现他自己的目标他也只能希望通过追求百姓的目标才能取得成功。如果他看重自己的百姓,那他只能通过对待它如同其与自己没有关联那样以获得其最佳利益。这里所说的实现统治者的个人目的让人想起有时所说的对幸福的追求。一个人只能通过追求他人的幸福才能获得他自己的幸福,因为只有通过忘记他自己的幸福他才能变得幸福。这从未被看成是一种邪恶的理论。《道德经》中无需这样的理论。引用的段落中并没有说统治者应该牺牲百姓以追求他自己的目标。这确实是一个恶毒的观点,但是这里恰恰暗指了这个意思。这是不可能的,即便有人承认这么做是值得的。

实际上真正的自私自利是一件非常难得的事,当其在一个人身上被发现的时候它会使得他非常适合做一个统治者。一个真正自私的人不会允许过度地沉迷于生活的善事中以伤自己的身体。这样的人如果让他做统治者的话是不大可能利用百姓来满足他自己的欲望的。因此这样说:"故贵以身为天下者,则若可寄于天下;爱以身为天下者,乃可以托于天下。"(第13章)

可能这呈现出的是杨朱学派的观点。在记录在《列子·杨朱篇》中的杨朱与秦谷里的对话间,杨朱据说曾这样说道:"古之人损一毫利天下不与也,悉天下奉一身不取也。"陈述的第2部分是对杨朱立场的公平呈现,但第1部分则是一种与孟子观点"杨朱取为我,拔一毛而利天下,不为也"(《孟子尽心上》)相似的歪曲。格拉哈姆(A. C. Graham)博士指出,杨朱的真实立场是即便它可以拔一毛而得到天下他也会拒绝这么做的。这当然是正确的。杨朱的理想是,一个真正自私的人既不会最低程度地伤害自己以赢得天下也不会利用天下为他自己享乐,以免这种放纵对其身体造成伤害。这样的人,根据《道德经》的观点,显而易见是适合统治天下之人。

由于那些似乎可支撑反对《道德经》的指责的段落能够给予不同的解读,我们就只剩下第79章可作为唯一的理由来支持它,而这碰巧是与《韩非子》《战国策》《吕氏春秋》极其接近的一段,这些全都比《道德经》对其他著作更有帮助。假设它是一个重要的属于传统但却多少有些不同于《道德经》的伟大部分的古代经典教义是有道理的。

从我们所说的关于《道德经》的观点可以看出,其中心思想是相当简单并且是直接针对生活的。在生活中,不管是伦理方面还是政治方面,我们都应该以"道"作为我们的典范。对百姓和统治者而言其最高目标都是生存,实现这一目标的手段非常简单,那就是"守柔"。难怪《道德经》说:"吾言甚易知,甚易行。"(第70章)

如果几乎没人能理解这句话那是因为:"正言若反。"(第78章)且"下士闻道,大笑之"(第41章)。

没有人能将蕴含在这些词句中的建议付诸实践是因为它在以退化的形式与之一致地行动时是违背人性的。

到目前为止我们计划中的有些观点还没论及,我们必须对其予以关注。既然这本著作名为《道德经》,我们不谈一谈"德"一定是非常奇怪的。"德"意为"美德",与其意为"得"的同音字似乎有关联。在道家的使用中,"德"意指从"道"中所获得的"物之美德"。换句话说即是,"德"是物之本性,因为是在其"德"中物才成其为物。但在《道德经》中,"德"并不是特别重要的一个,而且常常是在更传统的意义上去使用它。

有两个段落似乎是反对《道德经》的基本要旨的。一是第13章中的"吾所以有大患者,为吾有身,及吾无身,吾有何患?"该句确实具有启迪作用,但与《道德经》中谈论生存的地方不太吻合,尽管毋庸置疑它是生活的最高目标。二是第2章中的如下一段:"故有无相生,难易相成,长短相形,高下相倾,音声相和,前后相随。"该句的要点是那些相互关联的相反的术语。去掉了"高",就不再有"下"。推及其具有逻辑性的结论,这条思想之线是能消除相反的两个对象之间的差别的。当生与死之间的差别消失后,死便不再是令人畏惧的东西。这个观点又一次与《道德经》的一般趋势相悖,在《道德经》中,不仅生存是最高的价值而且相反的二者之间的差别是根本的。去除了这个基础,就会使《道德经》中所说的大部分观点变成多余的东西。

这2个段落与可在《庄子》最重要的部分中找到的道家思想中此类的观点非常契合。其中论及的问题正是《道德经》运用割断戈尔迪之结(Gordian knot)来解决的主要问题。

有某些非常常见但对我而言似乎不能很好成立的阐释《道德经》思想的方式。在中国和西方,都有对《道德经》中的神秘因素进行过分强调的尝试。到目前为止我们只看到一种相当实际的意在探讨个人生存和政治秩序之世俗目的的哲学。有相当的段落构成了对神秘主义的这种强调的基础。这些段落可分为 2 种:一种关注的是宇宙的起源,另一种关注的是个体的某些实践。在第一种的段落中,我们常常可找到"万物之母"这个术语,但其很容易达到"玄牝之母"这样的目的。"玄牝之母"出现在第 6 章中:"谷神不死,是谓玄牝。玄牝之门,是谓天地根。绵绵若存,用之不勤。"

然而,可能把其当成是一种宇宙进化论。正如生物是从其母体的子宫里出生的,宇宙也是从"玄牝"的子宫中出生的。这里使用的语言是对原始创造神话的回应的可能性极小。但即便情况如此,《道德经》中的语言也不再有神秘的意义,这可从将"玄牝"描绘为"绵绵"和"若存"看出。其只不过是在以诗意的方式描绘宇宙是如何产生的,是对这个创造过程中不竭本性之奇迹的表达。对本性的创造过程与牝牡之结合的比较并不仅限于该段中。

还可在如下段落中找到:"天地相合,以降甘露。"(第 32 章)"万物负阴而抱阳,冲气以为和。"(第 42 章)似乎很难证明根据这些段落来解释整个《道德经》是有道理的。

第 2 类的段落是关于个体实践的,且将"婴儿"作为一种象征。"含德之厚,比于赤子。"(第 55 章)"为天下谷,常德不离,复归于婴儿。"(第 28 章)

我们或许会问,是婴儿身上的什么东西使得他在道家眼中成为如此令人满意之状态的恰当象征呢?是其"柔顺"。"骨弱筋柔而握固。"(第 55 章)我们看到"柔"被看成是与"道"最相像的品质,这是因为:"人之生也柔弱,其死也坚强。草木之生也柔脆,其死也枯槁。故坚强者死之徒,柔弱者生之徒。"(第 76 章)

顺便可注意到,从事物本质中获得的洞见是一种直觉的洞见。在道家看来,水是柔弱的但它却能耗损最坚固的东西。婴儿柔弱,但是却没有人会伤害他。女性柔顺,但她却能战胜男性。当身体是活的时候它是柔软的,当其死了的时候却是冷硬的。从这些单独的观察中他获得直觉洞见,知道在宇宙的本性中是"柔"最终能幸存和获胜。一旦获得这种直觉知识,进一步的观察就不再需要了,否则只会引起困惑:"不出户,知天下。不窥牖,见天道。其出弥远,其知弥少。"(第 47 章)

关于新生的婴儿,有一段似乎观点不同:"专气致柔,能婴儿乎?"(第 10 章)可能"专气"暗示了某种呼吸练习或瑜伽实践。但这又是《道德经》

中的一个独立段落，或许更有意义的是这一段与《管子》第37章和《庄子》第23章中的段落非常相似。在《庄子》中，那一段出现在一个关于老子的故事中而且被其归因为一本关于"卫生之经"（safeguarding of life, *Wei sheng chih ching*）的书。因而有可能这一段恰当地属于某个实践长生理念的学派。在《道德经》中，其目的更在于通过采取柔顺来作为一种行为法则以避免一种过早的死而非通过寻求者追求永生的人为实践来延长寿命。

还有另一种普遍的假设需要考证。自王弼撰写了《周易注》和《老子注》以来，就有阐释者发现二者之间存在相似性。但在我看来这个假设似乎是错误的。我在别的地方指出过将变化理论看成是循环的阐释对《周易》来说比对《道德经》更恰当。这里我仅仅希望引起读者对"阴"和"阳"的注意，二者是《周易》的核心概念，也是循环变化过程的基础。在《道德经》中，"阴"和"阳"只出现了1次，是在如上所引的第42章中。这或许与另一段有关联："载营魄，抱一，能无离乎？"（第10章）

如果真是这样的话，那第42章中的一段则可能属于第10章的同一组，因为如我们所见，该章代表的是有助于长生的那个学派的实践，这是一种与《道德经》中的主要部分迥异的传统。这可能是一种推测，但是"阴"和"阳"在《道德经》中只出现了1次却是事实，而且，没有理由猜测它们在整个《道德经》思想中占据了重要的位置。

由于我们认为《道德经》是一本文集，那我们应该试图证明的是蕴含其中的一些战国时期的思想家那些不幸已经没有保存下来的作品中的乐趣和重要性。

如我们所见，那些与杨朱相似的观点可在关于理想的君王是由真正自私的人所代表的段落中找到。我们还发现，在用"道"来代替"天"时，《道德经》的观点与《管子》的部分有些相似。一些学者认为，《管子》是宋钘和尹文学派的著作，他们是聚集在齐国临淄稷下的一些学者。

此外，根据《吕氏春秋》的记载，传说中的人物关尹教义的核心概念是"清"（limpidity）。在《庄子·天下篇》中，在记叙关尹和老子的思想时，大概与圣人相关的缘故，引了关尹的话："在己无居，形物自著。其动若水，其静若镜，其应若响。芴乎若亡，寂乎若清。……未尝先人而常随人。"这里，除"清"外，还有其他概念，其中许多如"水""静""芴""亡""随人""先人"等，都可在《道德经》中找到。由于关尹与老子西行的故事是如此紧密相关，因此在《道德经》中可找到如此多与关尹相关的思想是不惊奇的。

与老子一样,列子也是一个朦胧模糊的人物,据说其倡导"虚",而"虚"是《道德经》中非常突出的术语,尽管文中用"虚",但除了第3章和第16章外,其余地方用的都是"冲"而非"虚"。

最吸引人的是慎到(常与他一起提及的还有田骈),二者不仅是汇聚稷下讲学的学者,有人甚至怀疑,他至少在战国时期与庄子或老子一样著名,是后来道家思想的代表人物。在《庄子·天下篇》中,据说他"弃知""笑天下尚贤""天下之大圣无行"。他如是说:"至于无知之物而已,无用贤圣,夫块不失道。"根据《荀子》第17章的记载,"慎子有见于后,无见于先。"有些令人惊奇,我们提及的慎到所有的观点都可在《道德经》中找到。他对"知""贤"和"圣"的攻击与《道德经》第19章的首句是一致的:"绝圣弃智,民利百倍。"还有第3章的首句:"不尚贤,使民不争。"

慎到"无见于先"的观点也可在前面我们已经引用的许多段落中找到,这些段落与对老子使用"阴谋"的指责的反驳相关。此外,也可在第67章中找到:"我有三宝,持而保之。……三曰不敢为天下先。不敢为天下先,故能成器长。今……,舍后且先,死矣!"最后,慎到的"夫块"与《道德经》中的"朴"一样,是去除了"欲"之自由的象征。

我们已经说了足够多的来表明那些可在《道德经》中找到的段落,这些段落中包含了战国时期各种学派的关键术语。但不幸的是,由于2个原因,不能将我们的调查往这个方向推向更远。一是,到目前为止,我们对这些早期学派的大多数了解得太少,它们的代表著作已经不再存世。二是,从与这些学派相关的关键术语中读者可得到一个印象,那就是,常常在术语之间比在事实之间存在更多的差异。"守柔""致虚""无见于先"说的是一回事吗?有可能不是这样吗?即,这些学派中的一些太相像以至于各派不得不提出一个不同的"口号"以证明彼此是独立的学派,因为在战国时期需要通过这样的声明来获得认可。如果情况真是这样,对于把《道德经》中所呈现出的所有学派当作是对道家的一般描绘的话或许还有太多话要说,正如汉朝的史学家们确实所为的那样。不管事情的真相如何,由于我们手中所掌握的资料的缺乏,我们无法去对那些属于不同学派的观点进行分类整理。尽管我们所能做的极少的事加强了我们认为《道德经》是一本在其中可找到代表各种学派观点的段落的文集的信心,这些学派包括繁荣在一些于公元前第4世纪下半期至公元前第3世纪上半期的稷下的学派,它们在思想上有着普遍的共同倾向,这些思想后来被称为道家思想。

在翻译中，我们坚持了传统的对章节的划分，但加入了小节的序号。在我看来，这些小节序号有助于将即存的章节分成部分，而不需要把其原本的章节归属在一起。实际上，这么做并不意味着在每种情形下它们都不能组成一个连续的整体。如果读者能看出我所分的部分之间的联系，那他可忽略我部分之间的划分符号。我喜欢用这种方法来对原文本进行重新安排，东方和西方的学者对此都有过尝试。由于我不能同意他们的假设，认为现存文本的顺序不恰当可以通过重新排列而使其顺序变得恰当合理。当两段有可能是独立的时候，我给了它们不同的分节号，但当一段后紧跟着另一段阐述性的文字并可能是后来的编辑添加的内容时，我则用了相同的分节号但在其后添加了字母。

考虑到《道德经》文本半数以上的内容都是押韵的段落，这些段落很可能出现的时间更早，将它们与其他散文式的部分分隔开来是可取的。译文将这些押韵的诗行另行分行并进行了缩行处理。毋庸置疑说，还没有将这些段落英译为诗行这样的尝试。

刘殿爵

第二部分
《道德经》在英语世界的接受研究

第一章 《道德经》在英语世界的应用研究

《道德经》在英语世界的应用研究成果相当丰硕。该章从7个方面对其中较具代表性的成果进行了梳理:《道德经》与领导才能;《道德经》与经营管理;《道德经》与教育;《道德经》与宗教;《道德经》与医学;《道德经》与社会和谐;《道德经》与日常生活。

第一节 《道德经》与领导才能

一、领导之道:老子《道德经》在新时代的应用

1985年,约翰·海德(John Heider)的专著《领导之道:老子〈道德经〉在新时代的应用》在美国出版。① 除简短的"导论"外,作者模仿《道德经》81章的结构模式分81章对《道德经》对"领导之道"的启示进行了详细的阐释。81章题名具体为:1."道"意为"方式、方法";2.极性;3.做你自己;4."道"非物;5.平等对待;6.山谷中的池塘;7.无私;8.水;9.一个好的团队;10.不带偏见的领导;11.团队领域;12.反思的时刻;13.成功;14.了解正在发生的事情;15.领导的导师;16.放弃自私;17.做一个助产士;18.这与那;19.自我提升;20.传统智慧;21."道"是普遍的;22.放手的悖论;23.止;24.从容;

---

① John Heider. *The Tao of Leadership*: *Lao Tzu's Tao Te Ching Adapted for a New Age*. Atlanta: Humanics New Age, 1985.

25."道":是与非;26.中心与基础;27.技巧之外的;28.勇士、治愈者与"道";29."推"之悖论;30.力量与冲突;31.严厉的干涉;32.统一;33.内在的才力(智力);34.无所不包的;35.保持极简;36.两极、悖论与困惑;37.少做;38.潜在的领导才能;39.力量之源;40.冥想;41.令人不安的智慧;42.创造的过程;43.温和的干涉;44.拥有还是被拥有;45.显得愚笨;46.没有什么可赢的;47.此时此地;48.整理你的思维;49.接受所发生的;50.存在:生与死;51.法则与过程;52.子宫;53.唯物主义;54.连锁反应(涟漪作用);55.生命力;56.领导的正直;57.少做多得;58.展开的过程;59.你的能力之源;60.别制造事端;61.谦卑的容器;62.知道与否;63.遭遇;64.开头、中间和结尾;65.理论与实践;66.处下与开放;67.三种领导素质;68.机会;69.斗争;70.这没什么新鲜的;71.全都是答案;72.精神意识;73.自由与责任;74.法官与陪审团;75.不贪;76.柔还是刚;77.循环;78.柔软与强劲;79.赢或输;80.简单的生活;81.报偿。此节将"导论"和其中第17、22、38、40、42、54、60、64、67和81章的内容翻译如下:

(一)导论

老子的《道德经》是中国最受欢迎的智慧书之一。它原本是为公元前5世纪的圣人和明智的政治领导人写的。《道德经》作为一部世界文学经典流传下来,而且老子的许多教义对你来说都是非常熟悉的。比如:"千里之行,始于足下。"(《道德经》第64章)

作为一个老师,我发现对工场的团队领导人、心理治疗师和人本主义教育家来说《道德经》是必不可少的一个文本。学生们喜欢它。它简洁而有意义。但更为重要的是《道德经》令人信服地将领导技巧与生活的领导之道联系在了一起。我们这本著作恰在于完成这样一项工作。

我对"道"的成功应用使得我看到了它更宽泛的实用性,尤其是对那些对领导者的作用和人力资源巧妙管理着迷的新一代而言。我相信,这种实用性对每一个渴求获得领导岗位的人来说都将是有价值的,不管是家庭内部还是团队,不管是教堂还是学校,不管是经营管理还是军队,不管是政治还是政府管理。

《道德经》的意思是,一本关于事物如何(道)发生或运作(德)的书(经)。该书本身蕴含3个主题:(1)自然法则,或事物是如何发生的;(2)生活之道,或如何与自然法则和谐共处;(3)领导之道,或如何管理或教育他人与自然法则保持一致。

正如我所言,老子的《道德经》原本是为古代中国那些明智的政治领导人和管理者而写的。但是,我不懂中文,我是通过比较了许多不同的《道德经》译本直到那些明显的矛盾之处对我来说恢复和谐而合乎情理为止才来做这个改编的。然后我读这个或那个译本给学生听。之后我告诉他们每一段我是如何理解的以及它如何特别地应用于团队领导和普遍地应用于任何一个试图寻求个体生活潜能之满足的人。

这本对"道"之改编的文本源自那些听我课的班级。它是我自己对老子话语的理解。有时候传统的英译文本特别美或熟悉,但我未作改变。比如第64章,我没有打算改动前面已经提及的那句经典诗行:"千里之行,始于足下。"(The journey of a thousand miles begins with a single step.)

因而,我这个"道"之文本采取的是口语体的形式。我认为,当我们大声朗读它时,那些词会变得更清晰。试试吧。大声朗读是一个健康的习惯。

约翰·海德

(二)第17章:做一个助产士

明智的领导不会进行不必要的干涉。他的存在能够被感知到,但其团队却常常是自行运行的。

较少的领导做得多、说得多,这样就有了追随者,并由此形成了狂热的崇拜。

甚至更少的领导利用敬畏以激励团队并使其战胜团队的抵制。

只有最糟糕的领导才会有不好的名声。

记住你是在帮助另一个人发挥作用,而不是发挥你自己的作用。不要强加于人。不要试图控制。不要将你自己的需要和观点放在最引人注目的位置。

如果你不相信一个人的作用,那他也不会相信你。

想象你是个助产士,正在帮助他人出生。做善事但不要显摆或小题大做。帮助正在发生的而不是你认为应该正在发生的。如果你必须带头,那就带头去帮助那个母亲,但你仍然是自由而负责的。

当孩子出生后,那个母亲会恰当地说:"是我们自己完成的。"(我自然)

(三)第22章:放手的悖论

当我放下我所有时,我变成了我应该的那个样子。当我放手我所有时,我得到了我所需。

这些是阴性的悖论：

通过让步，我得以持续。

空的空间却是被装满了的。

当我牺牲自己的时间、精力和财力时，我得到了更多。

当我感觉到最受摧残时，恰是我即将成长时。

当我无所欲时，许多东西却来到我身边。

你曾挣扎着得到了工作、爱情而最后却将其放弃而后又发现爱情和工作却突然又出现了吗？

你想要自由和独立吗？那就遵从上帝的法则，上帝之法则正是万物发生之道。

当我放弃试图对团队施压时，我变得十分令人敬佩。但是，当我仅仅只是试图使我自己变得看起来不错时，团队对此是清楚的，而且也不喜欢。

当我忘了我自己的意见时恰是我工作完成得最好的时候。我越少让自己变得有用，我便越有用。

当我顺从正在做事的人的意愿时，我就不会遭遇抵制。

这就是阴的智慧：放手的目的意在获得。明智的领导会证明这一点。

（四）第38章：潜在的领导才能

潜在的领导才能是指能意识到团队里正在发生的事并采取相应的行动能力。特别的行动不及领导的明晰或意识重要。这就是为什么没有练习或规则以确保成功的领导。

潜在的领导才能是不可算计或控制的，它也不是一件试图看起来好看的东西。

3个例子可证明潜在的领导才能的不同等级：

（1）强有力的：一种对此时此刻正在发生的事情的下意识的但却自发地反应。没有算计或控制。

（2）较有力的：试图做正确的事。这是一种以一个正确的概念为基础的算计的行为，也是基于应该发生什么这一理念的控制性的行为。

（3）最无力的：强加的道德。完全基于应该和不应该的强加的道德。它既是算计的也是控制性的，而且会遭遇惩罚和抵制。它没有清楚显示正在发生的事。它常导致出乎意料、事与愿违的结果。

不知道正在发生什么事的领导不可能自发地反应，因此他们试图做他们认为是正确的事。如果失败了,他们常会试图对团队施压。

但是失去临场感的明智的领导会变得安静,会放下所有的努力直到那种清晰感和意识恢复。

(五)第40章:冥想

学会恢复你的自我。

变得安静:当什么都没有发生时有什么正在发生呢?

你能辨别正在发生的事与它是如何发生的之间的不同吗?

你能感觉到正在发生的事是起因于它是如何发生的吗?

过程……和法则。

(六)第42章:创造的过程

法则并非一件事。将其设置为零。

行动的法则是创造的统一。这种统一是一个单一的整体。将其设置为一。

创造是由一对对相反或相对的东西组成的。将这些相反相对的东西设置为二。

当其相互作用时这些相对的东西变得具有创造性。它们之间的互动是第3个因素。将其设置为三。

例如,一个男人和一个女人构成二。他们之间的相互作用或交流,即第3个因素,导致孩子的产生。它是创造性的。所有的创造都是那样发生的。

明智的领导知道相反相对的事物及其相互作用,他知道如何具有创造性。

为了能引导他人,领导得学会如何追随。为了繁荣,领导得学会过简单的生活。在这两种情况下,互动是具有创造性的。

光有引导而无追随是刻板乏味的。试图通过积累越来越多的东西而变得富有是一项全职的事业而且根本不会是免费的。

片面常常会导致出乎意料和相悖的结果。做了很好的防护也不会保护你。它将会使你变得越来越小直至最终杀死你。

传统智慧的这些例子难有例外。

(七)第54章:连锁反应(涟漪作用)

你想对这个世界产生积极的影响吗?

首先,把你的生活搞得井井有条。使自我回归到简单的法则以便使你的行为变得健康有效。如果你这么做了,那你将会赢得尊重并对世界产生强有力的影响。

你的行为通过涟漪作用而影响他人。涟漪作用之所以生效是因为每一个受到影响的人又会对其他的人产生影响。强有力的人会产生强有力的影响。

如果你的生活起作用了,那你会对你的家庭产生影响。

如果你的家庭起作用了,那你的家庭会对社区产生影响。

如果你的社区起作用了,那你的社区会对你的国家产生影响。

如果你的世界起作用了,那涟漪作用或可扩延至整个宇宙。

记住你的影响是从你那儿开始并向外发散开去的。因此要确信你的影响既是强有力的也是审慎的。

我怎样才能知道它发挥作用了呢?

所有的成长都是从一个有生育力的、强有力的核心向外发展延伸的。你就是那个核心。

(八)第60章:别制造事端

微妙地经营你的团队,就如同你是在烹小鱼。

尽可能地允许团队进程自然地发生。抵制住任何煽动事端或激发不良情绪的诱惑。

如果你制造事端,那你将在他们的时间之前和不必要的压力之下释放力量。这些可能是他人或他处的情感。这些事端也可能没什么特别的或混乱的力量,但它们会对你施加的压力做出反应,打击并击中任何可能触及的目标。

这些力量是真实地存在于团队内部的。但别去推波助澜。允许它们在成熟的时候再爆发出来。

当隐藏着的问题和情感自然地产生时,它们也会自然地自行解决。它们是无害的。实际上,它们与其他思想或感受并没什么两样。

所有的能量都是自然地发生、成形、强大、得到新的解决并最后消亡的。

(九)第64章:开头、中间和结尾

学会认识开始。刚发生时,事情相对容易把握。轻微的干涉就容易使其成形并加以引导。潜在的困难能够被避免。最大的危险在于通过使用太多的力量去破坏正在发生的过程。

明智的领导能在事情发生之前就看清它。一棵挺直坚硬的树是从一株容易弯曲的树苗开始长成的。一项伟大的建设工程是从一铲土开始的。千里的行程是从一小步开始的。

一旦一件事充满了活力并已经成形,那就尽量地不要去介入。不必要的干涉只会引起混乱或妨碍正在发生的事。尤其是,不要试图去使一件事与任何预先决定的计划或模式相一致。

许多领导在事情快要完成的时候把它搞糟了。是他们太心急了。他们对某些结果费了太多心思。他们由此变得焦虑以至于犯了错。这是应当小心和注意的时候。别做太多。别去过多帮忙。别去操心会因你做了某事而得到他人的好评。

因为明智的领导是没有期望的,因而没有啥结果会被称作是失败的。注意,允许一件事自然地展开,大部分的时候别去介入,这样领导就可看到事情最终有一个令人满意的结果。

(十)第67章:三种领导素质

这里存在着一个悖论:即便是事物是如何发生的每一个法则都是伟大的,但那些追随这些法则的人明白他们确是普通的。

极端的自我中心主义不会造就一个伟大的人。所有创造的普通基础是生活更伟大的源泉而非尊贵的隔离。

这3种品质对领导来说是无价的:(1)对所有生物的同情心;(2)简单的物质生活或节俭;(3)平等观或谦虚。

一个有怜悯之心的人会本着他人生活的权利行事。简单的物质生活可使一个人有大量的东西分享给他人。相悖的是,平等观体现了一个人真正的伟大。

认为一个人唯一的兴趣就是其自身利益,他要么是有同情心的要么是勇敢的,这样的观点是错误的。认为通过雇佣他人过度消耗有助于他人的财富的观点是错误的。事实上,想象一个不谦虚行事或高调行事的人是一个真正优秀的人的观点也是错误的。

所有这些都是自私自利的行为。它们会将一个人从存在的普通基础中隔离开来。它们会导致刻板和死亡。

同情、分享和平等却会维持生命。这是因为我们都是一体的。当我关心你时,我就巩固了整个的和谐力量。而那就是生命。

(十一)第81章:报偿

直接告知简单的真相要比用好听的话来说事重要得多。团队不是一场雄辩的比赛。

每个人以自己的名义行事要比试图去赢得论争重要得多。团队不是一个辩论协会。

对正在发生之事做出明智的反应要比能用某些理论来对发生的每一件事做出解释重要得多。团队并非一门大学课程的期末考。

明智的领导者不是收集一连串的成功。相反,他会帮助他人取得成功。有许多做事的方式。能与他人分享成功是非常成功的。

所有创造背后的单个法则教导,我们真正的利益会祝福每一个人而不会贬低任何人。

明智的领导者知道做事的报偿会自然而然地源自他的工作。

二、书评

佛罗里达国际大学康斯坦斯·贝茨(Constance S. Bates)评论该书的文章于2001年发表在《组织分析国际期刊》上。① 现汉译如下:

令人特别惊异的是,有一种新的管理之道。这很奇怪但确实是真的。实际上,它并不新。它更像是很旧,旧到美国人竟然不知道它。它就是"道"。"道"是一种观点、一种方法,一种放手。"道"不是一种真正的观点,但我们可围绕其建构许多观点。我们可以创造出一种哲学来对其加以描绘。我们甚至想出了一系列管理它的指导方针。但是它仍然只是对努力的放松、一种观点的产生和对人类关系之"推我拉你"本质(the push-me-pull-you nature)的理解。

《领导之道:老子〈道德经〉在新时代的应用》是《道德经》这本2500年前的文本之81章的一个缩略版。讲究效率的西方人仅仅只需这160页,而且这160页的一半还是图片。但是你试试在一个晚上把这160页或40页甚或20页读完看看。让你读5页都很困难。读1页就会令人困惑、发人深省并使我们的管理观念分裂。阅读《道德经》就如同打破我们的智慧之蛋。

《领导之道:老子〈道德经〉在新时代的应用》受到了老子撰写的中国古代经典的启发。《道德经》原文本可分为3个部分:(1)万物是如何发生

---

① Constance S. Bates Reviewed. "The Tao of Leadership: Lao Tzu's *Tao Te Ching* Adapted for a New Age". *International Journal of Organizational Analysis*, 2001, 9(1), pp. 107-109.

的;(2)生活之道;(3)领导之道。我们的现代作家通过归纳这81章向我们介绍"道",建议我们如何理解"道",并根据"道"之法则留给我们一些管理之"道"。

首先,领导需要意识到他的团队中正在发生什么,但却不能强制施压:

> 明智的领导能够通过意识到此时此地正在发生的事知道团队正在发生什么。这比游离于各种各样的理论或对即将到来的形势做复杂的理解要管用得多。平静、明晰和意识要比对思绪的无数远征探险更直接。然而,这样的远征探险不管有多刺激,都会分散领导和队员的对实际所发生的事情的注意力。通过停留在当下并意识到正在发生的事,领导能做得少但却仍然能获得更多。(第93页)

一个明智的领导是不会将其个人日程或价值体系强加给其团队的,领导会追随团队的引导并对出现的一切持公开的态度。领导不去判断任何人并专注于"好"人或"坏"人。(第97页)

> 一开始会令人困惑,怎么一个能干的领导实际上做得那么少但最后完成得却那么多。但是领导知道事情的来龙去脉的。总之,"道常无为而无不为"。(第73页)

但有时候,领导需要采取行动。

> 温柔的干涉,如果它们够清晰的话,可以战胜强硬的抵制。如果温柔完全不管用,那试试屈服或完全撤退。领导的意识会比无数的干涉或解释更加明晰地说明正在发生的是什么。很少领导能认识到他能做的是多么少。(第85页)
>
> 最好的工作常常在不习惯于这种领导方式的团队成员们看来非常简单。但仍然会有很多事情发生。或许看起来领导只是坐在那儿而且并不清楚该做什么。但正是没有这种不必要的干涉才允许团队成长并繁荣。领导的'静'战胜了团队的烦乱。领导的意识是这项工作的主要工具。(第89页)

为什么这些方法能起作用呢？该书对法则即"道"做了解释。当每一件事情都如其本是并按其需要做的那样去做时，自然的过程就不用判断地存在着。

自然事件是有说服力的，因为它们是根据事情该如何发生发展来行事的。它们是：

> 研究自然过程：天空的光、地球的引力、你自己思想和深刻见解的展开、空间的空虚、生活的满足以及圣人的行为。想象一下如果这些过程是神经过敏的和以自我为中心的会发生什么：天空懒洋洋地闪烁着、引力不时发生变化、你的思维是不合理的、空间是令人焦虑不安的、圣人是毫无价值的模范。什么都不起作用。明智的领导清楚这些要比神经过敏和以自我为中心更好。力量源自知道什么正在发生并采取相应的行动。（第77页）

> 让团队进程自然演进：它是自动调剂的。不要去干涉它。它会自我解决。努力去控制进程常常会导致失败。它们要么会阻碍进程要么会让自己变得混乱。学会相信正在发生的事。如果有沉默，就让沉默自发生长，会有什么发生的。如果有风暴，那就让它发怒好了，它自会归于平静。团队令人不满意吗？你不能使其快乐。即便你能，你的努力也可能会剥夺一个非常具有创造性的斗争精神的团队。（第115页）

> 微妙地经营你的团队，如烹小鱼。尽可能地允许团队进程自然地发生发展。抵制任何不是自发产生的或引发事端或情感的诱惑。所有的能量都自然地出现、成形、变壮、得到新的解决并最后消失。（第119页）

> 如果团队成员想要与你争斗，相信游击队指挥官的战略。绝不要去寻求事端。如果事端找到了，屈服、撤退。（第137页）

这是如何起作用的呢？是"道"，是"道"让事情自然地发挥作用的。所有的行为都有其反面：

> 超级膨胀会导致倒台。暴露力量会导致不安全隐患。有上升就必然有下滑。如果你想要繁荣，那就必须有雅量。学会退一步看事情、由里往外彻底地看事情和从上到下看事情。（第71页）

大海为什么会成为水最伟大的储蓄体呢？这是因为它比所有的江河湖泊位置都低并能对其敞开怀抱。我们所谓的领导才能主要是由知道如何跟随组成的。明智的领导待在背后并为其他人的进程提供帮助。(第131页)

认为一个大领导应该高高在上是错误的。自相矛盾的是，伟大源自清楚如何处下、虚空、善于接纳和乐于为他人服务。(第121页)

最伟大的武术也是最温柔的。它为攻击者提供了倒下的机会。最伟大的将军不会参与每一次战斗。他们的任务是为敌人提供许多让其犯下对己不利的错误的机会。最伟大的管理者不是通过限制和束缚而是通过提供机会来获得产品的。(第135页)

那对做一个好领导的奖励是什么呢？"明智的领导之道对工作的奖励自然地源自工作本身。"(第161页)

我极力推荐这本书。这是一本意义深远的书。理解来自另一时间和空间的哲学确实有些难度。而且从我们西方的、确定性的思维方式来看"道"是一种相当不同的观点。但通过反复的阅读，我们能开始慢慢搞清楚它的意思。《道德经》对管理的引导对我们大部分人来说都是非同寻常的，但在试图去理解它的时候，我们能够成长。或许要彻底理解它需要我们反复阅读，而且也有很多进一步阐释"道"的书。正如老子在《道德经》中写道的："千里之行，始于足下。"(第127页)因此，对"道"之理解应始于对《道德经》的阅读。

第二节 《道德经》与经营管理

一、将老子《道德经》应用到经营管理中

2017年，艾丽西娅·亨尼希(Alicia Hennig)的文章《将老子的〈道德经〉应用到经营管理中》发表在《管理哲学》上。① 文章分5个部分对《道德经》及其在经营管理中的应用做了介绍："导论""道家思想的出现""对

---

① Alicia Hennig. "Applying Laozi's *Dao De Jing* in Business". *Philosophy of Management*, 2017, 16, pp. 19-33.

道家思想、道及《道德经》的介绍""将道家思想的美德应用到经营管理中""结语"。此节摘取第3部分中的"《道德经》的美德""基本法则""与二元性(阴阳)相关的美德""与自然相关的美德""与水相关的美德",以及第4部分"将道家思想的美德应用到经营管理中"和"结语"部分译介如下。

(一)《道德经》的美德

如前所说,道家思想中所认为的一个有着美德之人(即圣人)的理想是能与"自然"之特征即自然之道相一致。我们在前面关于《道德经》的3个主题中已经提及,在此将对其相关的美德做更加详细的描述:一是"自然";二是"水";三是"阴阳"。

在《道德经》中有34章在阐述"德"。但是与假定的将《道德经》分为两部分认为第一部分(即第1—37章)是在阐述"道"不同,"德"也可在这阐述"道"的37章中找到。这些"德"有许多指的是个体语境,也有少部分指的是如何把一个国家管理好的政治语境。

文中所讨论的"德"与架构的"法则",呈现出了《道德经》所提及的"德"之浓缩的合并版本。由于到目前为止还没有用英语来对"德"进行分析的综合方案,因而对《道德经》的认识和分类都是基于作者自己的理解和阐释。对法则和美德的这种阐释进一步涉及一定层面的、从一个严格的汉学视角来看可能被认为是偏离其起源的创造性和抽象概念。然而,下面的这个目录是不详尽的。

基本法则

"反"的法则

"无为"的法则

"水"的法则

美德

与自然相关的美德,即,和谐、转变和自我管理

与二元性(阴阳)相关的美德,是一种可替代自然的美德

与水相关的美德,即同时是柔顺的又强有力的

(二)基本法则

1."反"的法则

"反"的法则可被认为是道家思想的根本哲学。反的思想与循环有着

很深的联系,可在自然中找到,而且也与变化的思想相关,这种变化是循环的结果并与阴阳宇宙观相关联。根据"反"的法则,万物第一眼看起来都是消极的,如"柔"(《道德经》第52章)、"后"(《道德经》第66章)、"虚"(《道德经》第16章)或"损"(《道德经》第42章)都可转变为与其相反的如"刚""先""盈"或"得"。表面上,自然的人类生活是关于万物生死的更替、反和循环的。因此,人应该既不过多依附于积极的东西也不要太专注于其"消极"的方面(《道德经》第13章),因为万物都只是暂时的。

2."无为"的法则

"无为"是"道"的基本法则,也是圣人的根本理想或美德。"无为"常常从一般的意义上被理解为"什么也不做",但道家的"无为"(《道德经》第48章和第64章)则主要是为了保持自然的和谐而对"道"即自然之道的不干涉。当一个人实践"无为"时,指的是没有可能与"道"相冲突的个人目的牵涉其中。(《道德经》第48章和第63章)而且,没有促使事物向前发展的积极引导,因为"强取"被看成是一种暴力。(《道德经》第30章)

3."水"的法则

"水"的法则是道家思想的另一个重要美德。"无为"指的是论及"行动"的重要美德,而"水"的法则则是关乎态度与本质的重要美德。后文"与水相关的美德"的图表中所描绘的所有美德都源自水的特征,即"柔弱"。① 在道家看来,柔弱能战胜刚强,(《道德经》第43章和第78章),恰如水能通过侵蚀战胜石头一样。因此,第一眼看起来似乎柔弱的东西其实最后却是相当有力和坚韧的。

这种思想也反映了道家思想的根本哲学,即万物都是在不断变化的,没有什么会停留很长的时间,这就是前面所描绘的"反"这个概念。因此,存在着像"柔弱"与"刚强"那样的一对相对应的概念。

(三)与二元性(阴阳)相关的美德

在交替的情景中以及"反"的法则架构中的理想美德是:无私;能给予他人支持的;严肃且能意识到后果的。

1.无私

"无私"也是与"阴阳"相关联的概念,而且在这个主题之下它包含了各种特征,如珍视小事的价值,因为它们可能意味着某些大且重要的东西。

---

① 本译文未收录此处提及的图表。(作者注)

(《道德经》第63章)不要看重地位或收获,因为它会带来不幸。(《道德经》第13章)别依附财富和物质的东西,因为你会因失去它们而痛苦。(《道德经》第24、44、81章)远离欲望,因为欲望的结果正如所描绘的那样会导致灾难和损失。(《道德经》第19、46、64章)

小事的价值在于圣人旨在"为大于其细"。(《道德经》第63章)道家的理想人物珍视小事的价值,因为他知道他可以"为大于其细"。而且,只有通过一小步一小步的完成,才可能成就大事。

追求地位容易招致麻烦或痛苦。(《道德经》第13章)人不应该过多强调得失,(《道德经》第13章),因为这些是同一硬币的两面。得到的也会在此消失。因此,当偏爱或恩惠降临在我们身上时,它只不过是暂时的。不幸和损失也一样。只有当一个人依附它,尤其是对于偏爱、运气或恩惠,他就容易变得失望甚至不幸福。

因财富和物质而困扰被看成是过分的,它一样会导致损失,正如如果一个人过分节约或攒聚财富(多藏必厚亡)。(《道德经》第44章)这种"对东西的过度喜爱"(多藏)被看成是向个人欲望低头的结果。因此,圣人不藏也不敛财(圣人不积)。(《道德经》第81章)

必然地,追随个人的欲望不被看成是一件好事。一般来说它是与贪婪和罪过相关联的。(《道德经》第81章)因此,应该克制一个人的欲望并在实际上做到"欲无欲"。

2. 能给予他人支持的

能给予他人支持与二元性和"反"的法则也是相关的。然而。这里的"能给予他人支持的"意思并非我们通常意义上的"支持"。在道家思想中,与"无为"的法则一样,"能给予他人支持"也是必须加以考虑的,这种支持的方式可能显得不是那么简单明确和迷人。而且,它实际上更像是一种"自由放任",因为有认为人不应该干预"自然的"和谐的信仰。(《道德经》第51章)因此,道家思想中的"支持"不是关于"带头"和积极地推动事情向前而是完全相反,它是关于引导但不控制、统治和主宰他人,如此百姓才能成长。(《道德经》第51章)

道家思想"引导"的特别意思与"随后"以便在第一时间就能"在前"更紧密相关。这里,"反"再一次呈现:通过将自己处于"随后"的位置圣人变成了真正的引导人。(《道德经》第66章)因此,人不应该"先民"和"为天下先"。"先"也意味着被暴露被突出,而这种"突出"会使得个人的优秀与道家思想所喜爱的谦卑相悖。

而且,所有这些都可以和不与他人竞争的理想相关联。(《道德经》第8、66、68、81章)圣人不需要去显示自己是多么出众。完全相反,强调和夸大其优秀会使他显得不可信、外行、不那么关心会产生持久效果的真正行动。与他人竞争是一种消耗精力的事,而精力在道家思想中被认为是很重要的。

3. 严肃且能意识到后果的

与二元性和"反"的法则相关的最后一个理想或美德是严肃且能意识到后果。这里,再一次关乎小但却非常重要的事。如人应该"图难于其易"(《道德经》第63章),这意味着正确的开始。因此,人应该严肃对待小事,否则小事会变成大事,会变得原本不必要的难。

(四)与自然相关的美德

基于自我组织的转变理念呈自然的和谐状态并受"无为"法则所架构的美德是:没有个人的利益或私利;有效;严肃。

1. 没有个人的利益或私利

这种美德只能源自自然,因为当自然创造时它是不追求"个人"目标的。相应地,道家思想也是关于不带个人目的的无私行动。(《道德经》第1章和第19章)

2. 处理事情时的高效

这种美德也是与自然相关联的,因为自然不浪费其资源而且创造的是有意义的,即有能力活的东西。因此,高效和能力也是道家思想的重要价值观。(《道德经》第8章)高效进一步关系到事情的完成或让事情有一个结果,因为在自然界中没有什么事是半途而废的。(《道德经》第30章)

3. 处理事情时的严肃

《道德经》认为,人应该关注一件事情的始末。(《道德经》第64章)"慎"是道家思想中重要价值观,因为行动总是关乎其完成的,而且在大自然中没有什么事是有始无终的。

(五)与水相关的美德

"柔顺"法则所架构的美德有:谦卑;谦虚;善良;慷慨;节俭、节约精力。

1. 谦卑

"谦卑"意为不过分自是(《道德经》第22和30章)或傲骄(《道德经》

第30章），它也意指一个人不可自夸或吹嘘自己的成绩。(《道德经》第22、24、30章)这个美德的意思是非常实用的：履行你自己的职责，采取观望态度,(《道德经》第22、24、72章)不要因其得到好评或认可。(《道德经》第10、51、77章)道家认为，一个吹嘘其成绩且傲慢的人根本上是一个不值得信任的人而且他做的事也不会长久。(《道德经》第24章)这种美德更是关于掩饰一个人的优秀或智慧的。(《道德经》第77章)

2. 谦虚

谦虚通过对小事的欣赏和领会得以表现。谦虚能带来启示和洞见。(《道德经》第52章)

3. 善良

"善良"指的是一个人善的本质，其通常意指"不怒",(《道德经》第68章)并进而意指对他人不暴力、不侵犯或不压迫。同样,道家思想中理想的人是当其与他人相处时是温柔的、善良的、仁慈的。(《道德经》第8章)。一个人应该对他人充满同情，即，对他人表现其仁慈、怜悯甚至同情。(《道德经》第67章)小气和抱负也会阻碍一个人成为善良之人。(《道德经》第68章)一个过度严肃地对待每一件事并倾向于算计事情的人是不能被看成一个真正善良之人的。同样,任何的报复都是不恰当的或在总体上与"善"相悖的。

4. 慷慨

慷慨意指的是一种非物质的方式，如为他人做事、给予他人或以那样的方式关心他人。(《道德经》第81章)

5. 节俭、节约精力

"节俭"与"节约"是直接相关的。它并非指物质意义上的节约，而是指精力、能量。当一个人达到其精力或能量的极点时，那精疲力尽和衰退离他也就近了。(《道德经》第55章)因此，为了能追随"道"保持平衡和保持一个人的能量在道家思想中是至关重要的。(《道德经》第59章)由于只有当一个人通过那样的方式保持节俭而拥有能量时，他才能慷慨地给予需要帮助和关心的他人。(《道德经》第67章)

(六)将道家思想的美德应用到经营管理中

《道德经》的美德也可作为一种好的、合理的引导服务于经营管理。第一眼看，并非所有这些美德都能在经营管理中起作用，而且尤其不能从纯粹的"西方"视角去看。但是，源自《道德经》中的美德能够促进特别的特征或态度,这些特征或态度能使一种能支持他人的、没有攻击性的管理和领导风格成为可能。对其随后的阐释是基于在前面章节中所呈现且要求从原初中有一些派生的美德。这里,这些美德现在被特别地应用到了经营管理的语境中,这肯定是老子和《道德经》的其他作者那个时代没有想到的。

1."反"的法则

当论及企业战略时应该考虑"反"的法则。20世纪是带着非常清晰的战略目的的关于官僚政治、等级制度和僵化组织的世纪,由于全球范围的经营大量增加,今天的经营管理更多暴露出不安全。气候变化带来的消极影响有可能扰乱经营管理或者带来战争和冲突,这些可能影响供给链。特别是,全球贸易可采纳"反"的理念并将这个法则作为一种启示以获得更持续可行的企业战略和全局视野。

2."无为"的法则

这个法则似乎不太适合应用到经验管理中,但它肯定可以应用在更灵活的、不那么等级森严的管理中以获得与下面将进一步阐述的美德相一致的支持而非权威的领导。

3."水"的法则

第一眼看"水"的法则似乎也是不太适合应用到经验管理中,但受这种特别的法则所促进的特征和态度可对"无为"的法则加以补充并增加一种可给他人提供支持的领导风格和一种令人尊敬的企业文化。

4.谦虚

"谦虚"是一种被广泛接受的美德。不幸的是,谦虚常常不适合用在企业这个语境中。企业环境常常是"适者生存,不适者淘汰",而且谦虚会起误导的作用。那些常常对自己的表现和成绩谦虚的人绝不会被提升。

但是,谦虚作为一种个人美德可以阻止一个人变得贪婪和沉迷于地位和金钱的获得。而且,谦虚可制造一种愉快的气氛和一种不狂妄自大的企业文化。因此,有的谦虚肯定是可取的,尤其在一种传统的、有着等级结构和特别的谨慎机制的企业中恰当的平衡是关键。

谦虚还有助于建立一种企业文化,这种文化的每一步都是被欣赏的、被看成是一幅更大的画卷的一部分的。它被比作一种纯粹的结果论,其中只有最终结果才是有用的。欣赏这些小的步骤也有助于雇员获取他们的目标,因为他们是不那么容易因超负荷工作和过度挑战而受伤的。

5. 谦卑

与"谦虚"一样,"谦卑"在企业中也是一把双刃剑。然而,其可应用的当然是以专业的方式来做自己的事情的态度。然而,雇员当然会因其工作而得到认可和欣赏,尽管他们可能不会为了得到认可和欣赏而特别通过不必要地、不恰当地吹嘘自己或标榜自己来达成。而且,掩饰自己在企业的智慧是相当不适合那些正是因其学识和专业技能而被雇佣的人。

6. 善良和慷慨

"善良"一般指的是好的品性,这种美德对企业来说也是高度适用的。一种好的企业文化无疑必须以善良、好品性的人为基础,他们没有攻击性或小肚鸡肠。

而且,对他人有用、关爱和能给予支持无疑是好的品格特征而且对经验管理来说是有价值的。

7. 无私

"无私"对经营管理来说显而易见是一种很难得的美德。正如前面所提及的,当涉及领导或任何对他人负责的其他情形时,这种美德可被应用但是另一方面它又似乎不太恰当。而且,对一个公司来说,其根本目的就是为了利益,"没有私利的"公司是不可能生存的,因为没有利益整个的基础设施都会坍塌,因为再没有薪水付给雇员。或许,从"太多的私利没有益处"这个意义上讲,这种美德可被称为是一种"受到遏制的美德"。纯粹的利益驱动在公司的社会与环境责任的当前时代似乎是过时的。

8. 能给予他人支持的

能给予他人支持对领导和对雇佣关系来说都是有意义的。当然,《道德经》中的"能给予他人支持"与"无为"的法则和"水"的法则是一致的。其暗示着不要助推事物往前发展,尤其是不要为了个人的利益,如晋升、地位或金钱的获得。它也意指作为一个道家的领导人他不应该在先而是应该处后。这也可以按字面意思来理解,即支持其团队。正如前面所提及的,实际上只有那些处后的人才能真正"看清"其团队成员。当其在先时,他只能看到前面的路而不能看清楚他的团队正在做什么尤其不能知晓该如何成功地管理一个团队。它进一步表明,不能通过统治或控制其团队成员来显示自己的权威。这样,团队成员才能有足够的自由来创造性地、专业地完成自己的那部分工作。

雇员之间一般而言能支持他人的态度对于保持一种愉快的企业文化

是非常重要的。而且,通过彼此的支持可利用协同努力或相互的建设性的反馈而获得更多。一种强调互相支持的企业文化是一个成功的、有创新的公司的基础。在不愉快的氛围中人是没有创造性或成效的。

9. 严肃且能意识到后果的

一般意义上可把能意识到后果和谨慎联系在一起。在经营管理中,甚至小事也需要严肃对待而不应该被忽略,否则一个小错误会引发大麻烦。

处理问题时的严肃也是与谨慎也因而与注意的程度相关的。自始至终适当地关注过程对成功的经营管理来说是必不可少的,对个人而言它也是经营管理成功的基础。

10. "处理事情时的高效"

高效地处理事情也是经营管理的一个重要美德。没有特别水准的高效一个公司是不能生存的。

(七)结语

道家思想不仅是一种与复杂的历史相关而且也是与复杂的世界观相关的哲学,它与西方的思维方式是完全不同的。尽管它是一种古老的哲学但它与现在仍然相关。实际上,即便是今天它还是被作为一种引导合理行为和优良表现的源泉。与西方亚里士多德那似乎永不过时的美德相似,道家的美德为我们今天的生活提供了实际的智慧和引导。这些都是在综合意义上服务于个人的自我修身的、普遍的美德。

总之,可以说《道德经》中所呈现的美德可实际用于商业中。然而,有些背离了其原本的意思和文化历史语境。

该文只是对将《道德经》81章应用于商业的一个初步的综合探讨。在将来还有更多的研究需要做以便更好地理解道家的主要著作以及将其应用到商业中的潜在性。《道德经》只不过是如此应用研究的一个开端而已。

而且,道家美德是否还在今天的中国被应用是另一个有趣的研究问题。当然,有必要通过改革现在的管理方式考察非西方的哲学以便找到不仅可改善个人生活而且也能改善管理的启示。

二、老子《道德经》给设备经理的教训

1994年,新加坡国立大学教授刘瑞平(Low Sui Pheng)的文章《老子

〈道德经〉给设备经理的教训》发表在《设备》杂志上。① 作者分5个部分对《道德经》及其给设备经理的教训进行了分析总结。该节摘选了后4个部分做译介:"老子的《道德经》""《道德经》上卷的教训""《道德经》下卷的教训""结语"。

(一)老子的《道德经》

历史对老子的记载仍然是素描似的,直到今天还有争议。《道德经》据说是由一个名叫老子的所写,他是与孔子同时代的人,比孔子要年长些。

作为周国收藏室的官员,老子能够培养旨在修身之"道"。他在周国住了很长时间但在其衰败时离开了。当他到达函谷关的时候,关长高兴地对老子说:"由于你就要离开这个世界了。你能为我们写一本书吗?"结果,老子写出了5000多字谈论"道"与"德"之意义的上、下两卷本著作后就离开了。无人知道他最后去了哪里。

老子《道德经》文本分为上、下2卷,共81章。上卷37章,下卷44章。上卷即为《道经》而下卷即为《德经》。对于这种划分并无什么特别的,只因为上卷开头第1个字为"道"而下卷开头第1个字为"德"的缘故。

作为与孔子同时代的人,老子是中华文明中最有影响力的哲学思想之一,即道家思想的创立者。在中国历史和思想中占据优势的儒家思想强调的是社会秩序和健康生活。另一方面,道家思想关注的则是个体生命和宁静,因此认为道家思想在中国历史上起的作用要次于儒家思想。老子是一个聪明的人,他教导百姓不仅要有温顺的表现,而且要不带目的、无私、顺从、柔顺、纯洁、自然。一般来说百姓很难接受老子的思想,因为大部分的人只是注意到了事物的表面而没有注意到其本质。由于老子的思想很抽象,没有逻辑性,大部分人容易误解他的教义,因为这些教义与其日常生活并不相关。对"朴"的强调也导致人们认为其教义是消极的、失败主义的。《道德经》关注的是尚古和对文明的放弃,从字面理解,这与现代文明完全是相反的。《道德经》教导人如何生活,包括了伦理、管理和外交。当把《道德经》与儒家思想相比较时,可发现儒家思想与老子的教义相同要多

---

① Low Sui Pheng. "Lessons from Lao Tzu's *Tao Te Ching* for the Facilities Manager". *Facilities*, Vol. 12, No. 12, 1994, pp. 6-14.该文后又于1995年以《老子的〈道德经〉与建筑项目经理的相关性》为题名发表在《项目管理国际期刊》第13卷第5期,第295—302页上。[Low Sui Pheng. "Lao Tzu's *Tao Te Ching* and its Relevance to Project Leadership in Construction". *International Journal of Project Management*, 1995, 13(5), pp. 295-302.]2篇文章的内容基本相同。(作者注)

于差异。二者主要都是对道德、社会和政治改革感兴趣。二者都珍视相同的、基本的如人道、争议、厚爱与忠诚等价值观。二者都反对使用武力和惩罚。即便方法不同,但二者都高度尊重个人诚信和社会和谐。简言之,二者都强调人性中的善和每个人都成为圣人的潜在可能。正是因为这些相似,道家思想和儒家思想在整个中国历史中能和谐并进以至于每个中国人同时成了道家和儒家。

"道"指的是生活之道,是关于自然地、无为地、自发地、正确地生活的。"德"可意指美德或道德。《道德经》可根据字面意思翻译为"一本万物如何发生如何发挥作用的书"。由于很难定义"道"是什么,该书本身有3个主题:即自然法则或万物是如何发生的、生活之道或如何下意识地与自然法则和谐相处、领导之道或如何依照自然法则管理或教育他人。

《道德经》主要关注的是人,该书的80%不是在谈"道"的本质而是在谈其作用,尤其是其如何在社会中发挥作用。正是由于这个原因,《道德经》可相关地用于设备管理中。

老子《道德经》在设备管理尤其是团队管理质量中的应用显示在图一中,其中东方和西方的管理理念做了相应的注释。采纳海德(John Heider)的观点,有效管理一个设备团队的教训和素质可恰当地从《道德经》上、下卷的81章中获得。有效地、恰当地管理的重要性大家已经知道了,但一个设备经理在东方的情景中管理好一个设备团队应该具备的领导素质相对来说还不太清楚。下面我们就来探讨这些与设备经理的领导素质相关的问题。

(二)《道德经》上卷的教训

在将《道德经》的法则应用到设备管理实践之前,设备经理应该首先认识到"道"是一种不能被定义只能被理解的东西。理解"道"的方法是通过沉思或意识到正在发生的事。通过意识到什么事正在发生,设备经理能感觉到它是如何发生的,并在这个过程中开始感知"道"。要意识到什么正在发生,设备经理必须以开放的心态去关注并将所有的个人偏见放在一边。这是非常重要的,因为带偏见的设备经理看到的就只能是那些有着偏见的东西。从哲学的角度讲,"道"并非某样东西、并非声音或任何其他的震动,是不能被分成部分、不能变化、不可减少或增强的,也没有合作伙伴或补足物的。"道"是决定万物先于万物的统一体,是万物的法则和万物如何发挥作用的法则。

《道德经》上卷 37 章中阐释的可为管理一个设备团队所用的法则归纳如下：

1.了解极性是如何发挥作用的。一个聪明的设备经理不会去助推事情发生，相反，他会允许过程自动地演变。设备经理通过事例而非通过谴责来教导手下应该如何做。他应该明白不断的干涉将会妨碍设备团队的进展。作为一个团队领导，设备经理不能坚持事情应以某种方式来进行。

2.一个脚踏实地的设备经理能比仅仅只是在忙碌的人更有效地地做当做之事。有效的行动源自缄默和存在的清晰感。

3.人并不比其他的创造物好多少。作为人类之基础的自然法则同样也是其他万物之基础。没有哪个人或哪个民族比其他的人或民族好。同样的自然法则无处不在。一个人的价值与他人是一样的。明白了这点，作为团队领导的设备经理就不能假装特别、说他人的闲话或者浪费时间去争论竞争理论的优点。

4.一个开明的领导是服务他人而非自私的。一个好的设备经理通过将大家的幸福放在他个人的幸福之前而成长得更多而且做领导的时间会更长。通过无私，设备经理提高了自己。而且由于他放弃了自私，他也能提高他人。

5.一个好的设备团队的领导者能与任何人在一个没有抱怨的环境中工作，他能处理恰当发生在工作场所的任何事。他的行事将会使大家受益并且会不顾代价服务大家。他说得少而坦诚，而且只在解释和创造和谐气氛的时候干预大家。

6.一个善解人意的自我会展示智慧。当设备经理出名时，老师会显得比其学生相形见绌。非常少的名人会脚踏实地。名声会带来更多的名声，不久他们就得意忘形而失去了理智，飞离了中心并把自己摔得粉碎。聪明的设备经理满足于干好工作而把发言权留给他人。聪明的设备团队领导不会把所发生的看成是自己的功劳而且不需要名声。

7.一个好的设备经理将会试图调和情感的问题而不用偏袒哪一方。

8.一个好的设备团队领导应该留出用来静默反思的固定时间。转向自己的内在并消化所发生的事情。让我们的五官休息并静静地成长。当设备团队成员有时间来反思的时候，他们就能更清楚地明白对于他们自己和他人来说什么是根本的。

9.如果一个设备经理以表扬和批评去衡量成功，那他的焦虑将会没有止境。相反，拥有一个好的名声或成为一个有名望的人会对他的进一步发展造成阻碍。好名声自然而然地源自做好工作。但如果一个设备经理试图珍惜他的名声，如果他试图去保有它，那他将会失去进一步发展的自由和诚实。

10.当设备经理对其所看到的或听到的感到困惑时，他不应努力去把事情搞清楚。他应不介入并保持冷静一会儿。当一个人保持冷静的时候，原本复杂的事情就会变得简单，一个好的设备经理还应该着眼现在，因为着眼现在要比对过去的回忆或对将来的幻想有用得多。

11.要变得更渊博，一个好的设备团队负责人应该放弃其私心。他应该放弃让自己变得完美、富有、安全或被人崇拜的努力。这样的努力只会束缚他。它们会阻碍其多面性。

12.聪明的设备团队负责人不会不必要地干涉别人。团队成员能感觉到他的存在但团队常常是自己在运行。另一方面，较少的领导者会说很多、做很多、拥有追随者和成为他人尊崇的对象。最糟糕的管理者才会使用恐吓去使团队活跃并使用武力去压制队员的反抗。

13.设备经理不应该忽略每一件事情是如何发挥作用的每一个法则的。当这个法则失去对这个过程进行反思的办法失败的时候，设备团队深深陷入对应该发生什么、这种技巧或那种技巧可能会怎样的激烈讨论中。团队将会很快变得争论不休和沮丧。

14.受过良好教育的设备团队领导有对这个或那个理论模式做出反应的倾向。但是，对此时此刻所发生的事直接做出反应更好些。如果没有选择，团队领导应该确信该模式是与传统智慧相容的。大部分人受无休止的需求所困扰，但一个明智的团队负责人却满足于相对的少。大部分人过着忙碌的生活，但一个明智的团队负责人却是安静而沉思的。大部分人寻求刺激和新鲜，但一个明智的团队负责人却更喜欢那些自然的、普通的东西。

15.当设备经理放弃试图给其团队成员留下深刻印象时，他就会变得容易给人留下深刻印象。但当他仅仅试图让自己变得看起来好，其团队成员是会明白并对此讨厌的。当其忘掉自己的观点时，一个明智的团队负责人就完成了他最佳的工作。他坚持自己的越少，得到的就越多。当他满足做事的人的愿望时，他就不会遇到抵制。一个明智的团队领导人会为了获得而放手。

16.知道如何保持安静并感受深切的设备经理将会给人深刻的印象。

唠叨、自夸和试图给自己的设备团队成员留下深刻印象的经理是不会成为众人之中心也是没有什么号召力的。

17.聪明的设备经理应该意识到太过用力有可能导致意想不到的后果：一个暴躁的设备团队负责人会缺乏稳定性；试图急功冒进将会一事无成；试图做到表面的出色是没有启悟的；不牢靠的团队领导者才会试图去宣传自己；无能的团队领导人才会利用其职位；指出你有多神圣并非神圣之举。明智的团队领导人应该意识到所有这些行为都源自不安全感。这些不安全感会导致新的不安全感。所有这些不安全感对工作都无济于事，都对领导者的健康不利。知道事情原委的明智的团队领导人是不会去做这些事情的。

18."冷静的"和"接地气的"设备团队领导者能和古怪的人在爱挑剔的情形下共事而不会受到损害。"冷静"是指即便是在紧张的行动中他也有恢复个人平衡的能力。一个冷静的团队领导人不会心血来潮或受突然的激动所支配。"接地气"指的是脚踏实地。一个脚踏实地的设备经理知道他该站在哪里以及他为了什么站在那里。因此，一个"冷静的""接地气的"设备团队领导者是有恒心和自我感的。相反，没有恒心的人很容易就因领导岗位的紧张而失去理智、做出错误的判断并病倒。

19.设备团队成员需要团队领导人的引导和助长。反过来，领导者或设备经理也需要其团队成员与其合作。如果双方都不能意识到彼此对爱和尊重的需要，那双方都会抓不住要点。

20.指导何时该倾听、何时该行动、何时该撤退的明智的设备团队负责人几乎能与每一个下属有效地共事，甚至与那些最难打交道最世故的成员。

21.知道过程是如何展开的明智的设备团队负责人会尽可能少地使用威力来管理团队，是不会给其队员施加压力的。使用威力，就会导致冲突和争吵。当气氛恶化时，设备团队也会因此退化。

22.有时似乎一个人必须强有力地、突然地甚至严厉地干预。一个明智的设备团队负责人只有在所有其他措施都不管用时才会这么做。当设备团队的工作自然而顺畅地进行时明智的团队负责人应该更审慎。团队负责人作为警告的严厉干涉很可能导致他"不冷静"或带着情绪去处理正在发生的事。即便严厉的干涉很好地成功了，也不值得祝贺。这是因为有人的作用受到了侵犯。更糟糕的是，其作用受到侵犯的人有可能变得不那么开诚布公而更具侵犯性。这样就有可能导致更深层的抵制甚至是怨恨。因此,明智的设备经理应该意识到让团队成员去按他认为他们应该做的那样去做将不会必然导致清晰和意识。团队成员那时可能会按照经理告诉他们的去做,但他们内心会变得畏缩、困惑并密谋报复。

23.一个聪明的设备团队负责人清楚别人是如何行事的。然而,只有明智的团队负责人才了解他自己。这是因为管理他人的生活需要的是力量,但管理自己的生活需要的是真正的毅力。

24.设备团队负责人不应该接受这个人而拒绝同另一个人共事。他并不拥有谁或有权控制其生活。领导能力不关乎输赢。

25.一个好的设备经理不应该对团队进程入迷。他应该远离各种喧嚣和冲突,但同时又能感觉自己身临其境。一个肤浅的团队负责人是不能明白事情是如何发生的,他只会被各种戏剧性事件、感觉和兴奋冲昏头脑。

26.一开始看到一个好的设备经理实际所做的事情是那么少但最后完成的却那么多可能会令人困惑。一个好的团队负责人懂得"道"常无为而无不为。因此,当一个团队负责人变得忙碌的时候那是他该回归自我沉默的时候了。无私忘我能让他保持安静。安静方能制造秩序。有了秩序,方能少做。

(三)《道德经》下卷的教训

《道德经》下卷《德经》共44章中阐释的可为管理设备团队所用的法则归纳如下:

1.对正在发生的事情没有保持联系的不明智的设备团队负责人不能自如地行动但却会试图去做他们认为是正确的事。如果这样做失败了,那他们常常会采取强制的行为。另一方面,失去临场感的团队负责人会变得冷静,会尽一切努力直到那种清晰感和意识再回来。冷静会导致一种更加下意识的存在。忙碌会制造一种夸张的物质感。

2.设备团队负责人应该意识到所有的创作都是一个整体,将其分开是一种错误的观念。因此,力量只能通过合作而获得,独立只能通过服务而获得,而更高的自我则只能通过无私而获得。

3.好的设备团队负责人明白怎样才能有创造性。为了能领导他人,团队负责人必须首先学习如何跟从。要繁荣兴旺,团队负责人必须学会简单地生活,在这两种情形下,互动是创造性的。

4.清晰温和的互动将会有助于克服严厉的抵制。如果温和不管用,那设备经理应该试图让步或完全后退。当作为一个团队负责人的设备经理让步时，抵制就会缓和。然而，很少有负责人能深切认识到他能做的有多么少。

5.明智的设备团队负责人能认识到拥有的越多就会得到越多是个问题。这是因为他拥有的越多和得到的越多,那他必须去照顾的就越多。糟糕的是,他可能会失去得更多。没有拥有只有被拥有。因此,如果他放弃这些,那他就能不用花自己一生的精力来照顾这些东西。

6.最棒的工作常常被设备团队成员们看得很简单。但是会有更多的事发生。当团队负责人的冷静战胜了团队的烦乱时它就会发生。明智的团队负责人知道对实际发生的感到满足远远比对可能发生但却没有发生的感到高兴要重要得多。

7.鼓励探险会分散团队负责人及其设备团队成员对正在发生的事情的注意力。立足当下并意识到正在发生的事情,团队负责人就能少做多得。因此,一个好的设备经理应该学会如何整理其思想和简化其工作。当他越少依赖仅仅只是了解该做什么的时候,那他的工作就会变得更直接更有力。

8.一个明智的设备团队负责人是不会将其个人的日程安排或价值体系强加给他的团队成员的。开放和细心要比挑剔和苛刻更有效。这是因为当人被以友善和真诚相待时会自然地向善向真。

9.明智的设备团队负责人知道每件事的来龙去脉。他明白对可能发生的事情抓住不放、坚持、担心或伤感是没有意义的。

10.通过了解事情是如何发生发展的,设备团队负责人也会清楚灵活的重要性。每件事的发生发展都是灵活多变的。所有持久的力量都是灵活多变的。

11.一个好的设备团队负责人的诚实决不能折中妥协。混淆不清的行话术语是一个团队负责人根本就不清楚事情是怎样发生的一个必然表现。诚实的团队负责人一定不能被威逼利诱。

12.好的设备经理应该尽可能少地干涉其团队成员。不管多么漂亮的干涉都会给负责人带来依赖。因此,规章制度越少效果越好。这是因为规章制度会减少自由和责任心。规章制度的执行是强制的、操纵性的,它反过来会减少成员的自发性并消耗设备成员的精力。设备经理越是强制,他的成员会变得越是抵制。他的操纵只会带来逃避,因为每一条法规都会产生不遵守法规的人。

13.明智的设备团队负责人应该学会相信正在发生的事情。如果有沉默,那就任其自然,因为这种沉默必定产生什么。同样,如果会带来风暴,那就让风暴发作好了,因为风暴最终会归于平静。

14.如果设备经理想要领导其团队并着手处理好每天的日程事务的话那他就需要清楚正在发生的事以及这些事是如何发生的。如果他能认识到正在发生的事以及这些事是如何发生的,那他就能根据事情的实际情况相应行事、理清问题,并得到重要的、有效的结果。

15.如果一个设备经理制造了事端,那他将会在不必要的压力之下在其发作之前释放其威力。这些威力可能是源自别的人或别的地方的情感。它们也可能是不具体的或混乱的力量,是回应设备经理所施加的压力,会猛烈冲击到任何可能的目标。这些力量是真实存在于设备团队成员内心的。明智的设备经理应该允许成员们将这些力量发泄出来而不是对其施压。这是因为,当潜在的问题和情感自然地出现时,它们是无害的,是会自然地自行解决的。因此,一个明智的团队负责人必须认识到所有的能量都是自然地产生、成形、变得强大、找到一种新的解决办法并最后消失的。

16.对一个设备经理来说,认为自己高于所有人是个严重的错误。自相矛盾的是,伟大源于知道如何处下、虚、善于接纳和有用。因此,设备经理应该尊重直接与其相关的每个人和每件事,应该把每次遭遇都当成至关紧要的。相反,他不应该因受打击或遭遇尴尬而变得焦虑或恐惧。明智的设备团队负责人会求助于少数能认识道传统智慧常常是隐藏于普通表象之下的人。

17.如果一个设备经理受到攻击或批评,那他应该以一种将会对这件事予以清晰阐明的方式来加以反抗。这是一件关乎中心并知道这种遭遇不是对其自我或存在产生威胁的事情。因此,他应该告知真相并意识到每一种情形,不管其有可能多大或多复杂,都是与小和简单相关的。一个明智的团队负责人不会去避开或寻求遭遇但却会在遭遇发生时坦然面对。他还应该在其还能管控的时候对其做出反应,因为拖延直至需要英雄行为来把事情摆正并不能算是一种美德。到最后,潜在的困难情形会变得简单。

18.明智的团队负责人几乎会在事情发生之前就洞悉事情。他能认识到九层之台始于垒土而千里之行始于足下。许多经理都倾向于在事情快要完成时把事情搞得一团糟。这个时候他们不是关心和觉悟,而是变得焦虑并犯错。一个好的设备经理不应该做得太多、太有用或担忧因做了某事而影响信誉。因为对一位明智的负责人来说,是没有什么可被称为失败的期盼和结果的。通过给予关注、允许事情自然而然地展开并大部分时候处于退后状态,他会明白事情将有一个令人满意的结果。

19.如果一个设备经理通过复杂的解释来教导其团队成员,那只会使其变得困惑。他们会做笔记会将种种观点记在心上。因而,辨别理论与实践的能力将会让设备经理少很多的烦恼。

20.一个好的设备团队负责人是没有哪个位置需要防御并且不会显示其偏爱的。在这个过程中,没有人会觉得受到了轻视,也没有人希望争吵。当明智的负责人待在后面并帮助促进资产管理和过程维护时,就不会出现怨恨或抵制。因此,负责人所做的大事通常不会被人注意。好的负责人是通过为其手下提供机会而非义务而激发其往最高的层面发展造就的。

21.对设备团队负责人有价值的 3 种品质是:对万物有怜悯之心、简单的物质或节俭以及平等观或谦虚。一个富有怜悯心的人是以每个人生活之权利的名义行事的。平等观或平等对待是一个人真正的伟大之所在。

22.设备经理绝不应该去求战。如果有争斗找上了他,那他应该屈从或退后。这是因为退后远比去超越限度更好。优秀的智力是其力量,他应该只在不遭遇抵制时才前进。因此,如果他赢了,那他应该表现得和蔼高尚。一个明智的团队负责人能认识到先攻击他的那个人常常是偏离中心并可能向人投掷武器的。即便那样,一个好的负责人也应该尊重任何攻击他的人而绝不应该放弃其怜悯之心或使用其技巧去不必要地伤害他人。

23.一个设备经理不可能知道他面临的所有问题的答案。知道其不可能知道所有问题的答案远比其在自己实际上不知道的时候认为自己知道很多要明智得多。明智的团队负责人清楚假装自己有学问是多么痛苦的事。他知道能简单地说"我不知道"是一种信仰。

24.设备经理的作用不应该是因他人的坏行为而对其加以惩罚。这是因为惩罚并不能有效地控制行为,最后,他可能会发现正义的手段会对双方都发挥作用,而惩罚他人实际上惩罚的是自己的工作。

25.一个明智的设备团队负责人是不贪、不自私、不存戒心或不苛求的。如果他谋取已完成的好工作的大份额那设备管理过程是不会成功的。如果他竭力以某种方式来控制事情的发生那其团队成员是会造反和抵制的。

26.严厉的设备团队负责人可能能领导重复而机械的工作但他绝不能处理好有活力的团队进程。作为一种规则,流畅的、柔顺的、顺从的东西将会战胜刚的、硬的东西(柔弱胜刚强)。柔弱能变得强壮。因此,明智的团队负责人知道顺从能战胜抵制,柔顺可融化坚强的防御。是柔顺的能力使得设备经理成了负责人。

27.明智的设备团队负责人不应该四处跑去搜集成功的典范。相反,他应该帮助他人找到其自己的成功。因为有很多事情要做,与他人分享成功是一个人很成功的标志。

(四)结语

尽管老子的教义中蕴含着巨大的可为设备管理领导人所用的智慧,但应该注意并非其所有的古老智慧都与现代语境相关。在效果上,当我们从20世纪的视角来看的话老子的某些教义可能是失败的、消极的,但老子的绝大部分教义并非是要现代人去全部获得,而只是如果他意在获得谦卑、道德实践、公平竞争和内在安宁的话,要他努力追求一种道德理想并非下意识地在精神上一致保持这种理想。同样,尽管老子的《道德经》可能源自东方,但其对东方社会的影响不可能是那么简单的,因为有西方的思想和概念渗入了中国社会。当道家思想和儒家思想可能仍然是中国社会的基本组成部分的主导时,揭示和接受西方的伦理和领导素质理念在东方已经引发了道家思想和儒家思想所关注的那些腐蚀。这应该引起那些实践西方理念的设备经理们的注意。

作者用图表的形式将"设备管理领导者的素质"做了归纳。其中,"东方视角"下的作者借约翰·海德给出了根据老子《道德经》81章内容适合于设备管理的相应题名。如下:

1.《道德经》上卷:

第1章:Tao means how("道"意为"方式、方法");第2章:Polarities(极性);第3章:Being oneself(做你自己);第4章:Tao is not a thing("道"非物);第5章:Equal treatment(平等对待);第6章:The pond is the very valley(池塘恰是那山谷);第7章:Selflessness(无私);第8章:Water(水);第9章:A good group(一个好的团队);第10章:Unbiased leadership(不带偏见的领导);第11章:The group field(团队领域);第12章:Time for reflection(反思的时间);第13章:Success(成功);第14章:Knowing what is happening(了解正在发生的事);第15章:The leader's teacher(领导之师);

第 16 章：Giving up selfishness（放弃自私）；第 17 章：Being a midwife（做个助产士）；第 18 章：This versus that（这与那）；第 19 章：Self-improvement（自我修养）；第 20 章：Traditional wisdom（传统智慧）；第 21 章：Tao is universal（"道"是普遍的）；第 22 章：The paradox of letting go（放手的悖论）；第 23 章：Be still（保持静止）；第 24 章：Take it easy（从容）；第 25 章：Tao：is and is not（"道"：是与不是）；第 26 章：Centre and ground（中心与地面）；第 27 章：Beyond techniques（技巧之外的）；第 28 章：A warrior, a healer, and Tao（勇士、治愈者与"道"）；第 29 章：The paradox of pushing（推的悖论）；第 30 章：Force and conflict（力量与冲突）；第 31 章：Harsh interventions（严厉的干涉）；第 32 章：Unity（一致）；第 33 章：Inner resources（内在资源，精神财富）；第 34 章：All-inclusive（详尽的）；第 35 章：Keep it simple（保持简单）；第 36 章：Polarities, paradoxes, and puzzles（极性、悖论与困惑）；第 37 章：Doing little（少做）。

2.《道德经》下卷：

第 38 章：Potent leadership（强有力的领导）；第 39 章：The source of power（力量之源）；第 40 章：Meditate（冥想）；第 41 章：Disturbing wisdom（令人不安的智慧）；第 42 章：The creative process（创造的过程）；第 43 章：Gentle interventions（温柔的干涉）；第 44 章：Owning or being owned（拥有或被拥有）；第 45 章：Appearing foolish（显得愚笨）；第 46 章：Nothing to win（没有什么可赢的）；第 47 章：Here and now（此时此地）；第 48 章：Unclutter your mind（整理你的思维）；第 49 章：Be open to whatever emerges（愿意接受所发生的）；第 50 章：Existence：life and death（存在：生与死）；第 51 章：Principle and process（法则与过程）；第 52 章：The womb（子宫）；第 53 章：Materialism（唯物主义）；第 54 章：The ripple effect（连锁反应）；第 55 章：Vital energy（生命力）；第 56 章：The leader's integrity（领导者的正直）；第 57 章：Doing less and being more（少做多得）；第 58 章：Unfolding process（演变的过程）；第 59 章：The source of your ability（你的能力之源）；第 60 章：Do not stir things up（别制造事端）；第 61 章：The lowly receptacle（卑贱的容器）；第 62 章：Whether you know it or not（不管知道与否）；第 63 章：Encounters（遭遇）；第 64 章：The beginning, the middle, and the end（开始、中间与结尾）；第 65 章：Theory and practice（理论与实践）；第 66 章：Low and open（处下与开放）；第 67 章：Three leadership qualities（三种领导素质）；第

68 章: Opportunities(机会);第 69 章: A fight(斗争);第 70 章: This is nothing new(这没什么新鲜的);第 71 章: All the answers(全部的答案);第 72 章: Spiritual awareness(精神意识);第 73 章: Freedom and responsibility(自由与责任);第 74 章: Judge ans jury(法官与陪审团);第 75 章: Without greed(不贪);第 76 章: Flexible or rigid(柔还是刚?);第 77 章: Cycles(循环);第 78 章: Soft and strong(柔软与强劲);第 79 章: Win or lose(赢或输);第 80 章: A simple life(简单的生活);第 81 章: The reward(报偿)。

第三节 《道德经》与教育

一、道与教育学:《道德经》的语境重构

2000 年,美国佛罗里达州立大学西德·恩伊顿·卡斯勒(Sydne Eden Kasle)的博士论文《道与教育学:〈道德经〉的语境重构》发表。① 文章主体部分由"导论""文献综述""方法与步骤""作为教育工具之'道'""异议、解释与启示"5 个部分构成。此节将第 4 章"作为教育工具之'道'"汉译如下,以窥作者的根本思想。

该研究的主要目的在于促进我们对当代交际教学法的理解,其次是使道家的哲学思想更容易贴近西方的交际教学法。为了提供作为交际教学法研究之互补基础的道家哲学思想,有必要实施《道德经》中的一些广为流传的主题。通过辨识几个道家的表意文字,或许我们可以发展一种更为清晰的关于从一种道家的视角来描绘交际教学法究竟意指的是什么的感觉。当然,如果该研究能以某种方式为当代的交际教学法产生一种更切实可行的道家的哲学思想,这一切才有可能。

正如在前面第 2 章所指出的,当代的交际教学研究主要依赖的是西方思想的、线性发展的哲学。当西方哲学在很大程度上因悠久的传统及其切实可行的本质被喜欢时,古老的东方概念则能作为一种将道家的哲学思想融合进我们的教学法并因而融合进我们的教学过程的有用的工具而被实施。

---

① Sydne Eden Kasle. "Tao and Pedagogy: A Contextual Reconstruction of the *Tao Te Ching*". Ph. D. Thesis, The Florida State University, 2000.

为了促进道家哲学思想尤其是老子的《道德经》与我们关于当代交际教学法的对话的恰当应用,该章包括了对《道德经》的文本重构。换句话说即是,我希望能将《道德经》引入一种不同于以其文本为本意的阐释体系。我将文本当成是一种有活力的叙事文献,从阐释学的角度从当代交际教学法中引出了一种独特的阐释回应。

我第一次对《道德经》的阅读,以及之后对《道德经》的阐释,都是受到了我对教学法之理解的影响。在过去的几年里,我是以自己对批判教学法的理解为基础来阐释《道德经》的。展现在我面前的道家的教学法包括了好几个维度。首先,该章将对已经在第1章中介绍过"圣人"进行更详细的阐释。其次,我将提供一种对某些有可能被用来补充交际教育研究的既存理论基础的道家的表意文字的详细阐述。在我讨论各种表意文字的时候,我将解释它们是如何在本质上不同于我们今天所依赖的那些基本的西方教学法之假设的。

1.圣人

根据第一次对《道德经》的阅读,交际教育者就很有可能想到道家思想与教育学的关系。摆在读者面前的是简短的关于如何平衡生活与和谐生活之引导的81个章节(更像是段落)。

> 著作的普遍要旨恰恰是修辞的,因为它教导了一种与意欲同时获得个人的与其社会的终极目标的那些人相处的方式。①
>
> 终极目标是通过例子通过某人的存在去使人相信。一个人既是满足他自己同时也是最大限度地为他人和社会,首先是试图做一个绅士、一个优秀的人、一个最优秀的人、上帝、智者。②

作为一种哲学文献,《道德经》文本为生存之道、行事之道或如我们这篇关于文本重构的文章中所讨论的教育之道提供了一剂处方。

首先来对老子的"师"或"圣人"这一概念进行解释是必要的,因为如许多人所认为的,老师在教育的过程中有着最大的责任。正如约翰·杜威所说:"在教育事业中教育者的作用在于提供一个可以促进回应和指明学

---

① 罗伯特·奥利弗《交际》,第239页。
② 弗农·詹森《修辞学》,第228页。

习者方向的环境。"①

即便是对没有读过对《道德经》的正式介绍或评论的读者来说，也显而易见早在《道德经》第 2 章中老子的话就是在对国君或圣人说的。"不管是传统的还是现代的学问，阐释者通常都会选择将这些段落看成是直接针对统治者的处方。"②实际上，"《道德经》中提及作为理想的人和理想的统治者达 30 次……"③。

而且正如詹森(J. Vernon Jensen)所解释的："老子自己就是个老师，他主要的弟子有庄子和杨朱。通过训诫和例子，道家的这些先生们传授了一种生活之道，一种关于如何管理个性阐发的体系，一种应对自己与他人的方式。"④

《道德经》中必定有一种关于"圣人"的社会—历史语境。由于其不是我这篇关于文本批评的文章所观照的东西，但仍然显得有趣而相关。正如拉法格(Machael LaFargue)指出的："有些格言直接反映了在道家学派中一个老师应该是怎样的，其困难即是由于试图去传授的'无言'之道的微妙与非传统的本质，也在于一个人不得不为世界所提供的东西的极度重要性。"⑤

在描绘"圣人"或证明那些拥有圣人品质的人时有一个普遍的观点。孔力维(Livia Kohn)在其对"道"之神秘主义进行考证的时候描绘了"圣人"的那些引人注目的特征：

> 将其描绘成一个伟人。他是一个兼具统治者、巫师和圣人身份的人。他回归世俗生活并作为老师、引导者和统治者服务其同胞。中国早期的神秘主义因而具有一种政治的维度，这种神秘主义是以既然'道'是秩序井然的那认识到它的人就必须将秩序带给世界这个理念为基础的。一个有修为的神秘主义者因而是一个真正的人，一个完美的人，他与自己完美整合，很容易与天堂交流，并在他那个时代的政治

---

① 杜威《民主与教育》，第 188 页。
② 卡拉汉《道家思想中的话语与观点》，第 176 页。
③ 陈荣捷《老子之道》，第 132 页。
④ 弗农·詹森《修辞学》，第 29 页。
⑤ 迈克尔·拉法格《〈道德经〉之道》，第 553 页。尽管有更多的章节可用来阐释和应用到教育中，但拉法格只列举了 9 个特别的章节：第 3、36、42、45、46、47、48、49 和 75 章。

和社会秩序中起着重要的作用。①

亚瑟·韦利将"圣人"描绘成一个很容易与"普通人"区别开来的人，但是他知道并非所有的读者都会同意他的这种阐释："《道德经》并不试图为普通人指出一条生活之道（尽管任何人都可以将其作为是为自己指出的，如果他如此选择的话）。它是描绘圣人如何通过实践'道'而获得不知道统治而统治的力量的。"②

为了更好地理解道家的哲学思想是如何被用来指导交际教育者、"普通人"或其他人的，让我们来看看陈荣捷对"圣人"的描绘：

……圣人不过就是个理想的人，每个人都可通过实践"道"而成为圣人。在中国传统尤其是在道家传统中，每个人都有成为圣人的潜质。老子《道德经》中根本就没任何的暗示说圣人是不同的一类人。此外……老子《道德经》提出了对政府的最有力的一些抗议。这些说给统治者听的抗议和攻击几乎不能让百姓信服。如果圣人被作为统治者挑选出来的话，那是因为他依照"道"培养了"德"的缘故。简言之，《道德经》的主要目标是培养"德"。③

熟悉了"圣人"之后，让我们来了解一下他的性格特征。下面的讨论将会转向我在阅读《道德经》时所辨识的各种道家的表意文字。我再一次强调，该文是一篇叙事的讲述关于交际教学法的阐释体系的文章。

2. 修养

当有成见的学者想到交际教学法时，他们几乎立即开始将去等同于某些课堂内外的教学策略。由于几乎不可能将教学理论与教学实践分离开来，即便这种等同不是即时的，也是不可避免的。然而，交际教学法常常忽略对外在考察之前的内在考察。换句话说即是，认识到作为一名有效的教师的"自我"要求"自我"意识，因为它是与作为整体的教学过程相关的，而非仅仅意识到诸如个体的教学实践、学生的需求以及个体的教育环境等孤

---

① 孔力维《道家的神秘哲学》，第164页。
② 亚瑟·韦利《道德经》，第92页。
③ 陈荣捷《老子之道》，第11页。

立的变量。

当然,改善一个人的教学实践会导致一个人的修养在一定程度上的提高。然而,在西方的视野作用下,有将个体的教学行为而非将老师作为是与教育过程相互关联的一部分来检验的倾向。这种简化论可能导致教学完全去文本化的观点。作为个体的老师与教学实践、学生和教育发生的环境脱离开来。但这是塑造交际教育研究的唯一之道吗?我认为不是。

正如《道德经》所强调的,有效的领导和在这种情形下的有效的教学,只能当圣人作大量的反思后才可能产生。通过这种方式或在这种语境中,圣人或交际教育者能发展其教育风格,即,源自内省的自我意识为教育者提供了成为一名有效的教师的工具,使他们可以在人群前讲话、回答专业的问题、使教学风格适应学习风格等等,因为"……'道'之经验是根植在作为一个人的根本模式的冥想的'发现'的深度基础之上的"①。

在这个过程之中,"道家休息其身体,冷静其思想,放手对通过命名而成习惯的类型的支配,解放追求更流畅的变异性与相似性的现代思想,并让其问题作为一种倾向自然地找到其自身的方向即'道'去自行解决以代替思考选择。他不必以善恶为标准做决定,因为只有承认'明'比无知更好,承认在自然的倾向中这一个是在最清晰的思维中普遍流行的,其他的也一样将会是最好的,这一个是与'道'一致的,是不证自明的。"②

而且也如拉法格所描绘的:"修养在某种程度上与'美德品性'在西方的发展不同,西方极力强调的是彻底的内化,如此以至于个体的品质被培养为其本能冲动的一部分(不是一个人必须坚守的'坚定信仰')。"③

在读《道德经》的时候,我们发现在几种情况下有引导圣人修养的明确教导,这是一种自然的自我意识的副产品。当我们通过交际教学法之眼来解读《道德经》文本的时候,文本本身会在一定的专业自我修养的程度上谈及老师的愿望。例如,老子在第33章中写道:"知人者智,自知者明。"

"明"这个理念要求圣人关注内在的而非外在的世界。

"夫物芸芸,各复归其根。归根曰静,是谓复命。复命曰常,知常曰明。不知常,妄作,凶。"(《道德经》第16章)

---

① 长友佑都(Nagatomo)《认识的转变》(An Epistemic Turn),第173页。
② 格拉汉姆(A. C. Graham)《争论者》(Disputers),第235页。
③ 迈克尔·拉法格《〈道德经〉之道》,第194页。

于是,这个"明"以某种方式解放了圣人,允许他引导他人。正如第45章所言:"清静为天下正。"

老师实践修养的方式很多。该文从一开始就指出修养的理念并不是新的,它只不过是被放在了一个比如今那些研究交际教学的人给予的更高的位置上。最重要的是,老师能意识到他自己与学生之间既存的那种相互依赖。老师可以通过学习如何教学来修养自己,并与教学实践保持一致。老师可以严肃地思考学生的评价,能因任务变得陈旧无用而调整教学计划。

通过将自我作为与教学过程相关的部分来考察,他的教学法对学生来说不那么充满个人意识。总之,老师是教学过程中的榜样,通过认识自我,教育者可以对其教学法有更多的自信,并由此向学生证明自己的自我意识和自信。通过对自我而非对某些规定的教学实践的依赖,教育者更容易在教育过程中找到平静。这是创造一个和谐的社会教育环境的第一步。

3. 谦卑

当然,有许多可以修养的方式。其中一个更著名的方式包含了改变我们与他人合作的方式。一个教育者,尤其是从事高等教育的导师,倾向于被具体化为一个信息丰富、受过良好教育的优秀人物。实际上,在西方,对教育的线性研究是在假设学生被他们的老师所引导的前提下发挥作用的。由于容易假设教育者拥有某些领域的专门知识,因而常常假设教育者在许多领域比学生拥有专门知识,而学生不可能拥有老师没有的专门知识。然而,我们知道这些假设都是错的。

许多相当著名的当代教育者如弗莱雷(Paulo Freire)、吉鲁(Giroux)与麦克拉伦(McLaren)和贝尔·胡克思(Bell Hooks)都认为有成效的老师是以一种引人注目的非竞争性的态度来实施教育过程的。然而,这种理念并非新的。在创作于1916年的《民主与教育》(*Democracy and Education*)一书中杜威强调:"在共同的活动中,老师是一个学生,而学生并不知道,他却是一个老师。一般说来,任何一方,不管是指令的发出者还是接受者,越少意识到这个,越好。"①

杜威还在洛克哈特(Earl G. Lockhart)的《我的天职》(*My Vocation: Or What Eminent Americans Think of Their Callings*)中指出:"因而那些进入教

---

① 杜威《民主与教育》,第167页。

育这个行业的人应该提前意识到对某些性格的人来说这是一个太安全太具保护性的职业。没有足够的竞争激励以激发出他们最佳的能量。有些人则把年轻的学生看成下级,倾向于以一种高高在上的姿态来教学生并获得一种专横或高人一等的姿态。这样的人应该避免去从事教育。有些团体中政治发挥着极大的影响。那些想做老师的人应该先问问自己是否有能抵制这些影响的人格魅力,是否能在与他人相处的时候扮演好自己的角色而不成为趋炎附势者、不务正业者和站位者。"①

道家哲学中的一个优先法则是"谦卑"。老子认为为了有效地管理一个国家,或者说管理一个课堂,圣人必须采用谦卑的态度来处理这个过程:"道家的核心主题是人应该努力通过现实的表象深入其内里,这个表象被阐释的传统模式所牢固确立的普通看法遮蔽了。"②

老子认为,显示谦卑的一个办法是放弃传统的权利结构的理念。在这个文本重构中,圣人将会通过发挥一种幕后的作用或处于一个甚至比学生更低的位置成为一个更有成效的老师:

> 对道家思想实践层面的这种启发式的阅读的一个直接好处就是它为老子反对对诡计多端的方法的指控提供了一个连贯清晰的、满意的防卫。我们把这些关于非直接目标的控制的段落当作是颠倒我们对"名"之通常情感态度的理由的特别呈现的另外一种态度来对待。关键是只有在这种情形下颠覆对控制的喜好才显得貌似可信,它们不过是显示出我们可能为把低下的价值看得比高贵的还要高的启发式的方式之一而已。③

另一个警告是将放弃统治与放弃权利结构相等同。这仅意味着我们改变权利结构的方法。"实际上,老子的《道德经》中并没有关于集体主义、反封建主义或反对商人的什么证据,也没有对君王的谴责(可参见《道德经》第37、39、42章)。老子所倡导的是一种简单朴实的生活,在这样的生活中,利益、聪明、私利和邪恶的欲望都是受到摒弃的。"④

---

① 洛克哈特《我的天职》,1938年,第333页。
② 罗伯特·奥利弗《交际》,第242页。
③ 查得·汉森《语言学》,第333页。
④ 陈荣捷《老子之道》,第11页。

正如我们在《道德经》第66章中所见,当圣人将其放低的时候,百姓(或该文语境中的学生)可能不能理解一种权利斗争:"江海之所以能为百谷王者,以其善下之,故能为百谷王。是以圣人欲上民,必以言下之。欲先民,必以身后之。是以圣人处上能民不重,处前而民不害。是以天下乐推而不厌。以其不争,故天下莫能与之争。"

我们也能在第7章中发现如下的文字:"天长地久。天地之所以能长且久,以其不自生,故能长生。是以圣人后其身而身先,外其身而身存。非以其无私邪?故能成其私。"

在老子的道家思想中,每个人的思想都是一样的重要。圣人有可能是统治者,但他的思想不是为了用来建立寡头政治统治。当我们记住万物之间是相互关联的时候这个理念对西方读者来说更合意。换句话说即是,师生之间是没有分别的,由此老师的观点和学生的观点之间也是没有分别的。正如我们可在《道德经》第49章所见的那样:"圣人无常心,以百姓心为心。……圣人在天下,怵怵为天下浑其心。"

权利的斗争多次因老师不可避免地要负责评价他们的学生而发生在教室里。当我们处在一个评价他人的位置时,我们开始把自己看成是与被我们评价的对象相关联的,这是人之天性。常常在教室里因学生可能会感觉到的那种不断的监视而酝酿着一种受争议的师生关系。教育者很不幸发现他们自己在"我是对的,你是错的"模式下起着作用。这对获得宁静和社会和谐有帮助吗?我认为不能。

老子认为圣人不需要以任何优越于他的学生的方式行事。圣人不需要吹嘘他的成就:"是以圣人自知不自见;自爱不自贵。"(《道德经》第72章)"功成而弗居。夫唯弗居,是以不去。"(《道德经》第2章)

我们也能在《道德经》第22章见到:"不自见,故明;不自是,故彰;不自伐,故有功;不自矜,故长。"

相似的是,第24章也有如下话语:"跂者不立,跨者不行,自视者不彰,自伐者无功,自矜者不长。""谦卑"也蕴含着在一种非对抗的、非判断的模式中处理教育过程。这可能似乎与老师的传统作用是相对的,这恰是问题的关键。将其作用更多看成是知识的提供者而非学生的统治者的教育者,将会在教室里设置一种完全不同的氛围。再一次,通过从这个角度来看待教育的过程,在师生之间不会存在太多的竞争:"圣人不积。既以为人己愈有,既以与人己愈多。天之道,利而不害。圣人之道,为而不争。"(《道德

经》第 81 章)

正如我们在第 38 章可见到的,圣人不仅是一个谦卑之人,他也不全神贯注于将谦卑看作一个特征。正是因为不关注这个特征他才拥有这个特征。正如老子所认为的:"上德不德,是以有德。"(《道德经》第 38 章)

在这种语境重构中,通过不宣称作一个谦卑的教育者,他成了一个谦卑的教育者。

4. 非指导性的

非指导性的教育方法的理念看起来似乎是相当荒谬的。总之,老师是被雇佣来管理教室和学生的。然而,道家的方法在某些方面可能是定向的,但当其被比作现代广为接受的对教育的理解时在总体上被认为是非定向的。换句话说即是,在道家视野下起作用的老师在涉及因循守旧者时有可能被认为是非定向的。相似的是,谦卑的老师能培养出对非定向教学的热情。

5. 无为

指出道家的圣人并非是懒惰的或不作为的很重要。给他贴上这样的标签将只能被东方的生活之道分配西方的生产力的理念。《道德经》确实为读者呈现了一系列的行为引导,但是它们呈现的是一种与西方人所普遍理解的"为"相悖的东西。正如陈荣捷所指出的:"正如公元 4 世纪和 5 世纪的新道家所强调的,圣人不是抱着双臂闭着嘴坐在林中的那个人。他不是隐士。相反,他整天游走。使其成为圣人的是他从未曾忽略那些根本的东西。"①

将非指导性的教学描绘成可能与道家的哲学思想相关的东西,先描绘两个法则是必要的:一个是"无为",一个是"无言"。正如在该书第 2 章中所提及的,批判性的教育学使得赋予学生权利的教学实践成为可能。然而,很难想象如果老师口述一项被分配任务的所有因素的话学生能感觉到被赋予了哪怕一点点的权利。比如,在交际教学中,假设老师将分配一项特别的演讲任务给学生做研究,学生被告知什么是重要的和有趣的。另一方面,非指导性的方法将为完成一项任务提供一定的范围。实际上,范围越大,学生能自主选择的机会就越多。学生可选择的机会越多,他感觉到被赋予的权利就越大。

我们在《道德经》中发现了几处谈论"无为而治"的理念的段落,如第

---

① 陈荣捷《老子之道》,第 146 页。

3 章的结尾句:"为无为,则无不治。"老子在《道德经》第 10 章指出这种方法是有道德的;"明白四达,能无知乎?生之畜之,生而不有,为而不恃,长而不宰,是谓玄德。"

在论及圣人的"无为"与常人的"为"之本质时老子呈现了一种区别:"上德无为而无以为;下德为之而有以为。上仁为之而无以为;上义为之而有以为。上礼为之而莫之应,则攘臂而仍之。"(《道德经》第 38 章)

在第 47 章中,老子甚至解释说通过"无为"而获得"明"和"静"仍然是可能的来使其读者安心。实际上,他将"无为"描绘成一种为使社会和谐的先决条件:"不出户,知天下;不窥牖,见天道。其出弥远,其知弥少。……是以圣人无为而成。"(《道德经》第 47 章)

最后,在第 57 章中老子解释了转变和成功,或通过"无为",在这种修辞学批评的情况下,有效的教学效果出现了:"以无事取天下。……我无为,而民自化;我好静,而民自正;我无事,而民自富;我无欲,而民自朴。"

至于教学实践,其中一些例子将包括培养出更多独立的工作,如团队项目。学生将被提供一些关于任务的一般指南,但是他们自己来做重要的决定以努力完成分配的工作。如果老师显然能对问题有所帮助,那么在任何阻碍发生之前将会得到学生的恳求。这样,与传统的观点相比较,老师就"不为"却处理了教育的过程。

6.不言

正如之前已经提到过的,非指导性有 2 个方面:无为而教和不言之师。考虑到教学的效果第一眼感觉"不言之师"有些荒谬。尤其是学生,可能期待一个由老师引导的课堂,在其中大部分的时候是老师在讲。这部分原因是一般说来美国学生的社会化是融入了教育过程的。在初级层面上,学生被教导要服从指令。在其次的层面上,许多教育者会选择一种相似的方法,因为这样通常更容易管理一个过度拥挤的学生课堂。当学生达到高等教育的时候,他可能会抱这样一种态度,认为他是在付费给老师来做课堂上所有的事情。在许多学生中也存在着这样的感觉,认为除非老师讲课否则学习是不可能出现的。实际上,老子甚至承认"不言之教,无为之益,天下希及之。"(《道德经》第 43 章)

然而,教育者说话的频率可能需要被减少以便有效地赋予学生权利。比如,如果一个老师给了学生所有的答案,那学生就可能会去设想他们不需要再提供任何答案了。或者,学生有可能会认为老师给他们找到的答案是无价值的,那么他们就不用再费心提供别的答案了。我们来将这个例子加以扩展,学生有可能形成一种印象,认为他们的同学根本就没有答案,这样会减少同龄人之间互相尊重的程度。

詹森(J. Vernon Jensen)对此解释道:"道家对保持沉默的强调是与他们认为词是不可能准确表达现实这个理念相关的。……嘴被认为是心的门卫,它必须对出口的东西小心防卫,以免心被他人知晓。与保持沉默这个告诫相伴的,是对做一个专注的倾听者的尊敬。"①

我们可在《道德经》中找到好几处建议圣人实践"不言之教"的段落。第2章的最后一句为"行不言之教。"第5章有"多言数穷,不如守中。"第56章有"知者不言,言者不知。"

然而,一个行"不言之教"的老师仍然是在"教"。这是一个被广泛接受的法则,这个法则可追溯到苏格拉底和对苏格拉底方法的认知。换句话说即是,"不言之教"从修辞上看很重要。说到中国古代的修辞艺术,罗伯特·司格特(Robert Scott)指出:

"不言是言语的缺少。当我们与他们相处时我们想要表达的强烈愿望为'不言'的实践创造了基础。当其满足不了我们想要'言'的强烈愿望时,我们只能潜在地选择有意义的'不言'。"②

于是,非指导性的教学中老师讲的话更少。当听到学生的问题后,一个非指导性的老师可能会让一个学生来提供答案而不是他自己把这个问题的答案给出来。非指导性的老师会限制课堂上讲课的时间,他会认识到当学生总是被告知答案的话他们有可能变得对他的话相当地依赖。

7.不对抗

教育者也可能通过在其教学中成为一个非对抗者来培养自我。由于教学过程内部的多种可变因素,注定会产生不一致。最显而易见的是,学生和老师彼此会存在很大的分歧。学生可能不赞同老师处理课程的方式。与此相似的是,老师也可能不赞同学生处理学习过程的方式。最后,学生可能彼此以这样的方式互动以引起老师的注意。由于这些引发对抗的刺激因素以及其他一大堆的因素,对教育者来说保持其沉着就变得日益重要。

---

① 弗农·詹森《修辞学》,第222—223页。
② 罗伯特·司格特《言与不言的辩证张力》,载《演讲季刊》1993年第79期,第1—18页。

在道家的哲学思想中,非对抗的圣人在有争议的情形中不需要去反抗。相反,他会在一种完全的和谐中以彻底的平静心态去处理任何潜在的对抗。实际上,教育者自由地甚至是无意识地避免了与学生之间的敌意冲突。例如,我们可在《道德经》第68章中见到如下的观点:"善为士者,不武。善战者,不怒。善胜敌者,不与。善用人者,为之下。是谓不争之德,是谓用人之力,是谓配天,古之极。"

非对抗的教学方法实际上能赋予学生权利。一旦学生感觉到舒服而非来自老师的威胁,他们就会放松地将精力集中在学习过程中。正如我们可在《道德经》第75章中所见:"民之饥,以其上食税之多。民之难治,以其上之有为,是以难治。民之轻死,以其上求生之厚,是以轻死。夫唯无以生为者,是贤于贵生。"

圣人能显示出非对抗的一种方式是通过对对手的屈服。如朴仁熙(Ynhui Park)所解释的:"总体的道家的道德法则是放弃意愿并不被强迫地去做事和生活。"①

"正如由于其特征是'无名',因此'为'的特征是'无为'。'无为'并非如庄子所使用的比喻那样意指作'槁木死灰',其意指的是不采取人为的行动、不干涉或让万物任其自然。"②

卡苏利斯(T. P. Kasulis)解释说可将屈从的行为类比为水之根本的属性。一般说来,屈从能阻止任何形式的对万物自然秩序的干扰。如《道德经》第15章所言:"古之善为士者,微妙玄通,深不可测。……涣兮其若水之将释。"

然而,卡苏利斯又警告说,这不应该是个被玷污的特征。或许它是在一个西方的线性范式内部被玷污了的,而非是在道家的哲学思想内部:"'无为'是响应能力的这种非自觉形式的名字。道家对那些模式进行沉思和回应,尽力不去干扰改变的模式。由于运用和直接的对抗总会遭遇抵抗,老子建议我们应该像水那样,既灵敏又能柔顺。然而这种柔顺不是被动的或宿命论的。通过柔顺,水最终磨损了阻挡其道的岩石。"③

格拉汉姆解释说对圣人而言这是一种自然的倾向:"通过柔顺弱者变

---

① 朴仁熙(Ynhui Park)《老子与尼采》,第406页。
② 陈荣捷《老子之道》,第8页。"槁木死灰"可参见《庄子·齐物论》:"形固可使如槁木,而心固可使如死灰乎?"(作者注)
③ 卡苏利斯《绝对与相对》,第391页。

得……。圣人完美地阐明了他的立场,被吸引着与自然的过程自然共存。他只是将自己放置在一个朝向先是顺从后是征服的位置上。"①

如格拉汉姆所总结的那样,实际上如果一开始就采取了一种屈服的方法,圣人是能阻止任何形式的冲突产生的:"圣人什么都不为但却通过最小的干扰保持了效果的最大化,在隐患发展之前就已经认识到它,并在其成为问题之前就先将其遏制。"②

于是,非抵抗的圣人试图创造一种在其中对抗能被保持在最小程度的教育环境。如教学大纲不仅明确规定了教学任务及其在层级体系中的分量,而且还规定了适合学生的行为标准。表面上这可能显得太死板、太有组织性并因而是反"道"的。然而,如果这些标准被加以解释并被所有人接受的话,那么它们是不需要这么被分析的。

即便是有防卫,引导者也不可避免地要面对与学生的冲突情形。即便是在大学里,学生也存在纪律的问题。学生会被学业的压力困扰并把这些困扰发泄到自己的同学和老师身上。学生有时对自己的成绩相当不满意并强烈地认为自己应该得更高的分数。在激动的时刻引导者应该保持平静,让其自我离开教室,记住"道"引导我们保持中庸之道并不把意见的不同看成是必要的输赢,而是应将其看成自然的出现,在其中双方都是围着同一个愿望的,那就是学习。

8. 灵活性

此处讨论的最后一个道家的表意文字是灵活性。其包含了2个层面:一是修养,由于前面提及的教学实践,记住不存在任何可用在任何情景下的教学策略是很重要的。圣人知道什么时候表现他的谦卑,什么时候保持沉默,什么时候该避免冲突等等。正如一个道家将会告诉你的,"道"将引导你前行:"执大象,天下往。"(《道德经》第35章)

看待灵活性的一个更加实用的方式是考虑到学生本质的多样性。每个学生都是不同的,都拥有自己独特的学习能力和学习目标。每一种教育情景潜在地都是独特的,因为不同的情景里参加的学生不同,课程的内容不同,团队动态不同,甚至教室也是不同的。这里,圣人通过选择既定情景下最恰当的行为模式以一种几乎是无意识的方式自由地采取他自己的管

---

① 格拉汉姆《争论者》,第230页。
② 《争论者》,第233—234页。

理风格。

当然,有人或许会猜测,《道德经》直接面对的读者是一个小国的君王,是统治者,这样的小国不得不在大国中为了生存而随风倒。其在一个大国出现之前撤退直至其勉强维持并经过衰败点的战略在管理、军事战略和格斗中有着非常实际的运用。……日本的柔道就是直接根据《道德经》中的术语来命名的。①

如《道德经》第 27 章就是不管圣人的个体信仰,引导他们接受百姓:"是以圣人常善救人,故无弃人。常善救物。故无弃物。是谓袭明。"

灵活的老师认识到每节课将会自然地创造其自己的标准设置。他们也认识到每个学生都将其独特的生活和生活经验的独特模式带进了课堂。应该鼓励学生的多样性来取而代之寻求创造一致性的方式,在这样的多样性中他们能采取最能满足学生需要的方式。至于"服从"的概念,课程应该是"灵活多样的"。

老师应该通过现行关于批判性教育的文学所建议的表现出灵活性并欢迎多样性。课堂上的多元文化论显而易见是一种灵活性自己所展示出的方式。反思性教学和体验式教学所完成的任务是一样的。对教育者来说重要的是他能认识到处理任何事情的方法都是有多种选择的。可以采用额外的计划,但是结果是一个更加和谐的学习环境。

显然,灵活性这个概念与该章讨论的所有道家的表意文字都不仅能为未来的交际教学研究提供基础,还能作为老师的行动指南。这个语境重构最适当地包含了老子关于"统治风格"的建议。

《道德经》第 58 章可很好地用来作为我们这篇论文的概述:"其政闷闷,其民醇醇。其政察察,其民缺缺。祸兮福之所倚,福兮祸之所伏。孰知其极?其无正也。正复为奇,善复为妖。人之迷,其日固久。是以圣人方而不割,廉而不害,直而不肆,光而不曜。"

二、《道德经》:人本心理学与教育的引导图像

1981 年,美国密西西比州立大学罗伯特·道格拉斯·芬利(Robert

---

① 格拉汉姆《争论者》,第 234 页。

Douglas Finley)的教育博士论文《道德经：人本心理学与教育的引导图像》发表。① 论文共有 3 个主体部分："导论""《道德经》译文"和"后记"。在此汉译整理论文的"摘要"和"后记"的第 2 部分"一些实际应用"，以窥作者的核心观点。

（一）摘要

远东的灵修文学为新的意象提供了丰富的源泉，也为寻求人类潜在性之更大的参数提供了丰富的引导资源，将其直接应用到心理学和教育领域的研究还比较少。该研究试图通过《道德经》这本论述普遍性和精神输入的世界经典来阐明和巩固东方哲学与西方心理学和教育学之间的联系。该文对《道德经》每一章的翻译接近道家经典的风格，也即是说，尽可能地不带偏见。

在该研究的"导论"中作者讨论了心理学与教育学之间的亲密关系，并阐述了西方社会科学世界观的本质，强调了其对 17 世纪宇宙论的当代社会科学的综合影响以及组成了唯名论—行为主义、经验主义精神和实证主义的思想形式的哲学积累。研究的主体是对《道德经》进行的无韵体英译，并附了对每一章的连续注释，以寻求将《道德经》81 章与当代的问题和语境相联系。

作者在"后记"中讨论了《道德经》中的几个对于以社会科学的唯名论—行为主义—经验主义—实证主义世界观为基础解决某些哲学问题的法则。这个基础为几个自行生效的法则包括整体论、本体论的必要性和本体论的规则提供了根据。研究发展了一种以作为一种对社会科学和教育学的普遍流行的意象之整体替代的法则为基础的宇宙意象。文章的结尾讨论了该研究对教育和咨询实践的一些应用。

（二）一些实际应用

1.本体论法则

在前面我们已经明白《道德经》特别为现代心理学和教育学提供了一种对唯名论—行为主义—经验主义—实证主义世界观的批判，并揭露了在科学自身根本的经验主义的姿态中的内在矛盾。积极地讲，《道德经》为非—矛盾的法则和对本体论的必要性法则的采纳提供了一种启发。与当

---

① Robert Douglas Finley. "*Tao Te Ching*: A Guiding Image for Humanistic Psychology and Education". Ed. D. Thesis, Mississippi State University, 1981.

今对为教育作引导的对人与宇宙的未受损伤的图像区分、专门化、简化并最终将其剥夺相反,《道德经》建议的是一个微观和宏观世界的反射图像。与其他模式一样,这个图像所建议的东西远不能说清楚。从其图像中可得到的运用或许是无限的。

除本体论的必要性外,《道德经》还建议了一种本体论的规则,这种规则是价值的基础,恰是唯名论—行为主义—经验主义—实证主义教育中所缺乏的东西。本体论法则说我们应该寻求和喜欢的是整体而非部分。这被终极逻辑证明是正确的,因为反着做喜欢部分而非整体的话会导致某种死亡的愿望。喜欢自杀或许是某人的特权,但是逻辑事实是,喜欢死而非喜欢生最终是选择一种消极的状态,在这种状态中无人可珍视或喜欢任何东西。

本体论法则说,实际上我们应该喜欢生活的各个领域中的整体而非部分,尤其是我们老师和咨询师这些负责引导他人的人,有责任使得我们是其主体部分的这个过程是个整体而且尽可能的健全。这个完整性的选择的主要方面是把主观性的经验放置在我们活动的中心。远非以一种自我中心的姿态,这意味着拥有我们自己的极度无知,意味着去除我们的特性以及仅作为普通的民众之神秘和力量,用老子的话讲就是,做个简单的人。对自己的无知这种承认是将我们自己向学习敞开。这是开始对话的必要条件,这种必要条件是教育和忠告的根本。朱拉德(S. M. Jourard)坦言:"教育,如果要说它是什么的话,是一种对话。是源自某个活人或死者的邀请,邀请一个人参与扩宽其视野的过程。如果教育不是一种对话,那么它就不是教育。"①朱拉德继续说,在对话的结果中是我们学习去信任别人并能足够多地去倾听他们,而且"当我们学习去信任别人并能足够多地去倾听他们的时候,我们才能降低我们的世界模式的僵化程度。相似的对话'设置'我们的世界模式或使其具体化,而新的对话,如果我们能听见的话,则会如一个雕塑家将黏土塑造成新的图像那样重塑我们的世界图像。"②

《道德经》提供一些或许可以引导我们降低我们的宇宙以及自我(进而是我们的学生或被忠告者)的模式的僵化程度的方式。为简洁的缘故,

---

① S. M. Jourard. "Education as Dialogue". *Journal of Humanistic Psychology*, 1978, (18), p. 47.
② Ibid., p. 51.

这里将其作为引导的思想法则呈现为外在与内在的对话。

2. 道家思想

允许例外能反证此规则（智性思考）。智力是在怀特海（A. N. Whitehead）所谓的"差异法"基础上实施的。① 像一台二进制的电脑，它根本上是把一件事与另一件事相比较。一件事要么是 A 要么不是。这相当于在实践中去寻找例外，并在找到这个例外之后假设这个例外会使一些普遍性失效（这个例外的不是 A 的东西，是被包括在 A 的集合中的）。拿普遍性来说，"所有的天鹅都是白色的。"按照通常的逻辑，如果发现一只黑天鹅就将使这个普遍性失效。但在道家的逻辑中，不完全是这样的。普通逻辑，看到了例外，以二分法来思考事情，来衡量那 99% 的真实和 1% 的例外或错误。道家逻辑没有忽略比例，相反，远非例外是普遍性的反驳，道家逻辑认为例外可以证明此规则。道家的思想家首先期待的只是源自经验主义的普遍性中的真实度。通过了解例外，规则的力量与规则一起得到了证实。

在可能的时候从不同的程度而非按固定的类别去思考。这一条规则是对前一条的扩展。我们寻找普遍化，但同时我们又对例外开了口，因而我们的普遍化总是由经验来限定的。有时它可能是非常有趣的普遍化，而有时却又可能是例外或限制。这即是总是用"程度"这个术语去学习思考。

思考谈话的总体而非思考组成等距单位的线性参数。后者是机械地思考，而前者是整体论的思考。"我们谈话的世界是什么"将会成为在教育中注定要被放在任何讨论的最前面的一个问题。取代思考一大堆重要程度一样的问题，我们将会思考位于圈内之圈内的那些问题。

恰当理解万事万物的本质。不必出动空军力量来消灭一只蚊子。实际上，如果我们这么做的话，蚊子不一定能被杀死。相反，令人印象深刻的技巧和勤劳的活动不一定意味着需要重要的学习。实际上，社会科学和教育受到了太多的批评，认为它们充满了对其结果的意义根本不了解的技巧和定量。德·布罗依（De Broglie），一位著名的从高级物理学的角度研究社会科学的方法的物理学家，甚至这样写道："因而，在人类行为的不严格

---

① A. N. Whitehead. In D. W. Sherburne ed. *A Key to Whitehead's Process and Reality*. Bloomington: Indiana University Press, 1975.

的科学范畴内,定义的严格相反的是随着其在现实世界的实用性而变化的。"①

发挥想象力。接受想象力是以其自己的方式,与逻辑一样,与数学一样,与树和石头一样真实的。这意味着在图片中思考。怀特海将其称作"富有想象力的合理化",并将其比作升空勘测更宽广地面的飞机的飞行。这也意味着不必害怕层级,因为图片或多或少都有其突出的方面,所有的价值都不相同。层级暗示着价值。这就导致了下一个法则。

考虑主观性。这意味着停止对我们自己那部分的否定,放弃客观"观察者"的姿态,将其理解为某种经过培育的非自然的东西。实际上它是唯名论—行为主义—经验主义—实证主义世界观的产物。相反,我们应该欢迎个体的价值判断、个体价值判断的不确定性以及个体的想象力、直觉力和完满感的完整部分。

思想过程。用分类作为工具,而不是作为障眼物。将万物都看成是流变的(不是无物,而是流变)。认识到所有的主体也是事件。知道能在一个层面上准确描绘一个过程的句子不一定能准确描绘另外一个过程。当心词语那骗人的本质。正如朱拉德所言,分类倾向于"设置"我们自身的、人类的以及宇宙的图像或"使其具体化"。偶然地,这可在忠告中有许多的运用。许多问题可以理解为是被忠告的人自我分类的结果。在心理学家的帮助下将其自身定义为精神病患者的被忠告者必须不仅放弃自我的行为还要放弃自我的定义。为了做到这个,这样的人必须允许今天的精神病患者不必再成为明天的精神病患者。

3.道家思想在教育方面的应用

在"导论"中已经说过《道德经》的背景是对话,是圣人与帝王之间的对话。"导论"中也提到过在老子生活的那个时代,《道德经》或许是他对自己与自己生活的那个时代之间对话的提炼。与我们即它的读者相关的是,《道德经》提供了一个与过去的大师对话的机会。在所有的层面上,不管是在外与他者还是在内与我们自己,这本书都邀请读者参与更深层次的对话。对话是交流之"道",而且也是完成教育的手段,如果教育真的是能被完成的话。

没有对话的教育的最大缺陷在于学生被告知了全部的答案但却几乎

---

① F. W. Matson. *The Broken Image*. New York: George Brziller, 1964, p. 154.

不知道答案所回答的问题是什么。因而他们只是被给予了一半的对话,其中答案是没有多少意义的,因为它们只是被记住而非被理解了。于是学生变成了将会"教育"他人而非自己的教育者。

与死气沉沉相反,为使变得活跃,必要的教育是以问题开始的,而非答案。只有当我们以一种质疑的态度来对待它的时候我们才能完全醒悟,而当我们想要理解某事的时候那我们就不能不采取质疑的态度。在一开始而非在最后就向学习者提出恰当的问题有助于将学习者引导至问题的答案,这样学习者得到的将会是他们自己的答案,而非别人的。

教育的中心问题是"什么是教育?"教育是为了找到一份工作吗?它与技术训练有什么不同吗?教育的要旨是什么?与对话一样,这些问题也是教育必须面对的问题。它们会总是出现在学习者的面前,如果学习者是诚挚的那他将会发现开始得到的答案不一定是最后需要的答案。道家教育者在训练的时候将会提出的中心问题是"老师是什么?""老师该做什么?""为什么要这么做?""师生关系的本质是什么?""对于教育所提出的忠告,核心问题是'何谓忠告'?""实际上,这个如此被谈被写的过程是什么?""它的要求是什么?""它有哪些类别?""其特性是什么?""我们该如何辨别好与坏?"这意味着作为学生彼此间的和与老师间的公开对话,他们将会下意识地公开地发展自己的标准,也会作为他们与作者与自己间对话的结果深度地、主观性地发展自己的标准。

道家忠告者的教育与现在实践主要的分别在于减少了现在对技巧的过多强调。技巧有其位置,但在道家那里它只能屈居第 2 或第 3 的位置。只有当技巧缺失的时候对话才可能出现。将"如何?"的问题深深植入学生的头脑中,忠告者将自我意识和焦虑灌输给学生并将他们引导至与对话相反的方向。这实际上是距离和"客观性"姿态的培养,学生从中有意识地或无意识地被鼓励将其对话者看成是一类以微妙的或粗俗的方式与自己不同的人群。

对技巧的学习是对忠告技能的学习。老子告诉我们,学习恰当地对别人给予忠告是学习如何使自己真实。忠告是两个实体的生物间发生的事。现实有其可感觉的一面。它可能显得似乎相当的简单,但忠告者可能更多需要的技巧是学习他感觉可能真实的是什么。

4.道家思想在忠告方面的应用

读者或许已经注意到了该文此处对忠告的建议与卡尔·罗杰斯(Carl

Rogers)的方法之间的相似性。精神的这种相似性是真实存在的,而且如果能理解"罗杰斯"实际上是意味着不用运用技巧去做其一致就会得到加强。然而,"罗杰斯"代表的就是一种技巧,而且在此意义上讲,它对于这里所意指的正好是相反的。任何的模仿,包括对卡尔·罗杰斯的模仿,对这个意义来说都是相悖的。

罗杰斯自己说他的方法是"东方的"①,斯坦斯特德(R. Stenstrud)②也详细讨论了道教对于罗杰斯和马斯洛(A. H. Maslow)的关系。从次要的意义上讲,我们是"徒劳无益的",但如果这个尝试有助于我们更深地领会它将对罗杰斯与道教之间的关联意味着什么的话那它同时也是值得的。或许罗杰斯的忠告和道家对于总体的忠告的相关性都会得到证明。

罗杰斯的理想的忠告者可能是道家的,但是根据此前所有的讨论,从重要的意义上讲一个道家的忠告者并不是一个罗杰斯。二者之间的至关重要的对比在于世界观的不同。罗杰斯的忠告牢牢根植于物质的和有机的层面,由此忠告者必须保持一种"价值中立的"姿态。罗杰斯奋力从物质的和有机的层面摆脱出来进入整体的层面,但他保持主要固定在较低层面,不愿意放弃作为真知的主要形式的社会科学、定量研究模式和科学知识评价的传统姿态。

考虑到其经验主义的基础,罗杰斯的忠告只不过是非直接的,因为直接的忠告暗指的不是作为"仅仅相关的"的价值的保证和价值的理解。

道家的忠告将区别价值—知识和对这种价值知识的实施。这是一个广泛的区别,所有类别的价值—相对主义者完全是以无法辨认的面目出现的。但是在指出其构成把价值强加给某人与武断地断言所有的家长都完全是相对的之间存在一个有差别的世界。后者不是科学而是科学至上主义。它不是从经验数据得到的,也不是从哲学理解中得到了,而是来自假设。它是一种科学的假设,足够的真实,但它只是纯粹的假设。

举几个例子将有助于把这个差别搞清楚。关于婚姻,道家的忠告者是接受作为基础的、不可缺少的、普遍的家庭制度的。记住例外能反证此规

---

① Carl Rogers. *On Becoming a Person*. Boston:Houghton Mfflin, 1961.
② R. Stenstrud. Personal Power:A Taoist Perspestive. *Joural of Humanistic Psychology*, 1979, (19), pp. 31-41.

则。因而,他将有资格抵制那种普遍流行的尝试来通过解释消除并因而减少和根除家庭的社会学尝试,也因此道家的忠告者不会因为被认为是放纵的、任性的、认为"什么都行"的普遍流行的相对论者的观点而退缩。因为任何事物在即将创造下一代的时候都是不会"什么都行"的。社会退化和瓦解的逆转过程要求一对能满足孩子们的内在需求的、能起作用的、完整的母亲和父亲。于是,忠告的目的便总是在于挽救需要的家庭。但同时,没人能告知该做什么。

与此相似的是在对性的忠告这个相关而且重要的领域,道家忠告者必须与那些误把自由当特许的人道主义者和自由论者这个主流分离开来。"什么都行"的心态又一次成了缺乏理解和缺乏价值的遮面罩。来举手淫为例。原初有效而具启示的发现对犯罪感完全不适合。有人注意到这并非是悄悄地滑入了一种对作为构成某种积极的美德之手淫的荒谬可笑的评价中的。我们从未被告知过这种价值的基础,但是女权主义者却带着传教士般的热情向其他女性倡导和传授手淫。就像其他很多东西一样,她们追随男性模式,反对那些她们热心抗议的东西。这证明了一种现象是如何轻而易举地转变成它的反面以及"解放"是如何变成新的强制力的。

再一次提醒记住例外能反证此规则。道家忠告者接受作为普遍标准的异性恋和与普遍标准相反的所有其他的性表现。自然地以两极对立的概念来思考,道家忠告者能理解男女间相互吸引的更深层意义。这种吸引是以性的结合来象征的,但它源自一种不仅是物理结构的而且也是精神结构的、情感的、精神的和宇宙的补充。正如手淫这种状况,为非同寻常的异性恋活动而生的犯罪感的不适当的认知是合法正当而且解脱的,正如对从事这种事情的人的谴责之不恰当的认知一样。然而现在,这种正当的看法变成了一种微弱的宣称性只不过是一种喜欢正如一个人是喜欢咖啡还是喜欢茶一样的教条。道家不会谴责任何人,但它也不会对宇宙是标准这个事实感到奇怪。

5.定性背景

史蒂文·温伯格(Steven Weinberg),一位科学工作者曾经写道:"科学中存在一种根本的元素,这种元素是冰冷的、客观的、非人类的。"[1]1976年,史密斯(Huston Smith)引了温伯格的这段话来讨论科学对于提供一个

---

[1] H. Smith. *Forgotten Truth. Primordial Tradition*. New York: Harper & Row, 1976, p. 11.

真正的世界观之无能为力。史密斯的观点与该文前面呈现的观点是一致的。史密斯认为,科学不能提供一个世界观的原因很简单,因为科学自身在本质上是局部的,它只能解决那些能被觉察到的、行为的、可计量的和机械的东西。被它排除在外的是什么呢?史密斯令人钦佩地简明扼要地告诉我们:"意义、目的以及其中每件事都连贯一致的愿景。"①

现在我们也处在一个同样希望能简明扼要地重新阐述文章所提及的各种中心问题和已经找到的解决办法的位置。问题不仅是关于逻辑性的或纯理智的或有帮助的,而且也恰恰是关于意义、目的以及连贯一致的愿景的。或者更精确地说,是关于其在现行教育和咨询方面所缺乏的。现行教育分享了现代性的科学的思想形式,这种思想形式的意义、目的和清晰连贯一致的愿景都被剥夺了。但这样的东西不能必须既是装饰物又是教育的核心吗?不能不必是在那些高于其他恰恰期待以其为基础的事物中所缺乏的、不知道意义目的与连贯一致的愿景的咨询吗?如下是我们的古代中国圣人(从广义和狭义上)为教育提供的东西:一种连贯一致的世界观。在这种世界观中,人类生活是有其固有的意义和目的的。这种世界观实际上是一种被拉夫乔伊(Lovejoy)称为"在大部分的人类文明史中占统治地位的官方哲学"的东西。这种世界观也是"在其几次流行中很多有着更微妙的思索性头脑和伟大的宗教导师之不同程度的精确和彻底"的教义。老子为我们提供了一种宇宙观,也可以像史密斯那样说,是一种宇宙观的版本,一种强化的对于宇宙的感觉。这种感觉是科学和现代性都不能消除的。

前面已经建议过,这种背景的暗示有可能是无限的。我们将归纳对忠告和教育实践尤其突出的3个要点来结束此节。(1)认识到价值是不该忽略的、不该避开的或不该蔑视的,相反,价值和现实是共同扩展的。这意味着现实是人类的现实,宇宙是人类生存其中的家。这种可能性使得宇宙是一个充满爱的宇宙变得貌似可信。(2)《道德经》的特别在于其阴—阳概念,这是一个动态平衡的法则,为理解、变化和冲突提供了无限的潜在性。从阴—阳法则来看,当事物转变为其反面时我们不应该感到惊讶。实际上,这正是我们所期待的,并期待它是我们预先就有所准备的。(3)《道德经》为我们提供了一个对于冲突与变化的幸存的引导图像,作为生命的同

---

① *Forgotten Truth. Primordial Tradition*, p. 12.

一体的水之易变的图像,以及与此相反,作为死亡的同一体的水之固执刚强的意象。在忠告他人和我们自身时,我们的任务是根除刚强,而与此同时不放弃我们对普遍性的把守。

6.道家思想在管理方面的应用

对于道家的管理思想已经太多论及,无须再说了。整个《道德经》文本都是设立在关于正确的管理问题背景中的,这个问题也恰是关于正确的管理思想的问题。不管是关于民族的、国家的,还是大学的、教师的、家庭的还是个人自己的问题,答案都是一样的。易变、公开、无知、接受能力、不束缚、无竞争,所有这些都是培养德行的同义词。

三、高等教育与"福":《圣经》与《道德经》视角

2017年3月,韩国学者李正圭(Jeong-Kyu Lee)的文章《高等教育与"福":〈圣经〉与〈道德经〉中的幸福观在高等教育中的应用》在网络上公开发表。① 作者分5个部分阐释了《圣经》和《道德经》中的"福"观及其在高等教育中的应用:导论;《圣经》中的"福"观和法则;《道德经》中的"福"观;"福"观在高等教育中的应用;结语。该节摘译了文章的后4个部分如下:

(一)《圣经》中的"福"观和法则

在论及"福"时,《圣经·箴言》强调了先前的智慧和引导以及作为"福"之法则的日常生活。该书提及,如果人追随和实践这种智慧和引导,那他就能获得成功和幸福的生活。其显著的主题是"敬畏主是知识或智慧的开端。"(《箴言》第1章第7节和第9章第10节)即,"敬畏耶和华是智慧的训诲。"(《箴言》第15章第33节)探索寻求智慧既是世俗世界也是宗教生活的根本和目标。《箴言》中"福"观的核心是敬畏主耶和华和寻求主的智慧。

另一方面,《旧约·传道书》不仅强调了"享受生活",同时也强调了要"记住和敬畏主"。《传道书》认为,敬畏主最大限度是由于对人之欲望、智慧和生活的限制。"福"观突出的主题是"享受你的分"(《传道书》第9章第1—9节)和"敬畏神"(《传道书》第12章第12—14节)。对《传道书》的2个主题加以考虑,"福"观的意义是敬畏主、寻求主的智慧和享受你的分。

---

① Jeong-Kyu Lee. "Higher Education and Happiness: The Perspectives of the *Bible* and *Tao Te Ching*". *Online Submission*, Jan. 30, 2017.

从"福"观来看,《箴言》显示出了好几个重要的概念,如知识、智慧、正义、道德、避免不道德、敬畏神和仰赖主。

现将《箴言》中与"福"观相关的章节引用如下:

得智慧,得聪明的,这人便有福。(《箴言》第3章第13节)

他与持守他的作生命树。持守他的俱各有福。(《箴言》第3章第18节)

众子啊,现在要听我,因为谨守我道的,便为有福。要听教训,就得智慧,不可弃绝。听从我,日日在我门口仰望,在我门框旁边等候的,那人便为有福。(《箴言》第8章第32—34节)

义人所结的果子就是生命树,有智慧的不能得人。(《箴言》第11章第30节)

行为纯正的人,他的子孙是有福的。(《箴言》第20章第7节)

常存敬畏的,便为有福;心存刚硬的,必陷在祸患里。(《箴言》第28章第14节)

没有异象,民就放肆,惟遵守律法的,便为有福。(《箴言》第29章第18节)

与《箴言》一样,《传道书》也提供了好几个重要的与"福"相关的概念,如"虚空的生活""人之欲望与生命的限定""在劳碌中享福""生命的智慧""对神的敬畏""命定之期"和"神的权威"。

《传道书》的作者认为,"福"观蕴含者反讽的表达意味,如徒劳的快乐、工作、力量和生活;对人之智慧、欲望和生活的限制以及毫无意义的财富。此外,作者还通过指示性的表达向读者呈现了什么是真正的"福":"享你的分。"(《传道书》第9章第7—9节);"万物皆有时。"(《传道书》第3章第1—8节);"人活多年,就当快乐多年。"(《传道书》第11章第8—9节)尽管有各种各样的表达,但《传道书》在其始章和末章却告诉我们:"虚空的虚空,虚空的虚空,一切皆是虚空。"(《传道书》第1章第2节和第12章第8节)。这个句子既是结语也是《传道书》的主题。《传道书》的作者常常宣称"虚空"(*hevel*)。"虚空"意为"徒劳""无用"。尽管《传道书》为人之力量、财富、智慧、著述和生活的限制而叹息,但它仍然明确地认为智慧和主的禁令是得到幸福的尘世生活的宝贵手段。他总结说:"敬畏上

帝,谨守他的诫命,这是人所当尽的本分。"(《传道书》第12章第13节)

现将《传道书》中与"福"观相关的章节引用如下：

> 凡事都有定期,天下万物都有定时。(《传道书》第3章第1节)
>
> 两个人总比一个人好,因为二人劳碌同得美好的结果。若是跌倒,这人可以扶起他的同伴。若是孤身跌倒,没有别人扶起他来,这人就有祸了。(《传道书》第4章第9—10节)
>
> 我所见为善为美的,就是人在神赐他一生的日子吃喝,享受日光之下劳碌得来的好处,因为这是他的分。(《传道书》第5章第18节)
>
> 我就称赞快乐,原来人在日光之下,莫强如吃喝快乐。因为他在日光之下,神赐他一生的年日,要从劳碌中,时常享受所得。(《传道书》第8章第15节)
>
> "你只管去欢欢喜喜吃你的饭,心中快乐喝你的酒,因为神已经悦纳你的作为。你的衣服当时常洁白,你头上也不要缺少膏油。在你一生虚空的年日,就是神赐你在日光下虚空的年日,当同你爱的妻,快活度日,因为那是你生前在日光下劳碌的事上所得的分。(《传道书》第9章第7—9节)
>
> 光本是佳美的,眼见日光也是可悦的。人活多年,就当快乐多年,然而也当想到黑暗的日子。(《传道书》第11章第7—8节)
>
> 你趁着年幼、衰败的日子尚未到来,就是你所说,我毫无喜乐的那些年日未曾临近之先,当纪念造你的主。(《传道书》第12章第1节)
>
> 我儿,还有一层,你当受劝诫:著书多,没有穷尽;读书多,身体疲倦。这些事都已听见了,总意就是:敬畏上帝,谨守他的诫命,这是人所当尽的本分。因为人所做的事,连一切隐藏的事,无论是善是恶,上帝都必审问。(《传道书》第12章第12—14节)

在思考了上述的词语和讨论之后,《传道书》中的"福"观可总结如下：享受简单的、共同的、快乐的生活,记住并敬畏主,追随主的智慧和引导。

(二)《道德经》中的"福"观

从"福"观的角度,老子在《道德经》中提及了基于"道"和"德"的"无为"(《道德经》第3章和第48章)和"返或俗"(《道德经》第40章和第80章)。《道德经》中的概念"福"和"福"观与追求和谐、内在的平静和福的"道"与"德"是相关的。正如李正圭在其发表于 2016 年的文章《古老亚洲智慧中的教育与幸福：对印度和中国经典的反思》(*Education and Happiness in Ancient Asian Wisdom: Reflections from Indian & Chinese Classics*)中所指出的，《道德经》呈现出了"福"的那些或隐含或比喻性的概念和观点，如：了解"道"乃万物之母(《道德经》第 1 章)；"无为"(《道德经》第 3 章和第 48 章)；像水那样追随"道"(《道德经》第 8 章和第 78 章)；饱满的空(《道德经》第 11 章)；阴阳的平衡(《道德经》第 28 章和第 76 章)；知人与自知(《道德经》第 33 章)；微明(《道德经》第 36 章)；"返"(《道德经》第 40 章)；"知足"(《道德经》第 46 章)；"为道"(《道德经》第 48 章)；"乐其俗"(《道德经》第 80 章)和"为道"(《道德经》第 81 章)。现将《道德经》中与这些主题相关的主要章节引用如下：

第 3 章：虚其心，实其腹
不尚贤，使民不争；不贵难得之货，使民不为盗；不见可欲，使心不乱。……常使民无知无欲，使夫知者不敢为也。

第 8 章：上善若水
上善若水。水善利万物而不争，处众人之所恶，故几于道。

第 33 章：知人与知自
知人者智，自知者明。胜人者有力，自胜者强。

第 46 章：知足
罪莫大于可欲，祸莫大于不知足；咎莫大于欲得。故知足之足，常足矣。

第 48 章：无为，为道
为学日益，为道日损。损之又损，以至于无为。无为而无不为。

第 80 章：俗
甘其食，美其服，安其居，乐其俗。

第 81 章：天之道
信言不美，美言不信。善者不辩，……既以与人己愈多。天之道，利而不害；圣人之道，为而不争。

(三)"福"观在高等教育中的应用

从上面对《圣经》和《道德经》2 个文本的讨论中，本文作者权衡了概念

"福"和"福"观在高等教育之德育中的应用。道家和基督教的"福"的价值和法则主要集中在对当代韩国高等教育的检验中。为了对研究的问题进行特别的维护,首先,将会对道家对韩国高等教育中的企业文化和伦理价值的影响作简单的回顾,然后会根据伦理价值对基督教对企业文化的影响进行分析。

从韩国的文化史观来看,教育对韩国民众来说是一件传统的相当重要的事,高等教育尤其被看成是国家发展和那些将高等教育看成是巩固其以儒家的社会—政治价值观为基础的社会—经济地位的有效手段之韩国人强烈愿望达成的驱动力。实际上,由于韩国人对教育的热情和韩国政府的高等教育扩张政策,韩国的高等教育在20世纪90年代已经发展成全民教育。

根据《2016年教育概览:经合组织指标》(2016年12月3日)所示,"韩国在经合组织及其合伙国家中受教育程度已经达到了最高水平之一,它也是世界上受高等教育程度最高的国家之一"。由于受教育程度和国民经济发展计划,韩国不仅在过去的50年里令人吃惊地发展了其社会政治和经济,而且还高度赞美了作为发展中国家之典范有助于国家改变的教育体系。

作为高速社会经济发展的一种驱动力的韩国高等教育对劳动力市场和社会体制有着重大的影响。尽管韩国通常是被某些度量和指标作为一种经济奇迹来评价的,而且一直保持着亚洲最发达的国家之一的地位,但它现在也遭遇了严重的社会—经济问题和困难,如收入的不平等、贫富悬殊、政治的不稳定、南北朝鲜的分离、环境污染问题、青年人视野、教育的不平等和教育体制的高度紧张、社会福利问题以及其他社会问题。

特别是,韩国的高等教育直接培养韩国社会所需的人力资源,并为国民经济规划做出了重大的贡献,满足了个体对有机会接受高等教育的热切要求。尽管韩国的高等教育对国家的发展以及社会经济与政治的改革做出了重大贡献,但其面临着一系列严重的问题:高等教育的过度供给、学术的资本化和商业化、学术的文凭化和派别化、分层的封闭的教育体系、学术的新殖民主义、过度的教育费用、学历的无保障、严苛而权威的儒家价值观和文化以及其他受到批评的社会教育问题。

通过对现时发生在韩国首都首尔的一系列大规模游行反对韩国总统朴槿惠的反省,政治领导的严重不胜任和腐败以及政治人物与企业集团间的紧密联系是现时这些抗议的主要原因。此外,韩国教育体系的激烈竞争也可能是这一系列持续大规模游行的重要原因之一。而且,集约的教育体系直接或间接地带来了如下的问题:学术的派别化、家长式的官僚精英主义、政治经济的勾结以及以自我为中心的对成功的野心。

韩国传统的精英教育是以儒家追求修身、和谐的道德社会和道德国家的标准和价值观为基础的。儒家的精英教育在韩国的文化史上也对公务员或官僚主义学者的产生做出了很大的贡献,这些人属于管理阶层或拥有最高的社会等级,获得了其既得的利益,并高度垄断了社会地位和政治经济权。在社会经济的功能方面,儒家的精英教育很大程度上是从旧时的朝鲜王朝转变为新的韩国的,有着儒家的规范和价值观以及儒家官员的既得特权和社会经济权利。儒家精英教育机构明显地转变成了著名的大学。此外,儒家官员的既得特权和社会经济权利还普遍转变为韩国的受过教育的知识分子们的既得利益和保守的社会规范。

在韩国等级森严的高等教育体系中,那些名校毕业的既没学会健康的道德教育观也没进行过伦理训练的学生有可能很容易变成以自我为中心的、喜欢搞学术派别的、家长式的管理精英主义的以及与政治经济权利之间有着密切联系的知识分子。他们中的许多人把高等教育看成是一种成功获得其以自我为中心的野心的有效手段或投资。在当今的韩国社会里,许多有钱的或受过良好教育的人霸占着权利或垄断了社会经济或政治地位和利益。韩国高等教育的主要功能变成了一种获得以物质主义的、商业主义的、拜金主义的或社会的经济的政治的自我权利为基础的非他人的普通利益而是其自我野心的工具或手段。

从道德教育的视角来看,除了实用和技巧外,知识或学问根本上寻求的是真理和善。因而,教育也追求伦理的或道德的价值观和规范以及实用的或经济的理论和实践。现在正是需要对韩国的高等教育进行修正或革新的时候。正是在这样的状态中,本文作者对将《圣经》和《道德经》中所蕴含的关于"福"的智慧和指示应用到韩国的高等教育中去进行了讨论。

与儒教一样,道教和基督教都对当代韩国高等教育的企业文化和伦理价值产生了很大的影响。儒家对韩国高等教育的影响表现为:等级森严的封闭体系、互惠的人道主义的关系、学术集体主义、宗派主义、论资排辈体系以及男权统治文化等。实际上,韩国的儒家思想是与受到传统的儒教、佛教和道教之哲学和宗教思想影响的中国的新儒家思想密切相关的。现在,基督教和佛教在个体的高等教育中起着积极的作用,而儒家思想和道家思想并不直接贡献于当代韩国高等教育的发展。然而,儒家思想和道家思想对韩国高等教育的伦理价值观和企业文化有着很大的影响。

在高等教育方面,道教和基督教的概念"福"和"福"观是重新建构道德教育或伦理教育的良好范例,尤其是《箴言》和《传道书》中关于"福"的核心法则表明或许可作为基督社会高等教育的主要伦理价值观或规范。此外,老子的"福"观可作为竞争激烈的韩国高等教育中的有价值的伦理规范。基督教和道教的"福"观都强调了无私的共同利益和自然的生活方式。为此,上述的"福"观对于重新建构现时的面向获得成功的自我抱负和为自我利益与社会经济或者政治地位而彼此竞争的韩国高等教育是有用的手段。

(四)结语

该研究的目的在于讨论《圣经》和《道德经》中所表明的概念"福"和"福"观在高等教育中的应用。系统地回顾这篇文章,文中阐释了3个研究问题。一是《圣经》中的概念"福"和"福"观;二是《道德经》中的概念"福"和"福"观;三是概念"福"和"福"观对高等教育中的德育能有哪些应用。文章运用跨文化方法对这些问题进行了描述性的分析。

研究结果可简单地概括为:(1)《箴言》和《传道书》中的重要"福"观是对主的敬畏、寻求主的智慧和享受你的分。(2)《道德经》中的核心"福"观是基于"道"和"德"的"无为"和"返或俗";(3)基督教和道教的"福"观都强调了无私的共同利益和自然的生活方式。因此,"福"观对重构现代韩国高等教育中的德育是有用的。总之,基于该研究的研究结果,作者认为概念"福"和"福"观或许能为现代教育的实践者和理论家重新建构健康合理的个人道德和社会道德提供有价值的道德教育理论或"福"的研究。作者建议可进一步探究西方和东方经典中的宗教和哲学思想中的优点。最后,作者认为,基于当前大学的主要功能在于功利主义潮流下的科学的和实用主义的教育,科学至上主义、快乐主义和拜金主义应该强调道德和伦理的教育,强有力地强调个体、社会或民族应和谐和平地保持道德规范和正义道德。

第四节 《道德经》与宗教

一、象征之形成与转变的力量：《约翰福音》和《道德经》中的"水"

2002年，美国加利福尼亚研究生神学联合会郭平（Binh The Quach）的博士论文《象征之形成与转变的力量：〈约翰福音〉和〈道德经〉中的"水"》①发表，文章共有5章：象征与意义：理解象征的方法；《道德经》第8章与78章中的"水"；《约翰福音》第4章中的"水"；"水"这个象征的比较：世界观、设想与价值取向；"水"这个象征的意义与影响。该节对第1章第2部分："'水'这个象征体"进行译介，旨在向读者形象呈现《约翰福音》与《道德经》中的"水"之象征意义。

1.《约翰福音》中的"水"

"水"在许多宗教传统中有着独特的位置。它是宗教象征体中最突出的象征体之一，其意义或许是大部分宗教传统所共有的。

作为一个自然因素，水是生命之根本，它对植物、动物和人类的生长、养育和繁育来说是至关重要的。科学家们告诉我们人体75%是由水组成的。没有水，所有的生命都会完结。从许多方面来讲，水都是地球上的生命所不可缺少的。所有的营养和消化过程都要通过水这个媒介。实际上，所有的化学和生物过程都以这种或那种方式涉及水。而且，从环境角度来看，地球是被一个低层大气所悬浮和维护的巨大保护性水罩保护和维持着的。没有这条巨大的不可见的水汽毯伸到空中，尽管其不可见但它仍然对地球气候和生存条件产生了深刻的影响，地球的全球性的变暖和气候的恶化将不会受到保障。因此，从古代开始人类就总把水看成是生命的象征——其移动性和无形、其蒸发和保持气态的威力、其作为水和暴风雨产生的威力、瀑布的威严以及流水的力量。为了理解《约翰福音》中"水"这个象征体的真正意义，我们需要理解"水"这个象征体在《约翰福音》中形成和呈现的历史语境。

2.《希伯来圣经》

在《希伯来圣经》中，在描绘上帝与自然和人类之间的关系时对"水"

---

① Binh The Quach. "The Formative and Transformative Power of Symbol：Water in *the Gospel of John* and the *Laozi*". Ph. D. Thesis，The Faculty of the Graduate Theological Union，2002.

的意义有2种理解。一是邪恶的、反面力量的水,主要是通过海洋来指代的,通过反对它耶和华建立了自己的权威。二是在一个地理区域中,水是珍稀的,它以泉水、雨和河流的形式呈现,是上帝给予的礼物。

对于反面的、狂暴的、难驾驭的水,尤其是海洋,耶和华通过对大海的限制来显示他的权威。而且,耶和华甚至成了海洋的统治者和制造者:"海洋属于他,是他造的,旱地也是他手造的。"(《诗篇》第95章第4—5节)也不用惊讶,以色列通过红海从埃及的解救成了以色列人信仰的核心宣言。这次解救不仅涉及对法老的战胜而且也关乎对海洋的战胜:"他斥责红海,海便干了。他带领他们经过深处,如同经过旷野。"(《诗篇》第106章第9节)

尽管对海洋深处之水有诸多保留,但以色列人却相反,对给予生命的新鲜泉水很欣赏。在他们通过沙漠的漫长旅途中,耶和华的存在从水这个神奇的礼物可以显而易见的看出来:"他打开磐石,水就涌出。在干旱之处,水流成河。"(《诗篇》第105章第41节)对以色列人来说,耶和华是使得泉水流入山谷的那个人,是降雨滋润大地的那个人,是养育万物的那个人。(《诗篇》第104章第10—18节)在这个传统中,水象征着上帝的祝福和善。它是上帝给予的生命的礼物,是上帝的承诺的信物。因而,正直的人,"他要像一棵树栽在溪水旁,按时候结果子。"(《诗篇》第1章第3节)除了祝福的象征外,水还被用来代指纯洁,是上帝之救赎的象征。水被代指纯洁在《以西结书》呈现的新时代的耶和华之承诺中是显而易见的:"我必用清水洒在你们身上,你们就洁净了。我要洁净你们,使你们脱离一切的污秽,弃掉一切的偶像。"(《以西结书》第36章第25节)以赛亚把水看作是上帝救赎之象征并呼吁人们"必从救恩的泉源取水。"(《以赛亚书》第12章第3节)耶利米通过称耶和华为"活水的源泉"(《耶利米书》第17章第13节)扩大了水的象征。"活水"这个象征在《以赛亚书》的第2部分中通过描写他的关于上帝与民同在的末世论愿景得到了进一步发展:"我要在净光的高处开江河,在谷中开泉流。我要使沙漠变为水池,使干地变为涌泉。"(《以赛亚书》第41章第18节)在《以西结书》中同样的末世论主题以生命之水的形式得到了更加强烈的强调。在以西结眼里,生命之河从殿的门槛下往东流,其水满溢直到它"成为可洑的水,不可蹚的河。"(《以西结书》第47章第1—5节)

3.《约翰福音》

正是在《约翰福音》中,我们前面简介呈现的水这个象征体的全部象征被在此体验并融入其传统中以阐释耶稣的事件并揭示耶稣乃上帝之象征以使人们能够开始信任他：

> 节期的末日，就是最大之日，耶稣站着高声说："人若渴了，可以到我这里来喝！信我的人，就如经上所说：从他腹中要流出活水的江河来。"耶稣这话是指着信他之人要受圣灵说的。那时还没有赐下圣灵来，因为耶稣尚未得着荣耀。众人听见这话，有的说："这真是那先知。"有的说："这是基督。"但也有的说："基督岂是从加利利出来的吗？"经上岂不是说"基督是大卫的后裔，从大卫本乡伯利恒出来的吗？"于是众人因着耶稣起了纷争。其中有人要捉拿他，只是无从下手。

为了抓住"水"这个象征体在该文本和《约翰福音》中的意思，首先抓住"水"的意思和象征在《约翰福音》第7章第37—39节中是如何发展的很重要。希望也能同时趁此机会介绍约翰的灵性和神学思想的一些重要特征。

在对约翰所做的见证的叙述中（《约翰福音》第1章第1—18节），先知宣传他在水中施洗以便让他显明给以色列人。由此，"水"预示着犹太教和人类历史中某种新东西的到来。

在对加利利的迦拿娶亲的宴席的叙述中（《约翰福音》第2章第1—11节），"水"先是呈现在犹太人的洁净仪式中，然后，在耶稣将水变为酒后，"水"成了显示耶稣荣光的手段。鉴于大量的水变为酒，"水"变为酒象征着以耶稣为代表并帮助唤醒其信徒们的信仰之救世主时代的到来。

在与尼哥德慕的对话中（《约翰福音》第3章第1—15节），耶稣通过信他的人将会进入神的国把"水"与"灵"的重生相关联。一些研究《圣经》的学者认为，短语"of water and spirit"中的连词"of"起到一个诠释的作用，即，在类似的短语中，其后的名词对其之前的名词的意思进行阐释或扩展。因此，"水"代表的是进入神的国所要求的转变，它还象征着信仰者必须做出的转变：接受甚至不能被理解的要点，走进信仰的要点。随后是"水"象征着需要从一个人能知道的或宣称自己知道的到上帝自己能使那些愿意在其全部的隐藏和神秘中接受它的信仰的转变。

在《约翰福音》第3章第22—33节中，"水"有助于辨明约翰和耶稣之间的差别,文中提到约翰用来施洗的水很多,但却没有提及耶稣用来施洗的水是否也多,而且,在《约翰福音》第 4 章第 2 节的阐释中,耶稣并不施洗似乎是在强调取代了约翰用来施洗的水并由此实现了其先知的喜乐。

在这些段落中,水有助于耶稣独特性的建立。它宣告了新东西的到来并邀请读者做出相信耶稣是纯净仪式和救世喜乐之实现的替代者的决定。

在对耶稣和撒玛利亚的妇人之间的对话的叙述中(《约翰福音》第 4 章第 1—41 节),福音传道者扩展了"水"这个象征体的意思与作用。水不仅仅是耶稣在约翰的施洗行为中展示给以色列的意思,是在迦拿的娶亲的喜宴中耶稣显示给其门徒的荣光,而且还是提供可以结束永久饥渴的活水。"水"作为耶稣与撒玛利亚的妇人之间的对话的象征不仅传达了耶稣提供的礼物的信息而且还使得该礼物显示出来。通过"水"这个象征体,耶稣作为礼物的给予者和礼物本身被显示在撒玛利亚的妇人和读者面前。对保罗·拉里·琼斯(Paul Larry Jones)来说,这种叙述创造性地将"水之象征体与耶稣不得不给予的东西的丰富相结合。序言中被作为生命的制造者来呈现的那一个与以他的名义给予人生命机会的那一个之间不仅在'水'的帮助下被显示出来,耶稣在其神迹和教义中用'水'这个象征体,同时也用水来施洗,并供给活水给他赋予的那些生命让他们有水可用。"不管是否赞同耶稣"用水施洗"的细节,琼斯在与我们分享福音传道者通过《以西结书》中的预言将"水"这个象征体作为救世主和救世礼物本身巧妙地将连续的叙述编织在一起并最终把耶稣彰显出来都是有洞见的。

在对耶稣与大臣的对话的叙述中(《约翰福音》第 4 章第 46—54 节),一旦被大臣所信任,耶稣所说的话便具有了拯救生命的力量。与叙述者提及大臣的儿子被治的地方是加利利即耶稣从前'变水为酒'的地方一道,治愈大臣的儿子是肯定耶稣作为救世主时代真正的"活水",可给予所有生物生命的象征:"这水所到之处,凡滋生的动物都必生活。……这水所到之处,百物都必生活。"(《以西结书》第 7 章第 9 节)通过福音者的天才,耶稣反复地表明他实际上就是"活水"。他给予万物生命并使其充满活力,通过相信耶稣既是生命的给予者又是礼物本身而让"活水"流经它们。耶稣的这种作为"活水"的有效的威力在其治愈池边那个瘸腿男人的叙述中再一次得到了显示。根据如彭斯和琼斯等学者的观点,如果认为象征着律法的 5 根门廊(《约翰福音》第 5 章第 2 节)和瘸腿男人 38 年所受的痛苦是希伯来人民在接受律法和进入应许之地前在旷野的游荡的话,那么耶稣在这个叙述中被作为律法的替代者就是显而易见的。通过坚持认为瘸腿男人不是被5根廊柱环绕的池中的水治愈的而是被耶稣的话所治愈的，福音传道者又一次强调了耶稣的独特性。这种对5根廊柱和38年的象征性阐释可能是因为意识到了耶稣的独特性和他身上所蕴含的赋予现实以新生命的能力。通过"水"这个象征体，耶稣不仅被作为一个有着不受水之力量所限制的威力的神被显示出来，而且他的大臣也将传统经验和限制的边界范围予以了扩展。他成了神的象征，同时显示和隐藏并因而要求听者和读者相信他。

在对耶稣在海面上走的叙述中（《约翰福音》第6章第16—21节），"水"象征着耶稣通过其来进行实践控制的自然因素。正如他能变水为酒那样（《约翰福音》第2章第1—11节），他也能掌控风和浪。在这个叙述中，门徒和耶稣立时到达他们的目的地，随后耶稣自我宣称"是我"，似乎与他在水面上走一样的神奇。然而，信徒们对此神奇的事情并没有做出反应。似乎是叙述者想要读者来得出他们自己的结论。此时，读者比耶稣的门徒更清楚并获得对耶稣更深的欣赏。这一段并没有显著地扩展"水"可能的意义范畴而是被作为先前已经提示过的耶稣所显示的新现实的另一个意思来使用的。他能使信奉者免除伤害。

继耶稣在水上走之后，《约翰福音》第6章的其余部分是对耶稣乃生命之粮的呈现。尽管"水"这个字并未出现在这个叙述中，但该段描绘的是作为吃喝之永久满足之源的耶稣。在该段中，叙事者要求读者来对照耶稣提供的粮与古以色列人在经过荒野时所得的天赐食粮，并心照不宣地对照耶稣所提供的喝的与从石头中浸出的水。通过摩西，神只提供了暂时的礼物，而通过耶稣，神提供的是永久的实在。而且，耶稣在该章第35节中的话"我就是生命的粮，到我这里来的，必定不饿；信我的，必定不渴"蕴含着对智慧文学的回应，这种文学将智慧描绘成从天上下到凡间来与百姓住在一起并为所有饥渴者提供饮食使其不再饥渴的对象。让所有口渴的人不再口渴的许诺让读者想到耶稣对撒玛利亚的妇人所做的相似的许诺："人若喝我所赐的水，就永远不渴。我所赐的水要在他里头成为泉源，直涌到永生。"（《约翰福音》第4章第14节）因此，对生命之粮的这个叙述再一次向我们显示出耶稣并非仅仅提供永久的食粮，他自己本身就是永久的食粮。他既是礼物同时也是礼物的给予者。通过"水"与"食粮"的象征，耶稣的独特性得到了彰显。它们有助于确定耶稣独特的本性和他较希伯来圣经中所有伟大人物的传道的超越性。同时，他也代表着某些要相信他读者就必须接受的东西。通过宣传那些饮了他提供的水就不仅能永久不渴还能成为在他们里头"直涌到永生的泉源"（《约翰福音》第4章第14节），耶稣实际上是在宣称他比雅各布更有优越性，同时是犹太人和撒玛利亚人忠实的祖先。读者被邀请选择要么相信他并由此与其同行，要么离开他。（《约翰福音》第6章第67节）那些愿意与耶稣同行的人许诺会被转化，吃他提供的食粮的人会永远活着。（《约翰福音》第6章第58节）

叙事者在前面6章中巧妙地呈现了作为耶稣所彰显的新实体的象征体之"水"。通过"水"这个象征体，叙事者描绘了不仅是给予者而且也是礼物的耶稣。他不仅是"活水"，而且他还是那能在那些下决心相信耶稣的人里头涌动的活水。通过显示耶稣不需要水就能达到治愈大臣生病的儿子和瘸腿男人的效果，证明了实际上耶稣自己就是"活水"。而且，通过"生命之粮"的对话，耶稣不仅仅宣传了他提供永久生命之礼物的能力，而且他自己就是那给予永久生命的真正的粮与水。因此，为了让读者准备好第7章第37—38节中耶稣的宣告叙事者将《约翰福音》第1—6章全部的叙事编织在一起。

4.作为活水的耶稣

《约翰福音》开篇的几节是关于耶稣决定到耶路撒冷参加住棚节的。住棚节是一个长达81天的庆祝活动，部分在于纪念从何烈山上流出的水。它是犹太人的"活水"纪念仪式，在住棚节的头7天进行。每天都有一只装满水的金色大水罐从西罗亚水池经由圣殿南的水门抬到斜坡的祭坛处。在此，指定的牧师将把水罐里的水倒进一只敞口的双缸的银碗的西半部分中。只在最后一天，这个在仪式上意指其进入巴勒斯坦，那一天以色列人找到了可以供养自己的泉源和水道，这个"注水"的节日才进行。罗西亚水池的水从仪式上讲是"赎罪之水"，因为它是从"活的"即"流动的"水源取来的。它能通过水的流动保持水的持续新鲜。这就是为什么拉比的传统总是将罗西亚泉水意指为活水之源的缘故。罗西亚自由流动的泉水也意指神的祝福，尤其是在救世主时代。（《以西结书》第47章第1—2节和《撒加利亚书》第14章第8节）《以西结书》第47章第1—2节最像是《约翰福音》第7章第37—39节中"活水"主题发展的希伯来圣经的发祥地。住棚节上那些宗教信徒有可能，由于他们原本是听到了耶稣的这个戏剧性的邀请，会很自然地以《以西结书》第47章第1—2节这个背景来理解他的话。对那时的犹太人来说,日常的水的仪式,这个也是住棚节这个为期81天的节日的头7天,象征性地预期了如以西结眼中所描绘的末世活水的倾泻。因此,通过将一份邀请戏剧性地扩大至观察住棚节第80天的水仪式的宗教信徒,耶稣宣传他自己就是这些"活水"之源。

在《约翰福音》第7章,叙事者也明确地向我们展示了犹太人的权威与耶稣之间逐渐增长的紧张气氛是如何变得越来越强烈的。叙事者通过第7章的开篇观察到由于耶稣在朱迪亚的生活受到威胁现在他在加利利的传道工作受到限制显示出了对耶稣这种增加的敌意。尽管存在着这种激烈的紧张,但耶稣仍然选择回到耶路撒冷去庆祝住棚节。在住棚节上当权者试图捉拿耶稣(《约翰福音》第7章第30节),但他的布道和他继续逃避他们试图控制他的事实使百姓吃惊(《约翰福音》)第7章第25—26节,官员们捉拿不了耶稣的无能也导致了犹太人当权者内部对捉拿他与否的分歧。并非每个人对耶稣都是反对的。一些人开始把他当成先知(《约翰福音》第7章第40节),有些人把他当成基督(《约翰福音》第7章第41节)。通过对尤其是住棚节期间这种紧张的增强和耶稣决定回到耶路撒冷的细节描写,叙事者给读者为某件将要发生的重要事情做了准备。

在《约翰福音》第7章第37—38节,耶稣邀请渴了的人到他那里喝水并将他自己与"活水之源"联系在一起。这是继他与撒玛利亚的妇人交谈给她水喝并特别把此水描绘成"活水"之后的第一次。该段(《约翰福音》第7章第37—44节)是对发生在耶路撒冷与水相关的第3次叙述。第1次是耶稣与犹太人的尼哥德慕之间的对话,尼哥德慕表示不能理解耶稣所说的话的意思,它们让他与之前一样蒙在鼓里(《约翰福音》第3章第1—15节)。第2次,耶稣在安息日治愈了一个瘸腿的男人并由此激起了他和犹太人领袖之间的敌意(《约翰福音》第5章第1—18节)。在《约翰福音》中,叙事者向读者持续表明了在耶路撒冷是如何没人能理解或接受耶稣的。由于对他的反对随着叙述的展开日渐增加,叙事者让读者第一次对因信与不信耶稣或把不把他看成是新现实存在的启示者的相对动态产生的进一步的困惑有所准备。其次,在那种困惑之中,叙事者让读者准备好决定对耶稣既是信仰之礼物的给予者也是礼物本身(耶路撒冷以外的人:《约翰福音》第4章第1—42节)或他所行的神迹(耶路撒冷的百姓:《约翰福音》第2章第23—24节)做出回应。在《约翰福音》中,代表对耶稣的启示不信任和反对之反应的人是那些充满敌意的"只是我对你们说过,你们已经看见我,还是不信"的犹太人。(《约翰福音》第 6 章第 36 节)与此相对的是,在福音最后受到祝福的那些人,"你因看见了我才信,那没有看见就信的有福了。"(《约翰福音》第 20 章第 29 节)第 7 章中的叙事者呈现了那些作为代表人物参加庆祝仪式但却并没有认识到其所庆祝的仪式的犹太人。

作为一种文学结构,《约翰福音》第 7 章第 37—44 节被划分成了两个长度和结构都相似的部分。第 1 部分的内容是耶稣邀请口渴的人到他那儿饮水(第 37—39 节),而第 2 部分则是耶稣所受到的不同反应(第 40—44 节)。琼斯指出,这 2 个部分都是以一个介词短语开始的(第 37 节第 1 句和第 40 节第 1 句)。在每个部分的中心是直接的话,其中先是耶稣继而是众人的评论,其中包括对经文的阐释。叙事者在每个部分的开头和结尾都提供了评论而且每个部分的结尾都没有完成。在第 1 部分中,叙事者指出相信的人还不能感受到神的存在因为耶稣还没有得着荣耀。而在第 2 部分中,叙事者认为尽管有人想要捉拿耶稣但没有人能伤害到他。

《约翰福音》第 7 章第 37—39 节可以进一步划分为 2 个小部分,一是邀请(第 37—38 节),二是解释(第 39 节)。"邀请"是以一个时间状语从句开始的,宣称了节期末日即最大之日的到来(第 37 节)。"水"这个主题出现的所有叙述似乎都发生在节日这个语境中:耶稣参加娶亲婚宴时变水为酒(第 2 章第 1—11 节);他与尼哥德慕的讨论发生在逾越节,其中他呼吁水和圣灵的诞生(第 3 章第 5 节);在毕士大池边治愈人出现在一个没有名字的节期的耶路撒冷(第 5 章第 1—18 节);生命之粮和水出现在逾越节(第 6 章第 16—22 节)。因此,在该段语境中,叙事者将现在发生的这件事放在住棚节之间尤其是这个节日的最后乃最大之日这个事实,有着更重要的意义。

正如我们前面已经提及的,对许多犹太人来说,住棚节是救世主时代的象征。根据《撒加利亚书》第 14 章第 16—21 节,这个节日有一天会变成列国之节日,将所有国家吸引到耶路撒冷来。在此背景下,耶稣邀请口渴的人到他那并在随后的一节中提及"活水"将他与一个强有力的象征联系在一起。在雷蒙德·布朗(Raymond Brown)看来,通过其在住棚节最后一日自我宣告他是"活水"之源,耶稣断言自己不仅是对"水"之祈祷者的回应而且还是《撒加利亚书》第 14 章第 8 节和《以西结书》第 47 章第 1 节中所预言的救世主承诺的达成。

尽管叙事者把时间放在了住棚节的最后最大之日,但其意指的是庆祝日的第 7 天还是第 8 天仍然是不清楚的。我们记得第 7 日牧师们担着水从罗西亚水池到神殿要经过祭坛 7 次。由于第 8 天是安息日,不会从池中取水并把水担到圣殿,因此,如果耶稣在第 7 日宣告自己是"活水"就将他自己等同为在仪式中用于庆祝和预期的给予生命之水。这可能与尤其是在对治愈瘸腿男人的叙述中用"水"来象征作为之前的仪式和律法的替代者之耶稣是不一致的(第 5 章第 1—12 节)。更可能的是,叙事者的"最后乃最大之日"这个短语意指的是第 8 日。通过将耶稣的宣告放在这一天,叙事者想要告诉读者耶稣是前些天所用象征之水的活的替代物。耶稣是犹太人的象征仪式的替代者和履行者。他是以西结所预言的救世承诺的履行者,通过他,那些分享这项使命的信仰者变成了他人的活水之源。所有信仰者与耶稣的合一(第 7 章第 20—23 节)证明活水之源是同时从耶稣这个给予者和礼物本身以及那些因为信任他而通过信任这个行为而变成活水之源的信仰者产生的。这是这个信任的行为将信任者和被信任者联系在了一起。有经文来支撑这种认为信任者乃活水之源的观点。以赛亚认为忠诚者"你必像浇灌的园子","又像水流不绝的泉源"。(《以赛亚书》第 58 章第 11 节)这在对耶稣与撒玛利亚的妇人间的相遇的叙述中得到了强有力的证明。耶稣给妇人以"活水"(第 4 章第 10 节)并告诉她那些饮了他所赐的水的人将在其里头"成为泉源,直涌到永生。"(第 4 章第 14 节)这在带着对耶稣的信任离开井边的妇人身上得到实现。通过她的证明或分享她所受的,她引导城里其他人走近耶稣(第 4 章第 39 节)。换句话说,她对耶稣的信任将其变成了活水之源吸引他人靠近活水之主源。她的水之源与耶稣的实乃同一个源泉。

这个关于耶稣之邀请的部分的最后让读者焦急地想要知道那些参加住棚节的人是如何回应耶稣之邀请和宣告的。然而,紧随其后的不是参加节日的那些人的回应,而是叙事者的阐释性的评论。在证实了"活水"之后,叙事者立即解释说尽管那些相信耶稣的人将会受到神的眷顾,但这要等到耶稣得着荣耀之后才可能发生。(第 7 章第 39 节)雷蒙德·布朗认为,这个陈述似乎表明,直到得着荣耀的耶稣赋予他们圣灵,圣灵不过是如人类所关注的现实存在。(第 20 章第 22 节)通过得荣耀,叙事者意指耶稣情感和传道的完成。即便得着荣耀,在希伯来传统中,也毫无争议是属于神的:"我是耶和华,这是我的神。我必不将我的荣耀归给假神。"①对于人类之命运来说,它也创造于神的形象中。但是,"因为世人都犯了罪,亏缺了神的荣耀。"(《罗马书》第3章第23节)。因此,可以说,"《新约》的根本启示是荣耀与耶稣其人之间的关联。"这种荣耀不得不理解为(得着荣耀之后的)耶稣给予人类的礼物。因此,神之荣耀的完美显示是通过耶稣被钉在十字架上时水与血的流淌来象征的。(《约翰福音》第19章第34节)出于爱,耶稣被钉在十字架上的牺牲不是将人类带进了神之荣耀,相反,是将神圣的荣耀带入人体使神之荣耀内在于创造中并将神之荣耀的形象在全人类中重新恢复。它也发生在得着了荣耀的耶稣将圣灵传授给他的门徒的时候(第20章第22节)。雷蒙德·布朗指出水既是耶稣给予相信他的那些人的启示的象征,也是复活后的耶稣将给予圣灵之象征,正如《约翰福音》第7章第39节所阐明的那样。《约翰一书》第5章第8节通过将圣灵的主题和从耶稣肋旁流出的血和水的主题对此做了证实:"作见证的原来有三:就是圣灵、水与血,这三样也都归于一。"最后,正如犹太人所认为的,在住棚节期间泼出去的水是救世主时代圣灵的象征。叙事者也暗示,耶稣得着荣耀时的水也是同样的圣灵之象征。(《约翰福音》第19章第34节)

总之,耶稣在耶路撒冷的住棚节期间邀请那些口渴的人到他那里去以及他将自己与"活水"相关联显示出耶稣不仅超出了他们的期待同时还超越了犹太人的仪式传统。耶稣表明是他自己而非圣殿、传统或其他任何人将实现古老的弥赛亚承诺。他既是给予者同时也是礼物本身。通过对耶稣不同看法的表达,叙事者提醒读者对耶稣所作决定的要求。要么将也是当成将使全部人类不再渴并在人类之心海中产生"活水"的救世主给予信任,要么对外在的证据诸如血缘、地理和传统予以信任。而且,通过将"活水"与圣灵相关联将能使信任者追随耶稣的荣耀(《约翰福音》第7章第39节),叙事者扩展了"水"这个象征体的意思。"水"不仅成了耶稣的象征而且也是圣灵的象征。它不仅是耶稣和圣灵的象征而且也是借此被显示在耶稣得着荣耀之后圣灵借此被传递给信任者的手段。(当血和水从耶稣被扎的肋旁流出时。《约翰福音》第19章第34节)

随着对"水"之象征意义的新的扩展,叙事者将"活水"之意义带入到

---

① 《以赛亚书》第42章第8节,也可参见第48章第11节:"我必不将我的荣耀归给假神。"

读者的生活中。首先,现在"水"成了一个不仅将耶稣显示为真正解除信任者之口渴的"活水"的象征,而且也是信任者分辨他们除了耶稣是否还信任别的什么或者信任某些暂时的东西上。其次,作为圣灵之象征以及作为通过耶稣的荣耀传递圣灵之手段,"水"向读者显示出其通过像耶稣那样的牺牲的爱的行为成为从自己的内心重新流出的河流之源的使命。这些读者被邀请过一种反映耶稣生活的、被转化的生活。他们被呼吁让其肋骨被扎以便活水之源和血能够从他们体内流出以履行被经书所支撑被耶稣所证实的承诺,即,那些到他那去喝水(即,信任他)的人将成为"活水"之源。读者于是成了既是"活水"这个礼物的接受者也是"活水"这个礼物的给予者。

《约翰福音》中"水"这个象征体象征着耶稣其人。正如欧内斯特·卡西雷尔(Ernst Cassirer)、伊利亚德(Eliade)和利科(Ricoeur)在谈到象征体的作用时所指出的那样,它起到了给予耶稣作为救世主之基督徒的经验以形式的作用,他将其从这个世界的诱惑中释放出来并确定了他们真正履行其使命的方向,其中他们全部的憧憬和渴望都会得到满足。《约翰福音》中"水"这个象征体为基督徒们建立了一种存在感,给予他们的日常经验以意义,并为其在这个世界上有效的决定和行动提供基础,换句话说即是,作为耶稣之象征,《约翰福音》中的"水"成为最恰当的棱镜之一,通过它基督徒能够看见、经验、阐释、确定方向、做出恰当的决定,并在这个世界上以符合基督徒的、蕴含在水所象征的耶稣这个人中的生活方式之道恰当地行动。而且,正如基督徒之模仿耶稣,他们反过来成了他人的"活水"之源。

对《约翰福音》的语境及其发展的研究将为我们发展一个对在《约翰福音》第4章第1—24节和第13章第1—20节中作为宗教象征体的"水"之深层次的、更加彻底的阐释提供基础。

5.《道德经》中的"水"

为了能理解老子《道德经》中所呈现的"水"这个象征体的意义和作用,抓住呈现之引用或模式的一些基本哲学框架是很重要的,使一个人在自化的过程所需要的意义和力量正是从"水"这个象征体中获得的。老子对"自然""无为"和辩证逻辑的理解正是受了这些基本的哲学体系的影响。这些特征描绘了老子通过"道"和"德"来表达的意思。如果"水"是"道"之象征,那么这些术语或许可能是"水"这个象征体的特征。

在关注"自然"和"无为"这2个概念之前,对道家传统做个简介和概述可使后面对这2个概念在其哲学和实际语境中的呈现更清晰。

道家传统是从《道德经》中汲取其主要来源的。在《道德经》中,老子发展了中国思想史中形而上学的第1个简单体系,该体系集中论述了"道"这个概念。"道"的一个字面意思是"路",该意思常常被引申来意指一种政治的或道德的法则,不同学派对这个法则有各种不同的表达。然而,老子对其赋予了全新的意思,将其看成是宇宙的总源泉。它是最高实体,是形式、物质、存在和变化之第一法则,但它却是无名、无形、超越所有类别的。老子在《道德经》第25章中写道:"有物混成,先天地生。寂兮寥兮,独立而不改,周行而不殆,可以为天下母。吾不知其名,字之曰道。"《道德经》第1章也对不可言喻且无名之"道"进行了强调:"道可道,非常道。名可名,非常名。"此外,在第1章中,"道"还被描绘为"玄"或"玄之又玄",是超常的、无所不在的。"道"之超常的特征可在第25章的描绘中看出来,而其无所不在的特征则是在《道德经》的第2部分中通过"德"来呈现的。"德"被说成是"道"所在之地,"德"是"道"所"在"之物。因而,"德"是个体从"道"中所获得并因而如其所是之物。在第51章中"德"被描绘为养育万物之母:"故道生之,德畜之;长之育之,成之孰之;养之覆之。"

从哲学上讲,"道"是道家传统中最高的"象征体"或"象征结构",它赋予"自然"和"无为"形而上学的支撑和象征意义。这些品质都源于"道"这个象征体的象征意义。它们不仅相当简单而且颇具挑战性,是在与"道"这个象征体的关联中被阐释的。

通过这些品质,《道德经》呈现了一个在建立并与世界相互作用的新方式中确定方向的象征体来发挥作用的独特关系模式或"结构"。这种象征结构的价值或意义不仅适用于在老子生活的那个时代而且对被心理学家和存在主义的哲学家们描绘为迷惑的、有身份危机的普通现代人来说也是同样适用的。这些存在主义的危机是由与世界之间的非关联的个体经验造成的。要应对这些危机,老子的"道"这个象征体及其通过"自然""无为"和辩证逻辑的品质与整个世界之间的相互关系为现代人重新确定通过"无为"之道以"自然"的方式回归"道"这个万物之母指明了方向。

6.自然

"自然",道家传统的核心价值观,是"道"之重要的特征和万物之引导法则:"人法地,地法天,天法道,道法自然。"(《道德经》第25章)"自然"是建立在对人之内在智慧和产生人的自然世界的深度信任的基础上的。

在《道：河道》(Tao: The Watercourse Way)一书中艾伦·瓦茨(Alan Watts)描绘了这样的情况："如果有什么是中国文化之基础的话，那就是对自然和人性尊重信任的态度……一个根本的前提是，如果你不能对自然和他人给予信任，那你就不能对你自己给予信任。如果你连自己都无法信任，那你甚至可能无法相信你自己对自己的不信任。"①这种存在于道家思想核心的信任将特权授予给了"自发性"，即"自然"。然而，这个"自然"并非是从不计后果地无视自己或世界的随意态度中产生的。它既非随意也非粗心大意，它源自一种遵守纪律的、随意的、遵从自己内在本性的或一种更大的智慧即"道"之智慧。要做到这个，所有的个体行为都必须适应这种更大的智慧的自然演变并能接纳其让其未预谋的自我与万物之更大的本性和谐一致地运动。自觉的思考一出现，自然的自觉性或"自然"就开始消失。因而，"自然"发生在与更大的智慧不干扰冲突的地方。老子在《道德经》第64章中说："学不学，复众人之所过，以辅万物之自然而不敢为。"老子邀请人类获得的是从依恋到自我的自由。因而，他们需要通过不学来学和不为来为："是以圣人无为故无败，无执故无失。"(《道德经》第64章)这种远离自我及其即存观念的超然解放了人使其向生活的更大可能性敞开。这个远离自我并依恋更大智慧的过程是无意义和迷惑症结的解药。它在"自然"的实践者中创造了一种内在的宁静以至于能用一种信任感和客观性来看待其周围发生的每一件事并通过不干预即"无为"而对其做出自然的回应。

7.无为

"无为"因而是一种实现"自然"的核心价值的方法。"无为"在中文里的字面意思是"不作为"或"什么也不做"。然而，它并非绝对的"不为"：

> 然而，'无为'是一个用来否定或限制人类行为的概念或思想，换句话说即是，'无为'意指对人类行为尤其是其社会活动之限制的取消。道家的'无为'理论中有许多层面：'无为'是一种不为；'无为'是尽可能少地行动；'无为'是自发地或自然地采取行动；'无为'是等待事物的自然转变；'无为'是根据客观条件和事物的属性采取行动，即

---

① Alan Watts. *Tao: The Watercourse Way*. New York: Pantheon Books, 1975, p. 32.

自然地行动。①

老子相信"无为"能产生一个和平、和谐的社会,因为人总体上有夸张的倾向,因此他们会对生活的自然过程进行干预。"无为"也有助于获得一种内在的宁静,可作为一种坚实的基础服务于人以使其坚定地立足,因为人的生命历程会被许多不愉快的经历所干扰。"无为"还能促使人对某个时刻的情况像水之流动那样做出恰当的反应,因为"无为"是从事件之流动的连续性中自然产生的。通过"无为",人获得一种内在的平衡,一种不会干扰自然发生的事情之和谐势头的东西。有了这种内在的和谐,人可自然地完成其通常所不能:"损之又损,以至于无为。无为而无不为。"(《道德经》第48章)而且,从这种动态的运动的宁静之内在和谐中产生了一种直觉的、无目的的、自私的行为。它是被作为一种紧张的空虚来加以体验的,在其中"为"与"无为"都是自发的、未加考虑的。万物和虚无成了同一种东西。万物相当重要但没有哪一样是要紧的。变化变成了静止的,而静止的则变成了运动的。而且,"无为"是在这样的条件下自然发生的,正如老子所解释的:"重为轻根,静为躁君。"(《道德经》第26章)这种悖论带给我们另一种散漫的呈现模式,是产生"道"这个象征体的老子哲学体系的基本特征之一。

8.辩证逻辑

在道家传统中,辩证逻辑起着如欧内斯特·卡西雷尔所呈现的象征功能那样的作用,它对"自然"给予了一种实证支持,即,它有助于实现这种核心价值。它赋予了"自然"之意一种形式,而且是一种"自然"可借此显示其达到为在看来似乎矛盾的关系之网中的人类确定方向之目的的力量的方式或方法。老子的辩证逻辑是,当一个人在世界上立足并使其适应它时,构成矛盾之自我识别的过程与埃里克松(Erikson)对个体身份的构成过程的理解一样,能给予他个性的连贯性和持续性。辩证逻辑是相反相对的二元体在其中是相互认同且不是以任何更高的合成的形式的过程。矛盾的这种自我识别有2个方面,其一是不同与认同的同时出现:"大音希声,大象无形。"(《道德经》第41章)其二是人之主观性与事物之客观性的

---

① Liu Xiaogan. "Taoism" In Arvind Sharma ed. *Our Religion*. Sanfrancisco: Harper Collins Publishers, 1993, p. 243.

统一。此乃其最重要的方面,因为通过它,人可同时从已知的客观性和作为一个已知者的自身的主观性中解放出来:"是以圣人处无为之事,行不言之教。"(《道德经》第2章)老子的辩证逻辑蕴含了4个基本特征:互相依存、可反转性、互补性以及从反面开始以获得其正面。因而,老子的辩证逻辑克服了二元论的、受西方的形而上学和哲学体系影响所产生的一大堆问题。通过不必革除其特性就能使2个相反的东西达成和谐和通过保持创造性的动态的张力以及两个相反的东西之间的相互依存,老子创立了一种非系统的体系。这种非系统的体系之生命力是通过其自身与自身的互动而在其自身的无形中存在而产生的。换句话说,这种体系并非封闭的,其边界是无边无际的。这种非系统的体系有助于人类避免变得偏见和不自然。这种非系统的方法创造了一个各种文化与宗教传统间可能对话的环境。因而,知识和洞见的源泉可在不同道的传统的人们之间分享。没有哪一种传统或文化能宣称其拥有真理。它进一步使得我们克服因任何呼吁我们从两极中进行选择的哲学体系制造出的焦虑成为可能。我们需要将生活看成是一次充满了各种悖论的旅程。一旦有人想要根除这种相悖,他就会变得失衡并处于一个封闭体系的中心,并变得偏离中心。这种理解与埃里克松认为身份建构的过程永远都在进化演变之本性的观点产生了很好的共鸣。与老子一样,埃里克松认为一个人或一个社会的身份不是依据进化的结构或象征来理解的。人不能忍受将任何一个既定经验之孤立的或偶然的建构作为一种对一个人身份满意的表示。为了重新获得一个人生活的平衡,或者如埃里克松所指出的,建构一种个人身份,老子强调了诸如"静""柔""弱""母/雌"等个人品质的极端重要性。这些品质被刻画为"可战胜"与其相对的全部相反的品质。这是因为人一般似乎都倾向于那些传统上被看成是值得拥有的品质如力量、权利、刚毅、活力等。由于对从反面开始以获得正面的原则的理解,弄明白为什么老子肯定被忽视的个人品质是可以理解的。这个方法将帮助一个宗教象征的阐释者如内维尔(R. C. Neville)含蓄地建议将意义之网藏在心里并通过彼此、通过其共鸣体验分层的含义,并将那些未能以连贯的方式系统化的意义的不同层次内在化。因而,老子和内维尔都强调了与世界有效关联的人的根本任务。这种关联要求以开放的心态对待不同的共鸣和灵活性以便能自由地在这些有时似乎是矛盾呈现的人类经验间移动。这种开放性和灵活性影响了将多层意义与各种共鸣加以融合的过程以形成一种新的人类经验的象征性表述。这些经验在语境上是忠实于短暂经验的,而且也不会以一种陈述去取代另一种陈述。

9."水"这个象征体及与其相关的概念

通过以上对道家传统以及3个基本的具有道家思想特征的术语"自然""无为"和"辩证逻辑"的梳理呈现,我们可以看出"水"这个象征体及其自然属性和功能是如何被老子用来塑造其经验的。通过"水"的这个象征形式其基本意思呈现在阐释者面前使其能恰当地运用这个象征体的属性意义。这个象征与其恰当的属性意义有助于人类在世界上立足、在其中确定自己的方向并在将"道"的价值展现给阐释者的过程中通过对"水"这个象征体的积极阐释发挥有效的作用。《道德经》是用新方法来把一群希望用"道"来形塑其生活的人的某些精神体验和实践象征性地呈现出来的著作。通过将《道德经》看成是一部具有象征意义的作品,作为这个象征体的阐释者的我们,被邀请并期待对作为一件艺术品的文本的多重性给予恰当的尊重,该艺术品有塑造、建立、确定方向并使人投身于这个世界并有效地将客体的价值展示给阐释者的作用,该阐释者能尊重地恰当地参与正在进行的这个阐释呈现在文本中的各种象征体的多重意义的过程。"水"这个象征体是同时隐藏和展示"道"的某些特征的基本象征体之一。由于其作为一个宗教象征体意指超越现实的本质,其本身就具有实现神圣的客体之价值以影响将阐释着转变为客体的过程之力量。这样的论争与内维尔对宗教象征体的真正作用的理解和亚洲人对用诗意的、具有象征意义的语言来描写人类经验的尊重是和谐一致的。而且,通过回到将《道德经》作为一个具有象征意义的文本所具有的象征功能,阐释者将会避免添加文本参考的各种知识框架如神秘主义、玄学、本体论和医学的某些类别以限制其在自身法则范围和参考框架内的意义。对呈现在《道德经》第8章和第78章中的"水"这个象征体进行阐释是基于将《道德经》作为一个象征性的文本来理解这个基础的。作为一个象征体,其自身包含了许多的象征意义,每一个都源自一个复杂的网络意义和内容意义。"水"这个象征体将会在这个复杂的多重意义语境中被阐释。然而,作为一个象征体,它拥有可与其存在相一致和持续的身份特征。我认为"水"这个象征体的身份特征可恰当地通过准确理解《道德经》所持的某些价值观如"静"和"虚"来加以确定。对"水"这个象征体的恰当阐释应该基于对"道"的那些价值或品质的正确理解,这么做的目的在于恰当地提供能有效地确定阐释者与

"道"之间协调一致的方向,或如内维尔所描绘的那样忠诚地将客体之价值展示给阐释者。因此简要地描绘一下这2个品质可为理解导致"水"这个象征体之形成的某些散漫的呈现模式或参考框架提供帮助。因此,那些理解了这2个品质的阐释者就能完成阐释的主要任务,即,理解"道"这个客体的价值,对阐释者来说,此"道"为实践者之"道"。

在《道德经》中,"静"是"道"显而易见的品质特征。因此,它是那些想要与既是万物之根亦是万物之母的"道"保持一致的人的目标。老子是这样描绘获得"静"的方法的:

> 致虚极,守静笃。万物并作,吾以观其复。夫物芸芸,各复归其根。归根曰静,是谓复命。复命曰常,知常曰明。不知常,妄作,凶。知常容,容乃公,公乃王,王乃天,天乃道,道乃久,没身不殆。(《道德经》第16章)

"静"并非绝对的不为,它是回复到根即"道"的积极的过程。苏辙,用另外的话来描绘了回归"道"的这个过程,文中他将一个人真正的本质等同于"波涛流转,充遍洲扑,无一不到。观者眩曜,莫测其故。然至于循流返源,识其始终,可以拊手而笑"①。通过回归"道"、与"道"和谐一致和拥抱"道"这个万物之真正的本质,人就能认识到是什么赋予了这个变化的现象界意义。这个世界不再被认为仅仅是由感性的物体构成的而是由从"道"而生的象征形式构成的,它能通过放弃"道"之象征形式会启示的所有附属物而确定人回归"道"的方向,好像它们本身就是"道"并只依附其根与中心。这个过程被老子描绘为"空"。

《道德经》中用来意指"空"的词有3个:"虚""冲"和"洼"。"空"指的是放弃对人类经验的各种具体行为的依附。换句话说,作为一个想要与"道"和谐一致的野心家,那他就不应该依附任何短暂的世界经验的象征体,因为唯一的棱镜是他通过其所能看到、定义和置身其中的那个现象界。

《道德经》第5章中的"虚",从上下文来看是用来证明圣人的态度和品质的,他应该把所有的现象现实或现实之人类经验全部短暂的具体化当

---

① Lao-Tzu. *Taoteching*, trans. Red Pine. San Francisco: Mercury House, 1996, p. 33.可参见苏辙《洞山文长老语录》。(作者注)

成刍狗来获得天地之独立精神。这种态度是能使一个圣人达到"虚而不屈"的方法。因此,"虚"描绘出了映照天地之独立精神,这种精神能使人与"道"其相一致,王安石将此"道"描绘为"无者,形之上者也。有者,形之下者也。有天地而后生万物"①。

"冲"字可在《道德经》第4章中找到,它是由"水"和"中"2个字构成的。"冲"字意指两山之间的河谷或洼地。从对"冲"字的构成和意思的分析可以看出,"冲"是用来描绘"道"之品质的一种象征形式。"道"是作为一种源自《道德经》第8章和第78章中"水"的含蓄描写的基本象征形式来使用的。"道冲而用之或不盈,渊兮似万物之宗。"(《道德经》第4章)因为,在第4章第1节中,"冲"字和"渊"字被用来等同于"道",而且这2个字的部首都是"水",因此《道德经》明显地是将"道"与"水"这个象征体相关联的,这在第8章和第78章中被含蓄地显示出来,文中其用来描绘"道"以及那些体现"道"并与"道"相一致的人的品质。那么紧随其后的便是第7章和第78章中对"水"这个象征体的阐释应该依据理解第4章中对"冲"和"渊"的理解来理解和阐释。在前面所引的第4章那充满诗意的句子中,将"道"与"渊"等同,因而作为万物唯一的祖宗,表明了一种与"水"这个象征体之间的重要关系,其塑造了"道"之经验的形状并揭示了那些与其相一致的人所彰显出的品质。"冲"乃"道"之品质,而"渊"乃其后发展为"水"之象征体的基本象征形式,它赋予"道"及其体现以形式。

"窪"字是由"穴"字和"洼"字构成的。而且,由于"洼"字的部首是"水",因而一致认为"洼"字是与"水"之象征体密切关联的象征形式。它也被作为另一种添加了"水"这个象征体的另一层意思的象征形式来使用:"曲则全,枉则直,窪则盈。"在《道德经》第22章首句中,"洼"的象征形式被用来指代同时信奉现实之两极的相悖的智慧。"道"是万物之宗,因为它是"虚的"。因而,"虚"是"道"之根本特征。不应该把它理解为某种消极的东西,而是应将其理解为一个积极的象征体,它与"水"之象征体一起证明了"道"之动态的、创造性的、有再生能力的特征。"道"通过其超然所有形式的美德,即通过如"水"这个象征体所揭示的那样的"虚"来生、养和保护万物。

---

① Lao-Tzu. *Taoteching*, trans. Red Pine. Op. cit., p. 11.可参见王安石《老子注》第1章。(作者注)

研究"道"之意义及其所显示出的"静"和"虚"2种象征形式直接指向第8章和第78章所呈现出的"水"这个象征体,它是我们阐释"水"这个象征体的基础。对第8章和第78章所呈现出的"水"这个象征体的深层研究是下一章的中心。

二、神圣的线流过:《圣经》与《道德经》

玛丽·郝丽思(Mary Lou Houllis)的短文《神圣的线流过:〈圣经〉与〈道德经〉》于2008年发表在《自然的新时代》的"精神引导"栏目上。①

> 没有悲观者发现过星星的秘密,或者航行到过一片未知的土地,或者为人类的精神开启过一个新的天堂。
> ——海伦·凯勒(Helen Keller)

很多次,当我给那些认为自己的精神面纱塌落了的人谈到《圣经》的神圣法则时,我认为他们是在想:"又来了一个全力支持《圣经》的基督徒,我对从这些人嘴里说出的以恐惧为基础的教条一点也不感兴趣。"另一方面,如果我试图与那些认为他们自己是基督徒的人讨论《圣经》以外的其他著作的话,我发现他们的脸上闪过一丝恐惧,并明白我同样也失去了这些人了。问题的两难在于我们是被一个旨在引起分离而非统一的领域规划的。这是一种取决于如下格言的倾向:"我是正确的,因为你来自不同的道,一种我完全不能理解的道,那你一定是错误的。"

多年来恐惧和误解将人们分离开来。正如语言离间了我们对他人的理解,在很大的程度上,词汇也起到了同样的作用。我们可以用不同的术语来表达同样的法则但却不能区别流经每个短语的神圣之线。

最近我在研究《道德经》,这是一本有着几千年历史的中国智慧之书。《道德经》共有5000多个汉字,蕴含了81条关于生活的法则,几千年来被许许多多的学者阐释着。《道德经》的神圣法则因其带给人们平衡、快乐以及无限的意识的能力而被认可。关于《道德经》的作者的确切信息是非常概略的。有的传说认为是老子,一个中国的先知,而有的认为该书是由

---

① Mary Lou Houllis. "Divine Threads Flowing Through: *The Bible* and *Tao Te Ching*." *New Times Naturally*, 2008, p. 30.

多个作者撰写的。作者的确切归属并不重要,因为写《道德经》的人显而易见是受到了神灵的启示。《道德经》存世几千年,是除《圣经》之外在世界上被译介得最多的著作。

前面所说,我的目的是比较《道德经》与《圣经》的神圣法则。我希望这个启示将能使我们看见那条流经给予人类的许多精神信息的永恒之线。尽管这些信息是源自不同的思想年代、不同的种族和不同的传统,如果我们睁开双眼的话那我们就能够辨别这条线。信息常常是同样的那一条,只是以貌似不同的方式表达着。

1. 道

让我们从阐释"道"这个词开始。《圣经》中的耶稣被称作"逻各斯",是从希腊语中翻译过来的,意为"是一个用来表达'上帝'的神圣的词语。"作为上帝化身之神圣表现的基督也被意为"道"。《圣经》中基督说"我就是道",这话译自阿拉姆语(Aramaic),并非仅仅指某个角色而是神圣的"我即是道"。"道"在《圣经》和《道德经》中常常意指看不见的内在于人性号召我们实现与上帝的存在永远合为一体的那种精神。

与《圣经》一样,《道德经》也反映出有时似乎与世界之道完全相反的神圣法则。当这些神圣的真理在我们体内觉醒的时候,它们就具有了改变我们的生活的力量。它们使得我们忽略对有限的物质范围的感知并进入无限的精神世界。

2.《圣经》与《道德经》之间的其他相似性

《道德经》鼓励我们不做判断并完美一体地去生活,而《圣经》则警告我们不要去为判断而判断,因为我们做出的判断将会返回来判断我们自己。基督解释了理解"道"的完美方式是通过实现我们的一体:"我存在于他们之中,而你又存在于我之内,你我他或许是完美的一体。"

《道德经》建议我们要多听,而《圣经》则告诫我们要"急听缓言"。

《道德经》邀请我们的智慧与那些与其相反的东西融合并和睦相处,而《圣经》则认为"一个具有双重思想的人其所有的方面都是不稳定的",而且带有善恶双重性质的人最终也只能制造死亡。

"上帝主宰一切并存在于万物之中"这个神圣的法则是《圣经》中化解分离的关键。今天的问题是,我们是关注我们之间的差异呢还是寻求神圣之线?当我们的心敞开时我们能看见同样的精神法则流经这2本著作吗?

《圣经》和《道德经》都鼓励大家过一种给予却不抬高自己的无私的生

活。《道德经》第7章是这样提出这个理念的："是以圣人后其身而身先，外其身而身存。非以其无私邪？故能成其私。"我们再来听听《圣经》中同样的法则："最先的将会是最后的。上帝对他给予的这个世界是如此的热爱……你们中最伟大的那一个将会是你的仆人。"《圣经》中还陈述说基督是来为大家服务而不是来享受大家为他服务的，而且他为他人献出了自己的生命。《圣经》和《道德经》都证明给予与永生的法则是息息相关的。

为他人服务将我们的能量的节奏带入与上帝的能力之源的完美和谐中。当我们意欲远离"道"或无限供给的基督之中心而生活时，我们便不再需要抗争了。我们意识到我们能远离无边无际的现实而生活。

获得这些流经《圣经》和《道德经》的神圣之线的是自由。这种启示阐明了一种存在于我们的意识之中的新感觉。当我们着手对存在于万物中的神圣之线进行更深的寻求时它为我们开启了一种新的视域。我们逐渐认识到上帝总是在言说并且将其言语编织进了所有的生活琐事中！

三、《道德经》与约伯之书："啰唆的"传道者之解药

戴维德·施莱费尔(David J. Schlafer)的书评《〈道德经〉与约伯之书："啰唆的"传道者之解药》于1992年发表在《圣公会神学评论》上。① 施莱费尔在文中将2本经典的相关观点做了对读。

一个以前的同事最近送了我一张漫画，画上2个人彼此顽固地对峙着。一个显然是个牧师，另一个则明显不是。俗人对牧师说："你的传道真啰唆。"这个表达并非想要作无谓的重复。它是对被提供的服务的一种评价，一种显然不是赞美的评价。除非绝对有必要持续下去，否则，如果可能，一场"啰唆的"传道是可以完全避免的。如果不能避免，那他将会无比抱怨。没有人喜欢被"告诫"，而传道者则常常似乎很显然对这种情况持蔑视态度。

但是一个传道者应该做些什么呢？我们的文化是多疑的，甚至对任何它认为是权威发布的公告冷嘲热讽。传道者们常常对这种质疑做出防卫式的反应。他们要么坚持自己的立场，要么特别卖力地试图不说什么决定性的或指导性的东西。

---

① David J. Schlafer. "Exempla XIV: *The Book of Job* and the *Tao Te Ching* as Antidotes to 'Preachy' Preaching." *Anglican Theological Review*, 1992, 74(3), pp. 370-373.

当然,对传道的消极反应有许多来源。对一个人的传道的消极反应绝不是一种表明某人的传道很好的可靠的指示器。但是,在"为正义而困扰的"传道者和"为其错误而困扰的"传道者之间是有不同的。人民对传道的冒犯言行常常不是对福音的冒犯,而是对令人讨厌的传道者的冒犯。

说到"啰唆的"传道令人讨厌的和不必要的特征头脑中会想到 2 件事。这些特征有可能被描绘成"推动政党的路线"和"咄咄逼人地强加于听众"。传道者可能觉得他们是被强迫承担和利用这样的传道。实际上,传道者和听众都不应该经受这样的对福音宣传的讽刺。传道的这些特征引起抵制和敌意是不足为奇的。谁会喜欢被逼到死角然后被强制推销呢?另一方面,如果传道不能传递一种决定性的福音,那还要传道来干什么呢?

我最近读到 2 种由史蒂芬·米切尔,一位有相当高度和技巧的语言学家和诗人刚翻译成英文的古代经典:《约伯之书》和《道德经》。2 本译著都有大量的文本注释和鼓舞人心的导论和评论。米切尔对这 2 种经典的感性翻译间接和直接地表明了因能使传道者和教区居民混乱的"大胆的公告/固执己见的欺骗"之不安而造成的表面的僵局。

我发现,使米切尔的英译吸引人的是他对意象、音、韵律等的综合感的方式使得他所英译的《约伯之书》和《道德经》能舞动闪耀而非如抽象的法则之单色体系那样行进。米切尔的《约伯之书》英译本生动地证明了对所谓"真理"的具有挑战性的政党路线的呈现是能够立刻变得深具信仰和有效的"福音"的。《道德经》译本蕴含了惊人的微妙之处以及"非说教的"宣传所具有的真实力量。综合来看,米切尔的 2 种英译向我们建议并告诉了我们一种不"啰唆的"传道方式。

任何翻译都是一种阐释。米切尔的译本使人重新振作的是他那明显的在其译本中明确表达这些法则的动人而优雅的方式。对《约伯之书》,米切尔挑战性地用了一种将其看成是一种系统性的在外蒙上了一层多余的诗意的外衣之自然神学的方法,如:约伯是正义的;上帝允许约伯的正义经受考验;约伯公正地以其无邪抗议了对他朋友的指控;约伯的抗议给他带来了理解但却危险地使其接近了傲慢;上帝的旋风压扁了约伯的危险的傲慢;谦卑的约伯感到后悔了;上帝因约伯没有在人类的压力之下崩溃并屈从神圣的压力而奖赏了他。

米切尔说,所有这些全都是误导。《约伯之书》是一首诗,其伟大准确地表现在它对道德的"政党之路线的"神学的大胆挑战中。这种神学是一种有时似乎显得衰落的圣经文学。如米切尔所见,约伯一开始是一个"道德商人",他不断地一心想着各种预防性的安抚,千方百计地维护各种礼节以便保持如此精彩地服务他的各种利益的这个世界的道德之平衡。当灾难降临时,不仅约伯的世界四分五裂,同时碎裂的还有他的世界观。他的宗教交易失去了其支配权利,约伯被打回去做一个合理的、在那之前还未有过的、真正诚实的祷告者。

"上帝诅咒我出生的白天以及我从母亲的子宫里出来的夜晚。我将把我的肉从我的牙齿里拿走,把我的命掌握在我自己的手里。他可能会杀了我,但是我不会停下来的。我要当着他的面讲出真相来。当然,这种直率的诚实是远比他的朋友们所能有的。因为他那些朋友是,正如我约伯曾经也是,宗教机构的忠诚的支持者。"

"你会咆哮痛骂多久,让你的耳朵充满垃圾呢?上帝使原本直的东西变弯曲了吗?或者颠倒了黑白?"

"你正在渐渐破坏宗教,在削弱人们对上帝的信任。"

但是现实生活的严酷使得约伯不可能再天真地谈什么与他自己的经验相悖的政党路线了。

米切尔认为,当上帝最后从旋风之外接近约伯时,并不是说:"闭嘴!我才是这里的上帝。"(实际上,如果上帝真要这么做的话,那他只需简单地大声重复约伯的那些"安慰"朋友们的话即可)为回应约伯不断的哭泣,上帝之所为向约伯表明了一种超越了以人类为中心预测"善恶"的创造观,这种预测将善恶降低到可预测的自然过程,是专门为加强和确保人类的满足而设计的。

作为一个问题而存在的道德与宗教仪式被旋风吹走了,并被作为一个秘密的神圣的神—人关系取代。回应这个旋风的不再是那个畏缩的约伯。米切尔说,约伯提供的不再是顺从,"不再总是那种精神受到压迫的苦闷的模式。"约伯将其取而代之的是一种"一心一意的放弃自己的"屈服。"我用我的耳朵听见了你。但是现在,我的眼睛看见了你。因而我将变得安静,满足于我是一粒尘埃。"

米切尔在哲学的基础上争论说他对约伯回应之最后 2 行的翻译比任何更传统的翻译接近原文本的本意,那些文本将其解读为是虔诚的、哀怨的投降。

米切尔翻译的《约伯之书》提供了意义深远的从使人难以承受的认为传道者必须制造和机械地模仿"答案"的要求中解脱出来的方法。同时翻译是,要求传道者如果能对人类的问题给予真切的深入人心的宣讲的话就得具有适度的能起教育作用的关怀和敏感。传道者并不要求去点燃圣火,也没有这个能力。然而,他们确实是有一种责任,那就是构造适当的祭坛。

传道者仍然能以一种即便是没有设想要给出全部答案但仍很"啰唆的"方式来传道。米切尔对《道德经》的演变是一种有效的、反对将说教的见解植入听者不能拒绝的强迫性的宣讲中的趋势。

你能不把你的意愿强加给一个人而去爱并引导他吗?你能通过让其当如本是地去处理那些最重要的事情吗?

你有耐心等到泥浆沉淀水变清吗?你能保持不动直至正确的行动自己发生吗?

这些都是在压力之下时刻困扰着传道者,或者教区委员会、圣会、教区主教主管,或者一个民族教会的问题!他们全部或部分都感觉到了压力数量的减少,感觉到了日益增加的内在冲突以及"多年的福音传道"的适当推力引起的严重的困惑。然而,《道德经》所倡导的,不是不负责任的放任。米切尔优雅地传达出了这种非操控性影响的力量:

> 天下之至柔,驰骋天下之至坚。(《道德经》第43章)
> 民之从事,常于几成而败之。(《道德经》第64章)
> 人之生也柔弱,其死也坚强。草木之生也柔脆,其死也枯槁。故坚强者死之徒,柔弱者生之徒。是以兵强则灭,木强则折。坚强处下,柔弱处上。(《道德经》第76章)
> 知者不言,言者不知。(《道德经》第56章)
> 为而不恃,长而不宰,是谓玄德。(《道德经》第51章)

提出如下的问题并非不恰当:(1)道家的现实观与基督教的核心观点相冲突吗?(2)《道德经》中的"道"与《约翰福音》中描绘为"道、真理、生活"的宣传不和吗?(3)对"道"的宣传用词必定使得肉体更具指示性甚至对抗性和侵入性吗?

无疑事情会引起长时间的争议,最后似乎是没有哪"一方"会改变自己的立场或修正另一方的姿态。转变冲突并仍然将问题简略至其核心的方式或许是用另一种方式来提出这个问题:传道的目的是为了填满空间呢还是塑造空间?传道和礼拜仪式是神学架构。如果其中哪一个变得稠密、复杂或具自我意识,那它就会被严重威胁到挤出那些听道和参与者的空间。任一方都可能变得忙于不给感官的崇拜者留下空间和对世界本身做出回应。二者都需要培养一种简单,与上帝产生共鸣并允许上帝存在。中世纪的神学家们将这种状态描绘为"简单"。

作为一名传道者我被特别要求认真关注米切尔对《道德经》的间接、善于接受以及对巧妙技巧的拒绝之艺术性的颂扬。在经过一段时间的衰落之后,我传授的法则占据了支配地位。教区发送了明确的指令:"给我们派能传道的人来。"关于这方面的书呈蓬勃之势。带着摄像机来摄像的人很多。空气中充满了谈论"新的传道"的味道。这些新的重视和能量中的许多都是有益的、恰当的甚至是来得太迟的。然而,也有不利的一面。它让听道者很容易将其注意力从"达到目的的手段"转移到"目的本身"上。到目前为止,只能以"满足大众的不同要求"的名义采取大众媒体的方法。我了解传道中的一项实质性工作就是时刻关注听传道者的"文本意识",甚至规定了一系列或多或少在每个令人激动的传道场景中令人无法接受的句子。

有必要在传道时做严密的分析,其价值在于带来了有关传道的交流理论和社会科学的方法。然而,传道的灵性是接受不了用传道术语"移动和结构"来分析的。米切尔的《道德经》英译本非常巧妙但令人信服地阐释清楚了试图成功地建构灵性与为心灵制造空间的训练之间的区别。那是一个关注传道技巧的人必定不能允许其蒙蔽我们的区别。

我认为,这不仅是可能的,对传道以解决自身将抽象的政党路线推向前的责任以及将其强制性地灌输给听众来说也是必要的。更为重要的是,不管是认真的还是意图良好的,传道者都需要寻求避免"啰唆的"传道方法破坏我们聆听上帝之福音。

第五节 《道德经》与医学

一、《道德经》:一种没有副作用的抗精神抑郁剂

辛西娅·凡(Cynthia Vann)的文章《〈道德经〉:一种没有副作用的抗

精神抑郁剂》于2011年发表在《今日长寿》上。① 除"导论"外,作者分6个部分对《道德经》做了解读。

(一)导论

我对阅读《道德经》满怀热情。这是一种冒险,因为它谈论的是一个不断变化的世界。同时,由于我们生活在一个喧嚣的世界里,它也是寻求平安宁静之所在。

有些人是把《道德经》作为读书讨论小组的巨著系列之选择来读的。我曾经参加了一次在2个小时内读完整本《道德经》的小组活动。另一方面,我的小组每周聚一次,每周读2个小时,用3年的时间读完了《道德经》81章。

可以对《道德经》做漫长而深入的研究。卡尔·艾伯特(Carl Abbott)的网上"道学"中心(Center Tao)已经对《道德经》研究了40年。"松本论道"视频网站("Tao by Matsumoto" on You Tube)是一个日本人经营的,对《道德经》进行了令人愉悦的日式解读。

许多人会在第1章首句"道可道,非常道"面前踌躇犹豫。对该句的解读确实有难度。如《道德经》说"无为",但其表达的观点在我们这种具有多重使命的文化中并不太受欢迎。这些观点怎样呢:"致虚极"(《道德经》第16章),或"上善若水"(《道德经》第8章),或"水善利万物而不争,处众人之所恶,故几于道"(《道德经》第8章)。当《道德经》说"天下皆知美之为美,斯恶也"(《道德经》第2章)或"皆知善之为善,斯不善已"(《道德经》第2章)时,这些观点可能很难被接受。这就是为什么人们会在遭遇周遭的对立极性之前有可能会停止阅读《道德经》的原因。什么是对立极性呢?是"阴阳"。

1991年,赫尔曼·艾哈拉(Herman Aihara)写了一篇关于《道德经》的文章发表在《今日长寿》上。但是没有哪位老师直接说:"你应该读《道德经》以便更好地理解养生法则。"实际上,当我对人们说我正在研究《道德经》的时候,他们问我是不是证券市场的投资者。由此我明白,有理由写这篇文章,一篇关于《道德经》与养生法之间的关系的文章。

(二)为什么要读"道"

你对养生感兴趣吗?你对养生的平衡本性和樱沢如一(George

---

① Cynthia Vann. "*Tao Te Ching*: A Mental Antidepressant with No Side Effect." *Macrobiotics Today*, 2011, 51(6), pp. 14-16.

Ohsawa)以及其后的老师们所教的东西感兴趣吗？所有这些都是从哪来的呢？养生并非是从樱沢如一开始的，甚至不是从影响他的贝原益轩（Ekken Kaibara）和石塚左玄（Sagen Ishizuka）开始的。养生始于中国古代皇帝伏羲。

《道德经》是一副没有副作用的抗精神抑郁剂，是一面能够照见我们自己精神的镜子。《道德经》有助于你理解周遭的各种极性对立并帮助你进行反思。如果你研究过帮助你平衡的养生、食物以及保健的方式，但却不了解阴与阳，那么《道德经》能作为一种变化和如何在所有情况下找到和谐的研究来帮助你看清万事万物。我祝贺并尊重那些将这种智慧馈赠给我们的先人们。

（三）樱沢如一之前发生了什么？"道"是宇宙之秩序吗？

从历史的观点来说，樱沢如一的养生法则源自古代中国的智慧，即伏羲，如后来在老子的《道德经》中所表达的那样。久司道夫（Michio Kushi）说"道"乃宇宙之秩序。

罗伊·柯林斯（Roy Collins）说仔细研究樱沢如一的 12 条法则的话会显示出所有的东西根本就没什么独特之处，但是在《易经》的口传文本中伏羲对早期天体序列所绘卦符的线形中被描绘出来了。伏羲生活在公元前 3000 年。

据说，撰写《道德经》的老子生活在公元前 600 年。1975 年，在一次对久司道夫的采访中，采访者问他："那么'道'是解释我们生活其中的整个宇宙的法则吗？"他回答道："是的，而且我们也可以将这个阐释为'上帝在七天里创造了宇宙。''道'也是这样的。比如说，植物生长，结果，然后又把果实送回土壤，然后再继续生长。'道'也是这样的。"他进一步阐释说："'道'是秩序，是无名的，我们不能指出'道'究竟是什么。'道'是全部的变化和过程，是秩序。那个创造这些植物和我们的生命的力量，那个从'道'中生发出来的力量，我们把它称之为'阴'和'阳'。这就是老子谈论的东西。"[1]

（四）对《道德经》第 1 章的评论

《道德经》第 1 章说："道可道，非常道。"对此，赫尔曼·艾哈拉说："樱沢如一有可能是受到这一章的启发而解释'宇宙秩序'的。""第 1 章是所

---

[1] Michio Kushi. Interview. *Order of the Universe*, 1975, 5(4), Print.

有章节中最难解读的。'无名'是七重天,是极乐世界,而'可名'是通过前面五重天之后的第六重天。当你达到这个目标时,你会对这一章有更深的理解。"①

当你读《道德经》的时候,可以同时选取多个译本。拉尔夫·阿兰·戴尔(Ralph Alan Dale)是这么评价《道德经》第1章的:"'无名'是我们的直觉,'有名'是我们的推理。对'无名'进行命名是将我们的推理注入我们的直觉意识中,而去掉'有名'之物的'名'则是将异化从我们的推理意识中解散。"戴尔说我们正处在一个需要从过度依赖推理的位置移开以了解我们的直觉能力②。另一本关于《道德经》的非常不错的书是温(R. L. Wing)的带评论性的《力量之道:老子经典对领导能力、影响和卓越的引导》③。

(五)《道德经》成书的时间及其现在

在公元前600年《道德经》成书时,中国处于一片混乱的状态。不仅有国与国之间的战争,还有家庭之间的纷争。《道德经》意在用一种强调女性谦卑之力量的哲学带来和平。尽管那时中国处于一个残酷的时期,但我们自己的时代却可被看成是更加的极端。因而,重新对《道德经》产生的兴趣可以被看成是《道德经》现代译本的流行以及那些希望人与人之间能和平、和谐共处的人鼓动游说的结果。

史蒂芬·米切尔(Stephen Mitchell)、凯蒂·拜伦(Katie Byron)和韦恩·戴尔博士(Dr. Wayne Dyer)都是非常著名的现代《道德经》英译者。

史蒂芬·米切尔是一位著名的学者和作家,以其对古代经典的翻译和对已存译本的阐释而出名。他的《带前言和注释的〈道德经〉》④是我喜欢的新译本中的一本。他的妻子凯蒂·拜伦的《一千种快乐的理由:与当如本是的万物和谐共处》(*A Thousand Names for Joy*: *Living in Harmony with the Way Things Are*)极其鼓舞人心。

---

① Herman Aihara. "The Tao of the *Tao Te Ching*". *Macrobiotics Today*, January/February, 1991. Print.

② Ralph Alan Dale. *Tao Te Ching*, *A New Translation and Commentary*. 3rd edition. New York: Barnes & Noble Inc., 2004. Print.

③ R. L. Wing. *The Tao of Power*: *Lao Tzu's Classic Guide to Leadership*, *Influence and Excellence*. London: Thorson, 1988.

④ Stephen Mitchell. *Tao Te Ching*: *A New English Version with Foreword and Notes*. New York: Harper & Row, 1988.

尽管韦恩·戴尔的演说和著作极具鼓动性，但是对他仍存争议。即便这样，我还是特别喜欢他的建议，即将《道德经》的每一章浓缩成对你来说有意义的一个句子，然后把这 81 个句子思考 81 次，这将会使你深深陷入"道"中。在我把《道德经》读了 3 年之后，我把这 81 个句子写了出来。每次沉思的时候我都将这 81 个句子读一遍，两年来我一共读了 58 遍。《道德经》教导我们的一件事就是要有足够的耐心，并将生活节奏放慢到一个令人欣慰的程度。

（六）"道"：不含化学成分的药

我组织了一个小组一起来对"道"进行特别的研究。下面是一些参与者的评论：

"它帮助我找到了宁静。"

"它有助于我与家人和朋友更加和谐地相处。"

"我明白了我是如何归属于所有生命并如何与其相联系的。"

"我现在能接受当如本是的万事万物了。"

"我将生活的节奏放慢了。"

"通过深思后我现在很少犯错了。"

"购物曾经对我相当重要。现在，我不再无休止地往商店跑，不再需要商品的目录信息，也不再需要那么多物质的东西了。"

"我明白了我是如何不断地在发生着变化。每一次阅读，我都会对自己的新变化进行反思。"

"每次阅读都是对似乎无休止的问题的缓解，其效果比镇静剂还要好。"

（七）如何研究"道"

在我们的研究团队中，我们每次讨论《道德经》的 1 章内容，并阅读包括文中提及的那些译本在内的好几个《道德经》译本。每一次，我们会以写一首俳句来结束了我们的研究，并常常在读后画 1 幅简单的水墨画。这教会我们要自然。自然可缓解紧张。

如果你没有研究团队可参与，那就去道教中心网站。这个网站是有卡尔·艾伯特经营的，是他建立了这个道教中心，而且网站上的许多文章都是他写的。在上面你可以读别人对《道德经》许多章节的评论，以及成千上万的讨论。这是一种不用自己独自研究的方式。

不管你如何研究"道"，你都可从中获益。对《道德经》的每一章的每一次阅读都会为你提供关于生活和养生实践的洞见。

二、内科医师的压力与希望的幻灭(二):《道德经》给内科医师的教训

2017年,美国德克萨斯大学克莱·科克雷尔(Clay J. Cockerell)的文章《内科医师的压力与希望的幻灭:〈道德经〉给内科医师的教训》发表在《临床皮肤医学》杂志上。① 作者在文章摘要中强调,今天,内科医师面临太多的紧张、刺激,这些刺激使他们处于幻灭、沮丧和"精疲力竭"的危险之中。尽管这个问题对个体的内科医生来说是要付出高昂代价的,但它对社会而言也是一样的,因为内科医生的压力会导致其判断力变差和发生医疗失误。同时,它也会使内科医生变得更加短缺,因为更多的内科医生有退休或在某些情况下完全改变自己职业的倾向。文章就如何处理、应对这些紧张性刺激提出了建议。如果能运用这些建议的话,希望至少能在一定程度上改善这种状况。《道德经》这本中国的精神文本,将被用来作为进行深层探索的另一个工具,内科医生可将其作为不那么有压力地生存的一种向导。

(一)导论

在另一篇题为《内科医师的压力与希望的幻灭(一):发展一种重新连接医学之高尚的方法》②的文章中,我讨论了内科医生今日饱受压力的状况,并提出了一些应对的策略。对我个人而言,另一种有价值的可资利用的工具是阅读中国的精神文本《道德经》。在该文中,我将探讨《道德经》的教义。

我喜欢的是威特·宾纳(Witter Bynner)的《道德经》英译本,因为他使用的语言简单易懂甚至有些地方很幽默。在这篇文章中,我选择了《道德经》的一些章节来加以讨论。在对这些章节进行实际的深入探讨之前,我们来简要了解一下《道德经》的历史。

(二)《道德经》的作者是谁?

有许多关于《道德经》的作者老子的传说。尽管他的早期生活仍然是

---

① Clay J. Cockerell. "Pressure and Disenchantment in Physicians——Part Ⅱ: Lessons for Physicians from the *Tao Te Ching*." *Cinics in Dermatology*, 2017, 35, pp. 100-104.

② Clay J. Cockerell. "Pressure and Disenchantment in Physicians——Part Ⅰ: Developing an Approach to Reconnect with What Is Noble about Medicine." *Cinics in Dermatology*, 2016, 34, pp. 650-653.

个谜,但我们知道他出生于公元前604年,是古代的首都洛阳的收藏室史,洛阳今属河南省。下面的文字摘自威特·宾纳的《老子的生活之道》①。

(三)老子的哲学

说到吸引追随者们的智慧,他拒绝在自己离开这个世界之前将他的教义记载下来。他明白一个人可以是个不用表演的行动者。他因说过"道常无为而无不为"而出名。

(四)孔子的拜访

不知道是传说还是真的,据说孔子因为老子对百姓的影响有一次去拜访他向他问"礼"。孔子对老子的回答感到困惑,因为在老子看来"礼"意味着虚伪和荒谬胡说。孔子回去后告诉他的门徒:"鸟,吾知其能飞;鱼,吾知其能游;兽,吾知其能走。走者可以为罔,游者可以为纶,飞者可以为矰。至于龙,吾不知。其乘风而上天。吾今日见老子,其犹龙邪!"

(五)老子生命的结束和《道德经》的开始

传说中,在老子生命的尽头,他对人类悲剧性的邪恶感到悲伤,他独自骑着一头青牛进入沙漠。当他到达函谷关的时候,一个名叫尹喜的关吏认出了老子并说服他将其哲学思想写下来,其结果便是这本《道德经》。"道"意为"所有生活之道","经"意为"经典文本"。这本关于人在宇宙间恰当为人行事的著作历经数个世纪后流传了下来。

(六)内科医生如何使用《道德经》?

这篇文章的剩余部分将讨论《道德经》如何被用来引导我们的日常生活并在实践中对我们有所帮助。我提出了一些问题并增加了一些论坛参与者给出的评论,这些参与者都是内科医生。文中讨论所用文本为宾纳1944年出版的《道德经》英译文本。译文中,他用"man"而非"one",用"his"而非"one's"。在其英译《道德经》的那个时代,语言的"政治准确性"(politically correct speech)这个概念还没有出现。出于对其译文的尊重,我保留了宾纳的用词,尽管读者在阅读时可能希望用更中性的甚至更女性的词去替代它们。

(七)选取章节及相关问题和讨论

1.《道德经》第2章

> 天下皆知美之为美,斯恶已。皆知善之为善,斯不善已。故有无

---

① Witter Bynner trans. *The Way of Life according to Lao Tzu*. New York: Perigree, 1944.

相生,难易相成,长短相形,高下相倾,音声相和,前后相随。是以圣人处无为之事,行不言之教。万物作焉而不辞,为而不恃,功成而弗居。夫惟弗居,是以不去。

思考:

我们常常用一种方式去判断一件事。但是,如果我们从另一个角度去看它,有可能会得到一个完全不同的意思或阐释。当我们面对一种形势时或许会对我们有所帮助的是思考下面的问题:已经发生的与我想让它是怎样的。

接受所发生的。我们是与自然互动的,而不是要试图去控制它。

我们应该认识到我们是获得,而非拥有。我们是有幸被赋予特权,而非拥有这样的权利。

绝不要假设自我的重要性。"骄者必败。"

万物不是与生俱来就有意义的。其原本没有意义,是我们赋予万物以意义。

2.《道德经》第3章

不尚贤,使民不争。不贵难得之货,使民不为盗。不见可欲,使心不乱。是以圣人治,虚其心,实其腹,弱其志,强其骨。常使民无知无欲,使夫知者不敢为也。为无为,则无不治。

思考:

当我们奖赏成就(尚贤)的时候会发生什么?什么时候自我驱动的奖赏会变得非常重要?

管理一件事最好的方式是什么?管理一个政府呢?管理一个国家呢?

在医疗保险中心和医疗补足服务之间存在着一种报销削减与零和博弈的猫捉老鼠的医疗游戏,彼此间是互相竞争的。

我们现如今生活在一个更多名人更多官僚机构的社会。我们的社会在对美德进行奖赏并创造了一种"永远不够"的语境。

如果少些官僚机构并能运用这些法则而非假定每件事都出了问题需要更多的律法和机构来"修复弥补"它们,那管理将会变得更好。

3.《道德经》第4章

道冲而用之,或不盈。渊乎似万物之宗。挫其锐,解其纷,和其光,同其尘。湛兮,似若存。吾不知谁之子,象帝之先。

思考:

宇宙是如何成就万物的?我们又是如何完成或试图完成事情的呢?

来讨论歌曲"摇,摇,摇,摇你的船"。韦恩·戴尔博士做了"解构"这首歌曲的练习,指出歌曲中的每一个字和短语都有其深意,暗示着最有效的生存之道是"顺其自然"和"划你自己的船,别去多管闲事。"

4.《道德经》第8章

上善若水。水善利万物而不争,处众人之所恶,故几于道。居善地,心善渊,与善仁,言善信,正善治,事善能,动善时。夫唯不争,故无尤。

思考:

该章是如何谈服务的?

在你的实践中你服务的使命是什么?

另有一个在场的人表达了她想要通过花更多时间更好地为其病人服务但没有经济的刺激让她付诸行动的困惑。

5.《道德经》第9章

持而盈之,不如其已。揣而锐之,不可长保。金玉满堂,莫之能守。富贵而骄,自遗其咎。功成名遂身退,天之道。

思考:

该章是如何谈成就、代价、压力与阻力的?

6.《道德经》第11章

三十辐,共一毂,当其无有车之用。埏埴以为器,当其无有器之用。凿户牖以为室,当其无有室之用。故有之以为利,无之以为用。

思考：

该章是如何说"强迫"和"允许"的？

我们应当坚持我们抵制的东西。

通过抵制的美德来使原本生活中存在的东西继续存在。自然的自然力量对于万事万物来说是消失、流逝、终止。

"道"强调了区别正直与善意的重要性。

"无"是可能性出现的空间："故无之以为用。"

7.《道德经》第 12 章

五色令人目盲；五音令人耳聋；五味令人口爽；驰骋田猎，令人心发狂。难得之货，令人行妨。是以圣人为腹不为目，故去彼取此。

思考：

该章是如何谈唯物主义的？

又是如何谈忠于自我的？

8.《道德经》第 17 章

太上，下知有之；其次，亲而誉之。其次，畏之。其次，侮之。信不足焉。犹兮其贵言。功成事遂，百姓皆谓："我自然"。

思考：

该章是如何谈论自我的？又是如何谈论无私的领导的？

"还"，是一个用得很泛的词，但它暗示着我们"欠"某人某样东西。"还"是一种行动而非一种存在的方式。"还"的更好方式是"一直给予"。

9.《道德经》第 22 章

曲则全，枉则直，洼则盈，敝则新，少则得，多则惑。是以圣人抱以为天下式。不自见，故明；不自是，故彰；不自伐，故有功；不自矜，故长。夫唯不争，故天下莫能与之争。古之所谓'曲则全'者，岂虚言哉！诚全而归之。

思考：

对于与世界和社会之间的互动,该章说了什么?

对于自我? 竞争呢?

10.《道德经》第 31 章

夫佳兵,不祥之器,物或恶之,故有道者不处。君子居则贵左,用兵则贵右。兵者,不祥之器,非君子之器,不得已而用之,恬惔为上。胜而不美,而美之者,是乐杀人。夫乐杀人者,则不可得志于天下矣。吉事尚左,凶事尚右。偏将军居左,上将军居右,言以丧礼处之。杀人之乐,以悲哀泣之,战胜,以丧礼处之。

思考:

这一章是如何谈冲突的? 又是如何谈胜利的?

当我们能控制他人或形势时,我们大部分人认为这种关系是有效的。

11.结语

有许多优秀的资源可为内科医生用来应对那些在医学实践中不得不承受的压力。尽管有变得幻灭和沮丧的危险,但我们的思想可以针对那些积极的令人抚慰的事。我的目的在于与你们分享那些对我来说有帮助的东西,并希望它们对你们也有所帮助。我鼓励你们"关掉"那些轰炸我们的无休止的负面言论并花时间来反思和接受这些积极的信息。

三、优雅绽放:本着《道德经》精神的心理治疗

1991 年,格雷格·约翰逊(Greg Johanson)和罗恩·库尔兹(Ron Kurtz)合著的《优雅绽放:本着〈道德经〉精神的心理治疗》在纽约出版。① 除"引论:大道"和"结论:无败"之外,作者分 33 个部分以《道德经》相关章节所讨论的主题为标题对将这些理念运用于人之心理治疗的可行性与效果进行了阐释。这 33 个部分为:有名;玄;无欲;无为;为无为;和光同尘;仁;虚;无私;不争;功成身退;抱一;圣人;身;信;大伪;弃智;曲;自然;超然;袭明;归于朴;勿强;哀者胜;江海;自知;不自为大;居其实;静;知足;玄德;非道;家。书中涉及的《道德经》译文选自英语世界的 7 种《道德

---

① Greg Johanson & Ron Kurtz. *Grace Unfolding:Psychotherapy in the Spirit of the Tao-te Ching*. New York:Bell Tower Press, 2005.

经》英译本:1963年版陈荣捷译本①;1975年版张中元译本②;1988年版米切尔译本③;1972年版冯家富译本④;1989年版韩禄伯译本⑤;1985年版奥斯特瓦尔德英译1910年卫礼贤德译本《〈道德经〉:意义与生活之书》⑥;1961年版吴经熊译本⑦。

正文前,作者引了1972年版冯家富译本的内容:"上善若水。水善利万物而不争。处众人之所恶,故几于道。"(第8章)和"三十辐,共一毂,当其无有车之用。埏埴以为器,当其无有器之用。凿户牖以为室,当其无有室之用。故有之以为利,无之以为用。"(第11章)正文后,作者引了《道德经》第81章的内容:"天之道利而不害,圣人之道为而不争。"⑧

35个部分中,作者对《道德经》各章节的直接引用共达118处,具体情况如下:

"引论:大道"对《道德经》的直接引用有3处:(1)"大道甚夷,而民好径。"(吴经熊译本,第53章)(2)"天下皆谓我道大,似不肖。夫唯大,故似不肖。"(米切尔译本,第67章)(3)"知者不言,言者不知。"(冯家富译本,第6章)

"一、有名"对《道德经》的直接引用有1处:"道可道,非常道。名可名,非常名。"(陈荣捷译本,第1章)

"二、玄"对《道德经》的直接引用有3处:(1)"此两者,同出而异名,同谓之玄。"(米切尔译本,第1章)(2)"朴虽小,天下不敢臣。始制有名,名亦既有。"(陈荣捷译本,第32章)(3)"玄之又玄,众妙之门。"(米切尔译

---

① Chan, Wing-tsit trans. *The Way of Lao Tzu (Tao-te Ching)*, with introductory essays, comments and notes. Indianapolis: Bobbs-Merrill, 1963.

② Chang, Chung-yuan trans. *Tao: A New Way of Thinking: A Translation of the Tao Te Ching*, with an introduction and commentaries. New York: Harper & Row Pub., 1975.

③ Stephen Mitchell. *Tao Te Ching*, with foreword and notes. New York: Harper Collins Publishers, Inc., 1988.

④ Gia-Fu Feng and Jane English trans. *Tao Te Ching*, with an introduction and notes by Jacob Needleman. New York: Vintage Books, 1972.

⑤ Robert G. Henricks. *Te-Tao Ching: A New Translation Based on the Recent Discovered Mawang-tui Texts/ Lao Tzu*, with an introduction and commentary. New York: Ballentine Books, 1989.

⑥ H. G. Ostwald. *Tao Te Ching: The Book of Meaning and Life*, translated into English from German edition by Richard Wihelm (1911). London and New York: Routledge & Kegan Paul, 1985.

⑦ John C. H. Wu (Wu Jingxiong) trans. *Tao Teh Ching/ Lao Tzu*. New York: St. John's University Press, 1961.

⑧ 译文没有标明引自那个译本,应为自译。(作者注)

本,第1章)

"三、无欲"对《道德经》的直接引用有1处:"故常无欲,以观其妙。常有欲,以观其徼。"(冯家富译本,第1章)

"四、无为"对《道德经》的直接引用有2处:(1)"是以圣人处无为之事,行不言之教。万物作焉而不辞。"(米切尔译本,第2章)(2)"生而不有,为而不恃。功成而弗居。夫惟弗居,是以不去。"(米切尔译本,第2章)

"五、为无为"对《道德经》的直接引用有3处:(1)"是以圣人治,虚其心,实其腹,弱其志,强其骨。常使民无知无欲。使夫知者不敢为也。为无为,则无不治。"(韩禄伯译本,第3章)(2)"为学日益,为道日损。"(吴经熊译本,第48章)(3)"民之难治,以其智多。……常知稽式,是谓'玄德'。"(米切尔译本,第65章)

"六、和光同尘"对《道德经》的直接引用有3处:(1)"道冲而用之,或不盈。渊乎似万物之宗。"(陈荣捷译本,第4章)(2)"三十辐,共一毂,当其无有车之用。埏埴以为器,当其无有器之用。"(吴经熊译本,第11章)(3)"道生一,一生二,二生三,三生万物。万物负阴而抱阳,冲气以为和。"(陈荣捷译本,第42章)

"七、仁"对《道德经》的直接引用有1处:"天地不仁,以万物为刍狗。圣人不仁。"(陈荣捷译本,第5章)

"八、虚"对《道德经》的直接引用有2处:(1)"谷神不死,是谓玄牝。玄牝之门,是谓天地根。绵绵之门,用之不勤。"(米切尔译本,第6章)(2)"是谓玄牝。"(陈荣捷译本,第6章)

"九、无私"对《道德经》的直接引用有3处:(1)"天地所以能长且久者,以其不自生,故能长生。"(韩禄伯译本,第7章)(2)"圣人无常心,以百姓心为心。"(陈荣捷译本,第49章)(3)"非以其无私邪?故能成其私。"(韩禄伯译本,第7章)

"十、不争"对《道德经》的直接引用有2处:(1)"上善若水。水善利万物而不争。处众人之所恶,故几于道。"(吴经熊译本,第8章)(2)"夫唯不争,故无尤。"(米切尔译本,第8章)

"十一、功成身退"对《道德经》的直接引用有3处:(1)"功成名遂身退,天之道。"(陈荣捷译本,第9章)(2)"功成不名有。"(陈荣捷译本,第34章)(3)"故几于道也。曰:余食赘形。"(米切尔译本,第24章)

"十二、抱一"对《道德经》的直接引用有17处:(1)"专气致柔,能婴儿乎?"(陈荣捷译本,第10章)(2)"爱国治民,能无知乎?明白四达,能无知乎?"(米切尔译本,第10章)(3)"天下莫柔弱于水,而攻坚强者莫之能胜。"(米切尔译本,第78章)(4)"以道佐人主者,不以兵强天下。其事好还。"(米切尔译本,第30章)(5)"曲则全,枉则直。"(陈荣捷译本,第22章)(6)"为无为,事无事。"(吴经熊译本,第63章)(7)"是以圣人……以辅万物之自然而不敢为。"(陈荣捷译本,第64章)(8)"吾不敢进寸,而退尺。是谓行无行,攘无臂,捉无敌。"(吴经熊译本,第69章)(9)"损之又损,以至于无为。"(米切尔译本,第48章)(10)"反者,道之动。弱者,道之用。"(吴经熊译本,第40章)(11)"将欲噏之,必固张之;将欲废之,必固兴之;将欲夺之,必固与之。是谓微明。"(米切尔译本,第36章)(12)"牝常以静胜牡。"(陈荣捷译本,第61章)(13)"道常无为而无不为。"(陈荣捷译本,第37章)(14)"侯王若能守,万物将自化。"(陈荣捷译本,第37章)(15)"道常无为而无不为。侯王若能守,万物将自化。"(吴经熊译本,第37章)(16)"江海之所以能为百谷王者,以其善下之。……是以圣人欲上民,必以言下之。欲先民,必以身后之,是以圣人处上而民不重。"(吴经熊译本,第66章)(17)"是以圣人处前而民不害。是以天下乐推而不厌。"(米切尔译本,第66章)

"十三、圣人"对《道德经》的直接引用有3处:(1)"难得之货,令人行妨是以圣人为腹不为目,故去彼取此。"(冯家富译本,第12章)(2)"同于道者,道亦乐得之。"(米切尔译本,第23章)(3)"是以圣人欲上民,必以言下之;欲先民,必以身后之。"(冯家富译本,第66章)

"十四、身"对《道德经》的直接引用有1处:"吾所以有大患者,为吾有身。……故贵以身为天下者,则若可寄于天下;爱以身为天下者,乃可以托于天下。"(陈荣捷译本,第13章)

"十五、信"对《道德经》的直接引用有3处:(1)"孰能浊以静之?孰能安以动之?"(冯家富译本,第15章)(2)"信不足焉,犹兮其贵言。"(韩禄伯译本,第17章)(3)"治大国,若烹小鲜。以道莅天下。"(米切尔译本,第60章)

"十六、大伪"对《道德经》的直接引用有2处:(1)"六亲不和,有孝慈;国家昏乱,有忠臣。"(冯家富译本,第18章)(2)"大道废,有仁义。智惠出,有大伪。"(冯家富译本,第18章)

"十七、弃智"对《道德经》的直接引用有 3 处:(1)"绝圣弃智,民利百倍。"(陈荣捷译本,第 19 章)(2)"故道大,天大,地大,人亦大。域中有四大。"(张中元译本,第 25 章)(3)"绝仁弃义,民复孝慈。"(吴经熊译本,第 19 章)

"十八、曲"对《道德经》的直接引用有 2 处:(1)"曲则全,枉则直。"(米切尔译本,第 22 章)(2)"窪则盈,敝则新。"(米切尔译本,第 22 章)

"十九、自然"对《道德经》的直接引用有 1 处:"人法地,地法天,天法道,道法自然。"(陈荣捷译本,第 25 章)

"二十、超然"对《道德经》的直接引用有 2 处:(1)"虽有荣观,燕处超然。"(冯家富译本,第 26 章)(2)"轻则失根,躁则失君。"(米切尔译本,第 26 章)

"二十一、袭明"对《道德经》的直接引用有 5 处:(1)"善行无辙迹,善言无瑕谪,善计不用筹策。常善救物,故无弃物。"(米切尔译本,第 27 章)(2)"是谓'袭明'。"(冯家富译本,第 27 章)(3)"出生入死。"(米切尔译本,第 50 章)(4)"是谓深根固柢,长生久视之道。"(米切尔译本,第 59 章)(5)"治人、事天,莫若啬。夫为啬,是谓早服。早服谓之重积德,重积德则无不克。"(冯家富译本,第 59 章)

"二十二、归于朴"对《道德经》的直接引用有 5 处:(1)"为天下式,常德不忒,复归于无极。……为天下谷,常德乃足,复归于朴。"(米切尔译本,第 28 章)(2)"将欲取而为之,吾则不得已。天下神器,不可为也。为者败之,执者失之。"(冯家富译本,第 29 章)(3)"天下有始,以为天下母。既知其母,以知其子。既知其子,复守其母,没身不殆。"(米切尔译本,第 52 章)(4)"含德之厚,比于赤子。赤知牡牝之合而朘作,精之至也。终日号而不哑,和之至也,……益生曰祥,必使气曰强。"(吴经熊译本,第 55 章)(5)"为天下谿。为天下谿,常德不离,复归于婴儿。"(冯家富译本,第 28 章)

"二十三、勿强"对《道德经》的直接引用有 2 处:(1)"善者果而已,不敢以取强。……是谓不道,不道早已。"(米切尔译本,第 30 章)(2)"夫代司杀者杀,是谓代大匠斫。夫代大匠斫者,稀有不伤其手矣。"(米切尔译本,第 74 章)

"二十四、哀者胜"对《道德经》的直接引用有 8 处:(1)"夫佳兵,不祥之器,物或恶之,故有道者不处。……兵者,不祥之器。非君子之器,不得已而用之,恬惔为上。胜而不美。"(吴经熊译本,第 31 章)(2)"不得已而用之,恬惔为上。……杀人之众,以悲哀泣之。"(米切尔译本,第 31 章)(3)"夫慈,以战则胜,以守则固。"(米切尔译本,第 67 章)(4)"夫慈,以战则胜。……天将救之,以慈卫之。"(吴经熊译本,第 67 章)(5)"祸莫大于轻敌,轻敌几丧吾宝。故抗兵相若,哀者胜矣。"(张中元译本,第 69 章)(6)"道者,万物之奥。善人之宝,不善人之所不保。"(吴经熊译本,第 62 章)(7)"以道莅天下,其鬼不神。非其鬼不神,其神不伤人。非其神不伤人,圣人亦不伤人。夫两不相伤,故德交归焉。"(张中元译本,第 60 章)(8)"善者,吾善之;不善者,吾亦善之,德善。信者,吾信之;不信者,吾亦信之,德信。……圣人皆孩之。"(奥斯特瓦尔德英译自卫礼贤《道德经》德译本,第 49 章)

"二十五、江海"对《道德经》的直接引用有 2 处:(1)"譬道之在天下,犹川谷之于江海。"(冯家富译本,第 32 章)(2)"古之所以贵此道者何?不曰:求以得,有罪以免邪?故为天下贵。"(吴经熊译本,第 62 章)

"二十六、自知"对《道德经》的直接引用有 5 处:(1)"知人者智,自知者明。胜人者有力,自胜者强。知足者富。……死而不亡者寿。"(吴经熊译本,第 33 章)(2)"上士闻道,勤而行之。"(米切尔译本,第 41 章)(3)"以其生生之厚。"(米切尔译本,第 50 章)(4)"不出户,知天下。"(陈荣捷译本,第 47 章)(5)"知足不辱,知止不殆,可以长久。"(米切尔译本,第 44 章)

"二十七、不自为大"对《道德经》的直接引用有 3 处:(1)"大道氾兮,……万物恃之而生而不辞,功成不名有。爱养万物而不为主,……是以圣人终不为大,故能成其大。"(张中元译本,第 34 章)(2)"执大象,天下往。往而不害,安平太。"(陈荣捷译本,第 35 章)(3)"圣人终不为大,故能成其大。"(陈荣捷译本,第 63 章)

"二十八、居其实"对《道德经》的直接引用有 2 处:(1)"故贵以贱为本,高必以下为基。是以侯王自谓孤、寡不穀。"(米切尔译本,第 39 章)(2)"是以大丈夫处其厚,不居其薄;处其实,不居其华。"(冯家富译本,第 38 章)

"二十九、静"对《道德经》的直接引用有 3 处:(1)"大成若缺,……大巧若拙,大辩若讷。"(陈荣捷译本,第 45 章)(2)"不欲琭琭如玉,落落如石。"(米切尔译本,第 39 章)(3)"大巧若拙,……大赢若绌。"(米切尔译

本,第 45 章)

"三十、知足"对《道德经》的直接引用有 6 处:(1)"名与身孰亲？身与货孰多？得与亡孰病？甚爱必大费,多藏必厚亡。知足不辱,知止不殆,可以长久。"(吴经熊译本,第 44 章)(2)"故知足之足,常足矣。"(韩禄伯译本,第 46 章)(3)"至治之极,……甘其食,美其服,安其居,乐其俗。"(米切尔译本,第 80 章)(4)"乐其俗。邻里相望,鸡犬之声相闻,民至老死,不相往来。"(冯家富译本,第 80 章)(5)"大邦不过欲兼畜人,小邦不过欲入事人。夫两者各得所欲。"(米切尔译本,第 61 章)(6)"天下有道,却走马以粪。天下无道,戎马生于郊。罪莫大于可欲,咎莫大于欲得。"(张中元译本,第 46 章)

"三十一、玄德"对《道德经》的直接引用有 6 处:(1)"道生之,德畜之,物形之,势成之。是以万物莫不尊道而贵德。夫莫之命而常自然。"(冯家富译本,第 51 章)(2)"是以万物莫不尊道而贵德。"(米切尔译本,第 51 章)(3)"天下多忌讳,而民弥贫；民多利器,国家滋昏；法令滋彰,盗贼多有。"(吴经熊译本,第 57 章)(4)"其政察察,而民缺缺。"(张中元译本,第 58 章)(5)"民不畏威,则大威至。夫唯不厌,是以不厌。"(米切尔译本,第 72 章)(6)"故道生之,德畜之,长之育之,成之孰之,养之覆之。生而不有,为而不恃,长而不宰,是谓玄德。"(冯家富译本,第 51 章)

"三十二、非道"对《道德经》的直接引用有 2 处:(1)"大道甚夷,而民好径。朝甚除,田甚芜,仓甚虚,服文采,带利刃,厌饮食,财货有余,是为盗夸。非道哉!"(张中元译本,第 53 章)(2)"使我介然有知,行于大道,唯施是畏。"(张中元译本,第 53 章)

"三十三、家"对《道德经》的直接引用有 2 处:(1)"善建者不拔,……修之于身,其德乃真；修之于家,其德乃余；修之于乡,其德乃丰；修之于天下,其德乃普。"(吴经熊译本,第 54 章)(2)"天之道,利而不害；圣人之道,为而不争。"(陈荣捷译本,第 81 章)

"结语:无败"对《道德经》的直接引用有 7 处:(1)"执者失之。……是以圣人以辅万物之自然而不敢为。"(吴经熊译本,第 64 章)(2)"以辅万物之自然而不敢为。"(米切尔译本,第 64 章)(3)"受国不祥,是为天下王。"(米切尔译本,第 78 章)(4)"心使气曰强。物壮则老,谓之不道。不道早已。"(米切尔译本,第 55 章)(5)"牝常以静胜牡,以静为下。"(米切尔译本,第 61 章)(6)"大慈,以战则胜,以守则固。天将救之,以慈卫之。"(米

切尔译本,第 67 章)(7)"何以知天下之然哉? 以此。"(吴经熊译本,第54 章)

要指出的是,作者对标题的英译并不准确。如果不是其直接用汉语标示在各部分题首的中文和附在文后的英文,有些很难对上。如:"supporting defenses"(抱一)、"affirming creation"(弃智)、"wandering"(袭明)。

2007 年第 18 期的《哈科米论坛》对该书"哀者胜"(Dealing with Enemies)这个部分中对《道德经》文本 8 处引用中的 7 处做了引用。① 未引用的 1 处为"道者,万物之奥。善人之宝,不善人之所不保。"(吴经熊译本,第 62 章)

四、老子《道德经》在心理治疗理论与技巧中的应用

1990 年,西密歇根大学托马斯·拉尼洛维奇(Thomas E. Hranilovich)的博士论文《老子〈道德经〉在心理治疗理论与技巧中的应用》发表。② 文章分 5 个部分对《道德经》及其在心理治疗和技巧中的应用进行了讨论:导论;研究综述;老子《道德经》:阐释及其意义与神秘主义;作为一种心理学理论的《道德经》:其在心理治疗理论和技巧中的应用;概述与结语。该节选译了其中的几处。

(一)将心理学知识与《道德经》相结合:一种综合的心理治疗体系

现存的心理治疗体系是从以假设—演绎的科学传统为基础的心理学思想中派生出来的。这种假设—演绎的科学传统的局限正是这些心理治疗体系的局限。在该文中,作者试图尽力提高心理治疗的适用性、效果和效能,将对《道德经》中那些概念的心理学意义进行思考并对这些概念被应用到心理治疗中的方式进行考察。为了达到这个目的,作者首先对既存的《道德经》的应用成果做了综述并对《道德经》中这些概念的表意文字的派生词源、其在《道德经》中所含的意思及其心理学意义进行了考察。作者最后将考察其在心理治疗理论与技巧中的应用。

---

① "Quotes from Lao Tzu's *Tao-te Ching*: Found in the chapter 'Dealing with Enemies' in Greg Johanson & Ron Kurtz's Grace Unfolding: Psychotherapy in the Spirit of the *Tao-te ching*." *Hakomi Forum*, Issue 18, Summer 2007.

② Thomas E. Hranilovich. "Applications of the *Tao Te Ching* of Lao Tzu to Psychotherapy Theory and Technique." Ph. D. Thesis, Western Michigan University, 1990.

在该章作者致力于2个任务：一是建议将《道德经》中所蕴含的信息与心理治疗体系中既存的信息进行综合以形成一种心理治疗的综合体系。一种综合的心理治疗体系将通过在以假设—演绎的科学传统为基础的信息中添加以《道德经》的世界观为基础的信息得以扩展心理治疗的理论基础和技巧。作者并不意在取代既存的心理治疗体系及其理论和技巧而是将在其基础上添加《道德经》的信息以扩展其在心理治疗方面的应用。既存的心理治疗体系只呈现了现实的多样性这个层面。当其被顾客的欲望和服务设置背景所决定的时候，一种综合的心理治疗体系将同时呈现现实的多样性层面和统一层面。即是说，一种综合的心理治疗体系将可应用于当前的心理治疗体系出现的所有问题中，同时也能处理当前的体系范围之外的问题。这样的体系或者作为一种实用的、受症状驱动的体系来服务，或者作为一种存在的总体系来服务。

二是，作者建议将《道德经》中的概念和技巧应用到既存的心理治疗体系中。这提供了一种扩展既存心理治疗体系的技巧而不必对其根本的哲学基础做激进改变的手段。这将允许通过使用旨在改善当前的心理治疗技巧效果的辅助技巧来达到更有效的服务传递。

在后一章作者考察了《道德经》在心理治疗理论和技巧中的应用。作者把文本看成是一种心理学理论并通过科学的分类法对其进行了考察。作者考察了每一类别，因为它不仅会对一种综合的心理治疗体系产生影响，而且也会对《道德经》中的概念和技巧在既存的心理治疗体系中的应用效果产生影响。

（二）作为一种心理学理论的《道德经》：其在心理治疗中的应用

现在将把《道德经》按科里（Gerald Corey）提出的6个类别来考察以对建议和心理治疗进行比较。《道德经》现在和过去都绝不意在成为一种心理学理论。然而，这样的考察将会在老子的教义和现代心理学理论之间建立起一些共同的基础。在每一类别中都将会给出将《道德经》中的教义应用到心理治疗理论和技巧中去的考察，一是从将《道德经》与既存的心理治疗体系相结合以形成一种新的心理治疗体系的角度，二是从在既存的心理治疗体系中补充《道德经》中的概念的角度。在最后一类即应用与贡献中，将归纳已经发现的各种应用。

陈荣捷（1963）在其著作中将道家思想看成是一种深刻的哲学，认为它主要是通过不随波逐流和一种超验的精神来阐释个体生活和宁静的。

其核心的教义是"存在"和"无"的再生繁殖,是反对"不变"和自然之恒常模式的"无为"的重要性。《道德经》对通常被认为是无知、谦卑、顺从、满足、柔弱等"消极的道德"做了特别强调。

在其1967年出版的著作《苏非派与道家思想中的核心哲学概念比较研究》①中,井筒俊彦(Toshihiko Izutsu)强调他认为在道家思想与萨满教(shamanism)之间存在着相当密切的联系,他认为道教是"一种特别的哲学形式,它源自个体的存在经验,是被赋予了超验的洞察事物能力的个体所特有的。"②道家的哲学家们实践其智慧以便将其原初的神秘观提升和详细阐释为一种形而上学的旨在解释"存在"之结构的概念。

韦利(Arthur Waley)在其1958年出版的著作《道与德》③中认为道家思想是一种寂静主义的哲学,这种哲学同时蕴含了"道"潜藏在一种变化着的多样性之下的不变的统一和引起每一种生活和见解的动力。在韦利看来,道家思想最重要的法则是所有属性的相对性:在"道"中,所有的对立面都是混合的,所有的对比都是和谐的。通向"道"的第一步是与宇宙的根本法则相和谐而非相悖。

吉拉尔多(N. J. Girardot)在其1983年出版的著作《早期道家思想中的神秘与意义》④中将"道"看成是一种可改正、改善、治愈、挽救或使人类状态和谐的信息与方法。这是通过如何处理与涉及的如下存在主义的主要问题之间的关系来完成的:与自然、自我、其他已死的和活着的男人女人、上下尊卑的关系,或最根本的,如何在这个过程中全面真实地变得人道。

林语堂在其1948年出版的著作《老子的智慧》中指出,老子的根本教义是谦卑。他对道家思想做了如下的定义:"是关于宇宙之根本统一、返、阴阳和永久的循环的哲学;是关于所有差异性的层级、所有标准的相对性的哲学;也是关于所有回归到原始的一、非凡的才能和万物之源的哲学。"⑤

---

① Toshihiko Izutsu. *A Comparative Study of the Key Philosophical Concepts in Sufism and Taoism*. Tokyo: Keio University Press, 1967.

② Ibid., p. 15.

③ Arthur Waley. *Tao and its Power*. New York: Grove, 1958.

④ N. J. Girardot. *Myth and Meaning in Early Taoism*. Bwekeley: University of California, 1983.

⑤ Lin, Yutang. *The Wisdom of Laotse*. New York: Modern Library, 1948, p. 14.

布洛菲尔德(J. Blofeld)在其1978年出版的著作《道家思想：通向不朽之路》(*Taoism: The Road to Immortality*)中认为,道家思想之所以受到关注是通过个体摆脱了其分离之最终幻想,而这引发了对这个事实的直接看法："死是没有意义的。……因而没有什么是以生开始以死结束的。真相时刻存在着。"①那当这个幻想被摆脱后会发生什么呢？"回归到源的那个人的思维会由此而成为那个源。你自己的思维注定成为那个宇宙本身。"②

在其将道家思想比作一种体系理论的著作《自我身份与开放体系的自我：一种道家的体系/范式》(*Self-identity and the Open-system Self: A Taoist Systems/Paradigm*)中,科拉辛(B. M. Colodzin)强调了没有二元性或无差别的统一作为其中心这个概念："宇宙中的任何东西都是'道'之根本,'道'是潜藏在所有形式之下的最高本质。……宇宙是被作为一种有生命的、相关联的、相共鸣的东西来理解的。"③

巴姆(A. J. Bahm)认为《道德经》中的2章概括了整个道家思想。一是第19章,该章恳请读者保持其自我并自然地行事。二是第67章,该章建议读者追随3条宝贵的自然法则：慈、俭、不敢为天下先(谦卑)④。

在史密斯(D. H. Smith)看来,"道家寻求的是个体的完善,是对自然之神秘的更深刻的洞见,是与其认为潜藏在所有存在之下的宇宙法则的统一。"⑤他们相信：

> 人,与其他所有的动物一样,必须遵照出生、成长、衰退、死亡这个自发的、自然的过程,并与宇宙的节奏相一致。自由、和平和幸福对所有人来说都只能通过与自然的而非人为制定的律法相一致才能获得。⑥

---

① J. Blofeld. *Taoism: The Road to Immortality*. Boulder: Shambhala, 1978, p. 162.
② Ibid., p. 164.
③ B. M. Colodzin. *Self-identity and the Open-system Self: A Taoist Systems/Paradigm*. Dissertation Abstracts International, 45, 1072A, 1983.
④ A. J. Bahm. *Tao Teh King by Lao Tzu*. New York: Frederick Ungar, 1958.
⑤ D. H. Smith. *The Wisdom of the Taoists*. New York: New Directions, 1980.
⑥ Ibid., p. 4.

(三)其在心理治疗及其理论中的应用:作为一种综合心理治疗体系的一部分

现时的心理学理论和心理治疗理论只认识到了存在的多重层面。《道德经》的核心教义不仅认识了"道"而且还强调了"道"作为真实的现实存在之统一的层面,并倡导放弃或克服对物质分离的错误观念以便能获得"道"之实现。一种综合的心理治疗体系会研究人与统一和存在的多重层面之间的关系而非仅仅只研究多重层面。一些心理学知识将不得不重写以考虑物质的统一层面,因为在既存理论的构成中是没有考虑统一层面的。这样综合的结果会改变什么或不会改变什么还很难说。心理学知识的大范围将会保持不变,因为如果其受影响的话这种影响也是微乎其微的。例如,生理心理学有可能根本就不会受到影响,心理学的其他领域如人格理论和精神病理学理论,将有可能发生实质性的改变。精神病理学将不得不根据个体认识以及能准确理解统一层面和多重层面而非仅仅如现时情况这样的多重层面本身的程度来决定。例如,对精神病的定义将不得不作为对现实的超过一个层面的认知结果而改变。

当前的心理治疗体系旨在更好地帮助个体发挥其作用并取得对现实之多重层面的更大的成就感。一种综合的心理治疗体系也将意在于此,但除此之外还将意在帮助个体更好地发挥其作用并获得现实之统一层面的更大的成就感。这样的体系将会认识到个体有选择仅仅只生活在多重层面的权利,但却会将此权利赠予那些选择试图获得对统一层面之实现的多种方法和克服分离和自体二分法的错误观念的人。

1.在既存的心理治疗体系中的应用

将《道德经》的核心教义应用到既存的心理治疗体系中可帮助促进对世界观和与顾客对其所呈现的问题之本质以及那些技巧可能对其有所帮助等相关问题的认识。心理分析体系很少关注顾客的世界观,认为顾客的行为是受其生物性所驱使的根本上是一种现象学体系的以人为本的体系已经对顾客的世界观加以了考虑。但是由于各种各样的原因,像心理分析体系这样的行为体系在很大程度上忽略了顾客的世界观。对一个行为主义者来说,世界观是不存在的,世界观不是一种能被观察到的现象。认识到假设—演绎传统的局限性并对其根本的信仰加以重新考察并有可能将其扩展以使其适应存在于这种科学传统范围之外的因素对心理分析和行为体系来说是有益的。

2.其在心理治疗及其理论中的应用:作为一种综合心理治疗体系的一部分

"知"是洞见的突然"闪现",正如闪电之于天空。"恬"是自我的逐渐崩解,恰似被海浪冲击的岩石之消失。二者都是通向"明"的路径,都是老子在《道德经》中所应用的技巧。阅读《道德经》文本就是同时揭示"知"与"恬",经常读《道德经》会逐渐改变一个人的认知"地图",并同时为突然的直觉洞见创造条件。显而易见老子在《道德经》中倡导的冥想实践会逐渐磨掉一个人的自我,最终只留下空与顺从。在一种综合的心理治疗体系的"知"与"恬"中,冥想、相悖的状态以及其他的思想困惑将以思维的形式成为主要的技巧。那些正在寻求对绝对的实现之获得的人会使用二者,那些正在寻求更少目标如紧张生活环境之解决或关系之改善的人会应用二者。似乎在后一种情况下将会因通过"恬"而获得的结果之缓慢而更多强调"知"。

由于冥想主要是在宗教的背景下而心理治疗主要是在科学的背景下发展起来的,将二者综合的可能性几乎没有被考虑过。"恬",或冥想的方法,是个体在其定期引导下主要听从自己内心的一个过程。而心理治疗则相反,涉及典型的人与人之间的互动,而且其促变因素是治疗师与其病人之间的人际关系。冥想的目标是为了帮助个体达到一个通常情况下达不到的层次,而治疗的目标则通常是为了恢复病人发病之前的功能水平。冥想主要关注的与个体意识的结构或经验相关,假设当结构被加强时其内容将会以一种更健康的方式自己重新组合,而心理治疗主要关注的是个性的内容,假设当内容被重新组合时其结构将会变得更加互相协调和平衡。基于此,在其综合成一种新的心理治疗体系之前,二者之间似乎不存在根本的矛盾。事实上,传授冥想的导师应该欢迎来自心理治疗的新技巧以探索和重新评价使结构变形扭曲的无意识的内容,使结构能够更容易被加强。而心理治疗大师应该欢迎来自冥想的新技巧以提升自我的力量和认知的灵活性,使内容能够更加容易被重新组合。就此而论,可以看出冥想和心理治疗都意在内在的成长和发展,而且目的都在于帮助人获得其最大的潜能。

实际上,冥想目前被一些综合东西方方法的心理治疗师应用到他们与其病人之间的工作中。

库茨(Ron Kutz)认为冥想是一种认知诊治技巧,能同时改变一个人对其世界的态度和信仰。冥想在东方是作为终身的追求来实践的①。其变化比较缓慢，而且其核心在于冥想的过程本身而非冥想的效果。传统的冥想被用作心理治疗的唯一技巧，而且所有的病人很快就对特别症状的减轻感兴趣是欠考虑的。然而，冥想对教导病人警觉是有用的，这种警觉能使他们变得与观察其心理活动的观察者相脱离，以至于他们能看清被否认和被曲解的模式。这种能力极大地有助于认知和旨在改变心理过程的、以洞见力为导向的心理治疗的成功。

（四）概述与结语

《道德经》是一部有着2500年历史的关于形而上学的心理学著作，它将读者带到了这些现代心理学所主要关心的社会或生物因素之外。它有助于读者明白宇宙的根本力量是如何在所有的存在中被反映出来的，但其尤其关注每个个体的内在结构。《道德经》邀请人们试着去过与那些因素直接相关的自己的生活，通过他们的真实所见与充实生活，成为真正的人。它以人们自己所能理解的话语与其交流，而同时又邀请他们去寻求洞见的不同层次并经历那些不一定在其理解范围之内的经验。《道德经》坚持不懈地传达时间的多重维度和文化的多样性，因为它论述的就是人的本性和人类的状态。它谈及人内在精神的伟大之可能，同样也谈及人内在精神的挫败之可能，二者都是我们人之为人所与生俱来的结构。正如梅德赫斯特（C. Spurgeon Medhurst）所指出的："这本书的思想是一种被埋没的思想，它关联的是其精神的而非语法的句子。"②

《道德经》向人们呈现了一种挑战，即真实地所见和充实地生活。这是一个有相当难度的挑战，其难度对现代人来说与《道德经》所针对的古代中国人相比有过之而无不及。现代人试图在没有理解《道德经》所意指的是什么的情况下徒劳地过一种充实的生活，在没有将自己向终极现实展现出来的情况下擅自行动、从事并创造。这种展现和体验它的方法恰是《道德经》所阐释的。

从形而上学的角度看，"道"指的是万物之道。从心理学的角度看，"道"指的是人类本性的深层的动态结构。从伦理上讲，"道"指的是人类

---

① Ron Kutz, J. Z. Borysenko & H. Benson. "Meditation and Psychotherapy: A Rationale for the Integration of Dynamic Psychotherapy, the Response, and Mindfulness Meditation." *American Journal of Psychiatry*, 1985, 142(1), pp. 1-8.

② C. Spurgeon Medhurst. *The Tao-teh-king, Sayings of Lao Tzu*. Wheaton: Theosophical, 1972, p. 9.

该如何规范自己与他人之间的行为之道。而从精神上讲,"道"指的是寻求过去的圣人们传下来的真理的方法,即内在精神活动之道。"道"所有的这些意思最终都是一样的。《道德经》将宇宙流动的结构与个体的结构相关联,二者都体现在自身并表现在其每一个行动中。

蕴含在《道德经》中的形而上学的真理之实现与人们通常处理自己的生活之道是相反的。《道德经》形而上学的教义认为,有一条无形的、无法抓住的、无差别的、不可见的法则存在于万物的中心并在我们周围形成了一个可见的、有形的世界。生活的秘密对人们来说在这条法则中得以展示,要获得它只能通过达到一种内在开放的能使得人在其自身被展示时对这条法则愿意接受的状态。这要求一种努力,这种努力不同于我们从"道"这个词所理解的其他任何东西。

《道德经》呈现了一种形而上学的世界观,这种世界包含了不止一个现实层面:既有普通意识的多层面,也有超意识的统一层面。既存的心理学知识产生了一种完整的心理学体系,这种体系被应用到人类存在与经验的各个领域中。

综上所述我们将得出如下结论和建议。一是,努力使心理学家和其他的心理治疗师熟悉《道德经》以及其他需要继续阅读的神秘作品。笔者现在的这篇文章,与之前蒋(1971)、多吉尔(1978)、芬利(1981)、洛布洛克(1982)和科拉辛(1983)的论文一样,都是在为此而努力并将如所希望的那样,有助于他人的进一步研究。二是,心理学需要扩宽其世界观以便包括在假设—演绎的科学传统的根本信念之下无效的那些概念。任何思想领域的成长都只能在当那些侵犯或与那些已经在其他领域建立起来的信念相矛盾时才会发生。三是,把冥想作为一种心理治疗的技巧需要努力加以继续研究。这些努力应该采用真实的体验设计和迄今为止已经被使用的准体验设计。四是,研究修辞语言和象征语言以及需要作为心理治疗技巧之反论的努力。这种研究,现在首先出现在自然界的传闻中并主要在家庭治疗中完成,应该被扩展到包括私人和团体的范围,而且也应该采用真实的体验设计和迄今为止已经被使用的准体验设计。

本文作者集中论述了3种心理学体系:西格蒙德·弗洛伊德(Sigmund Freud)的心理分析心理学、斯金纳(Burrhus Frederic Skinner)的激进行为主义和卡尔·罗杰斯(Carl Rogers)的人本主义心理学,它们分别代表了心理学思想的3个主要学派:动力心理学、行为主义心理学、人本主义心理学。

多吉尔(1978)和加加林(1976)将《道德经》与格式塔治疗进行了比较,科拉辛(1983)将道家思想与体系理论做了比较。有必要将《道德经》与其他的心理学思想学派及其相关的心理学治疗理论和技巧做比较研究。比如,家庭治疗的策略和问题解决体系就很像《道德经》,比其他的体系使用了更多的象征手法、比喻和悖论。

最好莫过于该文开始将《道德经》的概念与既存的心理学知识进行全面的综合。笔者意在朝这个目标继续努力,并希望能有其他的研究者加入到这种努力中来。通过努力,将会同时在心理学知识的扩展和带给全人类更大的启示和满足方面取得更多成就。

第六节 《道德经》与社会和谐

一、神圣的智慧与社会和谐:《道德经》的乌托邦维度

弗雷德里克·本德(Frederic L. Bender)的"神圣的智慧与社会和谐:《道德经》的乌托邦维度"发表在《乌托邦研究》上。① 文章分 5 个部分对《道德经》与社会和谐进行了阐释:乌托邦:西方与中国;道家思想的历史语境与本体论预设;德:神圣的智慧、美德与力量;对道家乌托邦的描绘;结语。该节译介此文的后 4 个部分,以飨读者。

(一)道家思想的历史语境与本体论预设

尽管其起源不清楚,但据说道家思想(或黄老哲学)是由神秘的黄帝,中国黄金时代的 5 个圣帝之一建立的。黄帝被认为是赠予百姓使用火、犁头和织布机等东西的人,是发现和传播如何延长寿命并长生不老的人,是乘龙并飞向长生不老世界的人。尽管从历史的角度看这不太可靠,但这个传说告诉我们道家思想的起源很古老。根据广为流传的传说,老子是与孔子同时代的人,其年纪稍大些。正如 R. L. Wing 认为的,根据传说,《道德经》是公元前 6 世纪时一位有才华的名叫老聃的收藏室官员写的。在那个政治衰败的时代,老子有很多机会见识到其腐败、侵害及其后果。R. L. Wing 是这样记载这个故事的:

---

① Frederic L. Bender. "Sagely Wisdom and Social Harmony: The Utopian Dimension of the *Tao Te Ching*." *Utopian Studies*, 1990, 1(2), pp. 123-143.

感觉到那个时代的吴王以及充满敌意的政治反动,老子从他的职位上退了下来并准备永远离开这个文明世界。在其被允许通关进入远山大漠之前,关长尹喜坚持让老子将其所知道的东西写下来以启发后人。于是老子为那些处在能指导他人位置上的人如王侯、官员、雇主和教育者等撰写了《道德经》。①

"直觉之道"在形而上学层面上意指的是一个在道家的评论者中颇受争议的话题,在此我们不准备详细讨论。但至少,"道"的特征可被刻画为是所有自然过程和事物的终极依据和统一。它在万物中不可消减但却无处不在。因此,"道"是和谐之自发的、自然的条件或社会以及个体内在之宇宙秩序。道家思想中最重要的核心"返"意指自然是通过循环运动来进行的,而所有的自然过程是通过互为补充的两极的相互作用来进行的。

因而老子相信,万物都是通过阴阳两极的美德而存在的,而且受这2个互为补充的力量之循环交替的制约。"道"作为终极的非存在,是"不可名"的,因为它超越了所有的描述,其每一个特征都源自我们对特别事物的实践经验。因而,"道"典型地被认为是"无形的""无声的""无物的",是"绳绳不可名的"。简言之,是"无状之状"(《道德经》第14章)。它被说成是弥漫在万物之中的,是"爱养万物而不为主"的(《道德经》第34章),是圣王想要模仿的典范。然而,一旦"道"被侵犯或失去,无序和痛苦就会接踵而至。特别是,当拥有和权利之间存在着较大的不均衡时,对"道"的侵害是显而易见的。而且,在这种不均衡强加在普通百姓的痛苦中时:"大道甚夷,而民好径。朝甚除,田甚芜,仓甚虚,服文采,带利刃,厌饮食,财货有余,是为道夸。非道哉!"(《道德经》第53章)

万物秩序中的这条"大裂缝"是道家的政治及其乌托邦主义围绕着其循环的中心轴。如果社会想要在失道的形势下幸存,儒家的观点是,无序必须遭遇一种人为的秩序,并通过谆谆教诲由国家来予以实施。然而,在道家看来,一旦"道"被侵犯,一切依靠法律的实施、美德的培养或关于政事的知识的运用都将无力来修复这条"大裂缝"。在这样的世界里,道家思想取代劝告的要么是逃跑(正如老子自己的所为)要么是采取典型的乌

---

① R. L. Wing. *The Tao of Power*. New York: Doubleday, 1986, p. 11.

托邦式的解决办法,即,统治者的修身及其通过原始的直觉从一个"有文化的"并因而腐朽的、受欲望驱使的个体转变为一个泰然自若的圣人。即是,通过直觉理解"道"并使其行为与其相一致是获得那种个体力量或德的关键。这种德,当其与对人性与生俱来的过程有深层的理解相和谐时能使圣人—君王有效地实施他的统治职责。为解释清楚这种观点,我们现在来思考实现的意义及其与开明的统治艺术之间的联系。

(二)德:神圣的智慧、美德与力量

1.道之培育

"道之培育"意指的是一个逐渐将一个人的身体和精神力量发展完善直至其行为与自然之力量即"道"相均衡的过程。这个过程是通过对自然中的模式及其循环的显示之日益深入的借用来实现的,就如他们通过阴阳的相互作用来实现。温认为,对自然的这种高度理解,对人类相似的行为模式有所启发:"正如自然中冬季之后紧跟着是春季,在社会中增长之后紧随着是抑制。也正如太多的引力必将导致恒星的陨落,太多的占有必将导致观点的衰竭。"①对人类事物中自然模式以及文明导致我们从其偏离的程度的理解反过来使圣人抛弃那些滋生其欲望的幻想并获得可能恰当管理的那种镇定。因此,由于圣人的心智是平静的,他对野心及其带来的权利的诱惑是漠然的:"我独泊兮,其未兆,如婴儿之未孩。……众人皆有余,而我独若遗。……我愚人之心也哉。"(《道德经》第20章)

对权利的漠然与对本体论的洞见之间的关联与柏拉图认为只有那些懂得权利是不好的或者至少是比沉思的生活不那么好的人能胜任统治的观点是相似的。然而,与柏拉图的那些其智慧源于充满活力的知识素养的哲学家—君王观点不同的是,如果道家的圣人想要获得这种平静的话那他就必须弃智:"为学日益,为道日损。"(《道德经》第48章)

2.无为

这种"学"之不学是"无为"的必要条件,也即是说,它是获得广泛认可和支持的关键:"损之又损,以至于无为。无为而无不为。取天下常以无事。及其有事,不足以取天下。"(《道德经》第48章)

萧公权指出,这种"无为而无不为"的政治思想牢牢地依赖于道家的

---

① R. L. Wing. *The Tao of Power*. Op. cit., p. 12.

形而上学的模式,根据这种模式宇宙自身的形成是源自不带任何目的或意图的对现实的无视。从静止中,产生了运动。从最初的简单中产生了复杂①。

"无为"这个概念有3个独特的意思。一是,由于"道"自发地即不带任何目的地生万物,正如"无为"的政治技巧意指回归其与生注定的而非有违自然之根本或更勿"揠苗助长"②。这样的"归根"目的在于保存这个世界缺乏的那种沉寂之"德"。这暗示着把政府的功能尽可能降到最低程度并允许百姓尽量能做他们想做的事,这样就能使每个个体获得最适合他的东西。二是,行事时要与自然保持一致指的是道家相信自发的、自然的、简单的欲望和行为是能广为流传的:"不尚贤,使民不争。不贵难得之货,使民不为盗。不见可欲,使心不乱。"(《道德经》第3章)三是,本为"道"并依"道"行事的人是不会让其私欲干扰其公共行为的,因为具有启示意义的"无为"是源自一种淹没任何个体的自我价值或私利的动机感的宇宙之集成的。换句话说即是,神圣的不再以自我为中心的奋斗源自那种认识的内容,下面我就来谈谈这个问题。

3.神圣的智慧与力量

我们明白当一个人认识到并与自然即产生于"道"中的力量相一致时"德"就出现了。同时,这种认识与一致在于理解一个人自己的或他人之根本的或形而上学的身份以及与"道"的同一性。鉴于我们都产生于同一个"道",界定"我自己"和"非我自己"之间的界限就变成了随意的。正如庄子指出的:"天地与我并生,而万物与我为一。"(庄子·齐物论)然而,每个个体事物也拥有其独特的特征和作用:"万类相殊,各有其宜。"③即,从"道"的角度看,"个体"事物是"一",但从个体事物的角度看,每一个"一"与其他的都不同。"二谛"即适合于现象的相对真谛与反映形而上学的统一之绝对真谛之共同存在的威力,是圣人理解的没有理由去企望个人扩张、去害怕失去甚至去畏惧死亡。因而《庄子》中有记载老子对孔子说的话:"夫天下也者,万物之所一也,得其所一而同为焉。则四肢百体将为尘垢,而死生终始将为昼夜,而莫之能滑,而况得丧,祸福之所介乎!"(《庄

---

① Hsiao, Kung-chuan. *A History of Chinese Political Thought. Volume* 1:*From the Beginnings to the Sixth Century A. D.* Trans. F. W. Mote. Princeton:Princeton University Press, 2001, p. 306.

② Ibid., p. 161.

③ Ibid., p. 167.

子·田子方》）

同样,圣人将人民常常争夺的俗物如荣誉和权利形而上学地看成是没有价值的东西。与那些因为其将自己的观点强加于别人似乎看起来很有力的人不同的是,真正有力的个人是从不显示自己的力量但别人却愿意因为他们流露出智慧而听从他们。他们懂得这种力量并非源自他们自己而是通过他们流露出来而已。因而进化了的个体明白:"既以为人己愈有,既以与人己愈多。"(《道德经》第81章)

真正的力量是能影响并改变世界同时却能过得简单、聪明、丰富的那种能力。因为其扩展了环绕了整个宇宙的识别,这样的个体有一种能影响那些展现在他们面前的思维并给予其力量的仪态①。

"吾所以有大患者,为吾有身。及吾无身,吾有何患？故贵以身为天下者,则若可寄于天下;爱以身为天下者,乃可以托于天下。"(《道德经》第13章)

这样的个体知道自由源自对那些不必要的欲望的根除和对多余的占有物的放弃。他们不能被操控,因为其已经拥有他们需要的每一样东西了②。

"甚爱必大费,多藏必厚亡。知足不辱,知止不殆。"(《道德经》第44章)

我们来回忆一下,儒家的主要美德是"仁""礼""义"。在"君子"身上据说有智、勇、信和敬与恭。这些以社会为中心的、积极的美德与道家的圣人—君王的如下7种美德相对,尽管这不是一个完全的清单,但应该足够传达道家认为圣治所需要的以及划分儒家和道家的理想人格之间的巨大差别的那些品质。

第一,圣人拥有完全的自制,因为自制他表现得泰然自若:"知人者智,自知者明。胜人者有力,自胜者强。"(《道德经》第33章)第二,他拥有极大的独立性,并因而愿意承受孤独和误解:"而我独若遗。我独异于人,而贵食母。"(《道德经》第20章)第三,作为如此珍惜"道"之结果,道家的圣人拥有极大的"柔"或"弱",因为"弱者,道之用。"(《道德经》第40章)在自然中,坚固和力量常常是毁灭的前奏,而示弱则常常能加强自我保护"人

---

① R. L. Wing. *The Tao of Power*. Op. cit., p. 12.
② Ibid., pp. 12-13.

之生也柔弱,其死也坚强。草木之生也柔脆,其死也枯槁。……坚强处下,柔弱处上。"(《道德经》第76章)相似的是,老子利用水能侵蚀岩石的比喻告诉我们"天下之至柔,驰骋天下之至坚。"(《道德经》第43章)第四,由于一个人的彻底接受,圣人也拥有了伟大的能够在百姓中带给他极大支持的谦卑:"是以圣人欲上民,必以言下之;欲先民,必以身后之。是以圣人处上而民不重,处前而民不害。是以天下乐推而不厌。"(《道德经》第66章)第五,由于他的谦卑,圣人统治者有慷慨地对待他人的能力,因为他拥有的是一个超然的无私的心智,能认识到每个方面的局限并因而不对他人给予武断的或过分的批评:"圣人无常心,以百姓心为心。善者,吾善之;不善者,吾亦善之,德善。信者,吾信之;不信者,吾亦信之,德信。圣人在天下,歙歙为天下浑其心。"(《道德经》第49章)第六,圣人在自然的人类进程的流动中很小心地培养自己"不干涉"的品质并因而能使他对自己的或单方面的观点的实施持宽容的态度。由于明白"道"是循环地发生作用而且善恶是相互补充的,他能对暂时的成功感到满足并且不会期待它无限地持续。因此,他不傲慢,他能让事物听其自然:"将欲取天下而为之,吾见其不得已。……是以圣人去甚,去奢,去泰。"(《道德经》第29章)最后,他的宽容并非对他人的欲求持盲目的默许,而是,他拥有敏锐地洞见事物细微差别的能力并因此毫不费力地控制事情:"为之于未有,治之于未乱。……合抱之木,生于毫末;九层之台,起于累土;千里之行,始于足下。"(《道德经》第64章)

4.如何统治一个王国?

拥有了由这7种品质构成的智慧,明君小心地避免所有的权利显露。完全相反的是,他却通过一种表面不干预让世界任其自然但对其臣民的欲望进行细微管理以至于他们有可能回归其没有受到腐化的自然状态的感化达到自己全部的目标:"我好静,而民自正;我无事,而民自富;我无欲,而民自朴。"(《道德经》第48章)

只有当他们自然的善由此而恢复时,百姓才能拥有实践其自由的能力。即,秩序这个所有中国政治哲学的核心问题便由此解决了。相反,如果一个统治者将其自身的虚荣或个人的利益放在其臣民的利益之上,为其自己的目的而寻求它们或者试图使它们像他自己,那结果将会是灾难性的:"以其上食税之多,是以饥。……以其上之有为,是以难治。"(《道德经》第75章)

实际上，统治者越是强烈地试图暴露其自己的欲望，事情越会变得更糟。圣人明白，在一定程度上，礼仪和音乐、仁慈和争议、律法和惩戒，都是强制实行的，几乎不太可能由此产生好的秩序。如果他通过法律的约束或使用武装力量来反对百姓的话情况就会变得尤其如此。

"天下多忌讳，而民弥贫。民多利器，国家滋昏。……法令滋彰，盗贼多有。"（《道德经》第57章）即，在道家看来，强制权威的实施其本身是造成斗争和内在混乱的原因，因为威压是试图使百姓消除在其生活中远离"道"的作用。相反，秩序问题的解决办法是回归自然的简单，遵从"道"孕育万物却不对其加以控制之榜样。社会需要的是自由，由此每个人可能完成他本性中特别的潜能。如果圣人能召唤出百姓的自由，那他将会获得巨大的成就："是以圣人终不为大，故能成其大。"（《道德经》第34章）

实际上，对乌托邦的形成来说全部所需可从一个令人惊异的比喻中概括出来："治大国，若烹小鲜。"（《道德经》第60章）烹鱼并不容易，它需要洞见使鱼烹得完美所需味道间的细微平衡。同样，圣人得平衡其帝国内的各种反对势力及其臣民的各种欲望。烹鱼还应该小心不能太频繁地翻动鱼，否则它就可能四分五裂。圣人也不能不必要地搅动那些事，而是应该使其平静下来并引导百姓走向平和。正如有技巧的烹饪与正规的教育绝无关系一样，建议也似乎都不是统治的艺术，尽管儒家在经典中强调对管理者的终身进行正规教育和考察。从这个意义上讲，任何人都能烹鱼。最后，一旦一个人开始烹鱼，那他就只能让热量的变化、各种成分的化学反应以及调味品的渗透等自然过程自发地进行。总体说来就是，统治者应该放弃其智慧，减少其欲望，寻求自制的满足而非个人的荣耀并不受干扰地归还百姓的自由以便他们也能繁荣兴盛。否则，就会如萧公权指出的："此术果行，则世界之上，除小己自适以外，殆无一事一物可以认为具有价值，而一切政治之裁制，社会之礼俗，亦悉成羁绊，无所用之。"[①]因而，时间检验了道家的乌托邦社会的概念，以及神圣的统治将会恢复的那种"安宁的生活"。

（三）对道家乌托邦的描绘

道家的乌托邦理念同时可追溯道古代的黄金时代也可往前推进到不

[①] Hsiao, Kung-chuan. *A History of Chinese Political Thought. Volume 1: From the Beginnings to the Sixth Century A. D.* Trans. F. W. Mote. Op. cit., pp. 168-169.

远的将来。与可在洛克(Locke)和卢梭(Rousseau)的作品中找到的表面相似的"自然之邦"相反,道家的原始的乌托邦不仅仅是一个旨在替适应现实社会的批判性要求辩护的概念性的实验。道家将古代社会看成是真实的乌托邦社会这个事实对其批判性的判决来说是很重要的。鉴于其始终存在的高贵的启示及其神圣的应用之可能性,它将乌托邦式的未来看成是总能够着的。萧公权认为老子乌托邦概念中的每一种成分实际上都是与他那个时代的真实条件相悖的:"古代制度与之略近者殆惟有殷初及殷前文化浅演之初民部落。夫初民部落,严格言之,固非真正之政治组织也。然则吾人即谓老子反对两周以后一切之政治制度,亦未尝不可。"①

与卢梭的《社会契约论》(*The Social Contract and Discourses*)中的假设一样,道家的乌托邦所基于的假设是自然和自然的情感是好的而文明的影响是堕落的。其结果是,我们被告知,道家的乌托邦是小的,是人口稀少的,是平等主义的,是明智管理的,也是纯朴的。由于百姓的自然需求少,他们的物质生活很容易得到满足。百姓不需要奢侈品和大量的财富因而没有被这条"大裂缝"所毁坏。老子是这样描绘这个乌托邦世界的:"小国寡民。使有什伯之器而不用,使民重死而不远徙。虽有舟舆,无所乘之。……使民复结绳而用之。……甘其食,美其服,安其居,乐其俗。邻国相望,鸡犬之声相闻,民至老死,不相往来。"(《道德经》第80章)

陈鼓应认为,在这个理想的国家中,社会秩序不需要外在的力量来维护。相反,它完全依靠的是个体和谐而满足地生活的能力。在这样的国家中,没有军事灾难,没有压迫,没有专制的剥削,也没有操纵。百姓是自然的真实的,根本不存在腐朽和不诚实。住在这样的社会里,百姓没有焦虑,没有情感的煎熬,没有恐惧,也没有患得患失的感觉。这种本真的、纯粹的生活方式实际上是对中国商朝之前的农业社会进行的田园式的描写。作者描绘了一个父权社会之前的、由自助经济和自治村庄构成的农业社会。在这样的社会里,大规模的相互交往是没有必要的。《庄子》对这个乌托邦社会添加了如下的描绘:"万物云云,各复其根。各复其根而不知。……尽其所怀,为天下配。处乎无响,行乎无方。挈汝适复之,挠挠以游无端,出入无旁,与日无始。颂论形躯,合乎大同。大同而无己。"(《庄子·在

---

① Hsiao, Kung-chuan. *A History of Chinese Political Thought. Volume 1: From the Beginnings to the Sixth Century A. D.* Trans. F. W. Mote. Op. cit., p. 165.

宥》)

《庄子》进一步阐述道,在这个古代社会里,百姓自发地拥有那些非常的美德,自从"大裂缝"出现,这些美德就不得不对个体重新反复灌输,因为"大裂缝"使得其在道德上有反抗行为。

"端正而不知以为义,相爱而不知以为仁,实而不知以为忠,当而不知以为信,蠢动而相使不以为赐。是故行而无迹,事而无传。"(《庄子·天地》)

从上面我们可以看出,除了道德的发展外,永久的和平或至少适当的自卫,是这个乌托邦社会的第 2 个目标。如果取得与最低限度的政治协调间的和谐,道家的乌托邦就能保持和平避免侵略邻国的诱惑。其他的国家则会看着它,发现在其中找不到任何他们想要的东西。老子告诉我们,"虽有甲兵,无所陈之。"(《道德经》第 80 章)实际上,侵略战争是完全被放弃的。

"祸莫大于轻敌。轻敌几丧吾宝。"(《道德经》第 69 章)

维持百姓的福利是乌托邦社会所共有的第 3 个目标。考虑到百姓欲望的自然简单,一个追随"道"的社会将不会有对穷人的经济剥削。正如在《道德经》第 80 章中可看到的那样。物质福利,多亏了不干涉政策将会变得自足。由于百姓没有多余的物质需求,将不会存在物质的缺乏。因而老子将自然之道与"大裂缝"之后的人之道相比较,当其涉及物质时:"天之道,损有余而补不足。人之道,则不然,损不足以奉有余。"(《道德经》第 77 章)

因而,道家思想可以说有了一个理想社会的理念,其中和平、社会和谐以及得到了提高的物质福利全都实现了。统治者仅仅只需要释放其百姓之自然的"德"乌托邦社会就会到来。

(四)结语

1.道家智慧概念的问题

我们被告知,道家圣人知道这个世界的万物是因他一瞬间的直觉洞见而得"道"由此变得完美的。但是"得道"究竟意指的是什么呢?这个问题在道家的经典看来是无法回答的,因为答案必须由文字和概念来表达,而"道"是没法用恰当的概念来加以定义的,即便前面谈到的"二谛"的阐述也肯定是不准确的。简言之,道家思想与其他的直觉哲学一样都存在这种难以表达的问题,其核心概念是无法向那些没有经验过正在讨论的这种洞见的人说清楚的。

尽管许多人会因这些无望的理由而放弃道家思想,我提及这点只是想注意它并使其继续下去。不管"得道"意指的是什么,但其显然是某种相当稀有的东西。人之爱好的不平等分布,以及所要求的直觉能力,"得道"使道家思想变成了天生的贵族统治的。"贵族统治"字面意思是"最好的人的统治",在这种情况下即是指那些与自然最和谐的人。但是假如转变自我的能力难以发现的话,那就很难想象已经实现的圣人—君王的操作会如何将其臣民从腐败的利己主义者的文明生产转变为乌托邦可实现的那种自然整体。相悖的是,要么"得道"是很难很稀少的,要求是贵族的而实际上绝大部分是君王的统治,要么是,如果通知是不需要的话,那它必须是百姓很容易就能获得的。

然而,尽管这样,我对道家经典关于自我实现及其循环甚至是自然与人事间相互矛盾的概念并无争议。与在中国传统中的一样,我相信今天的道家思想对回答现代人如何"寻求自己的心灵"能在喧嚣中获得一些安慰这个问题一样有着很大的贡献,即便乌托邦在其能够着的范围之外。但是今天世界相互关联的问题要求比个人安慰或逃避更多的东西,因为许多广为流传的当代实践使人道面临灭绝的威胁。自然受到了足以彻底改变进化所需的条件的威胁。道家思想似乎只能根除我们所面临问题的一个方面,即根本的社会改变要求个体内在的深层变化。但是,尽管承认这一点,我认为内在的转变是能满足一个真正的乌托邦政治的,因为机构与实践还有个人,必须被改变。想象没有机构和实践的问题存在要求我们对"无为"给予惊人的足够信任。

2.与道家对"管理"这一概念相关的问题

西方乌托邦倾向于认为乌托邦的统治应该要么是贵族式的(如摩尔的《乌托邦》,培根的《新大西洋》,或者西蒙[St. Simon]的著作)、直接民主的(如卢梭《社会契约论》中的理想国),要么是无政府主义的,依靠全体民众而形成的集体习惯(如梭罗[Henry David Thoreau]的《论公民的不服从》[Civil Disobedience]或厄休拉·勒·吉恩(Ursula K. Le Guin)的《一无所有》[The Dispossessed])。道家的乌托邦思想或许在认为贵族式的统治和对普遍的美德的自发依赖对乌托邦来说都是需要的这个方面是独特的。在道家看来,政治的基本问题是使社会生活和谐,是使混乱变得有序,是治愈"大裂缝"。在这个乌托邦中政府权威完全被忽视,即,道家思想是含蓄的、无政府主义的。没错,老子是建议统治者克制住不要对百姓的生活予以干涉:"天下多忌讳,而民弥贫。……法令滋彰,盗贼多有。……我无事,而民自富;我无欲,而民自朴。"(《道德经》第 57 章)

然而,正如我在别处指出的,尽管道家的统治者实践的是不干涉主义,但道家思想并非是真正的无政府主义的,因为它呼吁贵族统治或君主政治的继续存在以保持百姓道德的简单,同时政府的强制性任务也将会变小,而非完全免除。我不禁想起恩格斯的乌托邦对社会主义的要求:"那时,国家政权对社会关系的干预将先后在各个领域中成为多余的事情而自行停止。那时,对人的统治将由对物的管理和对生产过程的领导所代替。"① 简言之,像其反对者恩格斯那样,道家思想似乎对于能使自身永久存在的权利这个问题相当盲目。恩格斯的社会主义观通过与列宁同样的对无政府主义的彻底反对而被转变为一种集权式的教条。

3. 与道家的乌托邦中生活的本质相关的问题

道家的乌托邦,以其他乌托邦一样,为了其他的实现必须牺牲某些重要的价值。智力的开发、通识教育、道德的多元性、从先进技术那儿获得的利益、有意思的改变的可能性,这些全都与这种情况下被忽视的价值一样被想到了。田园生活,尽管不需要斯巴达勇士(Spartan),但是隔绝了只有在世界语境下才能实现的所有可能性。尽管其关心文明内那些格格不入的个体,但道家的著作却默默地关注将在其乌托邦中繁荣的人类多样性的程度。那些还未实现的人类品质的清单和道家的田园式的乌托邦中所缺乏的经验将会无限地增加。然而我们必须记住,我们正在讨论的是一个写于两千多年前与我们的文化完全不同的文本,因而我们几乎不能期待它可以完全阐述我们现代人所关注的东西。我认为,道家政治中具有持久价值的是它对这个事实的认识,即,为了引起实现乌托邦所需的制度变革,或仅仅为有意义地改善实际状况,人类的精神问题必须加以解决。比如,社会公正问题是与自我的实现问题分不开的,尽管肯定是不可简化的。因为生活的深层意义源自这样的实现,而且从这样的观点看,不公正问题是要求重组的。或许柏拉图是完全正确的:只有当百姓成为"圣人"时他们才能也成为具有直接管理他们自己的能力的"君王"。对道家思想的批评提醒

---

① Friedrich Engels. "Socialism: Utopian and Scientific" (1880), cited in the author's anthology *The Betrayal of Marx*, 1975, p. 125.

我们"内圣"是"外王"和实现乌托邦的必要条件而非充分条件。

4.道家思想与深层生态学

道家思想将非二分、非客观的形而上学与被提升的生态敏感性、具有超凡魅力的自我实现以及健全的经济学与自然和谐地结合在一起。这些对生态哲学来说是相当重要的。如此,它值得所有认识到了学会明智地、很好地在一个有限而脆弱的星球上生活的重要性的人进行严肃的探索。

尽管存在上述的限制,我认为道家思想创造性的发展成一种对被有争议地认为应该对我们现代的生态困境负责的现代性给予批评的时机已成熟。与此相似的是,道家思想可为对当前时髦但不能持续的、过度的经济发展及其带来的普遍痛苦与生态系统的崩溃之批评提供许多参考。

这样相互关联的问题呼吁重新思考自然与文明之间的问题,因为存在争辩的现代西方文明确实以激进的方式将其成员与大自然相异化,使得他们对生态环境无视,与此同时其通过其选择的许多实践大规模地破坏了自然本身。一个受到道家思想鼓舞的对现代性的批判将至少有力地考查两个迫切的问题:"真正的进步应该是怎样的","进步这个概念该如何被接受并转变为一个将后现代人与自然重新结盟的东西"。这样的批判或许能克服让辩护者因显然的自杀式的后资本主义的毁坏地球之所剩的恢复潜能而放弃进步这个理念的倾向。

这样的后现代新道家思想也将不得不直率地处理杰出人物统治论与民主之间的问题,问一问该采取什么样的道家敏感性以深入一个世界人口相对丰富的地方。

我认为道家思想是独特而丰富的,其可产生生态哲学与当今迫切需要之间的和谐。其不将人与自然二分的形而上学将很好地以现代术语重塑为人类与所有同一母亲的后代子孙间的共同进化和共同存在。这个进化的过程我们或许可以暂时地主导,但其显然会是一个最不明智而且相当危险的结果。

由于现代西方对人类对自然的总体掌控的迷信逐渐受到生态破坏和行将发生的生态灾难的质疑,鉴于对自然的后机械的科学理解可能改变某些古老的道家敏感性,我们需要自问,"法自然"究竟意指的是什么。后现代的人道似乎最终在于思考古代道家法则的真理,生态学家巴里·康芒纳(Barry Commoner)将其命名为"生态四定律"(The Four Laws of Ecology):

"凡事都相联系。万物皆有归宿。自然善知,运行有道。有得必有失。"①

我说,我们似乎是抓住了这些法则是因为当代经济实践还没有跟上这种"新的"理解。然而,想象科学将逐渐认识到将我们自身与自然过程相和谐的重要性也并非完全遥不可及的。如果是这样的话,一种适合我们星球需要的技术或许也并不太滞后。但不太可能的是,这样一种生态的恰当技术的商业化将会出现,除非世界各国政府能实行"公事公办"而且大公司能够彻底地赶超。我认为,道家思想的温柔颠覆为帮助他人以处理改变全球企业/管理的单一布局的问题之直接作用的传统提供了空间。

这些是隐含在道家思想中的一些观点,或许能帮助我们发展一种保存"道"所需的神圣的谦卑与防御性的伦理—社会经济实践的气质,"道"在今天完全意指的是我们濒临灭绝的星球本身。

第七节 《道德经》与日常生活

一、《道德经》与护理

2011 年,由威廉·马丁(William Martin)和南希·马丁(Nancy Martin)撰写的专著《护理人员的〈道德经〉:细心呵护你所爱的人和你自己》出版。② 该书模仿《道德经》的篇章结构,除"导论"外,由 81 章构成。每章内容模仿《道德经》的诗文形式,后 1 段阐释性的说明。这 81 章题名分别为:放手;来去;接受带来变化;不竭的资源;静坐;藏,但不缺席;工作的空间;清楚;因为我们想要;柔软;宽广;道是安静的;既不表扬也不责备;所有呵护之源;作为一个客人;回归本源;几乎没有注意到;深奥而非责任;富有同情心的意识;你保持;真正的自然;在其自身中寻求庇护;万物皆有时;自然发生;忘我;自处;没有固定的规则;万物之一本;不离;恰此;非战;信道;自愈;没有分离的自我;当其余所有都失败时;接受让我们自由;自为;我们皆善;谦卑;没有独立的存在;悖论;阴阳;必匆忙;没有什么是我们不能面对的;所给予的;让想法解决;内在的东西;没有假设;敞开心扉;通向自由

---

① Barry Commoner. *The Closing Circle*: *Nature*, *Man & Technology*. New York: Knopf, 1971, pp. 29-44. 康芒纳《封闭的循环:自然、人与技术》,1971 年,第 29—44 页。(作者注)

② William and Nancy Martin. *The Caregivers' Tao Te Ching*: *Compassionate Caring for Your Loved Ones and Yourself*. Novato: New World Library, 2011.

之道;我们确实想要;普通的东西;简单的行为;生活发生了变化;不受阻碍地发挥作用;匿名;不知;轻拿;给自己留空间;不需要力量;接受与静止;彼此的部分;故事的自由;静指明道路;没有专家;处后;平常的护理;不虚饰;所发生的一部分;如同呼吸一样无须努力;一种一直增长的敬畏;唯道;帮助还是伤害?;没留下什么可害怕的;向他者学习;柔顺;细心呵护的快乐;流畅;返无须他物;我们并没有失去什么;心甘情愿是关键。为使读者了解这本送给护理人员的《道德经》的主旨和特征,此节译介其"导论"和第1、5、38、41、42、80和81章如下。

(一)导论:我们的旅程

我们之所以开始写这本书是想对中国经典文本《道德经》在过去20年里带给我们的智慧和鼓励表达我们的感谢。尽管老子只是一个2600年前的传说人物,但感觉他就像是一位值得信赖的大叔,在我们一生中走路、跳跃和蹒跚的时候带着同情和接受观察着我们。他对"道"在宇宙的每个原子中如何表达自己的理解有助于我们在生活的四季中保持平衡:我们对彼此的爱、我们与孩子的关系以及我们对老年化的接受。在这本《护理人员的〈道德经〉》中,我们希望能特别为那些不管是愿意还是不愿意发现自己起着护理人员角色的人精心摘取老子的智慧。

生活并不按我们的意愿来展开。生活是不可预测的。它不会追随一条平顺舒适的道路。生活会赋予我们美和爱,也会带给我们无常和失去,并由此而制造一种不可思议的忧郁,一种混合着快乐和痛苦会带给任何存在以紧张和神秘的东西。在这样的复杂性中,给予彼此关爱的能力是有意义的、充满同情的生活中的一个重要部分。

我们差不多在两年前开始写这本书是因为我们觉得我们彼此的经验可以使我们为那些专业护理或私人护理提供支持。南希曾做过11年专门从事生命过渡期服务的牧师。她也曾在加利福尼亚州奇科的恩洛临终关怀院工作过5年,培训和帮助那些为成千上万的临终病人及其家庭提供身体、情感和精神支持的志愿者。然后她开始了自己独立的集中培训项目——禅宗人文关怀,该项目是利用禅宗意识实践基础来发展护理技巧。比尔有着30年作助理、老师和道家学者的经验。我们觉得我俩有写这本书的能力。现在,当我们在两年后完成这本书的时候,我们有了新的更个人的观点。

大约在一年前我们搬进了一个临近南希差不多90岁的母亲贝蒂·安

的公寓。贝蒂·安动作迟缓但她很珍视自己位于 2 楼的向阳的公寓里的独立生活并想要继续待在那儿。我们搬进了同一栋公寓以便能关心她但却不会影响的我们日常的生活节奏。

2009 年晚秋的时候,贝蒂·安的郁血性心脏衰竭开始使她的身体状况一步步变糟,对她的护理也从专业而理论的护理变成了私人而紧张的护理。9 月,贝蒂·安不能再一个人独自安全地生活了,于是南希开始睡在她母亲旁边的床上,以便帮助她在其夜间醒来的时候保持方向。

贝蒂·安继续自己走路,坐起来,最后是自己吃饭。在临终关怀小组很好的支持下,南希继续着她作为凝指禅中心(Still Point Zen Center)主任的工作,但仍然把大部分的时间用来陪伴她母亲,尽其所能地看护她帮助她。12 月 11 日,在一个试图帮助贝蒂·安找到一个舒服的呼吸姿势的不眠之夜后,南希坐在她的床边做早晨的冥想。她看到她窗外有一棵很大的光秃秃的树。当她开始冥想的时候,一只鹰飞来停在树枝上,望着窗内。当南希让她的呼吸平缓下来并变慢变规律的时候,她发现贝蒂·安的呼吸与她的是一样的节奏。整个 30 分钟的冥想中她俩以同一轻柔的节奏呼吸着,而那只鹰则在那棵树上保持着一动不动的姿势。当南希的冥想结束的时候,她站起来,向她母亲鞠躬,然后转而向那只鹰鞠了一躬。那只鹰飞走了,贝蒂·安也停止了呼吸。似乎贝蒂·安加入了鹰的飞行行列。

从一个超然的角度来写这本书似乎要容易些,给的建议也会有安全保障。但"道"恒变的能量却采取了一种不同的表达。这本书最后的部分应该是南希为其母亲的去世感到悲伤并处理其后事的时候完成的。她的感情仍然是温柔的,而疲惫仍然是沉重的。

我们最殷切的希望是,老子在整个"道"中灌注的古代智慧,会用于我们现在来表达给予别人护理和接受他人的护理之真正本性的敏感与损失的直接经验中。在我们的中心有着一种古老的、天生的智慧,这种智慧是细心呵护的源泉与力量,它允许我们每一个人以我们自己的方式来完成这项护理任务。

你的护理旅程或许与我们的相似,或者完全相反。你或许正在帮助你爱的人从疾病或手术中恢复。你或许正在护理某个长期生病的人。你或许被要求以各种不同的方式来护理他人。不管你的情况是什么样的,你都会从对老子的智慧的支持中以及从对你自己与他称作"道"之生命的本质的密切联系中获益。

对汉字"道"有很多可能的翻译。它可以简单地意指"道",比如到你家门前的"小道",或者意指各种不同类型的"道"或"路"。老子对"道"进行了最广义的使用。它是宇宙在其中展开自身的神秘之"道"。老子用"德"这个字来意指此"道"所产生的能量和力量。因此他的《道德经》字面的意思为"道及其力量之书"。

《道德经》并非一本直线式的书。它并没有紧密地呈现前提与结论。相反,它是一本诗集,其中的每一首都论及"道"的一个特征,这可从其自身的显示中观察到。它常常从不同角度重复其主题。对我们这些有着西方习惯想要得到明确答案的人来说它是鼓舞人心的,但也是令人困惑和沮丧的。

护理在很大程度上也是一样的。它并非是按有序的方式展开的。它避免简单的答案。我们想要将其用整洁的结论包裹起来,但它却拒绝保持整洁和有序。有时它是令人满意的,但它常常又是令人沮丧的难解之谜。

护理和"道"还有其他相同的特征。两者都问:在其展开的此刻我们是否露了面并有直接的生活体验。两者对我们受束缚的心智来说似乎都是不可预测的然而却都遵循其自身的规律并叫我们紧随其后。二者都蕴含着我们的欲望和意见不能解决并因此叫我们接受的悖论。二者都要求不要为了一个宏大的计划而要为是否愿意而采取简单的下一步。

我们用"受束缚的心智"和"道心"这 2 个术语来描绘我们人类可体验生活的两种基本观点。"受束缚的心智"是我们通过终身的输入而从我们的父母、朋友、文化和事件中学会的有意识的认同感。这种认同感是头脑的自然作用并允许我们对在某个特定的环境里采取什么行动做出合理的决定。

但是将"受束缚的心智"作为自我认同的唯一方式太狭窄太有限了。我们认为有一种更深、更宽的不受束缚的认同感和观点,我们将其称为"道心"。从这个观点我们不能理解我们自己与所发生的一切是分离的。这里,我们的直觉和自然智慧是可以利用的,它们不受所习得的信仰和观点的约束,并害怕其会过度统治我们的生活并轻而易举地玷污我们的护理。

你自己的护理经验将会是一个从"道"之视角依从你自己的"道心"来生活的独特机会。这将会是一种完全不同的理解生活并同时显得令人畏惧和感到奇怪的方式。要相信,你完全有经验这个的能力,而且,实际上它将会开始将你领进一种将会改变你生活的认识和自由。

在某种意义上,老子的《道德经》可以归纳为一段话,它也是我们自己的观点,即:"本质上,你是'道'的一种表示,其智慧和力量是你真实本质的一部分。让那些故事去吧,让我们生活在奇迹和欣赏之中。"老子从许多角度提醒读者注意这一段,但它仍然是老子思想的核心。从许多方面来看,每种护理的情况都是独特的,但有效的、满怀同情的回应在根本上却是一样的。老子只用了短短5000字来阐释这个观点,而我们这本书则用了4倍于它的文字。在这本书中我们试图保持与老子《道德经》相同的主题。老子常常重复他的基本主题,只是每次角度稍有不同。我们也试图这样做。这本书的每一个部分都在邀请你温和地、充满同情之心地再读它并深度接受从你内心出现的东西。不管你所处的情形如何复杂,你真正想要的和需要的是对生活、对"道"以及对你自身的那种根本信任。这是每一章所传递的信息。让其深深地进入你的认识之中。

把我们所有良好的祝愿都给予你。你可以通过我们的网站与我们联系。别犹豫写信与我们分享你的旅程。我们理解你面对的希望和恐惧,而且也对其给予深切的关注。

(二)第1章:放手

用你的理念去关爱你所爱的人和用你的行动去关爱你所爱的人是两个不同的过程。前一个发自你内心并常常会带给你困扰,而后一个则是一种直接的经验,它摆脱了精神的声音并会导致清晰明了。

有想要帮助他人的心却不知道该如何去帮助。放弃想要知道的心反而会确切地明白该如何去做。这两种想法都存在于我们身上。学会接受这两种想法就会解开护理的秘密。

在与他人的共处中与你自己静静地相处。如果你能做到那你就会知道下一件简单的事该如何去做。这就是全部所需要明白的。

阐释:护理的第一步是放弃我们所谓的做一个有帮助的、富有同情心的护理者。这些心理表象设定很容易导致人失望、困扰和自我怀疑的标准。护理的直接经验每时每刻都是新的并会将我们引导至我们不熟悉的方向。我们一路收集护理的经验,但每一次我们都必须得露面,必须得出现在经验实际发生的现场,而且必须得亲眼所见。如果我们能做到这些,那就会自然而然地出现一个向包括我们自己在内的每一个人敞开的空间。护理他人并非指精心安排每天的任务这样我们就能将其做得"恰当、正确",而是放弃我们那些陈旧的观念并为在此时此地的两个人腾出空间。

是自由让我们成为自己并让我们向自己和我们护理的人敞开心扉。

(三)第5章:静坐

期待生活带给我们想要的并带走那些我们不想要的东西是徒劳地遭受痛苦。发现我们能胜任所发生的每一件事是谓和平。

我们挣扎着生活,喜欢某些东西并逃避某些东西。静坐、深呼吸能让我发现我们内在的更新。与另一人一起静坐,我们观察他发现自己内在的更新。

阐释:通过静坐、沉思,我们体验着向内心出现的东西敞开心扉。我们没有放弃我们自己,不管是我们的感受、思想,还是出现的情绪。我们不再相信我们一定要逃避我们内在经验的那种紧张感,我们与我们内在感受的出现、升腾和消落和平共处。我们将自己寄托于呼吸中,感受它走进走出我们的身体。其节奏提醒我们接纳这个生动的时刻并任其自然。当我们与流经我们的所有紧张之间变得更加自在时,会发现我们能与所发生的事情保持共存。通过这样的方式我们得到验证我们是能持久甚至欢迎每一刻生活所呈现在我们面前的所有。

(四)第38章:我们皆善

不要试图让自己变好,我们要自然地真心地去护理。当我们试图让自己变好时,我们对他人的护理就会失去其力量。我们工作越努力,获得的却越少。

试图让自己变好是对护理的苍白模仿。它就像绽放一时的花,但在花开之后却会很快凋谢。我们的护理是位于生活中心的果实而不是花。我们不必试图让自己变好。因为我们本身皆善。

阐释:我们都有表达善的自然愿望。在孩提时代,当我们经历我们周围的那些赞同和不赞同时这种天生的善被赋予了各种定义和意思。我们中的许多人被教导如果我们不小心的话就会招致"恶运"。不管我们是作为专业的护理者还是家庭的护理成员,对我们来说感受到这种训练的压力都是很正常的。如果意识不到这点,我们的工作将会变得困难得多。我们试图取悦和结束困扰,或者在我们得不到所期望的东西的时候进行反抗。相信我们与生俱来的这种善,我们就能自然地表达出我们的同情与智慧。没有必要掂量权衡我们该做什么或他人对此会有什么样的反应。没有必要试图让自己变好。善在我们出生的时候就来到了我们身上。

(五)第 41 章:悖论

我们对自己是充满矛盾的。一部分自己是情愿的,另一部分则有时情愿有时想要逃走,还有一部分则想要逃得尽可能远尽可能快。

"道"在其内在本性中包含着大量的矛盾。那些似乎很难做的实际上却是最容易的。那些似乎很脏的实际上却是最纯洁干净的。那些似乎很残忍的行为实际上却是最充满同情的。那些似乎是我们最弱的时刻实际上却是最强的。

阐释:当我们开始护理人的时候,我们可以往前看一些我们害怕我们做不了的事。隔了一定的距离看,任务就好像是峭壁的边缘。我们知道我们可以走那么远,但除此之外却是惊恐、凌乱、不舒服和不可预测。我们担心我们护理不好。当我们继续往前走的时候我们发现我们不知不觉就到达了峭壁。我们正在做那些自然出现的事,而且突然间就完成了原本我们害怕的事情。既然事情已经发生了,那毫无疑问我们能让其继续下去。那些曾经似乎很难的事现在只是需要去做而已。我们需要的那种心甘情愿出现了。我们尽可能温柔的做到了最好。直接的经验仅仅只是往前一步而已。它根本就不是一个峭壁。

(六)第 42 章:阴阳

阴、阳合力将宇宙联系在一起,但我们却非常想依附其中一个而让另一个离开。

我们不想这样的情形发生,但它确实发生了。我们想要知道明天会发生什么,但却不能。我们只能站在此中心观察、呼吸。我们感觉孤单、无望,但我们却并非如此。生活在我们周围交织,使我们成为其中的一部分。

阐释:对我们大部分人而言,我们的内在有一部分竭尽全力试图改变痛苦情形中的结果。这一部分温柔天真地看着它护理的那一个希望他不用经历痛苦、悲伤、困惑或虚弱。这一部分相信,如果他足够努力,他就能使事情变得更好。但其实他不能。根本就不存在没有痛苦的生活、没有舒服的死亡、没有挣扎的治愈。带给他的结果是一阵绝望。当我们所有的挣扎不能免除伤害或治愈疾病时,就会导致放弃。这种放弃或许会是带着悲伤和眼泪,愤怒和困惑,或者就仅仅只是疲惫。然后我们自由了。我们不再试图去做那些根本就不可能的事。这样我们就能去做那些我们能做的。我们将会成为一个有着温柔、敞开之心的伴侣。这是我们所能给予的最棒的礼物。

(七)第 80 章:我们并没有失去什么

我们受到制约的心告诉我们我们正在失去某些极其重要的东西。令人愉悦的意象在我们的头脑中充满诱惑地舞蹈。我们叹息着说:"如果我们有时间,生活将会变得很好很幸福。"

然后我们的注意力返回到那丰富的时刻。我们意识到我们在此且无他事可做无他处可去。生活的全部滋味和细节都在此等着我们现在去体验。除此,既无他时,亦无他处。

阐释: 如果只有文字会在其后留下悲伤和沮丧,这些文字想让我们相信有另一种方式来体验护理。他们认为那些"应该发生的"是使得我们痛苦的那些实际上正在发生的一种方式。让它去吧。没有他时,亦无他处。除此没有其他可使我们应该做的变得更好的东西。这种体验总是蕴含着痛苦与脆弱,蕴含着不确定性和恐惧。它是生命中各种关系、经验和观点的特别时期的极点。这是我们的生活,而非源自它的某些消遣。并没有某些能持续几周或几个月的"正规的"生活。当我们不再试图把我们自己投身这个任务并同时又想让我们自己置身其外时我们会发现自己更轻松自在些。它不会让我们"将其安排在"我们生活的重要任务之间。允许我们自己全身心地沉浸在此时此处,我们会发现护理带给我们的满足感。我们会及时发现我们没有为任何事错过这个体验。

(八)第 81 章:心甘情愿是关键

当我们的话语似乎显得空洞我们的行动不能表达我们的意愿时,我们会发现我们仍然是愿意继续护理自己和他人的。

那种心甘情愿是关键,简单是引导。护理之门是向自由敞开的,我们能够到达。那就是所有我们应该给予的,也是所有我们一直被需要给予的。

阐释: 在护理中,与在我们全部的生活中一样,我们有时不可避免地会产生幻灭感。我们对护理的想象会跑出来反抗我们几乎不太理解的现实。我们平静、自信的护理者的外表允许我们消失,我们会发现我们解放了。这全部的经验绝非是指某些内部听众或外部听众。是生活在向我们证明,在某个时代的某一时刻,做我们自己,正如我们这样,实际上就够好了。当我们表达出了所有这些受到限制的神秘感,我们会发现我们愿意待在此处。我们在他人的旅程中有幸做一个谦卑的伴侣。是敞开我们的心扉引导我们走了这么远。是"道"的怜悯让我们到达旅程的目的地。

(九)书评

2011年,由领英执行官摩西·基贝·奇科(Moses Kibe Kihiko)撰写的评论文章发表在《媒体评论》上。①

该书的目的在于描绘护理人员通过运用《道德经》的法则细心呵护自己所爱的人和自己。作者说护理的第一步是放弃我们对一个细心的有帮助的护理人员的观点,因为这些心理表象设定了很容易导致失望、困扰和自我怀疑的标准,尽管我们关心我们所爱的人,希望让他们舒服、减轻他们的痛苦。"道"说,你不能给予一个人幸福而不使其悲伤、给予其舒服而不令其痛苦、给予其收获而不让其付出,或者给予其生命而免除其死亡。通过奋斗,我们变得筋疲力尽;停止奋斗,我们会发现令人惊异的力量。接受此刻、此状和生活的此季所发生的,并不是要求我们喜欢它。护理的任务能转移我们的欢乐,这种欢乐即便是在最艰难的时候也能让我们变得忍耐。实际上,提供护理会将我们推入我们时常避免的那些处境中。

至于"道",尽管我们可能会认为我们没准备好如何扮演护理人员的角色,但"道"之智慧让我们离其并不遥远。作为护理者的"道"之部分角色在于放弃头脑中的情节,这样生命才能流淌。我们甚至能识别我们与"道"之和平、力量及其永恒的引导之间的关联。这些关联住在我们的心里,并在我们认识到所有的生命对我们而言都是可得到的时候自由地流淌。每种互相关联都带来一种新的对于"道"如何以无限的方式展示自己的味道。这里我们对那些经常的状态给予表扬,它是"道"的令人惊异的一种表达。"道"的精神能识别出混合着舒适轻松的努力与带着信任的专注的那种微妙。我们可自由轻松地接受现在正发生的。这是我们对与"道"和谐相处的奖赏。

尽管我还有很多要从"道"那里学习的东西,但该书对护理者来说是令人安慰和舒服的。所有的护理人员都可以将其作为陪伴和宽容来使用。护理人员的挣扎和情感的努力是值得思考的。每日,其情感储备因对病人的护理而耗尽。有人发现他再也提供不了任何有形或无形的东西。他的身边需要一本这样的书,以使其恢复精力补充能量。

在世事如此艰难的时代能有这些令人安慰的话语是一种舒适,它是通

---

① Moses Kibe Kihiko. "The Caregivers' *Tao Te Ching*: Compassionate Caring for Your Loved Ones and Yourself". *Media Reviews*, 2011, p. 361.

向未知的路标。护理人员应该能从这样一本书中得到安慰。

二、《道德经》与当代生态文学

2001年,弗吉尼亚·凯恩(Virginia M. Kane)的硕士论文《〈道德经〉与当代生态文学》发表。① 除"序言""导论"和"结语"外,作者分3章进行了阐释:道家学说与主流生态文学;深层生态学与道家思想;生态女权主义对《道德经》与生态文学的影响。此节对"序言""导论"和"结语"3个部分进行译介,以使读者了解研究的主要观点。

(一)序言:中国历史中的道家思想

中国历史上的春秋时期(公元前722—前481年)包括中国哲学黄金时代的开始,该时期也被称为"诸子百家"(公元前551—前233年)。根据传统思想,这个时期最伟大的哲学家包括孔子、墨子、老子、孟子、庄子、杨朱等。在混乱的战国时期(公元前480—前221年),这些哲学家形成了相互之间充满竞争互相争夺追随者的哲学流派(即,家)。在百家中最具影响力的3种哲学思想是儒家思想、名家思想和道家思想。在中国文化中,哲学弥漫到了日常生活的各个方面,因而,多个世纪来这些哲学教义塑造了中国的道德、社会和政治行为。

孔子的哲学(公元前551—前479年)是以道德、美德、对家庭和国家的义务以及对先祖的纪念为基础的。《论语》,一本适于引用的格言集,倡导对法则和仪式的广泛了解、对社会的服务和恰当的行为。在儒家思想理论中,社会应该有很好的秩序并听从有能力的人的领导。儒家的训诫"正名"规定了在一个严格的层级结构中每个阶级的约束和责任。

"名家",研究的是"名"与"实"之间的关系,即他们所指称的事物。其追随者们自己对"名"之意义进行了考察,在理性的层面上对其思想进行了分析。这个学派的成员以机巧的辩者而出名,他们常常运用语言技巧来赢得论争。

与这些高度秩序的、理智的、以社会为中心的哲学相反,道家教义强调的是个体的自然的潜能。冯友兰宣称道家思想的这3个时期是通过杨朱、老子和庄子这3个著名哲学家的教义呈现出来的。

---

① Virginia M. Kane. "Taoism and Contemporary Environmental Literature". MA. Thesis, University of North Texas, 2001.

杨朱哲学(其时期不太清楚,但可能大约是在公元4世纪的早期)概括了道家思想最早期的特征。我们对他的了解大部分来自道家著作《列子》和《庄子》。杨朱是许多"从世界隐退"的隐士中的一个,为保持自己的"个人纯洁"而从社会隐退。这种自愿的隐退为对现实本质的沉思和有意义的思想体系提供了时间。《列子》认为,杨朱的引导法则是将生活从死亡和伤害中保留下来。"人人为己"和"藐视万物和看重生命的价值"是其基本思想中的两个。几种来源都显示当杨朱被问及其对社会的责任时,他回答说他不会牺牲他身体的一根毛发,即便它将会对整个世界有好处。他强调了个体的重要性超过财富和地位。在他看来,保留生命的最佳方式是无用和平凡。他相信当万物和人注定对社会是有用的时候,它们常常会被耗尽或被毁掉。在其著作中,老子和庄子都重申了杨朱的观点。

《道德经》是道家思想第2时期的代表。尽管传统认为中国圣人老子,一个与孔子同时代但比孔子年长的人,是《道德经》的作者。大部分学者认为《道德经》是一本有着多种来源的格言集,然而在引用《道德经》时通常会用"子曰"。然而,习惯上认为《道德经》的成书时间是与孔子同时代。顾丽雅(Herrlee G. Creel)指出,反对这种假设的证据是压倒性的:"老子的《道德经》不断地参照那些在孔子时代还不知道的观点以及那些直到很久后才盛行的观点。"

与儒家思想的那种僵硬的以美德为基础的方法相比,《道德经》提供了一种完全不同的生活观,它唤起了一种源自自然的自发的简单。在具高度政治色彩的《道德经》中,老子描绘了一个被"无为"而治的圣王管理的国家,在这个国家中人们在没有冲突和欲望的干扰状态下生活。万物在"道"之和谐中连接为一体,"道"乃"万物之源和不可分的统一,在'道'中所有的矛盾和差别最终都被解决。"[1]在冯友兰的看来,《道德经》中的类比和比喻有助于通过顺从自然力量而保存生活。

道家思想的第3阶段在庄子的哲学思想中被表达出来。庄子过着一个无视社会的只顾自己感受的生活,与杨朱的退隐并无什么差别。据说,楚威王曾邀请庄子做楚国的宰相,但庄子只是笑着持竿不顾。《庄子》强调的是万物的相对性,假定万物是整体即"道"的显示,所有的"事实"都是

---

[1] 《庄子》,载狄柏瑞(William De Bary)、陈荣捷、伯顿·沃森(Burton Watson)编《中国传统之源》(*Sources of Chinese Tradition*)第1卷,纽约:哥伦比亚大学出版社,1960年,第49—50页。

任意的。庄子对所有的绝对事物都持怀疑态度,在其哲学中,不论好坏对错,这件事或那件事,甚至生与死都被认为是相对的层面。庄子对万物的自然差异予以赞美,但并不人为地将差别强加在其身上。对庄子而言,完全而自由地实践"德"是获得幸福和善的途径,而追随他人则会导致痛苦和邪恶。

庄子用了很多篇幅来谈情感,尤其是与死亡相关的悲伤和痛苦。正是在其争辩中圣人才对万物的相对有了全面的理解。因而他不受包括生与死的世界变化的影响。因此,幸福是不依靠外在事物或不受外在事物限制的。一个人可通过超越差别和将自己与宇宙等同来获得"心灵的宁静"。

有与道家思想紧密相关的特别的概念:道、德、阴阳、无为和气。尽管其中有的不是唯一只有道家思想才有,但它们是通过道家哲学被扩展的。孔子是把"道"当成一种法则或"途径"来谈论的,是可按字面意思来理解的。《论语》将"道"意指为一种正确的行为方式,而庄子之"道"则不仅仅是现实整体中的一种物质,它根本就不是物质。"道"是手段,是方法,是个体与现实整体的统一与和谐之"道",是"一"。"道"表现为不断的变化,但从广义上讲,其平衡力是不变的。"道"有无数的表现,但它如"朴"而不可见。《道德经》认为"道"是"不可道的",是"恍忽的",是"无形无状的"的。与名家的智能分析相反,道家宣称"道"是不可描绘的、不可名的、不可知的。如果它可名那它就不是"道"(即,可道非常道)。"道"存在于万物中,并在其包罗万象的统一中将万物相关联。它不在可名之物的范围,只能通过观察其行动知晓它。

"反"者,"道"之动。这个法则指出万物运行到其极点后必然返回其原处。"物极必反。""反"是变化之循环过程,是永远变化着但又总是平衡的。"反"之一般法则产生了许多道家格言:柔弱胜刚强、柔能克刚、以下取上、以退为进等。这些相反的状态并非是独立的状态而是连续的两极的平衡点。这种阐释通过阴阳象征图显示出来,是一个由2个波状的明、暗半圆组成的圆圈,它们互相注入到彼此中,即便是每个半圆只包含其相反的那个半圆的一个小点的时候。阴阳图,呈现出相反的两极间不可分割的关联。没有作为其补充的另一极,那这一极是不能存在的,两极间是彼此互相定义的。

关于本质的另一个道家法则是"无为",即"没有行动"或"不用行动"。"无为"有时被阐释为"少为或不过分而获取目标"。这个法则强调了与自然力相一致或"跟随自然"而行动的重要性。个体事物之自然潜能,即"德",是在与其他万物内在的能力相互作用的自然过程中呈现的。每个存在都追随其自身的进程,即便在当它可容纳连接它与其他实体的气之动能的时候。

(二) 导论

思想本身源自危机。重要的思想是以重要的危机为先决条件的。……于是,思想包含着对新证据的寻求。——郝大为(David Hall)《寻求一种环境的改变:一条伪道家的建议》,载《东西方哲学》,1997年,第160—172页。①

当前的环境危机为寻求对于人与自然之间的关系的其他观点提供了刺激。环境保护组织正在通过将新的洞察注入到问题之中去寻求一种新鲜的观点。在寻求那些观点的过程中许多环保主义作家对亚洲的文化尤其是道家思想进行了考察。以这种或那种形式,主流环保主义、深层生态学以及环保女权主义都将道家思想与他们各自的理论相关联。许多批评家对当代环保伦理与中国古代哲学之间的关联给予了反对。该研究试图对当代生态文学中的道家思想以及对那些反对的批评之声进行回顾。对道家概念的相关性和批评的正确性的评价能反映出这些环保组织所得出的相似之处的合法性。

如果没特别指出的话,本文所引用的主要的道家文本是刘殿爵英译的《道德经》和梅贻宝(Yi-pao Mei)英译的《庄子》②。从其本质上将,这些作品充满了矛盾的甚至冲突的阐释,这个问题在该章的后面将会论及。另一个问题是将有2400年历史的含义模糊的《道德经》和《庄子》与当代西方的理解相关联。这2种文化之间是否存在着足够的差异以补偿古老哲学与现在的环境问题之间存在的不相容呢? 问题是,这些文本中的类比和比喻是否表明其与现代生态意识之间存在着相关呢?

这3种不同的环境观包括主流的环保主义、深层生态学和生态女权主义。在下文中,可能会出现诸如为什么某些作者会被包含在每一种类型中这样的问题。然而,对每种类别的介绍性的解释应该可以回答为什么将某

---

① David Hall. "On Seeking a Change of Environment: A Quasi-Taoist Proposal". *Philosophy East and West*, Issue 47, 1977, pp. 160-172.

② 《庄子》,载狄柏瑞、陈荣捷、伯顿·沃森编《中国传统之源》第2卷,前面所引书,第62—85页。

个特别的作者包括在该类别中或不包括在该类别中。除阿恩·纳斯(Arne Naess)的深层生态学(Deep Ecology)以外,在对深层生态力量的讨论中还包括了其他的深层生态学组织(如环保激进分子)。每一种环保立场都强调了直接从属于他们的具体日程的道家思想的特别面,但所有这3种观点也同时共享了源自道家文学的前提。

(三)结语

其他的动物物种对自然的要求不如 100 万年前那么多。人类是唯一的必须睿智地斗争以便重新建立一个与其自然环境之间的关联的物种。这种斗争的一部分涉及拥有一种能够促进这种关联的自然观。这3种环境理论讨论了寻求一种超越了理性与逻辑的可替代的观点,一种将自然的实际过程与一种综合的、整体的态度相融合的观点。所有这3个理论所持的观点都与道家的宗旨是相兼容的。主流环保论者直接将道家的概念应用到环境保护的过程中,深层生态学承认道家思想的影响,生态女权主义则促进了关注自然的态度和与道家法则非常相似的女性观。

对道家思想在当代生态文学中的回顾和对其影响之反对的调查让我们得出如下的结论:

1.道家思想中蕴含着对伦理态度的规范准则和对待自然的行为。
2.道家思想呈现了一种整体的综合的人与自然之间的关系。
3.道家支持对自然持合作和慈悲的态度。
4.道家从历史的角度去提升那些与女性相关的特征。
5.在理解自然过程中道家喜欢直觉的、理性的综合知识。
6.某些道家法则有助于描绘当代生态理论的综合过程。

所有这些发现使我们得出这个普遍结论,即,道家思想总体上与本文讨论的3个生态理论是相容的而且也是可用于其中的。道家思想提供了一种可作为解决改进了的西方环境伦理之可能目标基础的综合的、整体的、富于同情心的观点。该文的最后1个部分回顾了对该结论的具体运用。

正如前面指出的,道家思想呈现了一般的行为和态度法则,但它并不蕴含那些可直接应用于解决现代环境问题的特别的引导。阿恩·纳斯、塞申斯(George Sessions)、西尔万(Richard Sylvan)和贝内特(David Bennett)都强调了许多与道教教义相关的概念:平等主义、统一、自然的平衡与简单的生活方式。尽管这些是在道家思想中呈现的法则,但它们在哲学中并不独特。大部分前工业社会的生活方式都很简单。按照定义,农业社会与自然之间保持着比工业社会更密切的联系。纳斯想要完全抓住原始的关联对现代文明来说是既现实也做不到的。他甚至承认那个事实。大部分的深层生态思想求助于那些与庄子和杨朱的相似的观点。它呈现了一种禁欲的生活方式,这种方式甚至在庄子和杨朱的时代也是极端的。正如范威克(Van Wyck)所指出的,社会的原始因素所信奉的乡村生活方式是一种民族传统,而非一种非主流大众的可行的替代方式。回归原始社会的简单生活方式有可能出现一种解决现时的技术问题的浪漫方法,但它不是现代社会的合理目标。

　　早期的深层生态思想强调的另一个方面是"无为"这个概念所呈现的自然秩序和自然平衡的法则。深层生态学早期的作为一种"不干涉的"环境政策的"自然平衡"模式或许适合 20 世纪 70 年代的平衡范式,但它不适合现时的自然的流变模式。西尔万和贝内特喜欢将"无为"严格地阐释为"任其自然",但这个建议并不现实。不管怎样,随着外来物种在许多地区的引入,现代社会已经改变了自然环境。人类迁移了自然的居住地和为剩余的本土野生动植物准备的捕食区。自然的生物循环已经被打乱,再也回不到其原始的状态。人类的持续参与是不可避免的,但它可以不那么具有攻击性和破坏性。道家思想不鼓励对自然力量的完全投降,但鼓励不用那么费力就能获得对目标的这些力量的了解。但是,"自然善知"这个比喻的另一个问题是道家思想中的一种定向目的论的运用。在道家思想中还没有关于有目的的更高力量的证明。尽管在大自然中有显著的变化的循环,但《道德经》和《庄子》都否定在"道"之行为中的任何先前就决定的设计。

　　罗尔斯顿(Holmes Rolston)通过关注"道"之水平的价值体系(在此"道"中万物都是平等的)对纳斯认为自我实现与而"道"之间有关联的观点给予了批判。纳斯将其与自然之间广泛认同的理论与"道"之互联性相关联。他的假设是,个体与整个自然的认同将会导致一种对万物的平等的关注。罗尔斯顿认为为了解决冲突环境伦理要求一种垂直的价值结构。他认为,道家思想并没有提供一种分层的价值框架,因此,在生态关注中它是不相关的。这个论争的问题是,尽管万物可能平等地拥有"道",但每个实体都是根据其自身的可能性或"德"来表达的。根据庄子哲学,因为其特别的本质每个实体都要求不同的对待,因而对待万物的行为体系并不统一。正如他指出的,把脚放在鱼上或把鳍放在牛上将可能达不到预期的目标,因为它们本质上并不拥有这些。万物都有其独特的需求且应被相应对待。道家的价值体系有可能没有一个严格的垂直层次结构,但它也不是一致水平的。

生态保护妇女激进分子在其特别的教义方面是不同的,但大部分的生态女权主义者主张与自然之同情、关心和合作的质量应该与任何平衡的环境伦理相整合。瓦尔·普鲁姆德(Val Plumwood)和刘述先(Shu-hsien Liu)宣称,抽象的理性思想拉开了人与自然之间的距离。其解决办法是为一个平衡的观点而将情感和同情融汇进合理的过程中。钱麦特(Carolyn Merchant)和斯普瑞特耐克(Charlene Spretnak)认为,以阳性为中心的技术的主要方面贬低了自然与女性的价值,造成了二者的滥用。凡达纳·希瓦(Vandana Shiva)让人想到"自然"与"生命力"这两个印度概念,他们是密切反映"道""德""气"的女性格言。

相应地,道家最显而易见的特征之一是其对女性的崇敬和其与历史相关联的特征。道家强调直觉而非理性,强调协作而非征服,强调屈服而非力量,强调谦卑而非傲慢,最终,强调女性而非男性。被西方合理性贬低甚至诋毁的品质在道家思想中作为积极的美德被抬高。由于这个原因,道家思想似乎与生态女权主义理论尤其相关。正如前面指出的,在生态女权主义中有不少对特别的道家法则的直接参考,但它们的前提是高度兼容的。两种哲学都不要求删除分析知识,只要求事实和逻辑与源自经验和整体参与的综合知识的调和。

在关于主流环境保护论那部分提及的作者阐释了与道家概念最具相似性的观点,如此,招致了最严厉的批判。罗尔斯顿、拉森(Larson)和博德(Bird)对在描绘当代生态理论时对诸如"道""德""气""无为"等中国概念的使用给予了批评。他们的指控集中在:(1)混淆了科学法则和宗教法则;(2)不参照上下文意思对外来概念的"概念挖掘";(3)缺乏实用的法则或引导。

尽管所有这些指责都是合理的,但它们仍然应该在上下文语境中去加以评价。对在科学理论中使用宗教信仰和术语的指责忽视了宗教在中国文化中的作用。中国文化中宗教、哲学与社会实践之间的界限如果没有缺失的话,是被模糊了。中国文化中包含了道家思想、儒家思想和佛教思想的各个方面。即便是中国宗教的实践通常也混合了每种哲学的理想特性以适合个体的喜好。中国哲学,通过其包容的本质,正接受那些借来的、修改的思想。

在回应对"盗版的"宗教信仰和习俗的不敬或亵渎时,可做出相似的断言。尽管有着宗教基础,但《道德经》仍然被认为是一本更具社会性和政治性的小手册而非经文。现代政治的正确性正当地要求尊敬其他文明如美洲原住民的神圣信仰。寻求纪念品的游客亵渎美洲原住民接连几代的宗教艺术品和场所。而道家的法则却不这样。"道""德""气""无为"这些概念并不是为宗教仪式服务的,而是中国哲学中已有词汇的一部分。在风水中,房子是根据"道"和"气"来设计和装饰的。这些概念包含了日常生活的方方面面而不是为宗教仪式服务的。

另一个关注是伯德对缺乏上下文意义的指责。没错,"道""德""气""无为"等是一个高度复杂的概念化框架的一部分,或许欧洲社会有可能根本不能理解它们的意思。然而,包括中国文化在内的所有文化都从其他的文化中借用了概念和术语。公元 1 世纪时中国从印度借用了佛教,然后将其教义加以转变以融入自己的信仰体系中。这不是以宗教联盟为基础的,而是以通过对印度长生不老药和沉思技巧而寻求长生为基础的。

为什么要从其他文化借用概念来代替本土的意识形态和概念呢?答案很简单。其他文化可能包含着对某个人自己的文化来说是新的思想或过程的完全而详尽的解释。道家思想和当代生态理论就是这种情况。几个世纪来简化的思想限制了西方哲学可利用的完整而综合的概念。很少有概念的例子能证明自然体系的全部经验,它们几乎不被作为整体而仅仅只是作为独立的部分被考察。因而,"道""德""气""无为"提供了一种西方思想所不能的对当代生态范式的互联性的理解。

这些概念不是作为一种完整的形而上学的基础被环境论者呈现的,而是作为理解自然体系的复杂关系的启发式工具。它们也不意欲作为一种可普遍应用的塑像或作为罗尔斯顿寻求的环境保护行动的"蓝图"。标准的道家的引导,如柯倍德(J. Baird Callicott)、叶保强(Po-Keung Ip)、安乐哲(Roger T. Ames)和成中英(Chung-ying Cheng)所呈现的,为一种修正的环境态度提供了一种可替代的方法。在这个语境中,道家思想对环境道德来说既是有价值的,也是一种有效的资源。

在最后的分析中,显然道家理论是极其完整、相关并明显具有女性本质的。《道德经》和《庄子》中的许多段落都对当代环境思想做了补充。在实践中,古老的理想可能不能为当代环境问题提供特别的解决办法,但是,它们确实为那些会引发一种处理这些问题的更富同情心的行为和态度提供了规范的准则。我在文中讨论的关于环境的观点意识到了这种潜在性并相信道家思想对这些理论产生的影响。

三、《道德经》与平面设计

2011年,罗切斯特技术学院Chen Rong的硕士论文《平面设计之道:中国道家思想〈道德经〉与平面设计》发表。除"导论"和"结语"外,文章分6章对道家思想与平面设计之间的相互关系做了探讨:哲学之道;基于历史语境的道家思想;《道德经》;道家圣人;道家思想中的伟大艺术;道家思想与平面设计法则。该节选取"道家思想与平面设计法则"①做译介,读者可从中了解作者的相关思想。

  设计不仅仅是外观和感觉,设计即发生机制。
           ——史蒂夫·乔布斯(Steve Jobs)
  你就是你被看见的样子。
          ——埃里克·施皮克曼(Erik Spiekermann)

现在我们可从许多方面获得启发。对设计师而言,设计不仅存在于我们创作的每一样物中,同时也存在于这些事物之间。设计是一种混合。我相信把设计与道家思想运用到日常生活中去都会产生相当好的效果。道家思想不在于使我们的生活幸福,而是有助于理解生活的意义和目的。设计不在于使我们的生活美好,而在于解决问题和改变生活。因此该文尤其为那些西方平面设计的入门者而作,意在帮助他们了解基本的"道"并将其运用到平面设计中。在当今感官超负荷的视觉景观中,平面设计不再仅仅是平面设计。设计必须一丝不苟地保持文化人类学、行为心理学、创作力和视觉交流间的精心平衡。我认为,尽管好的设计不会给我们的生活带来幸福但它可以成为幸福的理由和幸福的表现。这个结果是如何实现的

---

① Chen Rong. Chapter 6:"Daoism and Design Principles" In "The Dao of Graphic Design——A Study of Interrelationship between the *Daodejing* in Chinese Daoism and Graphic Design." M. A. Thesis, Rochester Institute of Technology, 2011, pp. 26-59.

又为什么能够实现即在于我们的本性。道家思想和平民设计在某种程度上对人性和人之本质有着相似的信仰,因而毋庸置疑,西方和东方思想能因促使生活质量的提高而相融。

(一)道家思想与设计中的"一"

"道"之和谐是首要的,通过被动和不为来使其活跃。但由于道是在存在中被呈现出来的,它引起相反的阴阳两极间动态的互相转化。阴阳两极是"道"在世界中的表现。它们作为存在之织物的组成部分的两极互相各自生产。阴阳导致运动与静止、主动与被动的力量间动态的平衡,以至于这个平衡点归于中心。两极之间的统一出现了。在道家思想的诸多应用中,这种统一是引导之源,是标准,是规范,当对事物的评判施加理由时通过它来对其正确性予以估量。

庄子认为"道"无处不在:走路时,"道"与我同行。万物共有"道"这个终极实体并被"道"所塑且因"道"而动,从而"道"提供了一种衡量存在着的万物之完美与可完美的标准。

道家思想认为没有任何个体是独立的、持久的,存在着的万物都是不断转变的一部分。宇宙的这种不断的流变将每个个体与其他万物联系在一起,"将万物捆绑在一体中,使万物均衡。"①通过这个转化过程,通过从同一物质在一个伟大的统一中的来去,万物、万有都被绑在一起。②

用庄子的话说即是:"万物尽然,而以是相蕴。""天地与我并生,而万物与我为一。"③人类,与这个宇宙的其他所有方面,都是一个更大的整体的一部分。道家哲学教导我们大的转化会导致大一统,在这个大一统中万物都是一个有机整体的一部分。

> 万物实为一。我们把那些漂亮的稀有的当成是有价值的,把那些丑的当成是脏的、坏的。脏的、坏的东西有可能转化成稀少的有价值的东西,而那些稀少的有价值的东西则有可能转化成脏的、坏的东西。
>
> ——庄子

---

① Chan, Wing-tsit. *A Sowrce Book in Chinese Philosophy*. Princeton: Princeton University Press, 1963.

② Gerard Parkes ed. *Heideggar and Asian Thought*. Hawaii: Hawaii University Press, 1990.

③ Chan, Wing-tsit. *A Sowrce Book in Chinese Philosophy*. Op. cit., 1963.可参见《庄子·齐物论》。作者没有指明出处。(作者注)

换句话说,"道"将人的身体看成自然世界的缩微体,看成一个统一体,看成一。其骨架是一幅充满了山、河、溪流、湖、池、森林、火、星星的自然和谐的风景画。下面的意象也是一样的,但它被给予了一个有着漂亮的蓝色星空的独特背景。不知道它源自哪里。

"道生一,一生二,二生三,三生万物。万物负阴而抱阳,冲气以为和。"(《道德经》第42章)如果我们返回去读《道德经》第42章,会发现它也讨论了"一"这个核心概念,并将"一"延伸到"二"和"三",它们被用来具有象征意义地阐释"道"是如何生万物的过程。它讨论了"道"之起源和世界的生成。这个过程的特征通过一种从简单到复杂的过渡或进化被加以了概括,这个过程碰巧反应了万物的发展。在这个创造性的过程中,一种和谐的平衡的极端是最有生产力的。因而,有时少即是多。

当把道家的概念"一"用到平面设计中时,它也一样是有用的。相反相对的物的统一以阴—阳的形式被表现,此中白与黑彼此间是相互依赖的。

对道家思想中"一"的另一种阐释与格式塔心理学相似。格式塔心理学形成了一个通用的法则:整体大于部分之和。形成整体和统一的倾向在观念中占据了主导地位。我们是在统一而非片段中去看的。格式塔心理学家认为我们是在语境中通过对照去感知的。意象通常存在于与其背景相关的语境中。

然而,道家思想中"一"的概念要比平面设计法则中的"一"的概念宽泛得多。"一"存在于多样性中。它是动态的,表明了其后的运动或流动。这种"一"是引导、标准和规范之源。设计者的目标是要获得"一"的效果,但这种"一"可扩展为多样并由此使其不那么单调乏味。

> 统一通常会有助于事物间的秩序、一致和文明,而对立的家庭则或多或少都是野蛮的。
> ——威廉·德威金斯(William A. Dwiggins,1880—1956)

平面设计的目标之一即是获得视觉的统一或和谐。尤金·拉金(Eugene Larkin)在其著作《设计:对统一的寻求》(*Design: The Search for Unity*)的"序言"中写道:"平面设计的最低要求是将各个部分组织为一个统一的整体。所有的部分,不管其有多不相干,必须使其一致并互相支持。"

换句话说,必须使各种成分既对读者有最大的好处又能最少受其阻挠地协同发挥作用。

统一是概括设计的所有法则和因素的根本法则。它指的是整体的一致,一种所有部分协同发挥作用以获得共同效果的那种感觉,是所有部分的一种和谐。

相关因素取得统一的方式有3种:(1)接近(也被称为分组近似或相对接近)。接近是获得统一最简单的方式。那些在属性上完全接近的因素被看成是相关的。相距更远些它们就会分离,而相距近些就会出现关联。(2)相似(也称为相当)。在小大、颜色、形状、位置或结构上有相似之处的因素被看成是相似的。相似的反面则是故意的对立:更大的类型或意象被看成是更重要的。结盟是相似尤其重要的一个方面,其中那些连接其彼此的因素出现关联。(3)重复(与相似相关)。任何重复的观点都能提供统一。重复的观点可能是其位置、大小、颜色、规则的使用、背景颜色和盒子。变化的主题。没有变化的简单重复可能因千篇一律而变得枯燥乏味。一个基本主题的变化在提供兴趣的同时又保留了各个因素之间的关联性。

福田繁雄(Shigeo Fukuda)和埃舍尔(M. C. Escher)的作品都表明了"动态的统一"。正如《道德经》中的概念一样,统一并非静止,统一会带来运动与静止、主动与被动间力的一种动态的平衡。

我认为在平面设计领域这种主动性是最强的统一。这些比那些仅仅是在重复的因素告诉我们更多的故事。我们以福田繁雄的作品为例。万物都回复到一个中心,然后统一出现了。这就是我们不能停止关注它的原因。

统一也是一种不断的运动。道家思想中阴阳的道理也是一样的。可以说无形的存在和有形的存在是设计统一中的起作用的2种东西。一个硬币的2个方面是如此的紧密相关。在一定程度上,设计中一件高度统一的作品证明了"道"从其不可见到可见状态的动态过程。这里,它们共有某些相似性。

阴与阳反过来又交织在一起并相互关联以创造出各种可能的设计。它们带来了运动之力与静止间的动态平衡,如此乃保持设计作品平衡的一种方式。

对照被建构进我们的感知过程。对秩序来说对照是绝对重要的,它能让我们注意到万物,注意到万物间的差别。有很好的经验证明,当我们面对一段时间里产生的千篇一律这种相对不变的刺激因素时,我们会停止对它的关注。值得注意的是,它必须得制造出差异。道家思想对此做了预言,因为万物的生成都是与其相反的那一极相关联的。"天下皆知美之为美,斯恶已。皆知善之为善,斯不善已。故有无相生,难易相成,长短相形,高下相倾,音声相和,前后相随。"(《道德经》第2章)

这几行指出了我们所谓的善所具有的双重性。我们想要别人认为我们的设计作品外表和内在的思想都是美的。有时我们需要去做其反面来支撑我们想要呈现的精华。除非有对照的背景否则很难看清一个图形。图形有可能会消失,这是隐身原理。由于相对的事物之间的不可分,因此,你能意识到它们总是在一起,而且这暗示潜藏在它们之中的某种统一。

正如统一是一种哲学的基础一样,它也是设计法则的基础。这是一条需要我们理解的相当重要的法则。统一并不意味着万物的有序,因为"道"之法后存在着一种力量,无序将会最终转向有序。我把这种法称为"道之动态的法则"。正如阴阳被绑在一起纯粹的阴和纯粹的阳最终会颠倒。这是一种相互作用,根据"熵"的原理,即便是任意的运动,最后也会变得有序。当任意性被均分时就必然出现了一个点。一旦到达其极端,情形就会转向其反面。极端或极点,对每种表现来说都是个别的、独特的。

在生活中发展是相互作用的,设计有着共同的法则,并非只有一种方式。全都在流动中彼此相互作用着。

(二)道家思想与设计中的自然

我们知道,"道"是依靠自身发挥作用的。其本质,正如中文所言,是"自然",即"自行""自动"或"本身如此"。"自然"的意思与我们说"某事碰巧自动地发生"是差不多的。我们将这种表达英译成"nature"。

"道"自然地表达自己。因此,当我们与自然和谐一致时我们就能与"道"和谐一致。万物的自然之道自然地展开。树木的生长,百花的开放、白昼转变成黑夜。万物都有其本能的方式来引导其独特的生存特征和风格。鸭子生活在湖和塘里,在水中游水和潜水。鸟儿喜欢在空中飞翔,喜欢在树上栖息。所有动物,从最小的昆虫到最大的鲸,如果不被干扰尽其天年的话,将会知道如何生活和该做什么。每种动物都表达着自己的本质,因而可与"道"和谐相处。"道生之,德畜之,物形之,势成之。是以万物莫不遵道而贵德。道之遵,德之贵,天莫之命而常自然。故道生之,德畜之。长之育之,成之孰之,养之覆之。生而不有,为而不恃,长而不宰,是谓玄德。"(《道德经》第 51 章)"玄德"被可看成是"道"之本质的一个特殊部分,是蕴含在老子哲学中的一般精神。此外,它还或明确地或含蓄地被作为一种解决人类生存危机的办法而被倡导和建议。今天,在很大程度是它仍然是有意义的。

"故道大。天大,地大,王亦大,而王居其一焉。人法地,地法天,天法道,道法自然。"(《道德经》第 25 章)常有我们不知晓的事物。这在物理学中通过能量的难以捉摸的品质得到了很好的证明。我们不能切实地对能量加以定义,但我们可与其一起发挥作用,"道"就是这样的。该章强调了作为自然之方式以及作为被地、天和人所效法遵循之终极法则的"道"。"道"可被看成是世界上隐藏的标准或万物之决定因素。一切自然之物都是自行运转的。

"'道法自然……',《道德经》说道之法则是自然,而且'大道氾兮,其可左右。万物恃之而生而不辞'。当然,在作为上帝之信息的法则中国的'道'与作为自然之主人的犹太教—基督教思想之间有很大的不同,因为'道'并不像领导那样作为。并没有法则强迫事物应当以如此方式行事,因此此乃自然之完全民主的思想。"①

观察大自然即是发现"道"之方式。与相信"虚无"存在的佛家思想不同,"道"并非仅仅是"无"之虚空。它也是"有"之完满。我们在世界上经历的万物是这个循环的一部分。"所谓道,恶乎在?无所不在。"(《庄子·知北游》)

在道家的概念中,他们总是相信水是自然的象征。水有着各种使其变得独特的特殊品质。庄子在其书中也说"长于水而安于水,性也。"(《庄子·达生》)水可适应任何能包蕴它的形状却不会改变其内在的属性。不管它是流经河床或注入杯中,它总是水。与水一样,"道"也是不用努力地去流动,不用去根据环境改变其表现形式,也不用放弃其内在本质。"像水一样:无形却坚强、柔弱却无情、清静,善下而能处上。"②

---

① Alan Watts. *The Tao of Philosophy*. Vermont: Tuttle Pwblishing, 2002.
② C. A. S. Simpkins & A. M. S. Simpkins. *Simple Taoism: A Guide to Live in Balance*. Vermont: Tuttle Publishing, 2000.

"天下莫柔弱于水,而攻坚强者莫之能胜,以其无以易之。弱之胜强,柔之胜刚,天下莫不知,莫能行。"(《道德经》第 78 章)正如水顺意流动一样,"道"之本性亦如此。它不被控制,我们应该做的只能是顺其自然并追随它。我们不能违背自然去做自然的主人。

自然也是设计的最高之主。在自然中学习能让设计更好。尽管设计原则是人规定的,但其根本却可在自然生长模式和秩序中找到。让自然按其程序进行吧。比如,我们应该允许河流畅通无阻地流入大海,而不应该筑一个大坝来阻挠它的自然流动。作为一名设计师,将生活看成是整体并给予其一种秩序感。追寻"自然的"方向总是好的。

这一系列的作品是在原研哉(Kenya Hara)的艺术指导下由"原设计协会"和"日本设计中心"创作的。该设计是为"2005 年爱知博览会",日本参与的一年一度的世界博览会的日本分展。2005 年世界博览会的主题是"超越发展:重新发现自然的智慧"。

显而易见,线条、色彩和空间在纸上的简单与图示的自然形式的复杂的融合一起传达出了简单与复杂在本质上的平衡。

作为"道"之核心思想,我们不能将自然看成是一种可以被掌控的东西而是应将其当成是一种关系中的伴侣。目标是成为原始秩序的一个自然部分。而发现其原始秩序的途径则是回归自然。

对人类环境的设计来说自然总是灵感的来源之一,但近年这种关系变得更紧张。"作为模式的自然"极大地影响了各种理念和发展过程并在形式和作用中大范围地反应出来。我们不能否认在创造性的设计中没有什么比受到自然启发的意象更美这个事实。让我们只是追随自然并自然地设计自然的东西吧。

(三)道家思想与设计中的无为

> 为道者日损,损之又损,以至于无为。无为而无不为也。
> ——《庄子·知北游》

> 无为也,则用天下而有余;有为也,则为天下用而不足。……上必无为而用下,下必有为为天下用。此不易之道也。
> ——《庄子·知北游》

"无为"的字面意思是"不为"或"不用为"。"无为"也可被阐释为"任其自然的艺术"或"创造性的平静"。这并非意指一种行为的懒惰或思想的迟钝,而是一种遵从"道"之法则的敏捷和不用努力去遵从"道之法则"的决心。

在道家思想中,我们不是要把东西拿起,相反,而是要将其放下。选择"无为"意味着我们选择清空我们自己并顺势而非逆势而为。"无为"并非不作为和阻止事物的自然进程。相反,"无为"指的是要追随自然的进程,不反对、阻止其变化。我们就像水,像空的容器,是无形无名的。我们什么也不为,并以这样的态度完成每一件事。在原初的道家著作中,"为"常常是与水及其柔软的本性相联系的。尽管水是柔弱的,但它却有能力侵蚀坚硬的石头。

"天下之至柔,驰骋天下之至坚。无有入无间,吾是以知无为之有益。不言之教,无为之益,天下希及之。"(《道德经》第43章)

"以强胜弱""以刚胜柔"似乎是公认的法则。然而,从一个动态的辩证的角度去看,老子却认为是相反的。他信奉柔弱的哲学思想是建立在其对自然变化的实际观察基础上的。尽管他的思想可能比较平实和过分简单,但他的反向推测的方法却直到今天仍然具有相当的指导作用。

  道家思想鼓励借着自然之力发挥作用而非与其对着干。道家思想教导"无为"之道,即作环境的主人,而非去控制它。"道"之师常常用风中被吹弯的芦苇或草来阐释这个重点。道家鼓励个人与困难和问题和谐共处而非在每一个转折点都去与逆境对抗。(《道家思想》,太平洋大学,电子学习中心)

"无为"是在了解万物将会正常的快乐。它并不拒绝"为",它拒绝的是做那些无意义的事。"无为"是自足,如水。

老子曰:"天下莫柔弱于水而攻坚强者莫之能胜"。你可以用刀来断水,水能让刀自如穿过其身,但水却能从坚硬的岩石中切出大峡谷来。这就是柔弱之力。

这一系列海报是无印良品的创意总监原研哉设计的。"Muji"这个名字源自"Mujirushi Ryohin"(无印良品)的词首,在"无印良品"的欧洲网站上可译作"No Brand Quality Goods"(无印良品,没有牌子的好东西)。"无印良品"是日本的一家销售各种家用消费品的零售公司。"无印良品"以其极简派艺术而出名,它强调循环利用、避免生产和包装过程中的浪费以及不要标示不要牌子的政策理念。

"无印良品"一直坚信这种理念的力量。如果我们以一个设计的术语来翻译"无为",那它将会与"空"和"极简"非常接近。"无为"就像是在自然中观察时的一个实践过程,它是与自然一起流动的。它呼吸着自然的智慧。"无印良品"以"无须品牌"作为其核心的设计理念来经营发展着,但正如"无为"的理念一样,它现在却成了世界上最有实力的零售商,这在某种程度是有些不合逻辑的。

正如其艺术总监所说:"无印良品是个空容器。"传统的亚洲美学认为,极简至繁。这种"简"不同于西方理念中的简单。它与"道家思想中的水"是一样的意思,水显示出了平静、重要、临近并总是给予我们安宁和富有的"无为"。它没有酒的光泽,也不像香水那样吸引着我们的关注,但它纯洁、不断,能帮助我们保持正常和自然的健康。经过百亿年,平静之水可磨损高山,有时甚至能生发巨大的威力将巨石碾成沙粒,以自然之力的一种主要来源将自己呈现出来。

第二章　比较视野下英语世界的《道德经》接受研究

该章分9节从比较的视野对英语世界《道德经》接受研究的成果进行了梳理:道与逻各斯:老子与海德格尔;道与逻各斯:《道德经》与《约翰福音》;《道德经》与阿奎纳的《形而上学》;《道德经》与普塔霍特普的《箴言集》;《道德经》与维特根斯坦的《逻辑哲学论》;《道德经》与威廉·戴明的《渊博知识体系》;《道德经》与保罗·弗莱雷的《受压迫者教育学》;《道德经》与蛙氏奥义书》;《道德经》与梭罗的《瓦尔登湖》。

第一节　道与逻各斯:老子与海德格尔

一、海德格尔与老子哲学思想之比较

1984年,迈克尔·海姆(Michael Heim)的文章《海德格尔与老子哲学思想之比较》发表在《中国哲学》上。① 文章从:东方即是西方,西方即是东

---

① Michael Heim. "A Philosophy of Comparison: Heidegger and Lao Tzu." *Journal of Chinese Philosophy*, 1994, (11), pp. 307-335.

方:全球语境;逻各斯传统的危机;不可用言语来表达的愿景;不可用言语来表达的危险行为;老子:从"不可用言语来表达的"中产生"不可说的";结语:否定空间的一般形式,这6个方面将海德格尔与老子的哲学思想进行了详细比较。

"海德格尔与老子"。二者的巧合似乎是令人意外的甚至是不可避免的。任何至少对这2位哲学家有一点点熟悉的读者都会对其模糊的相似性立刻产生共鸣。这种即时的印象可被纳入称为"比较哲学"的学科范畴。在比较哲学中相似性被准确定义为存在于被比较的哲学间的相类似的特征。作为统一的整体,比较是从不同的文化公理出发的并因而彼此间是封闭的。明确定义的平行线绝不会交织,因为它们是从不同的点出发的。

由于我们的即时印象被比较哲学的详细分析变得间接,我们既高兴又失望:高兴是因为找到了众多显而易见的相似性和差异性,失望则是因为发现了我们对可能性的最初感觉被对离散文化语境中概念的类比与偶然的观察和识别所取代了。类似的比较研究的价值在于,它们最终是停留在一个需要接合的、比较的概念上。当对其分类时,这样的概念就变成了一种比较哲学。而且,如果要将其弄明确的话,这样一种比较哲学可能会被有意识地塑造,以保留我们对可能性留下的第一印象的真实性。

然而,如果不是处于被比较的哲学之外或之上的话那这种比较哲学应该处于什么样的立场呢?如果是处于之外,那它如何才能不妨碍其中一种或两种哲学的精神呢?如果是处于之上,那它不可避免地要以一种固有的居高临下的姿态来对待被比较的对象吗?

在下文中我将试图对比较哲学进行勾勒,其目的在于追溯被比较的两种哲学的地域和传统主题,借此保留前面提及的第一印象之特征的那种丰富的可能性的感觉。《海德格尔与老子哲学思想之比较》将起一种比较哲学的实例说明的作用,但更为重要的是,它将起到为产生一种比较哲学的模型的作用。我将为比较哲学展示的主题基础是把"不可说的"作为对"不可用言语来表达的"之全球反应的理念来培养。首先,对"不可用言语来表达的"的理念的阐述描绘了逻各斯修辞传统在西方的高潮,海德格尔后期关于语言的作品可作为引导。其次,老子对"不可说的"的教化将不仅作为东方哲学同时也会作为对"不可用言语来表达的"之威胁的现行回应来探索。结尾部分将用正规的术语归纳其在系统比较哲学中的应用。

(一) 东方即是西方,西方即是东方:全球语境

建立比较哲学的初步举措是找到一个既非客观低于比较对象之外也非居高于其之上的"中间状态"。这个主题或"中间状态",是对哲学的现行全球语境的一个反映。

哲学的语境是日益增长的全球性这一事实被释天恩(Thich Thien-An)注意到了:"当西方的文明和技术渗透到东方,同时与日俱增的西方人开始带着兴趣来看待东方的文明。"①

黄忠良也对"东方即是西方,西方即是东方"的观点予以了支持:"东方哲学逐渐弥漫到西方人生活的方方面面中,同时人人都为温婉的东方在日益增长的技术和工业的要求下的消失感到悲痛。毋庸置疑,在东方将会有更多的高速公路和造成污染的烟囱,大部分的东方大师正一个接一个搬到西方的山里和发展中心的修养院。我常常提醒我的朋友和学生们要有心理,会令人惊异地发现他们遇到的下一个中国人将会精通技术术语但却对'道'完全的无知准好。分享我的东方研究的大部分志趣相投的朋友都是西方人。"②

如果你承认对东方和西方的阐释,就会随之得到用来定义比较哲学之语境的某些结论。它变得不再适应关于简单的地理或文化二元性的学科。于是研究东方哲学即是试图在当代西方思想和艺术的范畴之内对潮流给予更深的理解。比较哲学并不被理解为是在国际范围内的一种培养国际理解和交流的更大的努力。一旦我们将感知能力让步给电子工业,一旦我们认识到电子网络中所有文化的复杂联系,那在多元文化间建立交流的努力就会变得多余。

多元文化的交流体系实际上是比较哲学的哲学反思的背景。全球文化中分布均匀的交流是西方技术与逻各斯传统之高潮相结合的胜利。同时,当人类的存在变得不受限制时,西方言论的逻各斯传统经历了一场危机,这场危机带给比较哲学急迫感及其全球主题。下面我们就来谈谈这场危机。

---

① Thich Thien-An. *Zen Philosophy*, *Zen Practice*. Barkeley: Dharma Publishing, 1975, p. ix.
② Alan Watts. *Tao*: *The Watercourse Way*, with the collaboration of Al Chung-liang Huang. New York: Pantheon, 1972, p. 127.

(二)逻各斯传统的危机

人类交流的不受限制的范畴是基于电子技术的力量之上的。这样的力量对众人来说也是不可或缺的,同时还起到了威胁别的将政治看成是潜在侵略者的作用。但是威胁的力量被包括洲际导弹和核弹头在内的技术武器的性质所中和。这一类的武器被公共言论甚至最粗野的政治言论的所有形式划分为"与众不同的"。同时它们也发展成为"威慑言论"的必要部分。采取毁灭全球这样的姿态言论与西方文明的经典言论传统的基本假设是相悖的。

正如我在别处指出的,传统的经典言论假设公共言论与个体真相之间存在着某种连续性,换句话说即是,尽管有时会比较少见,但其保持了一种理性劝说的关系。我用"逻各斯传统"这个术语来定义对用于科学真理和似是而非的真理之传达的公共话语的悠久培育。在当代条件下,在公共场所言说的东西与现实中所见的东西的文化连续性呈现出一种前所未有的断裂。相悖的是,当人类的存在似乎是取得了一种无处不在的胜利时,在个体真相与意识形态的公共陈述之间出现了一种断裂。"言论"这个合成概念是堕落的。看起来似乎是许诺了一个完满的、人类存在的东西现在却呈一种实际上是缺席的、空的机制。为了保留自由乐观的文化,自由乐观和对公共辩论的相信现在面临着一种被灭绝的言论。

对与个体人类真相相区别的"官方立场"的必要的严格隔离变成了一种不可沟通的沟,并粉碎了哲学与言论之间、可对话的争论与公共辩论之间的经典的幕间剧。在事物的经典方案中,苏格拉底和高尔吉斯(Gorgias)能争辩势力与权力之间的关系,即便只能通过卡里克勒斯(Callicles),因为争论所涉及的所有利益都能如固有的人类利益那样变得透明,不管这些利益有可能全不相干。然而,随着对核的"争论",一种不可谈判的、本质上不可争辩的对全球生活形式的坚持面临着政治力量与全球恐怖主义的政策的牵连。如果言论的这种崩溃确实渗透到了全球话语和世界文化中,那事情的这种状态则预示着对西方思想中的某些类型的需要。我打算补充的一种类型的主题是"不可用言语来表达的"。

(三)不可用言语来表达的愿景

欧洲大陆有时会对作为一种会对文化的所有维度产生普遍影响的灭绝性核威胁进行讨论。这种讨论的其中一个例子是沃尔特·克鲁格(Walther Krüger)的《令人毛骨悚然的景象:现代精美艺术、音乐和文学中的幻景》(*Das Gorgonenhaup*: *Zukunftsvisionen in der modern bildenden Kunst*, *Musik*, *Literatur*),该著作也可作为欧洲灭绝文学的参考指南。这里,潜在于当代文化形式中的焦虑被加以了详细阐述、汇总和分类。我们被引导而明白现代建筑是如何模仿防空洞和军事地堡的,理解教堂尖顶的线条是如何开始卷缩在不祥的天空之下的。贾科梅蒂(Giacometti)的雕塑和许多现代画家的梦魇记录了灭绝的焦虑和动物生命的损毁。

当欧洲意象显示出受到威胁的星球那可怕的噩梦似的方面的时候,出现了创造出对地球的敏锐理解和沉默依恋的幻象的艺术家,这种依恋并不与真理和大肆宣传的言论以及逆境中的"坚持不懈"相混淆。对星球的爱并非是作为希望而是作为对不可用言语来表达的威胁的一种动物的甚至是卑鄙的回应来展望的。

威廉·斯坦福(William Stanfford),一位堪萨斯州的诗人,在一首名为《在炸弹测试现场》的诗中塑造了这些意象中的一个:"正午的沙漠中,一只气喘吁吁的蜥蜴在等待着历史时刻的到来。它的肘部紧张,正观察着一条特别之路的拐弯处,似乎有什么事即将发生。/ 它正望着人之视线所不及的远处的某样东西,那是一个在石堆中进行的重要场景,很少人知道其后果。/ 普天下只有一个没有多少生物生存其中而它又从不在意少数的大陆。准备好变化的发生,蜥蜴的肘部等待着。它的双爪紧紧地抓住沙漠中的沙土。"望着"远处的东西",蜥蜴静静地但怀着一种对重大事件的深刻的或至少是彻底的意识反应着。这是将带给人类和蜥蜴共同的"不可用言语来表达的"历史转折时刻。"它的双爪紧紧地抓住沙漠中的沙土"是对"不可用言语来表达的"某种回应的意象。

这个世纪没有哲学家像海德格尔那样如此坚持不懈地对"不可用言语来表达的"做出回应。他对即将发生的危险的指出甚至拉开了他与他那些喜欢更"专业的"或学究强调的学生之间的距离。当卡尔·亚斯贝斯(Karl Jaspers)明确地撰写关于核战的文章时,海德格尔的思维途径则是自始至终通过敏锐的"肘部紧张,正观察着一条特别之路的拐弯处,似乎有什么事要发生"来传达。这并不是说海德格尔发展了一种"应用哲学",如果"词语矛盾"(contradictio in adjecto)意指对"解决"包括灭绝"问题"在内的人类问题的一系列聪明论争的话。如此经典的自由的方法确实没有考虑"为正确的观点而论争"必须进行假设的推理那些前提的深刻复杂的本质,而不用提及哲学与言论间关联的复杂本质。有可能会有论争只能使一个哲学"问题"变得琐碎的时候以及对问题的忽略可能同样使哲学变得琐碎的时候。

(四) 不可用言语来表达的危险行为

在其后期作品中,海德格尔频繁地参考"不可用言语来表达的"并将其放在对语言更宽泛的思考中。通过找出我们通常的表达方式的局限,海德格尔探索了获得"不可说的"一种新方式。列举几个自然段就足以显示出一种新开始的可怕的威胁及其相关的承诺之间的差距。首先是选自富尔茨(Bruce Fultz)和海姆(Michael Heim)翻译的《黑贝尔——房子的朋友》中的一段:

> 科学之从技术上可被控制的本质、养成了习惯的自然本性以及因而从历史上被决定了居处的人类,被彼此脱离开来成为两个异化的领域,甚至以恒定的加速度分离得更开。……
>
> 需要的是那些知道遭遇原子能人类就不能活而且会消亡的构建者,即是说,即便是在原子能只为了和平的目的而被使用,而且当这些目的仅仅只为其每一个目的和欲望而起到一种惩戒性的作用时,人类也必定会失去自己。与此相反,真正的建构者认为这种生存并非真正的居住。对人类来说,"居住",如果他居住的话,用荷尔德林(Hölderlin)的话说即是,"在这个地球上,诗意地栖居。"①

这里,海德格尔在《黑贝尔——房子的朋友》中注意到了语言作为一种传递信息即"交流"工具的日益减少,他还注意到了语言中"诗意的栖居"的失去并由此导致对地球毁灭的漠不关心。前面我们用西方修辞传统的瓦解的术语提到过这种危机。"不可用言语来表达的"威胁不仅被认为是对全球灭绝的计算性的规划,也被看成是居住在一个以相似的名字来命名的(即诗化的)世界上其被毁灭之后的情形。

海德格尔通过"不可用言语来表达的"区别了在计算性语言的优势中的即将灭绝。计算性的思维和语言摧毁了使得人类可以居住在这个作为"世界"、作为我们熟悉的参与语境、作为历史传统和未来计划的土壤之地球上的个体的"诗意的"栖居。海德格尔发现了已经包含在我们与语言的

---

① 布鲁斯·富尔茨,迈克尔·海姆译《黑贝尔——房子的朋友》,选自《当代德国哲学:源自德语的哲学年鉴》第3卷,费城:宾夕法尼亚州立大学出版社,1983年,第110—117页。

关系中的某些发展之核灭绝的可能性。海德格尔在他的文章《论语言的本质》(*The Nature of Language*)中表达了这个主题：

> 由于现代思维更坚决更排外地进入计算,它集中了所有在计算人如何可以在无世界的宇宙空间中很快建立其自身时可获得的能量和"利益"。这一类思维将会抛弃作为地球之地球。而计算,则越来越快地着了魔似的偏向对宇宙空间的征服。这一类的思维本身已经是可将任何东西毁灭的力量的大爆炸。其余所有的追随这种思维、在末日机械论中发挥作用的技术过程的都将仅仅成为疯狂的最后的灾难性的分派而进入无意义。①

这篇论语言之本质的文章是对人们对待语言的习惯性态度即假设话语是人类为其自身目的的创造物的矫正。《论语言的本质》尝试用一种"语言试验"来改变这种态度,这种试验集中体现在诗人斯特凡·格奥尔格(Stefan George)的诗行"词断裂的地方不可能再有任何东西存在"(where word breaks off no thing may be)中。语言的试验形而上学地允许以语言观为基础的趋势存在,以粉粹反对作为一个全球公开事件的学说之秘密。但为了将学说从"修辞"固有的堕落中恢复,海德格尔指出如果世界将在真实的学说中再次变得显而易见的话那我们就必须学会做出一种新的假设。这个假设即是,我们再次接受原始的沉默和习惯性的话语方式的解体,如这样的表达："An 'is' arises where the breaks up."②(世界解体之处出现了"一"。)海德格尔继续解释说："这里的'解体'意指的是有声的词回到其无声的状态,回到其被赋予的根源,回到其静止的循环,如言论所说,从四重的世界领域进入其接近处。词的这种'解体'是真正的回到思考之路。"③

现在这种劝告语言在直接言说中回归其非限制的源泉,一种与原始的静寂相关的学说,在后来的著作中并无什么特别之处。海德格尔已经在《存在与时间》(*Being and Time*)中将现象学变成了一种对可预先判断的

---

① 载马丁·海德格尔著,彼得·赫尔茨(Peter Hertz)译《通向语言之道》,纽约:哈珀与罗出版公司,1971年,第81页。
② 《通向语言之道》,第108页。
③ 《通向语言之道》,第108页。

"世界"或概括了人类结构(即存在)之特征的蕴含物之构造组成的研究。因而"真理"的传统概念被解读为一种更原始更根本的真理的派生模式,即,"真实性"的存在主义的—现世的实现。"真实性"的真理不是其自身是万物或人之可判定的属性而是存在于世界的沉默之源和世界万物的投射中的真理。存在主义的真实,或真实性,不是一种真正的断言。像某种人之美德如忠诚一样,真实性只有在被看成是一种性质或品质时才可能被摧毁,通过这种品质常用法将提供公共标准以决定某个人或某种行为是否"真实"或忠诚。在对待老子的"不可说的"时我们将再次回到可预先判断的真实。

因而,对存在主义的本体论的强调是在经验的过程中显露出公开的时间而非在空间上可用图片来展示并被完全定义的点。通过形式化的图片展示能力是形而上学的特征并为计算性的控制和客观化准备了领域。为代替形而上学的描述之逻辑,海德格尔建议将"道"之时间感作为言说与思考的模式。言说必须学会如何恢复"道",这是种不能被控制的紧急话语,因为它是从"不可说"中产生的:

> "道"这个词可能是一个用来谈论人之反应思维的古老词语。老子诗学思想的关键词是"道",其中"恰当地言说"意指的是"道"。但由于我们倾向于对"道"进行表面的思考,将其理解为"连接两个地方的延伸","道"字因而完全被轻率地认为不适合用来命名老子所说的话。于是"道"被翻译为"道理"(reason)、"理智"(mind)、"理由"(raison)、"意图"(meaning)、"逻各斯"(logos)。
>
> 然而"道"是能给予所有"道"之"道",是我们思考"道理""理智""理由""意图""逻各斯"究竟恰当地通过其恰当的本质恰当地意指什么的力量之源。只有当我们让这些名字回归其本身的不言状态,只有当我们有能力让其这么做时,或许有思想的学说的神秘之神秘会在"道"字中暴露自身。①

(五)老子:从"不可用言语来表达的"中产生"不可说的"

我们已经看到,海德格尔认为计算性思维是"自身就已经是可以炸毁

---

① 《论语言的本质》,载马丁·海德格尔《通向语言之道》,第92页。

一切的力量之爆发"。他反驳通过迫使语言回归到一种简单的回到"宁静的回响"的话语而驱使计算和描绘,警惕的、平静的召唤会使将万物集合成存在。他还为认为计算性思维和方法论的解药是找到"道"。"道"不是2个点之间的距离而是具体语境的暂时展开,是探索性地走向一个既定的区域。这个具体的"道"之发现不是通过某种先验的方法论或有原则的目标而被管理,而是一种自由的开放,是一种清除:

> "道"应归入此处所谓的区域中。隐射性地说就是,它反驳国家是一种放任、是让人自由发展的说法。在这个区域中,万物都被清除都是自由的,且和一切隐藏本身一起实现公开的自由。这种区域的释放的和隐蔽的特征在于这种"开辟道路"的运动,它使得那些属于这个区域的"道"屈服。①

海德格尔沉思性的思维将其引至"清除"这个概念。开放的空间是我们惯常的计算性思维模式的解体,其空是对作为计算性思维之极端"爆发"的不可用言语来表达的东西的一种回应。在回复到先于所有语言的"交际"使用的不可说之前有一种自由的开放。这种自由的开放的清除也意指一种基于确切的具体区域的存在状态,是在一种不能完美地勾画一种"先验"只能直觉地、根据经验即时爆发的既定语境中的"开辟道路"。

上面所引海德格尔的观点证明他自己对老子将"道"看成是一种"开辟道路"的挪用。他的文章《论语言的本质》假设语言回到其沉默的原初状态,这个主题恰是《道德经》贯穿全书的主题。老子尤其对"不可言"和"无名"这样的主题给予了特别的对待,这些主题在《道德经》第1、31、37和41章进行了阐释。令人惊异的是表意文字"无名"中恰好包含了汉字"无"。"无"这个字的词源可追溯到"一群人,正在对一片森林采取行动,有树正在倾倒,正在清除一大片地上的树林。"从这个词源中产生了"无"这个字的其他抽象意义如"缺乏""不足""消失""否认"等。换句话说,"无"的根本意思是"清除"。这个意思表明了清除"名"与"形",这恰是《论语言的本质》和刚才提及的《道德经》那几个章节的主题。

作为将万物聚集为一个存在的公开的沉默被老子在《道德经》第1章

---

① 《论语言的本质》,载马丁·海德格尔《通向语言之道》,第91页。

的开头几行称为"万物之母":"道可道,非常道。名可名,非常名。无名,天地之始。有名,万物之母。"顾名思义,无名之道是名之矩阵和域名相对应的可识别的现状。世界之起源可被看作是一个特别的语境和可辨别的存在之具体的生产。但作为开始的沉默,或所有语境之语境,它是永恒的、无名的。是无名,是不可说。老子在第 32 章指出了当言语之传统达到其限制的极点时将所有的口头话语回复到原初的丰富的矩阵的必要性:"始制有名,名亦既有。无亦将知文。知止所以不殆。譬道之在天下,犹川谷之于江海。"而且,如果它与紧紧地把握住自己的特性是相对照的话,那么回归无形的沉默是一种公开的行为,是"无为"。这种出于简单的沉默或无为的行动,是从不侵略性地把持"位置",甚至不是以认真地决定去"爱"他人或"做真实的自己"为前提的。尽管其意在精神的简单完整,但"无为"表面上产生了一种深邃的宁静,有人犹豫不决地将其定义为"定"(peace)。该词通过意识形态的好战言论和其余有必要处于沉默的"无名"进行了彻底探讨:"道常无为而无不为。侯王若能守,万物将自化。化而欲作,吾将镇之以无名之朴。无名之朴,亦将不欲。不欲以静,天下将自定。"(《道德经》第 37 章)《道德经》第 41 章则警告说这种"定"不仅仅是平静的沉思而是一种勤勉的实践,甚至是一种自律:"上士闻道,勤而行之;中士闻道,若存若亡;下士闻道,大笑之。不笑不足以为道。……大方无隅,大器晚成,大音希声,大象无形。道隐无名。夫唯道,善贷且成。"

重新发现这种无形不是去"思考它"或懒散地回到每天的无思无绪状态。与禅宗的"无念"一样,"道"要求一种对"不可说的"有纪律的培养。然而,开放的沉思不仅仅是一种对"无为"清除。如果做得恰当的话,音乐的实践也是,它带着一种特别的机敏去对待弦外之音、对待那些不能直接听到的、对待那些给予乐音其难以捉摸的力量的心灵感应。任何艺术,先于被公共媒体所关注,能成为一种"不可说的"训练。这种"不可说的"训练在我们的时代可能也包括了诸如学习阅读和欣赏那些不能被设定为数字装置的非线性的模式,诸如表意文字的语言,那些碰触到在其逃离我们的"交际"之网时"不可说的"东西的语言。

(六)结语:否定空间的一般形式

对海德格尔与老子的比较,将我们从"不可用言语来表达的"带到了"不可说的",从修辞传统的高潮和衰退到"不可言说的"受过训练的培养,从对使星球恐慌的东西的负面的忧惧到无名的意识的敏捷的训练,从炸弹试验现场的蜥蜴到不仅拥抱东方或西方而是全球的沉默之海。于是我们有了一个可用于研究相邻文化传统的哲学比较。邻国间既分担同样的危险也分享一样的营养和力量之源。

显然,该研究中对用于描绘无形的一般术语的明确表述的每一个尝试都有着关于它的某些相悖的因素。实际上,约翰·凯奇(John Cage)用来表述音乐作品的一般法则似乎也显然可恰当地用在此处:别让著作变成了一个可重复的东西或一系列重复的东西而是应该去寻求保留其不确定性。但比较哲学中一些关于不确定性或"否定空间"一般陈述可以用如下的方式来表达:

1. 否定的空间可通过表明以比较对"不可用言语来表达的"逻各斯传统的高潮或对"不可说的"培养所做贡献的方式用一系列哲学来概括其特征。

2. 然而,否定空间不仅仅是哲学体系的定理的派生物。从狭义上讲,它不能从任一比较方中派生,因为它也可以在比较方之间可辨别的差异中找到,而不仅仅是在哲学体系的术语中。

3. "不可用言语来表达的"与"不可说的"各自可通过比较方的特别的一系列定理来被定义,但作为比较方比较本身的否定空间它们依然是不可定义的。

4. "不可用言语来表达的"与"不可说的"各自可通过比较方的特别的一系列定理来被定义,但作为比较方和不仅仅用哲学体系的术语它们依然是不可定义的。"不可用言语来表达的"与"不可说的"不仅可在定理中而且也可在过程本身的限定中找到。只有作为限定比较过程本身的始点和结点"不可用言语来表达的"与"不可说的"才是可区别的。相悖的是,否定的空间以这样一种方式转回去依赖它自身,即达到结点时始点("不可用言语来表达的")作为结点("不可说的")重新出现。

换用老子《道德经》中的话即是:"三十辐,共一毂,当其无有车之用。埏埴以为器,当其无有器之用。凿户牖以为室,当其无有室之用。故有之一位利,无之以为用。"(《道德经》第 11 章)

二、海德格尔与道家思想

1992 年,纽约州立大学 Zhang Xianglong 的博士论文《海德格尔与老子》发表。① 除"导论"和"结语"外,作者分11章对海德格尔对康德和胡塞尔思想的阐释与关联、海德格尔与道家思想、海德格尔与道家思想间的差异和潜在的和谐进行了翔实的分析阐述。该节将对论文第11章"海德格尔与道家思想间的差异和潜在的和谐"之第2节"海德格尔与道家思想中的时间性和历史维度"以及第4节"语言与被阐释为'言'之'道'"进行译介,以飨读者。

(一)第2节:"海德格尔与道家思想中的时间性和历史维度"

海德格尔与道家思想之间最显而易见的区别似乎是,前者中有一个历史的维度,而这在后者道家思想中是缺失的。然而,在经过对二者更密切的考证之后我们会发现这种区别是可以"被缓和"为对一系列连贯的"主题"的不同表现的。换句话说即是,一方面,海德格尔关于"历史性"的思想是属于"此在的历史化的本体论问题",而且,历史性实际上被理解为一种适当的、狂喜的、相同层次的"命运"。另一方面,在道家思想中,一种"简单"但却清晰的阐释学的—时间的而且在此意义上是"历史的"、不能与人的命运相分离的维度是可以被识别的。

在《存在与时间》一书的第5章中我们可找到海德格尔关于"历史性"的言论。本质上海德格尔是赞同康德对存在的阐释和基本的理解之道的(据此理解相同层次的"中间性"是最根本的),海德格尔认为"历史既非客体的变体中概念的关联也非'主体'所有经验的结果的一种自由飘荡的序列。"当然,"此在的历史性在本质上是世界的历史性,是以狂喜的、相同层次的时间性为基础的,它属于那种时间性的令人泄气的部分。"这里,相同层次的、适当的区域(时间性或世界)变成了这个维度的真实意义。它之所以会这样是因为当我们想要跨越主体与客体间的区别并探究二者间的"联系"时,这种联系的本体的可能性就会变成仅在于所关心的此在之存在。并且,"作为被关心的对象,此在是'处于中间状态的'。"显而易见,这个理解与海德格尔对康德的"是'超验的想象'使得可被感知的与可被加以定义的二者之间的联系成为可能"的阐释是相似的。因此,当我们问"是否历史学的目的就在于把'个人'事件一劳永逸地放入系列之中,或者它是否也是作为目标之'法则'"的时候,问题本身"就根本是错误的",因

---

① Zhang, Xianglong. "Heidegger and Taoism". Ph. D. Thesis, State University of New York, 1992.

为相同层次的中间,即时间性,被漏掉了。

正如我们前面所示,本体论的范围正是"道"要显示的。"道"既不是一个目标也非一个概念性的法则,亦不是一个黑洞样的起源,而是作为恰当之枢纽突显并回复的局部的—相同层次的中间状态或"气"。"万物负阴而抱阳,冲气以为和。"(《道德经》第42章)因此,在道家思想中存在着一种时间的维度之本体的可能性。而且,我们确实能清楚地证明存在于道家思想中的一种原始的、狂喜地统一在一起的时间性。在前面所引的《道德经》第14章中,我们发现了一种对"空间与时间"(space-play-time)的更恰当的描绘:"视之不见,名曰夷;听之不闻,名曰希;搏之不得,名曰微。此三者,不可致诘,故混而为一。其上不皦,其下不昧。绳绳不可名,复归于无物。是谓无状之状,无物之象,是谓忽恍。迎之不见其首,随之不见其后。执古之道,以御今之有。以知古始,是谓道纪。"

该章的前半部分描述了原始的空间,该空间当然与后半部分所论述的相同层次的暂存的事物是相分离的。因此,这个不同于《存在与时间》中的海德格尔思想的道家思想绝不会产生一种超越空间的具有优先权的时间性是对的。该段中间的句子呈现出了一个被原始的时空所共享的范畴。这是一个在"无状之状"和"无物之象"中被加以了客观呈现的混杂的范畴。最初,空间和时间都是忽恍的"状"与"象",因而时间被说成是"迎之不见其首,随之不见其后。"这种状态可以被阐释为:将来是可以被见的,但是不能当成是一种"显在状态"(首)被见。过去是可被随的,但不是一个线性意义上的"不再"(因而,你看不见其"后")。或者,迎之正在发生的或呈现的而不见其"首",并追随或参与未来并拥有未来而不见其"后"。总而言之就是,这两句强调了原始的时间性的狂喜绝不可能在客观上或概念上被分开。二者与微妙的空间一起,"并入"到一个被称为"道纪"(bond of Tao)的原始范畴中。只有在时间是一个适当的相同层次的范畴这样的情况下,"执古之道"才能"御今之有"。道家思想和孔子《论语》中的"古"或"老"绝非仅仅是一幅图画或关于过去的一个理想,而是一个阐释性地先在地暴露了自己纯粹而无目的的意象。因此,孔子的"克己复礼"[①]本质上不是一种反动的纲领而是一种阐释性的呼唤,它"召唤"我们回归到一种原始的以"仁"为中心的政治社会情景中。在《道德经》和《庄子》中,"古"

[①] 参见《论语·颜渊篇》。(作者注)

与"大"一样，常常是对相同层次之"道"的一种纯粹的"超验的想象"，它呼唤一个狂喜的原始的范围。这就是为什么它被说成是"以知古始，是谓道纪。"

在《庄子·养生主》中我们可读到如下的文字："吾生也有涯，而知也无涯。以有涯随无涯，殆而已矣！……缘督以为经，可以保身，可以全生，可以养亲，可以尽年。"人之存在的有限并不认为是一种消极的或相对的限制，而是对"气"之"中间状态"的一种本体需求。追随这种"中间状态"，人就能活到自然终老。这里的"天年"真正意指的是一种阐释性的而非一般的时间跨度，它只能通过相同层次的范畴来加以衡量。因而，紧随这一段之后是庖丁的故事。庖丁能在牛无形但却先在知晓会遇到的"空间"中自如地移动他的刀。这把刀，在其用了 19 年后，"刀刃若新发于硎。"这个故事的意思是，只有存在、悠游于道德之境，你才能获得真正的时间或天年。由于这个原因，《道德经》和《庄子》将"可以尽年"作为与"道"和"气"并存的一种象征，诸如"水""婴儿""柔—弱""后""玄""大"等许多意象以及"大而无用之树""列子乘风而行""心斋""坐忘""真人""搁浅的鱼""庄子拒绝作管理内政大臣"等诸多寓言，被用来探求这种"尽年"之全部的道家意义。这个作为本体论的跨度的"天年"不仅适用于生物而且也适用于天地（与海德格尔术语中的"世界"有可比性）。老子《道德经》第 7 章言："天长地久。天地之所以能长且久者，以其不自生，故能长生。是以圣人后其身而身先，外其身而身存。"

而且，《道德经》和《庄子》中蕴含了大量的讨论，这些讨论或许可与海德格尔的"先在的坚定之心"和"命"（fate）相比较。每个真正的道家都应该下定这种先在的坚定之心，相同层次地而非理想地或逃避地面对死神，从而控制死神之脸而不致崩溃。最重要的"坚定之心"是终身生活在"虚"与"玄"中并回归其中而不追求那些无用的东西以及名誉、快乐和理性知识。这样，他就将自己从非真实的"他们"中拉了回来。正如《道德经》第 20 章言："众人熙熙，如享太牢，如春登台。我独怕兮，其未兆。如婴儿之未孩；乘乘兮，若无所归。众人皆有余，而我独若遗。我愚人之心也哉！沌沌兮，俗人昭昭，我独若昏。众人察察，我独闷闷。忽兮若海，漂兮若无所止。众人皆有以，而我独顽似鄙。我独异于人，而贵食母。"

如果这是道家一生的生活方式，那就没有理由质疑其真实性。他确实没有人之"目的"，因为已经下定了一种"先在的坚定之心"让其只从"母"

(即"道")中获得支持。有了这种坚定之心,他就失去了需要依靠各种因果关系才能得以实现的目标。他变得"忽兮若海,漂兮若无所止,"因为他将自己给了"道"并完全被其要求。

在《庄子》中,有许多对"真人"的描写,下面我将引其中与某些道家的观点相似且尤其适合我们此处讨论的一处,即第6章《庄子·大宗师》中的:

"子祀、子舆、子犁、子来死人相与曰:'孰能以无为首,以生为脊,以死为尻?孰知死生存亡之一体者,吾与之友矣!'"

……

"俄而子舆有病,子祀往问之。曰:'伟哉!夫造物者将以予为此拘拘也。曲偻发背,上有五管,颐隐于齐,肩高于顶,句赘指天,阴阳之气指沴。'"

……

子祀曰:"女恶之乎?"曰:"亡,予何恶?……且夫得者,时也;失者,顺也。安时而处顺,哀乐不能入也,此古之所谓'县解'也。而不能自解者,物有结之。且夫物不胜天久矣,吾又何恶焉!"

按照一般的标准来看,子舆很不幸,但他没有怨恨,因为他通过使得"时"至的恰当的阴阳之气懂得了自己的命运。他先在的坚定真正地打开了这个时间之气的区域。因而,他能"安时处顺,哀乐不能入也"。那就意味着他让自己的命运得到了调和从而将自己从非真实的时间和存在的束缚中解放了出来。

所有这些例子都表明,在道家思想中,也存在一种海德格尔所谓的"时间的""历史的"维度,尽管这种维度呈现的方式在一定程度上与海德格尔的风格不同。另一方面,我们看到,海德格尔的时间观和历史观确实与一般的时间观和历史观之间是存在差异的。

(二)第4节:"语言与被阐释为'言'之'道'"

上一节对人之地位进行了相似的讨论,这是个关于海德格尔的语言观是否与道家的语言观不同的问题。如果对二者进行密切的考证,那么从"严格的"意义上讲,道家的语言观可以更确切地加以把握。也即是,如果我们考虑海德格尔对我们关于语言和现实的本质的观点而非对伪道家对知"道"中语言的位置的解释所产生的革命性的变化,我们就能明白在"道"之间是没有什么"严厉的"反对的。实际上,这个已经在前面的章节中从2个方面加以了讨论。

一是,我在第5章第3部分考察了海德格尔关于语言之诗学本质的观点,这实质上是他关于存在之阐释学的水平方法的自然结果。语言对海德格尔来说是一种诗学的作文技巧,其主要功能在于呈现出显在的状态而非显示出水平的公开的"第一次"中有些什么。因此,作为"对挪用之最微妙因而也最易受影响的结构"的语言是在语言的使用者人之前就存在的。从最原始的意义上讲,是语言在"言说",人只是在它对语言作出回应时才"说",因为从这个角度讲,对人而言语言是被本体的水平区域挪用的方式。

二是,在第7—9章中,文章表明在道家思想中也存着阐释的维度。尤其是,在第9章第3部分中我考证了道家视角中的语言的本质。文中我通过呈现从《庄子》中找到的证据对认为道家把"道"之真理看成是与语言不能密切关联的观点进行了驳斥。显然,道家所贬低的仅仅只是被典型地概念性地加以使用的"小言"。相反,道家范畴中的"大言",本质上是非概念性的,是"动态的火一样转变的"。我们在第8章分析了《道德经》和《庄子》中通篇所提及的并对理解"道"之水平的区域性的意思起着重要作用的"小"与"大"之间的区别。《道德经》和《庄子》中的"小"指的是"受到知觉和概念的束缚的""不纯的""非自然的",并因而是"错误的"或"误导的"。相反,"大"则意指"非概念的""自由的""自然的""气所引导的"和"真的"。因此,《庄子》中多次在更可靠的章节中阐释的"大言"与"小言"之间的区别清楚地表明道家思想并没有否定非概念性的言语行为与人对"道"的理解之间存在密切的关联。

在某些地方《庄子》甚至走得更远,认为没有对语言的非概念性的使用思维就不能被给予"自由的发挥作用"由此人就不能"游"于"道"中。在这个观点中,被《道德经》和《庄子》所赞扬的"无言"也是一种"大言"。这与海德格尔的"道德心"之"沉默的呼唤"非常相似。对海德格尔而言,此在的道德心"呼唤而不需要喊出任何的话语"。"这种呼唤是以一种保持沉默的、不可思议的模式来呈现的",因为它呼唤此在"从此回到它的存在之可能性的沉默状态中。"基于所有这些理由,我认为关于语言的本质在海德格尔与道家思想之间存在一种潜在的一致性。二者都认为"诗意的言"

或"大言"是非概念性的"所在",水平的—区域性的挪用在其中发生并得以保存。而且,海德格尔将"生所有道之'道'"看成是那个本体的范畴,正是通过这个范畴"言之众妙之玄"才得以阐释。

然而,这里我们仍然可以指出海德格尔思想与《道德经》和《庄子》之间存在的差异。在《道德经》和《庄子》中,语言能变成"大的"或非建议性的,尽管如前所指出的,《庄子》中的某些段落似乎暗示了更多的意思。对海德格尔而言,语言在本质上是非建议性的是诗意的具有区域性的。显然,海德格尔的主题在总体上要比道家的主题更强。而且,海德格尔后期的著作蕴含了一种更清晰和根本的"语言维度",这种维度至少在《道德经》和《庄子》在是没有加以强调和集中阐述的。

然而,这些差异不应该被放大。下面的论述将表明中国语言赋予了"道"某些显然可与海德格尔的阐释学方法相关联的意思。在此意义上,海德格尔的猜测"在'道'字中令人深思的'言'之众玄之玄自身得以了暴露",惊异地具有相关性和准确性。

"道"之本意是"路"。权威的中国古代字典许慎的《说文解字》言:"所行道也。从'辶'从'首'。一达谓之道。"由其本意,引申出了其他的意思:"引导"(guide)、"疏导"(dredge)、"说"(say)、"道义""原则"(principle)。所有这些意思都出现在《道德经》和《庄子》成书期间的先秦时期。下面,我将从先秦的文学作品中选取例子来阐释"道"的每一个派生意义,尤其是"言"。

1.引导、指导(guide or conduct)

从"路""道"相当自然地派生出了诸如"引导""导引""指导""教导"等意思,因为"道"本身就有引导之意。如,我们可在《论语》找到如下的话:"道千乘之国,敬事而信,节用而爱民,使民以时。"[①]

2.道义、原则(principle)

这个引申意义甚至可在英文中找到,当人们说"做某事的原则"(the way of doing something)时意指的就是这个意思。在古代汉语中,"道"的本义因而被退化为"做事的原则""应该被遵循的法则""应该被观察的法则"。同样,《论语》中也有如下的话:"子贡曰:'夫子之文章,可得而闻也;

---

① 可参见《论语·学而篇》。(作者注)

夫子之言性与天道,不可得而闻也'。"①

3.疏导、开通(dredge and open)

从"道"的意思派生出"疏导""疏浚""开通"等意也是可以理解的,因为如果"道"被用作动词的话,它就意指"开道",或"对河道的疏通",这在古代中国是一件至关重要的事情。由此,我们可在非常古老的经典《书经》(《尚书》)中读到如下的文字:"九河既道。"②

4.说、言(say or saying)

用汉语的人都知道"道"有"说"或"说出"的意思。然而,主要由于普遍的错误假设,认为道家是完全否定"道"与"言"(语言行为)之间的密切关系的,因而对这种语言关联的意义没有进行严肃的反思。而且,甚至有注意到了二者间的这种关联的某些学者对"言"的意思可能出现在公元前3世纪表示质疑。如阿兰·瓦茨就在专著《道:河道》中写道:

> 因此,《道德经》开篇那神秘的话"道可道,非常道"可英译为"The Tao which can be spoken of is not the eternal Tao."此英译表明了这样一个事实,即,被译为"道"(be spoken of)的表意文字也是"道"(Tao),因为这个字也有"说""言"之意,尽管在公元3世纪的时候有可能还没有这种用法。③

我将呈现几个包括《庄子》在内的证据来显示"道"在成书时间不晚于《道德经》和《庄子》的著作中被当作"言"这个意思来使用。

第一,在比《道德经》和《庄子》更早成书并被现代学者们认为是"真实的"《周书》中,我找到了2处"道"用作"言"意的地方。

1.《康诰》有言:"既道极厥辜,时乃不可杀。"此处是不可能将"道"解读为"原则"的,而是意指"如果罪犯完全坦白了他们的罪行,你就不能将他们处死"。

2.《顾命》有言:"皇后凭玉几,道扬末命,命汝嗣训,临君周邦,……"

第二,在根据学者们一致的看法认为成书时间比《道德经》和《庄子》

---

① 可参见《论语·公冶长篇》。(作者注)
② 可参见《尚书·禹贡》。(作者注)
③ Alan Watts. *Tao: The Watercourse Way*. New York: Pantheon Books, 1975, pp. 38-39.

要早的《论语·宪问篇》中,"道"被使用时同时有"正确的道路或原则"和"言"两个意思:"子曰:'君子道者三,我无能焉。仁者不忧,知者不惑,勇者不惧。'子贡曰:'夫子自道也。'"朱熹对上述引文最后一句中"道"字的权威注释为:"'道',言也。'自道',犹云谦辞。"

第三,在《孟子》中,我发现至少有 2 处"道"被意指"言"。这 2 处朱熹都注曰:"道,言也。"孟子是与庄子同时代的人。与《庄子》相似,《孟子》一书也是他去世后由他的弟子们编辑而成的。因而,《孟子》和《庄子》这 2 本书出现在相同的语言时期。

在《孟子》第 1 章《梁惠王章句上》中,孟子曰:"仲尼之徒无到桓、文之事者,是以后世无传焉。"在《孟子》第 12 章《告子章句下》中,我们可读到如下的话:"孟子曰:'固哉,高叟之为诗也!有人于此,越人关弓而射之,则己谈笑而道之;无他,疏之也。其兄关弓而射之,则己垂涕泣而道之;无他,戚之也。'"上面所引的 2 段中,都只能将"道"理解翻译为"tao",意为"说""言",如文中的"谈笑而道之"。但是,应该清楚地指出孟子所用"道"的所有意思,而非仅有之前所呈现的"言"这个意思。

第四,在《庄子》中,"道"字被使用时也包括了"言"在内的所有意思。如,在《庄子·齐物论》中,有如下的文字:"夫大道不称,大辩不言,大仁不仁,大廉不谦,大勇不忮。……孰知不言之辩,不道之道。"上述引文中的所有句子的句式结构是道家经典的典型表达模式,其可象征为:"大'某'不是'某'"。"大某"代表的是"某"的原本的、局部的意思,"某"代表的是使用同一个词时它的派生意义和能被代表的意义。这是一种复杂的、自我揭示的文字游戏,表明相同的感觉可以既水平地表现为"大"也可概念性地表现为"小"和"微"。因此,这一段中的每个句子都包含了 2 个要么是同义的要么是重复的词,因而"大辩不言,大仁不仁,大廉不谦"可翻译为 "Great speech [*pien*] does not say [*yen*] anything. Great humanity [*jen*] is not human [*jen*].Great modesty [*lien*] is not yielding [*ch'ien*]."由于这个原因,"不称"之"大道"应该是"名"的同义词。换句话说即是,这个语境中的"道"在水平上肯定是"名"或语言行为的原初的意思。因此,有此进一步的说法:"知者不言"或"道可道,非常道。"

如果有人仍然觉得需要在《庄子》中找出关于"道"字被用作"言"意的更直接的例子,那他可在《庄子·天下》的开头部分中找到:"《诗》以道志,《书》以道事,《礼》以道行,《乐》以道和,《易》以道阴阳,《春秋》以道名分。"

其数散于天下而设于中国者,百家之学时或称而道之。"该段的最后1句之前出现了6个"道"字,这6个"道"字,根据上下文语境,即"古之人其备乎!百家之学时或称而道之",应该被理解为意指语言行为的词。但是,如果有人试图要极力避免这种以语言为中心的翻译,那他可能在将这6个句子中的"道"字翻译为"开道"(open the way to)时只能部分成功。然而,该段最后1句中的"道"只能理解并翻译为语言所能表达出的其他意思,因为该句中"道"字是与"称"一词相关联的。当"称"和"道"2字放在一起时,"称道"意指的是"提及""言及"或"赞扬"。

从所有这些证据中可以看出,毋庸置疑"道"字蕴含了《庄子》和《道德经》成书那个年代"言"的意思。在中国,这个意思在随后的几千年里一直被保留下来直到现在仍然在用。实际上,我们可在"道"的各种意思之间找到某些"自然的"关联。正如瓦茨所指出的,在中国"词类间是没有明确的区分的"。因此,作为"道"(way),"道"(tao)一方面可用作动词意指"开道"或"开通河道",另一方面可被用来抽象地意指"法则"或"方法"。从"开道"或"开通河道"这个意思来看,很容易将其意思扩展为"引导"(to conduct)、"向导"(to guide)、"教导"(to teach)。而且,从其本意和引申意上去理解,其与"说"和"言"有着某些相关性的派生词,有"开放的方式""定向""教义"之意。

由于对"道"的这种新的阐释,《道德经》和《庄子》中的一些段落可以得到更恰当更具拓展性的理解,对"道"与语言行为之间的密切联系持质疑的偏见也可得到减少。如《道德经》第1章现在就可英译为:

The saying(*tao*) that can be said of(*tao-ed*) is not the appropriational Saying(*Tao*);

The name(*ming*) that can be named(*ming-ed*) is not the appropriational Name.

The unnameable is the beginning of the world.

The nameable is the mother of all things.

Therefore let there always be non-being so I can see the subtlety of Tao.

And let there always be being so I may see its manifestations.

Its subtlety and its manifestation are the same with different names.

> There identity is called the pro-found dark to the further dark profound(or: From the non-conceptual to further non-conceptual):
> The door of all subtleties!

这样英译更清楚地表明了该章所主要关注的主题,即"道"中所蕴含或随"道"所表现出的"言"与"不言"或"有"与"无"之间的相互关系。这种非概念性的、深奥的或"玄妙的""道"之言,如果不再被遮蔽掩盖的话,是"众妙之门"。

这里应该澄清的是,我并非在宣称《道德经》和《庄子》中每一处的"道"都应该或能够被翻译为"言"。"言"仅是"道"众多意思中的一个,其恰当的翻译完全取决于它的上下文语境。即便是在上面对《道德经》第1章的重译中,也是与其表达形式紧密相关的:"The *tao* that can be taoed is not the appropriate Tao."但是,我的理由是,这里将"道"作为其可能的译文之一翻译为"言"(saying),让我们对道家思想的理解有了新的认识。尤其是,这种新的阐释并非是任意的而是有文献和思维本身所要求的语言证据的支撑。换句话说即是,我所想要辩护的是如下的结论:新的理解和翻译是合理的也是有意思的。

第二节 道与逻各斯:《道德经》与《约翰福音》

2010年,邱凯景(Kay Keng Khoo)的文章《道与逻各斯:老子与〈约翰福音〉》发表在《国际传教评论》上。①

(一)导论

公元635年,第1个基督教传教士,基督教教派的阿罗本(Bishop Alopen)主教来到中国。阿罗本在唐太宗当政的时期到达唐代都城长安是这样被描绘的:

> 太宗命令唐朝第一大臣房玄龄带着一大批随从到西郊去迎接这些陌生人并把他们带进宫里。他带着由帝国图书馆翻译的《圣经》。

---

① Kay Keng Khoo. "The Tao and the Logos: Lao Tzu and *the Gospel of John*". *International Review of Mission*, 2010, 87(344), pp. 77-84.

朝廷听其教义,并对教义进行深刻的沉思,理解真相的大同。①

同年,传教士艾丹(St. Aidan)到达英国的诺森布里亚传授福音。如果福音在中国能以其在英国那样的方式生根,世界历史将会变得相当不同。公元1583年,年轻的耶稣会传教士利玛窦(Matteo Ricci)陪同罗明坚(Michele Ruggieri)神父,来到广东行政首府肇庆和位于广东西部的广西,开始了基督教传教事业在中国南方的现代篇章。但这些传教士并不清楚在他们到来之前差不多一个世纪前在中国建立的那个古老的基督教教派的教堂。

为什么基督教传教事业在中国的第一次尝试没有生根呢?学者们给出了许多原因。然而,其在福音与中国文化之间的互动层面上的失败被认为是一个重要的原因。

我们从《约翰福音》第1章第1节来开始考察福音与中国文化之间的互动。希腊词"逻各斯"(Logos)英译为英语词"言"(the Word),译成汉语则是"道"(the Tao)。"道"这个原始概念源自老子《道德经》这本通常被认为成书于公元前6世纪的著作。

(二)古老的《道德经》文本的发现

现存最早的可追溯到大约公元前2世纪的《道德经》文本于1973年11月和1974年1月间在中国被发现。林振述(Paul J. Lin)在其专著中对这些文本的发现进行了如下的描写:

> 在湖南长沙汉墓马王堆,出土了之前遗失的《道德经》的2个古老文本。2个文本都是用墨写在帛书上的。
>
> 第1个帛书本是在一块大约24厘米高的木板上发现的,共有4种没有书名的遗失的古书。共有463行,13000多字。根据文本所用字体和没有避讳刘邦的名这个事实,可推测该书成书于公元前206年至公元前195年间。……由于第2个帛书本用的是隶书,而且避免使用刘邦的名——却不避刘盈和刘恒的名,因而可推测其成书于

---

① Quoted by Leonard Outerbridge in *The Lost Churches of China*. Philadephia: Westminster Press, 1952, p. 37.

公元前194年至公元前180年间。①

（三）"道"与"逻各斯"

在老子《道德经》开篇第1章的开始我们可读到如下的话："道可道，非常道。名可名，非常名。无名，天地之始；有名，万物之母。"

在为西方的"逻各斯"寻一个与中文相等的词时，张隆溪提出了如下的这些问题并给出了他自己的解决办法：

> 于是人们开始想要知道涉及思维、言说与文字的逻各斯中心主义或形上等级制，真的也同样存在于东方传统中吗？……在汉语中有没有一个字也像"逻各斯"一样，代表了一种与西方形上等级制相同或相似的东西呢？
>
> 最奇怪的巧合是，汉语中确实有一个词恰恰抓住了思想与言说的二重性……斯蒂芬·乌尔曼(Stephen Ullmann)也评论说："逻各斯"作为一个众所周知的歧义词，对哲学思维产生了重大影响，因为它"具有两个主要的意思，一个意思相当于拉丁词 oratio，即"词或内在思想借以获得表达的东西"。另一个相当于拉丁词 ratio，即"内在的思想本身"。换句话说，"逻各斯"既意味着"思想"(Denken)又意味着"言说"(Sprechen)。……在这个了不起的词中，"思想"与"言说"从字面上融为了一体。意味深长的是，"道"这个汉字也同样再现了最重要的哲学思想，它也同样在一个词里包含了"思想"与"言说"的二重性。②

"道"常常被英译为"the Way"，但这样表达并不能准确或完整地译出"道"的全部意思。因而，西方学界更喜欢直接用"道"的拼音形式"Tao"而非不准确的"the Way"。

如果我们将"道"译成"the Way"的话，那《道德经》第1章开始的几句就变成了"The Way that can be spoken of is not the eternal Way"。在英语

---

① Paul J. Lin. *A Translation of Lao Tzu's Tao Te Ching and Wang Pi's Commentary*. Michigan：Center for Chinese Studies, University of Michigan, 1977, pp. x-xi.

② Zhang Longxi. *Tao and the Logos*：*Literary Hermeneutics*，*East and West*. Durham & London：Duke University Press, 1992, pp. 26-27.

中,"way"和"to speak"这两个词之间是没有任何共同之处的,《道德经》开篇第1句中的2个"道"字,分别意为"道"(the Way)和"言说"(spoken of),汉字确实是同一个字。

张隆溪说:"'道'这个字在《老子》第1行中重复了3次,这种重复无疑通过利用'道'的双重含义,即'思想'与'言说'达到了目的。……这样的双关语确实不可译,其神髓在英语译文中大都荡然无存。"[1]

在指出第1个"道"的意思是"思想"第2个"道"被用作动词"言说"时,张隆溪强调了"思想"与"言说"这2个哲学概念的不同,二者均包含在西方传统的"逻各斯"一词和中国传统的"道"字中。

(四)《约翰福音》中的"道"与"逻各斯"

与此相关的是继续考察第3个"道",即老子《道德经》开篇首行的永恒之"道",并将其与《约翰福音》第1章第1节进行对比。对希腊人来说,"逻各斯"本质上是理性。约翰告诉我们"逻各斯"是天地的创造者(万物是借着他造的)(第1章第3节)。"逻各斯"是光与生命的源泉(生命在他里头,这生命就是人的光)(第1章第4节)。"逻各斯"是《旧约》中的神("道"与神同在,"道"就是神)(第1章第1节)进而在耸人听闻的陈述中,约翰告诉我们"逻各斯"即"道""成了肉身,住在我们中间"(第1章第14节)。这样的陈述是感性的,因为当"逻各斯"将这2个迄今不可逾越的世界相关联时,超验的世界与物理世界之间的鲜明区别就被废除了。

在西方,在不断变化的物理世界与永恒的超验世界之间存在着尖锐的差别。古希腊哲学家赫拉克利特(Neraclitus)和巴门尼德(Parmenides)对西方哲学思想产生了重大的影响。赫拉克利特宣称万物都处于一种不稳定的状态,一种"流变的"而非"不变的"状态。巴门尼德则相反,认为变化是一种错觉,并断言存在是唯一的现实。存在,不管其本质是什么,都不可能不是存在。与认为通过我们感觉我们察觉到处于流变状态的东西的赫拉克利特不同,赫拉克利特认为只有理性才能感觉到存在的状态。

麦肯齐(Charles S. MacKenzie)在《古典希腊人文主义》(*Classical Greek Humanism*)中写道:"在后期的希腊思想中,赫拉克利特对流变的强调和巴门尼德对存在的强调发展为一种二元论,一种认为物理的、暂时的、不断变化的现实与精神的、永远不变的世界之间存在尖锐的差别的理论。在公元

---

[1] Zhang Longxi. *Tao and the Logos: Literary Hermeneutics, East and West*. Op. cit., p. 27.

前4世纪,世界上2个伟大的哲学家,柏拉图和亚里士多德,试图对存在与流变加以综合。"①

柏拉图假定了一个二元论来回应"一"与"多"、存在与变化的问题。他假定了两个世界,即不变的、永恒的、"形式"或"思想"的理想世界与变化着的、不完美的、对真实世界进行浅薄复制的物质世界的存在。在其对话《蒂迈欧篇》(*Timaeus*)中,造物主用先存的物质来制造物质世界,用超验的理想来作模型。由此可见造物主是一个有独创性的匠人,而非宇宙的创造者。然而,柏拉图并没有思考物质的起源问题。

亚里士多德不赞同关于存在与变化之间存在尖锐差别的观点。他认为柏拉图的形式或思想并不存在于一个超验的范畴而是存在于物体自身,二者从来就不曾分离过。他认为关于物质的了解来源于我们自己的感觉,对内在形式的了解则通过理性经深度的理解而获得。对亚里士多德来说,地球物体将逐渐停止直到不动的运动者保持其运动。这个不动的运动者是纯粹理性的而且与物质世界不曾发生关联。

亚里士多德的世界观在差不多2000年的时间里在西方世界占据着统治地位,因为它被认为是貌似可信的、令人满意的、可以理解的。在文艺复兴时期,科学的调查试图消除超验的影响。科学全面打开了宇宙运作方式的新概念。自然被认为是可以自给的,是在自然法则之下发生作用的。关于宇宙的新概念从哥白尼、伽利略、开普勒和牛顿的研究中产生了。

牛顿的3条运动定律和对引力的假定导致了对亚里士多德的运动定律的摒弃。牛顿第一运动定律,即物体不受外力作用时保持匀速运动的状态,使得亚里士多德的不动的运动者让宇宙处于不断的运动状态的理论遭到摒弃。万有引力定律摒弃了对亚里士多德通过透明球体来支撑星球的需要。现代科学的宇宙观则因爱因斯坦的相对论和量子力学而得到了加强。

赫拉克利特、巴门尼德、柏拉图和亚里士多德都不赞成创造的原则是圣经宇宙学的根本前提"虚无"(ex nihilo)。

老子指出,天地是有一个创造者的。在第40章他又断言宇宙源于

---

① Charles S. MacKenzie. "Classical Greek Humanism" in *Building a Christian World View*, Vol. 1: *God, Man and Knowledge*. Edited by W. Andrew Hoffecker and Gary S. Smith. New Jersey: Presbyterian and Reformed Publishing Company, 1986.

"无":"天下万物生于有,有生于无。"

换句话说,该段中的有(being)与无(non-being)可被翻译为"the having"和"the not-having"。因此,如果你认为"有"和"无"意指的是"存在"的话,那你将把其译成"being"和"non-being"。但如果你认为"有"和"无"意指的是"物理现实"的话,那么就会如老子所说,"有"最后都来源于绝对的"无"。

在《创世记》第1章,神是通过他如下的话来创造:"神说:诸水之间要有空气,将水分为上下。神就造出空气,将空气以下的水,空气以上的水分开了。事就这样成了。"(《创世记》第1章第6—7节)这个观点在《诗篇》中通过赞美诗作者的话得到了加强:"诸天借耶和华的命而造。"(《诗篇》第33章第6节)。因而,老子这个唯一的没有机会接触到圣经宇宙学的哲学家总结说宇宙万物生于"无"。因此,"道"完全不同于柏拉图的"造物主"和亚里士多德的不动的运动者。

(五)老子的宇宙观

在第21章中,老子对"道"进行了这样的描绘:"惚兮恍兮,其中有像。恍兮惚兮,其中有物。窈兮冥兮,其中有精。其精甚真,其中有信。"

这里阐明了老子的宇宙观。尽管无形而不可触摸,但"道"却生了可触摸的万物,而且宇宙万物的形与状皆源自"道"。老子宇宙观的3个根本的因素是自然法则、生命力与真理。对这3个本质因素的选择是最重要的,并显示出其与柏拉图和亚里士多德对宇宙观的哲学沉思以及现代科学的宇宙观的根本不同。

牛顿运动定律对有序的地面运动和空中运动做出了解释。宇宙好比是一台设计良好、匀速运动的机器,它既不需要检修也不需要调校。老子指出,统治宇宙的自然法则源自永恒之"道"。在宣传"道"生天地和天下万物生于"无"之后,老子继续说"道"通过自然法则发挥着宇宙的作用。老子并不关心这些自然法则是如何运作的,这些法则是如此规则以至于能在宇宙中获得秩序。从来不动不被见的运动者通过自然法则发挥作用。牛顿运动定律取代了不动的运动者,使其由此而变得全不相干。老子承认"道"是通过自然法则运作的。

老子宇宙观的第2个因素关注的是生命力的来源。达尔文对物种变化的观察致使他提出了物种进化论,该理论后来被外推至一般的进化理论,或从简单的单细胞组织到复杂生命形式的发展。在特别的与一般的进化中,生命的起源都不是随意推测的。老子对"道"是生命之源的承认以一种非常真实的有意义的方式论及超验世界对物质世界的影响。

这个超验的"道"是无形无状的,但物质世界所有的形与状却源自这个无形之"道"。在《道德经》第14章中,老子对"道"进行了这样的描绘:"是谓无状之状,无物之象,是为忽恍。迎之不见其首,随之不见其后。"

亚里士多德认为,柏拉图关于超验世界中不变的"形"与物质世界中特别的"形"之间关系的概念是有缺陷的。亚里士多德相信,"树的属性"(treeness)之不变的"形"就在树本身,而不在一个超验的世界中。老子并没有论及现实世界中超验的"形"与特别的"形"之间的关系。他谈到了所有的"形"皆源自无状的永恒之"道":"是谓无状之状,无物之象。"他并没有挑出动机或四季的变化来做特别的思考,而是将天之所有的功能看成是被自然法则所统治的,其来源是"道"。

"道"是永恒的,因而其首与尾都是不可见的。然而,有建议说尽管"道"是没有时间的,但却可以及时在某个点与其相遇。希腊哲学家如毕达哥拉斯和柏拉图倡导将理性作为真理的充分基础。在文艺复兴时期之后的启蒙时期,理性思维被强调,认为真理是可以通过理性和逻辑分析被发现的。科学与那些被认为是可观察的、可测量的、可计量的东西一起,成为一个真理的裁决者。到浪漫主义时期,我们发现感觉而非理性变成了真理之发现的根本。理性主义者把理性当成真理的权威来相信,而浪漫主义者则认为人之感觉才是真理的裁决者。对老子而言,真理是永恒的,是不变的。真理源自"道"。

"道"通过源自"道"的自然法则、生命力和真理之方式来到我们身边。当托马斯问耶稣他是如何知道"道"的时候,耶稣回答说:"我就是道路、真理、生命。若不藉着我,没有人能到父那里去。"(《约翰福音》第14章第6节)老子对"道"的寻求随着耶稣这一前所未有的宣称而结束。

(六)"道"变成了肉身

从巴门尼德和赫拉克利特的古希腊哲学至今,"一"与"多"之间的紧张并没有得到满意的解决。物理世界被认为是一个正在变成的世界,而且是一个物质主义与时间的世界。统一,而非多样性,是卓越的。"一"对"多"的超越最终导致了对上帝的取代,正如"多"对"一"的反叛之结果。

冈顿(Colin E. Gunton)提供了三位一体的教义来作为解决这种"一"对"多"的两难处境的办法。他引纳西昂的格里高利(Gregory of

Narzianzus)的话说:"我一想到'一'就立马被'三'(圣父、圣子、圣灵)的光彩照亮。我一辨别出它们就立马被带回到了'一'。"上帝的"一"与"三"在动态的关系中被赋予了相同的分量。这与从冲突中产生的结果即"一"与"多"的静态概念是相对的。

有没有一个中国的概念与这种弥漫欧洲传统之漫长历史的"一"与"多"的哲学是相同的呢?但实际上它与《道德经》中的"一"这个概念之间存在着另一个最奇怪的巧合。老子在《道德经》第 39 章说:"天得一以清,……天无以清,将恐裂。……"

其中的"一"指的是"道"。老子称其为"道"是因为要给它取个名字的缘故,但对他而言"道"永远是无名的。老子将首位给了"一",认为是"道"将宇宙统一在一起的。没有"道",天不能合在一起而且有可能会裂开。然而,他没有看到统一与多样性之间的冲突。他一次又一次地强调万物与"一"之间的和谐的根本需要,警告与"一"不和谐会造成的后果。

对希腊人而言,"逻各斯"不仅本质上是理性,而且被认为超验是不能直接与万物发生联系的。约翰的话恰恰与"逻各斯"即"道"确实进入了世界并与我们同居一处是相反的。高顿(Colin E. Gunton)提供了 2 个理由来解释为什么约翰要将"逻各斯"等同于耶稣,因为神首先是"言语之父",其次是神"乃希腊人认为的物质存在的结构与动能的潜在理性。"高顿进而区别了"潜在的理性"与"蕴含的理性"。在耶稣的化身中,高顿看到了神之子"恰恰被认为是'逻各斯',不仅是永恒对时间的'言说',而且是将时空融合在一起的意义之固有的动能。"① 老子将最重要的位置给了真理而非理性。他将源自"道"而非源自理性的真理,将人类思维之官能的真理看成是宇宙结构的潜在物。

约翰关于"逻各斯"之化身的话得到了最非同寻常的陈述。人之思维在本质上能辨别上帝之启示。上帝自己通过本质和经文向我们显示出:在本质上和通过本质,我们能知道上帝的某些特征。保罗在《罗马书》第 1 章第 20 节中说"神的永能和神性是明明可知的。虽是眼不能见,但藉着所造之物就可以晓得,叫人无可推诿。"因而,人有可能像从未见到过《圣经》的老子一样,了解神的这些神性。然而,没有上帝的某些启示人之思维是没

---

① Colin E. Gunton. *The One, the Three and the Many: God, Creation and the Culture of Modernity*. Cambridge: Cambridge University Press, 1993.

法了解上帝之子的化身的。在《马太福音》第16章第17节,耶稣说这不是属血肉的指示彼得的,乃是在天上的父指示的。人之思维是没有办法通过自身的理性来获得这种认知的。老子不知道"道"能变成肉身住在我们中间。

老子认为与"一"的不和谐意味着与"道"的分离并将会带来灾难性的结果。他不知道的是这要求"逻各斯"即"道"的化身做恢复人类之完美所必须的拯救工作,即,与"一"相和谐。三位一体的教义将在这个世界中通过"道"来完成这种拯救性的工作而得以阐发。正如耶稣恰是"逻各斯"一样,它也恰等同于"道"。

第三节 《道德经》与阿奎纳的《形而上学》

2003年,新加坡国立大学哲学系研究员蔡曙铭(Jude Chua Soo Meng)的文章《无名之"道":〈道德经〉与托马斯·阿奎纳的无限存在的形而上学之间的友善关系》发表在《中国哲学》上①。其核心部分汉译如下:

有人认为道教本体论与基督教本体论是互不相容的,并认为"道"在本质上是费解的。文中我将根据王弼的《老子注》为读者提供无名之"道"的另一种解读。王弼的《老子注》保留了"道"的荒谬,借此我将通过显示阿奎纳的无限存在的形而上学与道家对超然存在和万物之源的无所不在的强调的相似来证明《道德经》之"道"与阿奎纳的形而上学之间存在相似性。我希望借此重新开启道家思想与基督教的形而上学之间的对话。

《道德经》是以对"道"之无名的阐释开始的:"道可道,非常道。名可名,非常名。"文中所清楚显示的是语言在某种程度上不能完全抓住"道"的意思。然而,根据文本所呈现出的一种确切意思,语言之所以失败,或者在于语言本身,或者在于"道"之本质。"意思",是说不可名之"道"指出了语言本身的局限性呢? 还是"道"之无法表达的本质呢? 纽恩(A. T. Nuyen)的文章《为不可名之物命名:道之存在》对第一种观点进行了批判,该观点是刘殿爵在其《道德经》英译本中所阐述的:

---

① Jude Chua Soo Meng. "Nameless Dao: A Rapprochement between the *Tao-te Ching* and St. Thomas Aquinas' Metaphysics of Unlimited Being." *Journal of Chinese Philosophy*, 2003, 30(1), pp. 99-113.

显然,对刘殿爵而言"道"在大体上是可以归纳其特征的。他继续说我们概述"道"之特征遇到的唯一一个问题在于语言的不准确:"没有恰当的名来给'道'命名,因为要达到这个目的用语言是完全不恰当的。"刘殿爵的观点至少是个误导。当然,《道德经》开篇这两句传达的东西确实比不恰当的语言能表达的要多得多。它们指出了语言之不恰当的源泉在于"道"的相悖的本质。事情的真相是没有恰当的名可用来命名'道'是因为"道"是不可名的。实际上,是没法概括"道"之特征的。①

我同意纽恩关于在法则上是可以对"道"的特征加以概括但由于语言的不确切性却不能用语言来对其特征加以概括的观点。如果用语言来对"道"命名或对其特征加以概括是不确切的话,那将会很难明白如何"在法则上对'道'的特征加以概括"。似乎用语言不足以对其特征加以确切概括的东西在法则上更加无法对其特征加以概括。从逻辑上讲,能概括其特征就是能用语言概括其特征。没有理由说某个东西在法则上可以对其特征加以概括但同时又宣称没有语言能确切完成这个任务。

但是,纽恩想要在作为其自身不可名之源的"道"之本质与作为"道"之无名的原因之间找出差别来就必须对其加以特别详细的说明,而我认为纽恩的阐述不够。当然,纽恩强调了作为"道"之无名的真实原因的前者。更特别的是,纽恩随后指出了"道"不仅无名而且是不可名的。"道"之不可名不仅是因为语言的不确切而且也因为其特别的主体论结构:"道"在本质上否定任何被命名的可能性。正是从这种本体论的意义上讲"道"既是无名也不可名的,因而:"从标准的观点来看,'道'被命名为'无名',被描绘成是'非存在的'。这样就遗漏了一个根本的要点,那就是,'道'之无名是因为它不可名,而非其'无名'。"②这就假设了在对"道"命名中有着某种比语言的不确切更深的东西,即,在某种程度上由于"道"自身不可名的本质,使得语言不能完成这个仅仅是偶然的任务。在将"道"与绝对的非存在或"无有"进行对照的时候,纽恩指出"道"不是与积极的存在相反

---

① A. T. Nuyen. "Naming the Unnameable: The Being of the Tao". *Journal of Chinese Philosophy*, 1995, 22, p. 488.

② Ibid., pp. 487-497.

的简单意义上的消极的非存在。它既不具消极性也不是简单的非存在,它是"无"。纽恩的观点给读者留下的印象是,"道"不仅仅是不可概括其特征的,而且还是相当无法了解的。在试图"阻止对《道德经》做出不成熟的评价,将其仅仅当成是一系列难以理解的漫无边际的话,并认为它是神秘的东西而加以拒绝",我关注的是纽恩反讽式地将读者引向了一个完全是荒谬的"道"。在我看来,纽恩的理由似乎超出了限度。他从认为"道"从本体论看是不可命名的不正当的转而说"道"从本体论看是荒谬的。

  中国的评论家王弼是这样解释《道德经》开篇的 2 句"道可道,非常道。名可名,非常名"的:"可道之道,可名之名,指事造形,非其常也。故不可道,不可名也。"王弼将"名"理解为指出"形"的一种语言符号。在其对《道德经》第 25 章的评注中王弼说:"夫名以定形……"该评论解释了在恒久不变与"有形"不相容的情况下,由于"道"是恒定的所以不可能"有形",因此"道"不能被命名。根据王弼的解释"道"之"不可名"在于其恒久性而非它是如纽恩认为的那样自相矛盾的。

  根据这样的阅读,"道"之恒久性于是与其通过形式来定义名字而呈现的特征不一致。这有助于通过"道"是恒久的无名的来阐明一种重要的感觉:"道"并非是由形式化的法则组成的。从评注的角度看,形而上学的应用似乎是,其恒久性是将其形式排除在外的,因而它是无名的。于是说"恒道"之不可名是可以指出其缺乏形式之法则的,而非其固有的荒谬性。

  再一次,由于恒久性与形式也是与一个可被命名的东西相对的,因而王弼似乎是在建议说万物自身就蕴含着形式。我们可在他对《道德经》第 1 章第 3—4 行"无名,天地之始;有名,万物之母"的评论中读出此意来:"凡有皆始于无,故未形、无名之时,则为万物之始。及其有形、有名之时,则长之育之、亭之毒之,为其母也。言道以无形无名始成万物,以始以成而不知其所以玄之又玄也。"王弼由此清楚地指出,说其无名,指的是"道"还未有其形的时候。及其有形,就可以被命名了。因而"无名"确切所指的是"道"之无形。王弼在其对《道德经》第 25 章"吾不知其名"一句的评注中写道:"名以定形,混成无形,不可得而定,故曰,不知其名也。"然而,同样令人感兴趣的是已经包含在《道德经》第 1 章第 2 行中的"有名,万物之母"。我们知道王弼将"道"之无名归因于"道"之无形,那么该如何解释"道"之有名呢?在将"无名"和"无形"关联起来的阐释的诗行中,当"道"有名时,它必须已经具有了某些形式法则,但不是在其本身中,而是作为

"万物"。即是说,一旦"道"生万物,"它就有了形和名。"因此,"道""通过其无形和无名"可以不被作为"道"而是作为源于其中的万物而被命名,这样它就有了形也因而有了名。

因而,我将王弼的"及其有形、有名之时"英译为"when the tao is present in the myriad things which have forms and hence named."这种将"道"之名解读为"道"在万物中的存在被反映在"道"随即立刻被命名为万物之母这样一个事实中。王弼将"母"的意象解释为蕴含了"长之育之,亭之毒之"的"道"。"道"因而以某种方式被包含在世界中。

我的阐释在裴文瑞(Randall Peerenboom)最近发表的一篇文章《宇宙进化论:道家之道》中找到了支撑。他在文中写道:

> 对"道"之地位的混淆源于对"超越"这一术语的使用。从完全与世界相分离的存在这个角度讲"道"并不是超越的。……正如井筒(Izutsu)所指出的,这是一类"非常特别的超越",其中"道"也是固有的。[1]
>
> "道"只有在其被分化成形式的世界中才是超越的。作为"无"之"道"产生作为"有"之道,并且其形式将会不断地循环往复。而且,不仅"道"在这个世界中是固有的,而且因为作为"无"和"有"的世界同时是"道"的两个方面,谈的实际上是"道"之两个方面的本体优先而非独立存在的超越。道家的宇宙进化论因而并不像犹太教—基督教那样蕴含了"无中生有"。[2]

我认为这是严重的歪曲。论文的后半部分我将试图提供关于创造者与创造物之间关系的犹太教—基督教的形而上学之真实画面。这种分析将会涉及托马斯·阿奎纳的人之参与的形而上学,或学术术语中传统地被称为"通过权利限制行为的原则"。文章将不仅证明"道"之超越和无所不在的相互关系,还将说明"道"之无名在于其已有的本质中缺乏万物的形式和可命名的维度。

---

[1] Randall Peerenboom. "Cosmogony, the Taoist Way." *Journal of Chinese Philosophy*, 1990, (17), pp. 154-174.

[2] Ibid., p. 166.

阿奎纳的参与的形而上学将超然存在和无处不在联系在一起。即是说,在详细说明创造者与创造物之间的关系时,阿奎纳的解释留下了对创造者存在于创造活动中给予肯定的空间,就正如其肯定独立于创造之外和创造之上一样。具有代表性的文本可在阿奎纳的《论存在与本质》(*De Ente et Essentia*)中找到。阿奎纳在这部早期的文本中写道:"实际上物质的本质以3种方式存在。有一个真实的存在即上帝,其本质正是存在。这就是我们为什么发现有些哲学家宣称上帝没有本质的原因,因为他的本质就是其存在。……"①"本质可在被创造的思想物质中找到,这是第2种方式。它们的存在就是其本质,经其本质是没有物质的。因此,其存在不是被分离的而是被接受的,并因而它是有限的,是受到接受者本质的能力限制的。"②"本质可在构成其物质和形式的事物中找到,这是第3种方式。在其中,存在也是被限制和被接受的,因为其存在是从别的东西中获得的。……"③正如吉尔松(Etienne Gilson)指出的那样,阿奎纳关于"存在"与本质相分离的观点从根本上将他与其他的形而上学家们区分开来。阿奎纳的观点与那些仅仅只关注存在之本质的或形式的来源的形而上学家不同,他明确有力地表达了一种他称之为"本质"的法则,他认为"本质"是"存在的一种行为或一种活跃的源泉"。也即是说,阿奎纳现实观的核心是这种他称之为"存在"的法则,它为存在是而非不是这个事实负责。吉尔松在其经典的研究成果《存在与哲学家》(*Being and Some Philosophers*)中写道:

　　……托马斯·阿奎纳没能将存在假定为通过其形式而实施的物质的行为。这种不用作决定只是提及亚里士多德的形而上学,不过是一场革命而已。他准确地获得了形式与行动2个概念的分解。即便到了今天这恰是他所做的也是有可能保留的个体对存在的科学最伟大的贡献。以其自身最高的秩序,物质的形式保持着物质最基本的行为,但是尽管没有形式之形式,却有形式之行为。换句话说即是,形式仍然保留在另一种行为即存在的潜能中。这种其自己存在于潜能中的行为的概念非常难以用亚里士多德的语言来进行表达,但是又不得

---

① Randall Peerenboom. "Cosmogony, the Taoist Way." Op. cit., p. 61.
② Ibid., p. 62.
③ Ibid., p. 65.

不对其进行表达,因为即便"那些现存的形式,由于其自身就是形式,不能为存在找一种形式的原因,但却可以找一种外在的行动的原因,这种原因给予了其存在的理由。"等到别的东西承认其存在时,那就必须要求它有一种潜在的形式。"存在"于是成了形式的一种行为,而非形式,而是存在。①

在《论存在与本质》的"道"之概念中,存在与本质是以各种不动的存在秩序相关联的,阿奎纳总结说一共有3种存在,其形而上学的构成是不同的。第1种是上帝,第2种是分离的物质,它们是天使和被分隔的灵魂,第3种是合成物质,指的是人和拥有物质法则的其他东西。在说上帝的本质是"使其成为上帝"时要点是宣称上帝的本性是不被任何的根本法则所限定这个事实。这个学说自身与因缺乏任何形式法则而造成"道"之无名的主题是相匹配的。

正如我刚强调的,如王弼所解读的那样,《道德经》中的"道"因无形而导致其无名的学说与阿奎纳的存在的最高形式上帝之不受形式限制的教义是一致的。这个存在不是在一种形式法则中获得的,因而它是无限的。不仅如此,也正是因为它不是在形式法则中获得的它没有恰当的名,倒不如说它有一个恰当的名但这个恰当的名没有形式的称谓。阿奎纳在《反异教大全》(Contra Gentiles)中这样写道:"而且,万物之存在皆因其有形。如果一种物质的本质不是其存在,结果便是,它不是通过其本质而是通过参与到某种物质中,即成为它自己。但通过参与到某种物质中不能成为其第一存在,因为先于它的是为了其存在而参与其中的那个存在。但上帝是第一存在,没有任何可先于它,因而上帝的本质就是它的存在。"②

说上帝的本质是它的存在并不意指作为一种形式的本体论法则的本质在上帝建构它的时候限制了它。阿奎纳在这里想说的是上帝之所有即是其本质,即是存在。考虑到在存在中上帝并不参与,并不与其他万物分享某种东西,因而从本体论讲没有任何东西能先于它,而是需要依靠它而存在。因此上帝必须是万物存在的本体论的源泉,并因此它的本质必须是

---

① Etienne Gilson. *Being and Some Philosophers*, 2nd edition. Toronto: PIMS, 1952, pp. 174-175.
② St. Thomas Aquinas. *Summa Contra Gentiles*. Translated by Anton Pegis. New York: UNDP, 1975, pp. 120-121.

它的存在,因为没有其他万物可给予它存在。上帝,在其本质上,必须是已经存在的,不能是从他者那里获得它的存在。关键是,上帝是它自己的存在之源。它的本质即是它的存在。阿奎纳从此中得出了如下结论:"这种崇高的真理是我们的神教给摩西的。当摩西问神:'他们若问我说,他叫什么名字?我要对他们说什么呢?'神对摩西说:'我是自有永有的。……你要对以色列人说:那自有的打发我到你们这里来。'(《出埃及记》第3章第13—14节)由此我们的神表明他自己的恰当的名字叫'自有永有的'。现在'名'被用来意指万物的本质。它仍然保留着,神圣的存在即是上帝的本质。"①

对《出埃及记》文本的不同阐释不是我们这篇文章要讨论的话题。阿奎纳的核心是关于神之预测的学说。因而我们可以说,上帝,严格说来是没有恰当称谓的。正如阿奎纳所解释的,"名"被用来"意指万物的本质。"这里的"本质"指的是被称作"实质"(quiddity)的逻辑占位符而非接受存在的本体论的形式法则,这个上帝并不拥有或需要。上帝并不拥有一种可接受的形式的本体论法则的本质。因而,上帝,那个"自有永有的",不是"某某",因为"某某"是一个用来意指区分使其变为现实的存在之形而上学的本质的名字。换句话说即是,尽管上帝是有名的,但他并不拥有一个意指作为一种限定法则的形而上学的本质,他仅仅是存在。这是阿奎纳与王弼《老子注》对"道"之无名的相似之处的核心。

或许有人会认为,对阿奎纳而言,上帝是有名的,而对王弼来说,"道"是无名的,并由此得出结论说二者之间是不能根本一致的。如果这样做那将是一个不成熟的分析。尽管上帝是有名的,但阿奎纳用"名"这个术语来意指上帝的逻辑本质。严格说来,在某种程度上,如果一个名仅仅意指诸如形而上学的本质的形式法则,那上帝是没有这样的名的,因此如果我们要为上帝寻求一个这样的名字的话,那我们将无法找到。因为他并没有像形而上学的本质这样的形式的本体论的法则。如果我们承认那种意指与形而上学的本质不同的存在的话那我们才能为上帝找到一个名。与此相似,王弼从形而上学的法则着手来限制"名"以对"形"进行定义,称"道"是无名的,因为从本体论将,它是无形的或缺乏形式法则的。

我们可再一次看到,正如从本质上或形式上对阿奎纳来说不受限制的

---

① St. Thomas Aquinas. *Summa Contra Gentiles*. Translated by Anton Pegis. Op. cit., p. 121.

存在是万物的存在之源,王弼的"道"也是这样。在阐释"无名,万物之始"时他说道:"故未形未名时,则为万物之始。"(王弼《老子注》第1章)"无状无象,无声无响,故无所不通,无所不往。……欲言无邪,而物由以成。欲言有邪,而不见其形。……万物之宗也。……故莫不由乎此以成其治者也。"(王弼《老子注》第14章)这第2个引用让我们又回到了另一个比较的主题,即"道"之无所不在与阿奎纳在图解中的平行模式。正如我指出的,阿奎纳的模式很好地阐释了在此文一开始所分析的"道"之无所不在。要理解这个需要我们返回到阿奎纳的形而上学中关于"参与的存在"的学说,这在亚里士多德作为学术公理的语言中得到了表述:"行为是受能力限制的。"

阿奎纳的创造依赖于创造者的观点通过造物主上帝即存在本身以术语"我的存在"而闪现出来。尽管这个学说常常被限制在亚里士多德的行为与能力的图解中,正如其"行为是受能力限制的"那样,但这个学说似乎也在亚里士多德之后的新柏拉图主义的著作中有了一种明确的前提。比如诺丽斯—克拉克(Norris-Clarke)认为,当阿奎纳认识到参与主题的表达以行为与能力的术语形式保存了存在的统一时,这个创新的新柏拉图主义的参与学说在亚里士多德的行为与能力的图解中得到了表述。这个学说的一个来源似乎伪亚里士多德哲学的—新柏拉图主义哲学的著作《原因之书》(Libre de Causis, Book of Causes),这部著作是关于普罗克罗斯(Lycaeus Proclus)神学思想的一个概括。对《论存在与本质》第5章的批判分析显示出了这种情况。正是在这里阿奎纳第一次在《论存在与本质》一书中把本质当成是受到本质之原因所限制的本质来论及:"本质可在被创造的思想物质中以第2种方式被找到。其存在不同于其本质,尽管其本质是没问题的。因而其存在不是分离而是被接受,并因而它是受到接受者的本质之能力限制的。"在分析这个论断的第3行的时候,我们发现其中有一个隐含的前提:(1)其存在是被接受的;(2)被接受的是根据接受者的模式被接受的;(3)因而它是受到接受者本质之能力限制的。

这个我们可称之为"接受法则"的隐含的前提的教育性在于它使得受到接受者本质的限制之存在的接受变得可能。除非我们假设这个法则,没有任何东西能将限制与存在的接受联系在一起。根本不存在任何要求接受须暗示什么限制的东西。因而,阿奎纳的存在之限制的观点的核心是对基于接受者的存在模式的存在之形而上学的限制的某些形式的认可。

这个法则可在《原因之书》中找到,其中阿奎纳作为权威不断引用的是他关于存在的结论限制。如在第 10 个命题中我们可读到:"任何东西接受高于自己的东西只能通过其可接受的模式,而非通过被接受物自身的模式。"我们还可在命题第 20 中读到:"因为第一善在万物中注入善,但万物只能根据其力量和存在来接受这种注入。"同样,命题第 22 中也有:"由此,第一善将善注入世界。但是每一世界只能根据其能力模式来接受这种善。"阿奎纳对这种接受是如何根据接受者的模式而出现的理解详细说明了存在是如何"根据接受者的模式"被接受的。我们知道本质的法则不能独立于存在的法则之外,因为正是这种存在的法则保证了存在的本质。因而,存在与万物的结构是非常密切的,因为其本质只能多亏构成它的存在。但还有更多的东西。阿奎纳在其对第 4 个命题的评论中写道:

> 如果"某物"要拥有存在之无限的权利那它就不能参与其他的存在,这样它才能是无限的。这个"某物"就是上帝。……但是,如果根据参与了其他存在的"某物"有存在之无限的权利,在这样的情况下由于其参与了那个存在所以它是有限的,因为参与其中的根据其整个的无穷它是不被接受的,它只是以一种特别的姿态参与而已。因而,一种智力是由有限和无限组成的,……在某种程度上,智力之本质被说成是在其存在之权利中的无限,也必须被说成是它所接受的存在是有限的。①

这里,阿奎纳提到了智力或非物质的事物喜欢的存在之力量中的一种无穷。那么这种作为智力中的无穷而受到保留的"存在之力量"是什么呢?早期阿奎纳引用普罗克洛斯(Proclus)的观点时有这样的解释:"所有存在着的存在都是无穷的,这不是根据多少或大小来决定的,而是仅仅根据力量,即存在之力量。"②

此论争认为权利是被当作无限来接受的,但存在的被接受是与被创造物的有限的本质成正比的。阿奎纳说"所有存在着的存在"这个事实表

---

① St. Thomas Aquinas. *Commentary on the Book of Causes*. New York: CUA Press, 1996, p. 33.
② *Commentary on the Book of Causes*, p. 33. "…beingly being.…" is in the original text, and not a typographical error. 原文作者特别注释说,这种表达是原文本如是,不是印刷错误所致。(作者注)

明,对他而言存在之权利的有限并不仅仅被智力所喜欢而且也被所有的创造物喜欢。因而创造物被供养在与权利之无限的存在中成为它们在其本质的限制之内的那个自己。创造物与其造物主上帝分享的存在之权利是无限的这个事实表明,如其所是,上帝在与他的创造物分享其存在时是不遗余力的。从本体论看他尽可能地对其创造物亲密,创造物一方的任何失败都会限制其本质。

总之,该文试图提供对"道"之无名的另一种解读,该解读与王弼对"道"之荒谬性的指责进行捍卫的解读是一致的。文章还试图证明"道"与阿奎纳的无限存在的形而上学之间存在着相似性。文章的论据是基于阿奎纳对本质之动态力量的理解。我认为这个概念与道家对万物之源的超然存在和无所不在的强调有相似之处。如果这个观点能开启属于两种主要的宗教传统的本体论之间更多的对话之道的话,那文章的目的也就达到了。

第四节 《道德经》与普塔霍特普的《箴言集》

2013 年,罗切斯特技术学院乔尔斯·凯尔顿(Joel Skelton)的硕士论文以《古代经典中的说服:对普塔霍特普的〈箴言集〉与老子的〈道德经〉的文本分析》为题详细探讨了古埃及第五王朝法老杰德卡拉统治时期的官员普塔霍特普的《箴言集》与老子的《道德经》之间观点、主题等的异同。[①] 该节对论文的"导论""主体研究讨论""结语"和 3 个附录进行译介,以飨读者。

(一)导论

以交流为中心考察古埃及著作中的交流模式的研究很少。该研究是对古埃及的说服及其对古埃及社会和文化的潜在性影响的基础考证。而且,该研究提供了一个以古代中国经典作为基础的比较视角。研究考察了 2 种古老的说服工具:古埃及普塔霍特普的《箴言集》与中国古代老子的《道德经》。由于这 2 本著作都意为为其文化提供智慧,它们的视角和功能是相似的。从古代文化的角度考察说服的策略或许会有助于形成有关这些古代文明的新知识并在说服研究的成果中发现一些新东西。比如,我们

---

① Joel Skelton. "Persuasion in Antiquity: A Content Analysis of Phahhotep's *Maxims* and Lao Tzu's *Tao Te Ching*." MA Thesis, Rochostor Insititute Technology, 2013.

从古到今都知道《道德经》对中国产生的影响，但是却不了解普塔霍特普的《箴言集》对古埃及产生的影响。比较现代的中国人把《道德经》的教义吸收到他们生活的方方面面。这种理解或许会带给学者一个新的关于普塔霍特普的《箴言集》是如何对古埃及的生活产生影响的观点。或许该研究可开始揭示那方面的信息。

说服的核心是，试图使听众对某事给予信任，或者从听众那儿引出自己期望的回应。普塔霍特普的《箴言集》是世界上第1本记录说服策略的尝试之作，而老子的《道德经》的说服策略则极大地影响了古代中国。可以推断，普塔霍特普的说服策略也一样对古埃及产生了很大的影响。该研究的意图就在于理解老子和普塔霍特普是如何利用说服来作为他们试图为其社会提供智慧、伦理和道德的手段的。从历史的角度看，思想家和哲学家是如何思考使其社会变得更好的呢？答案或许可通过对古代埃及和古代中国关于智慧和说服的著作进行分析而找到。在此，我们特别选取的是古埃及圣人普塔霍特普和中国哲学家老子。普塔霍特普试图通过一系列的建议或者箴言而使整个埃及的市民和社会变得更好。与此相似的是，老子撰写了成为道家宗教、哲学和精神体系之基础的《道德经》。普塔霍特普和老子寻求通过说服其听众以他们认为是符合伦理和道德的方式去思考和行动以改变其社会。以更好的方式来说服听众的特别主题和说服策略是什么呢？我们已经知道道家的修辞有着跨时代的影响，道教仍然作为一种灵性、宗教和哲学而存在着。通过《箴言集》和《道德经》中以说服的形式和主题的使用为基础的深入的文本分析，我们将开始理解老子和普塔霍特普是如何更好地服务于他们那个古代社会的。

霍金（J. Hocking）、斯坦克斯（D. Stacks）和麦克德莫特（S. McDermott）[1]相信交际研究应该努力去改变世界，改变人们对某些事情的思维方式和感觉方式。就其本身而论，通过交流的规律之镜来查究古埃及和古代中国的著作就成了必要的。由于很少关于以交流为中心对包括《箴言集》在内的古埃及文本的研究，因而如果只用《箴言集》的话那么支撑该研究的研究成果就太少了。通过使用《道德经》这个在范围和功能上都与《箴言集》有相似性的中国文本来作为支撑这个探讨古埃及说服策略的初

---

[1] J. Hocking, D. Stacks, & S. McDermott. *Communication Research*. New York: Allyn and Bacon, 2003.

步尝试,该研究更好地有助于理解普塔霍特普的《箴言集》是如何发挥说服的作用的。由于《箴言集》和《道德经》这2本著作都意在为作者各自的文化提供智慧、伦理和道德方面的建言,因而二者有着相似的功能。通过考证蕴在这2个文本中的说服技巧,古代的说服策略可能会被揭示出来,有助于新的说服研究。

由于以交流为中心对古埃及的研究较少,该研究对于将来进一步对古埃及的交流进行更为复杂的包括对其修辞实践的更深层研究是至关重要的。此外,对普塔霍特普的《箴言集》的效果研究将会是逻辑上的下一步。

(二)主体研究讨论

为将2个研究放在一起,文本的段落包含了其中最常见的主题,正如在"初步研究"中讨论的那样,将其相对应的"服从获得"策略与"得—失框架"策略成对呈现(可参见附录三的列表)。一般说来,主题与说服之间的联系是,一个主题有意义地被运用到一种说服的策略和一种"得—失框架"信息中。有的主题在说服策略或服从获得策略之间是平均分布的。如在《箴言集》中,普塔霍特普的"谦卑"主题被均衡地运用到消极的专门知识的"服从获得"策略、道德诉求以及"失—框架"信息中。这表明普塔霍特普和老子运用"谦卑"这个主题是多么的不同。

研究问题3和4着眼于"服从获得"策略的类型和频率。普塔霍特普的2个受人欢迎的"服从获得"策略是以积极的专门知识和消极的专门知识来呈现的。积极的专门知识和消极的专门知识有些像因果报应那样发生作用,即"种瓜得瓜种豆得豆"。换句话说即是,积极的专门知识是以如下的方式发生作用的:如果你遵从我,那你将因事物的本质而得到奖励。① 消极的专门知识则已相反的方式发生作用:如果你不遵从我,那你将因事物的本质而得到惩罚。②

研究问题6着眼于文本内的"得—失框架"策略。普塔霍特普的"得—失框架"策略是以"得—框架"说服的形式呈现的。它是与积极的专门知识相辅相成的。"得—框架"是通过告知将从"服从"中获得的目标而

---

① G. Marwell & D. Schmitt. "Dimensions of Compliance-gaining Behavior: An Empirical Analysis". *Sociometry*, 1967, 30(4), pp. 350-364.

② Ibid.

设计的。老子的《道德经》喜欢的"服从获得"策略呈现为积极的专门知识。如前面提及的,积极的专门知识是通过告知他们的服从将会因事物的本质而带给他们什么样的奖赏而发生作用的。① 老子的《道德经》喜欢的"得—失框架"策略则是利用"得—框架"策略,或者说,告知读者将会从其服从中获得什么而实现。这种信息有助于我们理解古代作者们试图影响其读者所采取的方式。

该研究的目标在于了解古代中国和古埃及社会是如何利用说服以便试图更好地规范百姓的言行。通过该研究中揭示的信息,从主体到服从的获得和"得—失框架"策略,我们发现古代中国和古埃及的这2位作者所使用的说服策略并无根本的差别。更具体的发现表明《箴言集》和《道德经》从统计学的角度分析二者在"服从获得"和"得—失框架"策略方面彼此并无根本的不同。同样,2位作者在其阐释"服从获得"策略时使用的方法之间的关系是无关紧要的,二者的"得—失框架"策略之间有一种非常微小的负线性关系。

老子对"服从获得"和"得—失框架"策略的利用与普塔霍特普的策略并无太大差别。实际上,从研究问题5和7中关于"服从获得"策略和"得—失框架"策略统计的不同,我们可以推断《箴言集》和《道德经》这两个文本的策略统计的不同并没有什么意义。这表明老子和普塔霍特普在使用说服的策略时在某种程度上是相似的。二者对"服从获得"策略的使用是相似的。然而,每个作者包罗万象的语言和主题表明了其呈现它们的不同态度。例如,尽管老子和普塔霍特普都利用了"谦卑"这个主题,但是普塔霍特普对"谦卑"的使用是与其"服从获得"和"得—失框架"策略融合在一起的,这与老子在《道德经》中对"谦卑"主题的使用不同。

在《道德经》内部的一个有趣发现是许多的段落可以以这样或那样的方式来处理,即"得—框架"与积极的专门知识或者"失—框架"与消极的专门知识。可以用2种不同方式来进行处理的一个例子是《道德经》第22章:"曲则全,枉则直,窪则盈,敝则新,少则得,多则惑。""得—框架"和积极的专门信息被反映在该段的前半部分(少则得),而"失—框架"和消极的专门知识信息则反映在该段的后半部分(多则惑)。可以用这2种方式来处

---

① G. Marwell & D. Schmitt. "Dimensions of Compliance-gaining Behavior: An Empirical Analysis". *Sociometry*, 1967, 30(4), pp. 350-364.

理的段落不断出现在这种比较的主题之下,其中不少属于比喻性的主题。

马维尔与施密特认为所有的行为都是有目标的。① 对《箴言集》和《道德经》的研究有助于支持这个理论,即,普塔霍特普想要埃及人改变他们的行为是因为改变言行对他们而言是正确的。老子想要他的百姓接受"道",是因为根据《道德经》中的许多关于"道"的主题,"道"会导致人的行为发生自然的变化。基于该研究得出的结果可以看出,《箴言集》和《道德经》的内容都是倡导变化的。在《道德经》的很多段落中,老子以某种方式来描绘"道",引用了一个人在接受"道"之前所面对的挣扎以及在接受"道"之后的明晰。如老子在引用"遵道"的好处时所表明的那样他的"得—失框架"策略主要是"得—框架"。而普塔霍特普则常常写下"失—框架"信息,或者说如果不接受他的建议就可能会有不想要的结果发生。普塔霍特普和老子都是以目标开始的,即给他们的文明以智慧。《箴言集》和《道德经》的语境都显示出了改变行为的愿望。这种以目标为中心的行为理论反映在2个文本对服从获得策略的运用中。

马维尔与施密特②和南③关于"服从获得"策略和"得—失框架"策略的著作在该研究中得到了反映。"得—框架信息"与积极的专门知识以及说服者在其段落中使用2种"服从获得策略"时的积极的自我感觉紧密关联。这些目标将会因事物的本性而得到奖赏,目标也会在分别受到服从之后自我感觉变得更好。消极的对照一样可见。"失—框架"则与消极的专门知识、道德诉求以及在说服目标对象如果他们不服从的话将会因事物的本质而得到惩罚他们是不道德的并会因此而感觉更糟时的消极的自我感觉紧密关联。

(三)结语

该研究蕴含在《箴言集》和《道德经》这2个文本中的主题和说服人的策略。普塔霍特普的古老埃及文本《箴言集》创作于公元前24世纪,而老子的古代中国经典《道德经》则创作于公元前3世纪。该研究的第1部分集中在主题的外推与定性阐释与2个文本主题的比较。这种对古代文本

---

① G. Marwell & D. Schmitt. "Dimensions of Compliance-gaining Behavior". *Sociometry*, 1967, 30(4), pp. 350-364.
② Ibid.
③ X. Nan. "The Relative Persuasive Effect of Gain-versus Loss-framed Messages". *Journalism & Mass Communication Quarterly*, 2007, 84(3), pp. 509-524.

的探究式的考查显示出了2个文本共有的常见主题及其出现的频率:《箴言集》中的责任感(6)、自我控制(6)、尊重(7)和谦卑(12)。《道德经》中的谦卑(28)、比喻(49)、"道"(50)和比较(55)。这些主题的差别强调了两个作者处理主题的策略。尽管普塔霍特普和老子都强调了"谦卑",但二者是以完全不同的方式来加以运用的。这些处理主题的策略是他们用来说服人的一部分,本文正是将这些主题运用到说服性的主题中来进行二者之间的关联的研究的。

在主体研究中,运用了2种说服性的策略:一是马维尔与施密特1967年关于"服从获得"的著作,二是南2007年和马维尔与施密特1967年关于"得—失框架"的著作。通过分析,显示出《箴言集》和《道德经》彼此间在关于"服从获得"与"得—失框架"策略上并无太大的区别。此外,分析还显示出二者中没有哪部著作的"服从获得"与"得—失框架"策略彼此间有重要的关系,尽管其表明文本的"得—失框架"策略对彼此的否定关系要少些。由于2个文本都是在相似的思想目标的前提下创作的,2个文本彼此间并不完全冲突是合乎情理的。该研究的发现表明普塔霍特普在其《箴言集》中同时运用了积极的专门知识和消极的专门知识但"失—框架"信息是用得最多的。老子的《道德经》则积极的专门知识和"得—框架"信息用得最多。

从该研究中我们获得了重要的关于古代中国和古埃及说服人的知识。老子的说服与主题策略更集中于"道"的精神方面或宗教方面,老子也论及不"遵道"会带来的弊端。而普塔霍特普则利用了不同的方法来说服古埃及人做原本正确的事,尽管他的《箴言集》中也包含着威胁的口吻,描绘了如果不听从他的建议将会发生什么。该研究中所蕴含的信息或许会为进一步研究"说服"这个主题开启一扇门,使其进入古埃及的说服主题以及如何准确理解普塔霍特普的《箴言集》对他那个时代的埃及的影响和影响的时间长短。

附录一:主题发现

表1 普塔霍特普的《箴言集》:主题与出现的频率

主题	频率
婚姻	2

续表

主题	频率
因果报应	4
责任	6
自律	6
尊重	7
谦卑	12

表2 老子的《道德经》：主题与出现的频率

主题	频率
期望	4
控制	4
平衡	5
历史	5
自然	5
战争	5
领导才能	6
自我完善	8
谦卑	28
暗喻	49
道	50
比较	55

附录二：说服发现

表3 普塔霍特普和老子使用的说服策略的频率

策略	频率	
	普塔霍特普的《箴言集》	老子的《道德经》
服从获得		
积极的专门知识	8	17

续表

策略	频率	
	普塔霍特普的《箴言集》	老子的《道德经》
消极的专门知识	8	8
道德诉求	4	0
积极的自我感觉	4	5
消极的自我感觉	0	1
适用的	7	0
得—失框架		
得—框架	11	19
失—框架	13	9
不适用	7	3

附录三：主题与说服策略

表4 普塔霍特普的《箴言集》：主题与说服

策略	主题			
	谦卑	自制	责任	尊重
服从获得				
积极的专门知识	2	3	2	1
消极的专门知识	3	1	2	2
道德诉求	3	1	0	0
积极的自我感觉	1	0	2	1
消极的自我感觉	0	0	0	0
适用的	3	1	0	3
得—失框架				
得—框架	2	4	3	2
失—框架	7	1	2	3
不适用	3	1	1	2

表 5　老子的《道德经》：主题与说服

策略	主题			
	谦卑	自制	责任	尊重
服从获得				
积极的专门知识	7	5	2	3
消极的专门知识	0	1	0	7
道德诉求	0	0	0	0
积极的自我感觉	1	2	0	2
消极的自我感觉	0	1	0	0
适用的	0	0	0	0
得—失框架				
得—框架	8	5	2	4
失—框架	0	2	0	7
不适用	0	2	0	1

第五节　《道德经》与维特根斯坦的《逻辑哲学论》

1988 年，罗伯特·施瓦茨（Robert David Schwartz）的文章《语言的局限性：维特根斯坦的〈逻辑哲学论〉与老子的〈道德经〉》发表在夏威夷的《中国哲学》上。① 译介如下，以飨读者。

（一）导论

自从 60 年前维特根斯坦的《逻辑哲学论》（*Tractatus Logico-Philosophicus*）出版以来，它持续对许多哲学家散发着其魅力，这不仅仅是因为这本著作中以不寻常的格言和有时半神秘的令人难以忘怀的语言来表达的大量具有高度煽动性的观点。当然，许多哲学家，不管其是专注于分析还是西方传统的路数，都会仔细地研究《逻辑哲学论》，或将其当作一种发展其自身哲学思想的跳板来加以使用。最近，一群专注于跨文化方向的哲学家试图重新阐释维特根斯坦哲学论及诸多东方哲学尤其是道家思想的一些

---

① Robert David Schwartz & Paul. C. L. Tang. "The Limits of Language：Wittgenstein's *Tractatus Logico-Philosophicus* and Lao Tzu's *Tao Te Ching*." *Journal of Chinese Philosophy*，1988，15(1)，pp. 9-33.

主要主题。

实际上,在其介绍维特根斯坦的思想那明白易懂的"导论"中,范光棣(K. T. Fann)教授对《逻辑哲学论》和《道德经》做了一些比较。《道德经》的作者尽管还不确定,但通常认为是老子。比如范光棣认为,这 2 本著作都是由格言和论及诸多哲学问题的诗意语言组成的。而且,这 2 本著作都运用了悖论来传达重要的观点,"《逻辑哲学论》是以对世界本质的形而上学的陈述开始以实际的建议结尾的:'不可说者必保持缄默'",而"《道德经》则是以对自然之道的形而上学的陈述开始以实际的段落结尾的:'无为而无不为'"。① 但是,范光棣关心的是对维特根斯坦哲学的总体概念的讨论,因而可以理解的是,他没有在该书中进一步探讨这种关系。

托马斯·富永(Thomas T. Tominaga)在其最近的一篇文章《禅宗、道家思想与维特根斯坦》(*Ch'an, Taoism, and Wittgenstein*)②中确实提出并发展了一些特别重要的问题以及东方思想学派与维特根斯坦哲学之间的联系。我们总体上赞同他的大部分观点,但会对他文章中提出并展示的 3 个有误读或者存在潜在的误读的地方或者他仅仅提出但未探讨的关于维特根斯坦的神秘主义与老子的神秘主义之间的关系进行更密切的考证。我们的批评将集中以下 3 点:作为一种手段或目标的生活之和谐;对"道"之语言描绘的必要性与不可能性;富永对"道"之不可言的讨论。我们重点关注的是其中的第 3 点。对我们来说,这是为更详细地对待蕴含在维特根斯坦的《逻辑哲学论》和老子的《道德经》中神秘主义的一个跳板,而且我们相信可从中获得许多重要的洞见或许还有一些作为维特根斯坦的早期哲学中的神秘主义之作用以及作为道家内在的神秘主义的体现的艺术之作用而提出的观点。

(二)富永对东方哲学与维特根斯坦的讨论

富永认为,东方思想中的禅与道家学派有 4 个共同的特征:对万物中都有的内在现实的认知;对于知识(智慧)不能在语言或传统中找到的那种无言的教义的接受与实践;对自然性与自发性的强调;对相反的两极之间的和谐的维护。而且,富永还勾勒了"道"的重要意义。他恰当地指出,

---

① 该说法有误。"无为而无不为"不是《道德经》的结尾句,该句出自《道德经》第 48 章。(作者注)

② Thomas T. Tominaga. "Ch'an, Taoism, and Wittgenstein." *Journal of Chinese Philosophy*, 1983, 10, pp. 127-145.

"道"这个术语中有2个根本的重要意义：绝对意义和相对意义。绝对意义指的是作为存在之统一和总体的"道"，这个是无法加以描绘的，即便我们能以一种根本的方式使用诸如"简单""空""不确定性"这样的词来传达什么是"道"。尽管有用，但这些词不能严格地被用来描绘其缺乏的所有特征。老子对这些术语的使用因而是其使用相矛盾的两极来表达一个重要观点的例证。

参考其来源或条件可以归纳出相对意义的可能特征。富永将这种意义表达为"一种凭借其创造性的动态的功能而被当作宇宙之源泉和维持者的可描绘的现实"。由于其为宇宙之源，"道"决定了万物间的差别或特征。这里我们可明白为什么"道"不可言："名"是受到限制的，"名"自身也是限制性的，而"道"是名、局限性以及描述之法则或源泉。

这些抽象的描述肯定不能留下"道"是远离自然或谦卑这样的印象。"道"就是自然和谦卑以及二者的统一。或许看待这种悖论的最好方式是将"道"看成是通过自然而发挥其作用的。例证之一是表现在宇宙之循环本性中的"返"的法则，正如季节重复其四季的轮回那样。

富永论文的核心是他称为东方学派与维特根斯坦之间的6点关联：生活的形式与语言的使用；日常生活与实际的活动；个性与互补性；问题与解决方法；不可言与保持缄默；个体语言与个体感受。在论文的剩余部分我们将集中讨论维特根斯坦的《逻辑哲学论》与富永的6个关联中的第5个，即"不可言与保持缄默"。

富永的第5个关联，已经被其他哲学家论及过，认为存在一种不可用语言来加以描绘的现实。这导致了我们对其第1个批评的出现，我们将以上问题称为"作为手段还是目的之道"。我们来看看富永的话：

> 这意味着禅和道家并不选择启示，犹如其是一种外在的状态，或者与所有其他的日常生活或包括自然世界在内的俗世的活动脱离开来。相反，他们试图通过一种策略的、不分心的、机敏的、对每个人熟悉的多样化但却和谐的日常生活的活动展示来获得启示。[1]

我们赞同"道"是内在于日常生活并与其不可分离的，富永似乎是将

---

[1] Tominaga. "Ch'an, Taoism, and Wittgenstein." Op. cit., p. 134.

目的与手段搞混淆了。对道家来说，日常生活的和谐表现是与"道"和谐共处的最终结果。与"道"和谐共处包含了很多东西，尽管我们这里强调的那一个正如萧公权所指出的那样正在感知"道"或"对'微妙'感知的能力"。当其感知到"道"时，然后也只能是然后他才能把日常生活中的各项活动安排得和谐。而且，自然性与自发性也是道家思想中的 2 个主要概念，当一个人与"道"相和谐时，他将会自发地行动并因而与生活相和谐。人是不能试图去获得自发性的。

我们对富永的第 2 个批评似乎不是那么不相干。他对"启示"做这样的评论："禅宗与道家认为是不可表达的似乎与维特根斯坦的《逻辑哲学论》中论及神秘主义时的第 3 类相同。二者似乎是相似的是因为在其中都有对'无'这样启示性的经验和对'无为'之道的认同，这种固有的现实展示自身而无须语言的表达或逻辑的描绘。"①

并非对"道"之语言的描述是不必要的，而是不可能的。处于语言之外的"道"是关键点。对"道"用语言加以表达或用逻辑加以描绘是根本不可能的。

（三）维特根斯坦的《逻辑哲学论》与《道德经》中的神秘因素

富永将维特根斯坦早期著作中的神秘主义分割为 3 类：世界的确存在这个事实；感觉世界是一个手段限制的整体；自我显示的事物。正如在我们这篇文章的前面所提及的，在富永看来，道家的神秘主义是维特根斯坦早期著作中的神秘主义的第 3 类，这类必须保持缄默的东西"当逻辑的描绘受到限制时在逻辑上缩减语言成了必要的，因为描绘性的假设只能在这样的限制范围内有明确的意义。"于是富永继续比较禅宗和道家对缄默的实践并得出结论说实践沉默的两种模式作用并不相同，尽管其互为补充。

富永写道："一方面，禅宗与道家思想用沉默意在超越用语言交流与通过沉默来交流之间的这种二分。另一方面，维特根斯坦早期对沉默的使用意在阻止我们超越逻辑描绘的局限性的界限，在这种命题意义之外是无法表达但在这种命题意义之处神秘主义的意义和价值尽管不可说却能被显示。"②

富永在别的地方说禅宗与道家思想的兼容性与其所说的第 5 种关联

---

① Tominaga. "Ch'an, Taoism, and Wittgenstein." Op. cit., pp. 137-138.
② Ibid., p. 139.

只是部分的:"结果,在这个关联上的兼容性只是部分的,因为早期维特根斯坦似乎制定给沉默以逻辑指示符的作用,这种指示符在语言的局限性被触及时会发出信号,而对禅宗和道家思想来说,沉默则起到了本体论预设语言的可能性作用,但并非是在语言的局限性中作为通过言语或言语的能力的不可能性被支配的结果。"①

富永于是提到了维特根斯坦的后期著作与禅宗和道家思想是互相兼容的,因为他将会由此将沉默当作讨论的第1种关联的生活中可接受的部分来对待。而且,富永引了保罗·恩格尔曼(Paul Engelemann)的观点:"维特根斯坦的生平和作品所表明的是一种新的精神态度的可能性。它是一种维特根斯坦采取的'新的生活方式',……他的语言是一种无言的信仰之语言。"②

下面我们将会进一步探讨不可言与神秘主义这2个概念。我们首先将更仔细地将维特根斯坦的语言图像论作为语言和本体论的核心问题来看,这是《逻辑哲学论》中对其作用的传统阐释。然后我们将证明语言图像论是一个嵌入其中的、关于不可言和神秘主义的概念,它搭建起了语言与神秘主义之间的边界之桥,这使得我们可以阐释维特根斯坦"或许是某种情形的一幅不太完整的图像,但它常常是某个东西的一幅完整图像"(《逻辑哲学论》第5章第156页)和"把世界作为一个受到限制的整体来感觉,它是神秘的"(《逻辑哲学论》第6章第45页)的观点。然后我们将证明,与富永的观点相反,《逻辑哲学论》的主要观点实际上是哲学的"消亡",以及正如富永似乎认为的那样,作为一种生命之形式的神秘主义有可能不是在维特根斯坦的晚期著作中而是在其早期著作《逻辑哲学论》中找到其最早的呈现。

为了详细阐释维特根斯坦著作中的神秘主义这一概念,我们将转而对道家思想中的神秘主义尤其是通过艺术展示出来,像语言一样有着与生俱来的局限性并拥有值得注意的不可言的成分的神秘主义进行讨论。然后我们将转向维特根斯坦的《逻辑哲学论》并提出一种可解释维特根斯坦早期哲学中的神秘主义之作用、对《逻辑哲学论》的诸多研究的可能的错误

---

① Tominaga. "Ch'an, Taoism, and Wittgenstein." Op. cit., p. 141.
② Pau Engelemann. *Letter from Ludwig Wittgenstein with a Memoir*. Translated by L. Furtmuller. Oxford: Basil Blackwell, 1967, p. 135.

强调以及维特根斯坦为什么要放弃哲学直到后来才又回归哲学但却是以一种全新的哲学概念以及哲学能做什么又该做什么的阐释。

(四)维特根斯坦的语言图像论

对维特根斯坦来说,"物体构成了世界的本质。"(《逻辑哲学论》第2章第21页)哲学物体以一种确定的方式被排列形成"原子事实",这些"原子事实"反过来又构成了更复杂的"事实"。正如范光棣指出的,物体、原子事实以及每个事实都有其如名、基本命题和命题等语言相关物。一个原子事实的语言相关物是一种基本命题,这个基本命题"维护一个原子事实的存在",(《逻辑哲学论》第4章第21页)这样,"如果一个基本命题是正确的,那这个原子事实就存在;如果一个基本命题是错误的,那这个原子事实就不存在。"(《逻辑哲学论》第4章第25页)范光棣指出了问题的所在,因为如果它是错误的或包含的是一个表示空集的术语我们又怎能理解一个命题有无意义呢?而且,如范光棣所指,"创造性"这个问题仍然要求阐释,如一个人如何能理解一个他之前遇到的命题的?所有这些问题都归结为一个根本的问题,即,"基本命题是如何成为可能的?"尽管维特根斯坦从未给过我们一个关于根本命题的清晰例子,但他为我们提供了一个概括性的答案。基本命题有可能是因为它是原子事实的一幅图像。对维特根斯坦来说,"命题是我们所想象的事实之模式。"(《逻辑哲学论》第4章第1页)由于纸上的点、线以及色块的布置,差不多同样的方式一幅画像代表了事物的一种情形或一种状态。正如维特根斯坦所指出的:"在一幅图像中,构成图像的各种因素是物体的代表。"(《逻辑哲学论》第2章第131页)

但是在脑海中勾画的关系的本质是什么呢?维特根斯坦说"组成一幅图像的是以一种确定的方式彼此相关的那些因素。"而且"一幅图像的各种因素以一种确定的方式彼此相互关联这个事实表明事物是以同样的方式彼此相互关联。"(《逻辑哲学论》第2章第14页)正如范光棣对这种关系的阐释,当我们说X是X这种情形而非Y这种情形的一幅图像时,这是因为组成这幅图像的因素的方式是相互关联的:图像X的形式与X这种情形的方式即,X的形式是相互关联的。对维特根斯坦来说,图像的"逻辑结构"等同于那种情形的"逻辑结构",两种维度的图像是能描绘一个大于两种维度的实体的。

对维特根斯坦来说,"组成一种命题记号的是,在其中,其成分(即言词)以一种确定的关系彼此存在着,"(《逻辑哲学论》第3章第14页)这个命题中的那些可辨别的部分与其所表现的情形中的部分是一样多的。正如范光棣所写的:"在一个命题的各个成分与其所描绘的情形的成分之间一定有着一种一一对应的关系,"(《逻辑哲学论》第 4 章第 4 页)而且这种要求只能通过基本命题而达到。然而,这些名字并非是以一种任意的时尚并置的,正如维特根斯坦自己的类比:"音乐的主题并非是由诸多音符混杂而成的。"(《逻辑哲学论》第 3 章第 141 页)一个基本命题中的那些名字是以一种确定的方式来排列的,这样其逻辑结构就等同于一个原子事实的物体自身被排列的方式。现在,根据维特根斯坦的观点:"一幅图像中一定有某些相同的东西,而且其描绘的能使一个完全成为另一个的图像。"(《逻辑哲学论》第 2 章第 161 页)而且,"一幅图像必定与现实之间存在相同的东西,能以一种它已经如此的方式恰当地或不恰当地描绘它的,是其图像的形式。"(《逻辑哲学论》第 2 章第 7 页)我们来用中文和英文表达:[有]两棵树。[There are] two trees。

在中文里,那一串象征体能产生一种视觉的冲击而在英文里却不能。然而,维特根斯坦所讨论但在脑海中勾画的关系并非一种视觉关系而是一种逻辑关系。因而,当上述的一串象征体在英文中被从与实际情形相似的情景或事物的状态中移开时,中文中的一串象征体及其留在画布上的痕迹更接近事实所描绘的。但是,图像形式本身是不能被表现的:"然而,一幅图像是不能描绘其图像形式的,它只能表现自己。"(《逻辑哲学论》第 2 章第 172 页)图像所需要的不是通过如下的评论被捕捉到的视觉效果:"逻辑形式源自的图像被称作逻辑图像。"(《逻辑哲学论》第 2 章第 181 页)"每个图像同时也是一幅逻辑图像。另一方面,并非每一幅图像都是一幅空间图像。"(《逻辑哲学论》第 2 章第 182 页)最后,维特根斯坦说:"图像与其所描绘的之间存在一种共同的逻辑图像形式。"(《逻辑哲学论》第 2 章第 201 页)而且,"图像描绘了一种逻辑空间中的可能情形。"(《逻辑哲学论》第 2 章第 202 页)

如果一个基本命题与事实相符合,那么这个基本命题就是真的;如果它与事实不相符合,那它就是错的。但是一个由各种命题组成的复杂命题,为了被理解是不需要与事实相符合的。因为它是事实的图像,人们理解命题仅仅是通过观察思考这个图像的。而且这也是为什么范光棣认为我们能理解"有十头粉色的大象飞过夏威夷上空"这个命题的原因。如范光棣所言,"……,我们都明白这是什么意思因为它勾勒出了一幅可与现实相比较的图像。"(《维特根斯坦及其哲学》第 16 页)正如维特根斯坦所认为的:"与一幅图像一样,一个命题可显示出其意思。它表明如果其是真的那么事物应该是什么样的。"(《逻辑哲学论》第 4 章第 222 页)

这归纳了我们对维特根斯坦的语言图像论的重构。我们现在转而从与维特根斯坦的神秘主义理念相关的角度来思考这个理论。

(五)图像论的神秘(谬论)

在论及神秘主义时维特根斯坦说:"实际上,存在着不可用言语来进行表达的东西。它们会自我展示。它们是神秘的。"(《逻辑哲学论》第 6 章第 522 页)已经被大家接受的而且被证明是正确的观点是,对维特根斯坦来说,逻辑的、伦理学的、美学的和哲学的命题通常都是没有意义的,因为它们试图超越语言的局限性并由此超越世界。正如维特根斯坦所言:"显然,伦理学是不能用言语来表达的。伦理学是超越的。伦理学与美学是同一的、相同的。"(《逻辑哲学论》第 6 章第 421 页)如范光棣所言,对维特根斯坦来说,"宗教、伦理学、艺术以及个体的范围,像形而上学一样,关注的是那些不可言的东西,即超越世界的东西。"(《维特根斯坦及其哲学》第 23 页)范光棣给出了一些有用的图表,但我们要用我们自己的来接受"世界"与"神秘主义"之间的关系。

正如我们前面所讨论的,意义图像论是维特根斯坦发展的语言哲学的基础。如下图所示:

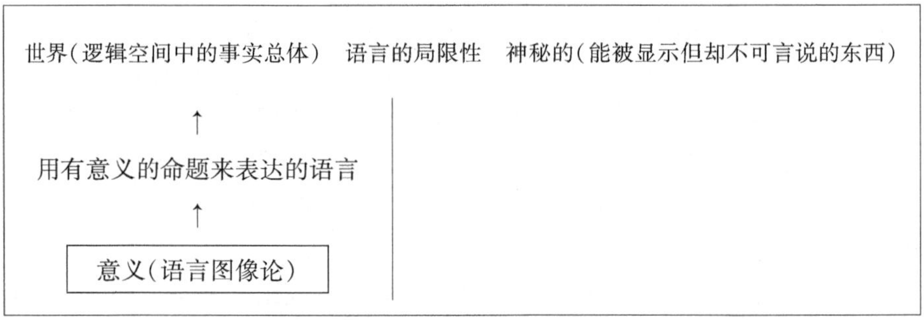

```
┌─────────────────────────────────────────────────────────┐
│  世界(逻辑空间中的事实总体)   语言的局限性   神秘的(能被显示但却不可言说的东西) │
│              ↑                                          │
│  用有意义的命题来表达的语言                              │
│              ↑                                          │
│      意义(语言图像论)                                   │
└─────────────────────────────────────────────────────────┘
```

图一

注意意义/语言图像论是维特根斯坦在其《逻辑哲学论》中探讨尤其是关于其与语言的局限性的关系和其与本体论的关系时语言哲学或语言理论的基础。因此,镜像论正好可放在代表语言之局限性的直线的左边区域。

现在我们想说，作为一个必需的特征，语言镜像论内嵌着或有着神秘的或不可言的成分，如此以至于在我们的图表中那个方框代表着可被下图代替的语言镜像论：

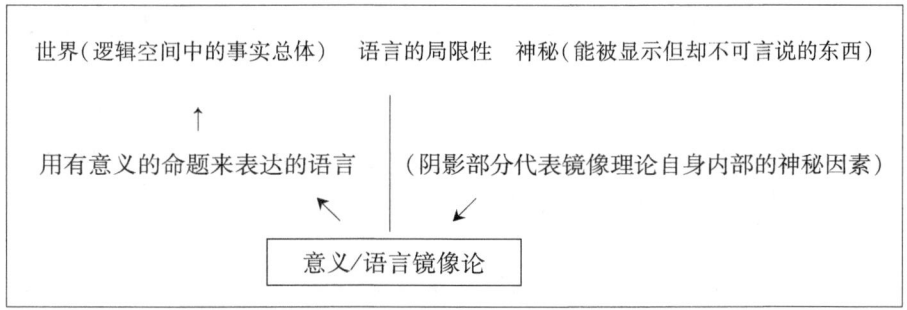

图二

为什么镜像论能被当成与生俱来就是神秘的东西对待呢？维特根斯坦认为，语言镜像或现实模式，但说这么多，其实在原级的层面上已经使用了一种模式。即是说，语言镜像论是在图像、画面或更通常点是艺术自身形成之后才被模仿的。但维特根斯坦将会坚持，艺术是事实世界之外的东西，或者美学在最通常的意义上是属于价值世界的，而且这个世界，是超验的，它被排除在言语之外，被排除在文字描述之外，是只能被显示但却不能被言说的，即它是神秘的。我们想讨论的是语言镜像论通过艺术尤其是绘画得到其神秘的认可的。

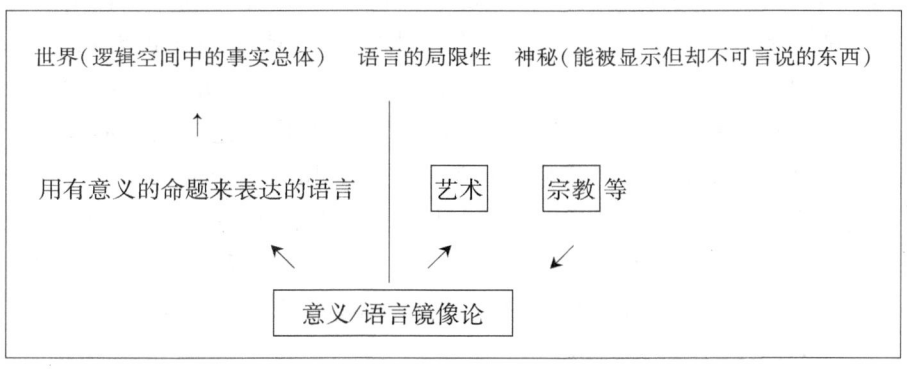

图三

我们知道维特根斯坦来自一个知识—艺术分子家庭。或许他很好地意识到了这一点,即所有的艺术家(如画家)都认识到了现实的任何呈现都将必要地省略一些实际情景的重要方面。同时画家们总有些关于如怎样让其画布上的东西密切地与将被其捕捉到画布上的实际情景相似的观点,没有人会犯理查德·拉德纳(Richard Rudner)称为"复制谬论"(reproductive fallacy)那样的错误,即,比如相信他们画的一棵树应该是一棵实实在在的树。有些东西总是被抛弃且剩下的是因素的汇总,其中包括其美学价值,即那种只能被显示但却不可言说并因而在基本的层面上是神秘的东西。我们来看看画家保罗·克利(Paul Klee)的观点:

> 如果我想要将一个人画成'恰如他应该的那个样子',那我只需要呈现出那些不太可能的因素之令人眼花缭乱的复杂线条,相反,它们将被模糊到无法认出的程度。而且,我不想将一个人画成'恰如他应该的那个样子',而只想将其画成他可能的那个样子。①

我们相信,克利的观点会有助于我们阐明维特根斯坦的观点:"命题可以很好地成为某种情景的不完整镜像,但它总归是某个东西的完整镜像。"(《逻辑哲学论》第5章第156页)而且,这个观点加强了克利所指出的这个事实,即一个画家实际上是不能"把一个人画成'恰如他应该的那个样子'的。"请注意,维特根斯坦也曾说:"命题是我们所想象的现实的那种模式"(《逻辑哲学论》第4章第1页),并将这比作克利说自己不想把一个人画成"恰如他应该的那个样子"的观点。但画家和命题将其从一种情景中剔除的都是不可言因而也是神秘的东西,即,考虑到情景的极度复杂性,一个命题"可以很好地成为某种情景的不完整镜像",这表明那种情景的"某个部分"是在语言所能触及之外的,是在语言的局限性之外的因而是不可言且在维特根斯坦的哲学论中是神秘的东西。如果我们将克利的观点阐释为存在某种局限性或上界,在其之外线条的复杂性变得无法理解或"荒谬",或,如克利所说,"被模糊到无法认出的程度"的话,同样也可以这样来说绘画。这再一次提醒我们,存在着某种不能被绘画的线条或书法的笔

---

① Paul Klee. "The Shaping Forces of the Artist" In *Modern Culture and the Arts*, edited by James B. Hall and Barry Ulanov. New York: McGraw-Hill, 1972, 2nd edition, p. 143.

顺捕捉到的比"恰如他应该的那个样子"更多的东西。而且,现实在很大程度上是在画家的"语言"局限性之外的,是"不可言的""超验的""神秘的"。

而且,根据维特根斯坦的"然而,一幅图像,不能描绘只能显示其镜像形式。"(《逻辑哲学论》第2章第172页)镜像关系或逻辑关系也是不可言的。最后,镜像本身是有美学价值的,它能激发观察者对镜像引起本身的缘故而进行观察和思考。同时,从术语的前系统的角度看它们也是有意义的。然而,镜像的美学价值和意义都有着众所周知的难以言说的特征,它们最好是如其被展示的那样或如其"自我显示"的那样被经验。这些要点可比作维特根斯坦的观点:"命题显示其意义。如果一个命题是对的,那它就会显示事物是如何存在的,并且它会告诉我们这些事物的确是存在的。"(《逻辑哲学论》第4章第22页)但一个镜像是否显示出其美学价值和意义,或者一个命题是否显示出其意义,正在讨论的这种现象是不可言的、超越的、在语言之局限性之外的、神秘的,并因而伦理学和宗教的命题以及生活的意义是不可言的、超越的、在语言的局限性之外的,而且同样是神秘的。还请注意镜像有重要的有影响力的维度,它们要求我们的情感或感觉以我们感到用言语有困难的方式来表达。比如,像很久以来诗人提醒我们的那样,我们用来描绘爱的言语是多么不恰当。情感在此表现为经验的、根本在语言所能描绘之外的、并因而按照维特根斯坦的标准来衡量在功能上是神秘的。我们的观点允许我们对《逻辑哲学论》第6章第45页的观点做一致的阐释:"将世界作为一个受到限制的整体来感知。正是如此它才是神秘的。"但对维特根斯坦而言,世界是"一切发生的事情。"(《逻辑哲学论》第1章第1页)如果情形是这样的,那么维特根斯坦是将世界从根本上看成是神秘的。

在《逻辑哲学论》的最后,维特根斯坦描绘了语言的同时也是哲学的局限性。对他来说,"哲学的正确方法实际上将会是这样的:除了能被说的之外什么也别说,即,自然科学的命题,如与这些毫不相干的某些东西。其次,每当有他人想要说一些形而上学的东西时,即向他证明他没有能在其命题中给某个符号一个意义。"(《逻辑哲学论》第6章第53页)当然,维特根斯坦意识到,要保持一致,就必须得将同样的批评用到他自己的哲学如《逻辑哲学论》中,因为任何理解他的命题的人"当其使用它们并一步步爬上并超越它们的时候,会最终将其看成是无意义的。在其爬上去之后,他

必须抛开梯子。他必须超越这些命题,然后他才会正确地看这个世界。"(《逻辑哲学论》第 6 章第 54 页)

我们该如何阐释这斜体的部分呢?如果我们超出哲学的命题,如果我们超越这些命题并"正确地看这个世界",那这就意味着我们必须只能说或写自然科学的命题吗?这当然是一种合法的阐释,而且通常是分析哲学家中更为常见的一种。然而,由于上面所引《逻辑哲学论》中的段落是紧随在维特根斯坦对人生问题和神秘主义问题的讨论之后,我们冒险提出另一种阐释,即,维特根斯坦指的是神秘主义的东西并向我们暗示了其重要性,但他对此谈得非常少,如果说有的话。比如在第 6 章第 521—522 页,他说"人生问题的解决办法是在问题的消失中被发现的。"这与其对语言的局限性的观点是一致的,因为当问题传统地被表达时(如"人生的意义是什么?"以及"死亡的意义是什么?"等)是不能用语言来回答的,尽管长久以来无数的神学家和哲学家已经做了大量的无用功。但维特根斯坦却没有在此止步,因为他并未被语言的局限性所束缚,如果这些问题不能在语言范围内来回答的话,就不再有更多可说或更好可做的了。比如在第 6 章第 521 页他添上了一段补充说明的话:"这不是为什么那些后来很久对人生的意义对其来说变得清晰于是不能说出意义由什么组成而产生疑问的人的原因吗?"我们认为维特根斯坦在这儿是想暗示那个完全被经验过的范畴的事实。然后,在紧随其后的一段中(第 6 章第 522 页),他叙述了这些对神秘主义的经验"认知":"实际上,有不能用言语来表达的东西。它们必须自我展示。它们是神秘之物。"

因此,在第 6 章第 53 页尤其是第 54 页,维特根斯坦在分析包括《逻辑哲学论》中的命题在内的哲学命题时谈到了抛开梯子,并强调"必须超越这些命题,然后他才能正确地看待这个世界。"维特根斯坦在谈论神秘主义而非传统的形而上学的失败以达到其目标时不能被阐释吗?维特根斯坦在其"超验"和"正确看待这个世界"的语言中以及他对自己关于"爬向超越其上的楼梯"的命题的参考中能不指向神秘主义的范畴而指向自然科学的范畴吗?实际上,我们认为这些段落可以被阐释为维特根斯坦的对人事中神秘维度的重要性的认识。当然,他不能再说什么,因为神秘主义关注的是"不可言说之事。它们使其自己显示。它们是神秘的。"(《逻辑哲学论》第 6 章第 522 页)

如该点所示,维特根斯坦能做(而不说)什么呢?考虑到西方的传统,他当然是该传统的一部分,以及科学、宗教、艺术、哲学等各个学科之间的明确区分,我们应该不必感到惊奇,或许,维特根斯坦只是撤退并放弃了哲学,只在很久之后再带着关于哲学是什么及哲学应该是什么的全新概念回归哲学。

但是在完成《逻辑哲学论》之后能有一种不同的可为维特根斯坦采纳的路线吗?不是撤退,而是有其他维特根斯坦或其追随者可采纳的路线吗?我们将把这称作"后逻辑哲学论问题"并提供在一定程度上显得理性的答案。然而,说其理性只是对于西方观念和西方哲学家们阐释维特根斯坦早期著作的标准而言。但是,在给出我们的答案之前,我们必须先来对道家思想的一些方面进行讨论。

(六)道家思想的一些核心话题

当富永正确地坚持道家把"道"之"不可言说"和"神秘"看成是一种给定的本体论时,"道"和语言之间的关系与维特根斯坦所证明的神秘与语言之间的关系,即神秘是那种可以被证明但却无法言说的东西是一样的。老子言:"道可道,非常道。名可名,非常名。"(《道德经》第 1 章)于是,似乎是,用玄学的措辞(恰与被尊为典范的诸如美德、简单、无为这些道家价值的实际建议相反),老子达到了维特根斯坦在多个世纪后达到的同样的语言局限性。(这与富永宣称道家把"道"之"不可言说"看成是一种给定的本体论并不矛盾)于此,老子言:"是以圣人处无为之事,行不言之教。"(《道德经》第 3 章)哲学家不用言语而是通过显示、通过证明、通过体现其价值来教导。或许这也是维特根斯坦在写"不可说者必保持缄默"(What we cannot speak out we must pass over in silence)时头脑中所想到的。

对维特根斯坦来说,语言的局限性意味着哲学的终结。然而,对老子以及一般的道家而言,语言的这种局限性并非意指到了退无可退的地步,因为道家愿意往前一步艺术地表达(而非用言辞对其加以描绘)(那种可显示却不能言说的)"道"。简言之,道家愿意再往前跨一步,以一种西方哲学家们要么做不了要么从未做过的方式使哲学与艺术之间的差别变模糊。

然而,即便艺术中那些不可言的因素并非都可以笼统地冠之以"神秘",甚至即便艺术中的不可言与维特根斯坦在《逻辑哲学论》中的"神秘"概念之间的联系很少,但"神秘"这个概念其实是某种已经在西方被认识到了并被西方艺术家和美学家所周知的东西。我们再次认为,这种疏忽不仅是西方文化中学科之间以及单个学科如哲学内传统的划分之间的明确区分造成的。

我们来看一个例子。内行的画家和艺术家很久以来就意识到了如达·芬奇的"蒙娜丽莎"或凡·高的"麦田"等作品中称为"美学价值"的东西。由于其自身的缘故他们被这些作品所吸引，但他们却很难准确地定义赋予这些形状与色彩特别结构以独特的艺术魅力的究竟是什么。比如，在思考具有蒙德里安(Mondrian)绘画风格的轮廓鲜明的线条时，他们知道所有的颜色和形状都是以其原本应该的那样组成了一个有机的整体。而且他们也明白，即便只是将某种颜色改变为另一种，或者将长方形的大小做一点改动都会破坏整体的和谐与平衡，即破坏作品原本的艺术性。然而，被迫用话语来对这种艺术性及其艺术价值加以准确的解释或描绘的话，那么这些艺术家和内行多半都会无语。这是维特根斯坦和老子的典型观点：美学价值（而非偶然的美学判断）是"无法用言语来表达的"，是无法言说的。它只能被显示然后被经历，因此在哲学家看来它是神秘的。美学价值是某种我们必须保持缄默的东西，即，它只能被经历，而非被作为某种无意义的被忽略或不予理会的东西，或许如某些分析语言传统中的西方哲学家试图宣称的那样。

另一个关于一个作曲家的例子也一样。比如说，他完成了一首弦乐四重奏的第一部分并"觉得"哪里不太准确。或许另一个更有经验的作曲家，读到了或者听到了这首完成的曲子，可能会仅仅指出"导入部分太长了"或"某段某段音符太多了。"然后，常常是一位年轻的作曲家，如禅宗里的"心灵之顿悟"那样灵光一闪，纠正这个问题并完成了这件作品。但是哪个音乐人都不能说为什么这么改在艺术上就是正确的。通常是，艺术家或作曲家说"恰好如此！"而某些人则会认为这个艺术家在某种程度上口头表达欠缺，但其实到目前为止他给出了可用语言来表达出的最佳答案。作曲家知道，一旦他头脑中有了主题，自动产生的主题，那他就必须得运用他的直觉来引导自己。

于是，艺术家以某些基本的方式认识道神秘，认识到维特根斯坦和老子都提及的人类经验中直觉经验的统治。传统的西方艺术与美学方面的哲学家在元级(metalevel)上描绘了艺术家所经历的是什么。但为什么哲学家们就应该在此止步不前呢？为什么不像老子和一般的道家那样，继续向前而不是后退呢？为什么不继续表达个体的价值，尽管他们或许不可言,但以某种媒介是很适于用非言语的形式来表达或体现其价值的,即用艺术形式。对老子和一般的道家以及《逻辑哲学论》的作者维特根斯坦而言,语言必然是不充分恰当的。

我们认为其中一个或许对道家来说更容易让他们往前迈一步,以模糊哲学与艺术之间的差别探索和表达神秘经验范围的理由根植于汉字语言的本质之中。汉字语言在根本上是一种表意的象形文字的体系,与绘画之间有关联。而且,实际上有时被认为甚至要比作为一种艺术形式的绘画要高级。在中国文化中,汉字语言是受人尊敬的。在其著作《创造性与道家》①中,张中元引了公元3世纪李斯的论书法的哲学思想。李斯明确地将"道"作为书法的根本法则:"书法作品丰富而细腻。通过'道'它获得了与自然之间的和谐。"②其后,在公元7世纪,另一位伟大的道家书法家虞世南写道:"书法蕴含了艺术的本质。它遵从无为之道而运笔、走笔和止笔。如果抓住了万物的本质那其特征就形成了。了解本质及其变化也即是了解恒常的其实是一直都在变化的。书法艺术是神秘而微妙的。"③而且,在一段有助于我们将道家思想中的神秘和不可言与维特根斯坦后来谈到关于神秘与不可言的文字相关联的段落中,我们注意到了如下的话语:"当我们运用'无为'时我们的书法作品将会变得可与自然之作相比。当我们将我们的书法作品等同于万物真实的本质时那我们就遵循了创作的根本法则。没人知道这是如何做到的。它只能被我们的心感悟而不能用言语加以表达。"④

通常绘画是一种可从符载的文字中清晰看出的"道"之显示。符载如是评价张璪的松石画:"当我感觉到张璪的画的活力时,我看见的不再只是一幅画,而是'道'。当其画画时,他将技巧、衡量的尺度等抛之脑后,而其思想也在那个创造性的夜晚消失了。画中呈现的物不是源自眼耳的意识,而是源自精神。然后他将通过其心所获得的东西通过其手使其众所周知。"⑤

张中元再一次写道:"那么,什么是道家的绘画呢?我们或许可以将其

---

① Chang Chung-yuan. *Creativity and Taoism*. New York: Harper & Row, 1970.
② Li Ssu, quoted in Chang. Op. cit., p. 232.
③ Yu Shih-nan, quoted in Chang. Op. cit., p. 233.
④ Chang Hsai-kuan, quoted in Chang. Op. cit., p. 217.
⑤ Fu Tsai, quoted in Chang. Op. cit., p. 207.

定义为是对一个人内在现实的自然反映,不受外在的任意法则所束缚,也不被内在的困惑与限制所扭曲。在这种自然反映中,一个人的潜能被释放并获得无须任何任意努力的伟大创造。这种无法之法就是对道家哲学的应用。如我们所知,'道'是本体经验,通过这种本体经验其主观和客观现实被融为一体。"①

(七)结语

我们通过开始考察富永的文章并注意到了2点。我们相信这2点有可能会被误读。我们将这些问题用术语表示为:(1)作为手段或目的生活的和谐问题;(2)"道"之语言描绘的必要性 vs. 不可能性。在做了必要的修正改善后,我们继续深层次探讨富永对《道德经》中神秘主义及其与《逻辑哲学论》中神秘主义之间的关系的讨论。

然后我们呈现了对维特根斯坦的意义图像论的讨论。我们认为,到目前为止维特根斯坦以一种源自艺术的模式为基础发展了他的理论,而且迄今为止由于图像形式只能被呈现而不能被言说,对维特根斯坦来说艺术是神秘的,因而语言图像论内在充满了神秘的因素。我们将对图像论的这种阐释作为一种可替代将图像论当作语言(意义)理论之基础的更为标准的理由选择。我们的观点可简单归纳为:我们认为语言(意义)图像论也可被认为是《逻辑哲学论》中神秘主义的基础。因而,图像论是我们可言说与不可言说只能被呈现、显示或自我证明的神秘物之间的一个中心点。

尽管《逻辑哲学论》至少作为一本最初与形而上学、语言学、自然科学和逻辑学相关的书被语言—分析哲学家所阅读,我们冒险建议这本书的最后几页,尤其是关于神秘主义的参考文献,表明了甚至在这本早期著作中的主要主题之可供替代的阐释。维特根斯坦向我们表明神秘主义的核心作用不仅存在于他的哲学中,而且通常也存在于人类的事情中。

我们相信我们对维特根斯坦的早期哲学中的神秘主义的核心作用的阐释不仅有助于理解并使得维特根斯坦对神秘主义的直接参考,而且也有助于理解和搞清楚他对生命之意义、对"感受这个有限的整体世界"、对"正确地看待这个世界"以及他宣称哲学的命题超越了其自身的参考。

如果有人接受我们对维特根斯坦著作中的神秘主义及其语言图像论的假设阐释,那么维特根斯坦还可能说什么或做什么呢?我们将此称

---

① Chang Chung-yuan. *Creativity and Taoism*. Op. cit., p. 203.

为"后逻辑哲学论问题"。当然,维特根斯坦不可能再说什么,因为神秘主义是超越语言的。如果能,那他会再做些什么呢?我们还是不会意外,除了退避和放弃哲学他什么也不会做。他在其后回归哲学,但却会是用一个截然不同的关于什么是哲学以及哲学应该是什么的概念。那他的追随者们会怎样呢?我们再一次注意到了维特根斯坦早期著作中对神秘主义的评论的缺乏,对此我们认为是哲学家们继续将《逻辑哲学论》主要当成了一本关于语言、逻辑和意义之哲学的书来阅读的结果。我们认为,很有可能这些评论家会对是什么构成了维特根斯坦对神秘主义的参考感到困惑。

我们相信,这个困惑有可能源自维特根斯坦和他的追随者们没有,甚至到现在都没有任何神秘主义的模式可提供哪怕一点点下一步以及在达到语言的局限性之后将会发生什么的暗示这个事实。结果,维特根斯坦放弃了哲学。一方面,他的追随者们继续矛盾地将《逻辑哲学论》当成一本大胆的一开头有望进行一种形而上学的新尝试但最终不战而败的阅读,另一方面,将其作为一本关于逻辑、语言和意义的专著来阅读。

我们对后逻辑哲学论的问题的回答有些激进。如果哲学能够被认为是一种建议,那么它至少存在于我们所提供的答案的精神中。我们认为维特根斯坦早期谈论的这种神秘主义的一种可能模式可在道家哲学中找到。而且,通过更深入地考察这种哲学,我们可获得对《逻辑哲学论》中的神秘主义将会如何发展的一些洞见。

因而,我们下一步考证了道家思想的一些核心概念,相当详细地探索了道家触及语言之局限性的点,这点是多个世纪之后维特根斯坦所触及的同一个点。在这个点上道家"打破"了那个不用语言表达自己的媒介,它不要求用语言来对其予以表达,其内在的价值在于不可言而且只能被显示、被表明或被证明,即以艺术的形式来予以表达。当道家触及语言的局限性时,他不会退避,他只是继续向前对语言与艺术、哲学与艺术、哲学艺术与其他所谓的"学科"之间的差别进行模糊。简言之,道家模糊了哲学艺术与生活形式之间的差别。在我们的阐释中我们认为维特根斯坦所能做的(不能说的)以及他的追随者们所能做的实际上道家已经做到了,即模糊哲学与艺术之间的差别并以这种媒介表达神秘主义,不管这种媒介是绘画、舞蹈、诗歌还是音乐。我们也认为神秘主义与艺术之间的联系常常因哲学与所有其他标准法则之间的极其死板的差别而在西方文化中被忽略了。由于这些僵硬死板的法则和艺术中固有的不可言和维特根斯坦那不常被论及的神秘主义之间的联系,我们认为哲学原因会使得维特根斯坦及其追随者比老子和一般的道家更难知晓在触及语言的局限性之后该做什么。

在我们假设的哲学精神中我们继续提供了一种对为什么道家要更容易理解不可言的神秘的语言的局限性与艺术之间的联系之可能的解释。这种解释是以汉语言尤其是象形表意的书面文字自身的本质为基础的,这种象形表意的文字被认为是绘画的也因而是艺术的一种形式。然后我们引了一些道家的书法哲学家和一些道家的绘画哲学家来对作为一种艺术形式的书法进行了讨论。

于是我们宣称,理解维特根斯坦早期论及神秘主义的一种可能办法可通过研究道家哲学,包括对这种哲学在艺术、书法、行事方式和生活方式的表现而获得。从道家的角度看,除了道家的行事方式、科学之道、政治才能等外,以一种西方文化所不能的方式论及道家哲学与道家艺术是理所当然的。最后,尽管我们宣称艺术给了我们一个维特根斯坦和老子都论及的神秘主义的入口,但我们不能就此认为神秘主义不过就是对我们在欣赏艺术作品的美学价值时所体验的那种不可言的状态。我们相信,神秘主义远远不只是这样。然而,我们认为艺术提供了一种相对容易进入神秘主义这个领域的方法,一个维特根斯坦和老子都很敏感且不受语言局限的领域。

格林内尔学院

第六节 《道德经》与威廉·戴明的《渊博知识体系》

2000年,道格拉斯·亨斯勒(Douglas A. Henler)等的文章《东方与西方相遇:将戴明、达·芬奇与〈道德经〉之线编织在一起》发表在《全面质量管理》上。① 文首,作者引了《道德经》第48章的内容:"损之又损,以至于无为。无为而无不为。"

---

① Douglas A. Henler, Rick L. Edgemen & Jose-Luis Guerrero-Cusumano. "East Meets West: Weaving the Treads of Deming, Da Vinci and *The Tao Te Ching*." *Total Quality Management*, 2000, 11(4-6), pp. S501-S508.

(一)导论

1994年,戴明(William Edwards Deming)的"渊博知识体系"(System of Profound Knowledge)提出了一个创造知识、传播知识和运用知识的框架。这3种因素组成了"促进组织卓越的跨国联盟"的三元基础。"促进组织卓越的跨国联盟"与其他联盟一起,代表了一种远离仅仅只与质量相关的最典型的活动的运动。自相矛盾的是,全面质量管理运动的目标总是与组织的卓越的不断涌现相一致。

"渊博知识体系"形成于全面质量管理开始衰落的某个时期,主要原因在于对失败的尝试不满意。当"渊博知识体系"建构一个现代框架时,其中的原则却不是全新的。之前那经受住了时间检验的著作存在下来并值得对其加以检验。艾继曼(R. L. Edgeman)和琼克(J. Lonker)在其著作①中激励大家通过检验爱德华·戴明和达·芬奇的交集来进行讨论。该文从讨论戴明的"渊博知识体系"开始,回溯了最伟大的思想家之一达·芬奇和更古老的传说中的作者老子的《道德经》所做的贡献,将它们与戴明的"渊博知识体系"进行了比较。除为初步理解3者间的这些关联外,该文还希望激发读者的好奇心,了解这些过去的伟大思想家是如何有助于我们对管理的卓越追求的。

(二)渊博知识体系

戴明于1986年提出的"渊博知识体系"由如下4个法则构成:

(1)系统的概念

(2)变异的知识

(3)知识的理论

(4)心理学

"渊博知识体系"的核心是戴明对领导者和管理者的警告,警告他们要认识到并接受为构成那些资产股份以及那些股份间的接合过程的复杂体系负责任。这些内在地与资产及其物理属性、以电子和热量为形式的能量的两个基本输入,以及构成诸如金属、木头、石油化工产品等原始输入的

---

① R. L. Edgeman & J. Joker. "Lessons from Leonardo: Application of da Vincian Principles to Organizational Excellence". *Proceedings of the 4th International and 7th National Conferenceon Quaclty Management*, Sydney, Australia, February, 2000.

质量相关联。在鲁斯(J. Roos)等①的术语中,这些资产是那些如果有人将其掉在脚上就会摔坏的东西。反射当前在组织的卓越和知识资本中的运动,系统和过程也包含了构成知识资本、组织的结构资本和人力资本的所谓的无形资产。

"渊博知识体系"的第 2 个法则是建议领导者和管理者要认识到前面所提及的那些资产是包含着内在的变异的。不仅物理资产如此,人力资产也一样。物理资产中变异的存在是众所周知的,而且统计过程的控制与实验性的涉及的领域会为学者和实践者提供用以揭示变异、分配事业和产生关系的工具。为提出人力资产中的变异,戴明为我们做了心理学领域的简明阐释。

在"渊博知识体系"的第 3 个法则"知识的理论"中,戴明为继续更新组织知识的基础设定了一条路。根据"全面质量管理"的说法,许多组织采取了在其体系中继续改进其属性的方法。基于戴明的"计划—执行—研究—行动"理论,"知识的理论"是关于知识的不断增强和组织的知识资本基础的增长的。这不能与人力资本这个根本的基础材料分离开来。在这方面存在着将"渊博知识体系"的 4 个法则联系起来的一条线,绝对的是领导者或管理者要对提供一个允许个体在这个组织内精神得以成长的环境负责。

至于人力资产的变异,戴明通过"渊博知识体系"建议,心理学对领导者和管理者来说起着重要的作用。这个建议并非是说在管理人的时候心理学的把戏是一种公平的游戏,而是领导者或管理者应该认识到在人与人之间和人自身存在着变异。戴明建议领导者和管理者理解那些特别的资产以及每个个体将会带给这个组织的劣势、优势和不足之处。这些包括家庭背景、喜好、技巧和观念。此外,戴明还建议领导者和管理者利用权位来影响人民而不是控制人民。

在"渊博知识体系"的 4 个法则中存在着大量的重叠。将这些法则黏合在一起的是戴明法则的主要推力,即领导者和管理者应该对这个体系负责。这种责任表明领导者和管理者的核心任务在于控制住体系,而非控制住人民。通过控制住体系并使人民参与到活动中,领导者和管理者便能摘

---

① J. Roos et al. *Intellectual Capital: Navigating in the New Business Landscape*. New York: New York University Press, 1998.

取采纳"知识理论"的果实,继续学习与组织成长的循环。森格(P. Senge)①通过号召组织中所有的参与者"为生活而循环",采纳一种思想过程体系而强化了这种方法。

达·芬奇的思想和《道德经》中的观念则扩展了领导者或管理者的这种重要属性。这些属性并不因为所有这 3 种来源使得领导者和管理者能创造一个可获得所有这些属性的环境而局限于领导者或管理者。

(三)达·芬奇法则

格尔布(M. J. Gelb)(1998)将达·芬奇的法则做了如下描绘:

好奇心:一种对生活的无法满足的、充满好奇心的接近和对持续学习的不屈不挠的寻求。

证实:一种通过体验和坚持而对知识的考验,一种从错误中学习的意愿。

感觉:对作为使经验更具活力之工具的感官的持续改进。

朦胧:接受模糊、悖论和不确定性的愿望。

艺术/科学:科学和艺术与逻辑和想象所谓的"全脑思维"之间的平衡发展。

均衡:对优雅、双手皆灵巧的本领或状态、健康以及平衡的培养。

关联:对万物和各种现象间的关联性的认知和欣赏。

"好奇心"法则建议了一定程度上反映出戴明将其归为领导者—管理者对学习环境之重新建立的好奇:"一个人生而具有学习的自然倾向。学习是革新的源泉。一个人生而具有享受工作之乐趣的权利。好的管理有助于我们培养和保持这些积极的人之内在的品质。"

不幸的是,许多家庭和组织环境剥夺了人这种与生俱来的学习的自然愿望。达·芬奇的"好奇心法则"恳求领导者—管理者恢复对知识的不间断的追求。

与戴明的"知识的理论"相一致,"证实法则"包含了"计划—执行—研究—行动"的循环。这个法则包含了检验的属性、经验、坚持和对错误的公开。对这个法则的承认认识到只有通过犯错我们才能真正理解过程内与过程间的不连贯。

"感觉法则",即改善一个人的判断力以提高生活经验的法则。该法

---

① P. Senge. *The Fifth Discipline*. New York:Currency Doubleday,1990.

则认识到对所有生活而言都有一个系统的构成。正如一个人可以运用统计过程控制来改善制造过程一样,"感觉法则"鼓励人改善这个阐释内在促进因素的过程。这种改善允许人变成更好的学习者和其所学东西的更好的表达者。

正如戴明的"渊博知识体系"教导人关于变异的存在一样,"朦胧法则"鼓励人愿意接受模糊性、悖论和不确定性。在戴明的观点中,管理是预测,而预测是关于过程的能力而不是关于个体过程的产出的,这些是交叉的。过程的晴雨表是可以估计的,但过程事件却是不确定的。埃迪文森(L. Edvinsson)和马龙(M. Malone)①、鲁斯等(Roos et al.)②、斯图瓦特(T. A. Stewart)③和布鲁金(A. Brooking)④的著作中反映出,"朦胧法则"也与知识资本环境息息相关。

"艺术/科学法则",或"全脑思维",是平衡科学艺术与逻辑想象的法则。戴明著作中最具洞察力的观点构成了知识的科学方面,他的个人生活则与艺术相关。戴明具有艺术性的一个例子是他创作的音乐,其中有些在他自己的葬礼上表演了。这个法则增强了我们对戴明关于及其零件或过程是如何相互作用这个观点的重要理解。《新经济》中的例子包括汽车发动机和管弦乐器。全部个体中最好的并不就能构成最好的组织。好的部分之间的相互作用才能构成最好的组织。

"均衡法则"与"渊博知识体系"中的"心理学"最接近。在榜样的引导下,保持良好的个体特征和身心健康是戴明所鼓励的。而且,对人的灵活和变异的接受与达·芬奇所暗指的"双手皆灵巧"的本领或状态是一致的。通过各种体系法则中的自信表现出的压力之下的优雅强调了"均衡法则"中的镇静。

"关联法则"与各种体系法则是一致的。领导者—管理者为体系及其过程负责。欣赏过程中有可能发生在连接处的各种联结和摩擦体现了万物和各种现象间的关联性。这延伸了经营的单位至国民经济和全球经济

---

① L. Edvinsson & M. Malone. *Intellectual Capital: Realizing Your Company's True Value by Finding Its Hidden Brainpower.* New York: Harper Business, 1997.

② J. Roos et al. *Intellectual Capital: Navigating in the New Business Landscape.* New York: New York University Press, 1998.

③ T. A. Stewart. *Intellectual Capital: The New Wealth of Organizations.* New York: Currency Doubleday, 1999.

④ A. Brooking. *Intellectual Capital.* New York: Thomson Learning, 1995.

体系。这与森格对结束工作与家庭之间的战争的强烈呼吁是息息相关的。"关联法则"也延伸到了洛夫洛克对地球生命系统的盖亚假说(Gaia Hypothesis of the Earth's life system)中。

(四)《道德经》

《道德经》成书于公元前5世纪或6世纪,作者是老子。历史无法证实,但老子可能是与孔子同时代的人,或许要比孔子年长些。老子不为人知的生活有可能包括他做过一个小国守藏室的官员。在老子的一生中,他为世人留下了一本蕴含伟大智慧和信息的书,这些智慧与信息与达·芬奇的法则和戴明的"渊博知识体系"产生了共鸣。

《道德经》由简短的81篇关于生活的挑战和方式的文章组成。该文采用的是米切尔1992年版《道德经》英译本的相关段落。限于文章篇幅,不能把这81章译文全部覆盖。我们还参考了奥特里(J. Autry)和米切尔(S. Mitchell)1998年版《道德经》英译本,该译本的阐释也是相当不错的。下面我们选取的《道德经》章节内容可与戴明和达·芬奇的观点进行对照阐释。

(五)管理体系:《道德经》第48章

"为学日益,为道日损。损之又损,以至于无为。无为而无不为。取天下常以无事,及其有事,不足以取天下。"

奥特里和米切尔译本是沿着消除管理者生活中的繁忙和学习下放权利这一条线来对此段进行阐释的。达·芬奇的"好奇心法则"(Curiosità)和"证实法则"(Demostrazione)反映了知识的消长。当知识的一部分不正确时,错误就会由此而生。《道德经》倡导领导者和管理者欣然地接受这个理念并带着新发现的知识继续前行。

《道德经》第48章还蕴含着丰富的阐释体系。戴明告诫我们不要篡改体系与过程,而是要去理解它们。达·芬奇的"关联法则"则教导领导者和管理者要认识并欣赏所有事物之间的互联性。一旦理解了,我们就能将过程带进控制中并确信它们是能胜任的。然后,就剩下关切地观察它们了。过程被控制被确信是能胜任的,就没什么事可做了。

(六)可变性:《道德经》第30章

"善者果而已。果而不得已。果而勿强。物壮则老,是谓不道,不道早已。"

或许现代的"混沌理论"允许我们发现这段话有更深层的意思。《道德经》将领导者和管理者看成是对宇宙之混沌本质的理解,而"混沌理论"则允许我们理解即便是在混沌中也存在秩序。这反映了戴明的"变异的知识"法则和达芬奇的"朦胧法则"。戴明的法则和达·芬奇的法则都是对领导者和管理者说的,告诫他们不是通过控制而是通过获得对存在的可预测性的清晰理解而允许不确定性的存在。

(七)激励自主:《道德经》第49章

"圣人无常心,以百姓心为心。善者,吾善之;不善者,吾亦善之。德善。"

《道德经》认识到只有当其所拥有的人民达到了某个目标时领导者和管理者才能被称作是"善"。领导者和管理者雇佣围绕在他身边的知识分子,甚至那些对目标而言似乎有争议的知识分子。对该句的现代阐释包括"催促领导者和管理者接受并鼓励组织中的'故意唱反调的人'"。

(八)领导者的工作:《道德经》第65章

"古之善为道者,非以明民,将以愚之。"

在美国的一些企业中,有一种不受欢迎的传统,将第一次做主管的人放在一个需要了解有关他新负责的部门与管理的问题之答案的位置上。这种不太公平的负担失去了戴明的"知识的理论"和达·芬奇的"好奇心法则"与"艺术/科学法则"。《道德经》教导领导者和管理者主管的工作是找出答案而不是知道答案。通过这种方法,主管就能选取那些他应该为之负责的知识分子。相互影响领导者—管理者—主管的方法继续在新知识和答案之间流动着。

(九)对新知识的革新与追求:《道德经》第65章、《道德经》第71章

"民之难治,以其智多。故以智治国,国之贼。"

"知不知,尚矣。不知知,病也。夫唯病病,是以不病。"

"知识的理论"和"好奇心"意味着有太多需要学习的东西。领导者—管理者能通过创造一种热爱不知的环境而灌输一种紧张的改革精神。通过接受不知,人民就从寻找答案和解决方法中解脱了出来。在知识资本领域,埃德文森和马龙[1]以及鲁斯等[2]完全接受了"不知"这个概念。只有当领导者—管理者将其手下的人从对掌握所有的答案中解脱出来之后他才

---

[1] L. Edvinsson & M. Malone. *Intellectual Capital:Realizing Your Company's True Vakueby Finding Its Hidden Brainpower*. New York:Harper Business,1997.

[2] J. Roos et al. *Intellectual Capital:Navigating in the New Business Landscape*. New York:New York University Press,1998.

能教导他们去问询和质疑。

(十)市场控制:《道德经》第61章

"大邦者下流,天下之牝,天下之交也。牝常以静胜牡,以静为下。"

戴明(1994)[1]指出:"垄断者有最好的为世界提供最大限度服务的机会,而且也有重任这么做。"达·芬奇的"均衡法则"教导垄断企业的领导者—管理者满怀慈悲和怜悯去处理他的生意。罗默的"新的增长理论"法则对垄断市场的明智存在给予了进一步的强调。在垄断中和垄断本身,垄断并不对社会构成威胁。然而,《道德经》告诫我们垄断常会表现得很谦卑并考虑社会的需要。

(十一)引导:《道德经》第66章

"江海之所以能为百谷王者,以其善下之,故能为百谷王。是以圣人欲上民,必以言下之;欲先民,必以身后之。是以圣人处上而民不重,处前而民不害。"

戴明的"心理学"法则教导领导者—管理者说,他有位权,但这种位权不是个人权利。通过接受对体系的责任,领导者—管理者明白他必须将其关注的核心放在对过程而非对人的控制上。领导者—管理者于是涉入对过程的控制中,并因为这么做而成为其输入的追随者。

(十二)创造一个环境:《道德经》第68章

"是谓不争之德。是谓用人之力,是谓配天,古之极。"

戴明的《企业管理十四法》(*Fourteen Points for Management*)(1986)[2]指导领导者—管理者创造一个所有参与者可在其中达成精神合作的环境。达·芬奇的"感觉法则"恳求领导者—管理者促进工作的体验内容。《道德经》则加强了领导者—管理者服务组织并创造一个本着有趣而朝着一个共同目标合作的精神在其中竞争可被见到的工作场所的作用。

(十三)失败:《道德经》第79章

"和大怨,必有余怨。抱怨以德,安可以为善?是以圣人执左契,而不责于人。有德司契,无德司彻。"

戴明的《企业管理十四法》中的"驱除恐惧"(Drive Out Fear)特别强调了提供一个不苛责的工作场所的重要性。达·芬奇的"朦胧法则"和"均衡法则"呼吁对问题来源之不确定性和保持恰当的组织礼仪的重要性的认

---

[1] W. E. Deming. *The New Economics*. Cambridge:MIT Press. 1994.
[2] W. E. Deming. *Out of the Crisis*. Cambridge:MIT Press, 1986.

识。失败也原本就存在于对"知识的理论"的运用中。

(十四)组织卓越:促进我们的见识

前面几个部分为我们提供了一个关于戴明的"渊博知识体系"、达·芬奇的法则与《道德经》的教义之间关系的概况。在该文的结尾部分继续进行对组织卓越的讨论。这个讨论是由艾继曼等(Edgeman et al.)①和艾继曼与琼克(Edgeman and Jonker)②发起的。艾继曼等指出:"组织卓越是一种使利益相关者的利益平衡发挥作用并提高持续竞争优势的可能性并因此通过组织的、与顾客相关的、财政的以及市场表现卓越而获得长期的组织成功的整体方式。"将"共同致富"(mutual enrichment)作为组织卓越的一个主要特征给予了强调。

通过强调领导者—管理者于地、人、组织、竞争者和宇宙的相互作用,《道德经》的教义与戴明和达·芬奇的法则相融合。现在的质量运动和将其重新定义为"组织卓越协会"的"全面质量管理协会"反映了对为获得20多年前全面质量管理运动努力建立的目标之全球观的理解在日渐增加。

全面质量管理运动和组织卓越运动的出现恰好使我们回想起差不多20年前第1次出版的彼得斯(Peters)和华特曼(Waterman)的《寻求卓越》(*In Search of Excellence*)一书。研究在继续着。该文回溯过去以便为运动的进程提供额外的洞见。组织卓越以卓越组织内的组织机构间的互联性为中心,领导者—管理者、其他人、体系与过程以及周围的世界是不可分割的。正如《道德经》所言:"我有三宝,持而保之。一曰慈,二曰俭,三曰不敢为天下先。慈故能勇,俭故能广,不敢为天下先,故能成器长。夫慈,以战则胜,以守则固。天将救之,以慈卫之。"(《道德经》第67章)

第七节 《道德经》与保罗·弗莱雷的《受压迫者教育学》

英国坎特伯雷大学彼得·罗伯茨(Peter Roberts)的文章《搭建中西之桥——抑或这座桥太遥远?保罗·弗莱雷与〈道德经〉》于2012年发表在

---

① R. L. Edgeman et al., "On Leaders and Leadership: Business Excellence Models, Core Value Deployment and Lessons from the Bible". *Quality Progress*, 1999, 33, pp. 49-54.

② R. L. Edgeman & J. Jonker. "Lessons from Leonardo: Application of da Vincian Principles to Organizational Excellence", *Proceedings of the 4th International and 7th National Conference on Quality Management*, Sydney, Australia, 2000.

《教育哲学与理论》上。①

(一)导论

20 世纪 90 年代末,我收到了一本弗雷泽(James Fraser)等编辑的关于弗莱雷的著作的批评文集《对导师之指导》(Mentoring the Mentor)。在其他感兴趣的话题中,我发现了由弗雷泽撰写的关于弗莱雷思想中的爱与历史的一章。该章中的一个方面尤其吸引我的眼睛。在阐释弗莱雷的解放教育的方法的许多观点中,弗雷泽引用了《道德经》中的 1 个段落。这个比较吸引了我并在将书归还的时候作了读书笔记。那个时候我才只读过 1 次《道德经》,在我见到弗雷泽将老子与弗莱雷进行比较的时候我的最初反应是相当的质疑。道家哲学与弗莱雷的教育学这 2 本著作,在某种程度上似乎显得全不相干。二者间不仅存在地域上和文本成书时间上的不同,更在于其在本体论、伦理和政治取向上存在相当的差异。

随着时间的推移和对《道德经》诸多英译本的阅读,我现在相信弗莱雷的著作与道家思想之间的沟壑并不是像我一开始想的那样巨大。这篇文章中的比较分析将表明弗莱雷和老子在关于认识论、政治和教育的思想上存在很大的不同,但这些至少潜在地制造出了值得我们进行认真仔细的反思的张力。而且,二者间也存在某些令人惊异的相似性,这些相似性也保证了我们对二者进行继续探索。对弗莱雷和道家的世界观进行比较对搭建中西之桥这一工程的更宽泛的运用起着重要的作用,而且也为在这个领域的进一步探究提出了许多问题。

《道德经》是古代东方哲学的经典之作,也是最著名的道家著作。《道德经》被多次译成英文,对不同版本的英译也有许多的争议。对道家哲学中的核心术语有时用了不同的发音。"道"(Tao)在英文中有时被写成"道"(Dao),《道德经》一书因而在这种情况下变成了《道德经》(Dao De Jing)。该书有时也被称为《老子》。弗雷泽在讨论弗莱雷和道家思想时的参考核心是史蒂芬·米切尔(Stephen Michell)1991 年版的《道德经》英译本。对弗雷泽所引用的段落,我将使用米切尔的译文。其他的地方,有时会使用陈张婉莘(Ellen Chen)1989 年版的《道德经》译文和刘殿爵(D. C. Lau)1963 年版译本的《道德经》译文。在引用任何一个英译文本的时候,

---

① Peter Roberts. "Bridging East and West——Or, a Bridge Too Far? Paul Freire and the Tao Te Ching." *Educational Philosophy and Theory*, 2012, 44(9), pp. 942-958.

都必须特别当心没有译文是能与原文本完全一样的。

文章的结构分为3个部分。第1部分为读者提供了《道德经》的总体观、结构和内容。第2部分对弗雷泽将《道德经》的思想运用到弗莱雷理论中的情况做了概括。第3部分则更为详细地讨论了弗莱雷和道家思想中的几个关键主题："为"与"无为"之间的联系、"智"与"知"之间的本质与作用以及无知、幸福与教育之间的关系。

（二）对《道德经》的阅读

《道德经》为老子所做，他是与孔子同时代的人，比孔子年长。据说孔子见过老子，并在孔子的请求下给他简洁地传授过生活的艺术。最早的中国通史，是创作于公元前1世纪的司马迁的《史记》。在其中有这样的记载："老子修道德，其学以自隐无名为务。居周久之，见周之衰，乃遂去。至关，关令尹喜曰：'子将隐矣，强为我著书。'于是老子来著书上下篇，言道德之意五千余言而去，莫知其所终。"

有人宣称，作为老子所创造的"道"之结果，他自己活到了160岁甚至200岁。然而，老子的传记和《道德经》的作者都存在相当的不确定性。实际上，根据刘殿爵的观点，老子有可能根本就不是一个历史人物。《道德经》是公元前4世纪的下半期和公元前3世纪的上半期中国的几部经典中被冠以"子"字（'elder' or 'old man of mature wisdom'）的著作之一。"老子"可被理解为"老者"，而《道德经》可被归入组成与年老相关的这类智慧的教义的中国文学中。刘殿爵是这样阐释的：

> 没有理由认为书名暗示了这些著作是由个体创作的。它们最好是被看成由一个或多个编辑由短小的段落编撰而成的文集。这些短小的段落中的大部分都反映了那个时代的教义但是其中有一些代表的却是重要的古代信条。……这可能是因为"老子"碰巧是孔子故事中某个隐士的名字而且也恰好是关于智慧教义的文集之一的书名。这些文集中唯有《老子》幸存下来并将其归因为是一个曾向孔子示礼的人。

不管与作为一个历史人物的相关传说的准确性，显然《道德经》被创作的时期是"中国思想的黄金时期"。许多不同的思想学派出现，包括墨子与杨朱学派，它既是由儒家也是由道家创立的。《道德经》是道家最出名的著作，《庄子》和《列子》也很重要，它们的伦理观和哲学观在某种程度上与《道德经》不同。其他的道家经典包括《太上清静经》《道玄篇》《悟玄篇》以及《太玄宝典》。

《道德经》由81个长度从几行到几段不等的短小"章节"组成。这些有些像是用诗歌形式来表达意思的章节，常常使用相对的形式。道家带着显而易见的矛盾幸福地生活着，让他们"不必回答或喜欢一个解决办法而排斥另一个。"

道家思想中的相反相对是一种补充而非不可和解的矛盾。它们相互作用形成一个统一体。这种思想的经典代表是"阴—阳"的象征，现在这种思想在西方已经众所周知了。《道德经》的内容既是抽象的也是具体的。对第1章中不可道之"道"的讨论可以似乎是神秘的、能令人思绪驰骋的，但《道德经》也是一本关于生活艺术的小册子，正如有人可以从中读出这样的思想那样。其目的是实际的而非理论的，而且，"道"可被看成是"对善与恶、高尚与卑鄙、高贵与粗俗的一种内在引导"。

《道德经》的主题很宽泛。文本阐述了玄学、本体论、认识论、伦理、政治和美学等问题。众所周知道教的核心概念"道"是很难定义的。实际上，道教的核心思想，尤其在《道德经》中，就是"道"是不可定义的。我们至多可接近理解这个概念，正如《道德经》开篇所清楚表达的那样："道可道，非常道。名可名，非常名。"

在米切尔1991年版译文中，他将该句译为："The Tao that can be told/ is not the eternal Tao. / The name that can be named / is not the eternal Name."陈张婉莘1989年版译文稍稍有些不同："Tao that can be spoken of, / is not the Everlasting(*ch'ang*)Tao. / Name that can be named，/ Is not the Everlasting(*ch'ang*)name."

兰姆·派赛特(Ram Prasad)认为"何为'道'"这个问题是在错误的基础上提出来的。问题"假设有一个不得不寻求的其结构现在还没显示在我们面前的现实，不得不被揭示出来。"道家用不同的方式来看待这个问题："有一个我们居住其中的世界，而且我们如何行事的方式与自然如何行事的方式是不同的，其对我们造成了伤害。问题于是变成了：'应该如何遵循道？'"老子允许通过邀请读者思考什么不是"道"而发展对"道"的某些理解。从其将"道"与上帝、与绝对、与婆罗门等的比较可以看出，兰姆—派赛特的观点是不准确的。"道"并非一个形而上学的实体，或一种简单的特别的"道"。所有特别之"道"的总和本身并不是一种"道"。"道"的关键问题在于"'道'会做什么",即"该如何遵循'道'"。兰姆—派赛特继续道:"其整体在那,但它是无名的,因为能被命名的只能是可遵循的'道'。而且我们已经明白,'道'之总体并非它是什么或能被遵循。唯一的'恒常'是有可被遵循之'道'这个事实。"

格兰茨(J. Glanz)①提供了进一步的评论:"根据中国古代经典,'道'是统一的、不可见的但是却存在着的统治宇宙的力量。'道'无始无终,其本质上却代表了控制我们的物理存在的二元法则之外的普遍的未分化状态。'道'包含了创造之前和之后的宇宙的一种完美和谐状态,即平衡和固定于中心。根据道家思想,'道'是人类存在的独立体,代表着将创造物统一在一起的结构思想。换句话说即是,'道'是遍及宇宙的根本的和谐或统一体。"

《道德经》的其他关键因素包括无为、自我转化、静和自我平衡。道教强调服从和屈服。它表明在弱中存在力量,而且这种力量在大多数情况下不是通过对事物的强迫而获得的。道教寻求促进人与人之间的和平、人与自然之间的和谐以及对万物的尊重。《道德经》警告那些鼓励人们去欲求比他们现在所拥有的东西更多的行为,并认为那样的话将会导致不快乐和不和谐。从道家的观点来看,如果我们寻求快乐和健康那我们就应该避免"依恋物质的东西、那些会让我们的思想激动、会激发我们的感情、会让我们的身体疲惫以及会刺激我们的感官的行为"。作为领导者的道家圣人,其目的不在于增加被其统治的那些人的知识和学识,而是要让其保持一定程度的无知无识。圣人并不去寻求权利,或名誉,或成功。他只做当做之事,然后悄悄地隐退。圣人并不宣讲道德或对传统的服从而是通过例子来证明,并与永恒之"道"相一致。这些观点和道家的其他核心理念将会在后面的章节中予以更详细的讨论。

(三)弗雷泽论弗莱雷和老子

弗雷泽认为,在早期和其他的传统中弗莱雷(Paul Freire)将会"不仅被看成是一个伟大的老师,还会被当成是一位精神的向导。"(弗雷泽,1997,第175页)他宣称,在弗莱雷的著作中有一种强烈的"爱、谦卑和根深蒂固的生活感"。他希望与弗莱雷进行一场关于信仰与精神、爱与历史的对话,但是他并不想为弗莱雷的著作强加上一种连弗莱雷自己也不会接受

---

① J. Glanz. "The Tao of Supervision: Taoist Insights into the Theory and Practice of Educational Supervision". *Journal of Curriculum and Supervision*, 1997, 12(3), pp. 193-211.

的宗教框架。他警告在阅读理解弗莱雷的《受压迫者教育学》(*Pedagogy of the Oppressed*)时感情用事以及将弗莱雷当作一个圣人来看待的危险。弗雷泽坚持,在弗莱雷的革命教育的中心存在着"爱"的概念,而且,因这个概念,有一种对每个人身上的神圣给予的深深尊重。一种包含着爱的关于解放教育的方法其核心是要求民主和有目的的对话的。在弗莱雷的理论中,弗雷泽看到了在某些东方的、欧洲的和共产主义政权的知识前卫主义中被抛弃的东西。他也关注了在阐释和应用弗莱雷的思想时的另一个问题:"关注以牺牲解放的内容为代价的解放的办法。"(弗雷泽,1997,第186页)弗雷泽提醒我们,老师在涉及教育的内容时不能是中立的。仅仅作为一种方法来关注师生之间的对话,这种对话忽略了社会行动和变化的需要,是没有抓住弗莱雷教育思想的要点的。在引起弗莱雷思想的社会变化(包括更公平的财富和资源分布)中教师起着潜在的重要作用,但是他们所占的位置却绝非是没有问题的。教师可以加入其他人以多种不同形式反对压迫的斗争中,但他们在这样做的时候有时却携带着弗莱雷在其早期著作中所谓的"内部的压迫者"这个理念。弗雷泽强化了弗莱雷关于历史上教育的努力总是被放在了某个特别的时刻,放在了人类有生命的"血肉斗争"中这个要点。弗莱雷的教育在很多方面都是精神的现实逃避者的对照。弗莱雷鼓励教师和学生从过去中学习并对可能的未来进行思考,但他的教育也是根植于当下和具体的。

在他写的那一章中,弗雷泽3次参考了《道德经》。第一次是在论及解放不能从上面被实施这个要点时。弗雷泽建议,每一个人"都必须是他或她自己的解放的制造者"。弗雷泽引了《道德经》中的如下段落:"爱国治民,能无为乎?天门开阖,能无雌乎?明白四达,能无知乎?生之畜之,生而不有,为为不恃,长而不宰,是谓玄德。"(《道德经》第10章)

弗雷泽宣称,这些话抓住的"正是弗莱雷关于生活和教育的方法"。(弗雷泽,1997,第178页)

弗雷泽继续强调了将教育工作者的对象看成是全体人民的重要性。在详细阐述这一点的时候,弗雷泽参考了《道德经》第17章的部分内容:"信不足焉。犹兮其贵言。功成事遂,百姓皆谓:'我自然。'"

弗雷泽认为,《道德经》第17章的最后部分"我自然"与弗莱雷关于教师和学生、或政治领导者与人民的思想是一致的。他们从事着共同的斗争,因而是一体的。"所有人为全体共同的利益而获得的"(弗雷泽,1997,

第192页)共同的胜利,成了某种值得庆祝的东西。弗雷泽参考了弗莱雷从"我"("我是""我知道""我解放我自己"等)的语言到"我们"("我们是""我们知道""我们拯救我们自己"等)的语言转换,并建议一旦这一点达到了,那"区别和作用与教师和学生都在对解放的相互追求中消失了"。(弗雷泽,1997,第192页)

弗雷泽对《道德经》的最后一次参考是在他谈到关于处于此时即此在的历史时刻的希望、机遇和行动这个要点时。弗雷泽说这是使得弗莱雷的著作既是乌托邦的又是现实的部分原因。这里,弗雷泽引用了老子的"以其生生之厚"这个观点。在将《道德经》的这个观点与弗莱雷的著作相联系时,弗雷泽继续论述道:

  正是在断言人类生活的具体条件中的代理这个基础上,弗莱雷发现了抱有希望的条件。由于弗莱雷对人民给予了如此深的信任,因而他在将只能把他人带到绝望之地的压迫的处境中发现了希望和可能性。他的希望不是建立在一种轻松的乐观主义而是对具体与可能之间的联系深信的基础上的。(弗雷泽,1997,第195页)

(四)搭建中西之桥——抑或这座桥太遥远?

弗雷泽的论文为弗莱雷的学术做出了重要贡献。不参考道家思想的话情况将不会如此,但是论文对道家思想的参考为弗雷泽所宣传的某些弗莱雷的哲学思想、教育思想和政治思想增添了意义。弗雷泽并非第一个将道家思想应用到教育中的,道教也不是西方探索教育的期刊中唯一的东方哲学传统。其他学者在讨论弗莱雷著作时也使用了道教术语[如格兰茨(Glanz)]①,并将儒家的教育思想与弗莱雷的教育法则进行了比较[吴(Ng)②;沈(Shim)③]。有几个作者对佛教思想中教育的影响进行了思考

---

① J. Glanz. "The Tao of Supervision: Taoist Insights into the Theory and Practice of Educational Supervision". *Journal of Curriculum and Supervision*, 1997, 12(3), pp. 193-211.

② G. A. W. I. Ng. "From Confucian Master Teacher to Freirian Mutual Learner: Challenges in Pedagogical Practice and Religious Edueation". *Religious Education*, 2000, 95(3), pp. 308-319.

③ S. H. Shim. "A Philosophical Investigation of the Role of Teachers: A Synthesis of Plato Confucius, Buber, and Freire". *Teaching and Teacher Education*, 2007, 24, pp. 515-535.

[如沃奇(Vokey)[①];约翰逊(Johnson)[②];杰戈津斯基(Jagodzinski)[③]]。然而,弗雷泽那一章对于促进对弗莱雷与道家思想的进一步反思是有用的。此文的该部分以讨论弗莱雷与老子对几个关于认识论、伦理和教育的核心主题的差异与相似性开始。

(五)"为"与"无为"

弗雷泽引用的段落值得进一步考证。在各个情形下,弗雷泽都仅只引了《道德经》相关章节的一部分,而且,在一些例子中存在缺失的词语,它们与包括在所引段落中的一些词语一起,引发了关于弗莱雷与道家思想之间相似性的一些问题。例如,在处理最重要的事情时,《道德经》说"生而不有,长而不宰"以及"为而不恃"。(《道德经》第10章)弗雷泽参考了《道德经》第50章但他却没有引用如下的文字:"以其生生之厚。"在《道德经》的另一处,问题提出来了:"将欲取天下而为之?"其后老子给出了答案:"吾见其不得已。天下神器,不可为也。"(《道德经》第29章)通过特别提及第29章总结道:故圣人"去甚,去奢,去泰"。正是这个观念使得圣人处于"道"之中心并让万物处于"自然"的状态。《道德经》第3章建议我们:"为不为,则无不殆。"

这些章节和《道德经》中的其他章节使得认为道家思想在人类事物中起着某种被动作用的观点更为可信。表面上,这与弗莱雷对沉思的、转变的行为的保证是相冲突的。弗莱雷不提倡"无为",至少不是将其作为对社会问题的错误反应来提倡的。他并非简单地任事物自行发生发展,而且他也不接受世界是不能被改善促进的观点。他确实希望老师和学生对他们的行为进行思考,并认为在很多情况下不含期待的行动是不可能的。他对诸如批判的思想、希望和政治承诺的理想的信奉似乎与道家对人类事物的取向有很大的争执。

然而,这里需要我们对《道德经》中词语被阐释的方式进行仔细地关注。有时"无为"构成了一种行动的方式。比如,在一次关于教育的对话

---

① D. Vokey. "MacIntyre, Moral Value, and Mahayana Buddhism: Embracing the Unthinkable in Moral Education". *Educational Theory*, 1999, 49(1), pp. 91-106.

② I. Johnson. "The Application of Buddhist Principles to Lifelong Learning". *International Journal of Lifelong Education*, 2002, 21(2), pp. 99-114.

③ J. Jagodzinski. "The Ethics of the 'Real' in Levinas, Lacan, and Buddhism: Pedagogical Implications". *Educational Theory*, 2002, 52(1), pp. 81-96.

中,为了允许处于反方立场的人把他们的意思表达出来、反映出来并进行讨论,老师必须学会耐心倾听的艺术,有时不说。《道德经》则认为圣人"处无为之事,行不言之教。"(《道德经》第 2 章)"不言"起着重要的教育作用,可以为沉思开启一个因说的太多而需要中和的空间。因而我们可以以其他许多的方式来行不言之教,如通过我们的手势和动作、我们所作的决定、我们所设置的优先秩序、我们所证明的承诺以及我们所建构的关系等。

米切尔①认为《道德经》对被动的位置并不支持。相反,它为"无为"提供了一个范式,其中这是"最纯最有效的'为'的形式"。米切尔将道家的"无为"概念比作一个好的运动员达到的一种状态,一种运动员"自己无须努力也不被下意识的愿望所干扰的、自己碰巧自然发生的、恰当的尝试或运动"。在这样的情况下,无须做任何事,因为"做的人全身心地消失在了事情之中"。这与弗莱雷在解释学习的行为时所描绘的过程并不完全相似。弗莱雷谈到了学者沉浸在尽可能寻求理解研究对象的行为中时"知"的形式。这里或许可以说"知"与"被知"成为一体。知者仍然是一个活跃的、反映的主体,而且在这个意义上与被知保持着一种距离。但是正是距离这种行为,即"退回去"以便了解知道,也成为一种更接近研究物体的手段。弗莱雷自己常常会完全沉浸在他的研究中,相当专注地阅读或写作,忘了时间和他身处的环境。这种完全的沉浸其中可以被同时看成是"为"与"不为"。恰当地说它是"为"这种特别的形式的"无为"部分,正是它赋予了自己与众不同的特征。

(六)"智"与"知"

即便我们知道"智"与"知"之间的联系,二者将仍然存在着重要的差别。因为《道德经》警告的正是对知识的追求。与对知识的积累相比,弗莱雷倾向于将更大的认知价值放在"知"的过程中。而且在这个意义上看,他并非是完全反对老子的。《道德经》的最后一章说:"知者不博,博者不知。"刘殿爵 1963 年版《道德经》译本将该句英译为:"One who knows has no wide learning; he who has wide learning does not know."在很大的程度上,该句有可能是在建议说,这是一个平衡理解知识的宽度和深度的问题。正如刘殿爵所指出的,通过对"博"(wide learning)的强调,我们抑制了对知

---

① S. Mitchell. *Tao Te Ching*. New York: Harper Perennial, 1991.

识的深度的理解,包括对我们自己的理解。然而,这将会是一个不太准确的回答,因为在《道德经》的核心存在着在获取知识的不同方法之间的更为根本的差别。

在《道德经》第 65 章中可以找到如下文字:"古之善为道者,非以明民,将以愚之。""民之难治,以其智多。故以智治国,国之贼;不以智治国,国之福。"这些观点是建立在 2 种不同的"知"的模式之差别上的:动词的(言)与非动词的(不言)。根据陈张婉莘的观点,前者"描绘了源自自然而没有返回的意识,而后者则属于一种与无意识动态结合的反向意识"。圣人需要了解这种差别并使百姓远离与自然相分离的"知"。陈张婉莘认为:"作为一种远离自然之运动的知识或意识会导致客观化、不一致和最终的死亡。圣人统治者,通过使其民无知,保持了社会中自然的平安与和谐。"

这种获取知识和政治的方法不仅引发了弗莱雷而且是所有的教育者的重要问题。因为如果在这里被严肃看待的话,对于是什么导致了教育工程本身也即是解放的过程以及有目的的教与学的存在还不清楚。弗莱雷不赞成使民无知,但他接受要知道所有的事情是不可能的以及在把知识的不同形式按优先顺序排列时老师和学生必须常常做出困难的决定的观点。但是一个基于对无知的故意培养的政治思想则会让他讨厌。弗莱雷认识到在对知识的追求中的实际局限,但是他并不想封锁对学生的预期调查的领域或设置有益于无知最大化的教育条件。弗莱雷也不想阻碍反思的过程,而且这似乎是被《道德经》所排除的,或至少是不被鼓励的。

或许会认为《道德经》中所倡导的不是所有"知"的解除,而仅仅是对"知"的某些有时会失去的特别类型的回归。道家或许会说,我们所需要的是重新学习与自然的联系过程。对于《道德经》中"自然"这个术语的意思存在着模糊性。文本中所指远远超过或者或许不是"自然的环境"这个意思似乎是相当清楚的。然而实际上,它究竟是什么意思仍然是不确定的。或许这对人之为人的我们来说是很"自然的"。或许我们想用一个诸如"人之本性"这样的术语来表达它。在老子的《道德经》中只有 1 处对"人之本性"的暗示性的模糊的表达,但是即便有可能用更精确的细节将其确定下来,它显然也不是《道德经》所倡导的应该被作为一种回归来看待的"知"。我认为理解它更好的办法是将《道德经》看成是在倡导我们所有人与宇宙的自然和谐结盟,与万物以当如本是的"自然的"方式与其结盟。

当道家强调无为而知而非有为而知的时候,并非是在意指应该对"为"而非仅仅是用言语来表达的"空谈",如弗莱雷在其《受压迫者教育学》中所称谓的那样。因为正如我们已经见到的,《道德经》倡导的是"无为"的理想。如果我们接受米切尔的观点,认为道家的"无为"可与运动员完全沉浸在自己所进行的活动时的状态相类比的话,那这里就仍然还存在着一种对反思性的知识的形式,这种知识初看似乎是《道德经》中所没有的。某人自己与一种活动的完全融合并不产生自"无处",而是源自其"知"(learned)。实际上,常常会出现这样的情况,一个人越是将其投入到自己的运动或艺术中,年复一年,对其错误进行反思并从中学会教训,他就越是能达到米切尔所描绘的状态:即,自己无须努力也不被下意识的愿望所干扰的、自己碰巧自然发生的、恰当的尝试或运动。教练、导师和老师,在这样的能力发展中起着至关重要的作用。而且,他们的工作,至少部分工作涉及交谈和直接的指导,是对"为"这种下意识的"知"的促进。后者可能依赖前者而前者则常常涉及后者的某个元素。

正如陈张婉莘所描绘的,"无为"这种"知"将"为"这种"知"所不能做到的下意识和无意识搭建起来。但是,这样似乎不仅是在"知"的两种不同形式之间而且也是在两种不同的存在模式之间设置了一种错误的二分法。陈张婉莘认为"知"的主体是能理解或经历无意识的,而且这意味着与"自然"的一致。某种下意识的行为因而允许我们知道无意识。陈张婉莘阐释说,但是道教却不允许我们认同无意识中的某个下意识的元素。无意识只是简单的"存在":它不以任何的方式建构,它也不会随着时间的流逝而发生变化或进化。根据弗莱雷的观点,这可被看成是一种对于下意识的"知"与无意识的"知"之间的关系的特别的非辩证的方法。然而,弗莱雷并没有一个得到了很好发展的关于无意识的理论,他在其早期著作中参考的"内部的压迫者"为他关于这个领域的思想的总体方向提供了一些指示。压迫,以无数的形式存在,不能仅仅以社会结构或社会实践来加以解释。相反,它"嵌入"了那些被受压迫者的思想中,为其世界观提供无意识的形状和巩固正在经历着的压迫的决定。对弗莱雷而言,重要的是,无意识不是固定的而是受制于反思的、活跃的、博学的人类的。

(七)无知、幸福与教育

《道德经》认为,如果人们保持一种无知的状态那他们将会更幸福。

令人惊异的是,弗莱雷对此观点并不反对。他同意,那些希望保持稳定并相对而言可以轻松管理的统治者可能至少是在短时期能从政治主体的那部分不思考的人群中获得利益。实际上,如果人们被鼓励变得更像是"客体"(objects)的话,弗莱雷对于将"主体"(subjects)一词中的首字母"s"大写成"S"可能持保留意见。他或许会承认,那些否定"知"的人是能够感觉到他们是幸福的(《道德经》言"绝学无忧"。《道德经》第20章),而且,发展一种批判的意识是一条可靠的导致某种不舒服甚至痛苦的路。然而,这种方法没有一个可以证明一种保持和促进无知的政治策略是正当的。对弗莱雷而言,这将会直指我们对教育之目的进行思考的核心。在弗莱雷看来,教育意在使人不舒服。受过教育的生活将会是一种充满了各种问题和不确定性的生活。在某种意义上,它是一种不安定的生活,是一种我们永远不能宣传达到了终点不再需要做任何事的生活。对某些人来说,这些特征是有助于幸福的。而对另一些人而言,则是不幸福的。

  如果从弗莱雷的观点来看这是真的,说一个人绝不可能永远地"静坐",这并非意指的是被弗莱雷的认知论取向和伦理取向所排除的寂静的时刻。相反,弗莱雷的反应是积极地要求这个的。如果我们认为文本中的"时刻"不是指时间的流逝而是任何以特别的思想、感觉或行动形式为特征的可辨认的时期,反应在弗莱雷的观念中同时需要沉静与不安定。比如,我们需要激情和承诺,但是在弗莱雷看来,这些品质必须是与谦卑、关怀和尊重相结合的。弗莱雷的反应,以一种爱的伦理为基础,是活跃的没有攻击性的。当一些评论家强调弗莱雷的教育思想与教育中的沉思实践之间的差异的时候,以我的思考方式来看,是没有必要以这种方式来看它的。当然,对人们正在用着的沉思传统有许多的依赖,但是许多沉思的方法将包括对作为关键因素的专注和沉思。其中的许多将会涉及一些集中关注一个对象或一种观点或一种理想的形式,但并非是"被迫的"。许多将会组成一种更宽泛的对他人、对作为生活其中的世界的一部分的自己的关怀伦理。由此看来,弗莱雷的教育思想与将沉思与教育环境相融合的尝试是高度一致的。从弗莱雷的观点来看,"静坐"对在研究一个对象时所要求的集中精力的反思式的关注是必需的。"静坐"还需要在一种教育对话中进行,其中静静地仔细地倾听他人的能力是至关重要的。但是,"静坐"并不足以将弗莱雷的理想带到生活中。有时,对经过深思熟虑的行动以及对个体和社会的变化来说也是有需要的。

弗莱雷很少直接谈到幸福。以他的观点来看,幸福本身不是生活的目标。幸福的生活并不等同于好的生活。他认为,好的生活,是与其他事物一起,充满了爱、希望、对话、好奇、容忍和政治承诺的生活。它包括对"知"和"变"的寻求,它融合了对"为"的反思。这些特征已经在别处有过更为详细的讨论。弗莱雷并不明确地表达一种作为个人理想的"好的生活"的概念。但我们必须通过思考弗莱雷的更宽泛的伦理的、政治的和教育的思想来建构一幅"好的生活"究竟意指什么的图画。从弗莱雷的立场来看,不调查社会和经济结构,不调查会阻碍或能使这些理想实现的政策和实践就讨论对个体理想的追求是没有意义的。弗莱雷对"好的生活"的兴趣因而更恰当地被看成是一种对有益于好的生活之条件的探究。弗莱雷想要那些生活变成"幸福的"生活,但如果不为其付出让人民大众保持无知的代价是不可能的。

而且,弗莱雷还可能说,以不幸的形式存在的不幸福在有些时候是一种在人类生活中培养的、有道理的、令人满意的品质,如对饥饿问题、开发问题、大屠杀问题、可预防疾病的蔓延问题、环境破坏问题以及对动物或孩子的迫害问题等的回应。保持这些不受到诸如摆脱了解它们的负担就或许能保证他们能过上更安宁、舒服和幸福的生活等问题的影响,但是弗莱雷可能会认为,这种方法并不能证明伦理的或教育的观点是正确的。正如弗莱雷最近出版的一部著作所表明的那样,有时有一种价值在发展的过程中可能被称作是一种"愤怒教育学",在其中,当悲痛和愤怒与爱、希望、对话、批判反映和政治承诺同时存在时会对教育和更宽泛的社会生活产生一种潜在的建设性作用。

《道德经》有助于促进对我们所深度抱持的某些关于教育之作用的观点的重新考察。我们倾向于相信教育从根本上讲是值得的。当然,有大量关于教育机构所造成的伤害的文献资料。弗莱雷自己就是强调学校教育的潜在压迫本质的核心人物之一,还有诸如伊里奇(Illich)①和赖默尔(Reimer)②这样的主张废除传统学校的倡导者。而且还有许多的教育社会学家,其中包括不少马克思主义者或女权主义说服派,令人信服地证明了学

---

① I. Illich. *Deschooling Society*. Harmondsworth:Penguin, 1971.
② E. Reimev. *School is Dead:An Essay on Alternatives in Education*. Harmondsworth:Penguin, 1971.

校教育会在保持阶级、性别和其他方面的不平等上起重要的作用。然而，对大部分来说，这种批评性著作的实质性并没有对以某种方式来理解的教育在伦理上是值得的产生质疑。

许多理论家指出，一定不能将教育等同于"传统教育"或"训练"或"教化教导"。"教育"的理念暗示着某种值得去做的东西，是一种被许多人想当然的思想[对这个观点进行了最有名的尽管并非没有问题的表达和辩护的是彼得斯(R. S. Peters)]，即便什么是值得去做这个问题常常成为激烈争辩的主题。《道德经》对这种假设进行了挑战。正如刘殿爵在其1963年版《道德经》英译本中所言："如果道家的哲学家能够造访我们的社会，那毫无疑问他将会认为国民教育和大众宣传是现代生活的两大祸害。一个会引起人们从其天真无知的原初状态中堕落，另一个则会创造如果他们不发明就不会失去东西的新欲望。"①

刘殿爵说，圣人的目标是"让百姓保持无知的婴儿状态并因而对感官的直接对象没有欲求"②。

从伦理的角度去沉思道家的位置是否能被证明是正当的和可能的有好处。因为与他者和世界以各种方式产生互动即是建立一种学习和发展知识的潜在性。除非存在一种通过比如说药品或一种复杂的持续的教化过程保持"天真无知的"故意的尝试，是很难想象一个统治者会如何让成人保持一种孩子似的天真无邪的状态的。进入成人的状态需要一系列的变化，不仅仅是身体的感觉而且还包括精神和情感的方面。要试图去进行教育，不管是通过如学校这样的正规机构还是如"从工作中学习"或对传统与习俗的传承这样的非正规教育，都仅仅只是建构一个更系统的关于通过日常的活动已经出现什么的方式。

《道德经》第48章说："为学日益，为道日损。"陈张婉莘认为，离道更近就能日益增多地放下人类的计划，降低人类知识的储备，知道我们不再需要去做什么。在弗莱雷看来，这是既不值得也不可能的。知识会随着人类与世界的互动而增加。随着时间的流逝，我们可能"忘记"某些知识的形式，而且对于在任何既定的时间里什么是可知的也是有限制的，但重新学习的潜在性总是存在的。弗莱雷支持在为平静和平的反思而进行的日

---

① 刘殿爵《道德经》，1963年，第 xxxi 页。
② 刘殿爵《道德经》，1963年，第 xxxii 页。

常活动的忙碌但是却不会缩短知识和学识的发展或达到某个无事可做的极点的目标中寻求空间的理念。就弗莱雷来说,会总是有事可做的。从在世界上或移动或说或写或听这个意义上讲,是不需要"为"的。但是我们作为人要活着,"无为"却是不可能的。

正如之前所提及的,弗莱雷也发现了一个从伦理角度来看会引起反对的故意培养人民无知状态的政治策略。道家圣人提出了"虚其心,实其腹,若其志"(《道德经》第3章)的理念。弗莱雷认为,这样的办法忽略了我们本体论的一个基本特征,即我们都是好奇的、爱追究的、好学的,并使那些否定寻求知识的可能性和那些应对这种否定负责的人失去了人性。他将承认在培养教育的发展和知识的增长中总是存在风险的,但是这也是人类存在的一个显著特征。人之为人就得面对各种变化的可能性。如果弗莱雷对于教育之潜在价值的立场被接受,那老师和其他寻求教育的人都必须忍受这种责任感所带来的负担,因为如果他们做好了自己的工作,与他们一起工作的人将会发生永远的改变。在弗莱雷的教育理念中,如其本是存在着"回不去"。然而,对寻求一种在其统治的百姓中保持无知状态的道家圣人来说同样也是正确的。一旦降低知识的承诺得到实施,那任何背离这条道的人都会面临知识将会重新获得的可能性的风险。

(八)结语

在将弗莱雷的思想与道家思想的比较中,是可能辨识出两者间的相似性与差异的。正如弗雷泽(1997)指出的,弗莱雷和老子都是反对一个人(作为领导、老师或是其他有权威的人)将其意愿强加到别人身上的。从道家的和弗莱雷的观点来看,一个人领导他人的能力是肯定值得信任的。温柔和谦卑在《道德经》和弗莱雷的教育哲学中都被高度肯定。道家思想和弗莱雷的哲学中都提倡而且也认为应该与更为广阔的世界和谐共处。对道家而言,这意味着与"自然"和万物间的秩序的再连接。对弗莱雷而言,这意味着协调的过程也包含了了解作为更广阔的社会世界的一部分的自己。在弗莱雷的《受压迫者教育学》和《道德经》中都有对将我们自己放在此在的中心之必要的认识。弗莱雷和老子都强调了"存在"而非"做"的重要性。二者都相信唯物的态度是具破坏性的,而且都鼓励我们去热爱生活中那些简单的事物。两位思想家都看到了高度以知识的掌握为基础的"智"的局限性。最后,弗莱雷和老子都集中阐述了"变",尽管二者对"变"所蕴含的东西的理解有不同。

然而，在一些关于认识论、伦理和教育的问题上，弗莱雷和老子之间出现了根本的不同。《道德经》倡导培养一种无知的状态，而弗莱雷的观点则与此相反。老子想要抑制"知"和"智"的发展，而弗莱雷则认识到并非所有的学习形式都是值得采取的，他看到了教育规划的潜力在更宽泛的解放过程中起着重要的作用。道家关注的是教育将会导致新的欲望和不幸福的产生，而弗莱雷则接受作为好的人类生活的一部分在一定程度上的不稳定而且并不把幸福看成是我们奋斗的终极伦理目标。对弗莱雷而言，教义意味着"带给我们困扰"。而道家则相反，想要鼓励人们接受他们本来的样子而且认为教育并不总是能对此有所帮助。在道家在后来的"战国时期"相信"参与政治与长寿是生来就互不相容的"并力劝圣人与这个世界相隔离时，《道德经》却看到了圣人在管理过程中所起的作用。在《道德经》中，圣人"将其欲望减小，过着简单的生活并由此而获得了长寿，而且作为一国之君发挥着自己的作用"。《道德经》既不提倡完全的不参与也不提倡完全的消极被动。尽管如此，道教，即便是如《道德经》所代表的道教，却建议一种比弗莱雷的《受压迫者教育学》中显见的还要消极的伦理与政治哲学。正如我们前面讨论过的，"无为"或许也是一种"为"，但是在弗莱雷的理论中则更多强调了积极的社会改变。

不必把道家思想与弗莱雷的思想之间的不同看成是进一步探究和对话的不可逾越的障碍。实际上，这也许是对的，因为在一些关键点上二者的差别是很明显的，而其价值的大部分正来自二者间这样的比较。将两种显而易见有不同之处的著作进行相互比较可以促进对那些支持我们从事教育的人之努力的本体论的、认识论的和伦理的假设进行深层的思考。此外，道教还允许我们对教育之"需要"的理念进行思考。对许多教育界的人来说，这些类似于考察我们人之重新为人的理由。这个过程是值得去做的，尽管要承担风险。弗莱雷为那些试图思考教育如何以及为什么是值得的但他自己却又不亲自去阅读的人提供了某些答案。道家与其他博学的来自更宽泛领域如宗教和文化传统领域的思想家们一起，为对弗莱雷作品的不间断讨论做出了极大贡献。

第八节 《道德经》与《蛙氏奥义书》

2011 年，奥利维亚·卡提德拉（Olivia Cattedra）的文章《四元本体论简介:以〈蛙氏奥义书〉和〈道德经〉第 42 章为基础》发表在下多瑙河大学的年鉴《历史》卷第 10 卷上。①

"井"和"泉"的象征激发了对智慧的追求。二者之间的联系认为有必要为作为允许"泉"之形成的条件及作为其结果的流动的个体自身的内在(即"井")而努力。在同样的精神中,孔子宣扬了作为一个对每个人来说都独一无二的综合点的外在教化和内在反思的融合。对今天的世界而言,如果人类还想要重新发现其本质的统一的话,沉思似乎是紧迫而不可替代的。现实世界的这些动态将允许人类重新恢复其与自然之间的和谐,并假定所谓的"因陀罗网"(Indra's net)即对"互相依赖"的一种陈旧类比的真正含义。

"互相依赖"这个概念,是全球化这个概念的形而上学的前提,它要求我们的分析超越微观和宏观之间的水平比较,并要求通过对存在之不同层面表达出的现实的垂直概念有所认知。这种垂直视觉再一次被旧传统描绘为一种形而上学的现实,而人类对它的探索则被描绘为一种蕴含了不同沉思或沉思实践的沉思的存在,朝向神秘的世界及其各种格各样的表达。

即便印度的圣人们宣称世界如梦,人类仍然渴求得到答案。印度主要的哲学教义中的一条说人类生活在两种维度之间:相对的和绝对的。在两种主要的东方文明语境中,我们可注意到印度人沉思、梦想和安静地居住,而中国人则舞动、打斗、躲藏。安静和好动,是泛—亚洲瑜伽的实践方面,二者联系在一起使东方之光变得完整。

存在的这些不同维度通过心灵的更高的体验而被感知。意大利学者左拉(E. Zolla)②通过数值类比对神秘主义和玄学进行了区别,认为二者之间的不同就好比"1"与"0"之间的不同。形而上学的体验(非二元的)能通过"0"被象征,而神秘的体验则通过"1"得以呈现。而且,左拉相信西方的神秘主义达到了统一,而东方的体验则仅在大体上获得了"0"的体验。左拉的区别与印度的来源巧合,尤其是与《蛙氏奥义书》综合的观点相一致。

在左拉的陈述之外,我们可猜测一种形而上学的结构,这种结构也可在中国传统中找到。《道德经》这本似乎和追溯到不同的传播根源或学派的复杂文本,提供了选取其某些章节来进行这种比较的可能性。梅维恒

---

① Olivia Cattedra. "An Introduction to Quaternary Ontology: According to Māndūkya Upanisad and Tao Te Ching, 42". *The Annals of the Lower Danube University of Galati*, History, 2011, X, pp. 135-146.

② Elémire Zolla. *Los Misticos del Occidente*. Barcelona: Paidós, 2000.

(Victor H. Mair)认为老子是编纂了《道德经》这个早先的口传文本的人。因此他认为有一批可追溯到这种口头传统时期的作者存在,而这个传统与印度在本质上是有关联的。梅维恒指出:"我认为《道德经》的核心是源自一种口头传统而非源自某一个作者。"①他接着说:"……另一个与过去的观点彻底的背离是我认为《道德经》与另一本著名的东方经典《薄伽梵歌》(*Bhagavad Gītā*)之间的密切关系。在过去的 20 年里,认真地反复阅读这两个文本的原文本之后,我开始相信二者以一种重要的方式关联着。"②

下面我们将对《蛙氏奥义书》和《道德经》第 42 章中阐述的主题进行比较。两个文本都集中论述了由 4 个层面的现实构成的一种本体论矩阵。

这些由经验层面和意识层面组成的层面,当其在阐明存在从运动到生成时有着特别的特征,这些特征是向下传播的。或者当其描绘人试图解放或实现自我的意识状态时是向上扩展的。正如我们将会试图表明的那样,这个本体论的范畴在中国哲学中是以一种宇宙的降序的方式而在印度传统中则是以一种人类学的升序的方式来加以描绘的。换句话来表达即是,当存在向下至人而且其生成呈现为多样性及一种离心力时,人便通过互相联系和集中朝向存在开始上升。

在《蛙氏奥义书》和《道德经》中,数字 4 是一种重复的有意义的象征体。数字 4 有两种不同的相反的意思。一是,第 4 层面代表的是最高级。二是,以方形来呈现的 4 象征的是作为最低的本体论层面的物质,即敏感的物质世界。令人惊异的是,我们会看到,理智世界的数字符号在中国世界中变成了 6。同时,数字 8(4×2)是中国和印度传统中微妙世界的绝对象征。

在《吠陀经》(*Vedas*)和各种奥义书中,我们可发现基于以现实的四重模式组成的层级之印度本体论的根本。

如,在《唱赞奥义书》(*Chāndogya Upaniṣad*)中同为弟子和老师的 Satyakāma 的故事以及因陀罗(Indra)和贾巴蒂(Prajāpati)的对话中有某些先行词。这 2 个例子都表明了上升、综合和实现之道,而且都暗示了意识层面的概念。正如我们前面指出的,存在的生成以等级的形式显示出来,

---

① Victor H. Mair trans. *Tao Te Ching*: *The Classic Book of Integrity and the Way*. New York: Bantam Books, 1990, p. xii.

② Ibid., p. xv.

寻求自我完善的人通过意识的不同层面诸如清醒的状态、梦境、深度睡眠和第4状态等知道实验并认识实验。因此，我们能清晰地看到本体论和认识论是如何在意识的各种状态的教义中融合在一起的。

这种融合包含了对某些根本问题的答案：联合、存在、现实如何可能显示为幻灭的花环和几乎是真实的闪烁的光？看起来似乎是多样的东西如何在实际上是一体却又仍然保有其多样性？为什么变化的基础仍然保持着其原本的状态而没有作为一个过程通过生成发生变化？看起来似乎是分开的东西如何在实际上却是没有分别或统一着的？对人类而言，意识到作为直接经验的这个层面，意味着从轮回的循环中解放出来。此外，它构成了第4层面的莫测高深的经验。

《蛙氏奥义书》陈述道：

> 第1境是毗湿奴派的信徒，其行动范畴是苏醒的状态，其意识与外在的事物相关联，并拥有7条胳膊19张嘴，喜欢令人恶心的东西。
>
> 第2境是光亮身，其行动范畴是做梦的状态，其意识是内在的，拥有7条胳膊19张嘴，喜欢那些精细的东西。处于深度睡眠状态的人并不渴望任何令人高兴的事也意识不到任何梦。
>
> 第3境是般若，深度睡眠是其行动范畴，其中的每一件事都变得没有差别。它仅是一堆意识。它被限制在快乐中，而且必然是快乐的享受者。它是通向经验之途。

第1境毗湿奴，呈苏醒的状态，是与敏感的生成相回应的。这是名色—身心之"客观具体"世界的典型维度，但它同时也描绘了多样性的世界和容易消散的时间。对人类而言，清醒的状态是最弱的点，因为它依赖主客体的二元性，是最短暂的，也充满了多样性。

第2境光亮身，呈做梦的状态，被理解为是更高的维度，是与生成从其开始的那个理想世界相回应的。作为一个理想的维度，它包含了一种必不可少的东西，这种东西反过来是先于存在的。因此，它意味着"宇宙现实……一张关于短暂名字的网"。在这个世界里，二元论是作为微妙的心理学层面保留着的，在其中有一种固有的朝向涤罪和升天的倾向。在这个范围内，这些倾向是发展的，多样性的看法变得更窄更弱。这个维度是五唯（tanmātra）世界，是对柏拉图的理想世界的回应，在某种程度也是与现代分析心理学的原型是相关的。

般若是意识的统一的充实的状态,是与存在之丰富相回应的,是婆罗门或大自在天。当这个层面被看成是体现的原则时,它同时要求具有本体论的和宇宙论的本质,因为它既意指存在同时也解释了宇宙发展的开始。根据吠陀中的资料,其工具是存在及其"本质"之极棒的创造力,是主,是大自在天。

"此乃所有主之主,此乃无所不知之主,此乃所有之内在之主,此乃所有之源泉,此乃万物真正的发生和消亡之处,……"(《蛙氏奥义书》第6章)这个主从其完美的统一中创造、生产出多样性。这个多样性从主那儿作为一种投射通过其"摩耶"(幻觉)(māyā)之力产生。由于这个原因,摩耶可等同于二元性的法则,并且它包含了2个方面或2种作用:其投射之力和其隐蔽之力。后者在人类学的层面上有着重要意义。

对一个沉思冥想的人而言,灵魂通过不同的意识状态上升并回复不仅显示出一种净化,同时也显示出一种可被定义为悖论的经验:它是"个体的"但又是"非个体的",其道路将会以"反流"或倒序的形式而被践踏。因此,"摩耶"之力将会被克服。在这种情况下,灵魂不是被"摩耶"所包围,而是被将会在稍后阶段消失的"无知"所包围。

般若状态,是主的完满,被定义为是一种知识的无差别的状态,即"真知"。这个概念与隐藏在"可道"之"道"的中国象征体和意象之间有很深的联系。

最后,《蛙氏奥义书》对第4境(Tūrya)即最高极进行了解释。在梵文中,"Tūrya"意为"第四",暗指的是绝对状态之莫测高深的情状。它通过其本质,阻止任何的提名指派或可以使其降低到生成之因素的定义。根据在乔荼波陀(Gaudapāda)的弟子商羯罗(Sankara)的著作中找到的其后的发展来看,这是"宇宙的本质",是以前的婆罗门的来源。

这是最高的现实,是超越名的存在,是"0"之经验的不二与不可类比的东西。在中国传统中,它被称作无名之"道"。(《道德经》第1章)

由此清晰可见,2种传统都分享和描绘了同一个本体论层面:无名之"道"=宇宙本质=最高级:"不竭的不二之'一'是那个命令主能根除所有忧愁的'一'。这个光辉灿烂的第4境是所有存在的弥漫四处的源泉。"(《乔荼波陀》第1章第10节)

马哈德万（Telliyavaram Mahadevan）①、卡马卡尔（Raghunath Karmarkar）②、马丁（Consuelo Martin）③和卢瓦（David Loy）④对这个话题进行了分析。马丁将本体论和认识论的方法相结合并认为最高级是有着超理性本质的原初意识。此外，西班牙学者指出存在意识是如何暗指一种实际的形而上学的经验，并通过现代心理学阐明了一些模糊的阐释。

超越生成的存在的本质是绝对真实，即"真谛"（paramārtha），其实质指向的是不二论（advaita）的经验。在此条件下，它将出发点与目标和内在的与超验的维度融合在一起。乔荼波陀教义中假定的不二论的概念的特征是非起源的（不朽）与非矛盾的。《蛙氏奥义书》中这个含蓄的核心教义之无所不在的象征体是神圣的音节，因此，它暗示了一种从多样性到"一"的"上升的"观点。

正如中国传统所关注的，我们可看到问题的反面，如我们可在《道德经》好几个章节中所找到的那样。这些章节阐明了道家的本体论，尤其是第42章，描绘了以降序形式从"一"到"多"呈现的现实层面的启迪："道生一，一生二，二生三，三生万物。"

在此情形中，第1层面与绝对是相回应的。"道"生万物，它不可名并生产了"一"，即无名之"道"或"无"。（《道德经》第1章）"无名"并非是一种消极的实体。"无名"指的是，在形而上学的意义上，语言是不合适的。当进入沉寂时，文本变得含义模糊而且更接近将只会在直接经验中显示并在分析阐释中保留模糊的神秘。对这个事实的认识对现实中人以及他看作现实的、呈减少的、片段式的分析观来说尤为有用。

从《道德经》第38章至第42章，文本内容在"有"与"无"即"无名之道"与"道"间交错出现。《道德经》第40章对主要的层级递降进行了描绘。其中，"无名之道"是用"无"来言说的："天下万物生于有，有生于无。……"

在第2层面，这个绝对的无法表述的"道"开始把自己阐明为存在和生成之源。《道德经》第37章至第39章重新回到了第1章和第2章的内容，

---

① Telliyavaram Mahadevan. *Gaudapāda: A Study On Early Avaita*. Madras，1955.
② Damodar Karmarkar. *The Gaudapāda Kārikā*. Poona：Bhandarkar Oriental Research Institute，1953.
③ Consuelo Martin. *Conciencia Realidad*. Madrid：Trotta，1998.
④ David Loy. *No Dualidad*. Barcelona：Kairós，2000.

"道"被显示为统一,作为生成之源和"反"之目标这2个意义被设想。

陈张婉莘和梅维恒都同意《道德经》第39章建立了作为先于阴—阳二元论的万物之根本和起源的统一。这是第42章结尾时本体论循环的开始:"该章简单地呈现了《道德经》的宗教体系。第38章和第39章谈到了通过自我完善来作为运动之源的'返'。该章是将'返'作为'道'本身的生命来认同的。'返'在该章中不是创造物回复到它自己的源而是回复到世界之源。'道'是'无',它'返'以生世界万物。在论述重要的本体论和宇宙进化论的这一章之后,读者将会直接进入到第42章的首句'反者,道之动',它是关于宇宙论的……。"①

在其分析中,陈张婉莘指出了中国哲学的2个主要玄学的分支:《道德经》和《易经》。她发现由于"道"有"反"的意思的缘故,在《道德经》第40章和《易经》第24卦间存在着密切的关联。这表明不二论与存在的本体论下降和神秘心灵的上升存在着巧合。陈张婉莘是将其当作宏观和微观宇宙的融合指出的。

"可道"之"道"充满了二元性:在这个统一中"可道"是依赖其极性的。这是个"阴—阳"的世界,是古典宇宙观的基础。考虑到其二元的本质,这个世界承认其与印度的"摩耶"理念之间存在某种相近,但它有着某些与众不同的特征。"阴—阳"的运行导致对抗的与一致的以及无形的韵律的融和。这个具体的过程可如下:

起源,源泉(《道德经》第1章):道可道,非常道。……;
全神贯注的集中(向心的);
发展集中(向心的)即'可道之道'为'一';
二元;
作为一种韵律的二元,在各种可能性中补足二元;
作为对立面的二元。

对立发展成了三位一体。韵律让位于纯粹的形式并产生了存在。这个三位一体或中国本体论中的三元世界是以天的基本的理想形式"卦"来

---

① Kenneth K. S. Chen. *The Chinese Transformation of Buddhism*. Princeton:Princeton University Press, 1973, p. 152.

象征的。这些是组成微妙的生成法则的象征。在卦中,我们发现宇宙层面的基本形式的矩阵,万物都是从这个层面即时空的世界发散的:"三生万物。"(《道德经》第42章)

这个维度暗指一种通过卦的不同设计或排列而显示出无限的复杂性。下面的图示呈现出从"道"到"卦"再到各个层面的部局:

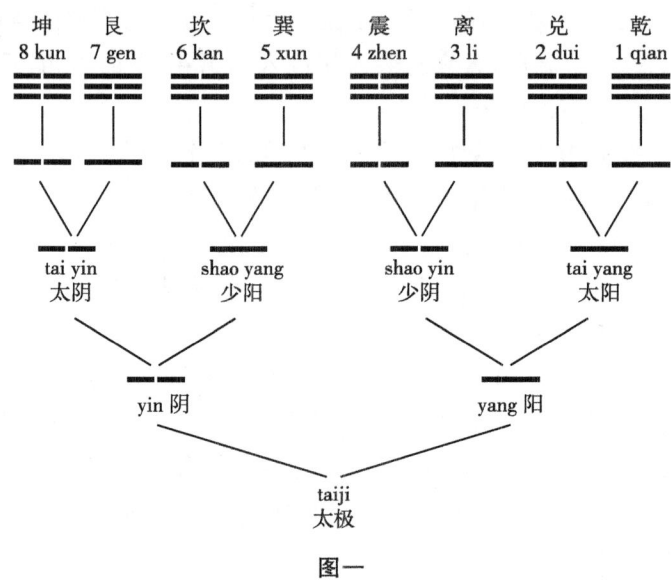

图一

这些符号图解了生成过程,是中国哲学相对较晚的时期画出来的。

关于现实的这个层面的教义通过卦之不同的图表传递出来。最为特别的是,我们发现了太极图:"'太极',……或最高级指的是一系列中国的宇宙意象,这些意象可以解释原始实体及其生成法则的概念。"这个神话的起源存在于神秘之中。那就是为什么这个图表会重复出现在宋朝并在大约公元10世纪与道家秘传的炼金术相关的文本中流传的缘故。

胡渭①要为关于这些神秘的具有魔力的图表最复杂最具启发意义的研究负责。

---

① 胡渭(1633—1714),清代经学家,地理学家,浙江德清人。撰《禹贡锥指》20卷、《易图明辨》10卷、《洪范正论》5卷、《大学翼真》7卷。

另一个与"易经"学派相关的学者张惠言认为"太极"八卦出现在明代早期对宇宙的思索中。张惠言相当不愿意接受那些秘传的口传文本的可能性并决定只采纳那些通过具体证据提供的资料。

太极图是同时由卦圈和动态,分隔的阴阳圈组成。尽管其图像特征完全不同,但其分析倾向于显示或告诉我们这两类图表法在不同的认知层面上是相关的,因此,它们在表达的显而易见的视觉体系和不同的象征相关性方面发挥着作用。

对于在太极中是如何呈现出卦的这个问题,我们发现这些已经以"先天"的形式被介绍过,它显示出了阴—阳这一对卦的上升和下降阶段,其发展不仅阐明了天地之间的互动,而且图解了潜藏在自然循环之下的创造法则,如月相。排除对卦的复杂思考,显然其主导因素与卦的摆放是相对应的,反过来,它又要求其象征之力,因为《易经》"成为对宇宙的思考和预测的经典源泉"。紧跟着是对这些卦的象征的思考,但显而易见是以一种辅助的方式。这个构想是从大约公元前 3 世纪或公元前 2 世纪开始的,在公元 12 世纪时达到了其最后的也是最完美的形式。那时,南宋的学者对卦的后宇宙的排列之呈现(也被知晓为"后天"的安排)进行了分析,这些分析试图"描绘出四季、昼夜的循环变化并扩及世界的未来"。

罗宾·王(Robin Wang)指出,在不同的卦中有各种各样的圣人的教义,再一次证实了作为特别的玄学语言之象征的存在,并再一次表明了从"一"到"多"的降序的宇宙论分析可同时被描绘为作为导致"五行"的宇宙学的生成和作为导致"卦"及其排列的象征性的分布。

太极图尤其被周敦颐所使用,他将去除了"道家思想中的虚幻和神秘主义的"旧的道家宇宙论融入儒家伦理中。

和回溯到宋朝的周敦颐的简短文章《太极图说》仅有 256(249)个字。这篇文章被认为相当重要,因为它巩固了对太极八卦的排列进行描述性的注解是指向本质世界的论争。这意味着它描绘了回复到源泉的路径。在那些对周敦颐起到了启发作用的相似的原始资料中,有一些变化的图表,如"无极图"(the diagram of the Great Void)。其作者是道家隐士陈抟(906—989),他可能是在华山的那个著名的少华石室中写或画成这些图表的。

通过下面这 2 个图表,我们的这篇文章的观点变得很明显,即,《太极图》显示出了从"一"到"多"的降序动态,即是宇宙的生成,而《无极图》则表明了回归过程的上升路径。

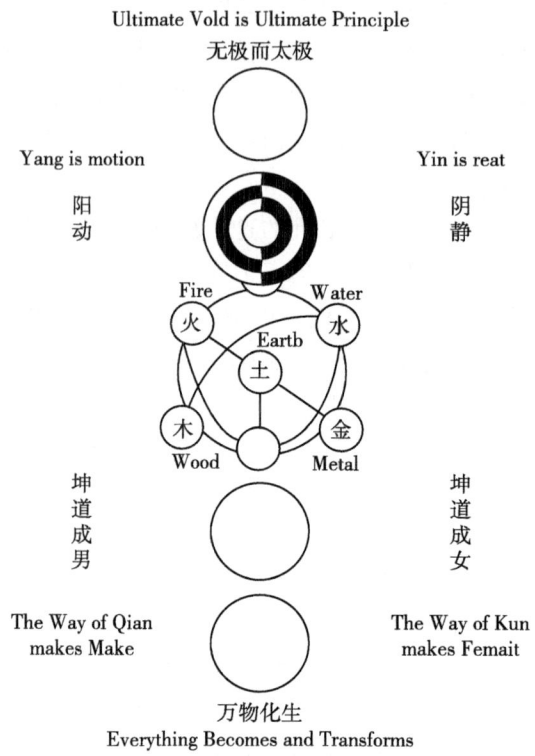

图二

最后,卡曼(S. Cammann)证实,八角形的排列体系表明了在中国的理想世界的三位一体的平面内不同本体论的可能性。

其他的著名的图示,神秘的皇帝伏羲以及文王的排列,被描绘为最高的层次。每一种都产生了解读其图示的诸多困难,在宋朝之后才通过泥土占卜、占星术和附身符等得到了大部分的恢复,这在中国及中国之外都可发现。一个非常普遍且极端的例子是西藏历史神学中的鲁伊巴尔龟(Ruibal turtle)。

最后,一直到下一个本体论层面,这个三位一体生万物,建立了如《道德经》第40章所描绘的最后一个层面:即"天下万有"或"天下万物"。它

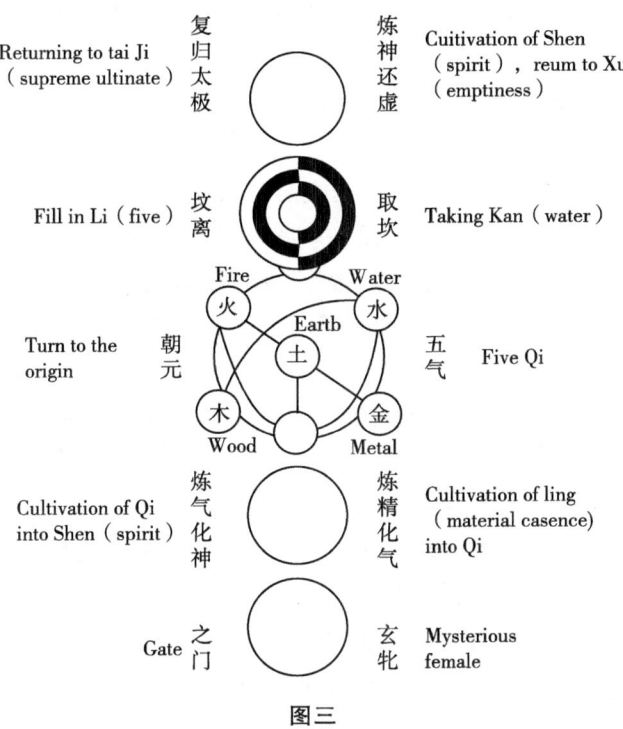

图三

表现出弥漫四处的人间的物质的存在,在适当的时候,将回归其根:"夫物芸芸,各复归其根。"(《道德经》第16章)

这个合乎情理的、短暂的排列,与文王的后世俗的天堂的最低形式相关联,在《易经》中以六角星形的完整循环得到了阐释。这个六角星形,反过来是源自八卦的时空中的二元性。

令人惊异的是,正如前面所指出的,现象现实的数字的象征,这个在印度语境中被描绘为第1境(pada)及其与方形和立方体之间的关系,重新以数字"6"出现在中国语境中。

这两种传统之间的另一个有关联的不同在于,印度的现象界尤其短暂和"虚幻",而中国哲学却似乎相反。时空的世界是真实的,这个陈述与中国文化的历史的、具体的观点是和谐一致的。归因于存在之历史的、具体的层面的"非真实"要比印度沉思中的表现得更弱。六角星形的象征体指的是这个层面,它们是这个世界的原型,是名色——身心的现象层面,是暂时但却真实的。六角星形保持了它理想的本质,其功能在于通过《易经》的解释呈现出其有节奏的变化。因此,它与印度清醒状态的、短暂的本质是有区别的,《蛙氏奥义书》中所探讨的那种短暂的清醒状态是一种纯粹的非真实。

  六角星形的象征体呈现了万物之名或万物。梅维恒解释说:"……其字面意思是'万物',这种表达指的是宇宙中所有存在之物,与其源泉'道'是相反的。'道'是没有存在的。数字'万'意指的是世界上事物的多样。它与生于其中的'道'之统一是相反的。古代汉语将'万物'大概读成'myanh-war'。这种表达显然与英语的'多种多样'(many varieties)相关。'myanh'与'many'之间的关联不用引用早期印欧词语就能明显地看出来。更让人惊异的是中文里的'war'与印欧语中意为'多样'的词根'war'很相似,因为二者原本都是指动物的多彩的皮毛。……"

  因此,我们认为《蛙氏奥义书》与《道德经》表明了婆罗门和"道"是如何共有一种类似的特征,从此特征中又产生了一种本体论的矩阵,这个矩阵既是"多样性"的动因之起点也是其目标。正如我们所指出的,这些动因向现实之4个层面传播,印度传统提供了一种准确的描绘,而中国传统在描绘其下降时仅以一种玄学的语言对回归之路的神秘做了提示。在这2种情形中,对古老教义的阅读和思考都可为现代人保留和巩固其价值,因为这些教义将它和它的思想置于还原论的观点之后。这些观点弥漫在现实的碎片式的感觉中,允许一种与其精神的、伦理的结果一起对其意识之必要的扩大。

第九节 《道德经》与梭罗的《瓦尔登湖》

  2011年,达斯汀·李(Dustin Lee)的硕士论文《我自相矛盾吗?〈瓦尔登湖〉与〈道德经〉中的自助与相互依赖》发表。① 论文由5部分构成:导论:方法;导论:作文;论自助(包含两部分);结语:互联性。此节选译论文的第2部分和第5部分,以让读者了解作者在论文中意欲阐释的核心

---

① Dustin Lee. "Do I Contradict Myself?: Self-Reliance and Interdependence in *Walden* and *The Tao Te Ching*". MA Thesis, University of Massachusetts, 2011.

思想。

(一)第2部分:"导论:作文"

很难确定《瓦尔登湖》究竟属于什么文学类型,梭罗自己就曾在该书的开头几页相当自豪地声明过这种困难。就在该书的第2页,梭罗因使读者适应他的风格并仁慈地对待他的叙事风格所带来的困难表达了歉意,他尤其请求读者原谅他总是使用第1人称单数形式"我"。在梭罗承认这种写作风格可以首先自己呈现出一种尴尬的阅读时,他争辩说没有其他合理的办法能描绘出他被请求的东西,如他所写是因为"我被自己经验的狭窄限制在这个主题上"。这个在某种程度上幽默的、与自己的有限选择相关的谦虚的承认对梭罗来说既是一种谦卑同时也是一种解脱。通过即时将读者的注意力引到这个事实上,即他的著作或多或少是应那些在他待在瓦尔登湖那个时期带着许多问题接近他的个体之请求通过问询他们而创作的。这使他免于成为他常在自己的文本中所描绘的那类自负的公众人物。在他这边,由于这种免除,他也被允许实际去做他想做的事而不用害怕显得有偏见,因为他已经承认,他是带着偏见的。这件逸闻趣事也证明了对这个文本进行分类的更大问题:它是一本自传呢还是一本没有炫耀使用了确定方法的哲学调查? 它是一种生态写作的新文类呢还是多种风格的杂糅? 它是一本被美化的日记呢还是某种完全不同的东西? 没错,梭罗与读者问候的这几行呈现出了该将其如何归类的问题,但其最终呈现的是该书的重要主题:他反映出来的不同是别人如何对事物进行分类,重要的是梭罗正在以他自己想写而不用管它是否会冒犯他人的方式写他的文本。最后,梭罗最初的承认也预期了一种主导风格,即他常常在文本中使用的通常是通过一种有意识的沉思的曲流以及个体对现代人的日常以及对待不满的那些不重要的习惯之高度反思的风格。梭罗使用这样的风格来思考市民的那些自信的观点之畸形的哲学,更重要的是"我"的重要性以及他坚持解放个性的坚定决心。

那么,当我们阅读《瓦尔登湖》时就需要一种敏捷的方法,这不仅是因为我们被要求不带任何偏见地进入平实地展现在我们面前的梭罗的经验中,也因为他并未太屈从于那些与他自己的思想相差太大的观点。实际上,在其曲折的对哲学的兴趣中,他常常相当拙劣地批判那些与持其理想相对立的看法的人。比如,梭罗尤其对与食物、生计以及我们该如何自给自足以便保证我们对其称之为认知根本的"热量"的需要相关的观点感兴

趣。在这样一个重要的调查中,梭罗强调了那些严重依赖节食的人的盲目无知:

> 有一个农夫对我说:"光吃蔬菜是活不了的。蔬菜不能供给你骨骼所需的养料。"这样,他虔诚地分了他的一部分时间来获得那些可以供给他骨骼所需的养料。他一边说话一边跟在耕牛后面,让这头正是用蔬菜供养了骨骼的耕牛拖着他和他的木犁不顾一切障碍地前进。①

梭罗文本通常所用语言的辩驳特征是他对正在陈述的理想的嘲笑,正如上面所举的例子中他把肉称为"骨骼所需的养料"一样,在对这个理念去伪存真之前他自己的声音中这可能是真的。有时,这会把读者置于一个自卫的位置并使客观变得困难,因为梭罗的对抗性风格是问"谁会不赞同我的观点?"根据这些例子我们不禁会认为,梭罗是在邀请我们插入我们自己的偏见,这是一个在后面的篇章中将会尽可能避免的困难。

使得《瓦尔登湖》变得更难的是梭罗散文风格变化的方式,《瓦尔登湖》文类的难以划分很大程度上是因为梭罗所使用的各种风格。从蕴含暗喻的问询,到构成那些让人想到惠特曼的蜿蜒列表的美丽抒情诗,到诸如财政支出的清单这样的琐碎事物,读者不可能仅用相同的耳朵来阅读每一页。内容与散文的这种多样性的结果使它呈现出了一个对梭罗待在瓦尔登湖边的目的比对他在湖边的水平描写更多彩的理解。也即是说,通过在某种程度上看来不平衡的散文风格梭罗给我们提供了一种更为动态的、多面的对于其意图的描写,而这本身就是一种动态地参与生活,他的语言与他的经历是相匹配的。当他对清晨在湖中游泳着迷时,他所用的语言是热情洋溢的能唤起读者感情的。当他讨论动植物的种类时他是博学的说教式的。同样,如果《瓦尔登湖》是一本关于个体之启示的作品的话,那风格的多样性则完全呈现为不总是清晰和易于读者畅通无阻的理解那些对其自身的精神之培养来说必要的东西。有时它是一个禁欲的冗长的过程,有时它又是兴高采烈的。这种性情和材料来源的多样性有效地描绘了作者所刻画的内在生活。

与《瓦尔登湖》相反,《道德经》则是一个迷惑性的简短文本。它由

---

① 梭罗《瓦尔登湖》。

81章相对短小、结构严密的谐趣诗构成,整个文本始终保持着一个语调。从美学上来看,它有点像是由蕴含着主题的诗组成的一本小书,这些主题围绕着对存在、个体性以及引导大家如何全身心投入到无处不在的"道"中去的沉思。老子呈现这种引导的"方式"主要是以一种用形象语言来写神秘谜题的形式。对读者来说,为了理解这些特别的诗行的意思这种语言呈现出了一种挑战。也即是说,与用不确定的术语来展现梭罗思想的《瓦尔登湖》不同,《道德经》典型地呈现了一个相对中立的概念以推动读者得到他自己的理解。比如在《道德经》第48章中,米切尔英译本为"In the pursuit of knowledge,／every day something is added.／In the practice of the Tao,／every day something is dropped."(为学日益,为道日损。)这为读者留下了很多解读的空间:"道"或知识更值得追求吗?该"损"的是什么?它是如何与"道"这个抽象概念的实践相联系的?等等。在其他著作中,《道德经》是一本迫使读者将这些话语运用到其生活中去的书,而不是像《瓦尔登湖》那样的方式,在论及2本书的相似性的时候也要求读者能看出二者间优势的巨大差异。

关于题目的优势,第2个值得注意的区别在于《道德经》集中精力关注的是其中的观点和重新排列组合。梭罗常常在其著作中宣称绝对,而《道德经》则鼓励读者从提供了常包含相反相对因素的二元概念的观点中去寻求一种自由。如,我们可在梭罗的许多批评中看出这种绝对的确定性的观点,我们简单地来看看他是如何批评那些没有勇气去注视自己内心的人的:"只有那些被打败的人和逃兵才会去参加战争,逃跑的和参军的都是懦夫。"克莱默(Cramer)指出,"懦夫指的是那些没有足够的勇气去探索他们自己的人。正如梭罗早期在该章所写的那样:'但是仍然有一些人是爱国却不自尊的,他们因大失小,会为了国家而牺牲自己。'"由此我们可以看出梭罗是如何从本质上创造了他自己衡量行为的标准的。另一方面,我们则被老子鼓励要尽量避免对2个相对的概念作衡量和比较,因为去做比较衡量的话会妨碍我们完全拥抱我们独特天赋的能力。老子提醒我们正是"高"的理念创造了"下"的理念,通过这种关系"高"与"下"被绑在了一起。更特别的是,我们在《道德经》第22章中读到了如下的观点:"曲则全,枉则直。"从本质上看,《道德经》要求我们重新拜访我们自己感觉不完美的那些部分并允许它们如其所是,而且通过这种对感觉的重新调整我们将会发现我们试图寻求的那种完美。这是老子典型的挑战其读者如何去面对世界的一类教导。通过读者不得不在其完全解开这些谜团之前利用自己的经验来制造一种自相矛盾,《道德经》迫使读者不但参与到文本中,而更为重要的是,与其自我相融合。当然,这与梭罗的世界有很大的不同,他想要我们参与的是他自己的世界。但与此同时,我们可看出梭罗和老子都是在朝同一个方向倾斜,梭罗是把自己的生活作为一个典范,而老子则鼓励读者创造他自己的典范。于是,这2个文本的不同意义在于,当我们转向一个更直接参与到每本书的交叉主题的时候,我们将会发现这些与读者争论的参与方式的不同以及不同的文本最后得出的令人惊异的相似结论是如何呈现的。

尽管《瓦尔登湖》和《道德经》在写作手法上差别迥异,但二者也有着一些重要的相似性。其中二者最重要的一个相似点是文本中语言的颠覆性。2个文本都使用了能引发作者所责备的机构之意象的语言。体现语言的这种挪用的更明显的一个例子是梭罗为其第1章也是最长的一章贴的标签——"经济"。该章所阐述的东西与读者可能期待的"经济"完全不相干。当然,梭罗的确在该章和其他章节中讨论了收入的不公平和真正的哲学家在物质上的简陋,但与此相对的是,文章大部分是在介绍他对经济和其他方面的主要的不满和理想。那么,为什么他会在第1章中认为占有相当有价值的不动产是精明呢? 是他用词不当吗? 我们知道他可是一个坚定的持相反意见者呀。克莱默对《瓦尔登湖》的注释对这种特别的用词不当提供了一些线索:"[经济]。源自希腊语[……],意为对家庭或家事的管理。梭罗该章题为'经济',是背离了'经济'一词的常规定义,即作为一种创造财富的方法或作为一种节俭并意指的是该词词根的意思,正如他经常做的那样。[……]。梭罗在该章的后面说'生活的经济'即是'生活的代名词'。"①

因此,当梭罗巧妙地对其同时代的、康拉德的非希腊语读者更正他对"经济"一词的用法时,"经济"这个标题如果不完全是荒谬的话也可能会产生误导。这种荒谬在读者心中产生了一种杂乱的不适感,他们会在脑海中记着有一章题目叫"经济",密切期待在这一章里获得想要获得的东西,结果却是,与其他非经济的术语一起,梭罗是在故弄玄虚。那么其颠覆性体现在哪呢? 当读者被迫不是从一部更大的客观机器的齿轮的感受角度而是作为某种超出了他们的精深控制而且更重要的是与它有着可塑关系

---

① 克莱默,第29页。原文作者在注释和参考文献中都没有提供详细的引用信息和克莱默的全名。(作者注)

的角度去思考经济的本质时,财经的法则就变成一种更像是乱语的外语。而且,梭罗运用一种对不同人来说产生不了什么影响的思想,并通过这么做创新了传统上单一地由股市和运费率称雄的法则。

语言的使用在《道德经》中也占有优势,它提升了个体的重要性。这个比堵塞社交集会的自由流动的客观物质具有更大的意义。梭罗关注的是工业革命的展现、它所制造出的废物对海岸的污染以及及时应运而生的寓言,而老子的现实则是 2500 多年前古代中国的生活的产物。作为这种经验的结果,他文本的大部分,尤其是具极大的颠覆性的那部分,是根植于忠诚、高尚和阶级结构等修辞的。这似乎导致了他对什么才能成就一个好的领导的很多哲学思考,在对"忠诚"这个概念的简单阐释之外,老子是在谈个体内在生活的等级这个主题就变得显而易见了。这种以力量结构为中心的语言充斥着整个《道德经》文本,如第 66 章:

> 是以圣人欲上民,必以言下之。欲先民,必以身后之。是以圣人处上而民不重,处前而民不害。是以天下乐推而不厌。以其不争,故天下莫能与之争。

当然,《道德经》英译本对"圣人"有很多不同的翻译,韩禄伯和莱登译本将其译为"sage"。但更重要的是要注意,老子使用原型权威来表示那些没有掌控政治体系或战场的人,但是空间的行为是存在于简单的用来描绘行为的形容词之外的,在这种情况下,天生的领导才能使得他不能把自己的意愿强加于别人并民主地实施其领导。相反,梭罗则常常将那些拥有真实的精神上的勇气的人描绘为典型的处在服从的位置,如前面提到的住在梭罗隔壁的爱尔兰工人。这种老子探索的君王与其百姓间持续的自上而下的关系的颠覆性发展是《道德经》中又一个同质的相当典型的迷惑,尤其是当读者思考"道"作为一个毫无疑问的谦卑的实体这个受邀主题的时候,正如《道德经》第 8 章所证实的:"上善若水。水善利万物而不争。处众人之所恶,故几于道。"因此,一方面我们有拥有"道"如社会精英的君王,另一方面我们有水注入污浊的沼泽和低洼,注入那些最接近"道"的地方。这些主题蕴含了精英的相悖的颠覆性的形象重塑。

作者在《瓦尔登湖》和《道德经》2 个文本中所使用的不同方法和风格完全是基于读者不同的心理结构的要求。梭罗要求我们通过他的"我"来看待世界,如他自始至终所用的叙事那样,使得别的声音如同传闻而非真实。另一方面,老子则说得含糊以便使我们迷惑,如果我们敢于挑战的话,那我们将通过我们自己的眼睛看到一个新的世界。尽管梭罗和老子都倾向于使用不同风格的寓言来意指掌控某个人的精神能力,但他们所持的如此重要性的本质却很容易让读者理解。我们现在转向的正是这些相似性。在下面的章节中我们将从梭罗和老子的写作技巧方面转向其文本所阐述的物质的自助理想。

(二)第5部分:"结语:互联性"

所有这些都是我或我感觉到的。
——瓦尔特·惠特曼《草叶集》

现在,当我们接近尾声时,立即建立起来的这种考察之固有的悖论似乎根本算不上是悖论。没错,当我们把"互联性"与"自助"彼此相邻地置放的时候,它俩所呈现的视角范围是不同的。前者似乎是对不可知的复杂性的一种妥协,一种在其中自我丧失在组成这种存在的广袤之中的妥协,而后者则相反,显示出一种对待鼓励自我的冷漠无情的坚定不移。这种二分法让人想到老子为了得出结论说相反的东西是被绑在一起的,没有自我就没有与之相关联的东西而提出的。关联性的理想被见到与我们对自助之持续性的考察是同步的,这不是曾经2个思想家中的任一个在个体中阐明一种信仰,这种信仰与表明一种与自我之外的世界之间的深刻联系之反射间没有直接的相关。对梭罗和老子来说,每件事都是一种对话,一种共享,在其中他们实际上形成了一种对话,这种对话既不是一种对暴行或历史的沉重负担或存在的服从,也不是对这个世界进行重新安排使其符合他们自己的固定不变的哲学。而是,他们都承认的一种非常清楚的对话是在这个对话中有他们自己的声音。然而,相互依赖并不仅仅意味着与我们同等的人老实地交流,而是建议一种这些促进因素中的复杂关系。这是梭罗和老子看待他们所处位置的方式:意识到其所在的个体既不害怕这个所在也不会受到它所呈现的他们自己的众所周知的边界之暴行的威胁。

宇宙这个概念的最美的方式之一,以及"道"之文本与概念在阿诺德·格拉瓦(Arnolds Grava)题为《道:现代视角下的一个古老概念》(*Tao*:

An Age-Old Concept in its Modern Perspective）的论文中被明确有力地表达出来了。文中,格拉瓦讨论了过去几年中被翻译的《道德经》中一些内在的模糊性的腐败。作者痛惜译者常常选择"绝对真理"或更容易概念化的语言代替精彩的神秘的原始语言。他写道:

显然郭象误解了老子最初的思想之本质,它不是"绝对事物"即"永恒存在"和"绝对非存在"之间而是"现实"与"潜在性"之间的两极。潜伏在朝向一个正确的阐释"道"之本意路上的每一个角落的其中一个最大的危险是将"非存在"与"未存在"等同,以及将某个"领域"的混乱的潜在性错当成是虚空或绝对的虚无或将数学上的零与虚无相混淆的倾向。"道"之本意是纯粹的潜在性的大量保留,从这种潜在性中事物通过散发的过程而非通过无中生有的创造而产生。①

该段精彩地论及《道德经》并告知读者梭罗与世界相互关联的复杂方式之微妙的结构和不同色度的灰色。然而,该段之重要性在于他也谈到了个体如何既是一个不相干的存在同时又是宇宙中平等的一部分。通过阐明《道德经》中的这些思想的本质是如何并不根植于绝对真理和二元对立,而是根植于一个巨大的潜在性范畴之内的,在这个潜在性中存在与非存在一样平等地屈服于有效的真理。换句话说即是,宇宙的广阔使其拥有了无限发生和变化的可能。这或许是理解绝大部分宗教狂喜的最佳方式,这种狂喜梭罗是在户外感受到的。他并不因为其现时拥有这种非凡的状态而将一棵树或一只金花鼠看成是一次经验的结论,甚或是某种特别迷人的东西,而是相反地理解所有这张存在之网作为潜在的非存在物质是如何美丽地没物质化的一种确切的证明而存在的。他理解存在与非存在是动态变化的,而将他所见到的看成是他从"纯粹的万物从中产生的潜在性的储蓄池"中得来的。我们可在马尔科姆·扬(Malcolm Clemens Young)的《梭罗的精神日记》(The Spiritual Journal of Henry David Thoreau)中找到关于这个观点的更简洁的描述:"梭罗的极乐不仅仅是在他发现新鲜事物的那种骄傲中找到的。用这种新的洞察力,他用一种新鲜的方式来理解它与世界的关系。"②因而可以说,梭罗是在一种寻求拓宽其视野的永恒状态中

---

① 格拉瓦《道:现代视角下的一个古老概念》,载《东西方哲学》1963年第33卷第3期,第238页。
② 马尔科姆·扬《梭罗的精神日记》(The Spiritual Journal of Henry David Thoreau),梅肯:摩斯大学出版社,2009年,第29页。

(自相矛盾的是通过使其敏锐性更甚)去找出经验和允许他更全面地体验宇宙之动态的本质的知识的。因而,梭罗待在瓦尔登湖的主要驱动力之一,实际上是一种为其对找出可能的证明之永久的寻求添加燃料的那种潜在性的着迷。

说梭罗和老子都将其个性作为一种神圣的纪念物来紧紧抓住既是一种保守的陈述也是一种对其而言个体究竟意味着什么的不折不扣的误解。对梭罗和老子来说,自助是一种从社会所提供的廉价庸俗的新鲜事物中削下来的薄片,并取而代之培养一种对个体来说独特的世界观,这种世界观是建立在一种自然世界与对从无数的化身中得到的启示之可能的敏感之间的五光十色的相互关系中的。正如我们在看他们的个体哲学构成的独特派别时,我们一次又一次地见到2个思想家都对社会与个体一样都十分尊敬的观点,即如梭罗所指出的——追随他们的天才——给予了反驳。不管这种流行社会的、宗教机构和礼制与生俱来的反生产力的或哲学的/形而上学的荒谬成见是否根植于短时期以及是不是为私利权宜而设计的,都不会长久。所有这些现象都是带给这2位思想家持续惊愕的源泉。当有时对2位思想家来说遵从这种召唤有困难的时候,那替代之物地狱,正如梭罗在写给哈里森·布莱克(Harrison Blake),一位他早期的崇拜者的信中所言:

> 在生活的进程中,当一个人突然转向时,尽管从一个很小的角度,从其恰当的被指派的道路来看,他生活的喜剧转变为悲剧,并急切转到第五行动。一旦我们因此而落后,没有对出现在我们道路上的阻碍作出解释,而且也没人能聪明到可以给我们建议,没人能如此有力能在我们处于那样的境地时帮助我们。这就是深受'责任'和'对义务的忽略'之害。摩西十诫以及其他更多更可怕的法典由此而被制定。①

但这正是矛盾的源泉之所在,对吗?梭罗一直被一些新的阴谋、战争、视野所痛恨,这些东西常使得我们从对自我的理解的事物中转开去,但更多是被心烦意乱的空虚所吓着。他怕百姓容易故意地放弃他们的生活目

---

① 梭罗《寻找精神家园》(*Letters to a Spiritual Seeker*),第42—43页。

标。老子也一样,很清楚充满了阴谋和虚伪的社会提供给他的是什么利益,他让自己做得更好,让自己做更多的事。两位思想家的著作都显示出人是能在自助的独立领域中发现某些东西的。然而,总会有矛盾存在,也总会有悖论存在。老子与梭罗越是往自己的内里去,他们越是能清晰地看到无拘无束的生活的原始性与丰富性。他们并不因为宗教是个共同体而回避宗教问题,而且他们与生俱来并不信任人群。他们怀疑宗教是因为宗教具有局限性,他们限制个体看到创造的暴行的能力。在对待物质文化的态度上也一样,认为拥有物质并不与生俱来是件坏事,而是拥有物质的频率。尽管,老子与梭罗对这种下意识的自我移除的共同反映是一种诚挚的、深邃的向外的活动。于是,这成了我们将做什么来从这两个文本中获得我们想要的东西:当心那些试图使你对他们的新玩意着迷、想听你的真实想法的华而不实的阴谋。而且,如果你能追随它,你将看到充满未知的潜在性和现实的宇宙。与此相悖的是,你只能在自己的内在自我中看到它。

第三部分
结语：他山石为错

在全球化日益加深的今天，中国和西方都需要从自身的传统和对方的视角来客观、全面地认识自己。异质文化和异质文明间只有通过互相不断的交流与对话，才能真正做到了解与沟通。对异质文化语境中中国经典的丰硕研究成果的系统研究不仅能开阔国内外相关领域研究者的视野，让我们听到来自异域"他者"的不同声音，还能促使我们从不同的视角对自己的文化与学术研究进行反思。

十多年来，笔者一直在做"中国经典在英语世界的传播与接受"系列研究，即把英语世界学者研究中国经典的第一手英文研究成果进行全面系统的梳理研究，其本质上是一种再研究。系列研究中的"中国经典"既包括"经典作品"也包括"经典作家"，涉及了从郭沫若、茅盾、毛泽东、苏轼、林语堂、马立安·高利克、雅罗斯拉夫·普实克、《孙子兵法》、《道德经》等经典作家和作品。

我们常说"他山之石，可以攻玉。"这个成语源自《诗经·小雅·鹤鸣》的下阕，意思是他山的石头，可以用来琢玉器，比喻可以借用别人的东西来为己所用。这首诗的上阕结尾句，意思与此相近，但却很少为人所用，那就是"他山之石，可以为错"。"错"意为"磨玉的石块"，也就是"工具"的意思。要磨玉、琢玉，要让"他者"好的、优秀的或自己所没有的东西为己所用，首先得有用来磨玉、琢玉的工具。基于此，笔者提出"他山之石，如何攻玉？为错"的建议。

"他山石为错"具有双重含义。在异质文化"他者"的眼中，可将中国经典如《道德经》和《孙子兵法》作为可为其用的"他山石"；而我们，也可把异质文化的"他者"将中国经典如《道德经》和《孙子兵法》的应用研究成果作为可资借鉴可给予我们启示的"他山石"。此为研究的再研究，亦为影响的循环。

研究的过程中曾写过一篇《他者的"中国眼":〈道德经〉与医学》的文章。该视角源自国际著名记者、作家爱泼斯坦(艾培,Israel Epstein)的《见证中国:爱泼斯坦回忆录》①(*My China Eye: Memoirs of a Jew and a Journalist*②)。作为中国文化的"他者",海外学者常常是从一个有别于中国学者的独特视角来观察、记录和研究其所见所闻的。其次,他们的记录与研究方法也异于中国学者。尽管中国的学术研究不可能完全将海外学者的研究经验作为自身学术观照的基本模式,但他们不同的文化背景、不同的价值理念以及不同的审美立场必然会带来与中国学者不一样的认知与诠释。

鉴于此,在做系列研究时笔者尤其关注异质文化的"他者"把中国经典这块"他山之石"借为"错"应用到各个领域的成果,以期从中国文化的"他者"那里获得可资借鉴的研究视角、方法与观点。

在了解了英语世界学者对丰硕的"中国经典"研究成果后,我们还必须拷问,是不是"他山之石"皆可为错,皆可为我所用呢? 在 2 篇《道德经》在英语世界的应用研究成果中,作者都友善地提醒了我们在借"他山之石"时应该注意的地方。艾丽西娅·亨尼希(Alicia Henning)在其文《将〈老子〉应用到经营管理中》的开头和结尾处都强调:"第一眼看,这些美德并非所有都能在经营管理中起到作用,而且尤其不能从纯粹的'西方'视角去看。""道家思想不仅是一种与复杂的历史相关而且也与复杂的世界观相关的哲学,它与西方的思维方式是完全不同的。可以说《道德经》中所呈现的美德可实际用于商业中,然而,有些美德背离了其原本的意思和文化历史语境。"刘瑞平(Low Sui Pheng)在其文《老子〈道德经〉给设备经理的教训》的结尾也提醒我们:"尽管老子的教义中蕴含着巨大的可为设备管理负责人所用的智慧,但应该注意并非其所有的古老智慧都与现代语境相关。在效果上,当我们从 20 世纪的视角来看的话老子的某些教义可能是失败的、消极的,但老子的绝大部分教义并非是要现代人去全部获得,而只是要他努力追求一种道德理想,而非下意识地在精神上一直保持这种理想,如果他意在获得谦卑、道德实践、公平竞争和内在安宁的话。"

鲁迅先生在其文《拿来主义》中告诫我们说:"要运用脑髓,放出眼光,

---

① 伊斯雷尔·爱泼斯坦著,沈苏儒、贾宗谊、钱雨润译《见证中国:爱泼斯坦回忆录》,北京:新星出版社,2015 年。
② Israel Epstein. *My China Eye: Memoirs of a Jew and a Journalist*. San Francisco: Long River Press, 2005.

自己来拿!""他占有,挑选""总之,我们要拿来。我们要或使用,或存放,或毁灭。那么,主人是新主人,宅子也就会成为新宅子。然而首先要这人沉着,勇猛,有辨别,不自私。没有拿来的,人不能自成为新人,没有拿来的,文艺不能自成为新文艺。"该文涉及了在将"他者"的宝贝"拿来"时应该本着"去其糟粕,取其精华"的精神,尽管鲁迅先生并没有明确地使用这个词语。

美国诗人罗伯特·弗罗斯特(Robert Frost)在其长诗《补墙》(Mending Wall)中2次提到,当诗歌的叙事者建议他的邻居来年不要再在春天修补被雨水弄坏的石墙时他的邻居只是机械地告诉他:"有了好篱笆才能成好邻居。"(Good fences make good neighbors)他认为自己的父辈所说的话非常棒,"有了好篱笆才能成好邻居。"叙事者对邻居的固执行为和话语"若有所想",并对邻居讲:"我们这里并不需要砌这堵墙:你那边种的是松树,而我这边种的是苹果树。你的松树和我的苹果树隔墙相望。我的苹果树不会越过墙跑到你的松树下去把松果尝。"叙事者还试图让他的邻居去思量:"好篱笆何以能促成好邻居呢?"但是叙事者说服不了固执的邻居,于是"补墙"这件事在每年春天一遍又一遍地被重复,无可奈何的叙事者只能在心里责备自己的邻居"不去琢磨父辈曾经如何对他讲,倒是认为他父亲所说的话非常棒"。可以看出,诗中的邻居听不进叙事者的合理建议坚持要在春天约了叙事者来一起修补界墙的理由,仅仅只是他认为自己的父亲所说的话非常棒,很在理,而不管不顾这界墙有没有存在和修补的合理性。

还有一句耳熟能详的话,那就是意大利诗人但丁在《神曲》(Divine Comedy)中所说的:"走自己的路,让别人说去吧。"(Take your own walk, let others talk.)这个观点恰与弗罗斯特《补墙》中那位邻居的观点相反:走你自己的路,做你自己的事,坚持你自己的观点,不要被他人的建议和经验所干扰或左右。

那么,我们究竟该采取什么样的态度来让"他山之石"为我所用给予我们可能的借鉴与启示呢? 笔者的建议是:听别人说,走自己的路。把别人的经验、教训、成果拿来,然后根据自己的实际情况和需要以及所处的时代、社会等大环境,选取符合自己实情的"他山之石"来作为可资借鉴可为自己所用的攻玉之石,可以让我们少走弯路、错路,最终达到事半功倍的效果。

附　录

一、安乐哲英译本所依郭店楚墓出土《道德经》竹简本中的《太一生水》原文及译文

太一生水

太一生水,水反辅太一,是以成天。天反辅太一,是以成地。天地[复相辅]也,是以成神明。神明复相辅也,是以成阴阳。阴阳复相辅也,是以成四时。四时复相辅也,是以成冷热。冷热复相辅也,是以成湿燥。湿燥复相辅也,成岁而止。

故岁者,湿燥之所生也。湿燥者,冷热之所生也。冷热者,四时之所生也。四时者,阴阳之所生[也]。阴阳者,神明之所生也。神明者,天地之所生也。天地者,太一之所生也。

是故太一藏于水,行于时。周而或[始,以己为]万物母;一缺一盈,以己为万物经。此天之所不能杀,地之所不能厘,阴阳之所不能成。君子知此之谓⋯

天道贵弱,削成者以益生者。伐于强,责于[刚;助于弱,益于柔]。下,土也,而谓之地;上,气也,而谓之天。道亦其字也。请问其名。以道从事者,必托其名,故事成则身长;圣人之从事也,亦托其名,故功成而身不伤。天地名字并立,姑过其方,不思相[当。天不足]于西北,其下高以强;地不足于东南,其上[高以强]。[不足于上]者,有余于下;不足于下者,有余于上。

The Great One Gives Birth to the Waters

In the Great One giving birth to the waters, the waters collaterally assist the Great One, thereby producing the heavens. The heavens collaterally assist the Great One, thereby producing the earth. The heavens and earth again assist each other, thereby producing the spiritual and numinous. The spiritual and numinous again assist each other, thereby producing *yin* and *yang qi*. *Yin* and *yang qi* again assist each other, thereby producing the four seasons. The four seasons again assist each other, thereby producing the hot and the cold. The hot and the cold again assist each other, thereby producing the moist and the dry. And the moist and the dry again assist each other, culminating in producing the yearly cycle.

Thus, it is the moist and the dry that give birth to the yearly cycle; it is the hot and the cold that give birth to the moist and the dry; it is the four seasons that give birth to the hot and the cold; it is the *yin* and the *yang qi* that give birth to the four seasons; it is the spiritual and the numinous that give birth to the *yin* and *yang qi*; it is the heavens and the earth that give birth to the spiritual and the numinous; it is the Great One that gives birth to the heavens and the earth.

Thus it is that the Great One is hidden away in the waters, and travels with the seasons. It completes a cycle only to begin again, making itself the mother of everything that happens. It is alternatively deficient then full, making itself the guiding pattern of everything that happens. This is not something the heavens can diminish, nor something that the earth can alter, nor something the *yin* and the *yang qi* can bring to closure. Exemplary persons know this as what is called….

The way of *tian* is to prize softness. It pares away at what has culminated in order to benefit new growth. It attacks the strong, and punishes the hard; it aids the soft and benefits the weak.

The dirt beneath our feet we call the earth, and the *qi* above our heads we call the heavens. As for *dao*, it is just another style name for the same things. But what, may I ask, is its proper name? Those who would accord with *dao* in their undertakings must do so in the name of *dao*. It is thus that they are successful at what they do and are personally long-lived. Even the sages who accord with *dao* in the undertakings do so in its name. It is thus that they are successful in their accomplishments and personally go unharmed. The different names for the heavens and the earth——both their original name and their style name——are also well-established. It is just that in trying to venture beyond these categories, we do not think that such names are fitting.

The heavens are wanting in the northwest, but the earth beneath compensates for this deficiency by its height. The earth is wanting in the southeast, but the heavens above compensates for this deficiency by their height. Any deficiency above is made up for in what is below, and any deficiency below is made up for in what is above.

二、韩禄伯英译本所依郭店楚墓出土《道德经》竹简本中的《太一生水》译文

Taiyi shengshui(Part I: Slips 1—8, 10—12)

Slips 1—8:

The Great One gave birth to water. Water returned and assisted Taiyi, in this way developing heaven. Heaven returned and assisted Taiyi, in this way developing the earth. Heaven and earth [repeatedly assisted each other], in this way developing the "gods above and below." The "gods above and below" repeatedly assisted each other, in this way developing Yin and Yang. Yin and Yang repeatedly assisted each other, in this way developing the four seasons. The four seasons repeatedly assisted each other, in this way developing cold and hot. Cold and hot repeatedly assisted each other, in this way developing moist and dry. Moist and dry repeatedly assisted each other; they developed the year, and the process came to an end.

Therefore, the year was produced by moisture and dryness; moisture and dryness were produced by cold and hot. Cold and hot and the four seasons were produced by Yin and Yang. Yin and Yang were produced by the "gods above and below." The "gods above and below" were produced by heaven and earth, and heaven and earth were produced by the Great One. This being so, the Great One is concealed in water and moves with the four seasons. Completing a circle, [it starts] over again; [We regard this beginning as] the mother of the ten thousand things: first it is depleted, then it is full; we regard this beginning as the guiding principle of the ten thousand things. This is something that heaven cannot destroy, the earth cannot smother, and Yin and Yang cannot produce. The gentleman knows this is refered to as [the Way.]…

Slips 10—12:

What is below is soil, yet we refer to it [*wei zhi*, 谓之] as the earth; what is above is air, yet we refer to it as heaven. In the same way, "the Way" is its designation [*zi*, 字]. "But, may I ask, what is its name [*ming*, 名]?" One who uses the Way to work at his tasks certainly relies on its name; for this reason his tasks are completed and he endures. When the Sage works at his tasks, he also relies on its names; as a result his deeds are achieved and he suffers no harm. With heaven and earth, "name" and "designation" both stand together. But when we move beyond these domains, we can think of nothing that would fit [as a name].

Taiyi shengshui (Part II: Slips 9, 13—14)

Slip 9:

The Way of Heaven values weakness. To cut away at what is complete in order to add on to life is to attack using force, to punish using…

Slips 13—14:

[Heaven is incomplete] in the northwest. What is below it (i.e., the earth) is high and firm. The earth is incomplete in the southeast. What is above it (i.e., the sky) [is low and soft(?). When what is above is lacking,] there is a surplus below, and when what is below is lacking, there is a surplus above.

参考文献

中文专著

1. [美]安乐哲著，温海明编《和而不同：比较哲学与中西汇通》，北京：北京大学出版社，2002年版。
2. 老子著，辜正坤译《道德经》，北京：中国对外翻译公司，2007年版。
3. 罗志元编著《〈道德经〉译解》，扬州：广陵书社，2007年版。
4. [德]鲁道夫·瓦格纳著，杨立华译《王弼〈老子注〉研究》，南京：江苏人民出版社，2008年版。
5. 辛红娟《〈道德经〉在英语世界——文本行旅与世界想像》，上海：上海译文出版社，2008年版。
6. 易鸣《从接受理论视角看〈道德经〉在英美的翻译》，长沙：湖南师范大学出版社，2006年版。
7. 张秀珍编译《〈道德经〉中英语汇》，高雄：高雄复文图书出版社，2001年版。

英文专著

1. Adrian Hsia ed. *Tao, Reception in East and West*. New York：Peter Lang，1994.
2. Al Mcdermid. *All That Is：81 Meditations Inspired by the Tao Te Ching*. Charleston：Creativespace Independent Publishing Platform，2012.
3. Alva LaSalle Kitselman. *Tao Teh King, the Way of Peace of Lao Tzu*. Palo Alto：The School of Simplicity，1936.
4. Anthony D. Duncan. *The Tao of Christ：A Christian's Reading of the

Daodejing of Laozi. Oceanside: Sun Chalice Books, 2002.

5. B. S. Rajneesh. *The Way of Tao: Discourses on Lao Tse's Tao-Te-King*. Delhi: Motilal Banarsidass, 1978.

6. Bennett B. Sims. *Lao-tzu and the Tao-te-ching*. New York: Franklin Watts, 1971.

7. Bhagwan Shree Rajneesh. Tao: *The Three Treasures-the Tao Te Ching of Lao Tzu* (4 vols.) Poona: Rajneesh Foundation, 1976.

8. Brian Bruya. *The Tao Speaks*. New York: Doubleday, 1995.

9. Burton Watston. *Metaphysics and Government in the Lao Tzu: Selection from The Lao Tzu (Tao-te Ching)*. New York: Columbia University Press, 1960.

10. Carl Henrik Andreas Bjerregaard. *The Inner Life and the Tao-teh-king*. Chicago: Theosophical Pub. Co., 1912.

11. Chan, Wing-tsit. *A Source Book in Chinese Philosophy*. Princeton: Princeton University Press, 1963.

12. ------*The Way of Lao Tzu*. New York: The Bobbs-Merrill Co., 1963.

13. Chang Chi-Chu and William Forthman. *Lao Tzu*. New York: Meredith Publishing Company, 1967.

14. Charles Henry Mackintosh. *Tao*. Chicago: Theosophical Press, 1926.

15. David Hinton. *Lao Tzu and Anthroposophy*. Washington: Counterpoint, 2000.

16. Dennis M. Waller. *The Way of the Tao, Living an Authentic Life: Lao Tzu's Tao Te Ching, a Treatise and Interpretation*. Charleston: Createspace Independent Publishing Platform, 2012.

17. Diane Dreher. *The Tao of Personal Leadership*. 1st edition. New York: Harper Business, 1996.

18. Duane Bruner. *Tao Te Ching: A Simple, Little Version of the Tao Te Ching*. Charleston: Creativespace Independent Publishing Platform, 2016.

19. Dwight Goddard and Bhikshu Wai-Tao. "*Tao-Teh-King*" in a Buddhist Bible, edited by Dwight Goddard. New York: E. P. Dutton & Co., 1952.

20. Eduard Erkes. *Ho-Shang-Kung's Commentary on Lao-tse*. Ascona, Switzerland: Press of Artibus Asiae, 1950.

21. Goddard Henri Borel, Wai-Tao B. Dwight. *Laotzu's Tao and Wu-wei*. New York: Brentano, 1919.

22. Gregory Johanson and Ronald Kurtz. *Grace Unfolding: Psychotherapy in the Spirit of Tao Te Ching*. New York: Harmony, 1994.

23. Gwilyn Oswald Griffith. *Interpreters of Reality: A Comment on Heraclitus, Lao-tse, and the Christian Faith*. London: Lutterworth Press, 1946.

24. Henri Maspero, Frank Kierman trans. *Taoism and Chinese Religion*. Amherst: University of Masschusetts Press, 1981.

25. Holmes Welch. *The Parting of the Way, Lao Tzu and the Taoism*. Taipei: Pan-American Book Co., Ltd., 1976.

26. Hu Xuezhi. *Revealing the Tao Te Ching, in-Depth Commentaries on an Ancient Classic*. Los Angeles: Ageless Classics Press, 2006.

27. J. J. L. Duyvendak. *The Book of the Way and Its Virtue*. London: J. Murray, 1954.

28. James A. Autry and Stephen Mitchell. *Real Power: Business Lessons from the Tao Te Ching*. London: Nicholas Brealey Pub., 1998.

29. James Legge trans. *The Texts of Taoism*, Part 1 In *Sacred Books of the East*, Vol. 39. Oxford: Oxford University Press, 1885.

30. Jason P. Blahuta. *Fortune and the Dao: A Comparative Study of Machiavelli, the Daodejing, and the Han Feizi*. Chicago: Lexington Books, 2015.

31. Jarcq Terra. *The Book of the Way and Its Way*. Surrey: Urben Mystic Books, 2004.

32. Jerry O. Dalton. *Tao Te Ching: Backwards down the Path*. New York: Humanics Trade, 1990.

33. Jeff Rasmussen. *Spirit of Tao Te Ching*. Indianapolis: Nisi Sunyyata, 2001.

34. Jim McGregor. *The Tao of Recovery: A Quiet Path to Wellness*. Atlanta: Humanics Publishing House, 1998.

35. John Ross Jr. *Tao Te Ching: The Way of Virtue in Leadership and Life*. London: Xlibris Corporation, 2012.

36. Joseph A. Magno. *The Spiritual Philosophy of the Tao Te Ching*. London: Pendragon Publishing, 2004.

37. LeeDian Rainey. *Decoding Dao: Reading the Dao De Ching and the Zhuangzi*. West Sussex: John Wiley & Sons Ltd., UK, 2014.

38. Livia Kohn and Michael LaFargue eds. *Lao Tzu and the Tao-te-ching*. Albany, New York: State University of New York Press, 1998.

39. Henri Borel, translated by M. E. Reynolds from the Dutch. *Rhythm of Life Based on the Philosophy of Lao Tsze*. London: John Murray, 1921.

40. John Heider. *The Tao of Leadership: Lao Tzu's Tao Te Ching, Adapted for a New Age*. Atlanta, Georgia: Humanics Publishing Group, 1985.

41. John Ross Jr. *Tao-Te-Ching: The Way of Virtue in Leadership and Life*. Bloomington: Xlibris Corporation, 2012.

42. Mark Csikszentmihalyi and Philip J. Ivanhoe. *Religious and Philosohical Aspects of the Laozi*. New York: State University of New York Press, 1999.

43. Max Kaltenmark, translated by Roger Greaves from the French. *Lao-Tseu et Le Taoïsme*. Stanford: Stanford University Press, 1965.

44. Ni, Hua-ching. *Esoteric Tao Teh Ching*. Santa Monica: Shrine of the Eternal Breath of Tao, College of Tao & Traditional Chinese Healing Publisher, 1992.

45. Orde Poynton. *The Great Sinderesis, Being a Translation of Tao Te Ching*. Adelaide: The Hassell Press, 1949.

46. Pamela K. Metz. *The Creative Tao*. Atlanta: Humanics Publishing House, 1997.

47. Paul Carus. *The Canon of Reason and Virtue*. Chicago: Open Court, 1913.

48. Peter Lobdell. *Reflections on the Art of Acting: Using the Tao Te Ching as a Mirror*. Charleston: Createspace Independent Publishing Platform, 2013.

49. Priya Hemenway. *Wisdom of the Tao, Adapted and Interpreted*. San Francisco: Chronicle, 2002.

50. R. B. Blakney. *The Way of Life: Lao Tzu*. New York: New American Library, 1955.

51. Ray Grigg. *The New Lao Tzu: A Contemporary Tao Te Ching*. Boston: Charles E. Tuttle Co., Inc., 1995.

52. Richard Gotshalk. *The Classic of Way and Her Power, a Miscellany*. Lanham：University Press of America, 2007.

53. Robert D. Finley. *Tao Te Ching：Poetry and Paradox*. Xlibris Corporation, 2000.

54. Rudolf Wagner. *The Craft of a Chinese Commentator：Wang Bi on the Laozi*. New YorK：State University of New York Press, 2000.

55. S. Allan and C. Williams eds. *The Guodian Laozi：Proceedings of the International Conference*. Berkeley：University of California Press, 2000.

56. Sean Michael Wilson ed., William Scott Wilson trans. *Tao Te Ching：A Graphic Novel*. New York：Shambhala, 2018.

57. Shrine of Wisdom Editors. *The Simple Way of Lao Tse, an Analysis*. Shrine of Wisdom, 1974.

58. Solala Towler. *Practicing the Tao Te Ching：81 Steps on the Way*. New York：Sounds True Inc., 2016.

59. Stan Atamanchuk. *Tao Te Ching：A Study in the Field of Waves*. Charleston：Creativespace Independent Publishing Platform, 2011.

60. Steve Kaufman. *The Living Tao：Meditations on the Tao Te Ching to Empower Your Life*. 1st edition. Boston：C. E. Tuttle Co., 1998.

61. Steve Price. *A Bowler's View of the Tao Te Ching*. Charleston：Createspace Independent Publishing Platform, 2016.

62. Susan Montag. *Finding the Way, a Tao for Down-to-Earth People*. Berwick：Nicolas Hays, 2005.

63. Sylvia D. Saxon. *Finding My Own Way：Personal Reflections on the Tao Te Ching*. Charleston：Createspace Independent Publishing Platform, 2013.

64. Tam C. Gibbs and Man-jan Cheng. *Lao Tzu："My Words Are Very Easy to Understand."* Berkeley：North Atlantic Books, 1981.

65. Tao, Huang. *Laoism：The Complete Teachings of Lao Zi*. Atlanta：Humanics, 2000.

66. Thomas H. Miles. *Tao Te Ching：About the Way of Nature and its Powers*. New York：Avery Publishing Group, 1992.

67. Victor C. C. Khor, Graeme Chapman. *A New Perspective on Dao De*

Jing/*Classic of the Word and Integrity*. Kelana Jaya: Pelanduk, 2002.

68. Walter Gorn Old. *The Simple Way, Lao Tze, the"Old Boy"*: *A New Translation of the Tao-Teh-King*. London: Philip Welley, 1904.

69. Wei, Henry. *The Guiding Light of Lao Tzu*. London: The Theosophical Publishing House, 1982.

70. William C. Martin. *The Parent's Tao Te Ching*: *Ancient Advice for Modern Parents*: *A New Interpretation*. Avalon: Avalon Publishing Group, 1999.

71. ------*A Path and a Practice*: *Using Lao Tzu's Tao Te Ching as a Guide to an Awakened Spiritual Life*. London: Marlowe & Company, 2005.

72. William Martin and Nancy Martin. *The Caregiver's Tao Te Ching*: *Compassionate Caring for Your Loved Ones and Yourself*. London: New World Library, 2011.

硕博论文

1. Alicia Dawn Lloyd. "A Rhetorical Analysis of the Tao Te Ching, Some Taoist Figures of the Speech." Ph. D. Thesis, Ohio State University, 1974.

2. Allen Singleton. "Metaphysics and Practice in the *Xiang Er* Commentary to the *Lao Zi*." Ph. D. Thesis, The University of Chicago, 2002.

3. Binh The Quach. "The Formative and Transformative Power of Symbol: Water in the Gospel of John and the Laozi." Ph. D. Thesis, University of California, 2002.

4. Chan, Hiutung. "In Search of Transcendent Order in the Violent World: A Theological Meditation of Laozi's *Daodejing* and Augustine's *De Trinitate*." Ph. D. Thesis, Boston University, 2008.

5. Chan, Kang. "The Uncultivated Man and the Weakness of the Ideal in Classical Chinese Philosophy." Ph. D. Thesis, Harvard University, 2000.

6. Charlotte Hines. "A Study of Taoism." M. A. Thesis, California State University, 1994.

7. Cheng, Wing Kin. "Critical Analysis of Mou Zongsan's Understanding of the Philosophy of Lao Tzu with Reference to Concepts of"Zhi de Zhijue" and

"Zhong Guan." Ph. D. Thesis, The Hong Kong University of Science and Technology, 2009.

8. D. R. Munoz. "An Investigation of English Translations of the *Tao Te Ching* Texts." M. A. Thesis, California Institute of Integral Studies, 1992.

9. David Phillip Faas. "Rhetorical Antecedents for Persuasive Discourse in the People's Republic of China." Ed. D. Thesis, The State University of New Jersey, 1987.

10. Ding Xiang Warner. "Wang Ji(590—644) and the Idealization of the Reluse." Ph. D. Thesis, University of Washington, 1996.

11. Fu, Pei-jung. "The Concept of 'T'ien' in Ancient China: With Special Emphasis of Confucianism." Ph. D. Thesis, Yale University, 1984.

12. Ellen Marie Chen. "Tao, Nature, Man: A Study of the Key Ideas in the *Tao Te Ching*." Ph. D. Thesis, Fordham University, 1966.

13. Ginny S. Lin. "The Tao of *Lao Tzu* and Yin-Yang in the '*I Ching*''s Ten Wings with Special Reference to Contemporary Crises." Ph. D. Thesis, California Institute of Integral Studies, 2008.

14. Gregory James Sorcsek. "Ever Present and in Motion: A Composition for Chamber Orchestra and Chorus(On Texts from the '*Tao Te Ching*')." M. A. Thesis, University of Miami, 1985.

15. Hagop Sarkissian. "Laozi: Revisiting Two Early Commentaries in the *Hanfeizi*." M. A. Thesis, University of Toronto, 2001.

16. Hao, Changchi. "Wu-wei and the Question of the Other." Ph. D. Thesis, Fordham University, 2001.

17. Holly Harlayne Roberts. "The Philosophy of the Virtue of Humbleness in the '*Tao Te Ching*'(Lao Tzu)." Ph. D. Thesis, California Institute of Integral Studies, 2005.

18. Howard Lazar Goodman. "Exgetes and Exegeses of the *Book of Changes* in the Third Century AD: Historical and Scholastic Contexts for Wang Pi." Ph. D. Thesis, Princeton University, 1985.

19. Irene Galins Lazda. "Brecht's Concept of Wisdom and its Related Attitude with Special Reference to Mo-Tzu and Lao-Tzu." Ph. D. Thesis, University of Pittsburg, 1975.

20. J. C. Cawley. "Lost in Translation: Culture, Nation, and the Individual in Postcolonial Theory. " M. A. Thesis, The University of New Brunswick, 2006.

21. Jane Geaney. "Language and Sense Discrimination in Ancient China." Ph. D. Thesis, The University of Chicago, 1996.

22. Jeffrey Lynn Richey. "Magical Power and Moral Law in Early Chinese Thought. " Ph. D. Thesis, Graduate Theological Union, 2000.

23. Joel Skelton. " Persuasion in Antiquity: A Content Analysis of Ptahhotep's Maxims and Lao Tzu's *Tao Te Ching*. " Ph. D. Thesis, Rochester Institute of Technology, 2013.

24. Jonathan M. Crowley. "Eastern Past, Western Present, and Back Again: Emerson, Thoreau, and Eastern Philosophy. " M. A. Thesis, State University of New York, 2008.

25. Josh Aaron Weinstein. "Humility and the Face of Nature: Towards an Ecological Ethics of Humility in the Works of Henry Thoreau, Susan Cooper, Walt Whitman and Marianne Moor. " Ph. D. Thesis, State University of New York, 2008.

26. Kei Yeung Luk. " A Contemporary Interpretation of Laozi and Zhuangzi's Concepts of *Dao* and *Wuwei*. " Ph. D. Thesis, The Hong Kong University, 2009.

27. Kit Sze Amy Chan. "Cyberfeminism, the Body and the Virtual: Towards an Intercultural Perspective. " Ph. D. Thesis, The Chinese University of Hong Kong, 2002.

28. Lee, Kyung Jay. "Difference and Nothingness. " Ph. D. Thesis, State University of New York at Stony Brook, 1991.

29. Lee, Se Hyoung. "A Reinterpretation of God and Evil from the Taoist Perspective. " Ph. D. Thesis, Drew University, 1996.

30. Ma, Xiao-hung. "The First Taoist Pantheon: T'ao Hung-ching(456—536 CE) and His Chen-Ling-Wei-Yeh-T'u. " Ph. D. Thesis, Temple University, 1998.

31. Markus Leong. "Hanshan Deqing(1546—1623)on Buddhist Ethics. " Ph. D. Thesis, California Institute of Integral Studies, 1994.

32. Nicolas Elias Leon Ruiz. "Heraclitus and the Work of Awakening." Ph. D. Thesis, Stony Brook University, 2007.

33. Robert Douglas Finley. "*Tao Te Ching*: A Guiding Image for Humanistic Psychology and Education." Ed. D. Thesis, Mississippi State University, 1981.

34. Santa Barbara. "The Dao of America: The History and Practice of American Daoism." Ph. D. Thesis, University of California, 2003.

35. Scott Bradley Cook. "Unity and Diversity in the Musical Thought of Warring State China." Ph. D. Thesis, University of Michigan, 1995.

36. Thomas Michael. "The Body, the World, and Soteriology in Early Daoism." Ph. D. Thesis, The University of Chicago, 2001.

37. Wu, Hui-mei. "Reading Early Manuscripts with Transmitted Counterparts: Methodological Problems and Consequences for Textual History." M. A. Thesis, The University of Colorado, 2009.

38. Yen, Chun-min. "Shadows and Echoes of the Mind——Hanshan Deqing's (1546—1623) Syncretic View and Buddhist Interpretation of the *Daodejing*." Ph. D. Thesis, The University of Arizona, 2004.

39. Zeng, Hong. "A Deconstructive Reading of Chinese Natural Philosophy in Poetry." Ph. D. Thesis, The University of North Carolina at Chapel Hill, 2002.

40. Zhang, Longxi. "Language and Interpretation: A Study in East-West Comparative Poetics." Ph. D. Thesis, Harvard University, 1989.

41. Zhang, Xianglong. "Heideggar and Taoism." Ph. D. Thesis, State University of New York at Buffalo, 1992.

英语世界的《道德经》英译本(按出版时间排序)

1. John Chalmers trans. *The Speculations on Metaphysics, Polity and Morality of "the Old Philosopher", Lao-Tsze*. London: Trubner & Co., 1868.

2. Frederic Henry Balfour trans. *Taoist Texts, Political and Speculative*. London: Trubner & Co., Shanghai: Kelly & Walsh, 1884.

3. James Legge trans. *The Sacred Books of China: The Texts of Taoism*. New York: Dover Publications, 1891.

4. Walter Gorn Old trans. *The Book of the Path of Virtue*, or *A Version of the Tao Teh King of Lao-tsze*, with an introduction and essay on the Tao as presented in the writings of Chuang-tsze. Madras: Theosophical Publishing Society, 1894.

5. G. G. Alexander. *Lao Tsze: The Great Thinker: With a Translation of His Thought on the Nature and Manifestations of God*. London: Kegan Paul, 1895.

6. Paul Carus trans. *The Canon of Reason and Virtue. Being Lao-tze's Tao Teh King*. Chicago: The Open Court Publishing Company, 1898.

7. W. Heysinger. *The Light of China: The Tao Teh King of Lao Tsze*. Philadephia: Research Pub. Co., 1903.

8. Walter Gorn Old. *The Simple Way, Laotze, The "Old Boy": A New Translation of the Tao-Teh-King*. London: Rider; Philadephia: McKay, 1904.

9. C. Spurgeon Medhurst. *The Tao Teh King: A Short Study in Comparative Religion*. Chicago: Theosophical Book Concern, 1905.

10. Lionel Giles. *The Sayings of Lao Tzu, from the Wisdom of the East Series*. New York: E. P. Dutton and Company, Inc., 1905.

11. E. H. Parker. *The Tao-teh King. A Translation of the Chinese Classics*. London: Luzac, 1905.

12. Carl Henrik Andreas Bjerregaard. *The Inner Life and the Tao Teh King*. London: Theosophical Publishing House; New York: The Theosophical Publishing Co., 1911.

13. Isabella Mears trans. *Tao Teh King by Lao Tzu*. London: Theosophical Publishing House, Ltd., 1916.

14. Aleister Crowley trans. *Tao Te Ching*. York Beach, ME: Samuel Weiser, 1923.

15. Arthur Waley trans. *The Way and its Power: A Study of the Tao Te Ching and its Place in Chinese Thought*. New York: MacMillan Press, 1934.

16. Witter Bynner trans. *The Way of Life according to Laotzu*. New York: John Day Company, 1944.

17. Ch'u, Ta-kao trans. *Tao Te Ching*. London: George Allen & Unwin Ltd., 1937.

18. ------*Tao Te Ching*（a new translation）, foreword by Lionel Giles. London: Buddhist Society, 1945.

19. Hermon Ould trans. *The Way of Acceptance: A New Version of Lao Tse's Tao Te Ching*. London: A Dakers, 1946.

20. Lin, Yutang trans. and ed. *The Wisdom of Laotse*, with an introduction and notes. New York: Random House, 1948.

21. Eduard Erkes. *Ho-shang-kung's Commentary on Lao-tse*. Ascona, Switzerland: Press of Artibus Asiae, 1950.

22. Orde Poynton. *The Great Sinderesis, a Translation of the Tao Te Ching*. Adelaide: The Hassell Press, 1949.

23. J. J. L. Duyvendak transalted and annotated. *Tao Te Ching: The Book of the Way and Its Virtue*. London: John Murray, 1954.

24. Raymond Bernard Blakney trans. *The Way of Life: A New Translation of the Tao Te Ching*. New York: New American Library, 1955.

25. Holmes H. Welch. *The Parting of the Way. Lao Tzu and the Taoist Movement*. Boston: Beacon Press, 1957.

26. Archie J. Bahm trans. *Tao Teh King*. New York: Frederick Ungar, 1958.

27. Ch'u, Ta-kao trans. *Tao Te Ching*（a new translation）, foreword by Lionel Giles. London: George Allen & Unwin, 1959.

28. Amitendranath Tagore. *To-Te-Ching*. New Delhi: 1960.

29. John C. H. Wu（Wu Jingxiong）trans. *Tao Teh Ching/ Lao Tzu*. New York: St. John's University Press, 1961.

30. D. C. Lau trans. Lao Tzu *Tao Te Ching*. Harmondsworth: Middlesex, 1963.

31. Chan, Wing-tsit trans. *The Way of Lao Tzu（Tao-te Ching）*, with introductory essays, comments and notes. Indianapolis: Bobbs-Merrill, 1963.

32. C. Spurgeon Medhurst trans. *The Tao-teh-king: Sayings of Lao Tzu*. Wheaton: Theosophical Publishing House, 1972.

33. Gia-Fu Feng and Jane English trans. *Tao Te Ching*, with an introduction and notes by Jacob Needleman. New York: Vintage Books, 1972.

34. Roger Home. *The Great Art of Laotse*. A new English version translated

from Chinese by A. R. Home of Laotse's 81 meditation on the way of power (*Tao teh Ching*). Exeter: Newbard, 1972.

35. Chang, Chung-yuan trans. *Tao: A New Way of Thinking: A Translation of the Tao Te Ching*, with an introduction and commentaries. New York: Harper & Row Pub., 1975.

36. K. O. Schmidt. *Tao Te Ching (Lao-Tse's Book of Life)*. Lakemont, Georgia: CSA Press, 1975.

37. Chen Guying, Rhett W. Young and Roger Thomas Ames trans. *Laozi: Text, Notes, and Comments*. Los Angeles: Chinese Materials Center Publications, 1977.

38. Paul J. Lin. *A Translation of Lao Tzu's Tao Te Ching and Wang Pi's Commentary*. Ann Arbor: Center for Chinese Studies, University of Michigan, 1977.

39. Dolli Didi trans. *The Way of Tao: Discourses on Lao Tse's Tao-Te-King*. Delhi: Motilal Banarsidass, 1978—1979.

40. Ni, Hua-Ching trans. *Complete Works of Lao Tzu: Tao Teh Ching and Hua Hu Ching*. Malibu, California: The Shrine of the Eternal Breath of Tao, 1979.

41. Ariane Rump and Wing-tsit Chan. *Commentary on the Lao Tzu by Wang Pi*. Hawaii: University of Hawaii, 1979.

42. John R. Leebrick. *Tao Teh Ching: Classic of the Way and its Nature*. Urbana: Afterimage Book Publishers, 1980.

43. Benjamin Hoff. *The Way to Life: At the Heart of the Tao Te Ching*. New York: Weatherhill, 1981.

44. R. Y. W. Young and Roger T. Ames trans. Chen Guying. *Lao Tzu: Text, Notes and Comments*. San Francisco: Chinese Materials Center, 1981.

45. Alan Taplow. *Lau Tzu Talks to Be, an Interpretation of Tao Te Ching*. Plainfield VT: Omlet Publications, 1981.

46. Ch'u, Ta-kao trans. *Tao Te Ching*, illustrated by Willow Winston. London: Unwin Paperbacks, 1982.

47. D. C. Lau. *Chinese Classic Tao Te Ching*. Hong Kong: The Chinese University Press, 1982.

48. Herrymon Maurer trans. *Tao: The Way of the Ways*. New York: Schocken Books, 1982.

49. Henry Wei. *The Guiding Light of Lao Tzu. A New Translation and Commentary on the Tao Teh Ching*. Wheaton: Theosophical Pub. House, 1982.

50. Victor Shim. *The Secrets of Eternal Life, Tao Teh Ching, Volume One*. Privatdruck. New Delhi: Xerox Reproduction Centre, 1984.

51. H. G. Ostwald. *Tao Te Ching: The Book of Meaning and Life*, translated into English from German edition by Richard Wihelm(1911). London and New York: Routledge & Kegan Paul, 1985.

52. R. L. Wing. *The Tao of Power: A Translation of the Tao Te Ching by Lao Tzu*. New York: Doubleday, 1986.

53. Stephen Mitchell. *Tao Te Ching*, with foreword and notes. New York: Harper Collins Publishers, Inc., 1988.

54. Stephen Mitchell. *Tao Te Ching: A New English Version(pocket edition)*, with foreword and notes. New York: Harper Collins Publishers, Inc., 1988.

55. R. L. Wing. *The Tao of Power: Lao Tzu's Classic Guide to Leadership, Influence and Excellence*. London: Thorson, 1988.

56. Ellen Marie Chen. *The Tao Te Ching, A New Translation with Commentary*. New York: Paragon House, 1989.

57. Robert G. Henricks. *Te-Tao Ching: A New Translation Based on the Recent Discovered Ma-wang-tui Texts/ Lao Tzu*, with an introduction and commentary. New York: Ballentine Books, 1989.

58. John C. H. Wu. *Tao Teh Ching*. Boston: Shambhala Publications, 1989.

59. Diane Dreher. *The Tao of Peace: A Guide to Inner and Outer Peace*. New York: Donald I. Fine, Inc., 1990.

60. Robert G. Henricks. *Lao Tzu Te-tao Ching*. London: Rider, 1990.

61. Victor H. Mair trans. *Tao Te Ching: The Classic Book of Integrity and the Way*, an entirely new translation based on the recently discovered Ma-Wang-Tui manuscripts, annotated and with an afterword. New York: Bantam Books, 1990.

62. Peter Land trans. *My Tao: The Tao Te Ching of Lao Tse*. Auckland, New Zealand: Puriri Press, 1990.

63. Thomas Cleary translated and presented. *The Essential Tao: An Initiation into the Heart of Taoism through the Authentic Tao Te Ching and the Inner Teachings of Chuang Tzu*. New York: Harper Collins Pub., 1991.

64. Alan Kam-Leung Chan. *Two Visions of the Way: A Study of the Wang Pi and the Ho-shang Kung Commentaries on the Lao-Tzu*. Albany: State University of New York Press, 1991.

65. The Editors of the Shrine of Wisdoms. *The Simple Way of Lao Tsze: An Analysis of the Tao-Teh Canon with Comments*. Fintry: Shrine of Wisdom, 1992.

66. Micahel LaFargue. *The Tao of the Tao Te Ching: A Translation and Commentary*. New York: State University of New York Press, 1992.

67. Jan Julius Lodewijk Duyvendak trans. *Tao Te Ching: The Book of the Way and its Virtue*. Boston: C. E. Tuttle Co., 1992.

68. Archie J. Bahm. *Tao Teh King: Interpreted as Nature and Intelligence*. World Books, 1992.

69. Thomas H. Miles. *Tao Te Ching: About the Way of Nature and its Powers*. Gard City Park: Avery Publishing Group, 1992.

70. David K. Reynolds. *Reflections on the Tao Te Ching: A New Way of Reading the Classic Book of Wisdom*. New York: William Morrow and Co., Inc., 1993.

71. Robert G. Henricks trans. *Te-Tao Ching* by Lao-tzu, from the Mawang-tui texts, with an introduction and commentary. New York: Modern Library, 1993.

72. Patrick Edwin Moran trans. *Three Small Wisdom Books: Lao Zi's Dao De Jing, the Great Learning (Da Xue) and the Doctrine of the Mean (Zhong Yong)*. Lanham: University Press of America, 1993.

73. Man-Ho Kwok, Martin Palmer and Jam Ramsay trans. *Tao Te Ching*. Dorset: Barnes & Noble, 1993.

74. John R. Mabry. *God, as Nature Sees God: A Christian Reading of the Tao Te Ching*, illustrated by Jim Hardesty. Rockport, Mass. : Element, 1994.

75. D. C. Lau. *Lao-tzu Tao Te Ching*, according to the Ma wang tui texts. New York：Alfred A. Knopf, 1994.

76. Sarah Allen. *Introduction, Lao Tzu Tao Te Ching：Translation Based on the Ma Wang Tui Manuscripts.* New York：Alfred A. Knopf, 1994.

77. Michael LaFargue. *Tao and Method：A Reasoned Approach to the Tao Te Ching.* Albany：State University of New York Press, 1994.

78. Brian Browne Walker trans. *The Tao Te Ching of Lao Tzu.* New York：St. Martin's Press, 1995.

79. Stephen Mitchell et al. trans. *Tao Te Ching：In Seven Languages.* Budspest：Farkas Lorinc Imre Pub., 1995.

80. Timothy Freke ed. *Lao Tzu's Tao Te Ching.* New Version. London：Piatkus, 1995.

81. Richard Wilhelm trans. *Tao Te Ching：The Book of Meaning and Life.* London：Penguin Books, 1995.

82. Archie J. Bahm. *Tao Teh King by Lao Tzu, Interpreted as Nature and Intelligence.* Premont, California：Jain Publishing Company, 1996.

83. Stephen Mitchell. *Tao Te Ching.* London：Kyle Cathie Ltd., 1996.

84. Red Pine trans. *Lao Tzu's Taoteching*, with selected commentaries of the past 2000 years. San Francisco：Mercury House, 1996.

85. Ursula K. Le Guin and J. P. Seaton trans. *Tao Te ching：A Book about the Way and the Power of the Way*, a new English version. Boston：Shambhala, 1997.

86. Arthur Waley trans. *Tao Te Ching.* Denma：Worsworth Edition Ltd., 1997.

87. Yeshe Palden trans. *The Book of the Way and Virtue.* Santa Cruz, CA.：Seven Hawk Pub., 1998.

88. Joseph Petulla. *The Tao Te Ching and the Christian Way：A New English Version.* Maryknoll, New York：Orbis Books, 1998.

89. Gregory C. Richter trans. *The Gate of All Marvelous Things：A Guide to Reading the Tao Te Ching.* 1st edition. San Francisco：Red Mansion Pub., 1998.

90. Stephen Mitchell trans. *Tao Te Ching：A New English Version.* New

York: HarperCollins Publishers, 1998.

91. Liu Yi-jun. *A New Translation of the Taoist Scriptures, Lao Tzu's Tao De Jing*. Barnaby: Galaxy Hall, 1998.

92. Thomas Cleary. *The Taoist Classics*. Volume 1. Boston: Shambhala, 1999.

93. Wang, Chen trans. *The Tao of Peace (= tao te ching): Lessons from Ancient China on the Dynamics of Conflict*, with introduction and commentary by Ralph D. Sawyer and Mei-chun Lee Sawyer. 1st edition. Boston: Shambhala Publications, 1999.

94. Issac Winter. Heysinger. *The Light of China: The Tao The King of Lao Tsze*, 604—504 B. C. [s. l.]: Solar Energy, 1999.

95. Koh Kok Kiang and Wong Lit Khiong trans. *The Sayings of Lao Zi: The Silence of the Wise*, edited and illustrated by Tsai Chih Chung. Singapore: Asiapacbooks, 1999.

96. Stephen Mitchell trans. *Tao Te Ching: An Illustrated Journey*. 1st edition. New York: HarperCollins Publishers, 1999.

97. Richard John Lynn. *The Classic of the Way and Virtue: A New Translation of the Tao-te Ching of Lao Zi as Interpreted by Wang Bi*. New York: Columbia University Press, 1999.

98. Hinton, David trans. *Tao-te Ching*. New York: Counterpoint, 2000.

99. Paul Carus trans. *The Teachings of Lao-Tzu: The Tao Te Ching*. New York: Thomas Dunne Books, 2000.

100. Robert G. Henricks. *Laotzu's Tao Te Ching: A Translation of the Startling New Documents Found at Guodian*. New York: Columbia University Press, 2000.

101. Lee Sun Chen Org. *Lao Tzu: Tao Te Ching: Translation Based on His Taoism*. San Jose: ToExcel, 2000.

102. Moss Robert trans. *Lao Zi Dao De Jing: The Book of the Way*. Berkeley: University of California Press, 2001.

103. Jonathan Star trans. *Tao Te Ching: The Definitive Edition*. New York: Jeremy Tarcher, 2001.

104. Philip J. Ivanhoe trans. *The Daodejing of Lao Zi*. New York: Seven

Bridges Press, 2002.

105. Stephen Hodge. *The Illustrated Tao Te Ching*: *A New Translation and Commentary*. Hampshire: Godsfield Press Ltd., 2002.

106. Ralph Alan Dale. *Tao Te Ching, a New Translation and Commentary*. London: Watkins, 2002.

107. Rudolf Wagner. *A Chinese Reading of the Daodejing*: *Wang Bi's Commentary on the Laozi with Critical Text and Translation*. Albany, New York: State University of New York Press, 2003.

108. Roger T. Ames and David L. Hall trans. *Dao De Jing "Making This Life Significant"*: *A Philosophical Translation*: *Featuring the Recently Discovered Bamboo Texts*. New York: Ballantine Books, 2003.

109. Huang, Chichung. *Tao Te Ching*: *A Literal Translation with an Introduction, Notes and Commentary*. California: Asian Humanities Press, 2003.

110. Willliam Dolby. *Sir Old*: *The Chinese Classic of Taoism*. Edinburgh: Carreg, 2003.

111. Ha Poong Kim. *Reading Lao Tzu*: *A Companion to the Tao Te Ching with a New Translation*. Philadelphia: Xlibris, 2003.

112. Ralph Alan Dale. *Tao Te Ching*: *A New Translation & Commentary*. New York: Barnes & Noble Books, 2004.

113. Clifford Borg Marks. *An Alternative Translation of "Tao Te Ching" - Lao Zi's Taoist Classic*. Boca Raton FLA: Universal, 2004.

114. Hu, Xuezhi trans. Jesse Lee ed. *Revealing the Tao Te Ching*: *In-depth Commentaries on an Ancient Classic*. Los Angeles: Ageless Classics Press, 2005.

115. Joseph B. Lumpkin. *The Tao Te Ching*: *A Contemporary Translation*. Blountsville: Fifth Estate, 2005.

116. Sam Hamill trans. *Tao Te Ching*: *A New Translation*. Boston: Shambhala, 2005.

117. Peter Land. *Tao Te Ching*: *A Literal Translation*. Kaikohe: Landseer Press, 2005.

118. Daniel Deleanu. *Lao Tzu, Tao Te Ching. The Book about the Power of the Word and its World*. London-New York: Buxton University

Press, 2005.

119. William [Bill] Martin. *A Path and a Practice. Using Lao Tzu's Tao Te Ching as a Guide to an Awakened Spiritual Life*, with a New Translation of the Tao. New York: Marlowe, 2005.

120. Thomas Meyer. *Dao De Jing*. Chicago: Flood Editions, 2005.

121. Derek Lin trans. *Tao Te Ching: Annotated and Explained*, foreword by Lama Surya Das. Woodstock: Skylight Paths Pub., 2006.

122. Hans-Georg Moeller. *The Philosophy of the Daodejing*. New York: Columbia University Press, 2006.

123. Keith Seddon. *Lao Tzu, Tao Te Ching. A New Version*. Lulu, 2006.

124. ------*Dao De Jing: The New, Highly Readable Translation of the Life-changing Scripture Formerly Known as the Tao Te Ching*. Carus Publishing Company, 2007.

125. Richard Gotshalk. *The Classic of Way and Her Power, a Miscellany: A Translation and Study of the Dao-de-jing*. Lanham, MD.: University Press of America, 2007.

126. Stephen Addis and Stanley Lombardo. *Tao Te Ching*. Boston: Shambhala Publications, 2007.

127. Joseph Hsu. *Daodejing: A Literal-Critical Translation*. Lanham, Maryland: University Press of America, 2008.

128. Wayne W. Dyer. *Living the Wisdom of the Tao: The Complete Tao Te Ching and Affirmations*. New York: Hay House, 2008.

129. Chad Hansen trans. *Tao Te Ching: On the Art of Harmony: The New Illustrated Edition of the Chinese Philosophical Masterpiece*. London: Duncan Baird Publishers, 2009.

130. Stefan Stenudd. *Tao Te Ching: The Taoism of Lao Tzu Explained*. Arriba, Sweden, 2011.

131. Carl Abbott trans. *Tao Te Ching: Word for Word Translation Only*. Charleston: Creativespace Independent Publishing Platform, 2012.

132. Luke H. Boyd trans. *A Classic Text on the Virtue of the Daodejing*. Charleston: Creativespace Independent Publishing Platform, 2012.

133. Wes Burgess. *The Tao Te Ching by Lao Tse*. Charleston: Cre-

ativespace Independent Publishing Platform, 2012.

134. *Tao Te Ching: Six Complete Translations*. New York: Stuart Publishing, 2012.

135. Peter Frentzel trans. *Tao Te ching: The Inner Journey*. Charleston: Creativespace Independent Publishing Platform, 2013.

136. Nathan Coppedge. *The Tao Te Ching: A Translation of Translations*. Charleston: Creativespace Independent Publishing Platform, 2014.

137. Dae Ryong. *Tao Te Ching: A Modern Zen Interpretation*. Charleston: Creativespace Independent Publishing Platform, 2015.

138. Matthew S. Barnes trans. *The Wisdom and Peace of the Teachings of the Tao Te Ching: A Modern, Practical Guide, Plain and Simple*. Charleston: Creativespace Independent Publishing Platform, 2015.

139. Stuart Ian Hampton. *Tao Te Ching by Lao Tzu: An Interpretation*. Charleston: Creativespace Independent Publishing Platform, 2015.

140. Lewis Harrison trans. *Tao Te Ching: A Meta-analysis of Lao Tzu's Classic Work*. Charleston: Creativespace Independent Publishing Platform, 2016.

141. Martyn Crucefix trans. *Daodejing*. Chicago: Independent Publishers Group, 2016.

142. Stephen Lau. *The Complete Tao Te Ching in Plain English*. Charleston: Creativespace Independent Publishing Platform, 2016.

143. Peter Fritz Walter trans. *Tao Te Ching: Lao Tzu*. Charleston: Creativespace Independent Publishing Platform, 2012.

学术期刊论文

1. Alicia Henning. "Applying Laozi's *Dao De Jing* in Business." *Philosophy of Management*, Vol. 16, No. 1, 2017, pp. 19—33.

2. Axel L. Stern. "Remarks on Two Chapters of Laotse's *Tao Teh Ching*." *Synthese*, Vol. 8, No. 1/2, 1950.

3. C. A. Barnsley. "Four Testments: *Tao Te Ching*, *Analects*, *Dhammapada*, *Bhagavad Gita*: Sacred Scriptures of Taoism, Confucianism, Buddhism and Hinduism." *Choice: Current Reviews for Academic Libraries*, Vol. 54, No.

6, 2017.

4. Chad Hansen. "Linguistic Skepticism in the 'Lao Tzu.'" *Philosophy East and West*, Vol. 31, No. 3, 1981.

5. Chan, Wing-tsit. "Chu Hsi's Appraisal of *Lao Tzu*." *Philosophy East and West*, Vol. 25, No. 2, 1975.

6. Clay J. Cockerell. "Pressure and Disenchantment in Physicians——Part Ⅱ: Lessons for Physicians from the *Tao Te Ching*." *Clin Dermatol*, Vol. 35, No. 1, 2017, pp. 100—104.

7. Constance S. Bates. "The Tao of Leadership: Lao Tzu's *Tao Te Ching* Adapted for a New Age." *International Journal of Organizational Analysis*, Vol. 9, No. 1, 2001.

8. Cynthia Vann. "*Tao Te Ching*: A Mental Antidepressant with No Side Effect." *Macrobiotics Today*, Vol. 51, No. 6, 2011.

9. Damian B. Bebell and Shannon M. Fera. "Comparison and Analysis of Selected English Interpretations of the *Tao Te Ching*." *Asian Philosophy*, Vol. 10, No. 2, 2000.

10. David J. Schlafer. "Exempla XIV: *The Book of Job* and the *Tao Te Ching* as Antidotes to 'Preachy' Preaching." *Anglican Theological Review*, Vol. 74, Issue 3, 1992.

11. David Loy. "Chapter One of the '*Tao Te Ching*': A New Interpretation." *Religious Studies*, Vol. 21, No. 3, 1985.

12. Derk Bodde. "Two Translations of *Lao Tzu*." *Journal of the American Oriental Society*, Vol. 74, No. 4, 1954.

13. Ellen Marie Chen. "Is There a Doctrine of Physical Immortality in the *Tao Te Ching*?" *History of Religions*, Vol. 12, No. 3, 1973.

14. ------"The Meaning of 'Te' in the '*Tao Te Ching*': An Examination of the Concept of Nature in Chinese Taoism." *Philosophy East and West*, Vol. 23, No. 4, 1973.

15. Frederic L. Bender. "Sagely Wisdom and Social Harmony: The Utopian Dimension of the *Tao Te Ching*." *Utopian Studies*, No. 2, 1990, pp. 123—143.

16. Heim Michael. "A Philosophy of Comparison: Heidegger and Lao

Tzu." *Journal of Chinese Philosophy*, Vol. 11, No. 4, 1984.

17. Henri Cordier. "Lionel Giles: *The Sayings of Lao Tzu*, translated from the Chinese with an introduction. " (book review) *T'oung Pao*, Vol. 5, 1904.

18. Herrlee G. Greel. "On the Opening Words of the *Lao Tzu*. " *Journal of Chinese Philosophy*, Vol. 10, No. 4, 1983.

19. Holmes Welch. "Lao Tzu on America: An Imaginary Discourse. " *Western Humanities Review*, Vol. 13, 1959, pp. 17—22.

20. Hsiu-Chen Chang. "On the Historicity of the '*Tao Te Ching*. '" *Comparative Literature Studies*, Vol. 35, No. 2, 1998.

21. Hsu, Sung-peng. "Lao Tzu's Conception of Evil. " *Philosophy East and West*, Vol. 26, No. 3, 1976.

22. Hu, Shih. "A Criticism of Some Recent Methods Used in Dating *Lao Tzu*. " *Harvard Journal of Asiatic Studies*, Vol. 2, No. 3/4, 1937.

23. Jan Yun-Hua. "Problems of Tao and '*Tao Te Ching*. '" *Numen*, Vol. 22, No. 3, 1975.

24. Jude Chua Soo Meng. "Nameless Dao: A Rapprochement between the *Tao-Te Ching* and St. Thomas Aquina's *Metaphysicals of Unlimited Being*. " *Journal of Chinese Philosophy*, Vol. 30, No. 1, 2003.

25. Julian Pas. "Recent Translations of the *Tao-te Ching*. " *Journal of Chinese Religions*, No. 18, 1990.

26. Kathleen Johnson Wu. "On Lao Tzu's Idea of the Self. " *Journal of Religion and Science*, Vol. 16, No. 2, 1981.

27. Lee, Ho-Jung. "A Study on the Effect of the Lao Tzu's Philosophy on Architectureal Ideology of Mies Van der Rohe. " *Korean Institute of Interior Design Journal*, Vol. 23, No. 3, 2014.

28. Lee, Suin. "Contemporary Beauty Expressions from the Perspective of Lao Tzu's Philosophy: Focusing on Cosmetics Advertisement. " *Fashion Business*, Vol. 18, No. 5, 2014.

29. Lori Plach. "The Way of Leading People: Unlocking your Integral Leadership Skills with the *Tao Te Ching*. " *MBR Bookwatch*, No. 2, 2008.

30. Low Sui Pheng. "Lessons from lao Tzu's *Tao Te Ching* for the Facilities Manager. " *Facilities*, Vol. 12, No. 12, 1994, pp. 6—14.

31. ------"Lao Tzu's Tao Te Ching and its Relevance to Project Leadership in Construction." *International Journal of Project Management*, Vol. 13, No. 5, 1995, pp. 295—302.

32. Marián Gálik. "One of the Czech Language Translations of *Tao-te-ching*: A Contribution to an Interliterary and Interphilosophical Understanding." *Archiv Oriental: Quaterly Journal of African, Asian and Latin-American Studies*, Vol. 61, No. 3, 1993, pp. 292—302.

33. Mary Lou Houllis. "Divine Threads Flowing Through: *The Bible* and *Tao Te Ching*." *New Times Naturally*, 2008.

34. Michael LaFargue. "Interpreting the Aphorisms in the *Tao Te Ching*." *Journal of Chinese Religions*, Vol. 18, No. 1, 1990, pp. 25—43.

35. Moses Kibe Kihiko. "The Caregiver's *Tao Te Ching*: Compassionate Caring for Your Loved Ones and Yourself." *Media Reviews*, 2011, p. 361.

36. Moss Roberts. "The Metaphisical Polemics of the *Tao Te Ching*: An Attempt to Integrate the Ethics and Metaphysics of Lao Tzu." *Journal of the American Oriental Society*, Vol. 95, No. 1, 1975.

37. Paul Carus. "The Authenticity of the '*Tao Teh King.*'" *Monist*, Vol. 11, 1901.

38. Peter A. Boodberg. "Philosophical Notes on Chapter One of the *Lao Tzu*." *Harvard Journal of Asiatic Studies*, Vol. 20, No. 3/4, 1957.

39. Phil Catalfo. "The Parent's Tao Te Ching: A New Interpretation——Ancient Advice for Modern Parents." *Yoga Journal*, No. 147, 1999.

40. Robert David Schivartz and Paul C. L. Tang. "The Limits of Language: Wittcenstein's Tractatus Logic0-Philosophicus and Lao Tzu's *Tao Te Ching*." *Journal of Chinese Philosophy*, Vol. 15, No. 1, 1988, pp. 9—33.

41. Robert Elliottl Allinson. "Wittgenstein, Lao Tzu and Chuang Tzu: The Art of Circumlocution." *Asian Philosophy*, Vol. 17, No. 1, 2007.

42. Robert Heller. "Real Power: Business Lessons from the *Tao Te Ching*." *Management Today*, 1998, p. 101.

43. Robert G. Henricks. "A Note on the Question of Chapter Division in the Ma-wang Tui Manuscripts of the Lao-Tzu." *Early China* (1978—1979), No. 4, 1978—1979.

44. ------"Examining the Ma-wang-tui Silk Texts of the"*Lao-tzu*: *with Special Notes of Their Differences from the Wang Pi Texts.*" *T'oung Pao*, Vol. 65, No. 4/5, 1979.

45. Rudolf G. Wagner. "Interlocking Parallel Style: Laozi and Wang Bi." *Asiatiche Studien*, No. 34, 1980.

46. ------"The Wang Pi Recension of the *Lao Zi*." *Early China*, No. 14, 1989. (pp. 27—54)

47. S. K. Wertz. "The Five Flavors and Taoism: Lao Tzu's Verse Twelve." *Asian Philosophy*, Vol. 17, No. 3, 2007.

48. Steven Shankman. "*The Daodejing of Lao Zi*——Philip J. Ivanhoe; *Dao De Jing*: *The Book of the Way*——Moss Roberts." *Journal of Chinese Philosophy*, Vol. 33, No. 2, 2006.

49. William G. Boltz. "Textual Criticism and the Ma wang tui *Lao Tzu*." *Harvard Journal of Asiatic Studies*, Vol. 44, No. 1, 1984.

50. ------"The Lao Tzu Text thatwang Pi and Ho-shang Kung Never Saw." *Bulletin of the School of Oriental and African Studies*, Vol. 48, No. 3, 1985.

51. Wu, John C. H. and Paul K. T. Sih. "Lao Tzu, *Tao Teh Ching*." *Asian Institute Translations*, No. 1, New York: St. John's University Press, 1961.

52. Wu, Kuang-ming. "On Reading the '*Tao Te Ching*': Mair, LaFargue, Chan." *Philosophy East and West*, Vol. 43, No. 4, 1993.

53. Xie, W. "Approaching the Dao: From Lao Zi to Zhuang Zi." *Journal of Chinese Philosophy*, Vol. 27, No. 4, 2000.

54. Ynhui Park. "Lao Tzu and Nietzsche: Wanderer and Superman." *Journal of Chinese Philosophy*, Vol. 11, No. 4, 1984

55. "Correction: Two Translations of Lao Tzu." *Journal of the American Oriental Society*, Vol. 75, No. 1, 1955.

后　记

　　与我十多年来所做的"中国经典在英语世界的传播与接受"系列研究中的其他研究不尽相同，对《道德经》的研究持续时间最长，课题和成果申报也最曲折，受学界的关注也最多。2012 年，我开始搜集整理《道德经》英译本资料，并申报了乐山师范学院引进人才科研启动项目"英语世界的《道德经》英译研究"。2013 年 7 月，24 万字的《英语世界的〈道德经〉英译研究》由中国社会科学出版社出版。但著作只获得了第 11 届四川省教育厅哲学社会科学成果奖三等奖，与政府奖无缘。后在英译研究的基础上，以"《道德经》在英语世界的传播与接受研究"为题成功申报了四川省社会科学研究"十三五"规划 2016 年度课题重点项目。项目刚批下来，我即人才引进到长江师范学院，于是只好停掉不做，于 2017 年以同一个题目再次成功申报重庆市社会科学规划 2017 年度课题一般项目。期间，一直不甘心这么扎实的资料收集整理仅以省部级课题就完结它，于是多次申报国家社科基金项目，未果。

　　在研究《道德经》的漫长过程中我自己的精神受益也是最大的，由此对它倾注的心血也最多。2016 年 11 月 25 日，受厦门大学新闻传播学院谢清果教授的邀请到厦门大学"文化讲堂"为师生做"《道德经》在英语世界的传播与接受研究"讲座。2017 年 11 月 18 日以我的《道德经》和《孙子兵法》在英语世界的传播与接受研究为例在"琼渝两地"研讨会上做了题为"'一带一路'背景下中国经典的海外传播"的主旨报告。2018 年 5 月 18 日受重庆医科大学外国语学院邀请，我再一次以"中国经典在海外的传播与接受研究——以《孙子兵法》和《道德经》为例"为师生做了一场学术讲座。讲座过程中与学界同人结缘并继而引发后续的各种学术交流。

　　家里装修大房子的时候，特意从美国汉学家、《道德经》英译者史蒂芬·阿迪斯在其英译本《老子的〈道德经〉》(*Tao Te Ching , Lao-Tzu*) 中用不同字体所写的 17 个字中选了 4 个颇有特色和寓意的出来，请了竹田为我摹写并裱出来挂在书房和客厅的墙上。挂在书房墙上的是"TAO",书中唯———个拼音文字。挂在客厅墙上的是"笑无德"。我在大会上曾隆重介绍过阿迪斯的这些字和挂在我家书房、客厅里的它们。

要特别感谢阎纯德老先生对我这本《〈道德经〉在英语世界的传播与接受研究》的超级偏爱,先后郑重其事地管我要过五六次。该书也是继《马立安·高利克的汉学研究》《郭沫若在英语世界的传播与接受研究》《〈孙子兵法〉在英语世界的传播与接受研究》之后收入先生主编的"汉学研究大系"的第四本著作。今年恰逢阎纯德老先生八十高寿。谨以此书作为献给先生的八十岁寿辰礼物。

《〈道德经〉在英语世界的传播与接受研究》借鉴了我 2017 年 5 月出版的《〈孙子兵法〉在英语世界的传播与接受研究》的框架,可视其为姊妹篇。

《〈道德经〉在英语世界的传播与接受研究》是我出版的第九本学术专译著。一路前行,感谢亲爱的你们愉悦相伴。是鼓励,亦是提醒。

2019 年 9 月 25 日